Inhalt

Vorwort

Spätestens die PISA-Studie hat der Öffentlichkeit deutlich gemacht, dass althergebrachte Annahmen über die Gestaltung des Lehrens und Lernens überdacht werden müssen. Deshalb überrascht es nicht, dass auch das elektronische Pendant zum traditionellen Lehren und Lernen – rein auf Wissensvermittlung ausgerichtetes (webbasiertes) E-Learning – in eine Krise geraten ist und zunehmend Ansätze in den Vordergrund treten, die modernere didaktische Ansätze mit elektronischen Mitteln umsetzen. Ein solcher Ansatz ist das computerunterstützte kooperative Lernen – kurz CSCL (für „Computer Supported Collaborative/Cooperative Learning"). Seine Grundidee ist es, dass sich die Lernenden gemeinsam mit den Lehrenden aktiv einen Lerngegenstand erarbeiten, beispielsweise in Diskussionen, Workshops, Projektarbeiten, Simulationen oder Rollenspielen. Die Informatik bietet hier sehr weitgehende Möglichkeiten, auf geeignete Weise Inhalte bereitzustellen, einen virtuellen elektronischen Lern- und Arbeitskontext zu schaffen und die Gruppenprozesse zu steuern und zu unterstützen.

Das Gebiet des CSCL ist inzwischen auf internationaler und europäischer Ebene etabliert und ähnlich wie das Gebiet CSCW (Computer Supported Cooperative Work) interdisziplinär ausgerichtet. Wegen seiner Interdisziplinarität ist es für einen Einzelautor schwierig, das Gesamtthema aufzuarbeiten und es ist deshalb nicht erstaunlich, dass es für das Gebiet noch kein umfassendes Handbuch oder Lehrbuch gibt. Diese Lücke soll das vorliegende CSCL-Kompendium als einführendes Werk im Grenzbereich zwischen Lehrbuch und Handbuch schließen.

Dazu wurden aus den Disziplinen Informatik, Psychologie und Pädagogik fast 60 kompetente Autorinnen und Autoren gewonnen, die jeweils einen unterschiedlichen Aspekt von CSCL behandeln. Querverweise zwischen den Beiträgen vernetzen unterschiedliche Sichtweisen und Disziplinen. Die Qualitätssicherung wurde durch extensives Peer-Review sichergestellt: jeder Beitrag wurde von mindestens drei fachlich qualifizierten Gutachtern begutachtet. Dies trug nicht nur dazu bei, die Qualität der Beiträge zu erhöhen, sondern half auch, viele Querbezüge zwischen Beiträgen zu etablieren. Ohne die Nutzung moderner Informations- und Kommunikationstechnologien hätte diese komplexe Kooperation nicht bewältigt werden können. Durch Nutzung eines WIKI (einer von den Benutzern selbst einfach editierbaren Website) und einer Mailingliste wurden Informationen und Dokumente zwischen den Autoren und Herausgebern effizient ausgetauscht und der Erstellungsprozess koordiniert.

Das CSCL-Kompendium richtet sich an Studierende im Hauptstudium sowie in Wissenschaft und Praxis Tätige, die sich in das Gebiet CSCL einarbeiten wollen. Studierende verschiedener Disziplinen und Fachrichtungen, wie z.B. Informatik (angewandte Informatik,

Medieninformatik, Wirtschaftsinformatik), Pädagogik (Betriebspädagogik, Lehramtsausbildung, Erwachsenenbildung, Hochschuldidaktik), BWL (Personalentwicklung) oder Psychologie (Personalentwicklung und Pädagogische Psychologie), werden jeweils eigene inhaltliche Schwerpunkte im CSCL-Kompendium setzen. Ebenso werden Praktiker und Wissenschaftler besondere Interessen haben. Die Gliederung des Kompendiums in fünf Teile soll die Auswahl des Einstiegspunktes für die Leser erleichtern. Mit Hilfe der zahlreichen Querbezüge können dann auch relevante Beiträge aus den anderen Teilen identifiziert werden. So kann der Leser z.B. nach einigen Grundlagen (Teil 1) erst einen konkreten Fall aus Teil 5 betrachten und daran anschließend didaktische (Teil 3) und technische Aspekte (Teil 2) vertiefen. Das ausführliche Literaturverzeichnis erleichtert den Einstieg in die Literaturarbeit.

Zum Abschluss möchten sich die Herausgeber bei allen Autoren für die reibungslose Zusammenarbeit bedanken.

Hagen, Zürich und Darmstadt, im Juni 2004

Jörg Haake, Gerhard Schwabe und Martin Wessner

1   Grundlagen

1.1   Einleitung und Begriffe

Jörg M. Haake[1], Gerhard Schwabe[2], Martin Wessner[3]

[1]FernUniversität in Hagen, [2]Universität Zürich,
[3]Fraunhofer IPSI, Darmstadt

CSCL bezeichnet ein Forschungsgebiet, das mittlerweile auf eine (mindestens) 15jährige Tradition zurückblicken kann. Seit dem Workshop „Computer Supported Collaborative Learning" vom 24. bis 28.9.1989 in Acquafredda di Maratea (Italien), der hier die Geburtsstunde des Forschungsgebietes markieren soll, gab es zahlreiche internationale Tagungen (CSCL 1995, 1997, 1999, 2002, 2003) und eine europäische Tagung im Jahr 2001. Im deutschsprachigen Raum fand im Jahr 2000 die Tagung D-CSCL, im Jahr 2002 ein Workshop „Kooperatives E-Learning" statt. Außerdem spielt CSCL eine wichtige Rolle z.B. in den Tagungsreihen Mensch & Computer, DeLFI und Wirtschaftsinformatik sowie bei den GMW-Jahrestagungen. Zahlreiche CSCL-Forscher haben sich innerhalb der CSCL-Community im Rahmen der im Jahr 2002 gegründete International Society of the Learning Sciences (www.isls.org) organisiert.

In diesem einleitenden Kapitel des CSCL-Kompendiums betrachten wir den Begriff CSCL, die verschiedenen Formen des CSCL und skizzieren schließlich den Aufbau des CSCL-Kompendiums.

1   Der Begriff CSCL

Die Bedeutung der Bezeichnung CSCL ist nicht eindeutig festgelegt, insbesondere das zweite C wird sehr verschieden ausgelegt. Es steht für collaborative, cooperative, collective, bisweilen auch competitive oder conversational (Koschmann 1996; Koschmann, Hall, Miyake 2002). Weit verbreitet sind die Begriffe kollaboratives Lernen und kooperatives Lernen. Während einige Autoren in diesem Zusammenhang kollaborativ und kooperativ gleichbedeutend verwenden, differenzieren andere zwischen diesen Bezeichnungen. So wird kollaborativ meist verwendet, wenn ein gemeinsames, von allen am Lernprozess Beteiligten geteiltes Ziel vorliegt bzw. großer Wert auf das Aushandeln gemeinsamer Ziele, Prozesse und

Ergebnisse gelegt wird. Kooperativ weist häufig auf eine Strukturierung des Lernprozesses durch Rollen und bestimmte Kooperationsmethoden hin.

Auch im vorliegenden Kompendium stehen verschiedene Interpretationen und Sichtweisen von CSCL nebeneinander. Als kleinsten gemeinsamen Nenner und Oberbegriff verstehen wir unter kooperativem Lernen das gemeinsame Lernen in einer Gruppe, bei dem die Gruppenmitglieder gemeinsam Wissen erarbeiten und erwerben. Unter CSCL (Computer Supported Collaborative/Cooperative Learning) verstehen wir den Einsatz von Informatiksystemen (vernetzte Computer und Software) zur Unterstützung des kooperativen Lernens.

CSCL ist ein interdisziplinäres Forschungsgebiet. Beim Planen und Durchführen von computerunterstütztem kooperativem Lernen spielen Aspekte aus der Psychologie (z.B. Wie lernen Menschen?), der Pädagogik (z.B. Welche Gegenstände und welche Lehr-/Lernmethoden eignen sich für das computerunterstützte kooperative Lernen?), der Soziologie und Kommunikationswissenschaft (z.B. Wie kann die Gruppenbildung, Kommunikation und Kooperation in verteilten Lerngruppen gefördert werden?) und der Informatik (z.B. Wie lassen sich Informatiksysteme für das computerunterstützte kooperative Lernen effizient entwickeln, welche Werkzeuge können zur Förderung des kooperativen Lernens realisiert werden?). Ohne fachübergreifende Zusammenarbeit lässt sich das komplexe Forschungsgebiet CSCL nicht erfolgversprechend bearbeiten. Diese Interdisziplinarität zeigt sich folgerichtig auch in den unterschiedlichen Arbeitsgebieten der Teilnehmer nationaler und internationaler Tagungen zum Thema CSCL.

2   Formen des CSCL

(Computerunterstütztes) Kooperatives Lernen ereignet sich in einer Vielzahl von Formen und Anwendungsgebieten. Um zu einer konkreten Realisierung computerunterstützten kooperativen Lernens zu gelangen, sei es die Anpassung existierender Werkzeuge und Konzepte oder die Entwicklung neuer Lösungen, ist die Betrachtung der Dimensionen und Erscheinungsformen kooperativen Lernens sinnvoll (vgl. Wessner 2001).

Eine grundlegende Klassifikation von CSCL baut auf der aus dem Forschungsgebiet CSCW (Computer-Supported Cooperative Work) bekannten Raum-Zeit-Matrix auf (vgl. Grudin 1994).

	gleicher Ort	verschiedener Ort
Gleiche Zeit (synchron)	z.B. Computerunterstütztes Klassenzimmer	z.B. Televorlesung
Verschiedene Zeit (asynchron)	z.B. Schwarzes Brett	z.B. Diskussionsforum

Tabelle 1: Raum-Zeit-Matrix für CSCL

Kooperatives Lernen kann am selben Ort (ko-präsentes kooperatives Lernen, z.B. im Klassenzimmer) oder an verschiedenen Orten (verteiltes kooperatives Lernen, z.B. unter Nutzung einer CSCL-Plattform in einer verteilten Vorlesung) stattfinden. Kooperatives Lernen kann synchron (alle Gruppenmitglieder nehmen gleichzeitig daran teil) oder asynchron (die Gruppenmitglieder lernen zu unterschiedlichen Zeitpunkten und kommunizieren mit asynchronen Medien, z.B. Mail oder Newsforen) erfolgen (vgl. Tabelle 1).

In der Praxis besteht kooperatives Lernen häufig aus einer Mischung der oben genannten Situationen bzw. Szenarien, z.B. beim so genannten „Blended Learning". Blended Learning meint hier die Mischung von Präsenzlernphasen (d.h. alle Lerner im selben Raum, zur selben Zeit) und Distanzlernphasen (d.h. Lerner an verschiedenen Orten lernen zur selben oder zu verschiedenen Zeiten).

Neben der Klassifikation nach Raum und Zeit lässt sich der Einsatz von CSCL nach weiteren Dimensionen differenzieren, z.B. (vgl. Wessner 2001):

- *Symmetrie:* Tauschen Personen mit vergleichbaren aber heterogenen Wissensniveaus ihr Wissen aus oder liegt ein starkes Wissensgefälle vor?
- *Direktivität:* Wird der Lernprozess durch bestimmte Personen (oder Programme) angeleitet und betreut oder agiert die Gruppe als sich selbst organisierende Einheit?
- *Dauer:* Bildet sich die Gruppe spontan für kurze Zeit oder soll über längere Zeit und mehrere Phasen ein Lehrstoff gemeinsam bearbeitet werden?
- *Ziel:* Soll am Ende des Lernprozesses jeder Beteiligte einzeln oder die Gruppe als Ganzes über das Wissen verfügen? Geht es um das Zusammentragen von Informationen, das Anwenden und Vertiefen von Kompetenzen oder das Herausbilden eines gemeinsamen Verständnisses?
- *Gruppengröße:* Wie viele Personen bilden eine Gruppe? Das Spektrum reicht von Lernpaaren bis zu Gemeinschaften mit potenziell beliebig vielen Mitgliedern.

In Abhängigkeit von den Ausprägungen dieser Dimensionen können für ein konkretes Anwendungsszenario Konzepte, Methoden und Werkzeuge ausgewählt werden. Weiterhin kann kooperatives Lernen in den verschiedenen Altersstufen und Sektoren des Bildungswesens zum Einsatz kommen. Kinder, Jugendliche, Erwachsene, Schule, Hochschule, berufliche Aus- und Weiterbildung sowie Erwachsenenbildung stellen jeweils eigene Anforderungen an die Gestaltung des CSCL.

Im CSCL-Kompendium fokussieren wir auf das rechnergestützte kooperative Lernen, im Unterschied zum individuellen E-Learning mit CBT (computer-based training) oder WBT (web-based training). Aber selbstverständlich spielen auch individuelle Lernphasen eine Rolle beim kooperativen Lernen.

3 Aufbau des CSCL-Kompendiums

Das CSCL-Kompendium spiegelt die Interdisziplinarität des Forschungsgebietes und die verschiedenen Formen des CSCL in seinem Aufbau wider. Zuerst behandelt Teil 1 die Grundlagen des Forschungsgebiets CSCL aus der Sicht der beteiligten Disziplinen. Beitrag 1.2 behandelt die für CSCL typischen Forschungsmethoden, gefolgt von den lern- und kommunikationspsychologischen Grundlagen in Beitrag 1.3. Der Beitrag 1.4 stellt die pädagogischen und didaktischen Grundlagen vor, während Beitrag 1.5 aus soziologischer Sicht auf Gruppen und Gruppenarbeit eingeht. Beitrag 1.6 behandelt die Grundlagen aus Sicht der Informatik. Damit ist die Basis für eine detaillierte Betrachtung von CSCL gelegt.

Die danach folgenden Teile des CSCL-Kompendiums behandeln vier Fragestellungen, die für die Entwicklung und den Einsatz von CSCL wesentlich sind:

- Teil 2: CSCL-Umgebungen
- Teil 3: Didaktik
- Teil 4: Umsetzung
- Teil 5: Anwendungen, Wirkungen, Potentiale

Teil 2 behandelt aus Informatiksicht das Thema der CSCL-Umgebungen mit den Aspekten Werkzeuge, Plattformen und Konzepte für Werkzeuge und Plattformen. Sieben Beiträge sind im Teil 2.1 den typischen Werkzeugen in CSCL-Umgebungen gewidmet: Kommunikations-werkzeuge, Koordinationswerkzeuge zur Lerngruppenbildung, Kooperationswerkzeuge für kleinere und größere Lerngruppen, kooperative Lernräume und virtuelle kooperative Lern-räume sowie Werkzeuge für spezielle Lernmethoden. Beitrag 2.2 behandelt dann CSCL-Plattformen. Teil 2.3 bietet dann sechs Beiträge über Konzepte für Werkzeuge und Plattfor-men: Konzepte zur Administration, Adaptivität für individuelles Lernen, Konzepte für die Lerngruppe sowie für die Lehrenden und schließlich kooperatives Lernen in Organisationen.

Teil 3 beschäftigt sich aus pädagogischer, psychologischer und soziologischer/ kommunika-tionswissenschaftlicher Sicht mit der Didaktik für CSCL. Zuerst behandeln drei Beiträge die Themen Lerngruppe, Moderation und Tutoring, bevor in Abschnitt 3.4 fünf weitere Beiträge verschiedene didaktische Konzepte behandeln: Kommunikationskonzepte, Projektorientie-rung, Problemorientiertes Lernen, Motivation im CSCL und Medienwahl. Zum Abschluss behandeln zwei Beiträge die didaktische Konzeption von CSCL-Lernarrangements und den Einsatz von CSCL in selbst organisierten Lernszenarien.

Teil 4 ist der Umsetzung von CSCL gewidmet. Dazu diskutieren sechs Beiträge wichtige Aspekte der Realisierung von CSCL-Systemen: den Entwicklungsprozess, die Bedarfsana-lyse, die Software- und Systementwicklung, die Einführung und Bereitstellung, die Quali-tätssicherung, und die Rolle von Spezifikationen, Normen und Standards.

Teil 5 diskutiert die Anwendungen, Wirkungen und Potentiale von CSCL anhand von acht konkreten Anwendungen: in der Schule, in der Lehrerbildung, in Hochschulseminaren, in der Gruppenarbeit an Hochschulen, im Fernstudium, in der Berufsausbildung, in der betriebli-chen Weiterbildung, und für Lernbehinderte und Hochbegabte.

Der Beitrag „Perspektiven" in Teil 6 gibt einen Ausblick auf die weitere Entwicklung des Forschungsgebietes. Abgeschlossen wird das Kompendium durch ein Literaturverzeichnis und ein Autorenverzeichnis.

Zum Schluss noch eine Bemerkung zum Sprachgebrauch: Die Verwendung von männlichen und weiblichen Bezeichnungen wird in den einzelnen Beiträgen des Kompendiums unter-schiedlich gehandhabt. Auch wenn teilweise im Interesse der besseren Lesbarkeit stellver-tretend nur eine Form verwendet wird, sollen sich beide Geschlechter angesprochen fühlen.

1.2   Forschungsmethoden

Hans-Rüdiger Pfister

Fachhochschule Nordostniedersachsen in Lüneburg

1   Einleitung

Es wird ein Überblick über allgemeine und spezielle Forschungsmethoden zur Untersuchung von CSCL-Arrangements gegeben. Es werden empirische Methoden zur Untersuchung psychologischer, pädagogischer und sozialwissenschaftlicher Fragestellungen dargestellt. Es wird zunächst auf eher quantitative und anschließend auf eher qualitative Methoden eingegangen und dabei die jeweiligen Spezifika betont, die bei CSCL-Untersuchungen beachtet werden müssen. Abschließend werden einige spezielle Verfahren geschildert und ein kurzer Abriss über integrierende Forschungsdesigns gegeben.

Aus methodischer Sicht liefern Untersuchungen über CSCL-Arrangements ein sehr uneinheitliches Bild. Es ist wohl der Komplexität des Gegenstands geschuldet, dass es keine dominante oder paradigmatische Herangehensweise an die Untersuchung von kooperativen netzbasierten Lernszenarien gibt und auch kaum geben kann. Das Forschungsfeld CSCL hat auch noch keine eigenständigen Methoden entwickelt, sondern auf Grund seines multidisziplinären Charakters vielfältige Anleihen bei anderen Forschungsfeldern gemacht. Bei der empirischen Analyse treffen mindestens drei Forschungstraditionen aufeinander, die jeweils eigene methodologische Instrumentarien hervorgebracht haben, die nicht ohne Zwänge gleichzeitig einsetzbar sind. Aus pädagogisch-didaktischer Perspektive steht zum einen die Forschungsfrage nach den Unterschieden zwischen herkömmlicher Person- bzw. Klassenraum-zentrierter Didaktik und einer spezifisch auf den Computer als zentrales Medium der Wissensvermittlung zugeschnittenen Didaktik im Mittelpunkt (Issing & Klimsa 1997; Oberle & Wessner 1998). Die generelle Frage, ob CSCL erfolgreicher ist als andere Lernformen, hat allerdings kaum verwertbare Ergebnisse gebracht, da hier zu viele Faktoren auf komplexe Weise interagieren; sinnvoll ist die Frage, wie man CSCL am besten einsetzen und an spezifische Zielstellungen anpassen kann (Dillenbourg et al. 1995). Zum anderen gibt es eine pädagogische Tradition, die sich der Untersuchung von kooperativen Lehr- und Lernmethoden widmet, ganz unabhängig von der medialen Umsetzung (Slavin 1995). Aus psychologischer, vor allem lernpsychologischer Perspektive steht die Forschungsfrage nach den Bedingungen und kognitiven Mechanismen der Aneignung und Anwendung von Wissen sowie nach den Faktoren im Vordergrund, die einen effektiven Aufbau einer mentalen Repräsentation ermöglichen und erleichtern (Anderson 1993; Anderson et al. 1995). CSCL kann hier als Facette eines umfassenderen Ansatzes im Spannungsfeld zwischen Kognitionswissenschaft, Konstruktivismus und Situationismus gesehen werden (Fischer 2002). Durch den sozialen Charakter und durch die Einbeziehung multimedial-dynamischer Elemente werden CSCL-Szenarien zu quasi-authentischen Systemen hoher Komplexität, die dem traditionellen Methodenkanon empirischer Sozialforschung nur noch teilweise zugänglich sind (Dalgarno 2001; O'Donnell 1997). Schließlich steht aus sozialpsychologischer und kommunikationswissenschaftlicher Sicht die Gruppe per se, ihre Gesetzmäßigkeiten insbesondere im Rahmen von Lernprozessen und natürlich ihre Besonderheiten in virtuellen Räumen im Mittelpunkt des Interesses (siehe auch Beitrag 1.3 und Beitrag 1.5). Dabei werden neben kognitiven und didaktischen Aspekten vor allem affektive Faktoren und interpersonale Beziehungen fokussiert (Brandon & Hollingshead 1999; Hinsz 1995; Yu 2001). Diese genuin interdisziplinäre Situation führt zum einen zu vielfältigen Problemen in der praktischen Umsetzung, inspiriert andererseits aber auch die methodische Entwicklung, die sich sonst oft in sterilen fachspezifischen Schematismen verliert (Dillenbourg et al. 1995).

Untersuchungen von CSCL-Arrangements verwenden typische Szenarien (Wessner & Pfister 2001) und Infrastrukturen (Wessner et al. 2002). In eher grundlagenorientierten Studien werden kleine Gruppen von Lernenden gebildet, die entweder vor einem Computer oder verteilt mit Hilfe eines kleinen Netzwerks eine meist artifizielle Lernaufgabe kurze Zeit bearbeiten. Die Kommunikation erfolgt entweder face-to-face oder meistens netzbasiert, z.B. mittels einer Videokonferenz. In eher anwendungsorientierten Studien werden größere Gruppen von Lernenden, manchmal unterteilt in Subgruppen, untersucht, die eine kooperative Lernaufgabe als Bestandteil eines Kurses in der Schule, Universität oder in einem Unternehmen bearbeiten. Der Beobachtungszeitraum ist hier längerfristig bis zu mehreren Wochen oder Monaten; die Kommunikation erfolgt oft asynchron über E-Mail oder mailing-Listen. Während grundlagenorientierte Studien in der Regel durch experimentell-quantitative Methoden untersucht werden können, kommen bei anwendungsorientierten Studien eher qualitative Verfahren zum Einsatz.

2   Quantitative Methoden

Unter quantitativen Methoden werden dem allgemeinen Sprachgebrauch folgend solche Verfahren verstanden, die auf der Messbarkeit der interessierenden Variablen basieren und einen statistisch fundierten Auswertungsweg zur Identifikation kausaler oder korrelativer Beziehungen einschlagen. Dazu gehören hauptsächlich experimentelle Ansätze sowie Feldstudien mit standardisierten Fragebögen.

2.1   Experimentelle und quasi-experimentelle Ansätze

2.1.1   Ergebnisorientierte Analysen

Die grundlegenden Designs zur experimentellen Untersuchung insbesondere psychologisch-pädagogischer Fragestellungen haben Campbell und Stanley (Campbell & Stanley 1966) in bis heute gültiger Form ausgearbeitet. Das Interesse gilt dabei primär den Resultaten pädagogischer Interventionen (ergebnisorientiert) wie dem Lernerfolg bzw. der Verbesserung des Lernerfolgs. Abb. 1 zeigt das einfachste Design, anwendbar etwa zur Untersuchung der Frage, ob der Lernerfolg verbessert werden kann, wenn Lerngruppen mittels Videokonferenz (Treatment) statt mit Chat kommunizieren. Die Kontrollgruppe (KG) wäre hier die Bedingung, in der lediglich mit Chat kommuniziert wird, die Experimentalgruppe (EG) kommuniziert stattdessen mit Hilfe eines Audio/Videosystems. Als abhängige Variable (AV) wird der Lernerfolg mit Hilfe eines Wissenstests nach Durchführung einer kooperativen Lernsitzung erhoben.

Die typischen Fragestellungen, die man versucht hat auf diese Weise zu beantworten, sind beispielsweise „Ist kooperatives Lernen erfolgreicher als individuelles Lernen?" bzw. „Unter welchen Bedingungen ist kooperatives Lernen erfolgreicher?", „Ist verteiltes Lernen Präsenzveranstaltungen überlegen?" oder „Verbessert der Einsatz von Video die Verarbeitungstiefe beim kooperativen Lernen?" (siehe auch Beitrag 4.5.6). Hinsichtlich der interessierenden Fragestellung kann der Schwerpunkt eher auf der abhängigen Variable, den Effekten, oder auf der unabhängigen Variable, den Bedingungen, liegen.

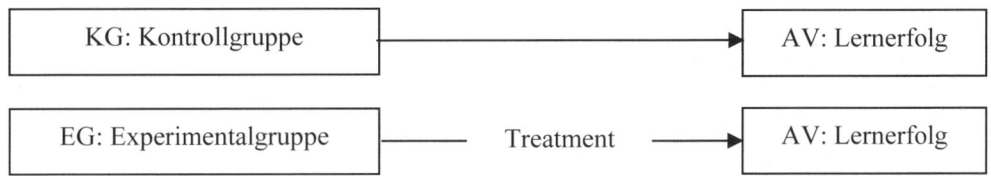

Abb. 1: Grundlegendes experimentelles Design (AV: Abhängige Variable).

Im Rahmen von CSCL-Untersuchungen ergeben sich spezielle Probleme hinsichtlich der einzelnen Designkomponenten, die vor allem aus dem Umstand erwachsen, dass die Untersuchungseinheiten Gruppen und nicht Individuen sind. So ist etwa zu unterscheiden, ob man am Lernerfolg der Gruppe als Ganzes oder am Lernerfolg der einzelnen Lernenden interessiert ist. Die üblicherweise verwendeten Wissens- und Leistungstests als AV erfassen rein individuelle Parameter; die Konstruktion von Gruppenindizes wie durchschnittlicher Lernerfolg oder Varianz pro Gruppe sind kaum tauglich zur Messung genuin kooperativer Leistungen oder von geteiltem Wissen (Nickerson 1993; Stasser 1992). Weiterhin verlangen experimentelle Untersuchungen die zufällige Zuweisung von Versuchspersonen zu den einzelnen Bedingungen (Randomisierung). In der Regel ist der Forscher jedoch nicht an zufällig zusammengesetzten Gruppen interessiert, sondern an Gruppen, deren Mitglieder sich hinsichtlich bestimmter Merkmale systematisch unterscheiden, etwa Motivation, Heterogenität im Vorwissen oder Statusunterschiede. Eine Randomisierung über Gruppen stößt jedoch schnell an praktische Probleme der Durchführbarkeit. Hier ist man deshalb gezwungen, eine gewisse Vorselektion und gezielte Zusammensetzung der Gruppen vorzunehmen oder auf existierende Gruppen zurückzugreifen (etwa studentische Lerngruppen).

Neben echten experimentellen Studien basieren CSCL-Untersuchungen deshalb oft auf quasi-experimentellen Untersuchungen (Abb. 2), bei denen die Untersuchungseinheiten nicht randomisiert, sondern auf Basis bereits existierender Merkmalsunterschiede (etwa natürliche Unterschiede wie Geschlechtszugehörigkeit) ausgewählt und als Versuchsbedingungen definiert werden. Strenge Kausalhypothesen sind damit nur eingeschränkt überprüfbar und erfordern die zusätzliche Erhebung von Kontrollvariabalen (Kovariate) wie Vorwissen oder Computerkenntnisse (Campbell & Stanley 1966).

Abb. 2: Quasi-experimentelles Design

Schließlich ist bei der Planung von (quasi-)experimentellen Untersuchungen mit Gruppen zu beachten, dass die benötigte Stichprobengröße sehr groß sein kann. Sind die Merkmale der Gruppen nicht oder nur teilweise kontrolliert, entsteht aus der Gruppensituation und Gruppendynamik per se unerwünschte Fehlervarianz, die den vermuteten Effekt leicht überdecken kann. Da bei CSCL-Untersuchungen auch a priori nur mit kleinen oder mittleren Effektgrößen zu rechnen ist, werden beispielsweise bei einer Teststärke (das ist die Wahrscheinlichkeit, einen Effekt auch als signifikant zu identifizieren, sofern er vorhanden ist) von 0.80 mindestens 50 Personen pro Bedingung benötigt (Bortz & Döring 1995; Cohen 1992); definiert man die Gruppe als Einheit, so ergeben sich beispielsweise bei vier Teilnehmern pro Gruppe bereits Stichprobengrößen von über 200 Personen.

Für die Auswertung derartiger Untersuchungen stehen statistische hypothesenprüfende Verfahren wie die Varianz- und Kovarianzanalyse zur Verfügung, auf die hier nicht näher eingegangen werden kann (Bortz 1999; Bortz & Döring 1995).

2.1.2   Prozessorientierte Analysen

CSCL-Untersuchungen bieten auf Grund des verwendeten Mediums Computer oft gute Möglichkeiten, den kognitiven und sozialen Prozessen, die die jeweiligen Resultate erzeugen, auf die Spur zu kommen (Prozessorientierung). Die automatische online-Protokollierung von Kommunikationsverläufen (z.B. Chat-Protokolle) oder von anderen Interaktionen, etwa bei der Erstellung von Artefakten (Texte, Grafiken), stellt technisch keine Schwierigkeit dar. Da bei der Analyse solcher Log-File-Protokolle in der Regel eine Mischung quantitativer und qualitativer Verfahren indiziert ist, werden entsprechende Ansätze unten in Abschnitt 3 über qualitative Methoden dargestellt.

2.2   Felduntersuchungen

Während Experimente zur Untersuchung sehr konkret formulierter Fragestellungen bei durchführbarer Kontrolle der Bedingungen indiziert sind, muss bei der Untersuchung authentischer CSCL-Anwendungen ins „Feld" gegangen werden. Typische Anwendungsfälle sind hierbei Evaluationsstudien und Akzeptanzuntersuchungen einzelner online-Kurse, integraler Lernumgebungen bzw. spezifischer kooperativer Übungen (siehe auch Beitrag 4.5.6). Die Erhebung erfolgt in der Regel über eigens konstruierte Fragebögen oder (halb-)standardisierte Interviews (Light et al. 2000; Pfister et al. 1999).

Während für multimediale Lernsysteme eine Reihe standardisierter Evaluationsverfahren existiert (Reeves 1993; Schenkel et al. 2000), hat sich für kooperative-verteilte Lernsysteme ein solcher Standard noch nicht etabliert, es dominieren Beispiele und Fallstudien (Üllner & Wulf 2000). Insofern ist die interne Validität von ad-hoc Fragebogenstudien bei der Evaluation von CSCL-Arrangements eher gering. Allein auf Grund des Neuigkeitseffekts fallen Akzeptanzbewertungen oft relativ hoch aus, ohne dass dies Rückschlüsse auf Zufriedenheit und Benutzbarkeit erlauben würde; Akzeptanzuntersuchungen sollten deshalb über längere Zeit mit mindestens zwei Messzeitpunkten kontrolliert werden (Schulmeister 1997). Ähnlich gering ist in den meisten Fällen die externe Validität, da ein anwendungsnahes CSCL-Arrangement ein so komplexes Gefüge miteinander interagierender Faktoren ist, dass eine Generalisierung, sei es auf andere Lernumgebungen, sei es auf andere Populationen oder andere Situationen, nur sehr eingeschränkt möglich ist. Entsprechend ist bei der Konstruktion von Fragebögen höchste Sorgfalt anzuwenden, um Artefakte und Ambiguitäten, die aus dem Messinstrument selbst entstehen, zu minimieren; zur Konstruktion und statistischen Auswertung von Fragebögen informieren (Friedrichs 1980) und (Bortz & Döring 1995), speziell aus kognitionspsychologischer Sicht (Sudman et al. 1996). Um die mangelnde Validität von Einzelstudien zu korrigieren, empfiehlt sich die Durchführung von Meta-Analysen (Susman 1998).

3 Qualitative Methoden

Qualitative Methoden bilden ein Konglomerat von Verfahren, die nicht oder nur teilweise dem kausalanalytischen Paradigma (quasi-)experimenteller Forschung oder standardisierter Befragung zugeordnet werden können. Im Zentrum steht die inhaltliche Interpretation von „Texten" als den Resultaten individueller Handlungen oder sozialer Interaktionen. Dabei wird der Begriff „Text" sehr allgemein verwendet, es kann sich um ein Schriftstück, einen Dialog, eine Interviewmitschrift, einen Film oder um nahezu beliebige Dokumente handeln; als Interpretationsbasis dient in der Regel eine aufbereitete Form, meist eine schriftliche Transkription. Ziel ist die Rekonstruktion des „subjektiven Sinns" der handelnden, d.h. den Text erzeugenden Subjekte bzw. das Aufdecken der tiefenstrukturellen Faktoren, die für die Genese des Textes konstitutiv sind (Flick 2002; Flick et al. 1995), und nicht, wie im quantitativen Paradigma, die Etablierung von objektivierbaren Kausalgesetzen.

Hinsichtlich der Untersuchung von CSCL-Szenarien ist ein liberalerer Begriff von qualitativer Analyse angebracht, der sich primär an der Art des analysierten Materials orientiert: (i) textuelle Protokolle (Log-Files) aus synchronen oder asynchronen kooperativen Lernsitzungen, und (ii) Videomaterial aus synchronen Lernsitzungen (siehe Abb. 3). Statt einer quantitativen Analyse von Output-Variablen (z.B. Lernerfolg) analysiert man hier auf mikroskopischer Ebene den Lernprozess selbst, etwa die Sequenz der einzelnen Beiträge bzw. Sprechakte oder die Abfolge kooperativer Handlungsmuster. Im Zentrum steht dabei die Suche nach Regelmäßigkeiten in der Reihenfolge einzelner Aktivitäten, kommunikativer Akte oder kognitiver Prozesse, die die Spezifik des CSCL-Szenarios verstehen helfen; im Gegensatz zur oben dargestellten ergebnisorientierten Analyse konzentriert sich die prozessorientierte Analyse auf die psychologisch relevanten Prozesse während des kooperativen Lernens selbst.

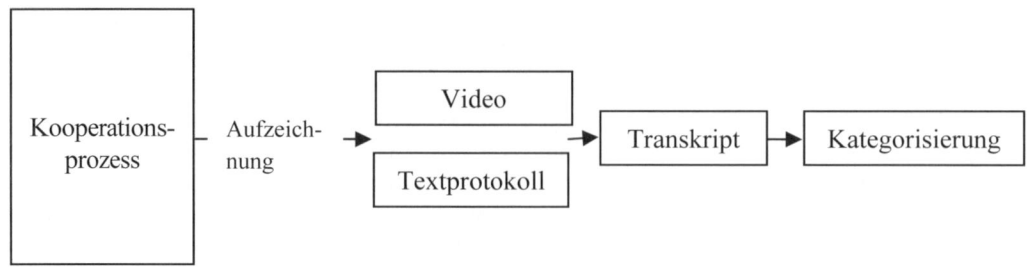

Abb. 3: Ablaufschema der qualitativen Prozess-Analyse

3.1   Textanalyse

CSCL-Lernverläufe erzeugen einen Kommunikationsfluss der Teilnehmer. Diese Kommunikation kann automatisch protokolliert und als (transkribierter bzw. aufbereiteter) Text analysiert werden. Die Kommunikation wird in einzelne Beiträge segmentiert und als zeitliche Sequenz der Beiträge dargestellt. Die Analyse besteht meist in der Kategorisierung der einzelnen Beiträge, die als Analyseeinheit dienen (van Boxtel et al. 2000). Das entsprechende Kategoriensystem kann entweder a priori theoretisch definiert werden, etwa im Sinne der „Qualitativen Inhaltsanalyse" (Mayring 2000), oder sich induktiv aus der fortschreitenden Analyse selbst ergeben, etwa im Sinne der „Grounded Theory" (Strauss & Corbin 1996). Die Kategorien können entweder klassifikatorisch sein, um beispielsweise ähnliche Sprechakte zusammen zu fassen („Frage", „Aufforderung"), oder sie können als Indikatoren kognitiver Operationen dienen („Aufmerksamkeit", „Speicherung"). Die Kategorisierung stellt den ersten Schritt einer qualitativen Analyse dar, die das Rohmaterial, etwa ein Chat-Protokoll (Herring 1999), erst einer weitergehenden Betrachtung zugänglich macht.

Die Auswertung kann eher statisch oder eher dynamisch orientiert sein. Bei der statischen Auswertung erfasst man beispielsweise Häufigkeiten spezifischer Beitragskategorien in Abhängigkeit von unterschiedlichen Lernsituationen, von unterschiedlichen Phasen des Lernprozesses oder von verschiedenen Teilnehmerrollen. Häufigkeitsanalysen geben Aufschluss über relevante Kommunikationskategorien und können zur Vorhersage von Ergebnis-Variablen verwendet werden. Eine dynamisch orientierte Analyse konzentriert sich auf die zeitliche Abfolge von Beiträgen im Sinne einer Sequenzanalyse, mit der etwa Bedingungen des Sprecherwechsels („turn-taking") oder längere Interaktionsmuster identifiziert werden können; Ansätze zur Sequenzanalyse sind etwa die Konversationsanalyse (Bergmann 1995) oder quantitative Ansätze auf Basis von Markov-Modellen (Haccou & Meelis 1994; Janetzko 2001; Soller & Lesgold 2003).

Der relativ aufwendige Prozess der Datenaufbereitung (Transkription) und Kategorisierung kann durch unterstützende Software reduziert werden. Beispielhaft seien das Programm TEXTPACK der ZUMA Mannheim („TEXTPACK Computer Assisted Content Analysis" 1998) und das konzeptuell auf der Grounded Theory basierende ATLASti erwähnt (Muhr 1997). Beide Programme unterstützen die qualitative sowie quantitative Analyse von Textkorpora. Speziell auf die Analyse von Chat-Protokollen zugeschnitten ist das Programm CHATLINE (Holmer 2003), das neben einer Erfassung von Textprotokollen deren nachträgliche Kategorisierung, die Verknüpfung von Beiträgen, sowie diverse Auswertungsmöglichkeiten (Sequenzdiagramme, Soziogramme) einschließlich einer grafischen Darstellung der Diskursstruktur bietet. Für die Analyse von Markov-Modellen muss auf Software zurückgegriffen werden, die in der Regel nicht in Standardstatistikpaketen enthalten ist (Murphy 2003).

3.2 Videoanalyse

Bei der traditionellen Videoanalyse wird der Interaktionsprozess von Personen durch eine separate Kamera aufgenommen, entweder automatisch oder durch einen „Kameramann"; moderne digitale Videoanlagen bieten die Möglichkeit, mit mehreren Kameras gleichzeitig unterschiedliche Aspekte der Szenerie aufzunehmen und zu mischen. CSCL-Arrangements bieten darüber hinaus die Möglichkeit, die auf dem Computerbildschirm ablaufenden Aktionen mittels Screen-Recording direkt zu erfassen; besteht das CSCL-Kommunikationsmedium aus einer Videokonferenz, so kann der gesamte Lernprozess direkt vom Bildschirm erfasst werden (Reiserer et al. 2002). Spezialfälle bilden das Klick-Recording, d.h. die Aufzeichnung von Mauszeigerbewegungen und Klicks (Scheier & Koschel 2002) und das Eye-Tracking, d.h. die Aufzeichnung der Blickbewegungen (Duchowski 2003).

Die eigentliche Prozessanalyse verwendet als Interpretationsbasis das digitale Video. Anders als bei der quasi-natürlichen Segmentierung von Texten in Beiträge stellt die Segmentierung und Kategorisierung kontinuierlicher Videoströme den Auswerter vor erhebliche Probleme. Der Handlungsfluss muss in unterscheidbare Aktionen eingeteilt werden und ähnliche Aktionen müssen als Exemplare der gleichen Kategorie identifiziert werden (so kann beispielsweise die Aktion „stimmt zu" entweder als verbale Zustimmung „ja, genau" oder gestisch durch Kopfnicken realisiert sein). Neben der Operationalisierung der Auswertungskategorien müssen die entsprechenden Szenen im Videomaterial so markiert werden, dass sie wiederauffindbar sind. Einen Ansatz aus ethnographischer Perspektive zur Auswertung liefert die Interaction Analysis (Jordan & Henderson 1995). Software, die diese Arbeit unterstützt, ist beispielsweise das oben erwähnte ATLASti oder das Programm INTERACT („INTERACT" 2003), das äußerst ausgefeilte Möglichkeiten der Videoanalyse bietet (event-sampling auf Frame-Ebene, hierarchische Kategorisierung, Interaktionsgraphen, usw.).

Je nach Forschungsfrage kann die Analyse eher individuelle Prozesse oder eher soziale Interaktionen der Lerngruppe betreffen. Protokollierte oder transkribierte Prozessdaten lassen sich nicht nur hinsichtlich der Beiträge, sondern meist auch hinsichtlich der Interaktionen der beteiligten Personen analysieren. Kann aus den Daten die Kommunikationsrichtung abgeleitet werden – etwa indem bei Chat-Protokollen der jeweilige Adressat direkt anzugeben ist oder durch Ratingverfahren bei Videoanalysen – lassen sich Interaktionsmuster in Form von Soziogrammen erstellen, die Aufschlüsse über die Dynamik der Gruppe und die Rolle einzelner Teilnehmer zulassen; als Spezialsoftware zur Analyse sozialer Netzwerke kann beispielsweise UCINET (Borgatti et al. 1999) verwendet werden. Ein ausgereiftes Verfahren zur Analyse von Kommunikationsakten in Kleingruppen hinsichtlich aufgabenbezogener und sozial-affektiver Dimensionen bietet SYMLOG (Bales & Cohen 1979); zu verwandten Verfahren siehe (Schweizer 2003).

4   Spezielle Verfahren

Abschließend sollen noch zwei Methoden zur Erfassung von Prozessdaten kurz beschrieben werden, die zur Untersuchung von CSCL-Arrangements besonders fruchtbringend eingesetzt werden können. Hinsichtlich der Erhebung von Prozessdaten stellen die Analyse des „Lauten Denkens" und die Analyse von Blickbewegungen seit langem bewährte Verfahren dar. Das Laute Denken ist eine der ältesten psychologischen Prozeduren, um unbeobachtbare kognitive Prozesse beobachtbar zu machen. Die Versuchsperson wird dabei aufgefordert, alles verbal zu äußern, was ihr bei der Bearbeitung einer Aufgabe durch den Kopf geht. CSCL-Szenarien, die face-to-face oder via Audio/Video-Konferenz realisiert werden, liefern derartige Daten fast en passant, da der Kommunikationsprozess notwendigerweise offen verläuft und einfach aufgezeichnet werden kann. Bei textbasierter, vor allem bei asynchroner Kommunikation, müssen die Teilnehmer explizit dazu aufgefordert und u.U. trainiert werden. Probleme des Lauten Denkens bestehen in der sehr unterschiedlichen Fähigkeit von Personen, ihr Denken kontinuierlich zu verbalisieren, in der Gefahr von Interferenzen zwischen Sprechen und Denken, sowie in der prinzipiellen Nicht-Verbalisierbarkeit vieler automatisierter Denkprozesse. Hinweise zur Durchführung des Lauten Denkens findet man etwa bei van Someren et al. (1994).

Während Lautes Denken ein eher reaktives Verfahren ist, gilt die Blickbewegungsanalyse als weitgehend non-reaktives Verfahren, d.h. die Messung beeinflusst den zu messenden Prozess nicht. Unter der Annahme, dass die jeweils visuell fixierten Orte bzw. Informationen im Blickfeld einer Person den Fokus ihrer Aufmerksamkeit bilden und mit hoher Kapazität verarbeitet werden, kann auf Basis einer Analyse der Fixationen ein Rückschluss über die Art und Abfolge der kognitiven Prozesse gezogen werden. Technisch funktioniert das Verfahren über die Analyse der Pupillenbewegung und der daraus abgeleiteten Blickrichtung, etwa beim Betrachten eines Bildschirms. Moderne, nicht-invasive Verfahren benutzen dazu eine Videoanalyse der Augenbewegung im Infrarotbereich und liefern als Resultat ein detailliertes Protokoll der Fixationspunkte über die Zeit mit hoher Auflösung (Duchowski 2003; Hyönä et al. 2003). Diese Verfahren eignen sich auch sehr gut zur Überprüfung der Gebrauchstauglichkeit (Shneiderman 1998) der Benutzerschnittstellen der verwendeten interaktiven Medien.

5   Integrierende Forschungsdesigns

Die empirische Untersuchung von CSCL-Arrangements stellt an den Forscher und an die Forscherin auf Grund der multidisziplinären Anforderungen hohe Ansprüche. Die hier vorgenommene Unterscheidung zwischen quantitativen und qualitativen Ansätzen darf nicht zu der falschen Annahme führen, dass man nur die eine oder die andere Methode verwenden kann. Im Gegenteil, die bisherige Erfahrung zeigt, dass nur eine intelligente Kombination unterschiedlichster Verfahren und heterogener Paradigmen zu Erkenntnisforschritten führt. Flick (2002) schlägt mehrere Designs zur Integration qualitativer und quantitativer Methoden vor, die im Sinne einer Triangulation, d.h. einer rationalen und komplementären Ergänzung unterschiedlicher Methoden für eine Forschungsfrage, umgesetzt werden können. Bei noch wenig beforschten Problemfeldern empfiehlt sich etwa die Nutzung qualitativer Einzelfall- und Beobachtungsstudien zur Hypothesengenerierung mit anschließender quantitativer Messung ausgewählter Variablen zur Hypothesenprüfung. Andererseits kann die an eine groß angelegte Fragebogenstudie anschließende Detailstudie mit genauen Prozessanalysen die Interpretation von aggregierten Daten erleichtern und verbessern. Der Königsweg ist hier noch nicht gefunden und gerade die Notwendigkeit zur permanenten formativen Evaluation (siehe dazu Beitrag 4.5.6) erfordert Kenntnis und Gebrauch eines umfangreichen Methodenrepertoires.

1.3   Lern- und kommunikationspsychologische Grundlagen

Monique Janneck

Universität Hamburg

1   Einleitung

Dass die Frage: „Wie lernen Menschen?" bei der Betrachtung des computergestützten kooperativen Lernens um die Aspekte „wie lernen Menschen *gemeinsam?*" und „wie *kommunizieren* sie dabei?" ergänzt werden muss, liegt auf der Hand. Schließlich geht es ausdrücklich darum, den gemeinschaftlichen Wissenserwerb von Menschen zu verstehen und zu unterstützen. Als Grundlage hierfür dienen Theorien und Befunde der Lern- und Kommunikationspsychologie.

Im ersten Teil dieses Kapitels werden verschiedene psychologische Theorien und Modelle des Lernens, ihr Entstehungskontext und ihre unterschiedliche Bedeutung und Rezeption im Bereich CSCL überblickshaft vorgestellt. Komplementär dazu wird im zweiten Teil exemplarisch ein kommunikationspsychologischer Ansatz und seine Bedeutung für CSCL detaillierter beschrieben.

Der Beitrag möchte Schnittstellen der vorgestellten Theorien und Modelle mit CSCL und ihre mögliche Anwendung in diesem Bereich aufzeigen. Auf die konkrete Ausgestaltung von Lernsituationen und technischen Systemen gehen die nachfolgenden Kapitel dann detaillierter ein.

2   Psychologische Theorien und Modelle des Lernens

2.1   Lerntheorien im klassischen Sinne: Verhaltenstheoretische Ansätze

Der Begriff „Lerntheorie" bezeichnet in der deutschsprachigen Psychologie vor allem den klassischen Ansatz der *Verhaltenstheorien*, also einen Ansatz, der in der CSCL-Forschung eher von geringer Bedeutung ist: „Die Bezeichnung ,*Lerntheorien*' ist insofern irreführend, als diese Theorien nicht ausschließlich im Hinblick auf die Erklärung und systematische Darstellung des Lernprozesses formuliert sind. Es handelt sich vielmehr um mehr oder minder allgemeine *Verhaltenstheorien*, welche lediglich von der einen gemeinsamen Voraussetzung ausgehen, dass Umwelteinflüsse, die in Lernprozessen ihren Niederschlag finden, für das Verständnis der Anpassung des Individuums an seine Umgebung von zentraler Bedeutung sind" (Arnold et al. 1996, S. 1258f.). Insbesondere die so genannten *S-R-* (stimulus-response) *Theorien*, die Lernen als *beobachtbare Verhaltensänderung* begreifen, die als Reaktion (*response*) auf äußere Reize (*stimuli*) erfolgt, sind unter der Bezeichnung *Behaviorismus* weithin bekannt geworden. Durch Manipulation der Reize sowie der erlebten Konsequenzen des gezeigten Verhaltens werden Verhaltensänderungen und damit das Lernen steuerbar.

S-R-Theorien haben ihren Ursprung zu Beginn des 20. Jahrhunderts und erlebten eine Blütezeit in den 40er und 50er Jahren, die in der euphorischen Hoffnung gipfelte, auf der Grundlage allgemeiner Lerngesetze *Verhaltenstechnologien* zu entwickeln, um menschliches Verhalten in allen gesellschaftlichen Bereichen steuern und das Zusammenleben positiver gestalten zu können. Skinner, einer der bekanntesten Vertreter des Behaviorismus (z.B. 1977), skizzierte 1948 seine gesellschaftspolitischen Visionen in dem Roman „Walden Two" („Futurum II"), der auch zum näheren Verständnis des Behaviorismus durchaus zu empfehlen ist.

Die Gültigkeit der formulierten Lerngesetze wird heute nur noch in eingeschränkter Form gesehen (Spada et al. 1992). Insbesondere die Vernachlässigung geistiger, motivationaler und emotionaler Prozesse, die als so genannte *Black Box* ignoriert wurden, durch den Behaviorismus, der nur das beobachtbare Verhalten zum Gegenstand seiner Untersuchungen machte, ließ sich nicht lange halten und führte im Laufe der 50er Jahre zu einem Paradigmenwechsel in der psychologischen Forschung, der *kognitiven Wende* (s. Abschnitt 2.2). Kritisiert wurde außerdem häufig das deterministische Menschenbild des Behaviorismus, das Menschen als scheinbar willenlos und beliebig durch äußere Reize steuer- und kontrollierbar darstellte.

Im Bereich des computergestützten Lernens hatten lerntheoretische Ansätze eine Pionierrolle inne. Skinner (1968) selbst stellte mit der *programmierten Instruktion* ein solches Modell vor, bei dem der Lehrstoff, in kleine Aufgaben unterteilt, vorgegeben und die Antwort des Lernenden entsprechend verstärkt wird. Spätere Konzeptionen wie Autorensysteme oder Courseware werden häufig unter der Bezeichnung *computer-assisted instruction* (CAI) oder *computer-based training* (CBT) zusammengefasst. Ihnen gemeinsam ist ein mechanistisches Modell des Lernens, das auf „drill & practice" beruht, wobei die technische Unterstützung sowohl die Vermittlung der Inhalte als auch die Rückmeldung und Verstärkung übernimmt (Koschmann 1996, Schulmeister 1997). Für CSCL sind lerntheoretische Ansätze aufgrund der Vernachlässigung kooperativer Prozesse und der Selbststeuerung von Individuen von geringem Interesse.

In vielen Publikationen zum computergestützten Lernen wird der Begriff „Lerntheorie" generell zur Bezeichnung lernpsychologischer Grundlagen verwendet. Nicht nur um Missverständnisse zu vermeiden, ist nach Ansicht der Autorin jedoch eine sparsamere Verwendung dieses Terminus angebracht, der einen vergleichbaren Abstraktionsgrad sowie vor allem einen einheitlichen Gegenstand der so bezeichneten Theorien suggeriert. Die im Folgenden skizzierten Modelle unterscheiden sich jedoch z.T. erheblich in ihrem Detaillierungsgrad und ihrer Reichweite und ergänzen sich eher, als in einem Konkurrenzverhältnis zu stehen. Wenige erheben zudem den Anspruch, menschliches Lernen und Verhalten so umfassend zu erklären wie einst der Behaviorismus. Vielmehr stehen jeweils bestimmte, z.B. kognitive (s. Abschnitt 2.2) oder soziale (s. Abschnitt 2.3) Prozesse im Fokus.

2.2   Die „kognitive Wende"

Mit der *kognitiven Wende* der 50er Jahre traten die von lerntheoretischen Ansätzen bisher vernachlässigten Prozesse der menschlichen Informationsverarbeitung in den Vordergrund. Kognitive Modelle des Lernens beschäftigen sich mit bestimmten Phänomenen menschlicher Informationsverarbeitung, die von der Wahrnehmung über Gedächtnisprozesse, Denken und Problemlösestrategien bis hin zu Sprechen und Sprachverstehen reichen (eine Einführung in die genannten Themengebiete findet sich z.B. bei Spada (1992) oder bei Anderson (2001)). Diese Kleinteiligkeit wird bisweilen kritisiert (Schulmeister 1997, S. 86ff.), jedoch haben kognitive Theorien meist gar nicht den Anspruch, sämtliche Facetten menschlichen Lernens zu erklären (s.o.): „Bezeichnenderweise werden diese neuen Formulierungen in der Regel nicht mehr ‚Lerntheorien' genannt" (Arnold et al. 1996, S. 1265).

Allgemein beschäftigen sich kognitive Psychologinnen und Psychologen mit der Frage, wie „der sensorische Input umgesetzt, reduziert, weiter verarbeitet, gespeichert, wieder hervorgeholt und schließlich benutzt wird" (Neisser 1974, S. 19). Vor allem *Gedächtnisprozesse* spielen hierbei eine wichtige Rolle (z.B. Anderson 1980). Lernen wird als Aufbau einer *kognitiven Struktur* gesehen, die eine Repräsentation der Erfahrungen eines Individuums darstellt und sowohl bei der Informationsaufnahme und -verarbeitung als auch bei der Handlungsplanung (vgl. Abschnitt 2.4) wirksam wird. Durch Lernen werden *mentale Modelle* (z.B. Gentner & Stevens 1983) aufgebaut und verändert, also Vorstellungen, die sich Menschen von ihrer Umwelt machen und anhand derer sie ihre Umwelt wahrnehmen und sich in ihr orientieren. Mentale Modelle der Benutzerinnen und Benutzer sind auch für die Gestaltung von Software relevant (Dutke 1994).

Das Ergebnis von Lernprozessen im kognitiven Sinne ist der Aufbau von Wissen, das im Langzeitgedächtnis gespeichert wird. Auf Polanyi (1985) geht die Unterscheidung zwischen *implizitem* und *explizitem* Wissen zurück. Explizites Wissen lässt sich sprachlich fassen und demzufolge durch sprachliche Kommunikation weitergeben. In der kognitiven Psychologie wird explizites Wissen auch als *deklaratives* oder *Faktenwissen* bezeichnet (z.B. Anderson 1983). Lern- und Prüfungsinhalte in Schule und Hochschule stellen typischerweise explizites Wissen dar. Implizites Wissen hingegen wird durch konkrete Erfahrungen einer Person erworben und lässt sich nur schwer sprachlich kommunizieren. Lernen ist – wie z.B. beim Fahrradfahren oder Musizieren – nur durch eigenes Tun möglich, die Bewegungsabläufe werden mit zunehmender Könnerschaft immer stärker automatisiert und laufen zunehmend unbewusst ab. Auch kognitive Elemente wie die oben beschriebenen mentalen Modelle werden von Nonaka & Takeuchi (1997) zu den impliziten Wissensinhalten gezählt.

Im Kontext von CSCL stellt das implizite Wissen eine besondere Herausforderung dar. Gerade bei technisch vermitteltem Lernen steht explizites Wissen im Vordergrund, da es sich vergegenständlichen und technisch handhaben lässt (z.B. in Form von Datenbanken oder Lernmodulen). Wie auch der Umgang mit implizitem Wissen angemessen unterstützt werden kann, wurde bislang bei der Gestaltung von CSCL-Systemen kaum betrachtet. Auch z.B. Wissensmanagement-Ansätze in Unternehmen fokussieren meist auf explizites Wissen.

Darüber hinaus spielen kognitive Theorien für CSCL eine untergeordnete Rolle, mit Ausnahme von spezielleren Ansätzen wie den der *Verteilten Kognition* (s. z.B. Perry 2003), der die Repräsentation von Wissen in einem bestimmten Feld über verschiedene Köpfe hinweg, z.B. in einer Arbeitsgruppe, untersucht. Generell fehlt jedoch die Thematisierung sozialer, emotionaler und motivationaler Prozesse, die beim kooperativen Lernen eine große Rolle spielen.

Stattdessen waren kognitive Theorien sowie Forschungen auf dem Gebiet künstlicher Intelligenz maßgeblich für die Entwicklung *intelligenter tutorieller Systeme*, die dem Lernenden eine für ihn „maßgeschneiderte" Lernumgebung mit passenden Lerninhalten und -aufgaben präsentieren und Feedback generieren sollen. Das instruktionistische Modell, das erfolgreiches Lernen als möglichst genaue Übertragung der vorgegeben Lehrinhalte begreift, blieb dabei jedoch nahezu unangetastet (Koschmann 1996). Vermutlich aus diesem Grund wird häufig ein Gegensatz zwischen kognitiven und konstruktivistisch orientierten Theorien behauptet, die Lernen nicht als Wissensübertragung, sondern als aktive Wissenskonstruktion verstehen (s. Abschnitt 2.3). Nach Ansicht der Autorin besteht dieser Gegensatz jedoch nicht: Vielmehr ist auch der Aufbau mentaler Strukturen und Modelle, wie er in kognitiven Theorien beschrieben wird, zwingend ein aktiver und konstruktiver Prozess, der individuell unterschiedlich abläuft.

2.3 Lernen als sozial-konstruktiver Prozess

Vertreterinnen und Vertreter des Forschungsfeldes CSCL heben in der Regel ein Verständnis von Lernprozessen hervor, das den *sozialen Kontext* des Lernens betont. Koschmann (1996) nennt die folgenden Ansätze als bedeutsame Einflüsse („intellectual heritage", S. 13) auf die CSCL-Forschung:

Konstruktivismus: Der Konstruktivismus ist eine Erkenntnistheorie, deren Grundannahmen auch in die Entwicklung von Modellen menschlichen Lernens und menschlicher Kommunikation (s. Abschnitt 3) eingeflossen sind. Vertreterinnen und Vertreter konstruktivistischer Positionen betonen, dass Menschen ihre Umwelt nicht nur passiv wahrnehmen, sondern in ihrer Wahrnehmung und in ihrem Handeln aktiv konstruieren. Lernen wird somit – aufbauend auf den Arbeiten von Bateson (1983) und Piaget (vgl. Prenzel & Mandl 1993) – als *aktiv-konstruktiver* Prozess angesehen. Wissensvermittlung kann demnach nie eine Eins-zu-Eins-Abbildung von Sachverhalten sein, sondern die Lernenden konstruieren ihr Wissen auf der Basis von Vorerfahrungen ständig neu und ordnen es in die Probleme der Lebenswelt ein. Da Menschen in einer sozialen Umwelt leben, werden diese Konstruktionsprozesse stark durch soziale Interaktionen beeinflusst. Bei der Entwicklung computerunterstützter Lernformen im letzten Jahrzehnt haben sich viele Autorinnen und Autoren auf konstruktivistische Modelle berufen (vgl. Jonassen & Mandl 1990, Spiro et al. 1991, Duffy & Jonassen 1992, Gräsel et al. 1997).

Sozio-kulturelle Theorien: In der sowjetischen Psychologie entwickelten sich in den 20er Jahren des vergangenen Jahrhunderts starke Strömungen, die sich mit der kulturellen Basis des menschlichen Intellekts befassten. Einer der bekanntesten Vertreter dieser Richtung war Vygotski (z.B. 1978) mit seiner „cultural-historical psychology". Demnach findet Lernen stets auf zwei Ebenen statt: der „inter-individuellen" sowie der „intrapsychischen". Beim inter-individuellen Lernen, also dem Lernen im sozialen Zusammenhang, spielt die Vorbildfunktion anderer Personen, die etwa eine Fertigkeit bereits (besser) beherrschen, eine entscheidende Rolle.

Während Vygotski stark auf die Rolle der Sprache als vermittelndem Faktor des Lernens fokussierte, stellte sein Schüler Leontjew (z.B. 1977) die Rolle menschlichen Handelns in den Vordergrund. Seine *Tätigkeitstheorie* (englisch: *Activity Theory*) befasst sich mit zielgerichtetem menschlichen Handeln in seinem kulturellen (sozialen) Kontext und den Artefakten, die dieses Handeln vermitteln, wie Zeichen, Symbole, Regeln oder Medien.

Situiertes Lernen / situierte Kognition: Theorien situierten Lernens betonen die soziale Eingebundenheit von Lernprozessen. Diese sind dann erfolgreich, wenn sie an den realen Erfahrungen der Lernenden anknüpfen und in deren Umwelt eingebunden sind. Daraus folgt, dass Lernaufgaben realitäts- und praxisnah sein sollten (Clancey 1997, Gräsel et al. 1997). Da dies in der Regel eine Interaktion mit anderen Menschen einschließt, liegt eine Orientierung an kooperativen Lernsettings nahe.

Nach Lave & Wenger findet Lernen stets in einer Gemeinschaft statt, in der bestimmte Fertigkeiten verlangt und vermittelt werden. Jedes Individuum ist Teil vieler solcher *Communities of Practice*: im Alltag, in der Schule, im Arbeitsleben. Gemeinsame Ziele, gemeinsam unternommene Vorhaben, gemeinsam genutzte Artefakte sowie ein gemeinsames Verständnis von Regeln sind zentrale Bestandteile einer solchen Gemeinschaft. Lernen wird als Prozess der Integration in eine Gemeinschaft begriffen (*enculturation*), wobei das (neue) Mitglied langsam vom Rand in die Mitte der Gemeinschaft vorstoßen kann. Erfahrene Mitglieder übernehmen dabei die Rolle eines Begleiters, der beim Erwerb von Fähigkeiten unterstützend wirkt. Lave & Wenger bezeichnen diesen Prozess als *legitimate peripheral participation* und *cognitive apprenticeship* (Lave & Wenger 1991, Wenger 1998).

Obgleich sie viele der oben genannten Aspekte vereinen und zudem praktische Handreichungen für die Gestaltung von Lernsituationen bieten, werden *humanistische* Vorstellungen des Lernens im Zusammenhang mit CSCL seltener genannt:

So entwarf Carl Rogers, der Begründer der Gesprächspsychotherapie, in den 60er Jahren des 20. Jahrhunderts das Modell eines reformierten Schul- und Universitätssystems, das er mit Fallbeispielen aus Schule und Universität und Handreichungen für die praktische Umsetzung illustriert (Rogers 1969). Lernen versteht er als tiefgehenden Prozess der *Persönlichkeitsentwicklung*. Kern seines Modells ist die Forderung, dass Lerninhalte *persönlich bedeutsam* für den Lernenden sein müssen: Nur dann kann *signifikantes*, persönlichkeitsförderndes Lernen stattfinden. Das bedeutet, dass Lernende die Lerninhalte und deren Bearbeitung weitestgehend selbst mitbestimmen sollen. Rogers' Forderungen liegt ein humanistisches Menschenbild zu Grunde, das – auch in Abgrenzung von behavioristischen Strömungen – die Selbstbestimmtheit von Individuen und ihren grundsätzlichen Drang und Willen zum Lernen und zur persönlichen Weiterentwicklung betont (Rogers 1961, 1969).

Ruth Cohn und die WILL-Gruppe (Workshop Institute for Living-Learning) griffen die Vorstellung eines persönlich bedeutsamen, lebendigen Lernens mit der Entwicklung der *Themenzentrierten Interaktion* (TZI) auf und übertrugen sie auf Lernprozesse in Gruppen (z.B.

Cohn & Farau 1984). Die TZI als Modell für die Gestaltung von Lerngruppen wird auch in den Kapiteln 1.5 und 3.2 beschrieben.

Humanistische Pädagoginnen und Pädagogen fordern neben selbstbestimmtem und persönlich bedeutsamem auch *ganzheitliches Lernen* („Lernen mit Kopf, Herz und Hand", Meyer 1987, S. 34). Ganzheitliches Lernen verlangt, an die Stelle einer Über- und Unterordnung von Theorie und Praxis ein Modell der Vernetzung derselben zu setzen (Jank & Meyer 1994). Eine Konsequenz des Prinzips der Ganzheitlichkeit ist eine Orientierung des Lernens an *Handlungsprodukten*. Handlungsprodukte sind die materiellen und geistigen Ergebnisse der Tätigkeit der Lernenden, die anderen zugänglich gemacht werden (können). Sie stellen den Anlass für und Ausgangspunkt von Lernprozessen dar (Gudjons 1998, Jank & Meyer 1994).

Im Gegensatz zu behavioristischen Modellen, die nur das Verhalten des Menschen betrachteten und menschliches Erleben ausklammerten, und zu kognitiven Theorien, die soziale und emotionale Aspekte weitgehend außer Acht lassen, nehmen die skizzierten sozialkonstruktiven und humanistischen Ansätze den Menschen in seinem Denken, Fühlen, Handeln und in seiner sozialen Umwelt wahr, legen jedoch auch ein gröberes Raster bei der Beschreibung von Lernprozessen an. Einzelphänomene, wie sie beispielsweise kognitive Theorien beim Analysieren von Problemlöseprozessen in den Blick nehmen, werden nicht thematisiert.

Der nachfolgende Abschnitt beschließt die Darstellung psychologischer Theorien des Lernens mit einem Exkurs über menschliches Handeln, das, wie eben beschrieben, bei der Beschäftigung mit Lernen nicht ausgeklammert werden sollte.

2.4   Lernen und Handeln

Ein grundlegendes Modell zur Erklärung menschlichen Handelns, das insbesondere in den Arbeitswissenschaften weite Verbreitung gefunden hat, ist die *Handlungs-Regulations-Theorie* (Volpert 1987, Hacker 1980, Oesterreich 1981). Forderungen nach einer humanen, persönlichkeitsförderlichen Ausgestaltung der Arbeit (in Analogie zu den Forderungen der humanistischen Pädagogik, s. Abschnitt 2.3) lassen sich anhand der Handlungs-Regulations-Theorie begründen.

Die Handlungs-Regulations-Theorie bezieht sich auf *zielgerichtetes, gegenständliches* Handeln: Kognitives Planen und eine Interaktion mit der physischen Welt sind demzufolge wichtige Komponenten der so beschriebenen Handlungen. Dass sich das Modell nur schlecht auf spontane, unüberlegte, „unvernünftige" oder (scheinbar) ziellose Handlungen übertragen lässt, die möglicherweise eher aus einer emotionalen als aus einer rationalen Motivation heraus verübt werden, ist denn auch ein Hauptkritikpunkt an diesem Modell (vgl. z.B. Neuweg 2000 oder das fiktive Streitgespräch in Volpert 2003).

Das Grundprinzip der Handlungs-Regulations-Theorie besagt, dass Handlungen als *zyklische Einheiten* aufgefasst werden können. Ausgangspunkt ist dabei das *Ziel*, das mit der Handlung erreicht werden soll: Der Handelnde stellt eine Abweichung zwischen *Ist-* und *Soll-Zustand* fest, wobei der Soll-Zustand das zu erreichende Ziel charakterisiert. Die Handlung soll diese

Abweichung verringern, weswegen am Ende jeder Handlung die Rücküberprüfung anhand
des eingangs fixierten Zieles steht. Manche Teilhandlungen sind dabei von ihrer Reihenfolge
her festgelegt, andere nicht. Auch kann die (geplante) Handlungsreihenfolge ggf. situations-
gerecht oder spontan geändert werden, oder die Handlung wird unterbrochen und später
wieder aufgenommen. Andere Störungen verunmöglichen den Fortgang der Handlung vielleicht ganz. Vertreterinnen und Vertreter dieses Handlungsmodells betonen denn auch, dass
das Modell nicht starr oder bürokratisch zu verstehen ist, sondern Flexibilität im Handlungs-
ablauf durchaus berücksichtigt (vgl. Volpert 2003, S. 44ff.).

Das Modell der hierarchisch-sequentiellen Handlungsorganisation kann zur Analyse von
Arbeitstätigkeiten dienen. Von besonderer Bedeutung ist dabei vor dem Leitbild der Huma-
nisierung der Arbeit die *Vollständigkeit* der Handlung: Bei einer vollständigen Arbeitshand-
lung ist die handelnde Person sowohl an der Zielbildung als auch an der Ausführung beteiligt
und erhält überdies angemessene Rückmeldungen über das Ergebnis ihrer Handlung (Hacker
1980). Vollständige Handlungen werden als hoch effizient und persönlichkeitsfördernd angesehen (Volpert 1987). Fehlen ein oder mehrere Teilstücke, spricht man von einer *partiali-
sierten* Handlung (Volpert 1975). Auch in Lernkontexten findet man häufig partialisierte
Handlungen: Lernziele werden meist von außen – durch die Lehrenden als Vertreterinnen
bzw. Vertreter einer Institution – vorgegeben. Feedback erfolgt oft schematisiert anhand von
Noten und ähnlichen Bewertungssystemen und bewertet lediglich das sichtbare Gesamtergebnis, nicht den Prozess mit seinen vielen kleineren Teilhandlungen. Die Lernenden bleiben
dann im Ungewissen, an welcher Stelle im hierarchischen Prozess die Ursachen für die am
Ende diagnostizierte Abweichung zum Soll-Ziel liegen.

Die oben dargestellten Prinzipien beziehen sich auf Handlungen einzelner Individuen. Bezogen auf Lerngruppen stellt sich die Frage, wie diese ihr Handeln gemeinsam regulieren. Weber (1997, S. 9ff.) stellt in seinem Rahmenmodell der *kollektiven Handlungsregulation* in
Arbeitsgruppen folgende Merkmale dar:

- Erzeugung eines gemeinsamen Plans (z.B. eine Situationseinschätzung oder ein Lö-
  sungsweg) für das Gruppenproblem durch Gruppenkommunikation. Dabei werden die
  individuellen Regulationsprozesse in der Gruppe „wechselseitig kommentiert, modifiziert und verworfen (...) und nach und nach zu einer gemeinsamen Ziel-
  Handlungsprogramm-Struktur integriert" (Weber 1997, S. 10).
- Verschränkung kommunizierter und nicht-kommunizierter Planungs- und Entscheidungsprozesse: Gruppenmitglieder entdecken z.B. durch einen Beitrag eines anderen
  das bisher „fehlende Glied in der Kette" (ebd., S. 10).
- Aufbau und Austausch gemeinsamer Wissensreservoirs: die Gruppenmitglieder teilen
  ihr Wissen und Können, das durch Artefakte (z.B. Datenbanken, Archive) vergegen-
  ständlicht wird.

Diese Punkte verdeutlichen sowohl die Bedeutung der Kommunikation (vgl. Abschnitt 3) als
auch Chancen der Softwareunterstützung (z.B. beim Aufbau gemeinsamer Wissensreservoirs) für den Gruppenprozess.

3   Kommunikationspsychologische Grundlagen

3.1   Sender – Nachricht – Empfänger

Als Grundmodell menschlicher Kommunikation dient oft das *Sender-Empfänger-Modell* aus der *mathematischen Theorie der Kommunikation* von Shannon & Weaver (1949). Dieses aus der Nachrichtentechnik stammende Modell beschreibt die Übermittlung von Information vom Sender zum Empfänger: Der Sender kodiert eine Nachricht in Zeichen, die an den Empfänger übermittelt werden. Dieser wiederum hat die übermittelten Zeichen zu dekodieren, um ihnen Bedeutung zu verleihen (Abb. 1). Eine erfolgreiche Übermittlung setzt dabei voraus, dass Sender und Empfänger über einen gut übereinstimmenden Vorrat von Zeichen und Bedeutungen verfügen. Zudem kann die Nachricht auf dem Weg vom Sender zum Empfänger gestört werden (Herrmann 1992).

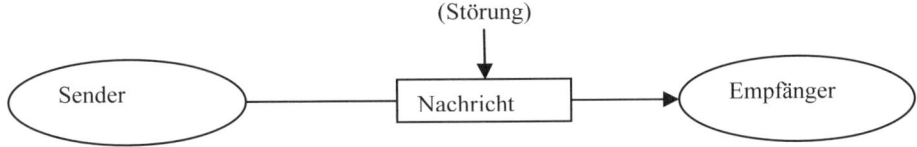

Abb. 1: Grundmodell der Kommunikation, basierend auf dem Sender-Empfänger-Modell von Shannon & Weaver (1949)

Übertragen auf menschliche Kommunikation, stehen sich dabei zwei Modelle grundsätzlich gegenüber (vgl. Schneider 1996): Das *Paketmodell* geht davon aus, dass die Nachricht – das kommunikative Paket – unter günstigen Umständen ohne Bedeutungsverlust vom Sender zum Empfänger transportiert und von diesem aufgenommen werden kann. Übertragen auf den Kontext des Lernens, entspricht dies einem Bild von Wissen und Lernen, das als der sprichwörtliche „Nürnberger Trichter" charakterisiert werden kann: Der Lehrende (Sender) schickt dem Lernenden (Empfänger) ein Wissenspaket, das von letzterem im Prinzip unverändert aufgenommen und verwertet werden kann und soll. Schneider (1996, S. 18) charakterisiert dieses Modell als „Leibniz-Welt", in der Wissen vollständig abbildbar, personen- und kontextunabhängig existiert und somit uneingeschränkt teilbar ist. Nach Schneider (1996) führt diese Sichtweise folgerichtig zu einer Automatisierung und Technisierung von Wissen(sprozessen): Das Hauptproblem computervermittelter Kommunikation im Kontext von Lernprozessen ist somit der Informationsverlust durch (technische) Störungen.

Eine andere Sichtweise vertritt das *Interaktionsmodell* (vgl. Schneider 1996), wonach eine Nachricht im kommunikativen Prozess zwischen Sender und Empfänger *konstruiert* wird: Der Empfänger einer Nachricht dekodiert diese vor dem Hintergrund seiner eigenen Erwartungen und Erfahrungen sowie des jeweiligen Kontextes – die Nachricht, die der Sender losgeschickt hat, ist somit nicht dieselbe, die beim Empfänger ankommt. Dabei ist nicht der Informationsverlust durch „Rauschen" ausschlaggebend für die Veränderung, vielmehr erhält die versandte Information vor dem Erfahrungshintergrund des Empfängers eine gänzlich neue Qualität. Schulz von Thun (2001, S. 62) bezeichnet die ankommende Nachricht daher als „eigenes Werk" des Empfängers.

Auf Lernen bezogen bedeutet diese konstruktivistische Sichtweise, die sich im Übrigen mit kognitiven Theorien zum Aufbau mentaler Strukturen und Modelle deckt (vgl. Abschnitt 2.2 und 2.3), dass der Lernende (Empfänger) die „Wissenspakete" des Lehrenden (Sender) aktiv in den eigenen Erfahrungs- und Handlungshintergrund integrieren muss, um von der über-mittelten Information profitieren zu können. Der Versuch einer reinen Wissensvermittlung dagegen ist zum Scheitern verurteilt (Gräsel et al. 1997, Reinmann-Rothmeier & Mandl 1996).

Wie in Abschnitt 2.3 beschrieben, spielen konstruktivistisch geprägte Ansätze im Rahmen von CSCL eine besondere Rolle. Nach LeBaron (2001) basieren jedoch viele Forschungsar-beiten im Bereich computervermittelter Kommunikation noch auf dem mittlerweile überhol-ten Sender-Empfänger-Modell von Shannon & Weaver (1949). LeBaron (2001) sieht in diesem Zusammenhang die Tendenz, kommunikative Vorgänge verbaler und nonverbaler Art in kleine Einzelteile (z.B. Mundbewegung, Blickrichtung etc.) zu zerlegen und diese jeweils optimal technisch zu unterstützen, während eine ganzheitliche Sichtweise der Kom-munikation und des Kontextes, in dem sie stattfindet, fehlt. Die technisch vermittelte Kom-munikation wird dann oft als möglichst exakte Nachahmung von face-to-face-Kommu-nikation und nicht als neuartiges Kommunikationserlebnis verstanden und konzipiert (s. z.B. die Studie von Kato et al. 2001 zur Gestaltung von Video-Konferenz-Systemen).

Im folgenden Abschnitt wird hingegen mit dem Kommunikationsmodell Friedemann Schulz von Thuns exemplarisch ein Ansatz vorgestellt, der auf konstruktivistischen Vorstellungen basiert, und dessen Implikationen für CSCL diskutiert. Weitere Kommunikationstheorien können hier aus Platzgründen nicht vorgestellt werden. Jedoch liefert z.B. Monk (2003) eine ausführliche Diskussion der Bedeutung der Kommunikationstheorie von Clark (1996, s. auch Clark & Brennan 1991) für die Gestaltung von Groupware. Zudem sei auf Kapitel 3.4.1 verwiesen, das Kommunikationskonzepte für CSCL vertiefend behandelt.

3.2   Die vier Seiten einer Nachricht

Schulz von Thun (2001) folgt in seinem Modell der Annahme, dass menschliche Kommuni-kation nicht durch eine reine Übermittlung von Nachrichten geschieht, sondern dass viel-mehr im Sinne des Interaktionsmodells die Nachricht seitens des Empfängers neu konstruiert wird. Sein Modell beschreibt nicht den Prozess der Konstruktion selber, sondern dessen Ergebnis als Eigenschaften der so konstruierten Nachricht. In Kombination der Arbeiten von Bühler (1934), der *Darstellung*, *Ausdruck* und *Appell* als drei Aspekte der Sprache benennt, sowie von Watzlawick et al. (1969), die zwischen dem *Inhalts-* sowie dem *Beziehungsaspekt* von Nachrichten unterscheiden, entwirft Schulz von Thun das Modell des *Nachrichtenquad-rates* (2001, S. 30). Jede Nachricht hat demzufolge vier Dimensionen, die durch die vier Seiten des Quadrats veranschaulicht werden: Neben dem *Sachinhalt*, der durch den Sender vermittelt wird, gibt dieser immer auch Informationen über sich selbst, eine *Selbstoffenba-rung*, preis. Zudem steht er mit dem Empfänger in einer wie auch immer gearteten *Beziehung* – seine Nachricht vermittelt daher auch etwas darüber, wie er sein Gegenüber und die Beziehung zu ihm wahrnimmt. Und nicht zuletzt möchte der Sender in der Regel durch sein kommunikatives Handeln etwas erreichen: Er richtet einen *Appell* an sein Gegenüber, den Empfänger. Diese vier Aspekte sind demzufolge jeder menschlichen Nachricht – wenn auch in unterschiedlicher Gewichtung und seitens des Senders unterschiedlich intendiert und bewusst – zu Eigen: „ob er will oder nicht – der Sender sendet immer gleichzeitig auf allen vier Seiten" (Schulz von Thun 2001, S. 31).

Abb. 2: Die vier Seiten einer Nachricht (nach Schulz von Thun 2001)

Das Nachrichtenquadrat (Abb. 2) veranschaulicht, dass ein Nachrichtentransfer im „luftleeren Raum" – wie im oben skizzierten Paketmodell gedacht – nicht möglich ist. Auch wenn unterschiedliche Gesprächspartnerinnen und -partner dieselbe Sach-Nachricht austauschen, so stehen sie doch in höchst unterschiedlichen Beziehungen zueinander, verfolgen unterschiedliche Ziele und geben notwendigerweise Unterschiedliches über sich selbst preis: Mit anderen Worten, es handelt sich trotz gleichen Sachinhalts um verschiedene Nachrichten bereits von Seiten der jeweiligen Sender. Dabei sind die Konstruktionsprozesse der Empfänger sowie der jeweilige situative Kontext noch gar nicht berücksichtigt.

Schulz von Thun (2001, S. 33) unterscheidet überdies *explizite* und *implizite* Anteile von Nachrichten. Explizite Anteile werden ausdrücklich formuliert, implizite Anteile indirekt vermittelt. Implizite Anteile können dabei eigenständige kommunikative Botschaften darstellen, aber auch *qualifizierend* sein, also Hinweise für die Interpretation der Gesamtnachricht geben. Häufig werden implizite Anteile *non-verbal*, über Gestik und Mimik, oder über die stimmliche Modellierung wie Betonung und Aussprache ausgedrückt. Im Hinblick auf computervermittelte Kommunikation sind nonverbale Anteile besonders zu beachten, da sie typischerweise nur unzureichend übermittelt werden können bzw. zur Übermittlung neue Formen der Kodierung gefunden werden müssen (z.B. in Form von so genannten *Emoticons*).

Gleich dem Sender, der mit „vier Schnäbeln" spricht, muss auch der Empfänger mit „vier Ohren" hören und die empfangene Nachricht auf allen vier Ebenen auf ihren möglichen Bedeutungsgehalt hin analysieren (Schulz von Thun 2001, S. 44ff.).

Die Dominanz einzelner Aspekte in der Kommunikation – typischerweise die Sachinformation – stellt eine Grundbedingung für Störungen und Misslingen dar. Ebenso ist eine Quelle für Missverständnisse und Konflikte, wenn Sender und Empfänger in ihrer Kommunikation Schwerpunkte auf unterschiedliche Aspekte des Nachrichtenquadrats legen, also auf unterschiedlichen Ebenen senden und empfangen. Dabei weist Schulz von Thun darauf hin, dass Missverständnisse sich „fast zwangsläufig schon aus der Quadratur der Nachricht" ergeben. Störungen in der Kommunikation entstehen, wenn Missverständnisse nicht aufgedeckt werden, sondern die kommunikative Beziehung „aus dem Verborgenen" stören (Schulz von Thun 2001, S. 63).

Positiv formuliert, ist für erfolgreiche Kommunikation bedeutsam, dass Sender und Empfänger eine kongruente Wahrnehmung ihrer Interaktion erreichen. Dies basiert wesentlich auf *Feedbackschleifen* in der Interaktion: Durch seine Reaktion gibt der Empfänger dem Sender einen Hinweis darauf, ob die Nachricht „richtig" verstanden wurde. Je expliziter dies geschieht, desto besser sind in der Regel die Chancen, mögliche Missverständnisse aufzudecken. Noch darüber hinaus geht die *Metakommunikation*, also die Auseinandersetzung der Interaktionspartnerinnen und -partner über ihre Art der Kommunikation und die Auswirkung auf den Umgang miteinander.

3.3   Die Bedeutung des Kommunikationsmodells für CSCL

Der *Sachinhalt* als offensichtlichster und scheinbar objektiver Anteil menschlicher Kommunikation steht oft im Vordergrund, während die anderen Seiten des Nachrichtenquadrats ignoriert oder abgewertet werden. Die in Diskussionen häufig geäußerte Aufforderung, man solle doch bitte „sachlich bleiben", mag hierfür als Beispiel dienen. Schulz von Thun sieht insgesamt eine „Überbetonung des Sachaspektes in der Schule und im Arbeitsleben. (...) Zwar sind die Probleme der Selbstdarstellung und der Beziehungsgestaltung damit nicht aus der Welt – im Gegenteil, die seelische Energie ist zu einem guten Teil von diesen Problemen absorbiert" (Schulz von Thun 2001, S. 16). Die Dominanz der Sach-Ebene in der Kommunikation dürfte sich bei computervermittelter Kommunikation wiederfinden bzw. wird durch diese vermutlich noch verstärkt, da Gelegenheiten zu persönlicher Kommunikation (wie z.B. Pausengespräche) fehlen.

Trotz – oder gerade wegen – der häufigen Dominanz der Sachebene in Schule, Ausbildung und Beruf spielt die *Beziehungsebene* hier eine entscheidende Rolle für den Erfolg der Kooperationsbeziehungen. Schulz von Thun (2001) weist darauf hin, dass häufig eine Scheinsachlichkeit anzutreffen ist, wobei „Beziehungsstörungen auf der Sachebene" ausgetragen werden (S. 198). Die negativen Folgen solcher Beziehungsstörungen bzw. allgemeiner gesprochen die Zusammenhänge zwischen Kommunikations- und Interaktionsstrukturen und Arbeitszufriedenheit und Produktivität der Mitarbeiterinnen und Mitarbeiter sind durch eine Reihe mittlerweile schon klassischer Studien belegt (z.B. Likert 1961, 1975; Blake & Mouton 1964; Herzberg et al. 1959; einen kurzen Überblick geben Fittkau & Fittkau-Garthe 1994). Auch für das Lernen in Schule und Ausbildung spielt die Ausgestaltung der Beziehungen eine entscheidende Rolle für den Lernerfolg und die persönliche Entwicklung der Lernenden (Schulz von Thun 2001). Das Verhalten von Führungskräften, (Gruppen-) Leiterinnen und Leitern und Lehrenden wird in diesem Zusammenhang besonders hervorgehoben. Aber auch die Beziehungen der Teammitglieder untereinander und die Kooperationsstrukturen haben einen Einfluss (z.B. Leavitt 1951).

Auf CSCL übertragen bedeutet dies zum einen, dass die Ausgestaltung der Beziehungen in der Lerngruppe ein entscheidender Faktor für das Gelingen der Gruppenarbeit und somit den Lernerfolg ist. Da Lerngruppen in der Regel eher kurzfristig über einen begrenzten Zeitraum zusammenarbeiten und entsprechend wenig Zeit für den Beziehungsaufbau bleibt, dürfte die

Gefahr einer Schein-Versachlichung in diesem Kontext besonders groß sein. Für die Softwaregestaltung ist die entscheidende Frage, inwiefern durch die technische Unterstützung bestimmte (un-) günstige Kooperationsstrukturen (mit-) geprägt werden bzw. inwiefern die Softwareunterstützung die Beziehungsgestaltung der Mitglieder unterstützt. Dies ist insbesondere im Hinblick auf die Ausgestaltung der *Arbeitsteilung* innerhalb der Gruppe und die damit verbundene Entstehung von *Rollenmustern* interessant (vgl. Kapitel 1.5).

In Arbeits- und Lernkontexten, die einen starken Beurteilungs- und Leistungscharakter aufweisen (mit der Prüfungssituation als Extrem), ist die *Selbstoffenbarung* – im Hinblick auf den Lernerfolg – quasi ein eingeforderter Bestandteil der Handlungs- und somit Kommunikationsstruktur. Gleichermaßen bringt diese Leistungsanforderung eine Situation mit sich, in der die Kommunikationspartnerinnen und -partner – wenn auch in unterschiedlichem Maße – zu Rivalen werden. In Lerngruppen kann dies – insbesondere bei unklaren Bewertungsmaßstäben – zu der paradoxen Situation führen, dass die Mitglieder einerseits kooperieren sollen, wollen oder müssen, andererseits aber eine individuell herausragende Bewertung nur durch „Ausstechen" der anderen und somit potentiell unkooperatives Verhalten zu erreichen ist (vgl. Cohn 1997, S. 152ff. zum Rivalitätsprinzip in Schulen; zu diesem paradoxen Phänomen bei Formen moderner Arbeitsorganisation siehe Volpert 2003, S. 166ff.). Die Gruppenmitglieder stehen gleichsam vor der Herausforderung einer „doppelten", möglicherweise widersprüchlichen Selbstoffenbarung: einerseits ihrer Gruppe, andererseits einem externen Bewerter bzw. einer Bewerterin gegenüber. Computervermittelte Kommunikation, die meist textbasiert abläuft und damit langfristig archivierbar, abrufbar und potentiell bewertbar ist, kann diesen Konflikt verstärken, was möglicherweise zu Hemmungen führt, sich überhaupt an der Kommunikation in einem CSCL-System zu beteiligen (vgl. Strauss et al. 2003).

Die *Appellseite* einer Nachricht bringt die motivations- und zielgerichtete Seite zum Vorschein: Schulz von Thun (2001, S. 209 ff.) spricht von „Wirkung" im Gegensatz zu Ausdruck in der Kommunikation. Im Kontext von Lerngruppen existieren Handlungsziele auf der individuellen und kollektiven Ebene: Die Gruppe als Ganzes möchte erfolgreich ein Arbeitsergebnis erreichen, das unter Umständen zumindest teilweise von außen vorgegeben ist, die einzelnen Gruppenmitglieder möchten an diesem Prozess gleichberechtigt und fair teilnehmen können und definieren oder gewichten möglicherweise auch das zu erreichende Lernziel unterschiedlich. Dass alle Mitglieder ihre diesbezüglichen Appelle möglichst gleich wirksam in diesen Prozess einbringen können, ist eine wichtige Herausforderung für die Gruppe, insbesondere wenn eine Moderatorin bzw. ein Moderator fehlt. Wenn Einzelne – z.B. besonders ruhige oder schüchterne Teilnehmerinnen und Teilnehmer – den dominanteren Gruppenmitgliedern nichts entgegensetzen können, boykottieren sie womöglich auf subtile Weise den Gruppenprozess, und die Handlungsfähigkeit der Gruppe ist gefährdet.

Für die Softwaregestaltung ist zudem die *Appellhaltigkeit* von Begriffen interessant. Schulz von Thun (2001) beschreibt dies u.a. am Beispiel des Begriffspaares „Arbeitnehmer – Arbeitgeber": „Das Wort Arbeitgeber legt nahe, dass hier jemand ‚gibt' und enthält den Appell an den ‚Nehmenden', dankbar zu sein und keine allzu fordernde oder gar klassenkämpferische Haltung einzunehmen. Mit gleicher Berechtigung könnte man das Begriffspaar genau umgekehrt verwenden" (S. 237). Gerade im Kontext von Arbeiten und Lernen sollten daher

Metaphern, Leitbilder und Begriffe, die bei der Softwaregestaltung verwendet werden, auf ihre Appellhaltigkeit hin überprüft werden.

4   Fazit und Ausblick

In diesem Beitrag wurden einige lern- und kommunikationspsychologische Grundlagen dargestellt, die für die Gestaltung computergestützter kooperativer Lernsituationen relevant sind. Dabei wurde deutlich, dass nicht eine einzelne Theorie oder ein Modell als alleinige Fundierung für CSCL dienen kann. Vielmehr tragen die unterschiedlichen Modelle in unterschiedlichem Maße zum Verständnis kooperativer Lernsituationen bei, wobei sozialkonstruktive Ansätze in der CSCL-Literatur eine dominierende Rolle einnehmen.

Neben der grundlegenden Überzeugung, dass Lernen ein sozialer Prozess und Kooperation somit ein inhärenter Teil jedes Lernprozesses sein sollte, wird CSCL häufig mit der Überlegenheit kooperativer Lernformen begründet (Johnson & Johnson 1994a in einer Metaanalyse): Die Interaktion mit den Mitlernenden, die Konfrontation mit unterschiedlichen Standpunkten und die Einnahme und schließlich Zusammenführung verschiedener Perspektiven kann zu einer aktiveren Auseinandersetzung mit den Lerninhalten führen als die individuelle Beschäftigung mit einem Thema (Johnson & Johnson 1994b, Roschelle 1996). Wie kooperative Lernsituationen gestaltet werden können und von welchen Bedingungen erfolgreiches Lernen in kooperativen Settings abhängt, wird in den Kapiteln 1.4, 1.5 sowie 3.1 bis 3.5 weiter ausgeführt. Die Gestaltung der Softwareunterstützung für gemeinschaftliches Lernen ist Gegenstand der Beiträge in Teil 2 dieses Buches.

1.4 Pädagogische und didaktische Grundlagen

Christian Grune und Claudia de Witt[1]

[1]Universität Duisburg-Essen

1 Einführung

Computergestütztes kollaboratives Lernen (CSCL) stützt sich auf Erkenntnisse ganz unterschiedlicher Forschungsrichtungen. Dies sind zum einen die entwicklungspsychologischen Arbeiten von Piaget, Vygotski und Leontjev, die den Einfluss des sozialen und kulturellen Umfelds auf die individuelle Entwicklung und damit das Lernen untersucht haben, zum anderen pädagogisch-didaktische Ansätze, die sozial-kommunikatives Lernen als Handlungsprinzip und als Ziel von Bildung, Erziehung und Unterricht auffassen. Zu den Fundamenten kooperativen Lernens aus pädagogischer und didaktischer Sicht können vor allem eine Reihe reformpädagogischer Ansätze gezählt werden, die gemeinschaftliches Tun und Handeln als grundlegend für den Lernprozess ansehen und sich von der reinen Wissensvermittlung abgrenzen. Diesen Ansätzen ist trotz großer Unterschiede die Orientierung auf die Rolle der sozialen Interaktion beim Lernen und Wissenserwerb gemein.

Mit kooperativem Lernen als eine spezielle Sozial- und Interaktionsform ist die pädagogische Zielvorstellung verbunden, sowohl sozial-kommunikative Kompetenz als auch Selbstkompetenz zu entwickeln. Im Gegensatz zum individuellen Lernen im Sinne selbständiger Auseinandersetzung und Erkenntnistätigkeit meint kooperatives Lernen, mit anderen wechselseitig an einer Sache zu arbeiten und damit gemeinsame, aber auch unterschiedliche Ziele zu erreichen oder Produkte herzustellen. Kooperatives Lernen hat nicht per se bessere Ergebnisse im Vergleich zu traditionellen, individuellen Ansätzen. Als Ergebnis mehrjähriger Untersuchungen kooperativer Lernprozesse haben Johnson und Johnson (1990) fünf Elemente benannt, die konstituierend für den Erfolg kooperativen Lernens sind:

- Die Interdependenz der Gruppenzusammenhänge muss von allen Gruppenmitgliedern deutlich positiv wahrgenommen und transparent gemacht werden.
- Die soziale Interaktion muss erheblich gefördert und unterstützt werden.
- Die Gruppen- und Individualverantwortung für den Gesamterfolg muss von allen Gruppenmitgliedern deutlich wahrgenommen werden. Der individuelle Beitrag muss erkennbar sein und das Individuum muss sich dafür verantwortlich fühlen. Genauso muss aber jeder auch Verantwortung tragen für den Erfolg der Gruppe. Die Gruppe weiß, dass die gemeinsame Leistung bewertet wird, genauso wie die individuelle Verbindlichkeit bedeutet, dass die Leistung jedes Einzelnen bewertet wird.
- Notwendig ist ein häufiger und regelmäßiger Nutzen spezifischer Kommunikations- und Gruppenfähigkeiten und -fertigkeiten.
- Regelmäßiges Feedback und Evaluation der Gruppenprozesse werden zur Verbesserung der zukünftigen Effektivität durch die Gruppe selbst vorgenommen.

In kooperativen Lernarrangements werden häufiger als in individualisierten Lernkontexten komplexere Denkstrategien und Formen der Metakognition und -reflexion eingesetzt. Kooperative Lernkontexte führen außerdem nicht nur zu einer besseren Transferfähigkeit des Gelernten, sondern auch zu Prozessgewinnen, „wenn neue Ideen oder Problemlösungen erst durch die Kommunikation und Kollaboration von einzelnen Menschen in kooperativen Arrangements ermöglicht werden" (nach Johnson/ Johnson 1998 in: Behr u.a. 2002, S. 21).

Johnson und Johnson bauen auf Untersuchungen in klassischen Unterrichtssituationen auf. Dennoch gelten die von ihnen benannten Elemente auch als Grundprinzipien computergestützter Lernangebote. CSCL unterscheidet sich von konventionellem e-Learning (computergestütztem Lernen) durch den expliziten Einbezug von Kooperation und Kollaboration in die Organisation des Lernprozesses. Nach Dillenbourg (1999) sind für kooperative Lernumgebungen die Beziehungen zwischen der aktuellen Situation der Lernenden, den Gruppenprozessen, der Interaktion und den Effekten gemeinsamen Lernens der Schlüssel zu einem Verständnis kooperativen Lernens. Bei der gemeinsamen Bearbeitung von Aufgaben oder eines Problems und in der Kommunikation mit den anderen wird die eigene Position realistischer eingeschätzt und das eigene Selbstbild leichter herausgefunden. In der Gruppe wird der Einzelne nicht nur stärker herausgefordert, sondern findet gleichzeitig auch Bekräftigung und Unterstützung.

In diesem Kapitel werden die pädagogischen Grundlagen kooperativen Lernens beleuchtet und dabei mit Rückgriff auf die Geschichte der Pädagogik die Bedeutung gemeinsamen, interaktiven Lernens für die Bildung und Menschwerdung des Individuums herausgestellt.

2   Selbstreguliertes Lernen als Voraussetzung für kooperatives Lernen

Auf den ersten Blick scheint selbstreguliertes Lernen von kooperativen Ansätzen weit entfernt zu sein. Die Grundannahmen selbstregulierten Lernens bauen auf Arbeiten Flavells (1992) auf, der Metakognition als die Fähigkeit des Lernenden beschreibt, eigene kognitive Prozesse zu beobachten und zu kontrollieren. Der Lernende selbst also ist sich bewusst über den eigenen Lernfortschritt und für das Lernen selbst verantwortlich.

Schiefele und Pekrum (1996) definieren selbstreguliertes Lernen als eine Form des Lernens, bei der die Person abhängig von ihrer Lernmotivation selbstbestimmt eine oder mehrere Selbststeuerungsmaßnahmen (kognitiver, metakognitiver, volitionaler oder anderer Art) ergreift und den Lernprozess selbst überwacht. Die lernende Person übernimmt also wesentliche Funktionen des Lehrers mit und reflektiert den eigenen Lernprozess. Baumert (1999) beschreibt selbstreguliertes Lernen „als zielorientierten Prozess des aktiven und konstruktiven Wissenserwerbs, der auf (dem von der Person selbst) reflektierten und gesteuerten Zusammenspiel kognitiver und motivationaler/emotionaler Ressourcen einer Person beruht".

In Interaktions- und Gruppenkontexten kann Selbstregulation als Beobachtung und Bewertung eigener Handlungen auf Andere und die Wahl einer adäquaten Reaktion darauf beschrieben werden. Damit wird eine enge Verwandtschaft mit konstruktivistischen Ansätzen deutlich, die von der aktiven Beteiligung des Individuums bei der Konstruktion, Dekonstruktion und Rekonstruktion des Wissens ausgehen. Selbstregulation kann somit als förderliche Vorraussetzung für computergestütztes kooperatives Lernen angesehen werden. Da im Gegensatz zu face-to-face Situationen klassische Feedback- und Regulationsmechanismen nicht verfügbar sind und zudem viele Kooperationsprozesse asynchron ablaufen, werden an Lerner besondere Anforderungen der Selbststeuerung gestellt.

3 Prozessorientiertes Lernen

Als zentrale Anforderung an selbstständiges Lernen definiert Simons (1992) die Fähigkeit, „… ihr eigenes Lernen – ohne Hilfe anderer Instanzen – zu steuern und zu kontrollieren". Diese Fähigkeit ist dabei eng an die allgemeine Lernfähigkeit geknüpft, aber unabhängig von Situationen.

Simons fasst fünf Eigenschaften eines „guten" Lehrers aus der gängigen Forschungsliteratur zusammen und ordnet diesen spezifische didaktische Tätigkeiten zu. Dabei ist es nicht wichtig, wer diese Tätigkeiten ausführt, sie können also auch vom Lerner selbst übernommen werden. In Tabelle 1 werden die didaktischen Tätigkeiten für Lehrende und Lernende zusammenfassend dargestellt.

Die Aufgabe des prozessorientierten Lehrens ist die schrittweise Befähigung des Lerners, die vom Lehrer übernommenen Tätigkeiten eigenständig zu übernehmen.

Simons hat dazu 14 Prinzipien aufgestellt, die Hindernisse auf dem Weg zum selbständigen Lernen vermeiden helfen: Zentrales Prinzip ist die Betonung der Lernaktivitäten als Prozess *(Prozessprinzip)*. Nicht die Lernergebnisse, sondern die Lernaktivitäten stehen im Mittelpunkt und werden im Verhältnis der angestrebten und erreichten Lernziele und der eigenen Lernfähigkeiten reflektiert *(Rückbesinnungsprinzip)*. Dabei werden Unterrichtsmaßnahmen so gewählt, dass Lernende konstruktive Lernaktivitäten entfalten können. Besonders kognitive Lernziele, die aktives Lernen ermöglichen, werden dabei betont, Vorwissen wird konsequent einbezogen.

Neben der Betonung kognitiver Lernprozesse wird auf den Einfluss emotionaler und affektiver Prozesse auf das Lernen hingewiesen *(Aktivitäts-, Affektivitäts-, Vorwissen und Lernzielprinzip)*. Vom Lehrer werden kontextbezogene Hilfestellungen gegeben, die den Schülern die Relevanz der Lernstrategien verdeutlichen sollen *(Kontext- und Nützlichkeitsprinzip)*. Der Unterricht wird den Lernkonzepten der Schüler angepasst, der Lehrer gestaltet dabei besonders solche Situationen, die eine Anwendung der Lernstrategien in verschiedenen Zusammenhängen und Anwendungsfeldern ermöglichen *(Lernkonzeptions- und Transferprinzip)*.

Die Maßnahmen zur Realisierung selbstregulierten Lernens werden mit anderen Bezugspersonen des Lernenden abgesprochen, im Unterricht werden Kooperationen und Diskussionen über die Lernziele angeregt *(Betreuungs- und Kooperationsprinzip)*. Die Hilfestellungen des Lehrers werden allmählich zurückgenommen und die Lernenden werden explizit darin unterwiesen, ihr eigenes Lernen selbständig diagnostizieren und korrigieren zu können *(Scaffolding- und Selbstdiagnoseprinzip)* (vgl. dazu ausführlich Simons 1992, 260ff.).

Lehrfunktionen	Lernfunktionen
1. Vorbereitung des Lernens	
• Orientierung über Ziele und Handlungen geben • Auswahl von Zielen • die Relevanz von Zielen deutlich machen • Aufbau von Motivation • Planung und Beginn der Lernhandlung • Aufmerksamkeit aktivieren • Rückbesinnung auf frühere Lernprozesse und auf Vorwissen anregen.	• Orientierung über Ziele und Handlungen • Ziele auswählen können • Sich die Bedeutung von Lernzielen klarmachen können • sich selbst motivieren zu können • Lernhandlungen in Gang setzen können • Aufmerksamkeit aktivieren können • Reflexion über frühere Lernprozesse und Vorwissen
2. Ausführen von Lernhandlungen	
• Verstehen und Behalten des Gelernten • Integration des Gelernten • Anwendung des Gelernten	• Verstehen und Behalten des Gelernten • Integration des Gelernten • Anwendung des Gelernten
3. Handlungsregulation	
• Überwachung des Lernens und Prüfen des Lernfortschrittes • Korrektur des Lehr- und Lernprozesses • Auswertung der Lernhandlungen • Rückbesinnung auf den Verlauf des Lernens	• Lernen selbst überwachen und den Lernfortschritt prüfen können • Alternative Lernstrategien auswählen können • Lernhandlungen auswerten können • über den Verlauf des Lernens reflektieren können
4. Leistungsbewertung	
• Rückmeldungen über den Lernprozess geben • Lernprozess und -ergebnisse bewerten	• Sich selbst Rückmeldungen über den Lernprozess und dessen Ergebnisse geben können • Lernprozess und -ergebnisse realistisch bewerten können
5. Motivation und Konzentration erhalten	
• Lernmotivation und Konzentration erhalten	• Lernmotivation und Konzentration selbst erhalten können
	Quelle: SIMONS (1992, 255)

Tabelle 1: Didaktische Tätigkeiten für Lehrende und Lernende

4 Anthropologische Bedingungen kooperativen Lernens

Die Bedeutsamkeit kooperativen Handelns ist bereits in der Natur des Menschen als „Mängelwesen" angelegt (vgl. Gehlen 1961). Der Mensch ist zwar weltoffen, entscheidungsfrei (vgl. Portmann 1951) und zeichnet sich durch seine große Lernfähigkeit aus, gleichzeitig ist aber ihre Förderung unabdingbar. Instinktarm und umweltungebunden bedarf der Mensch zur Ausbildung seines Menschseins der kulturellen Einwirkung, der Vermittlung seiner kulturspezifischen Verhaltensweisen und Normen (vgl. von Uexküll 1956). Für die Ausbildung seiner Potenziale profitiert der Einzelne von dem tradierten Wissen vorheriger Generationen. Als „Kulturwesen" (vgl. Gehlen 1961) lebt der Mensch von den Ergebnissen seiner gemeinsamen Tätigkeiten.

Der Mensch kann nur überleben, wenn er in eine Kultur hineinwächst, wenn er lernt, an der Sprache, den Rollen, Regeln, Inhalten zu partizipieren („Bildsamkeit") und seine Umwelt mitzugestalten, selbsttätig zu handeln. Der Mensch ist phylogenetisch mit Fähigkeiten ausgestattet, mit denen er mit seiner Umwelt kommunizieren kann. Angesichts einer mediatisierten Wissensgesellschaft plädiert Aufenanger für eine

> *„Medienanthropologie, die einerseits von der prinzipiellen Offenheit des Menschen ausgeht, andererseits aber auch seine historische und gesellschaftliche Bedingtheit im Auge behält."* (1999, S. 67)

Denn nur

> *„wenn wir zurückblicken und fragen, wenn jede vorherige Generation sich zukünftigen Entwicklungen verschlossen hätte, wo wir dann stehen würden, wird deutlich werden, dass nur diese anthropologische Offenheit unter Berücksichtigung der Medienbildung der einzige Weg in die Zukunft ist."* (Aufenanger 2000, S. 8)

5 Sozialisations- und bildungstheoretische Grundlagen kooperativen Lernens

Mit Blick auf die jeweiligen gesellschaftlichen Entwicklungen ist die Komplexität sozialkommunikativen Handelns nur durch eine Ausdifferenzierung verschiedener Rollen zu bewältigen. Der Mensch wächst in einer sozialen Umwelt auf und interagiert mit ihr. Er eignet sich normative Einstellungen, Verhaltensmuster, Ausdrucksformen seiner jeweiligen Kultur an, er sozialisiert sich. Persönlichkeit „entsteht aufgrund ihrer Interaktion mit der materiellen, kulturellen und sozialen Umwelt" (Hurrelmann & Ulich 1991, S. 23). Diese Sozialisationsprozesse lassen sich aus rollen- und systemtheoretischen Blickwinkeln (Durkheim, Parsons z.B.) oder aus interaktionstheoretischen Erklärungsansätzen (Mead, Blumer, Goffman z.B.) nachvollziehen.

Während der rollen- oder systemtheoretische Ansatz sich für das menschliche Handeln in Beziehung zu seiner Funktion für das gesamtgesellschaftliche System interessiert, setzt sich der interaktionstheoretische Ansatz mit dem sozialen Handeln in Bezug auf die Interaktion selbst und die handelnde Individuen auseinander. Die Fähigkeit, die Haltung des anderen zu übernehmen, in seine Rolle zu schlüpfen und das eigene Handeln darauf abzustimmen, ist nicht nur das Ergebnis eines langwierigen Sozialisationsprozesses, sondern auch konstitutiv für kooperatives Verhalten. „Entscheidend für die Kommunikation ist, dass das Symbol in der eigenen Identität das gleiche wie im anderen Individuum auslöst" (Mead 1973, S. 44). Es werden dazu von den Interaktionsteilnehmern gegenseitige Interpretations- und Kooperationsleistungen verlangt. Diese bestehen aus einem Role-Taking und einem Role-Making. Die Interaktionspartner müssen also zum einen in der Lage sein, die Rolle des anderen einzunehmen und ihre eigenen Reaktionen auf diese Erwartung zu interpretieren. Zum anderen übersetzen sie die Rollenerwartungen in konkrete Handlungen.

Die soziale Dimension ist auch eine grundlegende Dimension von Bildung: „Mit Bildung sind normative Zusammenhänge der menschlichen Gesellschaft verbunden, Bildung braucht Zustimmung, kommunikative Sozialität" (Gudjons 2001, S. 202). Bildungstheoretische Positionen beziehen gesamtgesellschaftliche Problemlagen mit ein. In der zunehmend medial vermittelten Welt zeigt sich Bildung vor allem daran,

> „über welche Interpretationsmöglichkeiten von Erfahrung und Welt das Subjekt verfügt. Es käme auch darauf an, Differenzerfahrungen zu verarbeiten, das Fremde nicht als bedrohlich zu deuten, sondern als Anderes, Eigenständiges, Bereicherndes ... Bildung hat dann eine sinnstiftende und orientierende Funktion, indem sie gerade die Pluralität menschlicher Selbst- und Weltverhältnisse fruchtbar macht. Das schließt Akzeptanz- und Toleranzbereitschaft ebenso ein wie die Relativierung des eigenen Standpunktes und Weltbildes! ... ‚Bildung hat die Funktion in die Gesellschaft einzuführen und in ihre Regeln einzuüben genauso wie die Funktion eine kritische, reflexive Distanz herzustellen' (Heydorn 1980)." (Gudjons 2001, S. 204)

Auch *Sesink* spricht von der „Sozialität von Bildung":

> „Bildung ist zunächst immer die Bildung des Individuums als der Instanz der subjektiven Vernunft (Bildung zur Mündigkeit). Sie ist damit zugleich soziale Integration, insofern der subjektiv zu bildenden Vernunft eine objektive Vernunft der gesellschaftlichen Verhältnisse entspricht. Durch die Bildung der subjektiven Vernunft unterliegt die objektive Vernunft der Verhältnisse einer Entwicklung. Das heißt: Bildung der Individuen ist auch immer Bildung der Gesellschaft." (Sesink 2002, S. 98)

Heranwachsende müssen auf den Komplexitätszuwachs im Arbeitsleben vorbereitet werden. Dazu brauchen sie analytische und synthetische Kompetenzen, die in soziale Kompetenzen münden (vgl. Hansmann & Marotzki 1988).

> „Die entscheidenden Potentiale der neuen Informationstechnologien gehen über Lernen hinaus und verweisen auf Bildung: Zur Wissensarbeit gehört eine systematisierende Reflexion und Kritik, die in eine artikulierende Haltung mündet. Mit dieser bildungstheoretischen Orientierung, das ist der Kern unserer langjährigen Erfahrungen, kann ein Beitrag dazu geleistet werden, mit der heranwachsenden Generation so zu arbeiten, dass sie sich wie selbstverständlich in einer digitalen Kultur bewegen und deren Möglichkeiten nutzen kann." (Marotzki, Nohl & Ortlepp 2003, S. 15)

Mit der Entwicklung des Internet eröffnet sich ein neuer Kulturraum, so Marotzki (2000), innerhalb dessen der Mensch differenziertere Möglichkeiten hat, ein Verhältnis zu sich und

zur Welt aufzubauen bzw. sich selbst neu zu erfinden. Und es sei unter anderem diese bildungstheoretische Relevanz, die das neue Medium Internet zu einem wichtigen Gegenstand
qualitativer Forschung macht und die Frage aufwirft, wie der Kulturraum Internet zu erfor-
schen ist. Ein bildungstheoretischer Zugang zum Kulturraum Internet, der die Interaktion von
Gruppen in den Mittelpunkt stellt, ist die Online-Ethnographie. Ethnographie setzt sich mit
den sozialen Strukturen, Regeln, Konventionen, Interaktionen, Kommunikationsstrukturen
und Gruppenbildungen von Kulturen auseinander. Online-Ethnographie hat den Fokus auf
Gruppenbildungen in virtuellen Communities. Hier geht es auch darum, dass Menschen sie
selbst entwerfen, ihre Handlungen koordinieren und sich über Prozesse der Symbolisierung,
Ritualisierung usw. konstituieren. Durch spielerisch dynamische Elemente findet in diesen
Welten eine Virtualisierung von Sozial- und Lebensräumen statt. In vielen Gemeinschaften
laufen komplexe soziale Prozesse der Argumentation z.B. in der Aushandlung von Regeln.
Der Bildungswert des Internet liege darin, dass diese digitale Welten Möglichkeiten böten,
sich selbst neu zu erfinden und weitere Aspekte seines Selbst zu entwickeln. Es geht nicht
nur darum, den Strukturen des Netzes zu folgen und neue Dinge (rezeptiv) zu entdecken,
sondern neue Strukturen zu erschaffen.

Es ist das Anliegen der Medienpädagogik, dass

> *„die Ausgestaltung der vierfach ausdifferenzierten Medienkompetenz im Sinne einer*
> *gesellschaftlichen Partizipationskompetenz erfolgen und weder subjektivistisch noch*
> *rationalistisch verkürzt werden soll. Es gilt die Diskurszusammenhänge der Informa-*
> *tionsgesellschaft vor Augen zu haben und der Körperlichkeit und Emotionalität der*
> *Menschen Rechnung zu tragen.“* (Hug 2002, S. 203)

Hug kritisiert die häufige Verkürzung auf einzelne Kompetenzdimensionen, da

> *„sich aber keine Medienkompetenz entfalten (lässt), die den komplexen individuellen*
> *und gesellschaftlichen Problemen gerecht werden könnte ... Für das Gelingen der*
> *symbolischen Austauschprozesse erscheint allerdings die integrative Entwicklung so-*
> *zial-kommunikativer, technischer, theoretischer, sozio-kultureller, selbstreflexiver*
> *Kompetenzdimensionen in Relation zu Lebensabschnitten, sozi-kulturellen Lebensla-*
> *gen und spezifischen Anwendungskontexten erforderlich. Dabei lässt sich eine allge-*
> *meine Medienkompetenz von einer speziellen unterscheiden: Während erstere auf die*
> *mediale Gebundenheit jeglicher Bemühungen um Erweiterung von Kompetenzen und*
> *Handlungsspielräumen abhebt und im Kontrast der medialen Optionen deren Mög-*
> *lichkeiten und Grenzen auslotet, zielt letztere auf einen gedeihlichen Umgang mit*
> *konkreten Problemkonstellationen und Interaktionssituationen.“* (ebd., S. 204)

6   Didaktische Grundlagen kooperativen Lernens

6.2   Reformpädagogische Einflüsse

Der Gedanke, dass gemeinsames Lernen für die Selbstbildung des Einzelnen förderlich ist,
hat eine lange Tradition. Besonders die reformpädagogische Bewegung hat mit pädagogisch-
didaktischen Konzeptionen dazu beigetragen (z.B. bei Maria Montessori, Celestin Freinet,

Georg Kerschensteiner, Hugo Gaudig, Adolf Reichwein und Peter Petersen). Auch wenn den pädagogischen Reformen in der ersten Hälfte des 20. Jahrhunderts das „Stadium von Entwürfen und Modellexperimenten" nachgesagt wird (Benner 2001, S. 131), so haben sie doch bis heute anregende Impulse.

Während es Montessori (1870–1952) um die Entwicklung des Kindes durch zielgerichtete Aktivitäten und Freinet (1896–1966) in seiner „aktiven Schule" um die „demokratische Entscheidungsfindung in der Klassenkooperative", um die pädagogische Kooperation und Solidarität von Schülern und Lehrern ging, ist explizit die Vorstellung von Gruppenlernen in dem Jena-Plan von Peter Petersen (1884–1952) artikuliert worden. Die Jena-Plan-Schule von Petersen ist gekennzeichnet durch eine „Lebens-Gemeinschaftsschule", durch jahrgangsübergreifenden Unterricht, Wochenarbeitsplan, Helfersystemen von Schülern, Gruppenarbeit, Versetzung nach Selbsteinschätzung der Schüler. Hier lösen Stammgruppen die Jahrgangsklassen ab. Zensuren als Benotung der Leistung durch Lehrer gibt es nicht mehr, anstelle dessen tritt die Selbst- und Mitschülerbeurteilung (vgl. Petersen 1927, 1968). Damit geht auch eine Veränderung der Lehrerrolle einher. Der Lehrer ist nicht mehr ein Belehrender, sondern fügt sich genauso in die Lerngruppen ein und fordert dabei durch gezielte Fragen zur selbstständigen Aktivitäten der Lernenden auf. Die Entscheidung für den Gruppenunterricht traf Petersen aufgrund der Auffassung, dass Jahrgangsklassen unvermeidlich mit Überforderung bzw. Benachteiligung verbunden sind. In den klassischen Jahrgangsklassen sei der Lernstoff vorprogrammiert und gebe keinen Raum für individuelle Änderungen und Anpassungen. Allerdings wurde der Gruppenunterricht ergänzt durch Kursangebote (Übungs- und Elementarkurse, Niveaukurse, Wahlkurse), an denen Schüler aller Gruppen sich beteiligen konnten.

In den 70er Jahren des 20. Jahrhunderts legte dann insbesondere die kritisch-kommunikative Didaktik Wert darauf, Inhalte nicht nur sach- sondern vor allem interaktionsadäquat zu vermitteln, d.h. auf die symmetrische Kommunikation zu achten und Störungen bei der Planung mit zu berücksichtigen. Die von Schäfer/ Schaller 1971 entwickelte Didaktik betont die Bedeutung des kommunikativen und kooperativen Prozesses während des Unterrichts. Bei der Planung und Gestaltung des Unterrichts werden verschiedenen Dimensionen der Kommunikation beachtet: nonverbale Kommunikation, Beziehungsebene, symmetrische Kommunikation, Metakommunikation und kommunikative Kompetenz. Diese kommunikative Kompetenz (vgl. auch Baacke 1971) soll darüber erreicht werden, dass den Lernenden eigene Entscheidungsfreiheiten bei der Gestaltung der Kommunikation eingeräumt werden. Dabei kommt es insbesondere darauf an, dass Lernende und Lehrer sich daran miteinander kooperierend beteiligen. In diesem didaktischen Konzept werden die gruppendynamischen Prozesse auf der Grundlage der themenzentrierten Interaktion gestaltet.

> *„In die Unterrichtsplanung als einen Prozess der Auseinandersetzung und Entscheidungsfindung darüber, was den Schülern zur Entwicklung kritischen Denkens geboten werden soll, sind alle direkt und indirekt Betroffenen einzubeziehen."* (Schröder 2000, S. 236)

Aber auch in der bildungstheoretischen Didaktik wird nicht nur der Zusammenhang von Lehren und Lernen als Interaktionsprozess verstanden, sondern Lehren vollzieht sich unter

Mitplanung und Mitgestaltung des Unterrichts des Lernenden im Sinne eines offenen und schülerzentrierten Unterrichts (vgl. Klafki 1964; 1991).

Beim kooperativen Lernen ist auch zu bedenken, dass der Kompetenzzuwachs nicht mehr allein durch eine Notengebung angegeben werden kann. Es geht vielmehr um den Wert der Selbsttätigkeit.

„Ein Unterricht, der sich allein im sokratischen Dialog erschöpft, vernachlässigt sträflich diese Grunderkenntnis. Die Projektarbeit, das Arbeiten in Gruppen von Kindern und Jugendlichen, die Möglichkeit, sich mit anderen Kindern zu messen, Jüngeren etwas beizubringen ... schaffen einen Mehrwert von Erfahrung, der sich wiederum in Motivation niederschlägt." (Baumert, Fried, Joas, Mittelstraß & Singer 2002, S. 194)

Die reformpädagogische Bewegung hat sich insbesondere der Lernerorientierung und dem Lebensbezug als Ausgangspunkt und Gegenstand unterrichtlicher Tätigkeit verschrieben. Und genau hier wird der Einfluss des pädagogischen Pragmatismus für das erfahrungsorientierte und kooperative Lernen in computergestützten Lernsituationen deutlich. Wegen seines großen Einflusses, u.a. auch auf die interaktionstheoretischen Positionen in der zweiten Hälfte des 20. Jahrhunderts (z.B. bei Apel, Habermas, Schütz, Krappman, Joas u.a.) wird deshalb Deweys pädagogischer Gedanke ausführlicher dargestellt.

6.2 Sozialer Pragmatismus bei Dewey

Großen Einfluss auf die deutsche reformpädagogische Bewegung hatte John Dewey (1859–1951) nicht zuletzt durch den Projektgedanken (vgl. Bastian u.a. 1997). Es bestanden Verbindungen z.B. zu Freinet, Peter Petersen, aber auch zur „Schule der Selbsttätigkeit und der Arbeitsschule" bei Georg Kerschensteiner (1854–1932) und Hugo Gaudig (1860–1923). Pädagogische Prinzipien bei Kerschensteiner, die beim Bau eines Starenkastens verdeutlicht wurden, wie Selbständigkeit, praktisches Tun und geistige Leistungen, Lernen an der Sache, aber auch Selbstüberprüfung des Erfolgs statt sachfremder Zensuren, Praxis und fachliches Wissen und besonders kooperatives Lernen, sind bereits bei Dewey zu finden.

John Dewey war neben Charles S. Peirce und William James einer der bedeutendsten Vertreter des amerikanischen Pragmatismus. In seiner Pädagogik vertritt er einen problemorientierten Zugang zum Lernen, der die Lösungsstrategien, die zur Lösung eines Problems führen, vor die eigentlichen Lernziele stellt. Zu lernendes Wissen hat einen Bezug zum realen Leben in der Gesellschaft. Das von Dewey propagierte „verständige Lernen" zielte auf das gemeinschaftliche Lösen wirklicher Probleme des Alltags. Bei Dewey zählt nicht das Erreichen vorher definierter Ziele, sondern der während des Lernens, Forschens realisierte Erfahrungsgewinn (vgl. Dewey 1938).

Zentrale Bedeutung hat für Dewey die Erfahrung. Erfahrung schließt bei Dewey eine aktive, handlungsorientierte Komponente (Handeln, Tun, Probieren) und eine passive Komponente (Verarbeiten, Erfahren lassen) ein: „Wir wirken auf den Gegenstand, der Gegenstand wirkt auf uns zurück." (Dewey 2000, S. 186). Damit ist bereits sein Begriff von Bildung angedeutet: Der Bildungsprozess ist eine ständige und kontinuierliche Rekonstruktion von Erfahrung, ein dauernder Neuaufbau, eine ständige Reorganisation (Dewey 2000, S. 75), Prozess und

Ziel der Bildung sind ein und dieselbe Sache. Erfahrung wird damit nicht als planloser Vorgang beschrieben, sondern ist ein Konstruktionsprozess.

Hierbei hilft der „temporale Perspektivwechsel", mit dem das eigene Handeln von einer anderen Perspektive wahrgenommen wird, und der letztlich zur „Rekonstruktion von Erfahrung" führt. Erst durch das Erkennen, wie eigene Erfahrungen entstanden sind, wird ein „bildender Prozess" möglich, der Implikationen für Handeln in der Zukunft eröffnet. Es geht hierbei um einen zeitlich organisierten, fortlaufenden Lernprozess, bei dem vergangene, gegenwärtige und zukünftige Erfahrungen in Verbindung gebracht werden.

Dieses fortlaufende Lernen ist immer auf bestimmte Situationen bezogen, und in diesen Situationen konstituiert sich eine Relation von vergangenem, gegenwärtigem und zukünftigem Handeln: Gegenwärtiges Handeln kann nur dann beurteilt und sein Sinn abgeschätzt werden, wenn die Vergangenheit und die Zukunft mit gedacht werden. Das heißt aber z.B. nicht, dass die Zukunft gegenüber dem gegenwärtigen Handeln den Vorrang erhält (vgl. de Witt 1999; 2003; Lehmann-Rommel 2001). Dies bedeutet vielmehr eine gleichwertige Anerkennung der Zufälligkeiten und relationalen Zusammenhänge, unter denen das gegenwärtige Handeln stattfindet. Es ist die Fähigkeit zu unterscheiden zwischen unmittelbaren Bedürfnissen und der Reflexion von Bedingungen und möglichen Konsequenzen des jeweiligen Handelns. Damit geht es um das situationsbezogene Einschätzen von zukünftigen Konsequenzen für die eigenen Ziele.

Nach Dewey kann Lernen vor allem durch die Einbettung in bedeutungsvolle, relevante Aktivitäten unterstützt werden. Lernen definiert Dewey als permanente Rekonstruktion oder Reorganisation von Erfahrungen (Dewey 1993). Lernen findet also statt durch die Neubewertung, Interpretation und Anwendung eigener Erfahrungen.

Bildende Methode der Erfahrung bzw. die Methode des Denkens äußert sich in dem „Inquiry"-Prozess (Dewey 1938). Das forschende Lernen erfordert andere Kommunikationsstrukturen als belehrender Unterricht. Es unterstützt vielmehr die Kooperation zwischen reflektierenden Individuen, die in diesem Prozess Handlungen ausprobieren können bevor unersetzlich Festlegungen gemacht werden. Es liegen also keine äußeren objektiven Maßstäbe vor, sondern müssen kommunikativ entwickelt werden. Lernen als erfahrungsbezogene Handlung ist immer in soziale, kulturelle oder historische Kontexte eingebunden und findet nicht isoliert statt.

Dewey hat seine pädagogischen Ideen für reale Unterrichtssituationen in der ersten Hälfte des 20. Jahrhunderts verfasst. In der späteren Rezeption Deweys werden diese als bedeutsamer Beitrag zu Standards problembasierten, kooperativen Lernens gewertet (vgl. Koschmann 2002). Vor allem folgende Schlüsselkonzepte können helfen, kooperative computergestützte Lernumgebungen aufzubauen (nach Tolsby 2002):

- Lernen als Konstruktion: In Abgrenzung vom Vermittlungsparadigma kann nach Dewey Erfahrung nur durch aktives Bearbeiten von Problemen gewonnen werden.
- Lernen als Erfahrung und Denken: Erfahrung hat bei Dewey sowohl aktive als auch passive Elemente. Aktivität allein ist blind, erst die Verbindung der Aktivität mit Konsequenzen und das Besetzen von Erfahrungen mit Bedeutungen und Interpretati-

onen führen zu Veränderungen und ermöglichen Lernen. Erleben wird erst durch Reflexion zu Erfahrung.

- Unterstützung/Führung/Direction des Lernens: Auch Dewey sieht die Notwendigkeit, Lernen zu führen zu unterstützen. Führung ist dabei nicht die Regulation oder Kontrolle durch den Lehrer/Tutor/die Lernumgebung, sondern soll als Guiding gewährt werden, um den Lernern eine räumliche und zeitliche Orientierung ihrer Aktivitäten zu sichern, indem die Ergebnisse des Handels sichtbar und greifbar gemacht werden.

- Engagement und Bedeutungen beim Lernen: Lernen kann nur stattfinden, wenn den Handlungen auch Bedeutungen beigemessen werden. Diese Bedeutungen können nicht von der Lernumgebung, dem Thema oder einem Lehrer extern vorgebeben werden, sondern müssen von den Lernern selbst entwickelt werden. Die Entwicklung von Bedeutungen erfordert Engagement „in der Sache", am Thema. Eine Lernumgebung muss die Entfaltung eines solches Engagement unterstützen.

- Lernen mit Zielen: Gemäß den Prämissen, von denen Dewey ausgeht, können nur die Lernenden selbst die Ziele ihres Lernens definieren. Nach Dewey können Lernziele nicht aus abstrakten Ideen abgeleitet werden, sondern entstehen aus der Auseinandersetzung mit realen Problemen und dem Wachsen von Erfahrungen. Lernen mit Zielen ist also die Konzentration der eigenen Anstrengungen auf die Lösung eines Problems. Ziele sollten flexibel sein, indem sie an äußere Umstände und die Entfaltung der Erfahrung angepasst werden können.

6.3   Konstruktivistische Umsetzung kooperativen Lernens

Der Konstruktivismus stellt für computergestütztes kooperatives Lernen nicht nur ein bedeutendes Lernparadigma dar, sondern sowohl seine Kritiker als auch Vertreter berufen sich auf seine enge Beziehung zum Deweyschen Pragmatismus.

Der Konstruktivismus versteht sich in erster Linie als eine Erkenntnistheorie. Dabei ist der Konstruktivismus keine in sich geschlossene Theorie, sondern setzt sich aus verschiedenen erkenntnistheoretischen Annahmen zusammen. Zentraler Gegenstand der konstruktivistischen Diskussion sind Fragen nach der Wahrnehmung und Abbildung von Realität im menschlichen Bewusstsein. Die Arbeiten zum Konstruktivismus thematisieren vor allem die menschliche Wahrnehmung von Wirklichkeit als Ergebnis ständiger Interpretationen und Neubewertungen im sozialen Kontext. Als Grundannahme des Radikalen Konstruktivismus gilt die Aussage, dass die Wirklichkeit durch den Menschen nicht passiv abgebildet, sondern nur aktiv und vor allem subjektiv konstruiert und interpretiert wird. Nach Maturana (1987) und Varela (1987) ist Wirklichkeit immer eine kognitiv konstruierte Wirklichkeit.

In den Sozialwissenschaften haben die Annahmen des Konstruktivismus breite Aufnahme gefunden – neben dem „klassischen" Konstruktivismus als Erkenntnistheorie etablierten sich „gemäßigte" Varianten, die fachspezifischen Aspekten der Wahrnehmung u.a. in der Soziologie, der Psychologie, der Systemtheorie und der Pädagogik nachgehen (vgl. Gerstenmaier & Mandl 1995). Denn weil der radikale Konstruktivismus Lernen als nicht planbar, Menschen als geschlossene Systemen sieht, weil es für ihn keine objektiv wahrnehmbare Umwelt gebe, über die man sich verständigen kann, wäre aus dieser Perspektive das Ziel zu Lehren paradox. Deshalb orientieren sich pädagogische und didaktische Ansätze an den gemäßigten Varianten des Konstruktivismus.

Gemäßigt werden die konstruktivistischen Annahmen des Lernens dadurch, dass Lernen nicht ohne Instruktion auskommt. Instruktion hat die Funktion die individuellen Möglichkeiten zu unterstützen und zu fördern sowie die Funktion den individuellen Lernerfolg zu sichern.

Systematisierend benennen Gräsel & Mandl (1999) die sich aus dem „gemäßigten" Konstruktivismus ergebenden Grundannahmen für das Lernen:

1. Lernen ist ein aktiver und konstruktiver Prozess, der auf die Konstruktion und Interpretation von Wissen als Zuweisen von Bedeutung gerichtet ist. Die motivationale Beteiligung des Lernenden spielt eine zentrale Rolle.

2. Lernen ist situations- und kontextgebunden. Wissen kann nicht in mentalen Repräsentationen gespeichert werden, sondern wird in einer bestimmten Situation aufgebaut, dabei wird neues Wissen unter Bezug auf Vorwissen konstruiert.

3. Lernen ist ein selbstgesteuerter Prozess. Der Lernende steuert den Prozess des Lernens, also den Einbezug seines Vorwissens in den Konstruktionsprozess, selbst.

4. Lernen ist ein sozialer Prozess. Lernprozesse sind immer in soziale Prozesse eingebettet, sie sind „nie individuelle Vorgänge".

Tabelle 2 fasst die Unterschiede zwischen dem konstruktivistischen und pragmatistischen Lernparadigma nach Kerres & de Witt (2004) zusammen.

Konstruktivismus	Pragmatismus
Komplexes Ausgangsproblem	Ermöglichen von Erfahrung durch Interaktionsprozesse
Authentizität und Situiertheit	Bezug zur Lebenswelt: Situation, in der der Lernende sicht tatsächlich befindet, ist der Ausgangspunkt.
Multiple Perspektiven	Temporaler Perspektivwechsel durch den Lernenden
Artikulation und Reflexion	Inquiry-Prozess, Rekonstruktion von Erfahrung: Vergangene, gegenwärtige und zukünftige Erfahrungen sind in Verbindung zu bringen.
Lernen im sozialen Austausch	Lernende Gemeinschaft

Tabelle 2: Unterschiede zwischem konstruktivistischen und pragmatistischen Lernparadigma

7 Kooperative Elemente in didaktischen Instruktionsdesigns

In den 90er Jahren des 20. Jahrhunderts wurden gegen klassische kognitivistische Theorieansätze insbesondere konstruktivistische bzw. situationistische Theorien des Instruktionsdesigns in das mediendidaktische Feld eingeführt. Mittlerweile aber bestehen weiterentwickelte ältere Modelle wie auch neue situationsorientierte Ansätze nebeneinander und werden gleichermaßen akzeptiert. Für kooperatives Lernen werden im Folgenden die Ansätze des Instruktionsdesigns skizziert, die Multiperspektivität und Artikulation bzw. Reflexion in einem sozialen Kontext betonen. So geht zunächst der Ansatz des *situierten Lernens* von zwei Prämissen aus: Einbettung der Lernumgebung/Lernziele in einen authentischen Kontext und Anregung/Förderung sozialer Interaktion und Kooperation in Lernsituationen.

Lave und Wenger (1991) beschreiben situiertes Lernen als Brücke zwischen kognitivem, eher abstraktem Lernen und beiläufigem Lernen in sozialer Praxis: „The notion of situated learning now appears to be a transistory concept, a bridge, between a view according to which cognitive processes (and thus learning) are primary and a view according to which social practice is the primary, generative phenomenon, and learning is one of its characteristics." Nach Lave und Wenger werden Lerngegenstände durch die Teilhabe an Praxisgemeinschaften („communities of practice") erst für die Lernenden relevant. Nicht das Thema an sich, sondern der Wunsch, in einer Praxisgemeinschaft Akzeptanz und Anerkennung zu finden, motivieren die Lerner, sich neues Wissen anzueignen.

Als Beispiel für situiertes Lernen wird der Ansatz des geankerten Lernens („anchored instruktion") von Bransford u.a. (1990) und der Cognition and Technology Group at Vanderbilt (vgl. u.a. CGTV 1992, 1993) in der Literatur ausführlich diskutiert (vgl. Gerstenmaier & Mandl 1995 oder Kerres 1998). In diesem explorativen Instruktionsdesign dienen Videos mit authentischen Problemschilderungen als „Anker", die bei den Lernenden die Aufmerksamkeit wecken und eine Identifikation mit der Aufgabe bewirken sollten. Die Arbeit am „Thema" erfolgt dann in Unterrichtsgruppen. Durch das Wechselspiel von personeninternen mit personenexternen, situativen Faktoren findet Lernen hier in einem kommunikativen Konstruktionsprozess, bei dem Wissen immer unter Beachtung eines Kontextes erworben wird, Lernende über sich selbst reflektieren und sich selbst bewerten und dabei multiple Perspektiven unterscheiden können (vgl. Niegemann 2001).

Der Ansatz der *Cognitive Flexibility Theory* fokussiert eher auf die Strukturierung und Repräsentation von Wissen als auf die Organisation von Lernen, um auf die spezifischen und unsystematischen Strukturen komplexen Wissens in Hypertext-Umgebungen hinzuweisen. Der Ansatz fordert hier zum Betrachten der Wissensbasis aus verschiedenen intellektuellen Blickwinkeln auf. Für den Erwerb und Transfer komplexen Wissens werden fünf Prinzipien für die Entwicklung hypertextbasierter Lernumgebungen empfohlen (vgl. Jacobson & Spiro 1995):

1. Präsentation von Wissen in multiplen konzeptuellen Repräsentationen, also in verschiedenen Themenbereichen oder verschiedenen Kontexten.

2. Verbinden und „Zuschneiden" abstrakter Konzepte durch konkrete Fallbeispiele, um dem Lerner die Nuancen und Veränderlichkeit der Konzepte in unterschiedlichen Zusammenhängen zu verdeutlichen.

3. Rechtzeitige Einführung in die Komplexität der Wissensdomain, um die Aufnahme iso-
   lierten Wissens zu vermeiden.

4. Herausstellen des netzartigen Charakters von Wissen, um den Aufbau „trägen", nicht
   anwendbaren Wissens zu vermeiden

5. Ermöglichen einer „Wissensmontage", das die Zusammenstellung flexibler Wissens-
   konzepte und Fallbeispiele in einer neuen Situation ermöglichen soll.

Dieser Ansatz bezieht sich ausdrücklich auf die spezifischen Bedingungen des Wissenserwerbs in Hypertext- und Netzwerkumgebungen. Aufgrund seiner mangelnden lerntheoretischen Fundierung und der schnellen Aufnahme im Instruktionsdesign wurde er u.a. von
Schulmeister (1997) als „Partialtheorie" kritisiert. Dieser Einschätzung soll hier nicht gefolgt
werden. Vielmehr erscheinen die Prinzipien geeignet für eine „Minimaldidaktik" von CSCL-
Umgebungen, die innerhalb der Umgebung bearbeitbares Wissen (Knoten) so vorbereitet,
dass sie einer konstruktiven Veränderung zugänglich sind. So können aus den Prinzipien
Designregeln für den Aufbau komplexer CSCL-Umgebungen vor allem im Hochschulbereich abgeleitet werden.

Der Ansatz der kognitiven Lehre (*Cognitive Apprenticeship*) übertrug das Modell der klassischen Handwerkslehre, in der ein Schüler von einem Meister durch Beobachtung, Anleitung
und geführte Selbsttätigkeit lernte, auf das didaktische Design. Dabei sollte Lernen in Abgrenzung von schulischem Lernen in einen nachvollziehbaren situativen Kontext eingebettet
werden. Während die Lernprozesse in der traditionellen Lehre vorwiegend praktische sind,
soll mit Hilfe medialer Lernumgebungen die kognitive Auseinandersetzung mit Expertenwissen gefördert werden. Um den Lernenden die Anwendung und Integration kognitiver
Lernstrategien für die Entdeckung, Anwendung und Verwaltung des Wissens zu ermöglichen, wurden sechs Methoden entwickelt (vgl. Collins, Brown & Newmann 1989):

1. Beim Modelling stellt ein Experte eine Aufgabe vor und externalisiert dabei seine kognitiven Prozesse, indem er bspw. beim Vorlesen seine Gedanken verbalisiert. Der Lerner nimmt diese Handlungen als Vorbild und entwickelt eine eigene Vorgehensweise
   bei der Problemlösung.

2. Das Coaching stellt dem Lerner den Experten als Berater und Beobachter zur Seite.

3. Während des Scaffolding wird eine Art kooperativer Problemlösung angewendet, bei
   der sich der Lehrer schrittweise zurückzieht.

4. Während der Lerner die Tätigkeiten ausführt, wird er mit der Methode der Articulation
   zu einer Verbalisierung bzw. Externalisierung seiner kognitiven Prozesse angeregt.

5. Während der Reflexion werden die Ergebnisse des Lerners mit denen anderer verglichen.

6. Die Methode der Exploration wird als die „Krönung" des Lernprozesses, als Übergang
   zu selbstständiger Problemlösung angesehen. Nicht nur die Probleme sollen jetzt selbstständig gelöst werden, sondern auch das „problem setting" eigenständig vorgenommen
   werden.

8   Fazit

Die theoretische Legitimation computergestützten kooperativen Lernens hat bereits tiefe Wurzeln in pädagogischen und didaktischen Theorien.

Kooperatives Lernen kann gerade mit solchen pädagogischen und didaktischen Theorien begründet werden, in deren Mittelpunkt Kompetenzen wie Mitentscheidung, Mitgestaltung und Mitverantwortung stehen. Während die pädagogischen Theorien auf den besonderen Bildungsbedarf des Menschen aus seiner Stellung als soziales Wesen verweisen und Bildung als „kooperativen Imperativ" formulieren, fokussieren die hier dargestellten didaktischen Theorien einen Begriff des Lernens als Prozess der Zusammenarbeit, der über die Definition von Zielen und Aufgaben hinausgeht. Die Beschreibung und Gestaltung von Lernprozessen wird als kooperatives Zusammenwirken von Lehre und Aufnahme, von Vermittlung und Übung aufgefasst. Damit hat bereits Klingberg (1983) darauf aufmerksam gemacht, dass dann eine neue Qualität von Lehren und Lernen entsteht, „wo es gelingt, den Unterricht ... zur gemeinsamen Sache von Lehrenden und Lernenden zu werden zu lassen". Sozial-kommunikative Lernsituationen haben mit ihrer Akzentsetzung auf Teamarbeit in Projekten und Problembewältigungen und -lösungen die Elemente pragmatistischer und reformpädagogischer Pädagogik aufgenommen.

Computerunterunterstütztes kooperatives Lernen kann am ehesten aus pädagogischen und didaktischen Theorien der Interaktion abgeleitet werden. Dazu gehört eine Lernerorientierung, die die Selbst- und Mitbestimmung aller Beteiligten am kooperativen Lerngeschehen impliziert genauso wie der handelnde und erfahrungsorientierte Umgang mit den Sachverhalten. Es kommt auch darauf an, nicht nur seine eigene Position sondern auch eine intersubjektive Perspektive im computergestützten Lerngeschehen wahrzunehmen, anzuerkennen und seine Handlungen danach auszurichten. Zum kooperativen Lernen gehört deshalb nicht nur die Fähigkeit zur Selbstkritik und Selbstbewertung, sondern die auch die Bereitschaft, Verantwortung für die Lernsituation zu übernehmen.

Damit ist die wirkliche didaktische und pädagogische Herausforderung bei der Gestaltung computergestützter Lernarrangements die Förderung und Stärkung der gemeinsamen Verantwortung. Mehr als die technische Gestaltung, die mediale oder die inhaltliche Aufbereitung können die kooperative und verantwortungsvolle Gestaltung des Lernprozesses den Erfolg computergestützten kooperativen Lernens sichern.

1.5   Gruppen und Gruppenarbeit

Michael Janneck, Monique Janneck

Universität Hamburg

1   Einleitung

Gruppen sind ein elementarer Bestandteil menschlichen Zusammenlebens. Durch sie werden
soziale Strukturen aufgebaut und abgebildet, soziale Beziehungen organisiert und Identitäten
vermittelt: „Gruppen befriedigen individuelle Bedürfnisse sowie Anforderungen der Allge-
meinheit, und zwar auf sozioemotionaler Ebene (z.B. Wir-Gefühl, Vermittlung sozialer
Normen und Werte, soziale Unterstützung) als auch auf sachlich-instrumenteller Ebene (z.B.
Arbeitsteilung, Wissensvermittlung)" (Döring 2003, 489).

Wie interagieren Menschen in Gruppen miteinander? Welche Probleme treten dabei auf und
wie kann man ihnen entgegnen? Diese und ähnliche Fragen beantworten wir in diesem Beitrag, indem wir grundlegende *Merkmale* von und *Prozesse* in Gruppen darlegen. Wir greifen
dabei auf – in vielen Fällen schon klassische – Theorien und Befunde v. a. der Sozial-, aber
auch der Pädagogischen Psychologie sowie der Pädagogik zurück. Die Übertragbarkeit auf
Gruppen, deren Mitglieder teilweise oder gänzlich virtuell interagieren, ist noch nicht für alle
dieser Erkenntnisse und Erfahrungen geprüft worden. Wir halten sie jedoch für so allgemein,
dass sie in nahezu jeder Gruppe – wenn auch in unterschiedlicher Ausprägung und Gewichtung – wirksam werden und daher wertvolle Hinweise für die Analyse und Gestaltung computergestützter kooperativer Lernsituationen liefern können.

2   Dimensionen und Merkmale von Gruppen

Definitionen von sozialen Gruppen in Abgrenzung von flüchtigen Interaktionssituationen
betonen vier Hauptmerkmale (zusammengefasst bei Döring 2003, 492):

- – ständige Kommunikation und Kommunikationsmöglichkeit,
- – Abgrenzung von der Umwelt und innere Strukturierung der Gruppe,
- – Zusammengehörigkeitsgefühl innerhalb der Gruppe,
- – Zusammenarbeit und wechselseitige Unterstützung.

Bei der Untersuchung von Gruppenphänomenen ist zwischen *Groß-* und *Kleingruppen* zu
unterscheiden, wobei die Forschung zu Kleingruppen dominiert. Die Unterscheidung zwischen Klein- und Großgruppen lässt sich nicht an einer konkreten Personenzahl festmachen
(in der Literatur findet man Angaben, die zwischen fünf und 30 Mitgliedern schwanken),
stattdessen ist es sinnvoller, Kleingruppen darüber zu definieren, dass ihre Mitglieder alle
regelmäßig in Interaktion stehen (Döring 2003). In der Pädagogik unterscheidet man Kleingruppen (bis etwa 6 Personen) und Großgruppen als *Sozialform* (Schulz 1981). Beide Sozial-

formen sind in dem hier vertretenen Verständnis Kleingruppen, weil sich z.B. auch im Klassenverband oder in Seminargruppen alle Lernenden und Lehrenden untereinander kennen. Auf Großgruppen (z.B. soziale Bewegungen, Religions- oder Volksgemeinschaften) gehen wir daher nicht gesondert ein. Dies gilt auch für große virtuelle Gemeinschaften bzw. Online-Communities (Preece 2000), deren Mitglieder sich in der Regel nicht mehr alle persönlich kennen und nur mit einem kleinen Teil der Gemeinschaft in regelmäßigem Austausch stehen. Gleichwohl sind eine Reihe der hier dargestellten Erkenntnisse (insbesondere in Abschnitt 2.3) auch für Großgruppen relevant.

Eine weitere Differenzierung bietet die Frage der Bindung der Gruppenmitglieder: Gruppen mit einer hohen sozioemotionalen Bindung der Mitglieder untereinander (z.B. Familie, Freundeskreis) werden als *Primärgruppen* bezeichnet; Lern- und Arbeitsgruppen mit einem geringeren Bindungsgrad werden dagegen eher zu den *Sekundärgruppen* gezählt. Lerngruppen sind in der Regel zudem *formale* Gruppen, die zu einem ganz bestimmten Zweck explizit gebildet werden, während *informelle* Gruppen (z.B. Freizeit- oder Reisegruppen) eher zufällig und aus sozioemotionalen Gesichtspunkten heraus entstehen (vgl. Döring 2003).

In den folgenden Abschnitten behandeln wir Erkenntnisse zur Struktur und Produktivität von Gruppen sowie zum sozialen Einfluss in und zwischen Gruppen, die in zahlreichen Labor- und Feldstudien erhoben und vielfach repliziert wurden. Am Ende jedes Abschnitts führen wir beispielhaft einige Konsequenzen für die Gestaltung von kooperativen Lernsituationen und deren Computerunterstützung auf.

2.1   Gruppenstruktur

Wichtige Bestimmungsstücke der *Gruppenstruktur* sind Größe, Kommunikationsstrukturen, sozialer Status und soziale Rollen (Collins & Raven 1968). Dabei spielt die *Gruppenkommunikation* eine große Rolle: „Die Struktur ist entstanden und wird über Kommunikation aufrechterhalten. Über Kommunikation werden Positionen und Rollen definiert und bestimmten Personen zugeordnet. Darüber hinaus ermöglicht Kommunikation einer solchen Organisation die Aufrechterhaltung und Veränderung der Struktur von Rollen und Normen." (Wilke & van Knippenberg 1996, 486).

Gruppenstrukturen lassen sich demnach als *Kommunikationsnetze* darstellen, anhand derer sich die zu erwartende Motivation und Produktivität bei verschiedenen Aufgaben charakterisieren lässt (Leavitt 1951; Shaw 1964, 1981). Leavitt (1951) untersuchte als erster, wie sich Kommunikationsmuster in Gruppen auf deren Produktivität auswirken. In Abbildung 1 sind verschiedene Netzstrukturen vereinfacht und typisiert dargestellt.

Als wesentliches Bestimmungsstück stellte sich die *Zentralisierung* der Kommunikationsstrukturen heraus. Stärker zentralisierte Netze wie das „Rad" (s. Abbildung 1), bei denen zentrale Personen die Kommunikation und damit die Arbeitsteilung koordinieren, sind effektiver bei einfacheren Gruppenaufgaben, die im Wesentlichen Informationssuche beinhalten. Bei komplexeren Aufgaben, bei denen die Gruppe einen stärkeren Ermessensspielraum hat, sind weniger zentralisierte Kommunikationsstrukturen effektiver. Erst wenn sich die Gruppe eingespielt hat, kann sie wieder von stärker zentralisierten Strukturen profitieren (Wilke & van Knippenberg 1996). Zudem ist die Zufriedenheit der Mitglieder in Gruppen mit dezentralisierten Strukturen größer als in zentralisierten Netzwerken: In letzteren zeigten sich vor allem die Personen an den zentralen Positionen, die somit den größten Einfluss ausüben konnten, am zufriedensten (Shaw 1981).

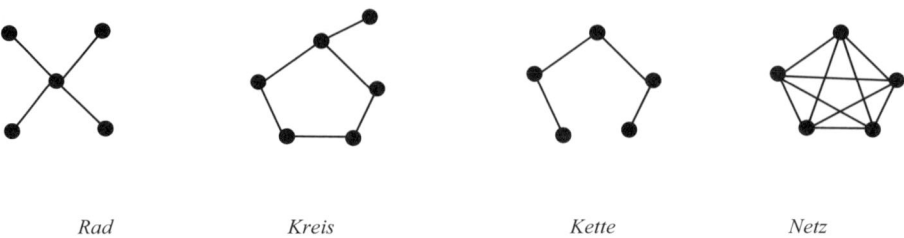

Rad   Kreis   Kette   Netz

Abbildung 1: Kommunikationsnetze nach Leavitt (1951)

Bei der Entwicklung von Gruppenstrukturen spielt die Verteilung bestimmter Aufgaben an entsprechend geeignet erscheinende Mitglieder eine entscheidende Rolle. Eine wichtige Funktion hat dabei die Gruppenleitung (vgl. Abschnitt 3.2). Diese Rollenmuster entstehen nicht allein aufgrund der Initiative der jeweiligen Akteure, sondern auch aufgrund der Erwartungen der Gruppe: So werden Mitglieder je nach dem erwarteten Beitrag, den sie für die Gruppe leisten können, unterschiedlich häufig angesprochen und zur Mitarbeit aufgefordert oder motiviert. Neben den Fähigkeiten und Fertigkeiten der Gruppenmitglieder gehen auch Statusmerkmale wie Alter, Geschlecht, ethnische Zugehörigkeit u. ä. in diese Bewertung mit ein (Wilke & van Knippenberg 1996).

Implikationen für CSCL

– Da in Gruppen mit zentralisierten Kommunikationsstrukturen die Gefahr von Motivationsverlusten droht, sind für Lerngruppen Strukturen, die den Teilnehmenden gleichberechtigtes und selbstständiges Arbeiten ermöglichen, zu empfehlen (vgl. Beitrag 3.4.2 zur Projektmethode).
– Entsprechend sollten CSCL-Werkzeuge die flexible Aushandlung von Rollen in der Gruppe unterstützen, anstatt die Teilnehmenden in ein vorgegebenes Rollenmuster zu drängen. Dazu gehört auch, Kommunikationsstrukturen und -kanäle nicht fest vorzugeben. Dies ist insbesondere durch offene Rechtekonzepte zu realisieren (vgl. Hertweck & Krcmar 2001; Jackewitz et al. 2002; Jackewitz et al. 2004).
– Insbesondere für rein oder überwiegend virtuell kooperierende Gruppen ist wichtig, dass der Beziehungsaufbau unter den Teilnehmenden unterstützt wird. Hierzu können Interaktionsübungen (vgl. Vopel 2001) dienen. Auch sollten personenbezogene Informationen über die Teilnehmenden im virtuellen Raum verfügbar sein.

2.2   Gruppenproduktivität

Steiner (1972) unterscheidet zwei Determinanten der Gruppenproduktivität: Die *Anforderungen der Gruppenaufgabe* sowie die *menschlichen Ressourcen* innerhalb der Gruppe. Diese bestimmen die *potenzielle Produktivität* der Gruppe, aus der nach Abzug der *Prozess-*

verluste (z.B. durch mangelhafte Organisation oder schlicht Nervosität oder Müdigkeit einzelner Mitglieder) die tatsächliche Leistung hervorgeht. Bei der Beschreibung der menschlichen Ressourcen sind die Fähigkeiten und Fertigkeiten, die den Gruppenmitgliedern zur Bewältigung der Aufgabe zur Verfügung stehen, sowie die *Einflüsse der Interaktion* in der Gruppe maßgeblich (Wilke & van Knippenberg 1996).

Nicht alle Aufgaben eignen sich für eine kooperative Bearbeitung, vielmehr sind einigen Aufgabentypen Konkurrenzsituationen inhärent. Die Aufgabenklassifikation von Steiner (1972) unterscheidet vier Dimensionen von Aufgaben mit insgesamt 12 *Aufgabentypen*, die eine Beschreibung konkreter (Teil-) Aufgaben erlaubt:

- *Unterteilbarkeit der Aufgabe*: *Unterteilbare* Aufgaben können zwecks Arbeitsteilung in Teilaufgaben zerlegt werden, bei *nicht-unterteilbaren* Aufgaben ist dies nicht möglich.
- *Maximierung vs. Optimierung*: Bei *Maximierungsaufgaben* steht die Quantität des Ergebnisses im Vordergrund (z.B. geht es bei Brainstorming-Aufgaben darum, zunächst eine möglichst große Fülle von Ideen zu generieren, ohne diese zu bewerten). Bei *Optimierungsaufgaben* hingegen wird auf die Erreichung eines definierten Ziels hingearbeitet: Die Qualität des Ergebnisses ist entscheidend (Bsp.: Referat erarbeiten).
- *Verhältnis von Einzelleistung und Gruppenprodukt*: Innerhalb dieser Dimension werden fünf Aufgabentypen unterschieden. Bei *additiven* Aufgaben werden die individuellen Leistungen „aufaddiert", um das Gruppenergebnis zu erzielen (z.B. bei der schon genannten Brainstorming-Aufgabe). Bei *kompensatorischen* Aufgaben wird das Gruppenergebnis aus dem Durchschnitt der Einzelergebnisse gemittelt (z.B. bei Schätzaufgaben). *Disjunktive* Aufgaben erfordern in der Regel nur eine einzige richtige Lösung innerhalb der Gruppe, die dann von den anderen Mitgliedern mitgetragen wird (z.B. Rechen- oder Denksportaufgaben). Bei *konjunktiven* Aufgaben hingegen ist der Beitrag aller Gruppenmitglieder nötig (z.B. gemeinsames Musizieren). Und schließlich haben Gruppen häufig einen *Ermessensspielraum* bei der Bearbeitung von Aufgaben: Zum Beispiel kann bei mehreren konkurrierenden Lösungen eine Abstimmung entscheiden, oder der Gruppenleitung wird die Entscheidung überlassen.
- *Abhängigkeit der Gruppenmitglieder voneinander*: In reinen *Kooperationssituationen* hängen alle Gruppenmitglieder gleichermaßen von Erfolg bzw. Misserfolg der Gruppe ab und haben dementsprechend ein ähnliches Interesse am Gelingen der Gruppenarbeit. In reinen *Wettbewerbssituationen* hingegen stehen Mitglieder einer Gruppe in Konkurrenz miteinander, etwa um Status oder Ressourcen (z.B.: nur die Besten einer Klasse werden zur Universität zugelassen). Häufig beinhalten Gruppenaufgaben *gemischte* Anteile aus Wettbewerb und Kooperation. In einer solchen Situation, die als *soziales Dilemma* bezeichnet wird, können einzelne Mitglieder ihre Interessen besser durchsetzen, wenn sie nicht für die Gruppe arbeiten, die Leistung der Gruppe als Ganzes leidet jedoch darunter. Dies ist z.B. der Fall, wenn einzelne Gruppenmitglieder ihr Wissen nicht teilen, um in einer anschließenden vergleichenden Bewertung besser abzuschneiden.

Entgegen landläufiger Annahmen ist die Vermeidung von Wettbewerbselementen eine wichtige Voraussetzung für das Gelingen von Gruppenarbeit: Gruppen, die kooperativ zusammenarbeiten, sind insgesamt produktiver und zufriedener als solche, deren Mitglieder im Wettbewerb miteinander stehen. Brown (1988, 32) argumentiert, dass die „unangreifbare Überlegenheit von Kooperation uns veranlassen sollte, die überwältigende Betonung auf wettbewerbsorientierte Anforderungen in unseren Bildungseinrichtungen und an unseren Arbeitsplätzen ernsthaft in Frage zu stellen".

Die anderen genannten Dimensionen spielen für das Gelingen der Gruppenarbeit ebenso eine Rolle, ohne dass sich aus der Klassifikation eindeutig ableiten ließe, welcher Aufgabentyp in welcher Gruppensituation angemessen ist. Vielmehr stehen die Aufgabentypen in Wechselwirkung miteinander; zudem ist die Bearbeitung von der Zusammensetzung der Gruppe abhängig. Im Folgenden seien einige Beispiele gegeben: Wird ein gewisses Maß an Arbeitsteilung in der Gruppe angestrebt, ist selbstverständlich die Unterteilbarkeit der Aufgabe eine wichtige Vorbedingung. Nicht-unterteilbare Aufgaben, wie z.B. das vorbereitende Lesen von Texten, müssen sinnvoll organisiert werden, um nicht Leerlauf bei einzelnen Gruppenmitgliedern und Stress und Überforderung bei anderen zu erzeugen. Disjunktive Aufgaben fordern oft nur die Besten einer Gruppe, die schnell eine Lösung präsentieren, während die restlichen Gruppenmitglieder sich unter Umständen überflüssig vorkommen und ihr eigenes Potenzial nicht entwickeln können. Bei konjunktiven Aufgaben hingegen hängt die Gruppenleistung häufig vom schwächsten Mitglied ab, insbesondere, wenn es sich um eine nicht-unterteilbare Aufgabe handelt: So muss die Gruppe z.B. beim oben genannten gemeinsamen Lesen auf das langsamste Mitglied warten. Konjunktive Aufgaben sollten daher möglichst unterteilbar sein.

Additive Aufgaben ermöglichen in der Regel den einzelnen Gruppenmitgliedern, einen ihren jeweiligen Leistungen entsprechenden Beitrag zu leisten, führen jedoch, wenn es sich um unterteilbare Aufgaben handelt, häufig zu einer geringeren Gesamtleistung als eine „nominale Gruppe", deren Mitglieder nicht miteinander agieren. So ist beispielsweise Brainstorming in einer Gruppe trotz der Beliebtheit, derer sich diese Methode erfreut, weniger effektiv, als wenn die Mitglieder unabhängig voneinander Ideen generieren würden (Mullen et al. 1991 in einer Metaanalyse).

Motivationsverluste resultieren aus verminderter Anstrengung einzelner Gruppenmitglieder. Dies kann aus der Überzeugung erwachsen, der eigene Beitrag sei ohnehin überflüssig und wirke sich auf die Gruppenleistung nicht aus („Trittbrettfahren") oder aus der Annahme, der eigene Beitrag sei im Gesamtprodukt nicht identifizierbar und somit nicht zu bewerten („soziales Faulenzen"). Auch bei computervermittelter Kommunikation, z.B. bei der gemeinsamen Nutzung von Webplattformen und Foren, spielt Trittbrettfahren und soziales Faulenzen, hier meist als „lurking" bezeichnet, eine große Rolle (Nonnecke & Preece 2000). Können die Einzelbeiträge klar bestimmten Mitgliedern zugerechnet werden, verringern sich Motivationsverluste (Wilke & van Knippenberg 1996).

Auch kann die Anwesenheit anderer Menschen zu einer geringeren Leistung der Gruppenmitglieder führen: Zurückhaltendere Gruppenmitglieder oder solche, die sich einer schwierigen Aufgabe gegenübersehen, halten sich aus *Bewertungsangst* stärker zurück. Auch eine mangelnde Koordination innerhalb der Gruppe kann zu *Produktivitätsblockierung* führen, so dass die Gruppenmitglieder ihre Leistungsfähigkeit nicht ausschöpfen können (Diehl & Stroebe 1987).

Das Phänomen der *social facilitation and inhibition* (z.B. Zajonc 1965; Cottrell 1972; Sanders 1978), also die Frage, ob die einzelnen Gruppenmitglieder durch die Anwesenheit der anderen in ihrer Leistung eher ermutigt oder gehemmt werden, ist auch für computervermittelte Kommunikation untersucht worden – mit unterschiedlichen Ergebnissen. *Filter-Modelle* der computervermittelten Kommunikation (kurzer Überblick bei Döring 2003, 154ff.) gehen davon aus, dass durch das Herausfiltern relevanter sozialer Hintergrundinformationen (Alter, Geschlecht usw.) eine Nivellierung der Kommunikationspartnerinnen und -partner eintritt und soziale Hemmungen abgebaut werden. Eine Reihe empirischer Studien bestätigt, dass v. a. in anonymen computervermittelten Kommunikationssituationen Schüchternheit und soziale Ängste der Gruppenmitglieder reduziert werden (z.B. Leung 2002; Whitty 2000; Chester 1998). Andererseits wird gerade in Lern-Lehr-Kontexten, wo selten anonym kommuniziert wird und sich die Gruppenmitglieder häufig auch in Präsenz kennen gelernt haben, von Hemmungen berichtet, über das Medium Computer zu kommunizieren, das jede Äußerung langfristig archiviert und für alle Teilnehmenden sichtbar macht (z.B. Strauss et al. 2003). Soziale (Ent-) Hemmungen bei der computervermittelten Kommunikation können demnach weder ausschließlich durch das technische Medium hervorgerufen noch beseitigt werden, sondern sind Basis und Ergebnis sozialer Prozesse unter den Kommunizierenden. Auch die Theorie der sozialen Informationsverarbeitung nach Walther (1992) geht davon aus, dass „Mediennutzerinnen und -nutzer neue soziale Fertigkeiten [...][entwickeln], die es ihnen erlauben, eine befriedigende Kommunikation zu realisieren" (Döring 2003, 162).

Implikationen für CSCL

- Kooperatives Lernen erfordert kooperative Aufgabenstellungen, die Konkurrenz innerhalb der Lerngruppe auf ein Minimum reduzieren sollten. Nicht-unterteilbare Aufgaben können zudem u. U. von überwiegend virtuell bzw. asynchron interagierenden Gruppen schlechter bearbeitet werden. Die oben geschilderte Aufgabenklassifikation hilft bei der Überprüfung des gewählten Aufgabentyps auf seine Eignung für CSCL.

- Anonymität bei der computervermittelten Kommunikation sollte im Rahmen von CSCL unbedingt vermieden werden, um Trittbrettfahren und soziales Faulenzen zu vermindern. Auch wenn kurzfristig soziale Hemmungen überwunden werden, wenn sich Gruppenmitglieder anonym äußern können, trägt dies in einer Lerngruppe langfristig nicht dazu bei, dass sich eine vertrauensvolle Atmosphäre unter den Teilnehmenden entwickelt und so Ängste nachhaltig abgebaut werden können.

- Auch das Herausfiltern sozialer Hinweisreize wirkt sich zwar womöglich kurzfristig enthemmend, langfristig aber schädlich auf die Beziehungsgestaltung der Gruppenmitglieder aus (vgl. Abschnitte 2.1 und 2.3). Vielmehr sollten CSCL-Werkzeuge den Lernenden ermöglichen, soziale Informationen auszudrücken und neue Formen der Kommunikation zu entwickeln.

2.3 Sozialer Einfluss und Intergruppenbeziehungen

Innerhalb von Gruppen können sowohl *Majoritätseinflüsse* („Konformität") als auch *Minoritätseinflüsse* („Innovation") wirksam werden und individuelle wie Gruppenentscheidungsprozesse beeinflussen (v. Avermaet 1996). Frühe Experimente wie die von Asch (1951, 1956) zeigten, dass Menschen sich unter Umständen von einer Mehrheit auch dann in ihren Urteilen beeinflussen lassen, wenn diese offensichtlich im Unrecht ist. Normativer und Gruppendruck können dann zu einer Fehlentscheidung der gesamten Gruppe führen. Minderheitenpositionen innerhalb einer Gruppe haben hingegen dann Chancen, sich durchzusetzen, wenn sie von Personen vertreten werden, die eine klare, konsistente Position beziehen und als sicher und selbstbewusst oder als Autoritäten wahrgenommen werden (Moscovici 1976; v. Avermaet 1996; Milgram 1974). Für Gruppenentscheidungen spielen *Polarisierungsprozesse* eine wichtige Rolle: Gruppen sind keineswegs gemäßigter in ihren Entscheidungen als einzelne Individuen, vielmehr einigen sich Gruppen häufig auf Positionen, die extremer sind als die durchschnittliche Meinung ihrer Mitglieder (Stoner 1961; Moscovici & Zavalloni 1969). Dabei entwickelt sich die Polarisierung – z.B. in Gruppendiskussionen – in Richtung der bereits zu Anfang favorisierten Grundeinstellung.

Sozialpsychologische Untersuchungen haben gezeigt, dass Menschen ihre Wahrnehmung der sozialen Umwelt anhand von *Kategorien* und *Schemata* organisieren (überblickshaft bei Leyens & Dardenne 1996). Erfahrungen mit einem bestimmten Objekt werden auf andere, ähnliche Objekte verallgemeinert und bestimmen künftig die Wahrnehmung von und den Umgang mit „Angehörigen" dieser Kategorie mit. Eine Vielzahl solcher *sozialer Repräsentationen* wird von Menschen in einem gemeinsamen sozialen Kontext geteilt. „Die Unterteilung der Welt in eine handhabbare Anzahl von Kategorien hilft uns nicht nur dabei, sie zu vereinfachen und ihr einen Sinn zu geben, sondern erfüllt eine weitere, sehr wichtige Funktion: zu definieren, wer wir sind. Wir klassifizieren nicht nur andere als Mitglieder dieser oder jener Gruppe, sondern wir weisen auch uns selbst einen Platz in Beziehung zu eben diesen Gruppen zu. Mit anderen Worten, unser Gefühl der Identität ist eng verbunden mit unseren verschiedenen Gruppenmitgliedschaften" (Brown 1996, 562).

Mit diesen Worten charakterisiert Brown die Grundannahme der *Theorie der sozialen Identität, SIT* (Tajfel 1978), wonach die Zugehörigkeit zu (sozialen) Gruppen einen wichtigen Teil des Selbstkonzeptes, der Identität eines Individuums ausmacht. Dies ist mit weit reichenden Konsequenzen verbunden: Da Menschen im Allgemeinen ein positives Selbstkonzept anstreben (Tajfel & Turner 1986), führt dies zu einer Bevorzugung der Eigengruppe, der eher positive Eigenschaften zugeschrieben werden, während Fremdgruppen im Vergleich dazu abgewertet und ggf. sogar diskriminiert werden. Tajfel (1982) konnte zeigen, dass diese Bevorzugung der Eigengruppe sogar bei willkürlich zusammengestellten Gruppen, deren Mitglieder sich untereinander nicht kannten (so genannten „minimalen Gruppen") auftrat.

Ob sich ein Individuum als Mitglied einer bestimmten Gruppe ansieht, hängt stark von der *Salienz*, also der Sichtbarkeit bzw. Hervorgehobenheit der jeweiligen sozialen Kategorien ab. In den oben geschilderten Experimentalsituationen wird die Salienz der Gruppenzugehörigkeit durch die explizite Zuweisung seitens der Versuchsleitung erzeugt. In natürlichen Situationen sind jeweils unterschiedliche Kategorien salient. Nehmen wir als Beispiel eine Frau, die sich in einer Diskussionsrunde erst dann der Bedeutung ihres Geschlechts bewusst wird, als sexistische Anspielungen erfolgen. Möglicherweise wird sie dann als Mitglied der Gruppe „Frauen" stärker feministisch argumentieren (womöglich mit einer damit einhergehenden Abwertung von Männern), während vorher primär die Kategorie „Arbeitnehmerin" salient war und sie Fragen der Geschlechtergerechtigkeit nicht thematisiert hat. Dieses Beispiel zeigt auch, dass soziale Kategorisierung und Intergruppendiskriminierung subtile Prozesse sind und die jeweils salienten Gruppenzugehörigkeiten nicht immer offensichtlich sein müssen.

Menschen nehmen sich demnach als Gruppe wahr, wenn die wahrgenommen Übereinstimmungen zwischen den Gruppenmitgliedern groß und die Unterschiede zu anderen Individuen sichtbar sind. Die Salienz bestimmter Kategorien führt zudem dazu, dass die wahrgenommenen Unterschiede im Vergleich zu Fremdgruppen verstärkt und innerhalb der Eigengruppe reduziert werden (Turner et al. 1987). Ähnliche Einstellungen, Normen, gemeinsame Aufgaben und Ziele etc. stellen wichtige Bedingungen für die Ausbildung von sozialer Identität und Gruppenzusammenhalt dar.

Implikationen für CSCL

– Die Befunde der SIT sind auch für virtuelle Gruppen wirksam. So konnten Pape et al. (2003) zeigen, dass die Beschränkung des Zugriffs auf eine Webplattform eine saliente Situation für die Diskriminierung von Fremdgruppen (hier: die von der Nutzung Ausgeschlossenen) darstellt. Die Gestaltung von Zugriffsrechten für CSCL-Systeme wäre demnach daraufhin zu überprüfen, ob hierdurch (erwünschte oder unerwünschte) Effekte von Intergruppendiskriminierung ausgelöst werden.
– Häufig fehlen bei computervermittelter Kommunikation soziale Hinweisreize wie Alter, Geschlecht u. ä., die für Kategorisierungsleistungen und somit die Ausbildung sozialer Identität wichtig sind. CSCL-Werkzeuge sollten daher soziale Informationen über die Teilnehmenden darstellen (vgl. auch Abschnitt 2.1).

3 Gruppenprozesse und Gruppendynamik

Jede Gruppe entwickelt eine eigene „Lebensgeschichte". Die Dimensionen und Merkmale, die wir im vorangehenden Abschnitt diskutiert haben, sind in realweltlichen Gruppen eine Konsequenz dieses Gruppenprozesses, beeinflussen ihn aber zugleich, wenn sich erst einmal eine bestimmte Struktur etabliert hat. Auch wenn empirische Untersuchungen bestimmte typische Zusammenhänge aufzeigen, bedeutet das allerdings nicht, dass bestimmte Konsequenzen unausweichlich sind. Vielmehr wird der Gruppenprozess immer von den beteiligten Menschen gestaltet.

3.1 Phasen der Gruppenentwicklung

Auch wenn sich jede Gruppe anders entwickelt, gibt es typische Phasen der Gruppenentwicklung, die sich in den meisten Gruppen, die über einen längeren Zeitraum zusammen lernen und arbeiten, beobachten lassen. In einer Metaanalyse von 50 Studien zur Gruppenentwicklung zeigte Tuckman (1965), dass sich die Entwicklung fast aller beobachteten Gruppen in die vier Phasen *Forming – Storming – Norming – Performing* einteilen lässt. Dabei lassen sich zwei Ebenen der Gruppenentwicklung unterscheiden: die *Aufgaben-* oder *Sachebene* und die *sozioemotionale Ebene*. Dieses Modell ist seither vielfach aufgegriffen worden und hat sich auch in der Praxis als gut geeignet erwiesen, Gruppensituationen zu analysieren (vgl. Vopel 2000; Langmaack & Braune-Krickau 2000). Vopel (2000,134ff.) fasst das Modell von Tuckman wie folgt zusammen:

Die erste Phase, *Orientierung*, ist durch Unsicherheit bei Eintritt in die Gruppe gekennzeichnet. Auf der sozioemotionalen Ebene bemühen sich die Teilnehmenden, herauszufinden, welche Verhaltensweisen akzeptabel sind, und gehen dabei größtenteils von bestehenden

Normen und Strukturen, die sie aus vorherigen Gruppenerfahrungen kennen oder die z.B. durch die Gruppenleitung vorgegeben werden, aus. Auf der Sachebene bemüht man sich um eine Annäherung an die Gruppenaufgabe, indem z.B. Teilziele und mögliche Vorgehensweisen identifiziert werden.

Die zweite Phase, *Konfrontation und Konflikt*, zeichnet sich durch Macht- und Positionsbestimmungen aus. Auf der sozioemotionalen Ebene bemühen sich die Gruppenmitglieder um Einfluss, um ihre Position zu sichern. Auf der Sachebene kommt es zu Auseinandersetzungen darüber, wie die gemeinsamen Aufgaben bearbeitet werden sollen, wer welche Kompetenzen aufweist und wie Entscheidungsbefugnisse organisiert werden.

Die dritte Phase, *Konsens, Kooperation und Kompromiss*, ist von einer Zunahme des Gruppenzusammenhalts geprägt. Sowohl auf der Sach- als auch auf der sozioemotionalen Ebene haben sich Normen und Regeln für die Zusammenarbeit herausgebildet, und die Teilnehmenden zeigen eine hohe Bereitschaft, sich daran zu halten. Für Bestand und Leistungsfähigkeit der Gruppe ist die Bildung und Aufrechterhaltung gemeinsamer Verhaltensstandards oder Normen von großer Bedeutung (Wilke & van Knippenberg 1996). Mit der Zeit können die Bemühungen um eine allzu harmonische Zusammenarbeit jedoch zu Langeweile und Schwerfälligkeit führen und neue Spannungen erzeugen.

Die vierte Phase, *Integration von Sach- und sozioemotionalen Anforderungen*, ist durch Bemühungen um eine Effektivitätssteigerung der gemeinsamen Arbeit gekennzeichnet. Auf der sozioemotionalen Ebene können die bisherigen Normen und Verhaltensstandards „eingefroren" oder aber auch neu ausgehandelt werden. Auf der Sachebene steht die Erarbeitung von Lösungen für die Gruppenaufgabe im Vordergrund.

Langmaack & Braune-Krickau (2000, 155ff.) weisen darauf hin, dass die meisten Lern- und Arbeitsgruppen sich irgendwann wieder auflösen, wenn die Arbeit an der gemeinsamen Aufgabe beendet ist. Dieser letzten Phase von *Transfer, Abschluss und Abschied* kommt ebenfalls große Bedeutung zu, da hier meist Bilanz gezogen und eine Bewertung der gemeinsamen Arbeit vorgenommen wird und die Frage des Transfers des Erarbeiteten in andere Lebensbereiche der Teilnehmenden aufkommt.

Ein neueres Modell der Gruppenentwicklung ist das TIP-Modell von McGrath (1991). Im TIP-Modell wird die sozioemotionale Ebene weiter danach unterschieden, ob sich die Gruppe mit dem Wohlbefinden einzelner Gruppenmitglieder auseinandersetzt oder an einem gutem Gruppenklima arbeitet – dies hängt allerdings meist eng miteinander zusammen. Außerdem wird im TIP-Modell nicht von Phasen der Gruppenentwicklung gesprochen, sondern von Modi, die in zeitlich unterschiedlicher Reihenfolge durchlaufen werden. Allerdings ist nach Tuckman (1965) bei den meisten Gruppen die oben genannte Reihenfolge zu beobachten.

Implikationen für CSCL

- CSCL-Werkzeuge sollten so gestaltet werden, dass soziale Hinweisreize und soziales Verhalten für alle Gruppenmitglieder wahrnehmbar werden. Soziales Verhalten sollte nicht (wie z.B. bei Anwesenheitsanzeigen in Chat- oder Instant-Messaging-Anwendungen) durch Computer interpretiert werden (vgl. Finck et al. 2004).

–   Bei der Gestaltung von CSCL-Werkzeugen und Lernsituationen ist darauf zu achten, dass Konflikt immer Teil von Kooperation ist (vgl. Kumbruck 1998). Konflikt sollte nicht, z.B. in moderierten Diskussionsforen, künstlich unterdrückt werden.

3.2   Gruppenleitung

Einen besonderen Einfluss auf die Prozessdynamik einer Gruppe hat die Gruppenleitung. Unter „Leitung" (oft wird auch von „Moderatorinnen und Moderatoren" gesprochen) verstehen wir eine funktionale Rolle (vgl. Nygaard & Handlykken 1981), die sich insbesondere, aber nicht ausschließlich um die nachfolgend beschriebenen Aufgaben in der Gruppenarbeit kümmert (vgl. Stollberg 1998):

–   *Zielbestimmung:* Das Ziel, das Thema oder die Aufgabe, mit der sich die Gruppe beschäftigen will, muss vereinbart werden, um späteren Konflikten vorzubeugen. In Gruppen, die auf Grund einer Einladung zustande kommen (z.B. Lehrveranstaltungen und Workshops), ist meist ein vorläufiges Thema benannt und die Teilnehmenden stimmen dem durch ihre Teilnahme implizit zu. Oft ist auch eine Aufgabe von außen vorgegeben (z.B. in Schulklassen durch den Lehrplan oder in betrieblichen Projektgruppen vom Auftraggeber oder der Auftraggeberin). In jedem Fall sollte aber eine Verständigung in der Gruppe stattfinden, wie die Gruppe als Ganzes sich das Thema zu eigen machen will.

–   *Orientierungsfunktion:* Zum einen muss eine gute *Organisationsstruktur* für die Gruppenarbeit gefunden werden. Diese hängt nicht nur von der Aufgabe (vgl. Abschnitt 2.2), sondern auch von den Kompetenzen und Präferenzen der Gruppenmitglieder und den äußeren Rahmenbedingungen ab. Zum anderen müssen alle Gruppenmitglieder immer über alle themabezogenen Informationen verfügen, weil sie nur dann ihre Kompetenzen optimal einbringen können. Diese *„themabezogene Informationstransparenz"* ist auch eine Voraussetzung dafür, dass sich in der Gruppe *Vertrauen und Zusammenhalt* (vgl. Abschnitt 3.1) entwickeln kann.

–   *Konfliktlösefunktion:* Hierzu gehört nicht nur die Bearbeitung auftretender Konflikte, sondern auch die Förderung eines Klimas der Offenheit und Toleranz. Unterschiedliche Erkenntnisse, Zielvorstellungen und Herangehensweisen sind nicht negativ zu bewerten und sollten daher auch nicht einer „Harmoniesucht" geopfert werden. Vielmehr muss das Ziel sein, unterschiedliche Standpunkte zu fördern und einen konstruktiven Umgang mit ihnen zu pflegen, um zu einem guten Gesamtergebnis zu kommen.

–   *Repräsentation der Gruppe nach außen,* beispielsweise gegenüber Auftraggeberinnen und -gebern oder der Bildungseinrichtung. Da es für Außenstehende leichter durchschaubar ist, wenn es eindeutige Ansprechpartnerinnen bzw. -partner gibt, ist es selbst dann nützlich, einen Sprecher oder eine Sprecherin zu benennen, wenn die Leitungsfunktionen ansonsten von wechselnden Gruppenmitgliedern ausgeübt werden.

Die Leitungsfunktionen sind nicht automatisch an bestimmte Personen gebunden, aber oft sind bestimmte Personen organisatorisch als Gruppenleitung vorgesehen. Als Beispiel seien hier die Lehrenden an Schulen und Hochschulen genannt: Es gibt keine Vorschrift, die besagt, dass diese die Leitungsfunktionen übernehmen müssen, aber dennoch wird es von den meisten Lehrenden – und auch den meisten Lernenden – als selbstverständlich vorausgesetzt.

Die Gruppenleitung kann von einer einzelnen Person oder einem Leitungsteam übernommen werden. Selbst in kleinen und informellen Gruppen übernehmen häufig bestimmte Personen Führungsrollen, auch wenn diese nicht explizit als solche benannt werden. Entsprechend den oben charakterisierten Ebenen der Gruppenarbeit lassen sich dabei *aufgabenorientierte* und *sozioemotionale Spezialisten* (Wilke & van Knippenberg 1996, 487ff.) unterscheiden, die mit den anderen Gruppenmitgliedern unterschiedlich interagieren: Sozioemotionale Spezialistinnen und Spezialisten gehen auf andere Gruppenmitglieder ein, holen deren Meinung ein und erhalten in der Regel hohe Sympathiewerte. Die aufgabenorientierten Expertinnen und Experten bringen sich koordinierend und strukturierend in die Aufgabenbearbeitung ein und werden häufiger um Rat gebeten. Sie werden für ihren Beitrag zur Aufgabenlösung geschätzt, erhalten jedoch meist weniger Sympathien.

Je nachdem, wie die Gruppenleitung legitimiert ist und wie sie ihre Leitungsrolle ausübt, können verschiedene *Leitungsstile* unterschieden werden (vgl. Stollberg 1998):

- *Autoritärer Leitungsstil:* Er beruht darauf, dass die Gruppenleitung der Gruppe an Macht, Kenntnissen oder Fähigkeiten überlegen ist. Als Machtmittel zur Durchsetzung der autoritären Entscheidungen dienen z.B. im Bildungswesen Noten und Zeugnisse. Da die Gruppe bei diesem Leitungsstil keine Entscheidungen verhandeln muss, sondern sofort zur Tat schreiten kann, wird er als sehr effizient wahrgenommen. Er ist allerdings gerade in Schulen und Hochschulen, die in ihrem Bildungsauftrag zur Erziehung zur Demokratie verpflichtet sind, nicht akzeptabel (vgl. Schulz 1981).
- *Demokratischer Leitungsstil:* Die Gruppenleitung wird von der Mehrheit der Gruppe gewählt oder zumindest nachträglich bestätigt. Sie übernimmt also nach dem Delegationsprinzip die Leitungsaufgaben und entlastet damit die Gruppe. Problematisch ist dabei insbesondere die Rolle von Minderheiten. Eine Variante dieses Leitungsstiles ist die rotierende Leitung, bei der nach einem formal festgelegten Plan die Führungsrolle wechselt.
- *Laissez-faire-Stil:* Es gibt zwar formal eine Gruppenleitung, diese übt aber die Leitungsfunktionen nicht aus. Dies führt meist zu Chaos, Orientierungslosigkeit und gruppeninternem Machtkampf. Der Laissez-faire-Stil wird bewusst in einigen psychoanalytischen Verfahren angewendet. Ungewollt tritt er auf, wenn eine Gruppenleitung die Leitungsfunktionen beispielsweise aus zeitlichen Gründen nicht (hinreichend) ausübt.
- *Partnerschaftlich geteilte Leitung:* In diesem Modell gibt es keine Gruppenleitung im eigentlichen Sinne, sondern die Gruppe organisiert sich scheinbar führerlos selbst. „Alle Mitglieder der Gruppe sind sich des gemeinsamen Ziels (Themas, Aufgabe, Projekts) bewußt, bejahen dieses und tragen nach Kräften dazu bei, daß es auch erreicht wird" (Stollberg 1998, 91). Dabei werden durchaus auch Aufgaben delegiert, aber die Verteilung erfolgt im Konsens je nach Situation, Bedarf und Kompetenz. Gruppen mit einer partnerschaftlich geteilten Leitung gelten als besonders kreativ und innovativ (vgl. Antons 1973, 94ff.).

Implikationen für CSCL

- Leitungsfunktionen sind soziale Aufgaben, die kaum technisch unterstützt, sondern nur technisch vermittelt werden können. Daher sollten CSCL-Werkzeuge (auch) unter der Medienperspektive (vgl. Maaß & Oberquelle 1992) gestaltet werden.

– In CSCL-Werkzeugen sollten keine Annahmen über die Verteilung der Leitungsfunktionen an bestimmte Personen (z.B. durch bestimmte Rollenkonzepte oder Zugriffsrechte) gemacht werden, weil andernfalls Leitungsstile technisch vorgegeben werden.

4 Ausblick

Je nach institutionellem Rahmen und Zielstellung von Gruppen sind natürlich noch weitere Aspekte zu berücksichtigen, auf die wir an dieser Stelle nicht eingehen können. Speziell für CSCL ergeben sich beispielsweise Fragen nach der Bildung von Lerngruppen, der Themen- bzw. Aufgabenfindung, der institutionellen Legitimierung und der Bewertung von Gruppenleistungen, die von verschiedenen didaktisch-methodischen Konzepten unterschiedlich beantwortet werden. Auf einige dieser Fragen gehen andere Beiträge in diesem Buch ein (vgl. insbesondere Teil 3: Didaktik). Die in diesem Beitrag angesprochenen Grundlagen sollen es ermöglichen, einzelne Antworten kritisch in einen Zusammenhang zu bringen.

1.6   Informatikgrundlagen und Mensch-Computer-Kommunikation

Ronald Hartwig[1], Michael Herczeg[2]

[1]human interface.design Hamburg, [2]Universität zu Lübeck

1   Einleitung

Ein zentraler Aspekt im Anwendungsbereich des Computer Supported Cooperative Learning (CSCL) ist die Entwicklung der dazu notwendigen Medien und Programme. Im Kapitel 4 wird beschrieben, wie die Umsetzung der für CSCL benötigten Programme und Medien erfolgen kann. An dieser Stelle sollen hingegen einige dazu notwendige grundlegende Konzepte der Informatik, die bei der Realisierung von Software für CSCL sowie bei der Entwicklung von Inhalten für CSCL, die auf Software beruhen, kurz vorgestellt werden. Es kann hier jedoch kein Wert auf Vollständigkeit hinsichtlich allgemeiner informatischer Grundlagen gelegt werden.

2   Überblick

Die Realisierung von Software im Zusammenhang mit CSCL findet sich vor allem in folgenden Formen:

1. *Autorensysteme, Content-Management-Systeme* oder *Entwicklungsumgebungen* für die Erstellung und Wartung der Inhalte (im Folgenden Module genannt);

2. *Lernraumsysteme (auch LMS „Learning Management System" genannt)*, die den Lernprozess unterstützen, z.B. durch curriculare und terminliche Übersichten, oder Möglichkeiten zum Anfügen von Annotationen sowie dem Zwischenspeichern und Weiterverarbeiten von Inhalten. Dazu gehören auch *Kommunikations-* und *Kooperationssysteme*, die die Kommunikation und Zusammenarbeit zwischen den Lernenden untereinander und den Lernenden und Ihren Betreuern unterstützen, also Chatsysteme, Nachrichtensysteme, kollaborative Arbeitsumgebungen, gemeinsame Dokumente und virtuelle Räume;

3. *Inhalte der Module*, sofern sie über reine semantische Auszeichnung (HTML, XML) hinausgehen, wie zum Beispiel interaktive Präsentationen, Selbsttestaufgaben, Animationen, Simulationen oder Spiele.

Für alle diese Systeme können in der Arbeitswissenschaft (Ulich 2001), Psychologie (Zimbardo et al. 2003), Pädagogik (Kerres 2001; Schulmeister 2001) und Informatik entwickelte Theorien und Konzepte aufgegriffen und weiter entwickelt werden, um die effektive, effiziente und zufrieden stellende Nutzung zu gewährleisten. Dies wird unter dem Begriff der

Gebrauchstauglichkeit (engl.: *Usability*) zusammengefasst (ISO 9241). Diese befasst sich mit dem Zusammenspiel von Benutzern und interaktiven Software-Systemen, der so genannten *Mensch-Computer-Interaktion* oder *Mensch-Computer-Kommunikation* (engl.: „Human Computer Interaction" kurz „HCI") (Herczeg 1994; 2004). Daneben sind natürlich auch softwaretechnische Qualitätsaspekte, wie die Verfügbarkeit, Korrektheit und Robustheit, sowie die Wartbarkeit und Wiederverwendbarkeit für den Einsatz erheblich. Diese werden im Kapitel 5 genauer betrachtet.

Jede Art von Software ist prinzipiell nach dem EVA-Prinzip konzipiert: **E**ingabe-**V**erarbeitung-**A**usgabe, d.h. eine Eingabe (das können Daten oder Ereignisse sein) wird aufgrund einer im System festgelegten Programmlogik deterministisch zu einer Ausgabe verarbeitet. Eingabeereignisse und Daten werden vom Benutzer an der so genannten *Benutzungs-schnittstelle* (engl.: *User Interface* kurz *UI*) eingegeben (z.B. über die Tastatur) oder ausgelöst (z.B. durch Anklicken eines „Start"-Knopfes). Die Eingabedaten bzw. Eingabeereignisse können aber auch von anderen Systemen, z.B. Ereignisse von anderen Programmen oder Daten aus einem Netzwerk, stammen. Ebenso kann die Ausgabe an den Benutzer, zum Beispiel als Bilder und Zeichen über einen Bildschirm oder als Töne über einen Lautsprecher wieder zurück ausgegeben werden. In der Programmlogik ist festgelegt, wie das System auf die Eingabe reagieren soll, wie es die Eingabeinformationen weiterverarbeiten soll und wie es eine geeignete Ausgabe erzeugen soll. Das System selbst ist dabei in einem Zustand, der durch die Eingaben des Benutzers und nach den Vorgaben der Programmlogik verändert wird.

Eine Voraussetzung für die praktisch verwendeten Programmierkonzepte ist dabei, dass gleiche Eingaben bei gleichem Ausgangszustand des Systems und gleicher Programmlogik auch zum gleichen Ausgabeergebnis führen (*Determinismus*). In der Praxis ebenfalls wichtig ist die Eigenschaft, dass nach einer Eingabe, einem definierten Zustand und einer definierten Programmlogik nach definierter Zeit eine Ausgabe erfolgt (*Determiniertheit*).

3   Verteilte Systeme

Computersysteme werden heutzutage meist in *Computernetzen* (Tanenbaum 2000) zusammengeschaltet. Dabei können die verschiedenen beteiligten Computersysteme unterschiedliche Aufgaben wahrnehmen. Man spricht in diesem Zusammenhang auch von *verteilten Systemen*. Zunächst soll einmal betrachtet werden, welche Arten von derartigen Systemen im Bereich des CSCL Verwendung finden:

Als *Stand-Alone-Applikation* oder kurz *Applikation* wird Software bezeichnet, die auf dem Rechner des Benutzers selbst installiert ist und nur ihm zur Verfügung steht. Ein typisches Beispiel einer solchen Applikation ist ein Textverarbeitungsprogramm. Es verwendet die Eingaben des Nutzers oder andere vorgegebene Informationen und verarbeitet sie nach vorgegebenen Regeln zu einer neuen Ausgabe. Es sind auch Applikationen, zum Beispiel eine Uhr, denkbar, die nur durch ihren Aufruf einmal gestartet werden, und dann keine weiteren Eingaben erwarten und kontinuierlich eine Ausgabe liefern.

Im Gegensatz dazu stehen *verteilte Systeme*. Dabei kommunizieren über festgelegte Kanäle zwei oder mehr Systeme über ein Netzwerk miteinander. Dabei wird zwischen zwei Arten der Kooperation unterschieden: Client-Server-Systeme und Peer-to-Peer-Systeme.

Client-Server-Systeme haben eine vorgegebene Hierarchie und Aufgabenteilung. Das bekannteste Beispiel, gerade auch im Bereich des CSCL, ist sicher der *Web-Client* (Internet-Browser) auf der einen Seite und der *Content-Server* (z.B. ein LMS) auf der anderen Seite. Der Client dient dabei als Schnittstelle zum Benutzer und nimmt auf dessen Rechner zunächst Eingaben entgegen (zum Beispiel den Klick auf einen Link auf einer Webseite), übersetzt sie in eine Sprache für die Kommunikation zum Server, auf dem die Daten gespeichert sind, und schickt diese Daten an den Server.

Der Server wertet die vom Client des Benutzers übermittelte Anfrage aus, sucht oder berechnet die Ausgabedaten und gibt sie, zunächst ebenfalls wieder in einer maschinenlesbaren Form, wieder an den Client zurück. Der Client wiederum übersetzt diese Daten dann für die lokale Verwendung, zum Beispiel indem er die angeforderte Webseite anzeigt.

Wenn dem Client-Programm nur noch wenige, einfache Verarbeitungsschritte verbleiben und der Großteil der Informationsverarbeitung auf dem zentralen Server stattfindet, so spricht man von einem *Thin-Client*. Im umgekehrten Fall spricht man hingegen von einem *Rich-Client*, wobei beide Bezeichnungen die Vorteile der jeweiligen Lösung betonen sollen. Thin-Clients erheben geringere Anforderungen an die Leistungsfähigkeit des Rechners bzw. seiner Software beim Benutzer. Solche Systeme waren in lokalen Netzen als Terminal-Mainframe-Modelle („Großrechner") lange Zeit verbreitet und wurden erst mit dem Aufkommen kostengünstiger, leistungsfähiger *Desktop-Systeme* auf der Basis von Personal-Computern (*PC*) teilweise verdrängt. PCs können viele Aufgaben sofort vor Ort erledigen und müssen nicht erst auf die vergleichsweise langsame und kostenintensive Datenübermittlung warten. Mit dem Aufkommen immer leistungsfähigerer und kostengünstigerer Vernetzungen zwischen den Rechnern wird das Client-Server-Prinzip z.B. in Form der Internet-Clients und -Server oder des so genannten *Application-Sharing* (Verteilung von Funktionalität auf verschiedene Computersysteme im Netz) aber zunehmend auch für das Internet attraktiver. Rich-Clients, die erhebliche Teile der Informationsverarbeitung selbst vornehmen und nur komprimierte Rohdaten über das Netz übertragen, empfehlen sich, um komplexe, auch stärker multimediale Interaktionsmöglichkeiten ohne Verzögerungen durch den zwischenzeitlichen Datentransfer und das Warten auf einen zentralen Server zu erlauben.

Ein wichtiger Vorteil von Client-Server-Systemen gegenüber Stand-Alone-Applikationen ist die zentrale Bereitstellung von Funktionalitäten und die daraus folgende einfachere Wartbarkeit. Schließlich muss eine Software so nur auf einem zentralen Rechner und nicht in den oftmals sehr heterogenen (Hardware-/Software) Umgebungen der Nutzer installiert und gepflegt werden. Ein weiteres Beispiel sind virtuelle Labore, bei denen mittels kleiner lokaler Client-Programme ein zentrales Labor gesteuert werden kann. Hier ist der Vorteil des vernetzten Systems, dass aufwändige und teure Systeme, die von den Lernenden oder einzelnen Lehrenden nur selten oder kurzzeitig verwendet werden, nur einmal zentral angeschafft und betrieben werden müssen und dann vielen, räumlich und zeitlich verteilten Lernenden zur Verfügung stehen. Auch umfangreiche Datenbestände können von Web-Servern oder Datenbanken häufig besser zentral gehalten werden. Den Lernenden werden auf deren Anfragen

hin dann nur die Teile übermittelt, die tatsächlich benötigt werden. Wenn allerdings gleich
bleibende Inhalte, zum Beispiel statische Teile eines Lernmoduls oder größere Videodateien,
immer wieder übertragen werden sollen, weicht man vom strengen Client-Server-Paradigma
ab und sendet unveränderliche Inhalte nur einmal und lässt sie zur weiteren Nutzung auf dem
Rechner des Lernenden verbleiben. Die heutigen Internet-Browser sind zu diesem Zweck
nicht nur als reine Netz-Clients konzipiert, sondern auch in der Lage, als Stand-Alone-
Applikation ohne Server, Daten, die lokal auf der Festplatte oder einer CD-ROM/DVD vorliegen, zu verarbeiten und dem Nutzer verfügbar zu machen. Sie können auch beide Be-
triebsarten mischen.

Im Bereich des CSCL sind Client-Server-Systeme mit Blick auf die Kooperation unentbehrlich. Kommunikation erfordert in der Regel einen gemeinsamen Kommunikationsraum oder
zumindest eine zentrale Anlaufstelle, an der man Kooperations- und Kommunikationspartner
auffinden kann. Typische Kommunikationsserver, die häufig Teil des LMS sind, sorgen
dafür, dass Gruppen von Lernern und Lehrenden verwaltet werden und ihre Anwesenheit bei
Bedarf an andere potenzielle Kommunikationspartner gemeldet wird (*Awareness*).

Wichtig für Client-Server-Systeme ist die ausreichende Leistungsfähigkeit und Zuverlässigkeit sowohl der Server als auch der hinführenden Netzwerke, so dass Warte- oder gar Aus-
fallzeiten für die Lernenden vermieden werden können. Weiterhin ist von technischer Seite
zu beachten, dass öffentlich zugängliche Server immer dem Risiko von Angriffen ausgesetzt
sind.

Peer-to-Peer-Systeme unterscheiden sich von Client-Server-Systemen dadurch, dass es keine
festgelegte Rangfolge und Aufgabenteilung gibt, sondern dass ähnliche oder gleichartige
Systeme miteinander kommunizieren. Sie finden sich häufig im Bereich der (synchronen)
Kommunikation. Dadurch wird die häufig sehr datenintensive Kommunikation zwischen den
Partnern nicht durch den potenziellen Engpass eines zentralen Servers gefährdet, sondern die
Partner sprechen direkt miteinander.

Daneben existiert noch eine Vielzahl weiterer Netzformen, die aber hier nicht weiter im
Detail vorgestellt werden (zum Beispiel *Lastverteilungssysteme*). Zukünftig interessant könnte das *Distributed-Computing* (verteiltes Rechnen) werden, um Aufgaben, die für ein einzelnes System zu groß sind, auf geeignete Teile und Teilsysteme in einem Netzwerk aufzuteilen.

4   Intelligente Systeme

Eine Besonderheit unter den verteilten Systemen stellen die so genannten *Agentensysteme*
dar. Im Vergleich zu den bisher beschriebenen Systemen sind diese autonomer, d.h. sie arbeiten nachdem sie aktiviert wurden auch ohne direkte Benutzeraufforderung im Hintergrund
weiter oder nehmen stellvertretend Teilaufgaben war. So können Agentensysteme zum Beispiel die Suchgewohnheiten eines Benutzers analysieren und darauf basierend im Hintergrund bereits selbstständig weitere Suchanfragen durchführen, um diese dann bei Bedarf
schneller bereitstellen zu können (Teuteberg, 2001). Die Unterscheidung zu anderen Systemen ist allerdings durch die Vielfalt von Agentensystemen nicht sehr trennscharf, denn letzt-

endlich sind auch Agentensysteme nur Anwendungen, die früher oder später als Teil eines Client-Server oder eines Peer-to-Peer-Netzwerkes wieder mit dem Nutzer in Kontakt treten. Das Ziel ist, dass so genannte *Intelligente Agenten* dem Benutzer Routinetätigkeiten abnehmen könnten.

Ähnlich den intelligenten Agenten verspricht man sich von *Adaptiven Systemen*, dass es gelingen wird, dass sich das System dem Nutzer so intelligent anpassen kann, dass dieser bei seiner Arbeit bzw. in seinem Lernprozess unterstützt wird. Das System wertet dazu die ihm zur Verfügung stehenden Nutzungsinformationen aus, sei es aus Abfragen, Datenbanken oder aus statistischer Auswertung des Nutzungsverhaltens und interpretiert diese. Daraus werden dann Schlussfolgerungen über die für den Benutzer potenziell hilfreiche Unterstützung gewonnen werden.

Dieser Schlussfolgerungsprozess ist aber für komplexe Aufgaben- und Handlungskomplexe nicht einfach. Es besteht die Gefahr, dass zu stark vereinfachte Benutzermodelle Benutzerhandlungen falsch interpretieren. Es ist zum Beispiel durchaus fragwürdig, ob die Häufigkeit eines Aufrufs tatsächlich etwas über die Qualität des Inhaltes aussagt oder ob nicht ungewollt selbst verstärkende Effekte einen Zirkelschluss (häufige Anwahl → besonders hervorheben → noch häufigere Anwahl) erzeugen. Die nötige Intelligenz und auch Erfahrung, die zur Interpretation einer Benutzerhandlung eines Menschen notwendig ist, darf dabei nicht unterschätzt werden. Sonst besteht die Gefahr, dass der Lerner am Ende zunächst einmal ein mentales Modell darüber bilden muss, was das System von ihm glaubt verstanden zu haben, oder aber dass der Eindruck entsteht, man habe keine Kontrolle darüber, was in welcher Form dargeboten wird.

Ein weiteres Problem der (automatischen) adaptiven Systeme als auch der vom Benutzer selbst anzupassenden *adaptierbaren Systeme* ist, dass bei der Kommunikation über das System mit mehreren Personen kein gemeinsames Systemmodell mehr besteht, d.h. Benutzer A und Benutzer B haben beim Blick auf den gemeinsamen Informationsraum unterschiedliche Sichten und bekommen unter Umständen Probleme dabei, über das Gleiche zu sprechen, da es sich für beide unterschiedlich darstellt.

Ein weiteres Konzept intelligenter Unterstützungssysteme wurde bereits lange Zeit diskutiert und in ersten Prototypen entwickelt. Es handelt sich dabei um *Intelligente Tutoren*, die Benutzer insbesondere in ihrem Lernprozess beobachten und führen sollen (Sleeman & Brown 1982). Diese Systeme waren als *Wissensbasierte Systeme* oder auch *Expertensysteme* realisiert und enthielten eine formale Repräsentation des zu lernenden Wissens. Bei der Realisierung dieser Systeme hat es sich gezeigt, wie schwierig es ist, menschliches Wissen in Computersystemen zu repräsentieren. Die besten Ergebnisse wurden mit fachlich sehr eng gefassten Systemen erreicht, die sehr genau definierbares und begrenztes Wissen enthielten und dieses dann zur Steuerung oder Beurteilung der Lernprozesse nutzten. Eine weitere Schwierigkeit war die geeignete Nutzung des repräsentierten Wissens. Wann und wie sollten die Lerner informiert oder angeleitet werden? Für die Zukunft sind in gut definierten Bereichen intelligente Tutoren vorstellbar, die mit den oben vorgestellten Ansätzen intelligenter Agenten und adaptierbarer Systeme zusammenwirken.

5 Mensch-Computer-Interaktion

Die beschriebenen Unterscheidungen zwischen den verschiedenen Systemkonzepten und Vernetzungsmodellen sind für den Benutzer häufig unsichtbar. Sie sind eher aus technischökonomischer Sicht interessant, wenn es darum geht, sich für eine bestimmte Technologie zu entscheiden. Für den Lernenden hingegen ist von zentralem Interesse, ob ihn die ihm zur Verfügung gestellten Medien und Hilfsmittel tatsächlich beim Lernen unterstützen. Entscheidend sind dafür zunächst natürlich die pädagogische und didaktische Konzeption des Angebotes und die sinnvolle Einbettung in ein möglicherweise kollaboratives Gesamtkonzept. Dies wird in den anderen Abschnitten dieses Kapitels ausführlich beschrieben. Daneben ist aber auch wichtig, dass das Medium selbst auch die Leistungsfähigkeit des Menschen berücksichtigt. Die *Ergonomie* beschäftigt sich, aus der Arbeitswissenschaft kommend, allgemein damit, Werkzeuge so an den Menschen anzupassen, dass dieser möglichst schädigungsfrei, effektiv, effizient und zufrieden stellend mit ihnen arbeiten kann. Die *Software-Ergonomie* beschäftigt sich entsprechend mit Software-Werkzeugen.

5.1 Modelle der Mensch-Computer-Kommunikation

Die Kommunikation zwischen einem Menschen und einem Computersystem läuft, wie übrigens auch die Kommunikation zwischen Menschen, in Form eines *Dialoges* ab (Herczeg 1994; 2004). Dabei senden sich die beiden Kommunikationspartner gegenseitig Nachrichten zu. Diese Nachrichten enthalten Informationen, die das Wissen und daraufhin das Verhalten der beiden Kommunikationspartner verändern können. Sie erzeugen also eine gegenseitige Wirkung, eine Wechselwirkung, auch *Interaktion* genannt.

Die Nachrichten, die sich die beiden Kommunikationspartner zusenden, müssen in irgendeiner Weise präsentiert werden. Dies kann zum Beispiel in Form von Text und Graphik oder auch in Form von Tönen (Einzeltöne, Klänge, Musik) oder bewegten Bildern (Animation, Film) erfolgen. Diese vielfältigen Formen Informationen in Nachrichten zu verpacken nennt man *Multimedia*, also die Verwendung verschiedener Medien zur Kommunikation.

Bei der Auseinandersetzung eines Menschen mit einer Anwendungswelt, zum Beispiel bei der Arbeit, dem Lernen oder beim Spiel, kann der Computer unterschiedlichste Rollen spielen:

- Computer als *Arbeitsmittel* (Ressource);
  der Mensch setzt den Computer ein
- Computer als *Werkzeug* (Funktion, Automat);
  der Mensch bedient den Computer
- Computer als *Partner* (Assistent, Agent, Partner, Überwacher);
  der Mensch kommuniziert mit dem Computer
- Computer als *Medium* (Mittler zur Anwendungswelt);
  der Mensch interagiert über den Computer
- Computer als *Virtuelle Realität* (der Computer wird unsichtbar);
  der Mensch bewegt sich in einer künstlichen Welt

Derartige Rollen eines Computers in der Mensch-Computer-Kommunikation nennen wir auch *Kommunikationsparadigmen*. Sie spielen als Basiskonzepte eine wichtige Rolle bei der Konzeption und der Gestaltung interaktiver Computersysteme.

Im Bereich des CSCL sind insbesondere die Kommunikationsparadigmen Partner und Medium von besonderer Bedeutung. Das Partnermodell (*Assistent*) haben wir schon im Zusammenhang mit Agentensystemen kennen gelernt. Das Modell des Mediums tritt immer dann auf, wenn der Computer zugunsten der Wahrnehmung eines Lerninhaltes in den Hintergrund tritt. Man spricht dann auch von *Lernmedien*. CSCL kann in besonderen Fällen auch in naturalistisch visualisierten dreidimensionalen *Lernräumen* stattfinden, in denen sich die Lerner virtuell treffen. In einem solchen Fall wird das Modell der virtuellen Realität benutzt.

5.2 Software-Ergonomie

Die Realisierung von CSCL-Systemen erfordert die anwendungs- und benutzergerechte Gestaltung dieser Systeme (Hartwig et al. 2002a; 2002c; Herczeg 1994; 2004), da der Kommunikations- und Lernprozess sonst wesentlich durch die Auseinandersetzung mit dem System behindert würde.

Dies bedeutet, dass – eine geeignete didaktische Konzeption vorausgesetzt – die Bedienung des Lernmediums und der darin eventuell enthaltenen interaktiven Elemente die physiologischen und kognitiven Leistungsgrenzen des Menschen berücksichtigt. So ist beispielsweise die visuelle Wahrnehmung durch die Fähigkeiten der Augen aber auch der Leistungsfähigkeit der weiteren Verarbeitungsprozesse im Gehirn begrenzt. Schriften, die zu klein oder zu kontrastarm dargestellt werden, können nicht richtig wahrgenommen werden, wohingegen zu viele, nur sehr kurz dargestellte Informationen die Merkfähigkeit überfordern können. Ähnliches gilt für die Wahrnehmung von Tönen oder für andere Sinnesmodalitäten. Neben der reinen Informationsaufnahme ist auch die Informationsverarbeitung innerhalb der kognitiven Prozesse des Lerners begrenzt.

Ähnliches wie für die Wahrnehmungsprozesse gilt auch für die Handlungsprozesse, bei denen ausgehend von einer Zielsetzung und einer Handlungsplanung einzelne Aktionen mit Hilfe des Computersystems durchgeführt und eventuell korrigiert werden müssen.

5.3 Gebrauchstauglichkeit

Um die Software-Ergonomie praktisch umzusetzen und ursprünglich in Arbeitskontexten operationalisierbar bewerten zu können, wurde das Konstrukt der Gebrauchstauglichkeit (engl.: Usability) entworfen. In der ISO 9241 (Teil 11) wird diese als das Produkt aus *Effektivität*, *Effizienz* und *Zufriedenheit* bezogen auf eine bestimmte Nutzergruppe, einen bestimmten Nutzungskontext und eine bestimmte Aufgabe definiert. Besonders wichtig ist dabei die Einschränkung auf *bestimmte* Nutzergruppen, Nutzungskontexte und Aufgaben, d.h. eine universale Gebrauchstauglichkeit (auch umgangssprachlich als „Benutzerfreundlichkeit" bezeichnet) kann es grundsätzlich so nicht geben.

Aus der Definition ergibt sich aber auch bereits, wie die Gebrauchstauglichkeit festzustellen ist. Zunächst muss geprüft werden, ob das angebotene Lernmittel oder der Lernraum dem

Lernenden überhaupt ermöglicht, seine Teilaufgabe innerhalb seines (selbstdefinierten) Lernprozesses durchzuführen. Möchte der Lernende beispielsweise eine Nachricht an einen Partner versenden, so kann relativ leicht geprüft werden, ob ihm dies gelingt. Der Grad der Zielerreichung definiert somit die Effektivität. Dann kann im Sinne der Effizienz geprüft werden, wie viel Aufwand dazu notwendig war. Dies kann als Vergleichsmaß verwendet werden, gegenüber alternativen Arbeitsformen. Beispielsweise kann man vergleichen, wie viel aufwändiger ein Versand einer Nachricht per Fax gegenüber einem Versand per E-Mail wäre. Als Drittes wird dann geprüft, wie zufrieden der Benutzer mit dem Ablauf dieses Vorganges im Allgemeinen und mit dem Werkzeug im Besonderen war.

Diese Art der Bewertung ist im Abschnitt Qualitätsmanagement (Abschnitt 4.5) noch einmal thematisiert. An dieser Stelle sei ausdrücklich davor gewarnt, Zufriedenheit als *hinreichendes* Kriterium für Gebrauchstauglichkeit anzusehen. Faktoren wie die „resignative Zufriedenheit" (Reduktion der Ansprüche) und andere psychologische Abwehrmechanismen zwingen zu großer Sorgfalt bei der Planung der empirischen Erhebung der Zufriedenheit und dazu, auch die Effektivität und Effizienz analytisch ausreichend zu berücksichtigen.

Wichtig ist, dass die ergonomische Gestaltung eines interaktiven Systems bereits bei dessen Planung einsetzt und nicht erst bei der Gestaltung der Benutzungsschnittstelle. Die Kenntnis und Berücksichtigung von Nutzungskontext, spezifischen Eigenschaften und Anforderungen der Benutzer sowie deren Ziele und Aufgaben sind essentiell für den Erfolg der Entwicklung und des späteren Einsatzes eines interaktiven Systems.

Im Prozess der Erstellung von Systemen aus dem Bereich CSCL ordnen sich die Software-technik und Software-Ergonomie gewissermaßen „unterhalb" der Mediendidaktik ein und helfen anhand von Nutzungsszenarien die Anwendungsabläufe proaktiv zu gestalten (siehe z.B. Hartwig et al. 2002b), anstatt reaktiv nur noch Mängel festzustellen. Einige wenige, aber aussagekräftige ergonomische Qualitätssicherungsmaßnahmen, wie zum Beispiel Benutzer-tests, stellen dann sicher, dass am Ende nicht die Bedienbarkeit der Umsetzung sondern das didaktische Konzept im Mittelpunkt der Lerneraufmerksamkeit stehen kann.

5.4 Dialogprinzipien

Aus dem Bereich der Software-Ergonomie sind Kriterien und Prinzipien entstanden, die einige der fundamentalen Anforderungen an ein interaktives System mit Blick auf dessen Gebrauchstauglichkeit beschreiben (ISO 9241). Sie sollen helfen, die Medien und Werkzeuge, die dem Lerner für die Bewältigung seiner Teilaufgaben innerhalb des CSCL Lernprozesses angeboten werden, zu planen und zu bewerten:

5.4.1 Aufgabenangemessenheit

Die wichtigste Frage ist: *„Bietet das System alle benötigten Funktionen?"* und dies in einer Form, die dem Nutzer auch wirklich dienlich ist. Beispielsweise ist ein E-Mail-Programm zum Versenden von Textnachrichten vielleicht aufgabenangemessen, aber weniger zur gemeinsamen Arbeit an einem zentralen Dokument geeignet, denn es entstehen leicht Inkonsistenzen. Dieses Prinzip vereint bereits die beiden Hauptfragen: *„Leistet es was es soll?"* und *„Ist der Aufwand der Aufgabe angemessen?"*.

Zur Bewertung des Aufwandes stehen im Kontext Lernen keine absoluten Zahlen zur Verfügung, aber ein Vergleich zu einer papiergestützten Arbeitsform gibt erste Anhaltspunkte. Wenn das dauerhafte Markieren eines Abschnittes in einem Papierdokument mittels eines Textmarkers in Sekunden geschehen kann, so kann dies in einem Lernraum schwierig (z.B. Herauskopieren in eine andere Anwendung und dann dort markieren = ineffizient) oder gar unmöglich (ineffektiv) sein. Dabei sind solche Punkte dann im Gesamtzusammenhang zu sehen und es ist insbesondere zu prüfen, ob die gewählte Form dann zumindest per saldo noch einen Nutzen gegenüber einer anderen Alternative bietet.

Häufig setzen Formen des so genannten „*Blended Learning*" hier an und mischen die Vorteile traditioneller Lehr- und Lernformen, die sich in ihrer Handhabung und/oder Nützlichkeit als (noch) überlegen erweisen mit computergestützten Möglichkeiten. Aus Sicht der Gebrauchstauglichkeit ist dies zu begrüßen und bietet aber auch die Perspektive, an welchen Stellen noch ungenutzte Potenziale einer computerbasierten Lösung liegen.

5.4.2   Steuerbarkeit

Ein wesentliches Merkmal ergonomischer interaktiver Systeme ist die Steuerbarkeit des Ablaufs durch den Benutzer. Sowohl Reihenfolge als auch Geschwindigkeit können vom Benutzer, soweit von der Aufgabe her sinnvoll, selbst bestimmt werden. Dieses kommt den Ideen moderner konstruktivistischer Lerntheorien nahe (Niegemann 2001), die beim Lernen ebenfalls Selbstständigkeit im Lernprozess als entscheidendes Qualitätsmerkmal ansehen. Doch didaktische Gründe können im Einzelfall auch gegen bestimmte Freiheitsgrade sprechen, d.h. eine weniger steuerbare Alternative kann sich als aufgabenangemessener erweisen. Hier zeigt sich, dass die Prinzipien weder voneinander unabhängig noch widerspruchsfrei sind. Es ist im Einzelfall zu prüfen und abzuwägen, ob und wie der Nutzen einer freieren Alternative den einer mehr geführten Alternative überwiegt. Prinzipiell gilt aber gerade im Bereich kleinerer Teilaufgaben, z.B. Ansehen eines Videos, Kommunizieren in einem Chatsystem oder Ausprobieren einer Simulation, dass die Entscheidung, wann welche Vorgehensweise den Benutzer optimal unterstützt, am bestem diesem selbst überlassen bleibt.

5.4.3   Individualisierbarkeit

Der Lernende sollte nicht nur die vorhandenen Möglichkeiten selbstgesteuert anwenden können, sondern, in gewissen Grenzen, das System auch seinen Gegebenheiten und Vorlieben anpassen können (adaptierbare Systeme). So verhindern beispielsweise feste Seitengrößen häufig das sinnvolle parallele Arbeiten mit mehreren Inhalten oder kooperativen Werkzeugen oder die Anpassung an leistungsfähigere Monitore.

Wie bereits bei der Adaptivität erwähnt, ist auch bei Individualisierbarkeit grundsätzlich der potenzielle Nutzen einer individuellen Anpassung gegen die möglichen Nachteile abzuwägen. So können ungünstige Einstellungen für den Benutzer unbemerkt z.B. wichtige Informationen verdecken oder die Lesbarkeit erheblich verschlechtern. Versuche haben gezeigt, dass Benutzer mit selbst angepassten Systemen teilweise deutlich schlechter arbeiten konnten, als mit vorgegebenen Lösungen, da sie mangels entsprechender Kenntnisse im Sinne der Aufgabe ungünstige Einstellungen gewählt hatten.

5.4.4 Erwartungskonformität

Es ist bei der Bedienung eines Systems meist hinderlich, wenn sich interaktive Elemente anders verhalten, als man es anhand ihres Aussehens oder ihrer Positionierung erwarten würde. Werden beispielsweise Inhalte in Form von Web-Seiten dargeboten, dann ist es für die Lerner belastend, wenn sich diese dann nicht wie solche verhalten. Klassisches Beispiel ist dabei die Kodierung von Links. Wenn die Links in einem Dokument blau und unterstrichen und im nächsten rot und fett gedruckt sind, so muss der Lerner immer wieder nicht nur den Lernstoff erlernen, sondern auch das Bedienkonzept der Web-Seite.

Bei der Entwicklung der Systeme wird leider häufig übersehen, dass diese neben vielen anderen im täglichen Ablauf verwendet werden und der Lerner sich wesentlich weniger um das Konzept einer Web-Site oder eines Systems kümmern kann, als der Entwickler, der sich über einen längeren Zeitraum ununterbrochen damit beschäftigt. Auch die Nutzung von Handbüchern oder Online-Hilfen wird in der Regel überschätzt. Schließlich ist der Lerner gerade dabei, sich ein mentales Modell einer häufig komplexen Wissensdomäne anzueignen und jeder Aufwand, der für das Erlernen des vorgesehenen Systems verwendet wird, verringert die Effizienz im eigentlichen Lernprozess.

Natürlich kann es auch hier didaktisch begründete Ausnahmen geben, um gewollt Überraschungen oder Unsicherheiten zu provozieren, aber überall dort, wo dies nicht ausdrücklich vorgesehen ist, sollte darauf geachtet werden, dass alles sich so leicht wie möglich bedienen lässt und keine Überraschungen auftauchen. Ziel muss eine Gestaltung sein, die konsistent mit den bei den Lernenden zu erwartenden Kenntnissen über die Systembedienung ist.

5.4.5 Selbstbeschreibungsfähigkeit

Ähnlich verhält es sich mit der Selbstbeschreibungsfähigkeit. Soweit irgend möglich sollte auch bei bisher unbekannten Bedienelementen bereits aus deren Darstellung ersichtlich werden, was sie beinhalten bzw. auslösen. So sollten beispielsweise Bedienelemente einer interaktiven Simulation erwartungskonform sein und damit ähnlich den Schaltflächen, die der Nutzer aus dem Alltag der Rechnerbedienung kennt.

Damit Lerner nicht durch aufwändige Hilfesysteme die Nutzung der Lernumgebung und der Zugriff auf die Inhalte erst erlernen müssen, muss das Ziel sein, unmittelbar verständliche Systeme zu schaffen, die keinen nennenswerten Lernaufwand erfordern. Dies kann durch Wiederverwendung bekannter Dialogkonzepte erfolgen oder durch metaphorische Ansätze, bei denen Erfahrungen aus der meist materiellen Welt auf die Bedienung des Systems übertragen werden können (Dutke 1994).

5.4.6 Fehlertoleranz

Benutzer machen Fehler. Im Zusammenhang mit der Ergonomie eines Systems im Kontext CSCL ist zunächst einmal von Fehlern bei der Bedienung des Systems die Rede und nicht etwa von inhaltlichen Fehlern, die eventuell ein geplanter Teil des Lernprozesses sind.

Die Mindestanforderung an ein System muss deshalb sein, dass die Fehler nicht sofort irreversible Folgen haben. D.h. bevor ein Benutzer versehentlich die Arbeit einer ganzen Gruppe mit einem Klick vernichtet, muss er entweder noch einmal gewarnt werden und so die Möglichkeit bekommen, seinen Fehler zu bemerken und zu vermeiden und/oder es muss danach eine Möglichkeit geben, den Fehler wieder rückgängig zu machen (Undo-Funktion). Sind solche Mechanismen nicht vorhanden und dem Benutzer ist das Risiko bewusst, so wird die gesamte Bedienung mit Angst vor einem solchen Fehler belastet sein und so die Zufriedenheit aber auch die Effizienz negativ beeinflusst.

Darüber hinaus ist es als aus ergonomischer Sicht wünschenswert, wenn bei durch das System erkannten Fehlern, der Benutzer nicht nur einen höflichen Hinweis bekommt, sondern auch konstruktive Hinweise zur Korrektur. Automatische Fehlerkorrekturen sind hingegen mit Vorsicht zu betrachten. Sie können dazu führen, dass bestimmte Fehlhandlungen sich „einschleifen", da sie ohne negative Folge bleiben. Dies kann den Wechsel zu einem weniger fehlertoleranten System erschweren und unerwünschte Lerneffekte nach sich ziehen.

Völlig selbstverständlich ist die Forderung nach Fehlerrobustheit, d.h. dass ein System durch eine Fehlhandlung des Benutzers nicht in einen undefinierten Zustand geraten darf (keine „Systemabstürze").

5.4.7   Lernförderlichkeit

Im Kontext des CSCL missverständlich ist die Forderung nach der Lernförderlichkeit der Gestaltung eines Systems. Gemeint ist in diesem Fall nicht, wie weit das System das Lernen der im Lernszenario vorgesehenen Inhalte und Kompetenzen unterstützt (das fiele in den Bereich der Aufgabenangemessenheit), sondern wie das Erlernen der Bedienung des Systems unterstützt wird. Dies ist eng verwandt zu den Forderungen nach Selbstbeschreibungsfähigkeit und Erwartungskonformität aber auch Fehlertoleranz. Wenn etwas Neues im System angeboten wird, so soll der Benutzer bekannte Modelle soweit möglich darauf abbilden (Erwartungskonformität), neue Inhalte und Konzepte aus der Gestaltung selbst ableiten (Selbstbeschreibungsfähigkeit) und dann gefahrlos ausprobieren (Fehlertoleranz) können.

7   Ausblick

Angesichts der dargestellten informatischen und nachrichtentechnischen Möglichkeiten können computergestützte Lernplattformen entstehen, die völlig neue Nutzungskonzepte des Lehrens und Lernens ermöglichen. Verteilte, intelligente und mobile Systeme stellen neue Präsentations-, Interaktions- und Kommunikationsräume für das Lernen bereit. Es ist Aufgabe der Planer und Entwickler dieser Systeme das Wissen um die Möglichkeiten aber auch Grenzen der Mensch-Computer-Interaktion frühzeitig im Entwicklungsprozess zu berücksichtigen. Auf diese Weise kann der beabsichtigte Lernprozess in den Mittelpunkt der Entwicklung gestellt werden und die Mediendidaktik genauso Berücksichtigung finden, wie software-technische und software-ergonomische Aspekte. Neue Nutzungskonzepte müssen jedoch zeigen, dass sie im Sinne einer Gebrauchstauglichkeit effektiv, effizient und zufrieden stellend die Aufgaben der Lehrer und Lerner im Lernprozess unterstützen. Neue Medien und Werkzeuge müssen ihre Nützlichkeit beweisen, um eine sinnvolle Ergänzung oder aber sogar ein Ersatz für herkömmliche bewährte Formen des Lehrens und des Lernens darzustellen.

2 CSCL-Umgebungen

CSCL-Umgebungen bilden die technische Basis für die Realisierung computerunterstützten kooperativen Lernens. Eine CSCL-Umgebung bietet eine Menge von Werkzeugen zur Unterstützung von Kommunikation, Koordination und Kooperation in Lerngruppen (vgl. Teil 2.1). Grundsätzliche Voraussetzung für jede Kooperation in CSCL-Umgebungen ist die Möglichkeit zur Kommunikation über Kommunikationswerkzeuge (vgl. 2.1.1). Die Bildung von Lerngruppen (vgl. 2.3.4), z.B. mittels Koordinationswerkzeugen (2.1.2), ist eine weitere Voraussetzung.

Die Unterstützung der Kooperation, des gemeinsamen Lernens, ist abhängig von der Größe der Lerngruppe (Kleingruppen, größere Gruppen, ganze Organisationen). Kleingruppen ermöglichen aufgrund der geringen Teilnehmeranzahl ein höheres Maß an Selbststeuerung und intensive Formen der Zusammenarbeit. Sie können gut durch gemeinsame Arbeitsbereiche und synchrone Werkzeuge unterstützt werden (siehe 2.1.3). In großen Lerngruppen ist das Spektrum der einsetzbaren Kooperationsformen geringer. Hier spielen Fragen der Steuerung bzw. Automatisierung der Kooperation eine wichtige Rolle. Durch Konferenzsysteme, die Verbreitung von Folien, Bild und Ton sowie spezielle Werkzeuge für Übungen wird kooperatives Lernen auch in großen Lerngruppen möglich (vgl. 2.1.4).

CSCL kann sowohl face-to-face in einem Raum durchgeführt werden als auch in örtlich verteilten Lerngruppen. In (realen) kooperativen Lernräumen muss dazu die technische Unterstützung sinnvoll in die Räumlichkeiten integriert werden, die soziale und die technische Ebene der Kooperation müssen in Einklang gebracht werden (vgl. 2.1.5). In seiner virtuellen Variante (2.1.6) unterstützt der kooperative Lernraum die Kommunikation, Koordination und Kooperation der Lernenden untereinander und mit den Betreuern, auch wenn diese vom Arbeitsplatz, von zu Hause oder sonstigen Orten aus lernen. Spezielle didaktische Ansätze und komplexere Kooperationsformen (z.B. Planspiele, Rollenspiele) können gut durch spezifische Werkzeuge unterstützt werden (2.1.7).

CSCL-Umgebungen werden oft auf der Basis von CSCL-Plattformen realisiert. Beitrag 2.2 behandelt die üblichen Komponenten und Funktionalitäten von CSCL-Plattformen und stellt einige Beispiele vor.

Die Gestaltung von CSCL-Umgebungen und -Plattformen kann auf einige bewährte Konzepte zurückgreifen. Im Teil 2.3 werden Konzepte für die Administration, für individuelles Lernen, für die Lerngruppe und für die Lehrenden vorgestellt. Schließlich betrachtet Beitrag 2.3.5 die organisatorische Perspektive, die Verbindung zwischen kooperativem Lernen und lernender Organisation bzw. Wissensmanagement.

2.1   Werkzeuge

2.1.1   Kommunikation

Till Schümmer, Jörg M. Haake

FernUniversität in Hagen

1.   Einleitung

„Die Kommunikation zwischen zwei Menschen ist das natürliche Ergebnis der sich über Jahrhunderte entwickelten Formen der Verständigung. Gesten, die Entwicklung der Sprache und die Notwendigkeit, sich an gemeinsamen Handlungen zu beteiligen, spielten in diesem Zusammenhang eine wesentliche Rolle." (Microsoft Encarta 1997). Ohne Kommunikation ist kooperatives Lernen undenkbar. Im Kontext von CSCL bildet sie die Grundlage für gemeinsame Lernerfahrungen. Dabei ist jedoch zu beachten, dass durch die Computervermitteltheit des CSCL eine zusätzliche Barriere in der Kommunikation überwunden werden muss – nämlich genau das vermittelnde Computersystem. Vergleiche hierzu auch die Diskussion des Einflusses der Eigenheiten des computerunterstützten kooperativen Lernens auf den Kommunikationsprozess in Beitrag 3.4.1, Abschnitt 3: Elemente einer Kommunikationstheorie für CSCL.

In diesem Abschnitt werden die verschiedenen Formen der computervermittelten Kommunikation vorgestellt und ihr Einsatz im Bereich des CSCL diskutiert.

Man unterscheidet grob zwischen zeitversetzter (asynchroner) und zeitgleicher (synchroner) Kommunikation.

Bei *asynchroner Kommunikation* benutzen die Kommunikationspartner einen Kommunikationskanal, der die Nachrichten speichert. So kann ein Kommunikationspartner eine Nachricht absetzen, die erst später von den anderen Kommunikationspartnern empfangen wird. Die beteiligten Kommunikationspartner müssen also nicht gleichzeitig anwesend sein. Beispiele für asynchrone Kommunikation sind der Austausch von E-Mail- und Newsgruppen-Beiträgen. Ein Kommunikationspartner kann eine Nachricht in eine Newsgruppe einstellen, die erst später von den anderen Kommunikationspartnern gelesen wird.

Bei *synchroner Kommunikation* sind die Kommunikationspartner gleichzeitig miteinander über einen Kommunikationskanal verbunden. Über diesen Kanal tauschen sie Nachrichten aus, die mit einer geringen Zeitverzögerung bei den Kommunikationspartnern eintreffen. Beispiele hierfür sind Telefongespräche (Kanal = Telefonverbindung, Nachrichten = gesprochene Sprache) oder Chat-Sitzungen (Kanal = Chat-Werkzeug, Nachrichten = geschriebene Sprache, Emoticons) zwischen Menschen.

Es existieren auch Mischformen dieser Ansätze, z.B. beim Instant Messaging. Hierbei unterstützen einige Instant Messenger das Hinterlassen von elektronischen Post-Its auf dem Rechner des Kommunikationspartners. Dies ist eine Form der asynchronen Kommunikation. Viele Instant Messengers zeigen aber auch an, ob der Kommunikationspartner gerade verfügbar ist. Mit einem verfügbaren Kommunikationspartner kann dann eine Chat-Sitzung begonnen werden. Dies ist eine Form synchroner Kommunikation.

Neben der zeitlichen Dimension unterscheidet man Kommunikationswerkzeuge hinsichtlich bilateraler Kommunikation (zwischen zwei Partnern) und multilateraler Kommunikation zwischen mehr als zwei Partnern. Während bilaterale Kommunikation prinzipiell einfacher zu realisieren und zu handhaben ist, birgt multilaterale synchrone Kommunikation einige Probleme: technisch lässt sich synchrone Kommunikation zwischen vielen Kommunikationspartnern mit gleich bleibend hoher Qualität nur schwer realisieren. Hinzu kommen die Probleme der Koordination (z.B. Durcheinanderreden), die z.B. durch ein angepasstes Verhalten gelöst werden müssen.

Tabelle 1 stellt dar, welche Werkzeugtypen für verschiedene Kombinationen von Kommunikationskanälen, Gleichzeitigkeit der Kommunikation und Anzahl der Kommunikationspartner einsetzbar sind.

Kanäle	asynchrone Kommunikation		synchrone Kommunikation	
	Anzahl der Kommunikationspartner		Anzahl der Kommunikationspartner	
	2 (bilateral)	>2 (multilateral)	2 (bilateral)	>2 (multilateral)
schriftliche Kommunikation	E-Mail (Instant Messaging)	Computerkonferenzen Newsgruppen (Instant Messaging)	Chat Instant Messaging	Chat Instant Messaging
audiovermittelte Kommunikation			Internet-Telefonie	Telefonkonferenzen
videovermittelte Kommunikation			Instant Messaging mit Videokonferenz	Mehrpunkt-videokonferenzen

Tabelle 1: Übersicht über Werkzeugtypen

Im Folgenden werden zuerst asynchrone und dann synchrone Kommunikationswerkzeuge vorgestellt. In beiden Teilen werden jeweils beispielhaft Werkzeuge für die verschiedenen Zellen von Tabelle 1 dargestellt. Dabei wird auch auf die Veränderungen der Kommunikationskultur durch elektronische Kommunikationsmedien und auf Einsatzbereiche solcher Werkzeuge im CSCL eingegangen.

2.   Asynchrone Kommunikationswerkzeuge

Asynchrone Kommunikationswerkzeuge unterstützen die Kommunikation zwischen Personen, die zu unterschiedlichen Zeiten erreichbar sind (Pankoke-Babatz 2001). Seit der Einführung von E-Mail macht der Austausch von Nachrichten zwischen Benutzern einen großen Teil des Datenverkehrs aus. Computerkonferenzsysteme und Bulletin-Board-Systeme erlauben seit ca. 1978 den Aufbau von Gruppen und das Versenden von Nachrichten zwischen allen Gruppenmitgliedern. Mit der Einführung der USENET Newsgruppen 1979 (Horton 1983) wurde auch der themenorientierte Nachrichtenaustausch in öffentlichen Gruppen großflächig unterstützt.

2.1   E-Mail

E-Mail (Postel 1982) dient der asynchronen persönlichen textuellen Kommunikation zwischen Personen. Mit Hilfe des E-Mailwerkzeugs schickt der Sender eine Nachricht an die Empfänger. Den Transport und die Speicherung der Nachricht bis zum Lesen übernimmt das E-Mail-System. So kann ein Dozent einer Lehrveranstaltung eine E-Mail an alle Studierenden schicken, und die Studierenden können direkt untereinander kommunizieren.

Bei der Versendung von Nachrichten an eine Gruppe muss der Sender alle Empfängeradressen angeben. Einige E-Mail-Programme erlauben das Anlegen von Benutzergruppen, sodass der Benutzer für eine Mail an eine Gruppe von anderen Benutzern nicht immer alle Adressen einzeln eingeben muss. Dabei ist jedoch zu beachten, dass jeder Benutzer die Information über die Gruppenzusammensetzung lokal pflegen muss.

Meistens werden E-Mails von den E-Mailwerkzeugen in der zeitlichen Reihenfolge des Eintreffens angezeigt. Dies führt dazu, dass thematische Bezüge zwischen E-Mails (z.B. Nachricht 2 beantwortet Nachricht 1) schwer nachzuvollziehen sind.

Eine mögliche Lösung hierfür sind so genannte Threaded Mails, bei denen die Nachrichten als Kette aufeinander bezogener Nachrichten dargestellt werden. Hierbei bilden Nachrichten, die keine andere Nachricht beantworten, die Wurzel eines neuen Diskussionsstranges. Diese Wurzeln werden dann im E-Mailwerkzeug in ihrer zeitlichen Abfolge angeordnet. Damit der Leser leicht erkennen kann, welche Nachrichten neu bzw. ungelesen sind, werden diese speziell gekennzeichnet, z.B. durch fette Schrift. Beim CSCL wird Threaded Mail oft bei der Realisierung von themenbezogenen Diskussionen unter verteilten Studierenden angewendet.

2.2 Geschlossene Computerkonferenzen/ E-Mail-Foren

Für die asynchrone textuelle Kommunikation in Gruppen mit mehr als zwei Mitgliedern wurden oben bereits Benutzergruppen angesprochen, die im lokalen E-Mail-Programm angelegt werden können. Um die Verwaltung der Adressen zu erleichtern und Fehler zu minimieren, wurden so genannte Mailinglisten eingeführt. Freie Systeme wie Majordomo (2003), ListProc (2003) oder SmartList (2003) erlauben dem Administrator einer Mailingliste, die Liste der E-Mail-Adressen aller Teilnehmer zentral zu pflegen. Eine E-Mail, die an die Adresse der Mailing-Liste geschickt wird, wird von dem System an alle E-Mail-Adressen auf der Liste weitergeleitet. Ein guter Überblick über solche Systeme findet sich in Schwartz (1998).

Vergleichbar, jedoch auch von Endbenutzern zu administrieren, sind web-basierte Mailing-Listen, wie sie bspw. von Yahoo (2003) angeboten werden. Über eine Web-Schnittstelle kann eine neue Gruppe eingerichtet und verwaltet werden. Neben dem Administrator können auch die Endbenutzer Einstellungen in der Liste vornehmen, die ihr eigenes Profil betreffen. Dadurch werden sie auch für größere Gruppen handhabbar.

Um zu kontrollieren, wer in der Liste kommunizieren darf, wird die Liste häufig im Zugriff beschränkt. Computerkonferenzsysteme wie z.B. EIES (Hiltz & Turoff 1978) und Bulletin-Board-Systeme wie WELL (Rheingold 1994) unterstützen den asynchronen Nachrichtenaustausch in geschlossenen Gruppen. Die Benutzer können Gruppen einrichten und Nachrichten an die Gruppe versenden bzw. darauf antworten. Das Konferenzsystem speichert die Nachrichten und garantiert, dass nur Gruppenmitglieder Nachrichten der Gruppe lesen und an sie schreiben können. Die Speicherung der Nachrichten im Konferenzsystem erlaubt die Reorganisation der Nachrichten und das Nachvollziehen der bisherigen Kommunikation. Heute werden Konferenzsysteme wegen der geschlossenen Benutzergruppe in einigen Lernplattformen (z.B. Interwise Virtual Classroom oder Centra Symposium) benutzt, da so nur eingeschriebene Teilnehmer an der Kommunikation teilhaben können.

Die oben erwähnten Yahoo-Groups sind ein Beispiel für frei verfügbare Computerkonferenzsysteme. Die dort angebotenen Gruppen erlauben sowohl die Beschränkung des Zugriffs, als auch die persistente Ablage von Beiträgen.

2.3   Newsgruppen

Newsgruppen unterstützen textuelle Kommunikation in offenen Gruppen. Im Gegensatz zu Computerkonferenzsystemen sind sie allen Benutzern zugänglich, die einen Newsreader installiert haben. Durch Angabe der weltweit eindeutigen Adresse der Newsgruppe kann ein Leser die noch beim Newsserver gespeicherten Nachrichten in der Newsgruppe abrufen und sich anzeigen lassen. Wie lange Beiträge auf einem News-Server gespeichert werden hängt vom jeweiligen Server ab. Als Sender einer Nachricht an eine Newsgruppe weiß man daher nie, wer die Nachricht empfangen wird. Auch der Zeitpunkt des Empfangs ist nicht vorhersehbar. Durch Abonnieren der Newsgruppe bzw. durch Löschen des Abonnements verändert sich also der Empfängerkreis. Ebenso bedeutet das Abonnieren keineswegs, dass der Leser den Beitrag auch lesen wird. Falls der Leser die Newsgruppe erst dann wieder betrachtet, wenn die Nachricht schon nicht mehr im Server gespeichert ist, bleibt nur noch der Weg über die News-Archive um die Nachricht wieder zu beschaffen.

Beim CSCL werden Newgruppen oft dazu eingesetzt, Diskussionsforen zu einer Veranstaltung oder zu einem Thema zu unterstützen, bei dem es nicht auf Zugriffsschutz oder Vertraulichkeit ankommt. Beispiele hierfür sind Ankündigungen, Fragen von Studierenden, die Lerngruppenbildung in Lehrveranstaltungen oder Diskussionen zu allgemeinen Themen. Newsreader unterstützen heute in der Regel die Anzeige von Diskussionssträngen (discussion threads), sodass auch Newgruppen mit vielen Beiträgen einigermaßen übersichtlich angezeigt werden können.

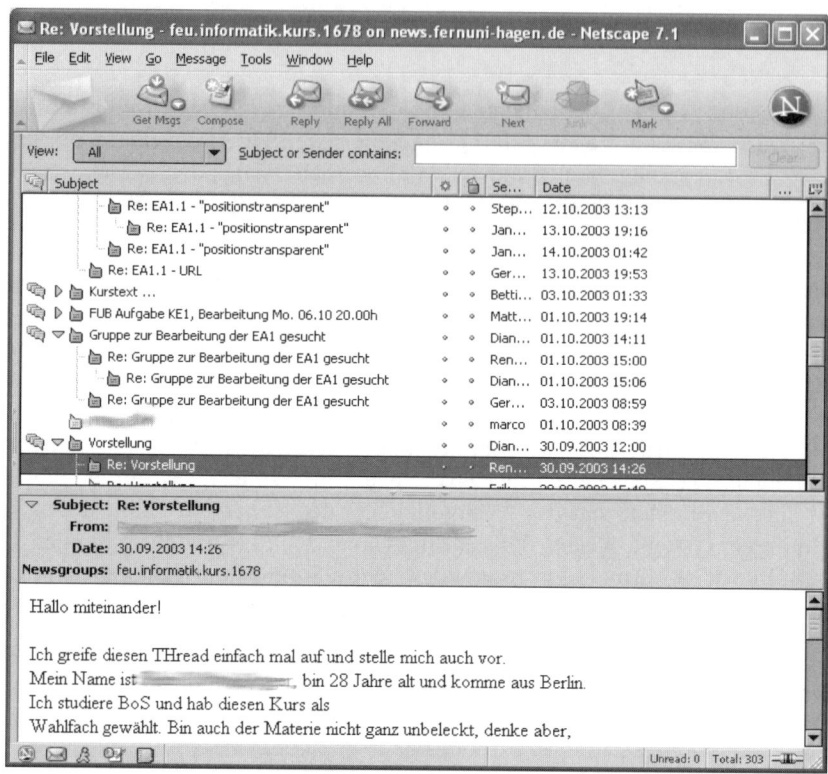

Abbildung 1: Beispiel für eine kursspezifische Newsgruppe an der FernUniversität in Hagen.

2.4 Einsatzbereiche asynchroner Kommunikation im Rahmen der computergestützten Lehre

Im folgenden Abschnitt beschreiben wir einige Anwendungsmuster, die den Einsatz von asynchronen Kommunikationsmedien in der verteilten Lehre an der FernUniversität in Hagen widerspiegeln. Die Muster wurden aus konkreten Lehrveranstaltungen, wie virtuellen Seminaren oder Fernstudiumskursen (vergleichbar mit Vorlesungen einer Präsenzuniversität) gewonnen. Der Beitrag 5.5: CSCL im Fernstudium behandelt weitere Beispiele für den Einsatz von Kommunikationswerkzeugen beim kooperativen Lernen. Die folgende Beschreibung gliedert sich nach dem Einsatzzweck der Kommunikation in themenbezogene, soziale und koordinierende Kommunikation.

2.4.1 Themenbezogene Kommunikation

Diese findet meist unter Studierenden statt, die den gleichen Kurs belegen und sich somit an ähnlichen Stellen im Lehrstoff befinden. Beispiele sind die Diskussion von Lösungsalternativen für eine Übungsaufgabe oder arbeitsgruppenübergreifende Diskussionen in einem virtuellen Seminar.

Durch den thematischen Austausch lernen Studenten, ihr aktuelles Wissen in Bezug auf den Lehrstoff zu artikulieren und offene Punkte zu benennen. Die Erarbeitung des Stoffes findet in diesem Fall nicht mehr alleine statt, sondern im Austausch mit anderen Studenten. Dabei müssen sich Lehrende darüber klar werden, wie sie diese kooperativen Lernfortschritte bewerten wollen. In Vorlesungen kam es beispielsweise oft vor, dass Lösungen zu Einsendeaufgaben vorher in der Newsgruppe diskutiert wurden (vgl. den Thread „EA-1..." in Abbildung 1). Da diese Diskussion öffentlich war, waren alle Studierenden in der Lage, die dort vorgestellte Lösung einzureichen. Wie mit solchen öffentlich erarbeiteten Lösungen umzugehen ist, muss im Rahmen der didaktischen Ziele für die jeweilige Veranstaltung entschieden werden.

Ein weiterer Punkt, der in öffentlichen Foren zu beachten ist, ist das hohe Potential für Fehlinformationen. Die Studenten müssen sich darüber bewusst werden, dass Informationen in einer Newsgruppe nicht zwangsläufig korrekt sein müssen. Beim Start der Diskussion sollte der Moderator deshalb klarstellen, dass für die Informationen der Teilnehmer innerhalb dieses Diskussionsforums keine Garantie bezüglich ihrer Korrektheit übernommen werden kann. Dies kann für die Lernenden einen Verlust des Gefühls der fachlichen Sicherheit zur Folge haben, schafft jedoch auch das Potential, dass die Lernenden sich kritisch mit den dargebotenen Informationen auseinandersetzen müssen.

Bei schwerwiegenden Fehlinformationen sollte der Moderator diese erkennen und ggf. korrigieren. Dabei sollte Raum für die Korrektur durch die Kursteilnehmer gelassen werden. Das bedeutet, dass Fehler nicht sofort korrigiert werden müssen. Analog zu einem korrigierenden Eingreifen kann der Moderator auch korrekte Beiträge durch ein „Qualitätssiegel" kennzeichnen. Dies kann technologisch auf einfachem Weg realisiert werden, indem der Moderator auf eine Nachricht antwortet und darin sein OK für fachliche Korrektheit äußert.

Eine weitere wichtige Rolle des Moderators besteht in der Zusammenfassung längerer Diskussionsstränge. Gerade, wenn die Diskussion über einen längeren Zeitraum geführt wurde, leidet oft die Übersichtlichkeit der dargebotenen Informationen. Wichtige Informationen sind meist über mehrere Beiträge verteilt. Der Moderator sollte deshalb darauf achten, dass in der Diskussion Ergebnissicherung betrieben wird. Im Idealfall wird er dafür sorgen, dass ein Teilnehmer den Diskussionsverlauf zusammenfasst. Sollte sich von selbst kein Teilnehmer dafür finden, so sollte der Moderator selbst eine Zusammenfassung erstellen.

Sowohl Fehlerkorrektur, als auch Ergebnissicherung kann der Moderator natürlich nur dann sicherstellen, wenn er die Diskussion verfolgen kann.

2.4.2   Soziale Kommunikation

Soziale Kommunikation ist gerade in den Bereichen wichtig, bei denen Interaktion zwischen Studierenden gewünscht wird. An den Kursen der FernUniversität in Hagen hat sich die Praxis eingebürgert, dass am Beginn eines Semesters die Teilnehmer eines Kurses einen kurzen Beitrag für die Newsgruppe erstellen, in dem sie sich kurz vorstellen (vgl. die in Abbildung 1 dargestellte Nachricht). Hierbei ist zu beachten, in wie weit Anonymität zwischen den Studierenden forciert oder vermieden werden soll. So kann es für bestimmte Veranstaltungen sinnvoll sein, dass die Studierenden in der Diskussion eine Rolle (unter einem Pseudonym) einnehmen. In der Regel überwiegt jedoch der Wunsch nach Authentizität im Lern-prozess, weshalb in diesen Fällen die Lernenden meist ihren echten Namen benutzen.

Im Zusammenhang mit sozialer Kommunikation ist es wichtig, die Privatsphäre innerhalb der Lerngruppe so weit wie möglich zu schützen. Dies ist ein Problem bei der Verwendung von Newsgruppen: Newsgruppen sind von der Konzeption her öffentliche Foren, auf die Benutzer ohne eine explizite Anmeldung Zugriff haben können. Private Daten, wie E-Mail-Adressen sind also für jedermann frei erhältlich, was in den letzten Jahren an der FernUni-versität in Hagen zum Problem erhöhter Spam-Attacken gegen die Studenten geführt hat. Aus diesem Grund wurden die Newsgruppen zu den Kursen inzwischen durch eine Firewall geschützt. Ein Zugriff von außerhalb des FernUni-Netzes ist jetzt nur noch über eine sichere, authentifizierte Verbindung (ein VPN) möglich. Dadurch werden Adress-Suchmaschinen ausgeschlossen, für die Studierenden bedeutet dies allerdings auch eine höhere Zugangshür-de. Ein Ausschluss von Gelegenheitsnutzern ist oft die Folge.

Selbst wenn nur Studierende der FernUniversität in Hagen Zugriff auf die Kurs-Newsgruppen haben können, kann jedoch nicht verhindert werden, dass Studenten anderer Kurse sich in fremden Kursen umsehen. Eine mögliche Lösung wäre ein nicht öffentliches E-Mail-Forum. Dies bedeutet jedoch einen höheren Verwaltungsaufwand, da man sicherstel-len müsste, dass nur die Teilnehmer eines Kurses Zugang zu dem Forum hätten. Außerdem können E-Mail-Foren nicht mit Standard-News-Readern gelesen werden. Derzeitige Lösun-gen sind oft Web-basiert, was eine Bearbeitung der Beiträge ohne eine aktive Internetverbin-dung erschwert.

2.4.3   Koordinierende Kommunikation

Newsgruppen werden häufig auch zur Koordination benutzt. Die wichtigsten Ziele sind in diesem Zusammenhang die Bildung von Arbeitsgruppen und die Terminfindung für gemein-same synchrone Aktivitäten. In Abbildung 1 ist ein Beispiel für einen koordinierenden Thread enthalten: Eine Studentin sucht Mitlerner für die Bearbeitung einer synchronen Gruppenübung. Die Studenten, die an einer Zusammenarbeit interessiert sind, antworteten auf die Anfrage und schlugen auch gleichzeitig Termine vor.

Die Terminfindung auf diesen Weg hat Vor- und Nachteile: Vorteilhaft ist, dass die Studie-renden kein spezielles Werkzeug benötigen, um Terminanfragen an die Gruppe zu senden. Wenn sich die Teilnehmer nicht vorher kennen, können durch Terminfindung in der Newsgruppe leicht Mitlerner gefunden werden, die zeitlich zum selben Termin lernen möch-ten. Ungeeigneter wird diese Art von Terminfindung, wenn sich die Gruppe schon kennt. In diesem Fall werden Nachrichten in die Newsgruppe gesandt, die nur einen sehr begrenzten Anteil der Leser interessieren (genau die Gruppe, die einen Termin finden möchte). Für alle anderen Leser der Newsgruppe sind diese Informationen unwichtig und lenken von inhaltli-cher Diskussion in der Newsgruppe ab.

3.   Synchrone Kommunikationswerkzeuge

Synchrone Kommunikationswerkzeuge unterstützen die Kommunikation zwischen Kommu-nikationspartnern, die gleichzeitig anwesend sind. Anders als bei asynchronen Kommunikationswerkzeugen muss der Kommunikationskanal die Nachrichten nicht längerfristig speichern – sie werden einfach vom Kommunikationswerkzeug des Empfängers so schnell es geht angezeigt. In Tabelle 1 unterscheiden wir wie Kaiser (2001) die Kommunikationskanäle: Schriftliche Kommunikation, audiovermittelte Kommunikation und videovermittelte Kommunikation. Diese werden im Folgenden behandelt.

3.1   Schriftliche Kommunikation

Schriftliche synchrone Kommunikation zwischen zwei oder mehreren Teilnehmern ist die Domäne der Chat-Systeme. Benutzer eines Chatwerkzeugs müssen zuerst Teilnehmer einer Chat-Sitzung werden. Als Teilnehmer können sie Textnachrichten an alle Teilnehmer der Sitzung oder an einzelne, explizit ausgewählte, Teilnehmer schicken. Abgeschickte Nachrichten werden sofort an die Chatwerkzeuge der adressierten Teilnehmer geschickt und bei Ankommen der Nachricht unverzüglich unter Angabe des Absenders in einer Liste in der Folge ihrer Verschickung angezeigt.

Abbildung 2: Microsoft Chat als Beispiel für einen graphischen Chat.

Prinzipiell können Chat-Räume entweder textuelle oder grafische Darstellungen nutzen. Textuelle Chat Rooms zeigen die Nachrichten als zeitlich geordnete Liste an. Grafische Chat-Räume zeigen meist eine virtuelle Welt, in der sich die Teilnehmer über Avatare (grafische Figuren) präsentieren und bewegen können (Suhler 1999a; 1999b). Nachrichten werden dann z.B. mittels Sprechblasen den Sprechern zugeordnet, und sind nur für die Teilnehmer sichtbar, an die sie adressiert wurden. Ein Beispiel für einen einfachen graphischen Chat stellt Microsoft Chat dar, bei dem die Chat-Nachrichten in Form eines Comic-Strips visualisiert werden können (vgl. Abbildung 2).

Ein zentrales Problem der Chat-Kommunikation ist die Bezugnahme der einzelnen Beiträge aufeinander. Je größer die Gruppe der beteiligten Kommunikationspartner ist, desto höher wird die Wahrscheinlichkeit, dass Beiträge sich zeitlich überschneiden. Damit ist gemeint, dass während der Zeit, die ein Benutzer benötigt, um eine Antwort auf einen Beitrag zu verfassen, andere Benutzer bereits weitere Beiträge in den Chat-Raum gesendet haben. In diesem Fall wird die Zuordnung des neuen Beitrags zu dem Beitrag, auf den sich dieser neue Beitrag beziehen soll, äußerst schwierig. Missverständnisse sind oft die Folge.

Eine Lösung für dieses Problem besteht in der expliziten Erwähnung eines Schlüsselbegriffs aus dem Beitrag, auf den sich der neue Beitrag beziehen soll. In diesem Fall wird ein technisches Defizit also durch ein soziales Protokoll kompensiert. Das Protokoll sollte vom Moderator am Anfang der Gruppenkommunikation für alle Teilnehmer erklärt werden. Durch Nennung von Schlüsselbegriffen wird die Zuordnung erleichtert, sie muss jedoch nach wie vor durch den Benutzer durchgeführt werden.

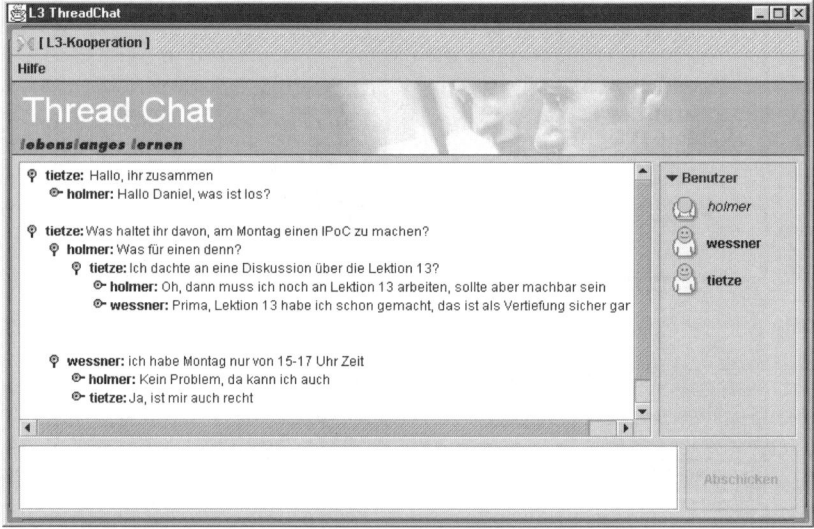

Abbildung 3: ThreadChat

Eine technische Lösung für das oben angesprochene Problem der Zuordnung ist nur in wenigen Systemen anzutreffen. Das Chat-System factChat (Filipov 2001) erlaubt es, Nachrichten in einem zweidimensionalen Raum zu platzieren. Antworten können auf diese Weise in räumlicher Nähe zu den Beiträgen angeordnet werden, auf die sie sich beziehen.

Das im Rahmen der Forschung entstandene System ThreadChat (Holmer & Wessner 2003) erlaubt es den Benutzern, während der Eingabe von Chat-Beiträgen einen Ursprungsbeitrag zu selektieren. Der Ursprungsbeitrag wird als Bezug zusammen mit dem neuen Beitrag abgelegt, woraufhin das System die Chat-Beiträge in Form eines Thread-Baumes darstellen kann. Analog zu der Verwendung von Threads in asynchronen Newsgruppen wird die Kommunikation über parallele Themen durch die Verwendung von Threads besser koordiniert.

Beim CSCL werden Chatwerkzeuge oft für synchrone Diskussionen in kleinen Lerngruppen eingesetzt. Je größer die Gruppe wird, desto deutlicher wird die Verengung der Kommunikation auf einen Kanal (den Text), der häufig zu Koordinationsproblemen führt. Bei lokalen Sitzungen dient z.B. der Blickkontakt zur Übergabe der Sprecherrolle an einen Zuhörer. Beim Chat können aber alle gleichzeitig tippen, und die Nachricht wird erst nach dem Abschicken für alle sichtbar. Je größer die Gruppe wird, desto wichtiger wird also die Rolle eines Moderators, der die implizite Koordination, wie man sie von lokalen Sitzungen kennt, durch eine explizite Koordination ersetzt. Der Moderator hat im Chat (analog zu einer synchronen Gruppendiskussion am gleichen Ort) zwei wichtige Aufgaben: er teilt das Rederecht zu und er steuert den Diskussionsverlauf, indem er einige Aspekte der Diskussion hervorhebt und andere Aspekte in den Hintergrund stellt. Moderierte Chats verfügen häufig über Zusatzfunktionalität, die dem Moderator seine Aufgabe erleichtern: Teilnehmer können sich melden, um einen Redewunsch zu artikulieren. Der Moderator kann einem Teilnehmer das Wort erteilen, bevor dieser berechtigt ist, eine Nachricht abzuschicken.

Ein Phänomen, welches primär in Chat-Kommunikation zu beobachten ist, ist die Verwendung von Emoticons zur expliziten Beschreibung von Ausdrucksformen, die sonst über Mimik deutlich werden (es ist jedoch zu beobachten, dass diese Kommunikationsform auch im wachsenden Maß in asynchroner Kommunikation Verwendung findet). Emoticons bestehen aus Zeichenkombinationen, die beispielsweise ein lachendes Gesicht :-) oder ein enttäuschtes Gesicht :-| darstellen. Die Verwendung von Emoticons ist ein Beispiel dafür, wie die verbale Kommunikation durch non-verbale Äußerungen erweitert werden kann. In dem oben dargestellten Beispiel von Microsoft Chat (Abbildung 2) wurde diese Kommunikation durch die Auswahl einer Gefühlsregung (in der Abbildung unten rechts) unterstützt. Dreidimensionale Chat-Systeme (mit Avataren) verfügen über ähnliche Ausdrucksmöglichkeiten.

Vergleichbar mit der Popularität von Emoticons zur Äußerung von Gefühlszuständen haben sich auch Benutzerbilder in Kommunikationssystemen zunehmend verbreitet. Benutzerbilder spielen in der Kommunikation eine wichtige Rolle, wenn es auf Authentizität der Kommunikationsbeziehung ankommt. Beispiele für Chat-Systeme, die Benutzerbilder der Kommunikationspartner anzeigen, sind der MSN-Messenger oder der AOL Instant Messanger. Beides sind Systeme, die der Klasse der Instant Messaging Systeme zuzuschreiben sind, auf die im folgenden Abschnitt eingegangen wird.

3.2   Instant-Messaging

Instant-Messaging-Systeme unterstützen in vielen Fällen sowohl synchrone als auch asynchrone Kommunikation zwischen zwei und mehreren Benutzern. Die Grundidee bei Instant-Messaging-Systemen ist, dass man den aktuellen Zustand von ausgewählten Benutzern (so genannten Buddies) wahrnehmen und bei Verfügbarkeit eines bekannten Benutzers diesen direkt kontaktieren kann. Die Liste der bekannten Benutzer und ihrer Zustände, die so genannte Buddy-Liste, zeigt dabei unterschiedliche Symbole für die bekannten Benutzer an, je nachdem ob sie am System angemeldet sind und wie aktiv sie zurzeit am Rechner arbeiten. Nach längerer Inaktivität eines Benutzers wechselt beispielsweise sein Zustand von online auf abwesend. Möchte ein Benutzer nicht gestört werden, so kann er – analog zu einem Tür-schild – seinen Zustand auf beschäftigt setzen und so anderen Nutzern signalisieren, dass eine Kommunikation aktuell störend wäre.

Um die Chat-Kommunikation zu starten, wählt ein Benutzer den entsprechenden Benutzer aus seiner Buddy-Liste und erhält ein Chat-Fenster, mit dem er dem anderen Benutzer Nach-richten schicken kann. Die Nachrichten werden beim anderen Benutzer sofort auf dem Bild-schirm angezeigt. Auf diese Art und Weise kann man auch Benutzern, die aktuell zwar am System angemeldet, aber nicht an ihrem Arbeitsplatz sind, Nachrichten zukommen lassen. Dieser Nachrichtenversand entspricht dem Anbringen von Haftnotizen am Monitor des Kommunikationspartners im lokalen Fall. Einige Systeme (wie ICQ) erlauben auch den Versand von Kurznachrichten an Benutzer, die zurzeit nicht angemeldet sind. Diese Benutzer erhalten die Nachricht erst, wenn sie sich wieder mit dem System verbinden.

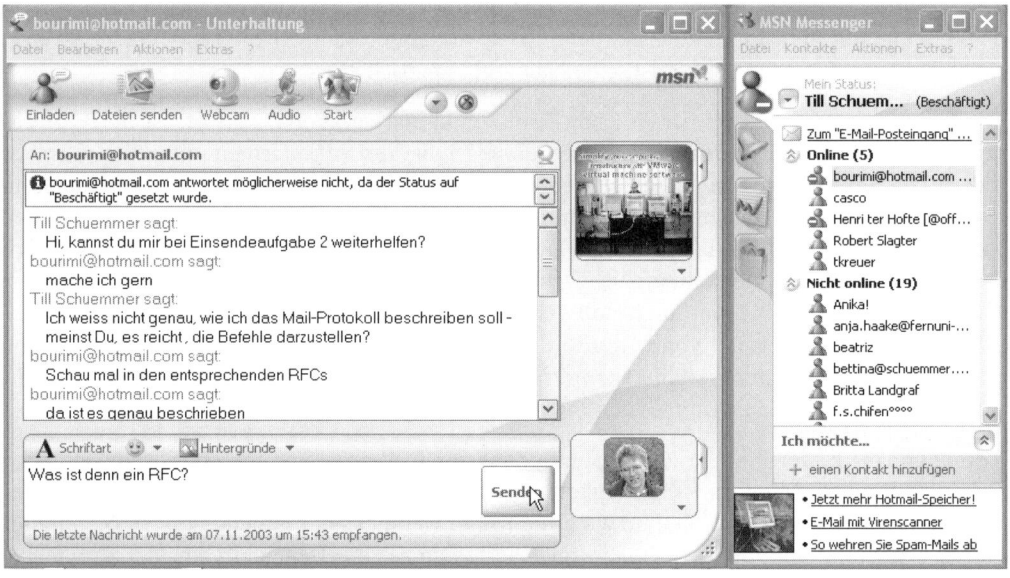

Abbildung 4: MSN Messenger als Beispiel für die Klasse der Instant-Messaging-Systeme.

Von der Konzeption her sind Instant-Messaging-Systeme auf bilaterale Kommunikation ausgelegt: Ein Initiator wählt einen verfügbaren Kommunikationspartner aus und sendet diesem die erste Nachricht. Daraufhin sind die Kommunikationspartner über einen Kanal verbunden. Viele Systeme erlauben es zusätzlich, andere Benutzer in den so etablierten Kommunikationskanal einzuladen. Somit ist auch multilaterale Kommunikation möglich.

In Abbildung 4 ist ein Instant-Messaging-System dargestellt. Rechts kann man die Benutzer-liste sehen. Einige Benutzer sind online, wobei bei diesen Benutzern wiederum zwischen beschäftigten Benutzern (bspw. der Benutzer *bourimi*) und freien Benutzern unterschieden

wird. Durch Selektion des Benutzers wurde das linke Chat-Fenster aktiviert, in dem ein bei-
spielhafter Dialog zwischen Studenten abgebildet ist. Hervorzuheben ist bei diesem System
der Einsatz von Benutzerbildern (rechts neben der Textdarstellung).

Ein Problem von Instant-Messaging-Systemen ist die Gefahr der Überwachung: der aktuelle
Zustand des Benutzers wird vom System registriert und anderen Benutzern zugänglich gemacht. Um dennoch eine hohe Akzeptanz zu erreichen, hat sich hier das Prinzip der Rezipro-
zität etabliert: Ein Benutzer kann von anderen Benutzern nur dann in ihre Buddy-Liste aufgenommen werden, wenn dieser Benutzer zustimmt. Gleichzeitig stimmt der andere Benut-
zer zu, dass der angefragte Benutzer ihn in seine Buddy-Liste aufnehmen darf.

3.3   Audiovermittelte Kommunikation

Audiokonferenzen übertragen gesprochene Sprache zwischen den Teilnehmern der Konferenz. Je nach gewähltem Übertragungsmedium werden unterschiedliche Frequenzbereiche
übertragen, so z.B. 200-3200 Hz bei ISDN oder 50-7000 Hz beim ITU-Standard G.722.
Nach Schaphorst (1996) wirkt die mündliche Kommunikation bei höherem Frequenzbereich
weniger ermüdend. Hinzu kommt die bei digitaler Übertragung unvermeidliche Verzöge-
rung, da die Audiosignale komprimiert und dekomprimiert werden müssen.

Während analoge Telefone im Vollduplexbetrieb arbeiten (d.h. beide Seiten können gleichzeitig sprechen ohne das die Übertragung gestört wird), arbeiten viele rechnergestützten
Audiokonferenzsysteme (z.B. RAT (Hardman et al. 1995; RAT 2003)) primär im Halbduplexbetrieb. Hier kann immer nur ein Sender sprechen, die anderen Teilnehmer können
nur empfangen (analog zum Funk). Während die Beschallung von Sitzungsräumen mit Frei-
sprecheinrichtungen im Halbduplexbetrieb unproblematisch ist, verursacht dies beim Vollduplexbetrieb Probleme: das empfangene Signal wird ja von den Mikrophonen im Raum
aufgezeichnet und zum Sender zurückübertragen. Hierdurch kommt es zu Rückkoppelungen
und Echos, die durch aufwendige Filterung vermieden werden müssen.

Gespräche zwischen zwei Teilnehmern lassen sich mittels Telefon oder mit Hilfe der Inter-
net-Telefonie abwickeln. Moderne Voice-over-IP Werkzeuge (z.B. Net2Phone 2004, Gphone 2004, oder auch MSN Messenger und Yahoo Messenger) erlauben eine direkte voll-
duplex Kommunikation zwischen zwei Teilnehmern über das Internet (IP-Protokoll).

Damit mehrere Teilnehmer in einer Konferenzschaltung synchron miteinander reden können,
ist ein größerer Aufwand notwendig. In der Praxis finden sich heute bei telefonbasierten
Audiokonferenzen oft ISDN-Konferenzen. Mit einem ISDN-Telefon lassen sich bis zu drei
Anschlüsse im Vollduplexbetrieb zusammenschalten. Bei mehr als drei Teilnehmern muss
man einen Konferenzdienstleister in Anspruch nehmen, der mittels einer Konferenzbrücke
(Multipoint Conferencing Unit – MCU) je nach Ausbaustufe 8, 16, 32 oder mehr Teilnehmer
in einer Vollduplexkonferenz mit garantierter Bandbreite zusammenschalten kann.

Alternativ können Audiokonferenzen auch über das Internet abgewickelt werden. Hier findet
man Werkzeuge wie RAT, die in der Regel halbduplex Verbindungen zu vielen Teilnehmern
unterstützen. Allerdings muss man wegen der fehlenden Bandbreitengarantien im Internet
mit Qualitätsschwankungen aufgrund von Paketverlusten oder Verzögerungen rechnen.

Beim CSCL finden Audiokonferenzen vor allem für Kleingruppendiskussionen oder bei der Übertragung von Vorträgen Anwendung. Insbesondere bei großen Zuhörermengen ist es kaum möglich, direkte Diskussionen mit dem Vortragenden zu führen. Moderationswerkzeuge können hier einen Beitrag zur Koordination leisten.

3.4 Videovermittelte Kommunikation

Videokonferenzen kombinieren die Übertragung von Bild und Sprache zwischen allen Teilnehmern. Diese Kombination erleichtert die Koordination, da Haltung, Mimik und Gestik sowie Kontextinformationen (was bzw. wer ist noch im Raum) zur gesprochenen Sprache hinzukommen.

Während bei nur zwei Teilnehmern (bilaterale Kommunikation) beide das Bild des Gegenübers sehen (und ggf. ein Kontrollbild von ihrer eigenen Kamera), bekommt dieses Prinzip bei mehreren Gegenstellen Probleme: zwar können parallel die Bilder von bis zu vier Gegenstellen angezeigt werden, aber diese sind dann klein und die Wahrnehmung, was denn gerade an allen Gegenstellen passiert, ist nicht gerade einfach.

Falls zusätzlich noch Dokumentenkameras vorhanden sind, dann können die Teilnehmer auch das Bild eines Gegenstandes gemeinsam betrachten, und der Sender kann mittels Zeigen seine Äußerungen verdeutlichen (Heath et al. 1997).

Bilaterale Videokonferenzen werden heutzutage auch schon von Instant Messenger Systemen (Yahoo Instant Messenger, MSN Messenger) unterstützt. Vic (McCanne & Jacobson 1995) ist ein frei erhältliches Werkzeug zur Videoübertragung zwischen mehreren Teilnehmern. Hierbei findet die Kommunikation über das IP-Protokoll statt. Videokonferenzen über ISDN nutzen den H.320 Standard, während Videokonferenzen unter TCP/IP den H.323 Standard verwenden. Im Gegensatz zu lokalen Sitzungen unterstützen kommerzielle Videokonferenzsysteme keinen Blickkontakt, da die Kameras in der Regel in der Nähe des Bildschirms positioniert sind. Daher lassen sich die herkömmlichen Verhaltensweisen in lokalen Sitzungen nicht automatisch auf Videokonferenzen anwenden.

Für das Lernen in Kleingruppen bringt der zusätzliche Videokanal gegenüber einer guten Audiokommunikation selten Vorteile. Heeren (1996, S. 174 ff.) plädiert dafür, auf ein ausdrucksschwächeres Medium umzusteigen, sofern dies noch dazu geeignet ist, die Aufgabe zu lösen. Dadurch werden Ablenkungen im kognitiven Lernprozess vermieden und die Gruppe ist besser in der Lage, sich auf die Aufgabe zu konzentrieren. Es gibt jedoch Lernsituationen, bei denen die nonverbale Kommunikation sehr wichtig ist. Ein Beispiel hierfür sind Prüfungen: hier können sich Prüfer und Prüflinge besser beurteilen, und der Einsatz von Dokumentenkameras kann das Bearbeiten bzw. Präsentieren einer Aufgabenlösung unterstützen. An der FernUniversität in Hagen werden Videoprüfungen seit 1996 angeboten (s. Abbildung 5). Bis 2002 wurden über 500 mündliche Prüfungen auf diesen Weg abgenommen (vgl. http://www.fernuni-hagen.de/FeU/Aktuell/2002/06/ak_2002-06-20-VK500.html). Der Prüfling begibt sich dazu in eines der Studienzentren der FernUniversität in Hagen, von dem aus eine Videoverbindung zu einem Prüfungszentrum in Hagen aufgebaut wird. Prüfer und Prüfling sehen sich über großflächige Video-Monitore, die auch die Haltung und den Ausdruck von Prüfer und Prüfling übermitteln können.

Abbildung 5: Eine Videoprüfung an der FernUniversität in Hagen

4. Schlussbemerkungen

In diesem Kapitel wurden verschiedene Kommunikationskanäle vorgestellt, die im Rahmen von CSCL zum Einsatz kommen können. Alle Kommunikationsformen bieten Vor- und Nachteile. In einer Lehrveranstaltung ist es deshalb besonders wichtig, dass man die richtige Mischung beim Einsatz der verschiedenen Kommunikationskanäle findet. Eine Mischung zwischen synchronen und asynchronen Kommunikationsformen kann in vielen Fällen sinnvoll sein. Alle Medien bieten Einschränkungen in der kommunikativen Bandbreite, was in vielen Fällen problematisch, manchmal jedoch auch sinnvoll für die Erreichung des Lernziels sein kann. Insgesamt sollte man auch das Potential von Kommunikationsepisoden am gleichen Ort nicht unterschätzen. Eine Präsenzphase bietet gerade am Beginn einer Veranstaltung einen guten Raum für ein gegenseitiges Kennen lernen und die Verständigung auf eine gemeinsame Kommunikationskultur.

Neben der Wahl des Kommunikationsmediums für bestimmte Aufgaben sollte sich der Veranstalter auch darüber im Klaren sein, wie die Kommunikation in dem Medium moderiert und motiviert wird.

2.1.2 Koordinationswerkzeuge zur Bildung von Lerngruppen

Tim Reichling[1], Andreas Becks[2], Oliver Bresser[2], Volker Wulf[1,2]

[1]Universität Siegen, [2]Fraunhofer FIT, Sankt Augustin

1 Einleitung

Sozio-kulturelle Lerntheorien betonen die Bedeutung von „Communities of Practice" für den Wissenserwerb (vgl. Lave & Wenger 1991; Wenger 1998): Lernen findet demnach immer in einer Gemeinschaft statt, die Handlungspraxis, Sprache, Werte, Normen und Werkzeuge teilt. Das Lernen in Gruppen erleichtert die Auseinandersetzung mit dem Lerngegenstand aus unterschiedlichen Blickwinkeln. Diskussionen in geeigneten Lerngruppen helfen dabei, den Stoff tiefgreifend zu verstehen. Darüber hinaus wird das Verständnis des Lehrstoffes dadurch gefördert, dass Lernende gegenüber ihren Mitlernern gelegentlich die Rolle von Lehrern einnehmen und Inhalte aus ihrer Sicht vermitteln. Akzeptiert man den durch die sozialwissenschaftliche Forschung nachgewiesenen Wert informeller sozialer Netzwerke für Wissenskokonstruktion und -verbreitung, so muss die angewandte Informatik diese Perspektive bei der Gestaltung technologischer Lösungen in Betracht ziehen (vgl. Ackerman et al. 2003; Huysman & Wulf 2004).

Virtuelle Lernumgebungen (*Lernplattformen*) bieten im Gegensatz zum klassischen Präsenzlernen zunächst allerdings keine Möglichkeit, durch direkte Kontakte zwischen Lernenden soziale Netzwerke zu bilden. Die Suche nach Substituten und die Frage, wie diese medial ausgestaltet werden müssen, beschäftigt die CSCL-Forschung seit einiger Zeit. Diesbezüglich soll im Folgenden gezeigt werden, wie die Funktionalität von Lernplattformen die soziale Vernetzung von Lernenden fördern kann.

In diesem Zusammenhang können kooperationsunterstützende Systeme dazu dienen, Lerner mit ähnlichem oder sich ergänzendem Hintergrund, Interessen oder Bedürfnissen miteinander bekannt zu machen. Die zentrale Herausforderung bei der Gestaltung dieser Funktionalität besteht darin, Akteure mit ähnlichen oder komplementären Eigenschaften in der virtuellen Realität einer Lernplattform zusammenzuführen. Diese Funktionalität beinhaltet Methoden, die die Möglichkeit bieten, Akteure durch den Abgleich von Daten über ihre Verhaltensweisen, ihren Bildungshintergrund, ihre Qualifikationen, ihre Expertise oder ihre Interessen miteinander zu vergleichen. Um dies leisten zu können, müssen diese Funktionen relevante personenbezogene Daten erfassen, modellieren und evaluieren. Die notwendigen personenbezogenen Daten können entweder manuell von den Nutzern eingegeben, automatisch erhoben oder aus anderen Anwendungen importiert werden.

2 Kontaktanbahnung in Lernplattformen: Welche Informationen sind geeignet?

Das Identifizieren, Sammeln und Auswerten von personenbezogenen Daten zum Zwecke der Vernetzung von Akteuren (in diesem Falle der Nutzer einer Lernplattform) kann mit erheblichen Schwierigkeiten verbunden sein. Eine wesentliche Voraussetzung ist eine von allen Nutzern akzeptierte Semantik der verwendeten Daten. Grundlegend ist natürlich die Frage, welche Daten prinzipiell einen Rückschluss auf die Expertise eines Akteurs zulassen. Dieses Problem kann nicht allgemeingültig beantwortet werden sondern hängt sensibel vom jeweiligen Anwendungsbereich ab. Die Motivation, Daten pro-aktiv oder auch nur passiv zur Verfügung zu stellen, hängt auch von der Qualität der durch Nutzung der Daten vorgeschlagenen Vernetzung ab, denn nur wenn die Daten zur Vernetzung tatsächlich geeignet sind und die Akteure sinnvoll zusammengebracht werden, kann eine Bereitschaft zur Datenbereitstellung erwartet werden. Die herangezogenen Daten können zudem aus unterschiedlich verlässlichen Quellen stammen (z.B. bei manuell eingegebenen Aussagen über Interessen, beruflichen oder persönlichen Werdegang). Nicht zu vernachlässigen sind auch Fragen des Datenschutzes sowie andere rechtliche und organisatorische Aspekte der Datenverwendung (z.B. Urheberrecht, Vertraulichkeit, Betriebsvereinbarungen). Um schließlich geeignete Methoden für einen automatisch-generierten Vorschlag zur Kontaktanbahnung zu implementieren ist typischerweise fundiertes anwendungsspezifisches Wissen notwendig.

Webbasierte Lernplattformen bieten eine gute Ausgangsposition für eine technisch moderierte Kontaktanbahnung unter den verteilt sitzenden Teilnehmern. Dort sind die Inhalte i.A. wohldefinierte, auf ein Thema bezogene Lerneinheiten, die in einer übergeordneten Kursstruktur eingebunden sind. Hierdurch kann eine zuverlässigere Zuordnung von Interessen und Kenntnissen zu Personen erreicht werden: Akteure, die in bestimmten Inhalten der Plattform navigiert haben oder navigieren, haben Interesse an diesem Gebiet gezeigt oder verfügen sogar über gewisse Kenntnisse. Spezielle Funktionen von Lernplattformen, wie die Erfassung von Testergebnissen, erlauben ein automatisches Update persönlicher Profile. Zusätzlich können Rollenmodelle helfen, Akteure zu finden, die tutorielle Aufgaben für spezielle Inhalte erfüllen oder erfüllt haben. Ergebnisse und Inhalte von Online-Tests charakterisieren das Fachwissen von Lernern auf bestimmten Gebieten, und Interaktionshistorien dokumentieren die aktuelle oder vergangene Nutzung bestimmter Lernmaterialien.

Weitere Aspekte der Profile der Nutzer können aus Quellen außerhalb der Plattform importiert werden. Schlüsselwort-Vektoren oder höhere Ordnungsstrukturen, die aus der Eingangs- oder Ausgangs-Mail oder aus der Dokumentenproduktion (Briefe, Berichte, Dias) einzelner Akteure gewonnen wurden, können zusätzlich automatisch erfasst werden. Dies gilt auch für Daten, die aus den Inhalten der Homepage eines Akteurs gewonnen werden können (vgl. Foner 1997; Streeter & Lochman 1987). Diese automatisch erfassten Daten können ergänzt werden durch Profildaten, die durch den Lerner eingegeben werden und die seinen persönlichen Hintergrund, seine Interessen oder Kompetenzen betreffen. Eine Abgleichung der manuellen und der automatisch erzeugten Profildaten kann Inkonsistenzen aufdecken. Diese Inkonsistenzen können beispielsweise auf dem Interface des Users angezeigt werden, um ein Update der persönlichen Daten zu initiieren.

3 Koordinationswerkzeuge für die Gruppenbildung: Eine Übersicht

Untersuchungen auf dem Gebiet rechnergestützter kooperativer Arbeit (Computer Supported Cooperative Work (CSCW)) und Künstlicher Intelligenz (KI) bieten eine Basis, um Nutzer von Lernplattformen miteinander zu vernetzen. Anwendungen, die es erlauben, persönliche Expertise für Andere einfach zugreifbar darzustellen, ermöglichen die Kontaktaufnahme und erleichtern den Zugang zu explizitem und implizitem Wissen.

Beim Standardverfahren persönlicher Profil-Systeme werden die Akteure gebeten, die Daten selbst einzugeben, die ihr Wissen oder ihre Interessen repräsentieren (so genannte „yellow page"-Systeme). Erstellung und Wartung der personenbezogenen Profile bringen zwei schwierige Probleme mit sich. Zunächst muss ein allgemeines Verständnis der verschiedenen Attribute eines persönlichen Profils gegeben sein (vgl. Ehrlich 2003). Wenn die Profile manuell erstellt werden, müssen die unterschiedlichen menschlichen Akteure ein gemeinsames Verständnis jedes einzelnen Attributes des Profils besitzen. Nur in diesem Fall kann ihre Eingabe manuell oder automatisch sinnvoll genutzt werden. Zweitens müssen die Akteure dazu motiviert werden, ihre persönlichen Profile einzugeben und ständig auf dem neuesten Stand zu halten. Besonders das Problem der Aktualisierung beeinträchtigt die Gültigkeit und Nützlichkeit der Profildaten (vgl. Pipek et al. 2003). Deshalb können manuell eingegebene Profile durch automatisch erzeugte Daten ergänzt werden, die beispielsweise aus der Analyse der letzten Änderung der Homepage eines Akteurs oder dessen aktuellem Mail-Verkehr abgeleitet werden. Allerdings häufen automatisch generierte Profile typischerweise Daten von unklarer Semantik an. Deshalb ist es zweifelhaft, ob diese Daten wirklich die Kompetenzen und Interessen der Akteure widerspiegeln.

Recommender-Systeme unterstützen Nutzer beim Auswählen eines einzelnen Elements aus einer Menge ähnlicher Elemente. Bestimmte Recommender-Systeme sind an dieser Stelle von Interesse, weil sie entworfen wurden, um das Auffinden menschlicher Akteure zu unterstützen. Systeme wie beispielsweise „Who knows" (Streeter & Lochman 1988) oder Yenta (Foner 1997) extrahieren Personaldaten über menschliche Interessen automatisch aus Dokumenten, die von den Akteuren erstellt wurden. Vivacque und Lieberman (2000) haben ein System entwickelt, das Daten bezüglich des Qualifikationsniveaus eines Programmierers aus dem von ihm entwickelten Java-Code extrahiert. Basierend auf diesen personenbezogenen Daten erlaubt das System Fragen zu stellen oder Akteure miteinander bekannt zu machen. Die oben genannten Ansätze zum Vergleichen von Personen basieren jeweils auf einem Vergleichsalgorithmus, der speziell für einen bestimmten Typus personenbezogener Daten konzipiert wurde.

McDonald (2000; 2001) entwickelte eine Architektur für Recommender-Systeme, die die Lokalisation von Akteuren unterstützt, die Expertise auf einem speziellen Gebiet vorweisen können. Im Gegensatz zu den oben erwähnten allgemeinen Ansätzen zur Auswahl von Experten erlaubt es diese Architektur ganz speziell an den individuellen organisatorischen Kontext angepasste Heuristiken zu entwickeln. Insofern geht dieser Ansatz davon aus, dass keine allgemeingültige Methode existiert, die aus personenbezogenen Daten geeignete Empfehlungen generiert, sondern jeweils eine kontext-spezifische Heuristik zu entwickeln ist. Diese

Heuristiken müssen durch eine vorhergehende ethnografische Studie im Anwendungsfeld aufgedeckt werden. Wenn eine solche Heuristik ermittelt werden kann, ist sie wahrscheinlich besser geeignet als ein Algorithmus mit Allgemeingültigkeitsanspruch. Wie in den oben erwähnten Ansätzen gibt in McDonalds (2000) Ansatz die Heuristik Hinweise darauf, welcher Akteur jeweils um Rat zu Fragen wäre.

4 Gruppenbildung mit dem ExpertFinder

Wir wollen an dieser Stelle exemplarisch ein modulares Recommendersystem skizzieren, mit dessen Hilfe Lerner in einer virtuellen Lernumgebung geeignete Mitlerner finden können (im Sinne des situativen Lernens in „Communities of Practise"). Das System *ExpertFinder* (vgl. Becks et al. 2003) wurde für die eQualification-Plattform der Fraunhofer-Gesellschaft entwickelt und erlaubt zwei Arten der Suche über personenbezogene Daten: Im Filter-Modus werden Benutzer der Lernplattform gesucht, die ähnliche Interessen und Qualifikationsprofile wie der Suchende aufweisen. Im Anfragemodus kann nach Anwendern mit explizit gewählten Eigenschaften gesucht werden. Wie McDonald geht auch die im ExpertFinder realisierte Methodik davon aus, dass Heuristiken für das Vergleichen persönlicher Profile jeweils den Daten und dem Kontext angepasst werden. Hierzu benutzt das System anwendungsspezifisch entwickelte Vergleichsmodule, die jeweils eine Ähnlichkeitsbestimmung für bestimmte Teilmengen der vorhandenen personenbezogenen Daten vornehmen.

Für die eQualification-Plattform sind zwei Module für die Koordination von Lerngruppen realisiert: Im Modul „Benutzerbeschreibung" werden Benutzer aufgrund der von ihnen angegebenen Daten bezüglich Schul- und Ausbildungsstand sowie Berufs- und Managementerfahrung verglichen. Diese Daten werden als statisch betrachtet, da sie sich auf Merkmale der Benutzer beziehen, die weitgehend unveränderlich sind. Im Modul „Lerngeschichte" werden die aktuellen Benutzerinteressen und Kenntnisse dynamisch aus der Interaktionshistorie mit den Lerninhalten der Lernplattform extrahiert und zum Vergleich verwendet. Das Gesamtergebnis wird dann gemäß einer vom jeweiligen Anwender bevorzugten Gewichtung aus den Einzelergebnissen ermittelt.

Abb. 1 stellt das Benutzerinterface des ExpertFinders innerhalb der Fraunhofer E-Qualification Plattform dar: Benutzer, die in der Plattform als Lernende eingeloggt sind, können das ExpertFinder-System benutzen, um Autoren oder Tutoren zu kontaktieren, die einer Trainingseinheit zugeordnet sind, oder sich im Filter- oder Anfragemodus mögliche Mitlerner empfehlen zu lassen. Das Ergebnis der Benutzeranfrage ist eine nach dem Grad der errechneten Relevanz sortierte Liste mit Namen, E-Mail-Adressen und Telefonnummern von möglichen Lernkollegen. Potentielle Mitlerner können von der Liste ausgewählt und zu einem Chat eingeladen (für synchrone Kommunikation), in einen gemeinsamen virtuellen Arbeitsbereich innerhalb der Lernplattform (für asynchrone Kommunikation) eingeladen oder einfach in das persönliche Adressbuch für eine spätere Kontaktaufnahme aufgenommen werden.

In einem Optionsfenster kann der Benutzer die Gewichtung der einzelnen Vergleichsmodule anpassen und somit deren Einfluss auf das Gesamtergebnis festlegen. Das Optionsfenster erlaubt den Lernenden weiterhin, ihre Privatsphäre durch Ausschalten der Module zu schützen: Bei deaktivierten Modulen stehen die Profildaten global für das Vergleichen nicht mehr zur Verfügung. Im Gegensatz dazu werden die Gewichtungen der Module nur lokal genutzt: Wenn ein Lernender eines der Module deaktiviert, so betrifft dies nur *seine* Mitlerner-Suche. Die entsprechenden Personaldaten sind weiterhin für andere Lernende verfügbar.

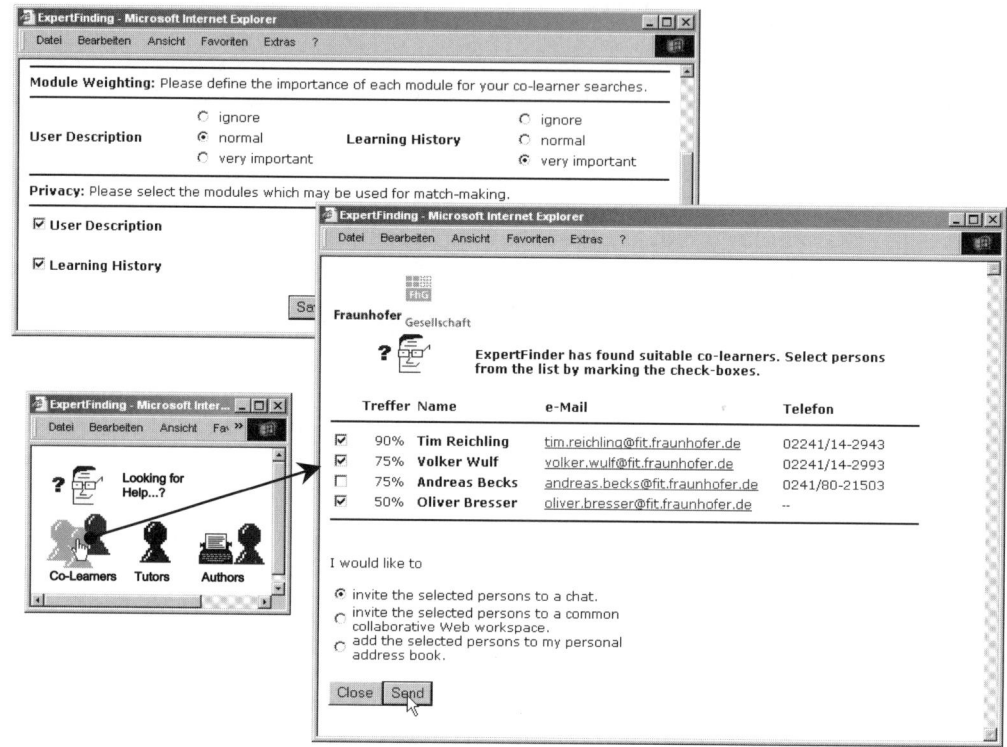

Abb. 1: Benutzerinterface des ExpertFinders

5   Zusammenfassung

Die in diesem Abschnitt beschriebenen Konzepte haben das Ziel, die Bildung von Lerngruppen zu unterstützen. Entsprechend weitgehend anerkannter Erkenntnisse der Lerntheorie sollen dabei möglichst Lerner zusammengeführt werden, die grundlegende Eigenschaften wie Handlungspraxis, Sprache, Werte und Normen teilen. Es werden verschiedene Arten von Informationen und Informationsquellen diskutiert, die auf die genannten Eigenschaften der Benutzer hindeuten. Werden diese verwendet, so kann eine „natürliche" Bildung von Lerngruppen, die in vernetzten Systemen normalerweise nicht möglich ist, simuliert werden.

Weiterhin beschreibt der Abschnitt verschiedene Arten von Systemen, die eine Bildung von Lerngruppen unterstützen. Diese unterscheiden sich im Wesentlichen hinsichtlich der Merkmale, die sie als relevant betrachten, um geeignete Akteure zusammenzuführen, sowie durch die Datenquellen, durch die sie diese Merkmale schließen. Exemplarisch wird das System ExpertFinder beschrieben, das durch die Anbindung an Lernplattformen die notwendigen Informationen über die Lerner zu erhalten versucht. Dies sind statische sowie dynamische Benutzerdaten, die sowohl unveränderliche Eigenschaften wie Ausbildungstand o.Ä. als auch veränderliche Eigenschaften des Benutzers widerspiegeln wie der aktuelle Stand von Interessen und Kenntnissen.

2.1.3   Kooperation in kleineren Lerngruppen

Torsten Holmer, Friederike Jödick

Fraunhofer IPSI, Darmstadt

1   Einleitung

In diesem Beitrag stellen wir Werkzeuge vor, welche die Kooperation beim Lernen in virtuellen Kleingruppen unterstützen. Dazu gehen wir zunächst auf die Gruppengröße von Kleingruppen allgemein ein und begründen diese. Anschließend stellen wir die drei wesentlichen Aufgabentypen Übung, Rollenspiel und Praktika vor. Darauf folgt eine Beschreibung der Anforderungen an die Werkzeugunterstützung für virtuelle Kleingruppen bezogen auf diese Aufgabentypen. Im nächsten Abschnitt benennen wir die wichtigsten Grundfunktionen und unterscheiden dabei zwischen Kommunikation, Koordination und Kooperation. Während die ersten beiden Aspekte in den Beiträgen 2.1.1 bzw. 2.1.2 behandelt werden, betrachten wir die Kooperation. Als Grundfunktionen identifizieren wir Awareness, gemeinsame Datenablagen, kooperative Editoren, Prozess- und Phasenunterstützung sowie zusätzliche Steuermechanismen. Wir stellen dann konkrete Beispiele für Werkzeuge vor, die mehrere dieser Grundfunktionen für die Kooperation in Kleingruppen integrieren. Im Mittelpunkt stehen dabei nicht synchrone und asynchrone Werkzeuge für Präsenzveranstaltungen, diese werden in Beitrag 2.1.5 und 2.1.4 behandelt, sondern die für den verteilten Unterricht. Abschließend grenzen wir uns thematisch von Werkzeugen für größere Lerngruppen ab, spannen den Bogen zu CSCW und skizzieren mögliche Transfermöglichkeiten.

2   Lernen in Kleingruppen

Kooperatives Lernen benötigt immer einen Partner, mit dem man gemeinsam Wissen austauschen kann. Die Zweiergruppe ist die kleinste und kompakteste Form der Lerngruppe. In dieser Gruppengröße ist der jeweilige Anteil der Redezeit mit 50 % am höchsten, wenn beide Partner gleich viel kommunizieren. Je größer die Teilnehmerzahl, desto kleiner wird zwar deren durchschnittlicher Anteil an der Sprechzeit, umso größer ist aber auch die Menge an potentiellen Wissensquellen. Mit der Anzahl der Teilnehmer steigen auch die Vielfalt der Kommunikationsmuster und die Ungleichmäßigkeit der Partizipation. Es besteht hier die Gefahr, dass wenige Teilnehmer immer mehr sprechen und viele wenig zur Kommunikation beitragen. Folglich stellt sich die Frage, bis zu welcher Gruppengröße eine ausgewogene Kommunikation möglich ist (zu Gruppen und Gruppenarbeit vgl. Beitrag 1.5).

Bei Gruppen mit bis zu zehn Mitgliedern ist eine Gleichverteilung der Redeanteile möglich und sie können sich noch gut selbst organisieren. Bei größeren Gruppen müssen explizite soziale und technische Strukturierungsmechanismen angewandt werden, wie Vorlesung, Präsentation, moderierter Workshop: Metaplan-Methode, Podiumsdiskussion. Während im Beitrag 2.1.4 Anforderungen und Lösungsansätze für Großgruppen über zehn Teilnehmern dargestellt werden, behandelt dieser Beitrag Kleingruppen mit bis zu zehn Teilnehmern.

3 Aufgabentypen für Kleingruppen

Das didaktisch begründete Lernziel wird über den Aufgabentypus vermittelt. Die wichtigsten Typen sind Übungen, Rollenspiele und Praktika. *Übungen* haben das Ziel der gemeinsamen Erarbeitung einer Lösung, wobei der Schwerpunkt auf dem Produkt der Gruppenarbeit liegt. Der Bearbeitungsprozess steht nicht im Vordergrund und kann verschiedene Ausprägungen haben, die der Gruppe überlassen bleiben, wie z.B. die Entscheidung, wie eng zusammengearbeitet wird und die Arbeitsaufteilung zu erfolgen hat. Beim *Rollenspiel* übernehmen die Teilnehmer vorgegebene Rollen, die das Anwenden von Methoden und Werkzeugen unter kontrollierten Randbedingungen (Dauer, Ziele, Umfang) vorsehen. Im Kontext von Sprachenlernen können beispielsweise Telefongespräche (Hotelreservierung, Auskunft) mit vorgegebenen Rollen geübt werden. Beim problembasierten Lernen übernimmt die Lerngruppe die Rollenmodelle eines Forschungsteams. Sie wenden dabei Forschungsmethoden wie Datensammlung, Interpretation und Hypothesengenerierung an und benutzen typische Werkzeuge wie Datenbanken, Strukturierungs- und Visualisierungstools. Lernziel des Rollenspiels ist vor allem die Erfahrung durch den Prozess und weniger das Produkt der Gruppenarbeit. Beim *Praktikum* steht das konkrete Anwenden von Methoden und Werkzeugen zur Lösung einer komplexen Aufgabe im Vordergrund. Wesentliche Herausforderung für die Gruppe ist die Selbstorganisation. Aufgaben- und Rollenverteilung müssen selbständig erarbeitet und umgesetzt werden. Lernziele sind hier das Sammeln von Erfahrungen im Prozess und die Erstellung eines Produkts.

4 Anforderungen an die Werkzeugunterstützung

Davon ausgehend, dass die virtuelle Kleingruppe ihre Aktivitäten weitestgehend selbst organisiert, sollten die Werkzeuge dafür eine flexible Aufgabenbearbeitung ermöglichen. Dazu gehört, dass die Teilnehmer ungehindert kommunizieren können und die Zugriffsrechte auf gemeinsame Artefakte eine unkomplizierte Bearbeitung erlauben. Wer welche Dokumente editieren oder wer wann welche Beiträge verschicken darf, wird von der Gruppe entschieden und nicht vom System vorgeschrieben. Abhängig davon, ob es sich um eine Übung, ein Rollenspiel oder ein Praktikum handelt, ist eine unterschiedliche Unterstützung durch das System erforderlich.

Übungen können eine Vielzahl von aufgabenspezifischen Interaktionen erfordern, z.B. Informationen zu sammeln, zu erstellen oder zu bewerten. Dafür können besondere Werkzeuge erforderlich sein, welche die angemessene Aufgabenbearbeitung ermöglichen (z.B. ein Whiteboard zum Sammeln und Strukturieren von Argumenten). Beim *Rollenspiel* können die Teilnehmer in der Ausführung ihrer Rolle durch die Bereitstellung von spezifischen Informationen, Instruktionen und Werkzeugen unterstützt werden. Die komplette Gruppe wird durch Modellierung und Steuerung der Phasen durch den Prozess geführt. Die Komplexität der Aktivitäten beim *Praktikum* erfordert eine umfassendere Unterstützung der Lerngruppe. Das System muss der Gruppe erlauben, ihren Prozess selbst zu planen und zu koordinieren. Dazu gehört die Definition und Vergabe von Rollen und Arbeitspaketen sowie deren Verteilung auf bestimmte Phasen des Prozesses.

Die Werkzeuge werden zwar aufgabenspezifisch konstruiert, jedoch nicht komplett neu gestaltet. Jedes Werkzeug benötigt eine unterschiedliche Kombination aus Grundfunktionen, die im Folgenden näher erläutert werden. Wenn Lernwerkzeuge zusätzlich mit Kursmaterial verknüpft sind, spricht man von Lernplattformen (vgl. Beitrag 2.2).

5   Grundfunktionen kooperativer Werkzeuge

Die grundlegenden Funktionen von kooperativen Werkzeugen lassen sich in drei Kategorien einteilen: Kommunikation, Koordination und Kooperation. Chat, Mail, Diskussionsforum, Instant Messaging und Audio/Videokonferenzen, dienen der *Kommunikation* und werden im Beitrag 2.1.1. erläutert. Gruppenbildung und Expert Finding sind Beispiele für *Koordination*, die im Beitrag 2.1.2 behandelt werden. In diesem Beitrag gehen wir auf die Funktionen für Kooperation ein.

Kooperationsfunktionen ermöglichen die Zusammenarbeit an gemeinsamen Artefakten. Dazu braucht die Gruppe Awarenessfunktionen, um sich und ihre Aktivitäten wahrzunehmen. Für den Zugriff auf die Artefakte und deren Bearbeitung sind eine gemeinsame Datenablage und kooperative Editoren notwendig. Komplexere Kooperationsformen benötigen eine Prozess- und Phasenunterstützung sowie zusätzliche Steuermechanismen wie z.B. Abstimmungen und Testfragen. In den nächsten Abschnitten werden diese Funktionen detailliert erläutert.

Awareness-Funktionen: Wenn die Teilnehmer einer Gruppe nicht an einem Ort zusammen sind und sehen können, was die anderen gerade tun, entsteht ein Defizit in der *sozialen Wahrnehmung* und daraus folgen Koordinationsprobleme (Greenberg & Gutwin 2002). In diesen Fällen muss die Anwendung dieses Defizit kompensieren, in dem sie explizit folgende Awareness-Informationen anzeigt: Zustand und Kontext einzelner Teilnehmer, Status der Objekte und Prozesse sowie Gruppen- und Einzelaktivitäten. Der *Zustand* eines Teilnehmers kann verschiedene Ebenen aufweisen: Für die Gruppenmitglieder innerhalb einer Sitzung ist z.B. sichtbar, ob ein Teilnehmer gerade einen Beitrag verfasst oder das Rederecht angefordert hat. Für Teilnehmer außerhalb des Lernraums hingegen sind Informationen wie „Benutzer ist online", „Benutzer befindet sich in einer Übung" relevant. Der *Kontext* eines Teilnehmers zeigt an, welche umgebungsspezifischen Aktivitäten und Eigenschaften ihm zugeordnet sind, z.B. welche Rolle er innehat. Besonders in Phasen asynchroner Zusammenarbeit ist es für die Teilnehmer wichtig, über Änderungen am *Status* gemeinsamer Objekte (neues Dokument, modifizierte Version) während der Abwesenheit informiert zu werden. Dazu können entsprechende Benachrichtigungen vom System per E-Mail an den Teilnehmer geschickt werden. Ist die Gruppenaufgabe in mehrere Abschnitte unterteilt, sollte dies für alle Teilnehmer gut ersichtlich und der Wechsel zwischen den einzelnen Phasen leicht steuerbar sein. Das Signalisieren der Bereitschaft, zur nächsten Phase wechseln zu wollen, ist eine wichtige Aktivität zur Koordination der Gruppe und sollte vom System durch entsprechende Funktionen unterstützt werden. Transparenz hinsichtlich der *Gruppenaktivitäten* (z.B. welche Aufgaben sind erledigt, in welcher Phase befindet sich die Gruppe, Partizipation) ist vor allem für das Monitoring durch einen Tutor relevant. Der Tutor kann auf diese Weise den Gruppenfortschritt überblicken und die Kontinuität der Aufgabenbearbeitung sicherstellen.

Awarenessinformationen über *Einzelaktivitäten* und deren Urheber, wie z.B. das Verschieben eines Grafikobjektes durch Teilnehmer A, ist für die Interaktion der Gruppe während einer Aufgabe von großer Bedeutung. Die Absichten der ausführenden Teilnehmer können dadurch besser interpretiert und in eigene Handlungspläne integriert werden.

Gemeinsame Datenablage: Zur Verwaltung gemeinsamer Artefakte benötigt die Gruppe die Möglichkeit, diese an einem für alle Teilnehmer erreichbaren Ort abzulegen und zu ordnen. Bei der *gemeinsamen Objektverwaltung* sind den Status betreffende Awarenessinformationen, wie zuletzt erfolgte Änderungen oder Urheber eines Objektes, ein wesentliches Hilfsmittel. Während in der direkten Interaktion die *Zugriffsrechte* möglichst gleich verteilt sein sollten, ist bei der gemeinsamen Datenablage eine Abstufung der Zugriffsrechte sinnvoll. Diese kann aus den Kategorien „Privat", „Gruppe" und „Öffentlich" bestehen, um damit den unterschiedlichen Bedürfnissen gerecht zu werden.

Kooperative Editoren: Um gemeinsam Artefakte erzeugen und bearbeiten zu können, sind Editierwerkzeuge erforderlich, die auf Gruppenarbeit abgestimmt sind. Kooperative Editoren bieten die Möglichkeit der *gleichzeitigen Bearbeitung* des Artefaktes durch die Gruppe (Holmer et al. 2001). Dabei soll das Werkzeug helfen, mit konfligierenden Aktivitäten (z.B. gleichzeitiges Verschieben eines Objektes durch zwei Benutzer) umgehen zu können. Konflikte können verhindert werden, in dem man den Zugriff auf Objekte mittels *„Floor Control"* regelt, also nur ein Benutzer zurzeit die gemeinsamen Artefakte verändern kann. Da die Benutzer unter Umständen verschiedene Teile des Arbeitsbereiches (z.B. unterschiedliche Abschnitte eines Textes) betrachten, benötigen sie Informationen darüber, ob sie eine gemeinsame Sicht auf die Artefakte haben, um Missverständnisse zu vermeiden. Wenn die Benutzer Veränderungen vornehmen, sind Indikatoren für Einzelaktivitäten (wer gibt wo Daten ein, wer verändert welche Objekte) von großem Nutzen, weil damit eine implizite Abstimmung der Aktionen ermöglicht wird. Ein Beispiel dafür ist die Anzeige aller Mauscursor im Editor, so dass die Benutzer den Fokus der anderen Teilnehmer einschätzen können (Fernández et al. 2002). Mit kooperativen Editoren können Texte, Grafiken, Audio- und Videodateien editiert werden. Zur Bearbeitung einer Kombination aus diesen Medientypen dienen *Hypermedia-Editoren* (Streitz et al. 1994) oder *Multimedia-Whiteboards* (Xiao & Jödick 2003). In Tools für graphische Wissensrepräsentationen, wie z.B. Belvedere (Suthers et al. 1995), werden semantische Netze über Knoten und Verknüpfungen angefertigt, die das gemeinsame Wissen der Gruppe repräsentieren. Um mit komplexen, eigentlich nichtkooperativen Anwendungen (z.B. Tabellenkalkulation), gemeinsam Artefakte manipulieren zu können, verwendet man *„Application Sharing"* (z.B. Microsoft Netmeeting 2004). Dabei läuft eine Anwendung auf dem Computer eines Teilnehmers und dieser kann die Kontrolle darüber anderen Teilnehmern übergeben.

Prozess- und Phasenunterstützung: Abhängig vom Aufgabentyp kann eine mehr oder weniger explizite Steuerung des Lernprozesses erforderlich sein. Diese kann einen phasenbedingten Wechsel des verwendeten Werkzeugs bzw. der Rolle veranlassen oder die *Einhaltung der zeitlichen Begrenzung* zur Lösung einer Aufgabe fordern. Auf einer detaillierteren Ebene kann die Prozesssteuerung darin bestehen, abhängig von der Art des Beitrages die *Rederechte* zuzuweisen, z.B. dass immer wenn ein Beitrag vom Typ Frage erzeugt wird, automatisch der Tutor einer Gruppe als Nächster das Rederecht erhält, um eine Antwort zu geben (Mühlpfordt & Wessner 2004).

Zusätzliche Steuermechanismen: In der Gruppenarbeit treten oft Situationen auf, in denen sich die Gruppe neu fokussieren muss bzw. in welchen der Tutor durch eine gezielte Intervention die Aufmerksamkeit der Gruppe steuern möchte. Beispiele dafür sind *Abstimmungen* über den weiteren Verlauf der Zusammenarbeit, *Feedback* bezüglich des Arbeitsergebnisses und *Testfragen* zur Verständnisüberprüfung durch den Tutor. Diese Interaktionsformen können mit den herkömmlichen Funktionen in kooperativen Editoren und Kommunikationswerkzeugen nicht durchgeführt werden. Dabei sind diese Erweiterungen gerade aus didaktischer Sicht notwendig und können als zusätzlicher Steuermechanismus in die Lernwerkzeuge integriert werden.

In den folgenden Abschnitten werden Beispiele konkreter Lernwerkzeuge für den verteilten synchronen und asynchronen Unterricht vorgestellt, die sich aus mehreren der beschriebenen Grundfunktionen zusammensetzen. Dabei erwähnen wir die Grundfunktionen selber nicht mehr explizit, sondern heben die für das Werkzeug besonderen Eigenschaften hervor.

6   Werkzeuge für den verteilten Unterricht (synchron)

Szenarien für verteilte Kleingruppen setzen die didaktischen Charakteristika von Gruppenaufgaben um und berücksichtigen zugleich die Besonderheiten der räumlichen Trennung. Um die enge Interaktion innerhalb einer Kleingruppe zu forcieren, sind angemessene Aufgabenstellungen und Werkzeuge nötig, welche die Defizite der virtuellen Lernsituation kompensieren.

Bei dem Aufgabentyp der Übung steht die gemeinsame Erarbeitung eines Ergebnisses im Mittelpunkt. Eine sehr enge Zusammenarbeit geschieht in Zweiergruppen. Ein Beispiel hierfür ist *TC3*, ein Werkzeug für das *kollaborative Erstellen von Texten in Paararbeit* (Kanselaar et al. 2002). Dieses Werkzeug besteht aus mehreren Bereichen: Chatbereich zur Kommunikation mit dem Partner, Notizbereich für private Anmerkungen, Materialbereich mit Instruktionen und aufgabenrelevanten Informationen sowie dem Arbeitsbereich mit kooperativem Texteditor. Der Zugriff auf den Texteditor wird durch ein Interface-Element in Form einer Ampel (rechts unten in *Abb. 1*) reguliert, wobei immer ein Benutzer das Schreibrecht besitzt (grünes Licht) und der andere nicht im Editor schreiben kann (rotes Licht). Das Schreibrecht kann nach expliziter Aufforderung (gelbes Licht für beide) an den Wartenden abgegeben werden.

Die Kooperationswerkzeuge der *L³-Plattform* (Holmer & Wessner 2003; Wessner & Holmer 2003), unterstützen mehr als zwei Teilnehmer und eine Vielzahl von Interaktionsformen. Neben generischen Werkzeugen wie dem *Multimedia-Notebook* (Xiao & Jödick 2003), welches ein gemeinsames Editieren von multimedialen Objekten (Text, Bild, Audio, Video) ermöglicht, und verschiedenen Konstellationen von Chatwerkzeugen mit referenzierbaren Nachrichten, existieren auch auf sehr spezifische Lernszenarien zugeschnittene Werkzeuge, z.B. der *Erklärungsdiskurs*. Dieser stellt eine virtuelle Form der klassischen Sprechstunde dar, in der Lerner mit dem anwesenden Tutor typisierte Beiträge austauschen (Frage, Antwort, Kommentar). Eine Rederechtsteuerung erlaubt dem Tutor eine bessere Kontrolle der Gruppenkommunikation. Das *Brainstorming-Werkzeug* unterstützt eine erweiterte Vorgehensweise bei der kooperativen Ideenfindung, indem es drei Phasen der Zusammenarbeit (individuell, assoziativ und gemeinsam) miteinander kombiniert. Während in der individuellen und der assoziativen Phase die Ideen in eine Liste geschrieben werden, werden die Inhalte der Listen in der dritten Phase gemeinsam strukturiert. Bei der *Kooperativen Texterarbeitung* geht es um die gemeinsame Interpretation und Zusammenfassung von Texten. Diese werden abschnittsweise mit wechselnden Rollen (Zusammenfasser und Kommentatoren) analysiert und eine Zusammenfassung erstellt. Ziel ist die intensive Auseinandersetzung und damit ein tieferes Textverständnis.

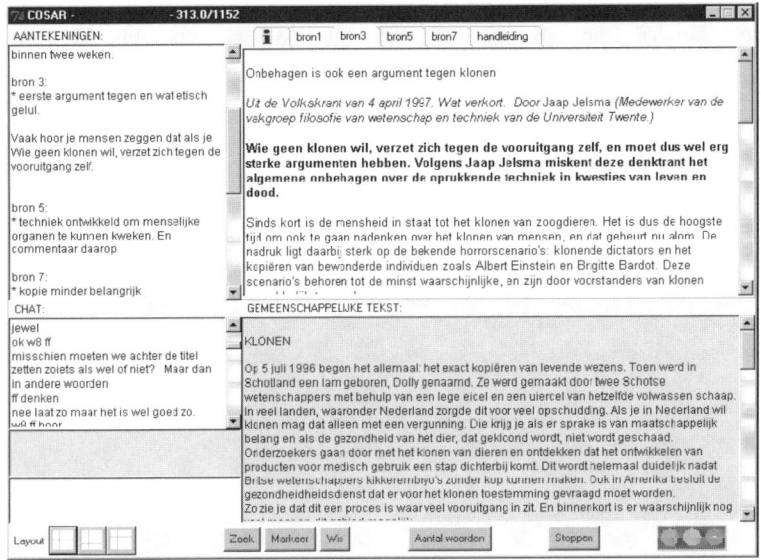

Abb. 1: TC3-Umgebung. Links oben: Private Notizen. Links unten: Chatfenster. Rechts oben: Materialbereich. Rechts unten: Kooperativer Texteditor

Auch im *FUB – FernUniversität Hagen Brainstorming Tool* (Haake & Schümmer 2003) gibt es Gruppenaufgaben mit mehreren Bearbeitungsphasen. Die Teilnehmer erstellen zunächst eine Liste von Begriffen, die in einer weiteren Phase mit einem kooperativen Netzwerk-Editor verknüpft werden. Ziel ist hierbei die Lösung der Aufgabe durch die Erstellung eines semantischen Netzes.

Das System *COLER – COllaborative Learning environment for Entity-Relationship modelling* (Constantino-González & Suthers 2003) ist ein auf Basis des Belvedere-Systems (Suthers et al. 1995) entwickeltes Werkzeug für die gemeinsame Erstellung von Datenbankstrukturen. Hierbei wird zunächst in einer individuellen Phase von jedem Teilnehmer ein eigener Lösungsentwurf erzeugt, der in einer kooperativen Phase benutzt wird, um eine gemeinsame Lösung zu entwickeln. Das Besondere an COLER ist ein Agentensystem, welches mehrere Aspekte der Gruppenarbeit beobachtet und Hinweise zur Verbesserung gibt: der „Diagram Analyzer" erkennt typische Fehler in dem Modell der Datenbankstruktur, der „Difference Recognizer" stellt Unterschiede zwischen Lerner- und Gruppenlösung fest und der „Partizipation Monitor" beobachtet die Anteile der Lerner an der Interaktion. Durch diesen Agenten soll ein menschlicher Tutor ersetzt werden. Dieser Ansatz ist interessant, weil er den sonst eher passiven Lernumgebungen ein aktives Element hinzufügt und die Arbeit des Tutors, der mehrere Gruppen betreuen muss, entlasteten könnte.

Zwei Beispiele für Rollenspiel-Werkzeuge sind der *RolePlay-Chat* und der *Pro-Contra-Disput* (Holmer & Wessner 2003). In beiden Werkzeugen wird den Teilnehmern rollenspezifisches Material angeboten. Während im Pro-Contra-Disput nur zwei Rollen (für und gegen einen Sachverhalt argumentierend) existieren und diese im Verlauf der Gruppensitzung nicht wechseln, sieht der RolePlay-Chat einen mehrfachen Rollenwechsel vor (siehe Abb. 2).

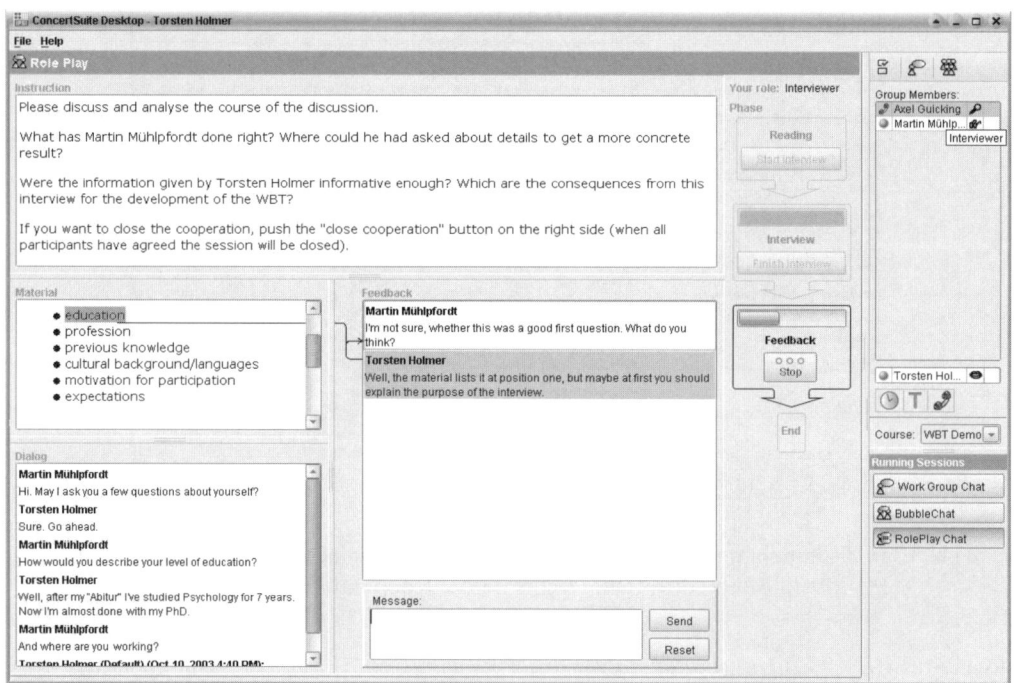

Abb. 2 RolePlay-Chat

Im hier gezeigten Beispiel eines virtuellen Interviews, bei dem eine reale Gesprächssituation simuliert wird, gibt es die Rollen Interviewer, Interviewter und Zuschauer. Die Sitzung besteht aus drei Phasen: der Lesephase, der Interviewphase und der Feedbackphase. Durch einen Weiterschaltmechanismus signalisieren die Teilnehmer ihre Bereitschaft, in die nächste Phase weiterzugehen. Awareness-Funktionen geben Aufschluss darüber, wie viele der Teilnehmer bereit sind, in die nächste Phase zu wechseln. Die vorgesehene Dauer und die bereits abgelaufene Zeit einer Phase können am Statusbalken abgelesen werden. Nach der abgeschlossenen Interviewphase wird das Protokoll des Gesprächs in einen extra dafür vorgesehenen Bereich verschoben („Dialog"). Alle Teilnehmer können vom Chatbereich aus („Feedback") sowohl ins das Material, als auch in den Dialogbereich referenzieren, um während der Diskussion gezielt Bezüge herzustellen.

Während Übungen und Rollenspiele in einzelnen Gruppensitzungen durchführbar sind, umfasst das Lernszenario eines Praktikums neben synchronen Anteilen auch eine Vielzahl von Einzelarbeitsphasen, in denen Zwischenergebnisse asynchron ausgetauscht werden. So berichten Becking & Schlageter (2004) von einem Datenbank-Praktikum, bei dem synchrone UML-Editoren zusammen mit einer asynchronen Dateiablage (BSCW) eingesetzt wurden.

7 Werkzeuge für den verteilten Unterricht (asynchron)

Ziel des verteilten, asynchronen Unterrichts ist, durch die intensive Bearbeitung von Materialien (meistens Texte), Wissen zu erweitern und zu vertiefen. Dabei steht das Erlernen und Erproben der Diskussions- und Argumentationsfähigkeit im Vordergrund. Die Nachteile der zeitversetzten Kommunikation, wie das Fehlen unmittelbaren Feedbacks und das Ausbleiben spontaner Antworten, wird durch seine Vorteile kompensiert. Gerade dadurch, dass Antworten nicht sofort gegeben werden müssen, haben die Gruppenmitglieder mehr Zeit, um einen reflektierten und ausführlicheren Beitrag auszuarbeiten. Anders als bei synchronen Werkzeugen entsteht keine Konkurrenz um das Rederecht bzw. weniger Zeitdruck, so dass der Diskurs ausgeglichener erfolgen kann. Die Dauer variiert von wenigen Tagen bis zu mehreren Monaten. Da auch der Rhythmus der Teilnehmer sehr unterschiedlich sein kann, ist es wichtig, dass sie über Änderungen informiert werden, die während ihrer Abwesenheit geschehen sind. Diese können in einer Übersicht zusammengefasst oder den Teilnehmern per Mail gesendet werden.

Sehr einfache und flexible Werkzeuge für den asynchronen Unterricht sind *Wikis*, die bereits erfolgreich eingesetzt wurden (Rick et al. 2002). Wikis bieten jedoch nur einfache Hypertext-Möglichkeiten (Erstellen untypisierter Knoten und Links) und können daher den argumentativen Diskurs nicht explizit unterstützen.

Wesentlich weiter geht *CSILE – Computer-Supported Intentional Learning Environment* (Scardamalia & Bereiter 1994), in dem die Beiträge mit Typen (z.B. Problem, Frage, Theorie, Plan) versehen werden können, um die Konstruktion des Wissens transparenter zu gestalten. Die Kooperation wird zusätzlich unterstützt, indem jeder Teilnehmer beim Einloggen oder auf Verlangen über neue Bezugnahmen zu seinen Beiträgen informiert wird.

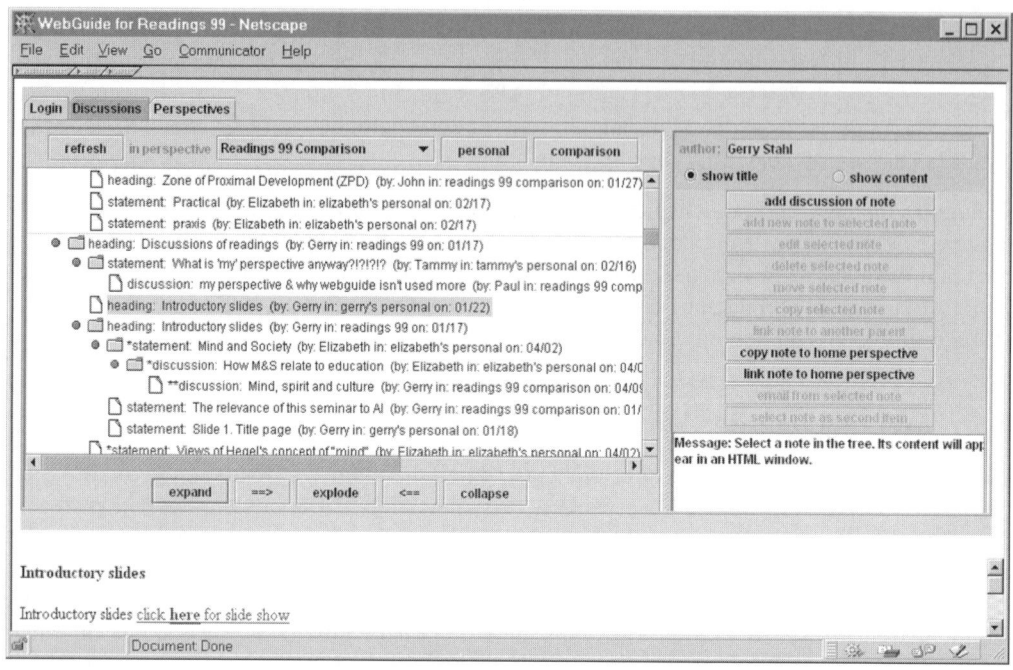

Abb. 3: Die WebGuide-Benutzungsoberfläche. Links: Gliederungsansicht der Diskussion in der Perspektive „Readings 99 comparison". Rechts: Wissenskonstruktionsbefehle

Während aus den Beiträgen in CSILE eine Struktur entsteht, die für alle Mitglieder dieselbe ist, haben die Teilnehmer in *WebGuide* (Stahl 2000) zusätzlich in einer eigenen Perspektive die Möglichkeit, Inhalte neu zu arrangieren und zu verknüpfen. Durch das gegenseitige Betrachten individueller Gliederungen entstehen Einsichten in die Denkstrukturen der anderen Teilnehmer. Akzeptierte Einzelstrukturen und -beiträge können nach Abstimmung durch die Gruppe in die Gruppenperspektive übernommen werden. Auf der Theorie der Group Memory Evolution (Fischer et al. 1997) aufbauend, werden bei WebGuide nach der Startphase des Seeding (initiale Anreize durch den Lehrer), die Phasen von Growth (individuelle Ideenfindung) und Reseeding (Integration in das Gruppenergebnis) simultan und kontinuierlich durchlaufen.

Im Vordergrund von *CLARE – Collaborative Learning And Research Environment* (Wan & Johnson 1994) steht die argumentative Analyse von wissenschaftlichen Texten. Dazu wird in einer ersten Phase individuell ein Wissensschema erstellt, welches anhand vorgegebener Typen (z.B. Problem, Behauptung, Beweis, Theorie, Methode, Konzept, Objekt, Quelle) die Inhalte des Textes widerspiegelt und in Beziehung setzt. In einer zweiten Phase werden die Darstellungen der anderen Teilnehmer bewertet und mit der eigenen verglichen. Nach einer argumentativen Auseinandersetzung findet eine Integration aller Repräsentationen in ein gemeinsames Schema statt.

Wie in den bisherigen Abschnitten deutlich wurde, ist die Typisierung der Diskussionsbei-träge eine wichtige Funktion für den strukturierten Austausch. Jeder Wissensbereich benötigt jedoch eine eigene Wissenstypisierung und viele Anwendungen sind daher auf eine Wis-sensdomäne spezialisiert. Im *SNS-System* (Jonassen & Remidez 2002) können die Teilneh-mer eigene Diskussionsforen erzeugen, in denen die Knoten- und Verknüpfungstypen frei konfigurierbar sind. Durch diese Flexibilität kann das System leicht dem Wissensstand der Lerner angepasst werden.

In den vorherigen Abschnitten wurden eine Reihe von Lernwerkzeugen für Kleingruppen vorgestellt, die eine große Bandbreite von Einsatzszenarien abdecken. Im letzten Abschnitt dieses Beitrags werden wir die Beziehungen untersuchen, die zu den verwandten Domänen „Kooperatives Lernen in Großgruppen" und „Computer Supported Collaborative Work" (CSCW) bestehen.

8   Einordnung / Bezug zu Großgruppen und CSCW

Es stellt sich die Frage, ob Werkzeuge für Kleingruppen auch in einer größeren Lerngruppe eingesetzt werden können. Bei synchronen Werkzeugen ist dies oft schon aus technischen Gründen wegen der steigenden Anforderungen (Überlastung des Servers durch zu viele In-teraktionen) oder wegen einer festgelegten Rollenanzahl nicht möglich. Zudem sind die meisten Aufgabenstellungen für Kleingruppen konzipiert, da viele nur eine bestimmte An-zahl von Rollen und Teilnehmern berücksichtigen, und es müssten speziell für Großgruppen geeignete Aufgabentypen konstruiert werden. So kann die in vielen Kleingruppenaufgaben vorgesehene Integration von individuellen Ergebnissen wegen des hohen Aufwands nicht in Großgruppen durchgeführt werden. Eine praktische Lösung ist die Aufteilung in Kleingrup-pen, die dann mit den Kleingruppenwerkzeugen arbeiten.

Historisch ist die CSCL-Forschung aus der Forschungsrichtung CSCW (Schwabe et al. 2001) entstanden und weist daher viele Parallelen auf. Viele CSCL-Werkzeuge sind direkte Nachfahren von CSCW-Werkzeugen (Stahl 2002). Welchen Nutzen können CSCL-Ansätze für CSCW haben? Während viele Werkzeuge so spezialisiert sind, dass sie nicht ohne weite-res oder gar nicht auf den Arbeitsbereich übertragen werden können, gibt es Beispiele für einen möglichen Transfer: So ist das System CLARE auch in einem wissenschaftlichen Peer-Review-Prozess denkbar. Die flexible Typisierung in SNS würde den Einsatz dieses Systems auch im Arbeitsumfeld (z.B. bei der Entscheidungsfindung) ermöglichen. Auch synchrone Werkzeuge sind für den Einsatz im CSCW-Bereich geeignet. So ließen sich Interviews mit Fokusgruppen (Marktstudien) oder Diskussionen mit Experten (Beratungsgespräch, Aktio-närsversammlung) mit verschiedenen Formen von Chat-Werkzeugen umsetzen.

2.1.4   Kooperation in größeren Lerngruppen

Wolfgang Effelsberg, Hans Christian Liebig,
Nicolai Scheele, Jürgen Vogel

Universität Mannheim

1   Was charakterisiert eine größere Lerngruppe?

Nachdem im vorigen Abschnitt Werkzeuge zur Unterstützung der Kooperation in kleinen Gruppen diskutiert wurden, widmen wir uns nun den Werkzeugen zur Unterstützung von größeren Gruppen. Als eine größere Lerngruppe bezeichnen wir eine solche mit mehr als zehn Personen. Große Lerngruppen sind bezüglich des kooperativen Lernens besonders problematisch, weil jeder Einzelne deutlich weniger Möglichkeiten hat, selbst aktiv zu werden, und nur wer selbst aktiv wird, lernt bekanntlich wirklich gut. In Szenarien, in denen die Kommunikation der Gruppenteilnehmer über elektronische Medien erfolgt, ist die Situation nochmals schwieriger, weil die mediale Kommunikation im Vergleich zu einer Präsenz-Kommunikation mit einer höheren Hemmschwelle bei den Teilnehmern verbunden ist. Dieser Abschnitt widmet sich der Frage, wie man dennoch in großen Lerngruppen durch elektronische Werkzeuge das kooperative Lernen fördern kann.

Weil das Lehren und Lernen in großen Gruppen schwierig ist, liegt es nahe, die große Gruppe in mehrere Kleingruppen aufzuteilen, die dann unter wesentlich besseren didaktischen Bedingungen arbeiten können. Das macht jeder Lehrer in der Schule so, und auch Tutorengruppen an Universitäten verfolgen dasselbe Ziel. Warum wird also nicht einfach immer die große Gruppe in mehrere Kleingruppen aufgeteilt? Die Antwort ist, dass äußere Gegebenheiten dies in vielen Fällen gar nicht zulassen: Kleingruppen erfordern sehr viel mehr personelle Ressourcen (insbesondere Tutoren), Räume zur ungestörten Parallelarbeit und technische Ausstattung, die häufig nicht zur Verfügung stehen. Große Lerngruppen wird es deshalb aus ökonomischen Gründen immer geben.

In den vorigen Abschnitten wurde bereits die Klassifikation der unterstützenden elektronischen Werkzeuge in solche zur Kommunikation, Koordination und Kooperation vorgenommen, und es wurden verschiedene Einzeltechniken vorgestellt, die den jeweiligen Kategorien zugeordnet wurden, zum Beispiel Chat für die Kommunikation und Floor Control für die Koordination. Grundsätzlich stellen größere Lerngruppen dieselben Anforderungen, und viele von den kleinen Gruppen bekannte Werkzeuge können auch in den größeren Gruppen eingesetzt werden. Dazu müssen sie allerdings auf große Teilnehmerzahlen skalierbar sein, was nicht immer der Fall ist. Signifikant schwieriger ist insbesondere die Koordination. So kann man beispielsweise in einem Videokonferenz-Szenario nicht mehr Video-Fenster aller Teilnehmer auf dem Bildschirm gleichzeitig anzeigen und auch nicht allen erlauben, gleichzeitig zu reden; man muss sowohl die Präsenz der Teilnehmer in der Sitzung als auch die Zuweisung des Rederechts auf elektronische Weise visualisieren. Elektronische Surrogate für die sozialen Protokolle der Präsenzgruppe sind unabdingbar. Werkzeuge für große Gruppen vereinen deshalb in aller Regel zwei oder alle drei Funktionen zur Kommunikation, Koordination und Kooperation unter einer Benutzeroberfläche.

Das Lehren und Lernen in großen Gruppen lässt sich grob in die folgenden Systemarten klassifizieren:

– interaktive Präsenzvorlesungen,
– Kopplung von großen Hörsälen zur Vorlesungsübertragung (Teleteaching),
– Vorlesungsübertragung online an verteilte Einzelplatzrechner (oft als Home-Learning bezeichnet; auch mit Teleteaching kombinierbar),
– automatisierter Übungsbetrieb für viele Teilnehmer.

Wir widmen uns in diesem Abschnitt exemplarisch drei Techniken, mit denen gerade in großen Lerngruppen die Interaktionsmöglichkeiten signifikant verbessert werden können; die Art und Weise, wie die Anforderungen großer Gruppen an Kommunikation, Koordination und Kooperation durch diese Techniken unterstützt werden, ist leicht auf andere Szenarien übertragbar. Zunächst stellen wir die WILD-Tools vor („Wireless Interactive Learning Devices"), die es sowohl in der Präsenzlehre als auch per Teleteaching und Home-Learning jedem einzelnen Teilnehmer ermöglichen, selbst aktiv zu werden. Am Beispiel der Tele-Seminare diskutieren wir als Nächstes die Werkzeugunterstützung für den Fall, in dem die Lerner zur gleichen Zeit, aber an verschiedenen Orten kooperieren, und zwar unter Einsatz von Videokonferenzsystemen und Shared-Whiteboard-Applikationen. Und schließlich beschreiben wir den Online-Übungsbetrieb für sehr große Gruppen mit automatischen tutoriellen Systemen, die nicht nur individuelles Lernen, sondern auch Gruppenarbeit über das Netz ermöglichen.

2 Interaktion in großen Vorlesungen mit WILD-Tools

An unseren Universitäten ist die akademische Lehre in großen Hörsälen leider immer noch sehr weit verbreitet, obwohl eine große Massenvorlesung ohne Interaktionsmöglichkeiten didaktisch nicht sehr wertvoll ist. Die zunehmende multimediale Ausstattung der Hörsäle an den Universitäten macht es außerdem möglich, durch die Umwandlung von herkömmlichen Vorlesungen zu Televorlesungen deren Einzugsgebiet maßgeblich zu erweitern: Der Dozierende wird in Ton und Bild von den installierten Kameras und Mikrofonen aufgezeichnet, mittels effizienter digitaler Kompressionsalgorithmen (zum Beispiel H.323 oder MPEG-II) live über das Internet zu einem oder mehreren Hörsälen an anderen Universitäten übertragen und dort über Projektoren und Lautsprecher dem entfernten Publikum präsentiert. Oft werden auch Videos der Studierenden von den entfernten Standorten zurück übertragen, so dass der Dozierende nicht nur das lokale, sondern das gesamte Publikum vor Augen hat. Neben der Übermittlung des Dozierendenbildes ist es notwendig, Vorlesungsfolien, Live-Demos oder Präsentationen zu senden.

Neben den vielfältigen Vorteilen, die eine Televorlesung mit sich bringt, zeigt die Erfahrung allerdings auch, dass die mangelhafte Einbindung der Studierenden in die Veranstaltung durch die Übertragung zumindest für die Studierenden an den entfernten Standorten verschärft wird: Um den Verlauf des medial übertragenen Vortrags nicht zu stören, sind Zwi-

schenfragen in der Vorlesung nicht üblich. Selbst wenn der Dozierende diese durch Frage-
pausen ermöglicht, haben die meisten Studierenden Probleme, angesichts der vielen Zuhörer
und der technischen Komplikationen die Hemmschwelle für eine Meldung zu überwinden.

Ein viel versprechender Ansatz, diese Schwierigkeiten zu beseitigen und große Vorlesungen
interaktiver zu gestalten, sind die so genannten „WILDs": Wireless Interactive Learning
Devices (Roschelle & Pea 2002), (Abowd et al. 1998). Die Studierenden einer interaktiven
Vorlesung werden mit kleinen Computern, wie zum Beispiel PocketPCs oder Tablet-PCs,
ausgestattet, die über eine kabellose Vernetzung mit einem zentralen Server verbunden sind.
Durch die kompakten Ausmaße der Geräte wird der Studierende wesentlich weniger gestört,
als dies beispielsweise bei Notebook-PCs der Fall wäre. Über die aufgebaute Netzverbin-
dung werden dann verschiedene interaktive Dienste angeboten, die der Studierende mit seinem Gerät nutzen kann. Beispiele hierfür sind:

–   *Feedback:* Innerhalb einiger vorgegebener Kategorien kann der Studierende eine in-
    dividuelle Wertung der aktuellen Situation vornehmen, die dann akkumuliert dem
    Dozierenden dargestellt wird. So kann sich beispielsweise der Dozierende von dem
    Publikum ein unmittelbares Feedback einholen, ob er gerade zu schnell oder zu lang-
    sam vorgeht. Studierenden an entfernten Standorten könnten darüber hinaus auch
    technische Aspekte, wie etwa die Qualität der Übertragung, bewerten.
–   *Quiz:* Zwei- oder dreimal pro Vorlesung werden Quizfragen zum aktuellen Unter-
    richtsstoff an die Studierenden geschickt, die diese dann sofort bearbeiten. Die Ergeb-
    nisse werden auf dem Server gesammelt, ausgewertet und in einer Grafik aufbereitet.
    Nach Beenden der Fragerunde wird das Ergebnis per Projektor präsentiert und vom
    Dozierenden diskutiert. Die Quiz-Fragen sind in der Regel Multiple-Choice; es sind
    aber auch andere Fragentypen, wie zum Beispiel Lückentext, kleine Rechenaufgaben
    oder klickbare Bilder möglich, sofern sich die Ergebnisse automatisch auswerten las-
    sen.
–   *Melden/Zwischenfragen:* Auf Knopfdruck wird dem Dozierenden ein Meldewunsch
    eines Studierenden übermittelt; zu gegebener Zeit kann er ihn dann aufrufen. Alterna-
    tiv kann statt des einfachen Meldewunschs auch gleich die komplette Frage übermit-
    telt werden. Um die gegebenenfalls dadurch entstehenden größeren Zahlen an Fragen
    bewältigen zu können, wird hier allerdings häufig ein Assistent im Hörsaal benötigt.
    Die Fragen werden vom Assistenten gesammelt und zum Teil sofort beantwortet. Be-
    sonders häufige oder interessante Fragen werden zur Beantwortung an den Dozieren-
    den weitergeleitet. Aus allen gesammelten Fragen, die ja elektronisch vorliegen, kön-
    nen dann zum Ende des Semesters relativ leicht Frage-/Antwortlisten generiert wer-
    den.

Aus der Lernpsychologie ist bekannt, dass Interaktion und Feedback während der Konstruk-
tionsphase des Wissenserwerbs den Lernerfolg nachhaltig erhöhen. Die Dienste werden
entsprechend so eingesetzt, dass Studierende durch die Interaktionsmöglichkeiten mit dem
Dozierenden während der Vorlesung stärker eingebunden werden, als dies in üblichen großen Lehrveranstaltungen der Fall ist. Dazu wird zum einen durch diese Dienste eine n-to-1-
to-n-Kommunikation zwischen den Studierenden und dem Dozierenden ermöglicht, indem
querschnittlich-repräsentative Meinungs-, Stimmungs- und Wissensabbilder der Studieren-

den und Einzelfragen an den Dozierenden vermittelt werden, auf die er dann angemessen reagieren kann. Zusätzlich zur höheren aktiven Partizipation am Lernsetting werden die Studierenden über die Selbstüberprüfungsoptionen per Wissenstest und anschließende Leistungsfeedbacks sowie über die folgenden sozialen Vergleichsprozesse stärker motiviert.

Das erste System in diesem Umfeld ist ein kommerzielles System, das sich ausschließlich auf den Quizdienst spezialisiert. Es wird unter dem Namen „Classtalk" von der Firma Better Education angeboten und seit vielen Jahren erfolgreich an Universitäten und Schulen in den USA eingesetzt (Better Education-Homepage, 2003). Im Gegensatz zu neueren Ansätzen verwendet Classtalk proprietäre Hardware, die über Infrarot-Strecken kommuniziert, und beinhaltet starke, kollaborative Elemente, da nicht jeder Studierende selbst antwortet, sondern in einem Team mitwirkt, das nur jeweils über ein Gerät verfügt (Dufresne et al., 1996).

Ein Prototyp für ein universell einsetzbares WILD-System wurde an der Universität Mannheim entwickelt und erfolgreich eingesetzt (Scheele et al. 2002; WILD@Mannheim-Homepage). Abbildung 1 zeigt die technische Architektur des Systems. Die Clientsoftware für den Studierenden ist in Java programmiert und läuft dadurch sowohl auf PocketPC- oder Linux-basierten PDAs als auch auf Notebooks. Zur Vernetzung der Geräte mit dem Server wird Wireless LAN nach dem IEEE-Standard 802.11b eingesetzt, dass in vielen modernen PDAs bereits integriert ist. Der Server bietet Benutzerverwaltung und Verbindungsmanagement; die einzelnen Dienste werden je nach Bedarf modular eingeladen. Über Interface-Programme können mehrere WILD-Server miteinander verbunden werden, um entfernte Standorte anzubinden.

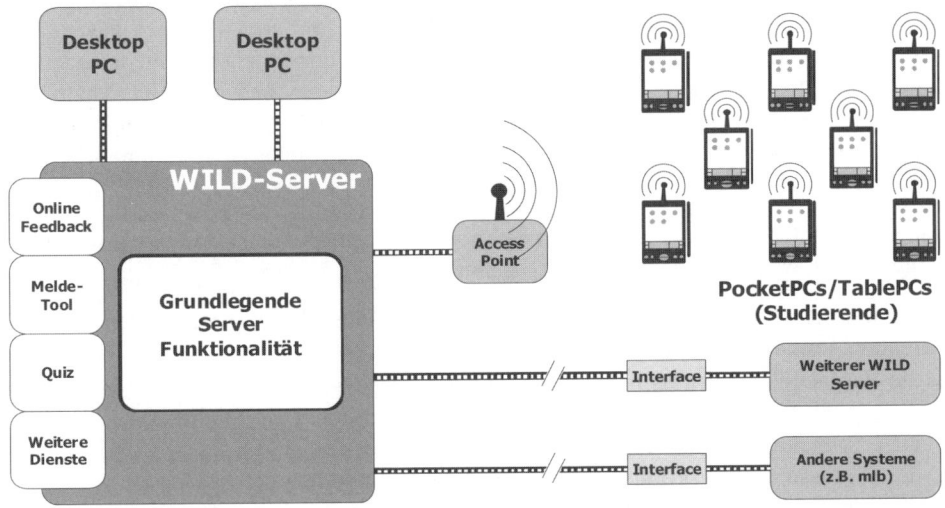

Abb. 1. Architektur des WILD@Mannheim-Systems

Insbesondere für Televorlesungen ist das ConferenceXP-Projekt von Microsoft Research hervorzuheben, das zurzeit entwickelt wird. Für die Software ist eine Reihe netzbasierter Dienste zur integrierten Übertragung von Videobild und Ton in hoher Qualität sowie weiterer multimedialer Elemente (Folien, Bilder) und interaktiver Dienste geplant. Die einzelnen

Elemente lassen sich während der Veranstaltung aufzeichnen und können so im Anschluss im Netz zur Verfügung gestellt werden.

3 Kooperatives Lernen in Tele-Seminaren und Tele-Vorlesungen

In diesem Abschnitt wollen wir computergestütztes und kollaboratives Lernen anhand von Tele-Seminaren und -Vorlesungen betrachten. Bei beiden Formen handelt es sich hauptsächlich um zeitgleiche (synchrone) Veranstaltungen mit räumlicher Verteilung der Teilnehmer. Bei Tele-Seminaren ist aus didaktischer Sicht die Lernsituation die gleiche wie bei herkömmlichen Seminaren: Eine Gruppe von Studierenden soll sich anhand von Vorträgen und der dazugehörigen Seminararbeiten ein bestimmtes Themengebiet erarbeiten. Die Vorträge werden also von einem oder mehreren Studierenden vorbereitet und gehalten. Dem oder den Dozierenden kommen dabei hauptsächlich betreuende und beratende Aufgaben zu. Üblicherweise besteht die Gruppe aus 10 bis 20 Vortragenden und ist eventuell noch durch passive Zuhörer ergänzt. Da die Diskussion zwischen den Studierenden während oder nach einem Vortrag ein zentraler Bestandteil eines Seminars ist, liegt ein wichtiger Unterschied gegenüber Vorlesungen vor allem auch im höheren Interaktionsgrad zwischen den Teilnehmern.

Ein Tele-Seminar unterscheidet sich von einem klassischen Seminar dadurch, dass sich die Teilnehmer an zwei oder mehr Orten befinden und per Computerunterstützung miteinander kommunizieren. Die Anzahl der beteiligten Orte bestimmt dabei maßgeblich den Rahmen der Veranstaltung und die Anforderungen an entsprechende CSCL-Werkzeuge. Während sich beispielsweise die Teilnehmer bei den VIROR-Teleseminaren (VIROR 2003) in der Regel nur an zwei oder drei verschiedenen Standorten in größeren Gruppen zusammenfinden, sind auch Szenarien denkbar, in denen sich jeder Teilnehmer an einem anderen Ort befindet. Im ersten Fall hätte man eine Mischung aus Präsenz- und Tele-Veranstaltung und im zweiten eine reine Tele-Veranstaltung. Ein großes Projekt, das Tele-Seminare sowohl theoretisch untersucht als auch praktisch erprobt, ist das Virtuelle Graduiertenkolleg im Bereich der pädagogischen Psychologie (VGK 2003).

Genauer betrachtet existieren bei einem Tele-Seminar verschiedene Aufgaben und Phasen, die durch CSCL-Werkzeuge zu unterstützen sind:

1. die Bereitstellung von organisatorischen Informationen, Literaturhinweisen und einführenden Artikeln durch den oder die Dozierenden,
2. die Vergabe von Vorträgen an die Teilnehmer,
3. die Erstellung von Vorträgen und Seminar-Arbeiten durch die Studierenden,
4. die Präsentation der Vorträge in der Gruppe,
5. die Diskussion der Vortragsinhalte in der Gruppe und
6. die Bereitstellung der Unterlagen für alle Teilnehmer.

In den verschiedenen Phasen können dabei Werkzeuge zur Echtzeit-Kommunikation (d.h. synchron) oder zur zeitversetzten Kommunikation (d.h. asynchron) zum Einsatz kommen.

Tele-Vorlesungen sind im Vergleich zu Tele-Seminaren deutlich weniger interaktiv, haben in der Regel wesentlich höhere Teilnehmerzahlen (bis zu mehreren hundert) und konzentrieren sich hauptsächlich auf die Live-Präsentation von Inhalten durch den Dozierenden (Phasen 4 und 5). Auch wenn es technisch möglich ist, dass Studierende von zu Hause aus an Tele-Vorlesungen angebunden werden, konzentrieren sich die Teilnehmer meist auf zwei bis vier Hörsäle, die jeweils mit aufwendiger Technik ausgerüstet sind, so dass eine qualitativ hochwertige Übertragung gewährleistet ist. Das Tele-Teaching-Projekt zwischen den Universitäten Mannheim und Heidelberg ist ein frühes Beispiel für Tele-Vorlesungen (Geyer 1998).

In den nächsten Abschnitten sollen nun die einzelnen CSCL-Werkzeuge besprochen werden, die in den oben angeführten Phasen zum Einsatz kommen können:

3.1   Bereitstellung von Informationsmaterial

Für die Bereitstellung von Informationen zur allgemeinen Organisation von Tele-Veranstaltungen (zum Beispiel Ansprechpartner, Termine, Räume, Voraussetzungen etc.) sowie Details zu den einzelnen Themen (zum Beispiel Literaturhinweise, Aufgabenstellung und Beschreibung von Seminarthemen etc.) sind vor allem Systeme geeignet, die auf dem WWW basieren. Hierdurch wird ein einfacher Zugriff auf die Daten gewährleistet. Denkbar sind dabei sowohl „von Hand" erstellte WWW-Seiten als auch spezielle Lernplattformen wie beispielsweise CLIX (CLIX 2003). Darüber hinaus kann die Informationsverteilung durch dafür eingerichtete Newsgroups oder Mailing-Listen ergänzt werden. Diese werden hauptsächlich zur Unterstützung des laufenden Betriebs eingesetzt und haben den Vorteil, dass Informationen aktiv an die Adressaten gerichtet werden und so leichter deren Aufmerksamkeit erlangen.

3.2   Vergabe von Seminar-Themen

Die Vergabe der einzelnen Themen eines Tele-Seminars kann entweder im Vorfeld der Veranstaltung mit Hilfe der im letzten Abschnitt besprochenen Werkzeuge erfolgen oder während einer speziellen Einführungsveranstaltung, an der alle Interessenten teilnehmen. Letztere Möglichkeit vereinfacht dabei aus der Sicht des Dozierenden die Koordination, vor allem dann, wenn ein einzelnes Thema von mehreren Studierenden bearbeitet werden soll. Die passenden Werkzeuge hierzu werden im weiteren Verlauf besprochen.

3.3   Erstellung von Vortragsinhalten

Die Inhaltserstellung für Tele-Vorlesungen bedarf nur dann der Unterstützung spezieller CSCL-Werkzeugen, wenn die Veranstaltung in eine Lernplattform eingebettet ist, die spezielle Anforderungen an die Inhalte stellt. Meist können aber herkömmliche Autorenwerkzeuge wie MS PowerPoint für die Präsentationsfolien oder Macromedia Flash für Animationen verwendet werden. Bei Tele-Seminaren sind CSCL-Werkzeuge hauptsächlich dann von Bedeutung für die Bearbeitung von Vorträgen und Seminararbeiten, wenn ein Thema von mehreren Studierenden übernommen wird, die sich unter Umständen an verschiedenen Standorten befinden. Der Austausch von Dokumenten mit Hilfe von E-Mail ist zwar denkbar, aber wenig komfortabel und unübersichtlich. Besser geeignet sind hier Dokumentenverwaltungssysteme mit integrierter Versionskontrolle (z.B. BSCW (BSCW 2003), Wiki (Wiki 2003) und CVS (CVS 2003)) oder entsprechend ausgestattete Lernplattformen (z.B. CURE (CURE 2003) und CommSy (CommSy 2003)), die es ermöglichen, Änderungen zu kommentieren und mitzuverfolgen. Ein weiterer Vorteil solcher Systeme ist, dass die Dokumente zentral verfügbar sind und zum Beispiel auch der Dozierende Einsicht in den Erstellungsprozess nehmen kann. Neben diesen vornehmlich asynchronen Werkzeugen ist darüber hinaus auch die Verwendung von Videokonferenzsystemen in Kombination mit Application Sharing oder Shared Whiteboards, wie sie in den nächsten Abschnitten beschrieben werden, zwischen den Studierenden denkbar.

3.4.   Live-Präsentation von Inhalten und Diskussion

Bei der Durchführung des eigentlichen Vortrags und der anschließenden Diskussion werden ausschließlich synchrone CSCL-Werkzeuge verwendet, wobei die Ausprägung von der Anzahl und Ausstattung der beteiligten Standorte abhängt. In den meisten Tele-Vorlesungen und in den VIROR-Teleseminaren (VIROR 2003) finden sich die Studierenden beispielsweise in größeren Gruppen an einigen wenigen Standorten zusammen. Die verwendeten Räume sind dabei über ein leistungsfähiges Netzwerk mit hoher Bandbreite und geringer Verzögerungszeit verbunden, so dass Audio und Video des Vortragenden bzw. der Zuhörer mit hoher Qualität übertragen werden können. Die Audio- und Videosignale werden dabei vorzugsweise mit hochwertigen Mikrofonen und Kameras erfasst und über fest installierte Lautsprecher bzw. Monitore oder Projektoren wiedergegeben. Für die Kodierung der Audio- und Videoströme eignen sich besonders spezielle Hardware-Codes (zum Beispiel für die Kodierung von Video nach H.263 mit Bandbreiten bis zu 1 Mbit/s). Bei Tele-Seminaren liefern aber auch Software-Lösungen in Verbindung mit leistungsfähigen PCs ausreichende Ergebnisse. Insgesamt gesehen sind die Anforderungen an die Ausstattung hinsichtlich der Qualität geringer als bei großen Tele-Vorlesungen, da das Seminar meist in kleineren Räumen stattfindet, so dass das Video der entfernten Standorte auch über einen Monitor oder Fernseher wiedergegeben werden kann. Um Diskussionen zu ermöglichen, ist es wichtig, dass alle Teilnehmer zu sehen (zum Beispiel durch eine schwenk- und zoombare Kamera) und zu hören sind (zum Beispiel durch Funk- oder Raummikrofone).

Werden Teilnehmer dagegen mit geringer Bandbreite (zum Beispiel per ISDN) und Ausstattung von zu Hause aus an eine Tele-Veranstaltung angebunden, sind entweder spezielle Gateways erforderlich, die die übertragenen Medienströme auf die verfügbare Bandbreite herunterskalieren (Kuhmünch 1998), oder es ist von vornherein mit geringerer Qualität zu senden. Unter Umständen muss dann auf Video verzichtet werden, was wiederum die Interaktionsmöglichkeiten zwischen den Teilnehmern einschränkt.

Zentraler Bestandteil bei den meisten Präsentationen sind die Vortragsfolien, die zwischen den Standorten entweder per Application Sharing (zum Beispiel per NetMeeting (Microsoft, 2003) oder mit einem Shared Whiteboard (zum Beispiel dem an der Universität Mannheim entwickelten multimedia lecture board (mlb) (Vogel 2003) übertragen werden. Der Einsatz eines Shared Whiteboard hat dabei den Vorteil, dass die Folien bei Diskussionen von allen Teilnehmern annotiert bzw. von allen neue Folien erstellt werden können.

Zusätzlich zu den klassischen Werkzeugen zur Übertragung von Audio, Video und Vortragsfolien sollten sowohl in Vorlesungen und Seminaren auch Mittel verwendet werden, die die Koordination der Diskussion erleichtern. Beispielsweise sind Wortmeldungen auf dem Videobild zum Teil nur schwer sichtbar und ein freies Für und Wider wird durch den einzigen Audiokanal beschränkt. Hilfreich sind daher so genannte kollaborative Dienste, wie sie zum Beispiel im mlb (mlb 2003) integriert sind (siehe Abbildung 2).

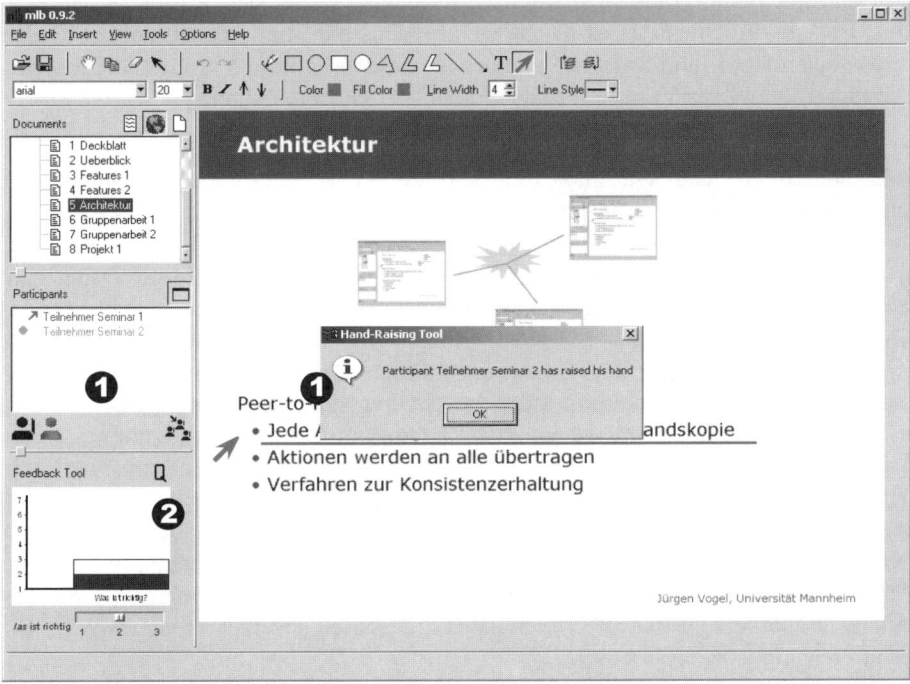

Abb. 2: Elektronisches Melden mit dem mlb

Neben einem Melde-Tool (siehe Abbildung 2 (1)), das die Koordination von Wortmeldungen und das Aufrufen von Teilnehmern ermöglicht, finden sich hier auch Voting- und Feedback-Tools zum Stellen von Fragen und Auswerten von Antworten (siehe Abbildung 2 (2)). Wie im vorangegangen Abschnitt beschrieben, könnten lokale Teilnehmer, die sonst keinen direkten oder nur erschwerten Zugriff auf das System haben, per PDA mit einbezogen werden. Im Vergleich zu klassischen Seminaren, die nicht verteilt stattfinden, ist die Rolle des Vortragenden als Moderator insgesamt stärker ausgeprägt, d.h., der Vortragende muss Diskussionen explizit leiten und koordinieren, um lokale wie entfernte Teilnehmer aktiv einzubinden.

3.5   Bereitstellung von in der Veranstaltung erstellten Materialen

Die Bereitstellung der erstellten Unterlagen (Vorträge, Seminar-Arbeiten, weiterführende Literatur, Protokolle und Aufzeichnungen der Vorträge (Hilt et al. 2001)) schließlich erfolgt wiederum auf Basis des WWW, so dass diese Materialien jederzeit für alle Teilnehmer verfügbar sind. Sollte sich im Anschluss an eine Veranstaltung weiterer Diskussionsbedarf ergeben, könnte dieser über die Lernplattform, eine Newsgroup oder eine Mailing-Liste abgewickelt werden.

Wichtiger noch als bei Tele-Vorlesugen ist bei Tele-Seminaren, dass die eingesetzten Systeme einfach zu handhaben sind, da die Studierenden im Umgang mit solchen Systemen eher ungeübt sind. Schwer fallen den Vortragenden dabei erfahrungsgemäß die parallele Handhabung vieler Systeme und Medien sowie das gleichzeitige Eingehen auf lokale und entfernte Zuhörer. Unseres Erachtens ist es daher wichtig, dass die Studierenden auf die Bedienung der verwendeten Hard- und Software vorbereitet werden und die Vortragssituation üben, so dass sie sich während des Vortrags auf den Inhalt konzentrieren können.

Neben den bereits mehrfach zitierten Beispielen aus dem Projekt VIROR sei ein weiteres, auch aus didaktischer Sicht sehr interessantes Teleseminar-Szenario genannt, das seit mehreren Jahren an der Stanford University erfolgreich durchgeführt wird: der Kurs A/E/C (Architecture/Engineering/Construction Management) an der Fakultät für Bauingenieurwesen. Er basiert auf dem didaktischen Prinzip des „project-based learning": über die Dauer von fünf Monaten müssen mehrere Gruppen von Studierenden je ein größeres Planungsprojekt gemeinsam bearbeiten. Dabei gehören jeder Gruppe vier Studierende an: ein Architekt, ein Bauingenieur, ein Baubetriebslehre-Spezialist („construction management") und ein „Lehrling" aus einem frühen Semester eines der drei Studiengänge. Insgesamt gibt es zehn solche Teams. Und jedes dieser Teams ist international zusammengesetzt: so kann beispielsweise der Architekt aus Stanford sein, der Bauingenieur aus Weimar und der „construction manager" aus Tokio. Es sind Partneruniversitäten aus fast 20 Ländern in wechselnden Zusammensetzungen am Kurs beteiligt. Jede Woche gibt es in jedem Team eine Besprechung mit den Dozierenden, dazu kommen ein reger Gedankenaustausch und die gemeinsame Erarbeitung der Pläne während der Woche. Die gesamte Kommunikation erfolgt mediengestützt, wobei eine Vielzahl von verschiedenen Software-Werkzeugen eingesetzt werden (WWW, E-Mail, videoconferencing, chat tools usw.).

Als wichtigstes technisches Medium hat sich, wie in vielen ähnlichen Projekten auch, die Sprachkommunikation erwiesen, sie muss auf jeden Fall zuverlässig funktionieren. Deshalb wird im A/E/C-Kurs für die wichtigsten Besprechungen auf Telefon-Konferenzschaltungen zurückgegriffen, die in den USA sehr unproblematisch und kostengünstig eingerichtet werden können. Für die gesamte andere mediale Kommunikation wird ausschließlich das Internet genutzt. Die Videoübertragung erfolgt über Microsoft Netmeeting. Zur Übertragung von Vortragsfolien wird häufig PowerPoint eingesetzt und über NetMeeting per „application sharing" übertragen; dies ermöglicht allerdings nur sehr eingeschränkte Live-Annotationen und auch keinerlei Interaktion mit dem Material von den entfernten Standorten aus.

Ein besonderes Problem im A/E/C-Szenario stellt die Zeitverschiebung zwischen den Standorten dar, die über die ganze Welt verteilt sind. Deshalb greifen die Studierenden in den Teams häufig auf asynchrone Kommunikationsmechanismen zurück, insbesondere E-Mail und das Bereitstellen von Dokumenten im Web. Manche Teams sind überhaupt nur zu den wöchentlichen Besprechungen mit ihren Dozierenden alle zugleich online.

Überraschend ist für die Dozierenden die häufige Nutzung von Instant Messaging. Die kurzen, rein textuellen Nachrichten sind ja gerade zur Diskussion von Bauplänen oder anderen, visuell reichen und komplexen Darstellungen eher ungeeignet. Rückfragen ergaben, dass zum einen viele Studierende nicht sehr gut Englisch sprachen und sich in der Textkommunikation deutlich sicherer fühlten als in der verbalen, zum anderen viele Teilnehmer (insbesondere in Europa und in Japan) mit SMS auf dem Handy aufgewachsen waren und deshalb mit der Kommunikation mithilfe kurzer Textnachrichten sehr vertraut waren.

Das A/E/C-Teleseminar wird von den Studierenden mit großer Begeisterung aufgenommen. Sie haben viel Freude an der internationalen Zusammenarbeit (auch wenn sie oft zu nachtschlafender Zeit aktiv sein müssen) und an der Nutzung von modernsten technischen Möglichkeiten. Und es ist ihnen bewusst, dass im Zeitalter der Globalisierung immer mehr Teams in Zukunft auf diese Weise kooperieren werden.

4 Adaptive Online-Übungen für große Gruppen

Als dritte Möglichkeit, große Lerngruppen durch Werkzeuge zu unterstützen, wollen wir uns den automatisierten Gruppenübungen widmen. Lerntheoretische Grundlage hierfür ist der so genannten Learning Cycle von Mayes, Coventry, Thomson und Mason (Mayes et al. 1994), ein im Rahmen der „Open University" in England (Open University 2003) vorgestelltes präskriptives Lehr-/Lernmodell. In diesem Modell werden drei Phasen eines idealtypischen Lernprozesses beschrieben: Konzeptualisierung, Konstruktion und Dialog. Mit jeder Phase des Lernprozesses soll eine tiefere Informationsverarbeitung erreicht werden. Der Lernprozess wird dabei als zyklisch beschrieben, so dass die drei Phasen innerhalb einer Lernsequenz (zum Beispiel eine Lehrveranstaltung) vielfach durchlaufen werden. Übungen haben ihren Schwerpunkt in der dritten, der Dialogphase. Hierbei stehen folgende Hauptziele im Vordergrund:

- – Externalisierung des erworbenen Wissens
- – Motivation durch soziale Integration in eine Lerngemeinschaft
- – Vorbereitung auf Prüfungen
- – Feedback an den Dozierenden
- – Beurteilung der Leistung der Studierenden
- – Self-Assessment der Studierenden.

In der klassischen Präsenzlehre können diese Ziele durch Präsenzübungen erreicht werden. Hierbei werden regelmäßige Veranstaltungen zu definierten Zeiten in festgelegten Räumlichkeiten abgehalten. Es ist jedoch problematisch, diese Veranstaltungsform in die Fernlehre zu übertragen, da in aller Regel die Studierenden räumlich verteilt und durch unterschiedliche Zeitpläne nur schwer zu synchronisieren sind. Daher reduziert sich die Kontaktaufnahme, sowohl direkt wie auch medienvermittelt, schon nach einer sehr geringen Distanz auf ein niedriges Maß (Allen 1977; 1997). Damit sind die wesentlichen Ziele wie Externalisierung und Motivation gefährdet.

Die Realisierung eines Übungsbetriebes in der Fernlehre wird in den verbreiteten Lernplattformen mit unterschiedlichen Ansätzen realisiert. Die einfachste Form der Übungsabbildung geschieht durch Abfragetechniken wie Multiple Choice, Lückentext und Zuordnungsaufgaben. Diese werden in aller Regel statisch als Kursmaterial erstellt und den Studierenden über ein Web-Interface angeboten. Diese Technik nutzen fast alle bekannten Lernplattformen. Beispielhaft seien hier CLIX Campus von der imc-GmbH (imc-GmbH 2003), Blackboard (blackboard inc. 2003) und WebCt (WebCt Inc. 2003) erwähnt. Die Firma Blackboard crmöglicht zusätzlich im Rahmen ihres „Blockbuilding-Programms" die Integration eigener Anwendungen in ihr System. Zu diesem Zweck steht ein Java-API zur Verfügung. Diese Systeme unterstützen die bekannten Techniken wie zum Beispiel Foren zur Unterstützung von Gruppenarbeit.

Einen anderen Ansatz verfolgt die FernUniversität in Hagen. Sie verwendet innerhalb ihrer Infrastruktur Lehrraum Virtuelle Universität (LVU) die Eigenentwicklung WebAssign (Brunsmann 1999), ein Software-Tool, welches über die Open Source Initiative „Campus-Source" des Landes Nordrhein-Westfalen (WebAssign 2003) abrufbar ist. Der ursprüngliche Grundgedanke dieses System ist die Abbildung der traditionellen, an der FernUniversität Hagen üblichen Übungsprozesse, insbesondere des klassischen Postversandes, auf modernere Medien. Das System ist webbasiert. Das System selber unterstützt jedoch keine Gruppenarbeit, dies wird in der LVU ebenfalls mit Hilfe eines News-Servers realisiert.

Einen erweiterten Ansatz verfolgt das System Praktomat (Krinke et al. 2000). Der Schwerpunkt dieses Systems liegt im so genannten Peer-Review zwischen den Studierenden. Das System ermöglicht den Studierenden, den fertig entwickelten Programmcode anderer Studierender zu lesen, zu überprüfen und sich gegenseitig zu unterstützen. Daneben erlaubt es auch eine automatisierte Überprüfung der Programme, wozu Testdaten zur Verfügung gestellt werden. Gerade neue Forschungen zeigen, dass diese Art der Interaktion die Erinnerung an fachliche Fakten trainiert und die sozialen Kompetenzen der Studierenden steigert (Kern et al. 2002).

Eine Kombination der unterschiedlichen Ansätze in Verbindung mit einer fachlichen Unabhängigkeit stellt das an der Universität Mannheim entwickelte System CATS (Communication And Tutoring System) (Liebig & Effelsberg 2003) dar. Abbildung 3 zeigt einen schematischen Überblick dieses Client-Server-Systems.

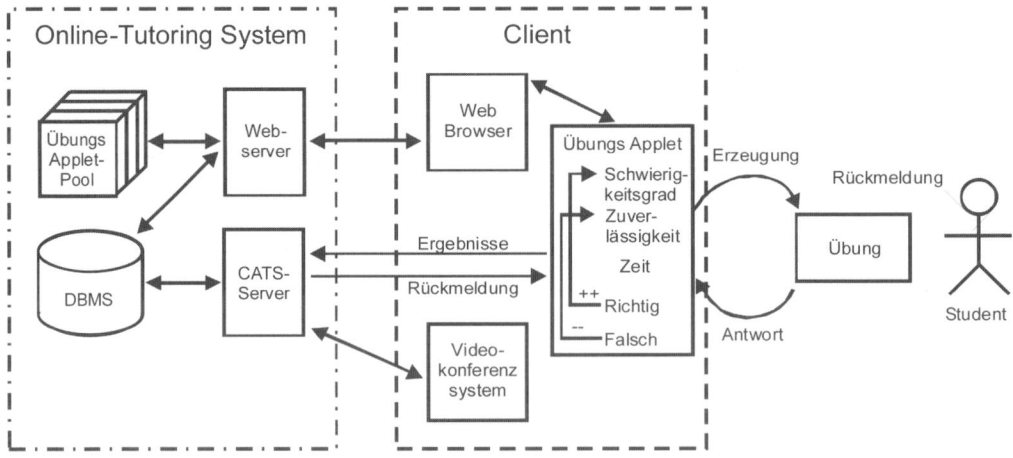

Abb. 3: CATS-Systemarchitektur

Das CATS-System hebt die strikte Trennung von synchroner und asynchroner Lehre auf, da die Vorteile beider Verfahren eklektisch miteinander verbunden werden. Einerseits können die einzelnen Studierenden zu jeder beliebigen Zeit, an beliebigen Orten (asynchrone Lehre) Aufgaben bearbeiten, andererseits erhalten sie die Möglichkeit währenddessen mit anderen, zurzeit verfügbaren Studierenden zu kommunizieren (synchrone Lehre). Hierbei soll es Fernstudierenden ermöglicht werden, in Gruppen zu lernen und ihnen auch soziale Interaktionsmöglichkeiten anzubieten.

Um diese Ziele zu erreichen, werden zunächst durch Java-Applets dynamisch und adaptiv bezüglich des individuellen Kenntnisstandes der Studierenden Aufgaben generiert. Die Studierenden können ihre Ergebnisse zu dem CATS-Server übertragen und bekommen daraufhin eine Rückmeldung, die frei gestaltet werden kann. Zurzeit erhalten die Studierenden ihre aktuelle Rang-Position der bearbeiteten Aufgabe. Diese Rangposition ergibt sich aufgrund des Schwierigkeitsgrades der adaptierten Aufgabe, der Zuverlässigkeit und der benötigten Zeit.

Nach der Auswertung der individuellen Ergebnisse erfolgt die Zusammenstellung von Lerngruppen. Hierbei werden die individuellen Stärken und Schwächen berücksichtigt. Bei der Zusammenstellung der Gruppen wird darauf geachtet, dass einerseits die notwendigen Kenntnisse vorhanden sind und andererseits durch eine möglichst hohe Heterogenität ein entsprechendes Kommunikationsbedürfnis besteht. Diesen Gruppen wird dann wiederum eine dem Leistungsstand der Lerngruppe entsprechende Gruppenaufgabe gestellt, die gemeinsam bewältigt werden muss. Hierbei erhalten die Gruppenmitglieder entsprechende Rollen zugeteilt. Während aller Phasen steht den Studierenden ein Instant-Messaging-Dienst zur Verfügung, der die zur Zeit im Internet erreichbaren Studierenden sowie deren Kenntnisstand visualisiert und eine moderne direkte Kommunikation durch H.323-konforme Videokonferenztechnik (z.B. Netmeeting) initiiert. Um eine Gruppenkommunikation zu ermöglichen, wurde eine Multipoint Control Unit (MCU) eingerichtet. Hierdurch erhalten mehrere Teilnehmer die Möglichkeit, gleichzeitig miteinander zu kommunizieren. Durch diese Technik ist es nun möglich, Veranstaltungen mit sehr vielen Studierenden in beliebige Lerngruppen zu unterteilen, die auch mit einer leistungsadäquaten, individuellen Aufgabe versorgt werden.

Das gesamte Framework ist nicht auf technische Fächer beschränkt. Neben Übungen aus den technischen Bereichen Rechnernetze und Multimediatechnik konnten auch Aufgaben aus dem Bereich der Politikwissenschaft realisiert werden. Aus dem Bereich der Rechtswissenschaft wurde prototypisch die Gruppenübung eines Mootcourts (einer simulierten Gerichtsverhandlung) im Bereich des Strafrechts realisiert.

5   Zusammenfassung

In diesem Abschnitt haben wir die Werkzeugunterstützung für große Lerngruppen thematisiert. Es wurde deutlich, dass hier im Vergleich mit kleineren Gruppen vor allem die Werkzeuge zur Koordination an Bedeutung gewinnen; ohne explizite elektronische Surrogate für die sozialen Protokolle der Präsenzgruppe kommt man in großen Gruppen nicht mehr aus. Als Konsequenz vereinigen Werkzeuge für große Lerngruppen häufig zwei oder alle drei

Komponenten zur netzbasierten Kommunikation, Koordination und Kooperation unter einer Benutzeroberfläche.

Anhand der WILD-Tools wurde gezeigt, wie man mit mobilen Endgeräten im drahtlosen Netz die Interaktivität sowohl in großen Präsenzvorlesungen als auch beim Teleteaching signifikant verbessern kann. Die Kombination von Videokonferenzsystemen mit einer Shared-Whiteboard-Applikation, dem Mannheimer mlb, wurde als ein mächtiges, leicht in der Praxis realisierbares Teleseminar-Szenario für das Lernen in größeren Gruppen vorgestellt. Und schließlich haben wir gezeigt, wie man mit Online-Tutorensystemen nicht nur Einzellerner, sondern auch Spontangruppen im Netz effizient und mit geringem personellem Aufwand unterstützen kann.

2.1.5 Kooperative Lernräume

Jörg M. Haake[1], Martin Wessner[2]

[1]FernUniversität in Hagen, [2]Fraunhofer IPSI, Darmstadt

In diesem Beitrag betrachten wir Lernräume im Sinne von physikalischen Räumen für das Lernen und stellen verschiedene Ansätze vor, wie das kooperative Lernen in solchen Räumen durch Computereinsatz unterstützt werden kann. Im ersten Teil des Beitrags behandeln wir die Unterstützung der Kooperation innerhalb eines Lernraums. Der zweite Teil des Beitrags geht auf die Unterstützung der Kooperation zwischen zwei oder mehr gekoppelten Lernräumen ein. Lernräume im Sinne von virtuellen Räumen sind Gegenstand des Beitrags 2.1.6.

1 Unterstützung der Kooperation innerhalb eines Lernraums

In einem Lernraum anwesende Personen können vorhandene Lernobjekte (z.B. Lernmaterialien, Aufgaben, Werkzeuge) nutzen, um damit zu lernen. Im Zuge des Lernens rezipieren sie Lernobjekte, verändern diese oder schaffen neue Lernobjekte. Ein kooperativer Lernraum ist ein Lernraum, der von mehreren Lernern für das kooperative Lernen genutzt werden kann. Ein kooperativer Lernraum stellt die dafür notwendigen Hilfsmittel (z.B. Tafeln, Pinwände, Gruppentische, Projektoren) zur Verfügung. Durch den Einsatz vernetzter Computer wird das Spektrum der innerhalb des Raumes möglichen Kooperationsformen (inklusive Kommunikation und Koordination) erweitert.

1.1 Design kooperativer Lernräume

Die besondere Herausforderung bei der Unterstützung der Kooperation innerhalb eines Lernraums besteht in der Kopplung zwischen der sozialen und der informatischen Ebene, also der direkten und der computerunterstützten Aktivitäten im Raum (vgl. Roschelle et al. 2002). Dabei soll der Computereinsatz die direkte Interaktion zwischen den Anwesenden im Raum nicht ersetzen, sondern zusätzliche Interaktionsmöglichkeiten bereitstellen. Generell geht es darum, die Vorteile der face-to-face Situation zu erhalten und mit den Vorteilen der computerunterstützten Kooperation zu kombinieren.

Basierend auf den Erfahrungen mit Sitzungsunterstützungssystemen (Nunamaker et al. 1991) müssen bei der Gestaltung kooperativer Räume Designfragen in Bezug auf die Software, die Geräte und den (physikalischen) Raum betrachtet werden (vgl. Krcmar et al. 2001). Die Software kann durch die Unterstützung der parallelen Arbeit die Effizienz der Kooperation erhöhen. Bietet die Software die Möglichkeit zur Anonymisierung von Beiträgen kann die Zusammenarbeit sachlicher werden. Schließlich kann die Software Werkzeuge zur Strukturierung des Kooperationsprozesses oder einzelner Kooperationsphasen enthalten. Die Auswahl der Geräte hängt von den in der Software realisierten Interaktionsformen ab. Für die individuellen Arbeitsplätze können PCs, Laptops oder Handheld-Computer eingesetzt werden. Als sinnvoll haben sich zusätzliche große Displays erwiesen, die für alle Teilnehmer sichtbar beispielsweise die Tagesordnung oder gemeinsam bearbeitete Inhalte anzeigen. Die Gestaltung des Raumes betrifft vor allem die Sitzordnung und die Positionierung der Geräte.

Die Gestaltung eines kooperativen Lernraums muss die Kopplung der sozialen und informatischen Ebene für die jeweils intendierten lernspezifischen Nutzungsszenarien realisieren. Dabei stellen verschiedene Nutzungsszenarien unterschiedliche Anforderungen an die Gestaltung des Lernraums (vgl. Wessner & Dawabi 2004). Wichtige Parameter sind die Größe der Lerngruppe, die zu unterstützenden Kooperationsformen, die Zielgruppe, evtl. die besonderen Anforderungen des Lerngegenstandes sowie die Einbindung in eine vorhandene technische Infrastruktur.

1.2   Realisierung kooperativer Lernräume

In Bezug auf die Realisierung computerunterstützter kooperativer Lernräume können wir zwischen stationären und mobilen Lösungen unterscheiden:

Ist die Gestaltung des Raums auf die computerunterstützte Kooperation ausgerichtet und die Computerausstattung fest im Raum installiert, liegt eine stationäre Lösung vor. Vorteilhaft ist dabei, dass die Geräte im Hinblick auf eine bestimmte Menge von Nutzungsszenarien optimiert in den Raum integriert werden können. Als Nachteil ergibt sich die Abhängigkeit von dem konkreten Raum, der nur für bestimmte Gruppengrößen und Nutzungsszenarien gut geeignet ist.

Eine mobile Lösung erlaubt den Einsatz in verschiedenen Räumen, sofern bestimmte Gestaltungs- und Infrastrukturanforderungen erfüllt sind. Der Vorteil mobiler Lösungen liegt in der größeren Flexibilität. Die Geräte können, sofern bestimmte Mindestanforderungen an die Gestaltung und Infrastruktur des Raums erfüllt werden, in verschiedenen Räumen jeweils an die vorgesehene Gruppengröße und das Nutzungsszenario angepasst positioniert werden. Nachteilig sind der unter Umständen aufwendige Transport der Geräte, die für das Setup benötigte Zeit und die möglicherweise schlechtere Integration in die Innenarchitektur.

Im Folgenden werden Beispiele kooperativer Räume und kooperativer Lernräume vorgestellt.

1.3   Computerunterstützte Sitzungsräume

Kooperative Lernräume können auf den Erfahrungen mit computerunterstützten Sitzungsräumen (Electronic Meeting Rooms; Nunamaker et al. 1991) aufbauen. In solchen Räumen verfügt jeder Sitzungsteilnehmer über einen Rechner mit der Software zur Mitwirkung an der Sitzung. Häufig wird ein öffentliches Display als Gruppenfokus benutzt. In der Regel ist ein Moderator vorgesehen, der die Besprechung leitet und zusätzliche Steuerungsfunktionen der Software nutzen kann. Verlauf und Ergebnis der Sitzung können von der Software aufgezeichnet werden und stehen den Teilnehmern auch nach der Sitzung zur Verfügung.

Beispiele aus verschiedenen Generationen solcher Sitzungsräume sind das CoLab am Xerox PARC (Stefik et al. 1987), das OCEAN-Lab am IPSI mit der Software DOLPHIN (Streitz et al. 1994; siehe auch Abschnitt 2.3 in diesem Beitrag) oder das Roomware-Lab am IPSI

(Streitz et al. 1998). Bekannte Softwaresysteme sind Group Systems (Nunamaker et al. 1991) und SAMM (DeSanctis et al. 1987).

Ein für verschiedene Nutzungsszenarien konfigurierbarer Sitzungsraum ist das CONCERT-Lab am IPSI (CONCERT-LAB 2004). Drahtlose Vernetzung und die Verwendung beweglicher interaktiver Tafeln und Schränke erlauben die Nutzung für Sitzungen, Vorlesungen, Einzel- und Gruppenarbeit (vgl. Abb. 1).

Abbildung 1: Das CONCERT-Lab am IPSI.
Links: Konfiguration als Sitzungsraum, rechts: weitere Konfigurationsmöglichkeiten.

1.4   Beispiele kooperativer Lernräume

Kooperative Lernräume werden in verschiedenen Lernszenarien eingesetzt: Nach Zielgruppe und Gruppengröße skizzieren wir im Folgenden Realisierungen für Klassenzimmer, Seminarräume und Hörsäle. Schließlich ermöglicht der Einsatz neuartiger Endgeräte neue Lernszenarien, wir stellen hierzu ein Beispiel zur partizipativen Simulation vor.

Für den schulischen Bereich existieren mehrere Ansätze, in denen Rechner von mehreren Kindern gleichzeitig benutzt werden, indem Rechnersysteme mit mehreren Mäusen zum Einsatz kommen (Inkpen et al. 1999) oder die Kinder sich in der Eingabe abwechseln (Hoppe et al. 2000). Im Computerintegrierten Klassenzimmer (Hoppe et al. 2002) sind berührungsempfindliche Bildschirme in die Tische eingebaut, die klassische Tafel wird durch eine interaktive Tafel ersetzt bzw. ergänzt.

Auch in Seminaren der Hochschule spielt die Integration des Rechners mit der Möblierung eine Rolle. Im Interaktiven Seminarraum der Universität Paderborn werden interaktive Tafeln und in die Tische eingebaute Rechner benutzt (Keil-Slawik 1999). Eine mobile Lösung ist das ConcertStudeo System (Wessner et al. 2003). Hier erfolgt die Interaktion und Kooperation über Persönliche Digitale Assistenten (PDAs), die die Teilnehmer mitbringen oder der Lehrende zu Beginn der Lehrveranstaltung austeilt. Die PDAs sind untereinander sowie mit der interaktiven Tafel per Wireless LAN vernetzt (vgl. Abb. 2). Als mobile Alternative zur interaktiven Tafel kann ein Laptop mit Projektor dienen.

Abbildung 2: Das ConcertStudeo-System im Concert-Lab des IPSI

Die ConcertStudeo-Software unterstützt neben der Präsentation von web-basierten Lernmaterialien und Powerpoint-Folien verschiedene Kooperationsformen. Beispielsweise können die Lernenden Ideen sammeln (Brainstorming; siehe Abb. 3), über Alternativen abstimmen (Voting) oder ihr Wissen testen (Quiz).

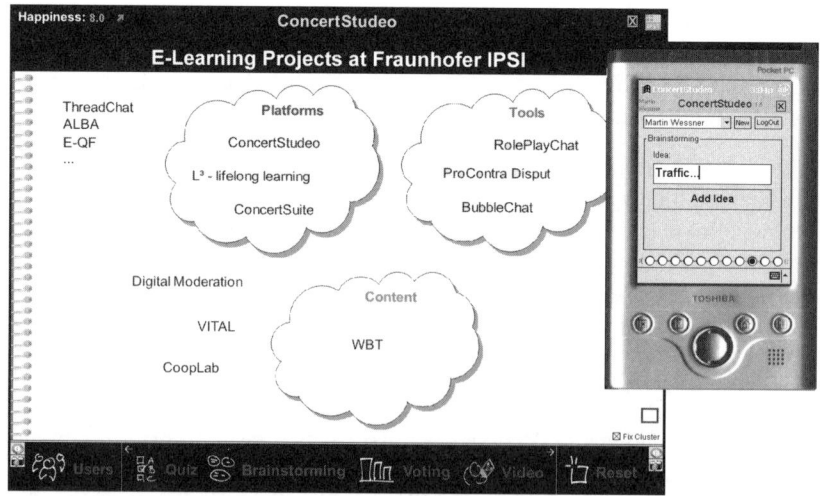

Abbildung 3: Brainstorming mit ConcertStudeo. Dargestellt ist die Anzeige der interaktiven Tafel (links) und der PDA eines Lernenden (rechts).

In Hörsälen ist der Interaktionsgrad aufgrund der im Vergleich zu Seminaren höheren Teilnehmerzahl beschränkt. Neben Quiz und Abstimmung werden z.B. Funktionen zum Stellen von Zwischenfragen eingesetzt (siehe auch Beitrag 2.1.4) und zum Annotieren von Vorlesungsmaterial (Trompler et al. 2003) realisiert. Livenotes (Iles et al. 2002) erlaubt das gemeinsame Erstellen von Notizen in traditionellen Vorlesungen. Die Studierenden tauschen ihre Notizen während der Vorlesung in kleinen Gruppen aus und diskutieren darüber.

Durch innovative Endgeräte können in Lernräumen auch völlig neuartige Nutzungsszenarien realisiert werden. Beispielsweise wurde auf Basis der Thinking Tag Technologie (Borovoy et al. 1996) am MIT Media Laboratory eine Reihe von Simulationen entwickelt, bei denen zwischen 15 und 75 Personen mit je einem Thinking Tag, einem kleinen tragbaren Computer, ausgestattet werden. Bei einer sozialen Interaktion zwischen Personen interagieren auch deren Thinking Tags per drahtloser Kommunikation. Dadurch können dynamische Simulationen wie beispielsweise das Ausbreiten von Gerüchten oder Epidemien simuliert und untersucht werden (Colella 2000).

Je nach konkreter Gestaltung eignet sich ein solcher Lernraum sowohl für traditionelle als auch für kooperative Lehr-/Lernformen. Dies erlaubt die Kombination dieser Formen und fließende Übergänge zwischen ihnen, ohne dass der Lernraum gewechselt werden muss.

2 Unterstützung der Kooperation zwischen verteilten Lernräumen

Um die Kooperation zwischen Teilgruppen zu unterstützen, die auf verschiedene Lernräume verteilt sind, muss die Kommunikation zwischen den Lernräumen ermöglicht werden. Hinzu kommt die Unterstützung für den Zugriff auf gemeinsame Daten bzw. Anwendungen und für die Koordination der gemeinsamen Tätigkeit. Hierzu werden Werkzeuge eingesetzt, die in den Beiträgen 2.1.1 bis 2.1.4 beschrieben werden. Aufgrund der speziellen Situation, der Verteilung von Teilgruppen auf verschiedene Lernräume, stellen sich aber besondere Anforderungen an das Design verteilter kooperativer Lernräume.

2.1   Design verteilter kooperativer Lernräume

Bei der Gestaltung verteilter kooperativer Lernräume müssen Kommunikation, Koordination und Kooperation unterstützt werden.

Für die *Kommunikation* gilt es, geeignete Kommunikationswerkzeuge für die synchrone Kommunikation zwischen Räumen bzw. zwischen einzelnen Teilnehmern in verschiedenen Räumen auszuwählen. Bei der Realisierung von Audiokommunikation ist die Auswahl und Positionierung der Mikrophone und Lautsprecher von entscheidender Bedeutung. Zur Minimierung von Echos und Hall bieten sich besondere Dämmungen bzw. Beschichtungen von Boden, Decke und Wänden an. Rückkopplungen lassen sich durch den Einsatz spezieller Audio-Hardware vermeiden (vgl. Beitrag 2.1.1). Alternativ kann auch auf Fullduplex-Betrieb, also das gleichzeitige Senden und Empfangen von Audiosignalen, verzichtet werden.

Für die Videokommunikation zwischen den Räumen spielt die Auswahl und Positionierung der Kameras eine wichtige Rolle. Weitwinkelobjektive ermöglichen eine gute Gesamtansicht bei niedrigem Detaillierungsgrad, Teleobjektive erlauben die genaue Darstellung eines kleinen Ausschnitts. Durch Fernsteuerungen können die Personen einer Gegenstelle selbst festlegen, was sie sehen. Sollen mehr als zwei Räume gekoppelt werden, müssen mehrere Gegenstellen angezeigt werden. Steht hierfür nur ein bestimmter Anzeigebereich zur Verfügung, sind die Bilder entsprechend kleiner und zeigen weniger Details. Alternativ kann jeweils nur der aktive Sprecher groß dargestellt werden und die anderen Gegenstellen sind nicht sichtbar. Werden nun die Kameras noch ferngesteuert, kann dies leicht zu völligem Chaos führen, da keiner weiß, welche Gegenstelle nun gerade was sieht. In der Praxis werden daher oft nur zwei Standorte gekoppelt. Installationen mit mehreren Standorten verfügen in der Regel über professionelle Kontroll- und Moderationswerkzeuge, um die Koordination bei der Steuerung der Kommunikationsmedien besser zu unterstützen. Ein wichtiger Faktor bei der Gestaltung von Videokonferenzinstallationen ist auch die Beleuchtung: Objekte bzw. Personen, die aufgenommen werden sollen, müssen gut beleuchtet sein und Gegenlicht muss vermieden werden. Insgesamt ist die Realisierung gut funktionierender Videokonferenzräume eine komplexe Angelegenheit, die die Mitwirkung von Experten verschiedener Fachdisziplinen erfordert.

Im Hinblick auf die *Koordination* stellen sich Fragen nach der Unterstützung für eine geregelte Zusammenarbeit der Teilgruppen. Hierzu können Werkzeuge für die Moderation eingesetzt werden, die z.B. das Anmelden von Redebeiträgen, die Erteilung von Rederecht, und das Stellen von Zwischenfragen regeln. Zur Aufrechterhaltung eines gemeinsamen Gruppenfokus können beispielsweise ein Agendawerkzeug oder eine Gruppenanzeige in Form eines für alle sichtbaren Shared Whiteboards genutzt werden.

In Bezug auf die *Kooperation* muss geklärt werden, ob und wie Untergruppen mit Mitgliedern aus verschiedenen Räumen unterstützt werden sollen, und welche Formen des Lernens in der verteilten Gruppe stattfinden sollen. Je nach zu unterstützenden Lern- und Kooperationszenarien können dann Kooperationswerkzeuge (vgl. die Beiträge 2.1.2 bis 2.1.4) in den Räumen eingesetzt werden.

2.2 Realisierung von verteilten kooperativen Lernräumen

Zur Realisierung von verteilten kooperativen Lernräumen lassen sich raumbasierte und arbeitsplatzbasierte Systeme unterscheiden:

Raumbasierte Systeme benutzten das Konzept des Media Space (Olson & Bly, 1991), indem in jedem Raum Kommunikationsmedien und -werkzeuge als Bestandteil der Innenarchitektur realisiert werden. So bieten diese Installationen oft einen oder mehrere Großbildschirme bzw. Projektionsflächen zur Anzeige des Gruppenarbeitsbereichs und der Videobilder der Gegenstelle(n). Die Teilnehmer in einem Raum verwenden diese „Einrichtungsgegenstände" für die Kommunikation, Koordination und Kooperation. Die einzelnen Teilnehmer haben hier keine eigenen Rechner, mit denen sie z.B. an der kooperativen Bearbeitung von Aufgaben teilnehmen könnten.

Arbeitsplatzbasierte Systeme ergänzen den Media Space im Raum um persönliche Rechner. Auf diesen werden dann Werkzeuge bereitgestellt, mit denen die Teilnehmer sowohl die Funktion des Media Space steuern können als auch direkt auf den gemeinsamen Arbeitsbereich zugreifen oder individuelle Eingaben machen können.

Im Folgenden wird beispielhaft eine Realisierung mit Hilfe eines arbeitsplatzbasierten Systems vorgestellt.

2.3   Gekoppelte Besprechungsräume

Die Grundidee gekoppelter Besprechungsräume besteht in der Verbindung der Räume mittels Audio-/Video- und Datenverbindungen. Ein typisches Beispiel hierfür ist das OCEAN-Lab am IPSI, das 1994 aus der Kombination von DOLPHIN (Streitz et al., 1994) mit speziell gestalteten Besprechungsräumen entstand.

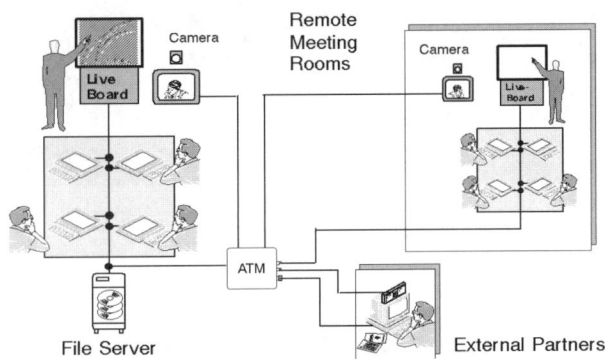

Abbildung 4: Konfiguration des OCEAN-Lab am IPSI

Wie in Abbildung 4 ersichtlich, ist jeder Teilnehmer in jedem Besprechungsraum mit einem Arbeitsplatzrechner ausgestattet. Zusätzlich steht eine große interaktive elektronische Wandtafel (Xerox LiveBoard bzw. SMART Technologies SMART Board) zur Verfügung. Alle Rechner sind mittels eines Netzwerks (hier ein Breitbandnetz vom Typ ATM – Asynchronous Transfer Mode) verbunden. Auf jedem dieser Geräte läuft eine Instanz des DOLPHIN-Systems (s.o.). Dies ermöglicht die Anzeige des öffentlichen Arbeitsbereichs in Form eines gemeinsamen Browsers auf allen Geräten. Zusätzlich können die Teilnehmer an ihren Arbeitsplätzen auf ihre persönliche Arbeitsumgebung oder auch auf private Arbeitsbereiche in separaten DOLPHIN-Browsern zugreifen. Hierbei synchronisieren die DOLPHIN-Systeme sich untereinander über die Netzwerkverbindung. Das gemeinsame Sitzungsdokument wird dabei auf einem File-Server gespeichert und steht auch nach der Sitzung zur Verfügung. Es enthält alle in der Sitzung eingebrachten und manipulierten Informationen in Form eines vernetzten Hypermediadokuments.

Abbildung 5 und Abbildung 6 illustrieren den Einsatz von DOLPHIN in zwei miteinander gekoppelten Sitzungsräumen. Abbildung 5 zeigt den ersten Sitzungsraum. Hier wird das Bild des zweiten Sitzungsraums auf der elektronischen Wandtafel angezeigt. Die Kamera ist unterhalb der Wandtafel positioniert. Grenzflächenmikrophone auf dem Tisch nehmen die Stimmen der Teilnehmer auf. Abbildung 6 zeigt den zweiten Sitzungsraum. Hier wird das Bild des ersten Sitzungsraums auf einem Fernseher (in Abbildung 6 nicht sichtbar) an der Rückseite des Raumes dargestellt. Dort ist auch die Kamera aufgestellt. Auf dem interaktiven Großbildschirm und auf allen Arbeitsplatzrechnern läuft DOLPHIN und gewährt so Zugriff auf das gemeinsame Sitzungsdokument.

Abbildung 5: Zwei gekoppelte Besprechungsräume mit DOLPHIN: Erster Sitzungsraum

Abbildung 6: Zwei gekoppelte Besprechungsräume mit DOLPHIN: Zweiter Sitzungsraum

2.4 Erfahrungen beim Einsatz gekoppelter Lernräume

Im CSCL werden gekoppelte Lernräume für verschiedene Lernszenarien eingesetzt: Aus den Präsenzuniversitäten sind zahlreiche Beispiele der Übertragung von Vorlesungen in entfernte Hörsäle bekannt. Bis vor kurzem war hier noch die analoge Übertragung von Video- und Audiosignalen auf Fernsehmonitore in den entfernten Hörsälen üblich. Zunehmend gewinnen aber so genannte digitale Hörsäle an Bedeutung, in denen Media Spaces für Lernsituationen realisiert werden. An der Universität Mannheim werden solche Ansätze regelmäßig zur

Übertragung von Tele-Vorlesungen an andere Standorte genutzt (vgl. Beitrag 2.1.4). Aufgrund der Masse der Teilnehmer ist die Interaktivität der Vorlesung (also der Grad an Interaktion zwischen Dozent und (entfernten) Zuhörern) eingeschränkt. Hier hat es sich bewährt, durch die fehlende Präsenz des Dozenten bedingte Probleme durch lokale Assistenten zu mildern, die als Ansprechpartner für Fragen etc. dienen.

Ein anderes Lernszenario zwischen gekoppelten Räumen ist das Seminar. Hier präsentieren und diskutieren verteilte Teilgruppen aus verschiedenen Hochschulen ein Thema. Aufgrund der kleineren Teilnehmerzahl und durch den Einsatz von Moderationstechniken kann die Interaktivität hier, im Vergleich zur Tele-Vorlesung, erhöht werden (vgl. Beitrag 2.1.4).

Ein weiteres Einsatzgebiet sind Videoprüfungen (vgl. hierzu Beitrag 2.1.1). Dabei kommunizieren und kooperieren Prüfer und Prüfling unter Einsatz von Audio-/Videoverbindungen, eines Shared Whiteboards sowie einer Dokumentenkamera. Dieses Verfahren wird seit langem erfolgreich an der FernUniversität in Hagen eingesetzt, um weit entfernten bzw. körperlich nicht reisefähigen Studenten die Anreise zu ersparen bzw. überhaupt eine Prüfung zu ermöglichen. Die Nutzung des Videokanals erlaubt es dem Prüfer und dem Prüfling zusätzliche nonverbale Signale zur Koordination und zur Steuerung des Gesprächsverhaltens zu nutzen. Im Vergleich zu einer Audioverbindung ergibt sich so ein deutlicher Vorteil. Beim Einsatz der Technik hat sich die technische Betreuung, Identifikation und Überwachung der Prüflinge durch Mitarbeiter an den Studienzentren bewährt.

3.   Zusammenfassung

In diesem Kapitel wurde vorgestellt, wie kooperatives Lernen in einem physikalischen Lernraum und in gekoppelten physikalischen Lernräumen durch den Einsatz von Computern unterstützt werden kann. Dabei wurde deutlich, dass zur Realisierung neben der Software auch die physikalische Gestaltung des Raumes, die Art und Anordnung von Hardware wie Mikrofone, Kameras, Lautsprecher und Displays eine wichtige Rolle spielt. Für die verschiedenen Nutzungsszenarien wurden jeweils relevante Beispielrealisierungen vorgestellt und gesammelte Erfahrungen skizziert.

2.1.6   Virtuelle kooperative Lernräume

Peter Dawabi

Fraunhofer IPSI, Darmstadt

Soziale kooperative Lernprozesse beziehen sich immer auf gemeinsam genutzte Materialien und Ressourcen, die ausgetauscht und verarbeitet werden. Bei diesen Ressourcen kann es sich auch um reine Informationen handeln, die von dem Lehrenden an die Lernenden weitergegeben werden. Bei örtlich verteilten Lernprozessen besteht das Problem, dass Materialien und Ressourcen an allen Lernorten und im Idealfall auch zeitlich flexibel zur Verfügung stehen müssen, um eine jederzeitige lokale Informationsaufnahme und Bearbeitung zu ermöglichen.

Ein Ansatz zur Lösung dieser Probleme kann es sein, die Lerner in sog. virtuellen kooperativen Lernräumen zusammenkommen zu lassen. Virtuelle kooperative Lernräume können in Form von Software-Anwendungen zur Verfügung gestellt werden, welche den Benutzern einen Informationsaustausch und einen gemeinsamen Zugriff auf das Lernmaterial ermöglichen. Die wachsenden Möglichkeiten des Internets erlauben es mittlerweile, sogar weltweit verteilten Lernern ein Zusammentreffen in virtuellen Lernräumen zu ermöglichen, um kooperativ zu lernen und den Wissensstoff zu erarbeiten.

Internet- und multimediale Technologien haben auch einen wachsenden Einfluss auf traditionelle Lern- und Lehrmethoden, sodass sich die neuen Technologien auch in klassische Lehr- und Lernmethoden integrieren und mit ihnen kombinieren lassen können.

Im folgenden Absatz wird der Begriff *Virtueller kooperativer Lernraum* anhand der funktionalen Teilbereiche *Koordination, Kommunikation* und *Kooperation* definiert. Danach werden häufig wiederkehrende Anwendungsszenarien identifiziert und einige exemplarische Werkzeuge und Plattformen für die Realisierung virtueller kooperativer Lernräume vorgestellt. Nachfolgend wird anhand eines Beispiel-Systems die Nutzung virtueller 3D-Räume beschrieben und eine denkbare Erweiterung um kooperative Funktionsbereiche vorgestellt. Abschließend werden qualitative Anforderungen an virtuelle Lernumgebungen besprochen und die mögliche Kombination realer und virtueller Lernszenarien angesprochen.

1   Definition

Reale Lernräume, wie sie in der Präsenzlehre vorzufinden sind, profitieren von dem direkten Austausch nonverbaler und sozialer Hinweisreize. Diese erleichtern oder ermöglichen häufig erst eine soziale Orientierung innerhalb der Gruppe, eine optimierte Abstimmung zwischen den Lernenden sowie die Ausbildung eines Gruppenbewusstseins. Der Austausch von Wissen erfolgt meist intuitiv und auf verbalem Wege, ohne dass es besonderer Hilfs-Werkzeuge bedarf. Virtuelle Lernräume dagegen versuchen, mit Hilfe einer Software-Umgebung die Eigenschaften und Vorteile einer realen Lernumgebung so weit wie möglich nachzubilden, um eine verteiltes, orts-unabhängiges Lernen zu unterstützen. Virtuelle kooperative Lernräume (im weiteren Text kurz VKL genannt) bieten darüber hinaus eine funktionale Unterstützung in den Bereichen Kommunikation, Koordination und Kooperation (Abbildung 1).

Der Bereich *Kommunikation* umfasst Funktionalitäten, die einen Informationsaustausch zwischen den Akteuren eines virtuellen Lernraums ermöglichen. Dazu können zum Beispiel Chat-, Audio- und Video-Kommunikationswerkzeuge gehören. Der Bereich *Koordination* umfasst Funktionen, welche die Kommunikation zwischen den Teilnehmern regeln. Das kann durch die Zuordnung der Rolle eines Tutors geschehen, welcher die Kommunikation zwischen den Lernern optimiert und organisiert. In den Bereich der Koordination fällt auch die Verteilung von Aufgaben und Zugriffsrechten innerhalb des Lernraums, also die Bestimmung *wer was wann wo* tun darf – auch unter dem Begriff *floor control* zusammengefasst. Auch Werkzeuge, welche die Anwesenheit der Teilnehmer in Form von Icons oder Namenslisten anzeigen (*Awareness*, s.a. Abschnitt 2.1.3), koordinieren die Zusammenarbeit. Der Bereich *Kooperation* kann Werkzeuge umfassen, die das Explorieren und Benutzen von Ressourcen, die für den Lernprozess notwendig sind, durch mehrere Benutzer ermöglichen. Eine detaillierte Beschreibung kooperativer Funktionalitäten findet sich in Abschnitt 2.1.5.

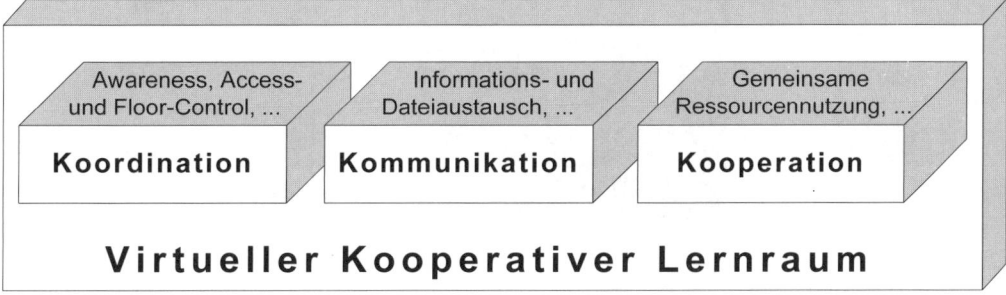

Abbildung 1: Funktionale Bereiche eines virtuellen kooperativen Lernraums

In der Lernumgebung VITAL (Virtual Teaching and Learning, s. Pfister et al. 1998) lassen sich die funktionalen Bereiche exemplarisch identifizieren: Die Lernumgebung ermöglicht das gemeinsame Lesen und Bearbeiten von Lernmaterialien in Form von Hypermedia-Dokumenten. Dazu bietet es Kommunikationswerkzeuge (Chat, Audio) sowie Awareness-Funktionen an, um die Anwesenheit und den Aktivitäts-Fokus der Teilnehmer zu visualisieren (s. Abbildung 2). Private und Gruppen-Lernräume und Auditorien dienen der Zugriffs-Kontrolle auf Lern-Ressourcen sowie auf die übrigen Teilnehmer.

Den Ansatz von VITAL hat die Lernumgebung CROCODILE (Creative Open Cooperative Distributed Learning Environment, s. Wessner et al. 2001) dahingehend erweitert, dass zu der bereits in VITAL eingesetzten Metapher virtueller Räume die Abbildung eines virtuellen Campus hinzukommt, welcher aus mehreren funktional unterschiedlichen virtuellen Gebäuden besteht. Jedes Gebäude enthält wiederum spezifische Räume, in denen die Lerner mit Hilfe geeigneter Anwendungen individuell oder kooperativ lernen können. Die virtuellen Räume lassen sich öffnen und verschließen oder auch nur für bestimmte Nutzer zugänglich machen. CROCODILE verfügt über sog. Lernnetze, die das explorierte Wissen als Netz aus

Wissenselementen und Beziehungen zwischen diesen Elementen darstellen. Außerdem lassen sich Lernprotokolle zur Steuerung des Lernverlaufs einsetzen. CROCODILE und
VITAL repräsentieren damit bereits VKL mit den grundlegenden Funktionsbereichen.

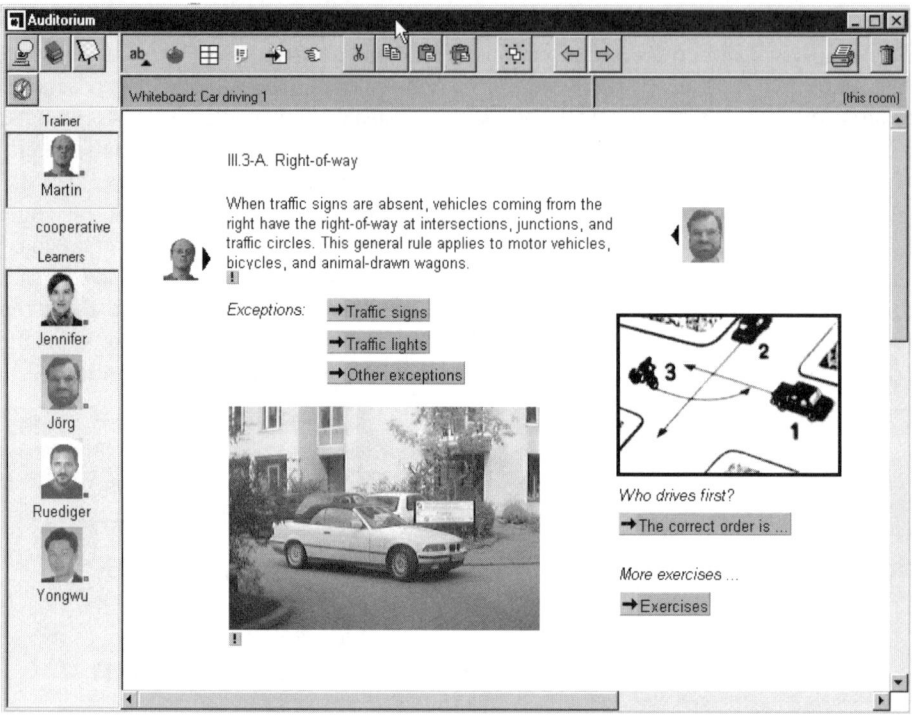

Abbildung 2: VITAL als Beispiel eines VKL

2   Anwendungsszenarien

In VKL lassen sich häufig wiederkehrende Lern- und Anwendungsszenarien charakterisieren. Gemeinsam ist fast allen VKL, dass Lernmaterialien gemeinsam genutzt werden und ein
synchroner oder auch asynchroner Informationsaustausch zwischen den Teilnehmern ermöglicht wird. Im Einzelnen lassen sich folgende Szenarien identifizieren, die sich in verschiedenen virtuellen kooperativen Lernräumen wiederfinden:

- Kooperatives Bearbeiten und Austauschen von Lernmaterialien (gemeinsame
  Nutzung von Ressourcen)
- Nachbearbeiten von Lernmaterialien
- Kommunikation zwischen Lehrenden und Lernenden
- „Peer-to-Peer" Kommunikation zwischen den Lernenden
- Beantwortung von Fragen oder Lösung vorgegebener Aufgaben
- Angeleitete oder freie Durchführung von sequentiellen Arbeitsschritten (wie
  beispielsweise in Experimenten oder während der Durchführung von Praktika)

3 Werkzeuge und Plattformen für virtuelle kooperative Lernräume

Um VKL zu realisieren, welche zumindest einige der oben aufgelisteten Szenarien unterstützen, lassen sich unterschiedliche Plattformen und Werkzeuge einsetzen. Es existiert momentan keine Plattform, welche alle o.g. Szenarien umfassend unterstützt. Häufig werden daher Plattformen bzw. Werkzeuge in Kombination eingesetzt, um das gewünschte Resultat zu erreichen.

VKL lassen sich in generische und spezifische VKL unterteilen: *Generische VKL* lassen sich flexibel für verschiedene Lernszenarien und -inhalte konfigurieren und einsetzen. Generische wie spezifische VKL können entweder bereits Lernmaterialien zur Verfügung stellen oder entsprechend „leer" sein. Generische VKL sind jedoch meist nicht mit Lerninhalten ausgestattet, sondern erlauben das Einbinden bzw. Erstellen beliebiger Lerninhalte. Sie setzen dafür in vielen Fällen spezifische technische Standards für deren Einbindung voraus (z.B. SCORM-Kompatibilität, s.a Abschnitt 4.6).

Als *generische Werkzeuge* für die Erstellung von VKL lassen sich beispielsweise Werkzeuge und Plattformen wie *BSCL*, *CSILE*, *Habanero* oder [open]sTeam einsetzen: Das BSCL System (Stahl 2002) erweitert das bereits etablierte BSCW System (Appelt 1998) um Funktionen für die Nutzung in Klassenraum-ähnlichen Szenarien. So bietet BCSL Funktionen wie Gruppenbildung, Definition von Lernräumen (sog. „virtual learning places") sowie die Zuordnung spezifischer Nutzerrollen. BSCL basiert auf dem BSCW System, welches gemeinsame Arbeitsbereiche anbietet, in denen Gruppen Dokumente ablegen, verwalten, bearbeiten und austauschen können. BSCW und damit auch das BSCL System bieten hauptsächlich asynchrone Kommunikationsmöglichkeiten. Die Benutzer des BSCL Systems können Arbeitsgruppen definieren und kontaktieren sowie getrennte Arbeitsbereiche erstellen, um nur einige der wichtigsten Funktionen zu nennen, die sich besonders für Lehrer-Klassen-Szenarien eignen. Mittlerweile enthalten beide Plattformen auch synchrone Kommunikationsmöglichkeiten wie Chat oder Messaging (siehe auch Abschnitt 2.2 für eine detaillierte Beschreibung der BSCL und BSCW Plattformen).

Eine ebenfalls asynchrone Kooperationsplattform repräsentiert die Lernumgebung CSILE, ein bis 1995 weiterentwickeltes System, welches auf Apple Computern individuelles und kooperatives Lernen in der Schule unterstützt (Scardamalia & Bereiter, 1994). Kooperativ genutzt, können die Schüler mit den Mitteln, die CSILE ihnen zur Verfügung stellt, eine Gemeinschaft bilden, in der sie Verantwortung für das eigene Lernen übernehmen können. Mit CSILE können sie Ausarbeitungen und Fragen ihrer Mitschüler kommentieren und reflektieren. Theoretische Grundlage von CSILE ist das Konzept des sog. intentionalen Lernens, welches versucht, die Schüler bewusst auf bestimmte Ziele hin lernen zu lassen. Als Nachfolgeprodukt existiert mittlerweile *Knowledge Forum* (KnowledgeForum 2004) als kommerzielle Weiterentwicklung von CSILE (s.a. Abschnitt 2.2).

Das System Habanero (Chabert et al. 1998) ist ein Java-basiertes generisches Framework für die Erstellung kooperativer Client-Server Applikationen für den Anwendungsbereich „Wissenschaft und Erziehung". Es eignet sich primär für die Implementierung synchroner kooperativer Anwendungen. Das Framework bietet auch die halb-automatische Konvertierung herkömmlicher Java-Applets zu kollaborativen Anwendungen an.

opensTeam (Hampel & Keil-Slawik 2002) stellt dagegen eine Open Source Umgebung für den Aufbau und die Pflege virtueller Wissensräume dar. Die sTeam Umgebung erlaubt synchrone und asynchrone Kooperationsformen sowie die Verwaltung hypermedialer Dokumente. Das System dient auch als sein eigenes Verwaltungs-Werkzeug. Es erlaubt das Anlegen von Räumen, das Erteilen von Zugriffsberechtigungen, das Bearbeiten von auf anderen Servern befindlichen Objekten sowie die Weitergabe von Objekten und Dokumenten per „Rucksack" an andere Nutzer. Die Raummetapher wird intensiv genutzt und dient der strukturellen Abbildung von Zuständigkeiten sowie den Rechten oder Kompetenzen der in den Räumen befindlichen Nutzer bzw. deren Repräsentationen.

Demgegenüber sind *spezifische VKL* auf einzelne Anwendungsbereiche eingeschränkt bzw. spezialisiert. Fachspezifische VKL sind im Extremfall auf einzelne Wissensgebiete oder Naturwissenschaften wie Physik, Chemie oder Biologie eingeschränkt. Auf der Webseite des Forschungsprojektes Physics2000 (PhysicsLab 2004) findet man einen fachspezifischen virtuellen Lernraum: Dort werden unterschiedliche physikalische Phänomene und Experimente multimedial aufbereitet. Die einzelnen Themen werden dem Benutzer als multimediale Applets präsentiert und auf spielerische Weise nahe gebracht. Die Kommunikations- und Kooperationsmöglichkeiten auf der Webseite beschränken sich jedoch auf das Versenden von E-Mails, sodass Physics2000 nicht als vollständiger VKL anzusehen ist.

Ein *spezifischer* VKL kann auch als Implementation eines *generischen* VKL umgesetzt werden. So kann beispielsweise auf Basis von Habanero eine fachspezifische Applikation realisiert werden.

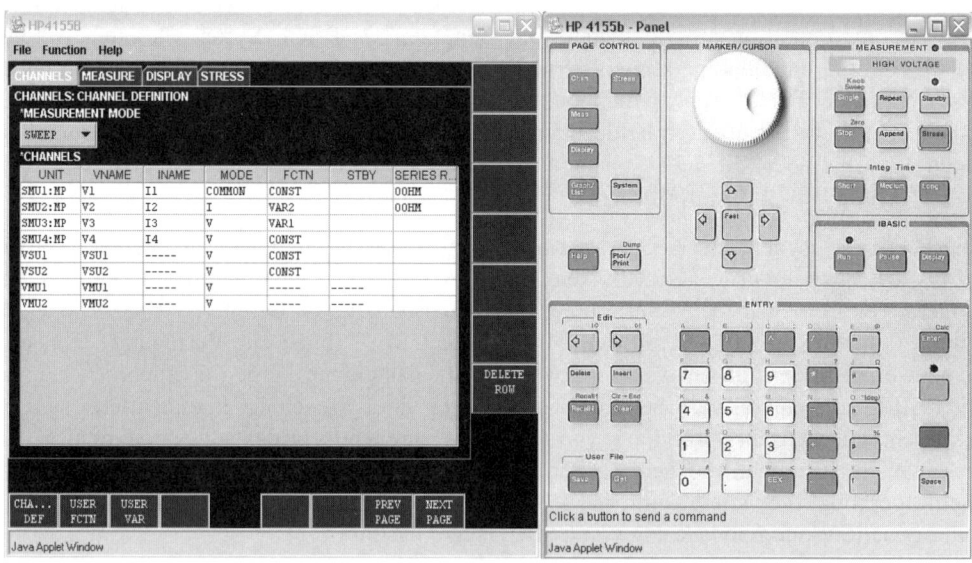

Abbildung 3: Screenshot einer Messgeräte-Steuerung als Beispiel
einer RETWINE Anwendung

Einen etwas anderen Ansatz, eine fachspezifische virtuelle Lernumgebung zur Verfügung zu stellen, verfolgt das Projekt RETWINE (Gomez et al. 2000). Innerhalb des Projektes wird die Benutzung elektronischer Messinstrumente über ein web-basiertes Interface zur Verfügung gestellt (s. Abb. 3).

Die Benutzung der Geräte wird dabei nicht simuliert, sondern die realen Geräte werden über den Browser ferngesteuert. Bei dieser Art einer virtuellen Lernumgebung handelt es sich somit um ein „Remote Laboratory". Die funktionalen Bereiche Koordination und Kommunikation zwischen den Nutzern werden zwar nicht unterstützt, doch wird zumindest Kooperation im Sinne einer asynchronen, verteilten Nutzung der Ressource „Messgeräte" realisiert. Der Einsatz der Geräte ist in keinen Versuchsablauf eingebunden und erlaubt eine freie Bedienung. Es ist auch keine tutorielle Unterstützung integriert, um den Benutzer im Bedarfsfall anzuleiten und den Gebrauch der Instrumente zu demonstrieren.

5   Virtuelle 3D-Räume

Die bisher erwähnten Lernräume benutzen Räume nur als Metapher, um funktionale Bereiche innerhalb der Lernumgebung voneinander abzugrenzen. Es gibt aber auch virtuelle Lernräume, die einen 3D Raum simulieren, durch den man wie durch einen realen Raum navigieren kann. Virtuelle 3D-Räume bieten für die Vermittlung von Informationen und Erfahrungswissen viele Vorteile. In 3D-Räumen vorhandene Objekte und Ressourcen lassen sich unmittelbar erschließen und in Analogie zu den jeweils äquivalenten Objekten in der realen Welt darstellen und im Idealfall auch in analoger Weise benutzen. Die unmittelbar „begreifbare" 3D-Welt kann den Lernaufwand einer Anwendung reduzieren und die zu vermittelnden Lerninhalte intuitiver vermitteln. Wenn das Szenario passend gewählt ist, lassen sich die gewonnenen Erfahrungen direkt auf den Einsatz in der realen Praxis übertragen.

Einen fachspezifischen Lernraum, der intensiv Gebrauch von virtuellen 3D-Räumen macht, stellt die Lernumgebung GenLab dar (Boles et al. 1998, Schlattmann & Appelrath 2003). GenLab erlaubt das virtuelle Durchführen gentechnologischer Versuche, um Studenten und Schüler auf reale gentechnische Praktika vorzubereiten und mit den Versuchsgeräten und Versuchsabläufen vertraut zu machen. GenLab erlaubt das Navigieren in virtuellen Laborräumen, um dort Experimente und einzelne Versuchsabschnitte aus unterschiedlichen Bereichen der Gentechnologie durchzuführen. Die Vorgehensweise im virtuellen 3D-Labor ist dicht am realen Vorbild gehalten, sodass den Benutzern eine Übertragung der Erfahrungen auf reale Praktika nicht schwer fällt (s. Abbildung 4). Das System stellt die Versuchsprotokolle und das Hintergrundwissen multimedial aufbereitet zur Verfügung. Obwohl die Versuche angeleitet und die Durchführung Schritt für Schritt protokolliert und aufgelistet wird, hat der Benutzer die Möglichkeit, das Labor, die einzelnen Geräte und Reagenzien selbstständig zu explorieren und sogar Fehler zu machen. Die einzelnen Arbeitsschritte lassen sich wieder rückgängig machen und wiederholen. Das System übernimmt auch eine Tutor-Funktion, indem man sich komplexe Arbeitsschritte automatisch vorführen lassen kann.

GenLab ist als Einbenutzer-Anwendung entwickelt worden und somit nicht kooperativ einsetzbar. Es dient aber der Vorbereitung auf kooperativ durchzuführende Versuche in einem realen Labor. Erste Überlegungen, den GenLab Ansatz zu einem kooperativ nutzbaren Lernraum zu erweitern, finden sich in (Dawabi & Rubart 2000). Die vielfältigen Potentiale, gemeinsam in einem virtuellen 3D-Raum Versuche durchzuführen, lassen sich sehr gut am Beispiel des Genlab Systems aufzeigen: Anstelle einer Unterweisung durch die Software-Anwendung kann ein realer Versuchsleiter, der an einem virtuellen kooperativen Szenario teilnimmt, die Einweisung der Schüler bzw. Studenten vornehmen.

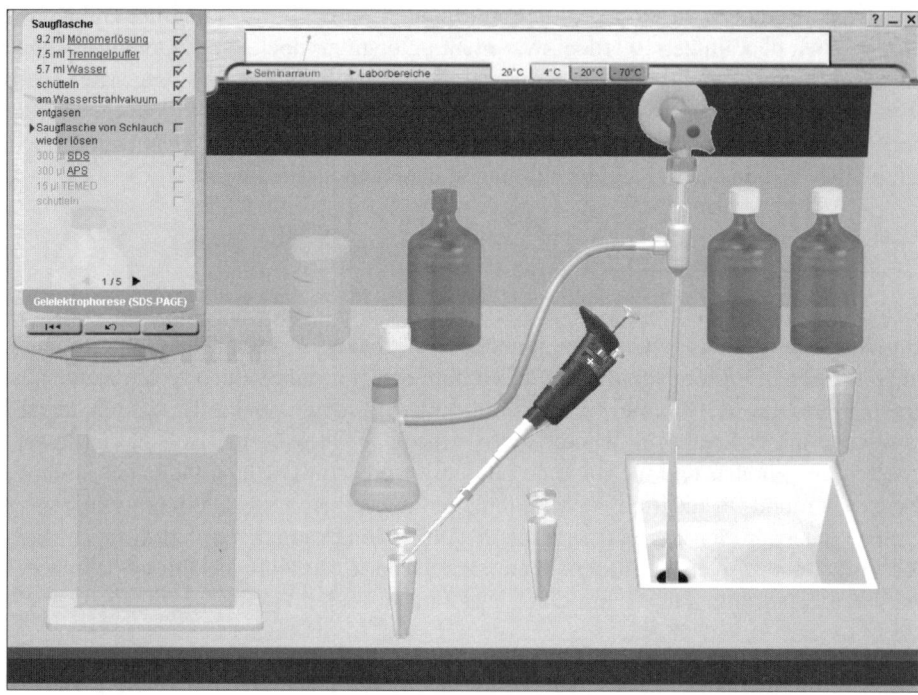

Abbildung 4: Screenshot einer GenLab-Versuchsdurchführung

Er kann direkt den Umgang mit den Geräten und Reagenzien demonstrieren und z.B. mit Hilfe einer Chat-Unterstützung (s.u.) erläutern. Auch auf Anmerkungen und Fragen der Praktikanten kann er direkt eingehen.

Einzelne Laborbereiche und Geräte können durch diesen nur für bestimmte Nutzer freigegeben werden, um sich das erlernte Wissen und die Handhabung individuell vorführen zu lassen. Er kann bei auftauchenden Fehlern korrigierend eingreifen, um die Praktikanten nicht zu weit vom Versuchsziel abschweifen zu lassen. Zusätzlich können sich die Praktikanten auch untereinander austauschen und unterstützen. Es lassen sich auch Kommentare und optische Marker in ein virtuelles Szenario integrieren. Ein entsprechendes Beispiel ist in Abbildung 5 dargestellt: Ein parallel zum virtuellen Praktikum ablaufender Chat zwischen Tutor und Studenten behandelt die aktuelle Situation und referenziert mit Hilfe integrierter, farbiger Marker die im Chat behandelten Labor-Objekte.

Eine Kombination synchroner Kommunikationsmöglichkeiten zwischen Tutor und Studenten mit einem virtuellen Lernraum, welcher eine synchrone Kooperation erlaubt, würde einen idealen VKL darstellen, der die funktionalen Bereiche Koordination, Kommunikation und Kooperation vollständig integriert. Zusätzlich kann die Simulation eines echten 3D-Raums mitsamt der auch in einem realen Labor vorkommenden Objekte die Übertragung des gelernten Wissens auf reale Situationen optimieren helfen.

Lab workbench

Chat

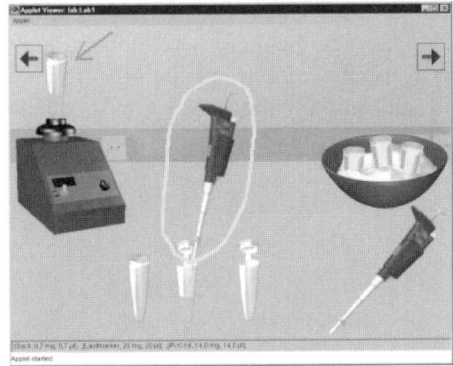

...

Student 1: Why do I have to shake the tube (>green marker<)?

Tutor: In order to mix the ingredients and to clean up the tube walls

Student 2: Am I ready to use the pipet (>yellow frame<) now?

Tutor: Yes, go ahead!

...

Abbildung 5: Beispiel einer Chat-Unterstützung für ein virtuelles kooperatives Laborszenario

6   Qualitative Anforderungen an virtuelle Lernumgebungen

Die gelungenste Umsetzung einer virtuellen Lernumgebung erreicht nur dann ihr Ziel, wenn auch der Lerngegenstand didaktisch sinnvoll vermittelt und in den Lernkontext der Nutzer eingebettet wird. R. Schulmeister hat in (Schulmeister 2000) verschiedene virtuelle Lernumgebungen untersucht und daraus resultierend acht Imperative für virtuelles Lernen postuliert.

Die darüber hinaus auch in (Schulmeister 1997) angebrachte Kritik an virtuellen Lehr- und Lernangeboten soll jedoch nicht das Scheitern dieser Ansätze anprangern oder gar virtuelle Lernräume insgesamt als Sackgasse der Pädagogik einstufen. Die Kritik und die Anwendung der Imperative sollen vielmehr zu einer Erhöhung der didaktischen Qualität führen.

7   Blended Learning: Kombination realer und virtueller Lernräume

Fast alle Software-unterstützten Lernszenarien sehen auch Präsenzlehrphasen vor, um verteilte Lernszenarien mit Präsenzlehre zu kombinieren. Auch eine Kombination des Einsatzes von VKL mit realen Lernszenarien ist sehr empfehlenswert, wenn nicht sogar unvermeidlich. Verteilte Lernphasen dienen eher der Vor- und Nachbreitung des in der Präsenzlehre vermittelten Lernstoffs. So kann der Einsatz eines virtuellen Labors – auch in der kooperativen Variante – nicht die Durchführung eines Praktikums in einem realen Labor vollständig ersetzen. Ähnliche gilt für andere unerwähnte VKL, die ebenfalls meist in Kombination mit realen Lernumgebungen zum Einsatz kommen.

8   Zusammenfassung

In diesem Kapitel wurden virtuelle kooperative Lernräume (kurz VKL) anhand der Basisfunktionalitäten Kommunikation, Koordination und Kooperation sowie typischer Anwendungsszenarien definiert. Bereits vorhandene Werkzeuge und Plattformen für die Umsetzung von VKL wurden vorgestellt. Anhand der Erweiterung eines virtuellen 3D-Raums um kooperative Elemente wurde ein „idealer" VKL skizziert, der die geforderten funktionalen Bereiche vollständig integriert. Zum Abschluss des Kapitels wurden auf die qualititve Anforderungen an virtuelle Lernumgebungen und auf die Kombination realer und virtueller Lernszenarien (Blended Learning) eingegangen.

2.1.7   Werkzeuge für spezielle Lernmethoden

Sabine Seufert[1], Martin Wessner[2]

[1]SCIL – Swiss Centre for Innovations in Learning,
[2]Fraunhofer IPSI, Darmstadt

1   Einleitung

In diesem Beitrag betrachten wir CSCL-Werkzeuge, die – im Gegensatz zu vielen in den vorhergehenden Beiträgen dargestellten, weitgehend methodenunabhängigen Werkzeugen – spezielle Lernmethoden wie beispielsweise fallbasiertes Lernen, Rollen- und Planspiele unterstützen. Als Beschreibungsrahmen dient das Konzept der „Scripted Cooperation", das durch explizite Angabe zu den Aktivitäten, zu ihrer Reihenfolge und der Zuordnung der Aktivitäten zu den Lernenden eine sinnvolle Basis für die Betrachtung von CSCL-Werkzeugen für spezielle Lernmethoden bildet.

Während in den vorhergehenden Beiträgen nach der Größe der Lerngruppe bzw. der Frage, ob in einem Raum oder örtlich verteilt kooperiert wird, differenziert wird, dient in diesem Beitrag die dem Werkzeugeinsatz zugrunde liegende didaktische Perspektive als strukturierendes Merkmal. Bekannte Konzepte aus der Didaktik sind fallbasiertes Lernen, Rollen- und Planspiele (vgl. auch die Beiträge zur Didaktik im drittel Teil dieses Kompendiums). CSCL hat das Potential den Einsatz von in traditionellen Szenarien bewährten Konzepten zu verbessern, indem beispielsweise der Computer die Koordination der Zusammenarbeit erleichtert oder beschleunigt.

Zunächst ordnen wir Werkzeuge für spezielle Lernmethoden innerhalb des CSCL ein (Abschnitt 2). Danach stellen wir das Konzept der Scripted Cooperation als Beschreibungsrahmen für CSCL-Werkzeuge vor (Abschnitt 3). Auf Basis dieses Beschreibungsrahmens stellen wir dann verschiedene Beispiele spezieller Werkzeuge vor (Abschnitt 4). Abschließend fassen wir die wichtigsten Punkte des Beitrags noch einmal zusammen.

2   CSCL-Werkzeuge

CSCL basiert auf und nutzt Technologien, Konzepten und Werkzeugen aus dem Bereich der computerunterstützten Zusammenarbeit (Computer-Supported Cooperative Work; CSCW). Dabei sind die Grenzen zwischen CSCW und CSCL fließend (vgl. Wenger 2001). Arbeits- und Lernprozesse gehen häufig ineinander über, Werkzeuge, die für die Projektarbeit verwendet werden, können meist auch in einer instruktionalen Projektarbeit im Rahmen von Bildungsprozessen verwendet werden. Für die unterschiedlichen Einsatzszenarien ist ein breites Spektrum an CSCL- und CSCW-Werkzeugen bzw. Umgebungen als Kombination von Werkzeugen vorhanden. Ferner ist zu beobachten, dass ursprünglich nicht kooperative Softwareumgebungen zunehmend mit kollaborativen Elementen angereichert werden. Es steht also ein breites Spektrum von Werkzeugen zur Verfügung, die CSCL-Szenarien – zumindest phasenweise – unterstützen können, auch wenn diese nicht originär dafür entwickelt worden sind (z.B. Community-Plattformen und virtuelle Projekträume). In Abbildung 1 werden verschiedene Werkzeuge und Plattformen nach ihrem Hauptanwendungsgebiet geordnet.

Im Fokus dieses Beitrages stehen solche Werkzeuge, die explizit für die Umsetzung spezieller Lernmethoden entwickelt worden sind.

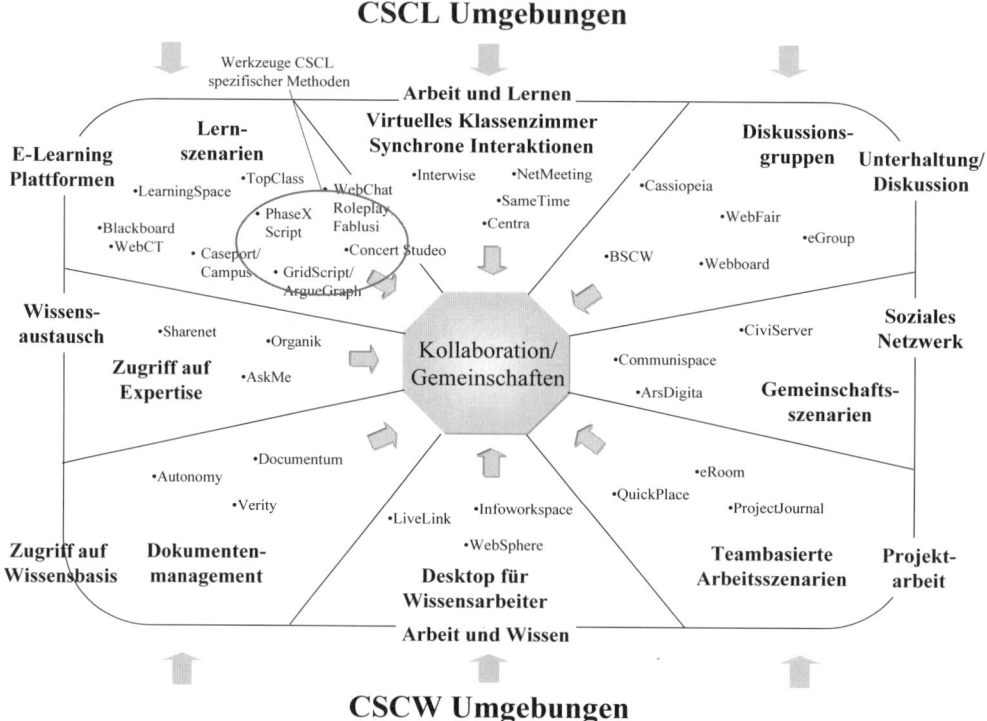

Abb. 1: Überblick über Werkzeuge und Plattformen (in Anlehnung an Wenger 2001)

Aufgrund ihrer Verbreitung in Forschung und Praxis werden exemplarisch Ansätze und Werkzeuge für Problemdiskurs, fallbasiertes Lernen, insbesondere die Spezialform Web-Quests, Rollenspiele, Gruppenpuzzle sowie Planspiele betrachtet.

Für die Auswahl bzw. Gestaltung der Werkzeugunterstützung für spezielle Lernmethoden sind die beiden Entscheidungsdimensionen Reichweite der Werkzeugunterstützung und Komplexität der Werkzeugunterstützung von zentraler Bedeutung.

– *Reichweite der Werkzeugunterstützung*: Für den Einsatz einer Lernmethode in einem bestimmten Anwendungsszenario ist zu entscheiden, ob ein Werkzeug nur einzelne Phasen (z.B. beim Planspiel nur die Auswertungsphase) oder möglichst alle Phasen der Lernprozesse unterstützt werden sollen.

– *Komplexität der Werkzeugunterstützung*: Können für die Unterstützung einer Lernmethode in einem bestimmten Anwendungsszenario Standardwerkzeuge herangezogen
  werden, wobei die Anpassung auf den Anwendungskontext durch Konfiguration des
  Werkzeugs oder zusätzliche, werkzeugexterne Instruktionen erfolgt? Oder müssen
  Werkzeuge – evtl. auf der Basis von Softwareframeworks oder hochgradig konfigurierbarer Werkzeuge – spezifisch für den Anwendungskontext zu entwickeln?

Entscheidungen entlang dieser Dimensionen beeinflussen in der Regel die Kosten und die
Wiederverwendbarkeit der Werkzeuge. Standardwerkzeuge sind billiger und leichter wieder-
verwendbar als Spezialentwicklungen. Ebenso sind Werkzeuge für einzelne Funktionen oder
Phasen des Lernprozesses billiger und leichter wiederverwendbar als Werkzeuge, die alle
Phasen abdecken.

3   Scripted Cooperation

Als Basis der Beschreibung ausgewählter Beispiele von spezifischen CSCL-Lernmethoden
und deren Werkzeugunterstützung, wird das Konzept der Scripted Cooperation vorgestellt.

Scripted Cooperation basiert auf dem Konzept des Skripts, das in der Psychologie zur Beschreibung kognitiver Strukturen benutzt wird, die eine Person durch bestimmte Situationen
leitet. Skripte beschreiben wie sich Personen in bestimmten Situationen verhalten, was sie in
welcher Reihenfolge tun. Ein bekanntes Beispiel ist das Restaurant-Skript (Schank & Abelson 1977), dem eine Person üblicherweise beim Besuch eines Restaurants folgt: Zunächst
erfolgt eine Bestellung, nach einer Wartezeit wird serviert, gegessen und schließlich die
Rechnung bezahlt.

Entsprechende Skripts werden auch bei der Zusammenarbeit in Lerngruppen aktiviert, allerdings führen diese nicht immer zum Erfolg der Gruppenarbeit. Scripted Cooperation bezeichnet vom Lehrenden vorgegebene Handlungsanweisungen für Lerngruppen (Dansereau
1988, O'Donnel und Dansereau 1992). Das Ziel solcher Skripte ist es, die Aktivitäten festzulegen, zu sequenzieren und den einzelnen Lernenden in der Gruppe zuzuweisen (Dansereau
et al. 1979). Das Festlegen der Aktivitäten soll die Aufgaben und Zielorientierung unterstützen, die Sequenzierung soll zu sinnvoller Aufgabenbearbeitung und Interaktionen in der
Gruppe führen und die Zuweisung der Aktivitäten soll fördern, dass alle Gruppenmitglieder
an der Aufgabenbearbeitung mitwirken und das Lernziel erreichen (vgl. Weinberger 2003, S.
60f.).

Skripte können verschiedene Dimensionen des kooperativen Lernens beeinflussen.
O'Donnell und Dansereau (1992) unterscheiden die kognitive, metakognitive, affektive und
soziale Dimension von Skripten.

Im Kontext von CSCL lässt sich ein Skript durch folgende Elemente definieren (Dillenbourg
2002):

– Die *Begründung* für kollaboratives Lernen: was ist die didaktische Idee oder auch der
  Mehrwert, kollaborativ vorzugehen?

– Ein Skript besteht aus einer *Sequenz von Phasen*. Jede Phase ist wiederum definiert durch die Aufgabenstellung, ein zu erbringendes Ergebnis sowie die Dauer der jeweiligen Phase.

– Im Skript sind Angaben zur *Gruppenbildung* zu beschreiben, wie beispielsweise Anzahl Gruppenmitglieder, Art und Weise der Gruppeneinteilung (selbst-, fremdbestimmt) und zur Rollenverteilung (unspezifisch oder komplementär, hierarchisch, fix oder rotierend).

– Es können multiple *Sozialformen* zum Einsatz kommen: Individuelle, kollektive, sowie auch kollaborative Lernphasen.

– Der *Interaktionsmodus* bestimmt die Form der Interaktion sowie die Verwendung von Informations- und Kommunikationsmedien, spezifischen Werkzeugen sowie den Datenfluss zwischen den einzelnen Lernphasen.

Dieser Begriff des Skripts soll im Folgenden als Rahmen für die Beschreibung ausgewählter Beispiele von Ansätzen und Werkzeugen für spezielle kooperative Lernmethoden dienen.

4   Ausgewählte Beispiele spezifischer CSCL-Ansätze und Werkzeuge

In diesem Abschnitt werden exemplarisch Ansätze und Werkzeuge für Problemdiskurs, fallbasiertes Lernen, Rollenspiel, Gruppenpuzzle und Planspiel anhand der vorhergehenden Elemente von Skripts betrachtet. Die Ansätze wurden aufgrund ihrer Bedeutung in der Forschung und Praxis computerunterstützten kooperativen Lernens ausgewählt.

4.2   Problemdiskurs

Skripts zur Steuerung des Diskurses werden sehr häufig als Lernmethode in virtuellen Seminaren oder begleitend zu Präsenzveranstaltungen integriert. Didaktisch begründet sind solche Skripts damit, dass Lernende sich intensiver mit Inhalten auseinander setzen und ihre Argumentations- und Kritikfähigkeit gefördert werden soll.

Als Beispiel wird im Folgenden das ArguGraph-Skript (Jermann & Dillenbourg 1999, Dillenbourg 2002) vorgestellt. Dieses Skript zielt auf die Förderung der individuellen kognitiven Verarbeitung durch strukturierte Diskussionen über bestimmte Konzepte oder Ansätze. Der Gegenstandsbereich der Diskussion muss sich auf ein zweidimensionales Feld abbilden lassen, z.B. eine Diskussion über computerunterstütztes Lernen auf die Dimensionen Lerntheorie und Gestaltung von Lernumgebungen (vgl. Jermann & Dillenbourg 1999).

Das Skript umfasst fünf Schritte (vgl. Abbildung 2):

1. Jeder Lernende bearbeitet einen Fragebogen. Bei jeder Frage ist neben der Multiple-Choice-Antwort auch ein Argument für die gewählte Antwort in einem Freitext-Feld anzugeben.

2. Das System produziert eine zweidimensionale Darstellung, in der alle Lernenden entsprechend ihrer Antworten positioniert sind. Das System oder der Tutor bildet dann

Zweiergruppen, wobei die Paare jeweils eine möglichst große Distanz in der Darstellung, d.h. möglichst unterschiedliche Antworten aufweisen sollen.

3. Diese Paare beantworten gemeinsam den gleichen Fragebogen wie in Schritt 1 und begründen ihre Antwort. Sie können auch ihre vorherigen individuellen Antworten einsehen.

4. Das System produziert eine neue Darstellung, die zusätzlich zu den Positionen der einzelnen Lerner nach Schritt zwei auch die Positionen der Gruppen enthält. Der Tutor verwendet diese Daten für die Besprechung (Debriefing).

5. Jeder Lernende fasst die gesammelten Argumente und die von ihm gewonnenen Erkenntnisse zusammen. Die Synthese muss nach dem theoretischen Rahmen strukturiert werden, der in Phase 4 vom Tutor eingeführt und diskutiert wurde.

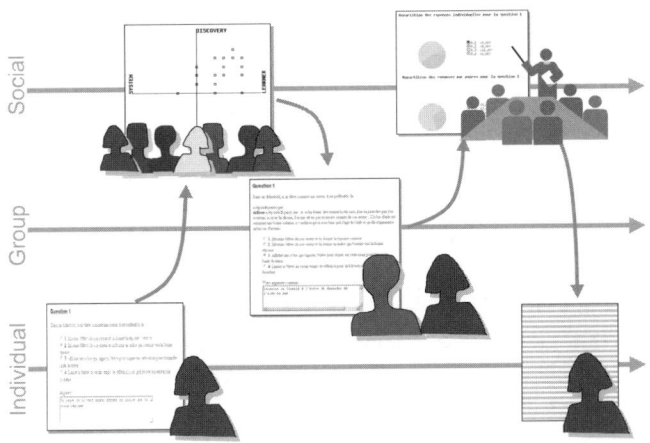

Abb. 2: Das ArgueGraph-Skript (nach Dillenbourg 2002). Die Reihenfolge der Schritte ist durch Pfeile visualisiert.

Zur Umsetzung des ArgueGraph-Skripts wurde an der Universität Genf das ArgueGraph-Werkzeug als Postnuke-Modul entwickelt. Abbildung 3 zeigt einen Screenshot des ArgueGraph-Werkzeugs nach Schritt 2. Das Fenster im Hintergrund zeigt die Darstellung der individuellen Positionen und rechts die Einteilung in Zweiergruppen. Im Vordergrund liegt das Chatfenster einer Gruppe.

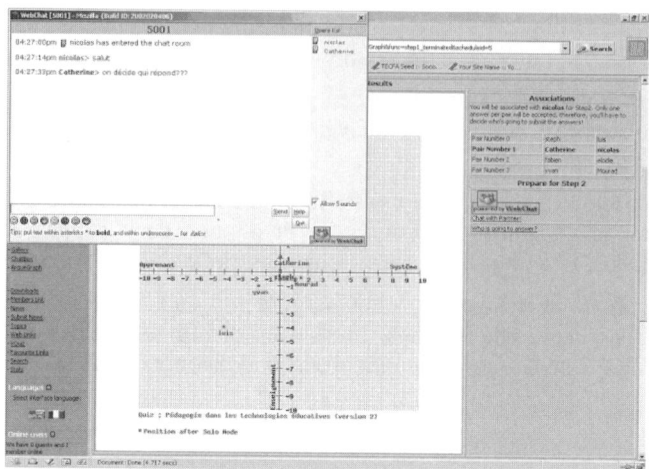

Abb.3: Screenshot des ArgueGraph-Werkzeugs (Quelle:
http://tecfaseed.unige.ch/users/mourad/arguegraph/Using_ArgueGraph.html).

4.2   Fallbasiertes Lernen

Fallbasiertes Lernen, das Lernen anhand realer oder konstruierter Fälle, ist eine Lehrmetho-
de, die in einigen Fachdisziplinen etabliert ist, beispielsweise in der Medizin (Problemlösen
authentischer Klinikfälle) oder in der Managementlehre (Bewertung von Entscheidungsalter-
nativen in einer spezifischen Situation). Existierende Werkzeuge lassen sich in inhaltsorientierte und kommunikationsorientierte Werkzeuge einteilen.

–   *Inhaltsorientierte Werkzeuge:* Interaktive Lernsysteme, Fall-Generatoren (beispielswei-
    se CASUS (Fischer et al. 1996) oder Campus (Leven et al. 2001)), mit Autoren- und
    Player-Komponenten, sowohl für das individuelle als auch das kooperative Lernen ein-
    setzbar. Alle Lernphasen werden unterstützt, die multimediale Aufbereitung der Fälle
    und die Interaktion mit dem Lernsystem stehen im Vordergrund.

–   *Kommunikationsorientierte Werkzeuge:* Abwechslung zwischen individuellen und kol-
    laborativen Lernphasen, wobei traditionellen Medien (häufig papierbasierte Fallstudien)
    eingebunden werden und Präsenz- und virtuelle Veranstaltungen kombiniert werden.
    Diese Werkzeuge basieren meist auf der fallbasierten Lehrmethode, wie sie an der Har-
    vard Business School entwickelt wurde (vgl. Abbildung 4).

Eine Form des fallbasierten Lernens, bei der die Computerunterstützung eine wichtige Rolle
spielt, sind WebQuests (Dodge 1995, Moser 2000). Ein WebQuest präsentiert dem Lernenden online einen Fall, der hauptsächlich oder ausschließlich mit Ressourcen aus dem Internet
gelöst werden kann. Auf diese Ressourcen wird in der Aufgabenkonzeption explizit hingewiesen, so dass die Lernenden nicht ohne jegliche Hilfestellung und Orientierung im Internet
suchen müssen. Die Lernenden erhalten eine gewisse Anleitung für den Lernprozess und
Hilfestellungen zum Umgang mit den recherchierten Informationen. Zur Präsentation des
Falles, der Instruktionen und der Rechercheergebnisse der Lernenden werden häufig Stan-

dardwerkzeuge (z.B. HTML-Seiten und Diskussionsforen) in Kombination mit speziellen WebQuest-Vorlagen eingesetzt. Eine Vorlage für ein WebQuest enthält Angaben zum Thema, zur Aufgabenstellung, zu Quellen und zu den Bewertungskriterien.

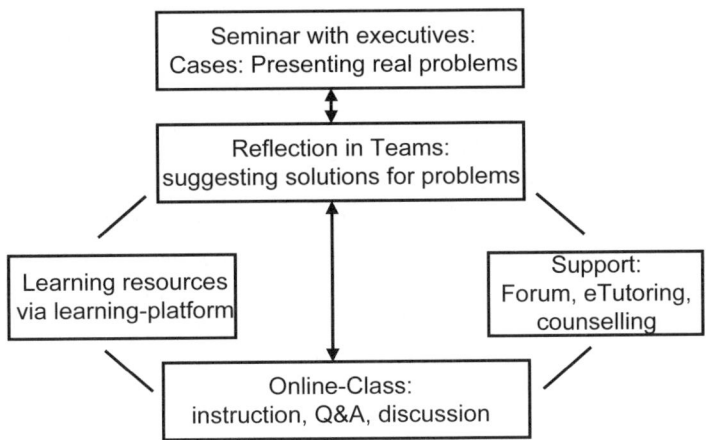

Abb. 4: Skript einer fallbasierten Lernmethode (Harvard: HBS interactive, Euler 2003)

4.3 Rollenspiel

Rollenspiele versetzen Lernende in die Lage, sich in eine bestimmte Perspektive, eine Rolle, hineinzuversetzen und der Rolle entsprechend zu interagieren. Durch die Labor- bzw. Spielsituation des pädagogischen Rollenspiels können alternative Handlungsstränge entwickelt und in einer möglichst risikofreien Umgebung ausprobiert werden. Rollenspiele können eine eigenständige Lernmethode darstellen, d.h. bestimmendes Merkmal eines Skriptes sein, oder auch ein Element im Rahmen einer anderen Lernmethode, wie beispielsweise häufig bei Planspielen oder beim Gruppenpuzzle (s. nachfolgende Abschnitte).

Rollenspiele können mit Hilfe generischer Kommunikationswerkzeuge umgesetzt werden. Bessere Unterstützung bieten spezifische Werkzeuge, beispielsweise zur Verteilung der Rollen und der rollenspezifischen Funktionalität, zur Überwachung von Zeiten und Regeln oder zur Reflektion des Spielverhaltens. Beispiele für solche spezifischen Werkzeuge sind Rollenspiel-Simulatoren bzw. -Generatoren, wie der an der University of Melbourne entwickelte Generator Fablusi[TM] (Ip et al. 2001) oder der Roleplay Chat des Fraunhofer IPSI (vgl. Beitrag 2.1.3).

Rollenspiele weisen drei Phasen auf (vgl. Ip et al. 2001):

- *„Formation Stage"*: Während dieser Phase lernen die Spieler das System, die Charakterstika ihrer Rollen und die Ziele des Rollenspiels kennen und starten das Spiel.

- *„Development Stage"*: Diese Phase kann aus mehreren Episoden (Rollenspiel-Runden) bestehen, die jeweils durch Ereignisse als Folge der vorherigen Spielphase oder durch den Moderator angestoßen werden. Mit Hilfe von Rollenspiel-Generatoren können Rollen in einer Online-Kommunikation (häufig: Chat) zugewiesen werden. Darüber hinaus stehen spezifische Funktionen zur Unterstützung des Moderators zur Verfügung. Diese Phase ist gewöhnlich am längsten und wird häufig in Kleingruppen organisiert.

– „*Closure Stage*": Zu bestimmten Zeitpunkten und zum Abschluss findet ein Debriefing im Plenum statt. Der Moderator muss die Lernenden zu bestimmten Zeitpunkten unterbrechen, intervenieren, sie dazu veranlassen, aus dem Rollenspiel herauszutreten, um ihre Erfahrungen zu reflektieren, mit der realen Welt zu vergleichen und ein tieferes Verständnis zu entwickeln. Diese Phase dient somit zur Konsolidierung der erlebten Interaktionen. Das Potenzial zu Verhaltensänderung und Lernen liegt vor allem in der Kombination aus eigener Erfahrung und konsolidierter Reflexion.

Die Vorteile eines Online-Rollenspieles gehen hauptsächlich mit den Vorteilen der schriftlichen Kommunikation einher, beispielsweise dass die Kommunikation und Interaktion der unterschiedlicher Rollen transparenter abgebildet sowie Chatprotokolle in der Debriefing-Phase zur Reflektion herangezogen werden können.

4.4   Gruppenpuzzle

Die kooperative Lernmethode Gruppenpuzzle (Jigsaw; Aronson et al. 1978), die sich bereits in face-to-face Settings etabliert hat, wird mittlerweile auch für CSCL adaptiert. Beim Gruppenpuzzle geht es grundsätzlich darum, dass die Lernenden zunächst in thematischen Expertengruppen Teilbereiche eines Lernstoffes erarbeiten. Daneben existieren sog. Stammgruppen, die aus je einem Teilnehmer der verschiedenen Expertengruppen bestehen. In den Stammgruppen erklären sich die unterschiedlichen Experten gegenseitig die jeweils angeeigneten Lerninhalte. Das Gruppenpuzzle fördert durch den hohen Grad an Verantwortung der Lernenden für die Lernplanung und Lernkontrolle die Verarbeitung des Lernstoffs sowie die Motivation.

Ein Beispiel für die Umsetzung des Gruppenpuzzles ist das GRID-Skript zur Erarbeitung der theoretischen Grundlagen des computerunterstützten Lernens (Dillenbourg 2002). Es besteht aus 4 Schritten (vgl. Dillenbourg 2002):

1. Die Lernenden bilden auf der Basis ihrer individuellen Präferenzen Vierergruppen. Sie verteilen unter sich vier Rollen, die jeweils einem lerntheoretischen Ansatz entsprechen. Die Rollen sind nach bekannten Vertretern dieses Ansatzes benannt. Beispielsweise gibt es im Rahmen des Moduls „Traditional computer-assisted learning" die Rollen Skinner, Bloom, Anderson and Saint-Thomas. Die Rolle des heiligen Thomas ist in jedem Modul vorhanden. Seine Aufgabe ist es, die Effektivität der untersuchten Lernsoftware kritisch zu hinterfragen. Zur Vorbereitung erhält jeder Lernende Material, das die entsprechende Theorie beschreibt.

2. Jede Gruppe erhält eine Liste von zu bearbeitenden Konzepten, die zusammen den Lernstoff abdecken. Die Gruppe teilt die Konzepte eigenverantwortlich unter sich auf. Der Lehrende macht keine Angaben dazu, welches Konzept am besten zu welcher Rolle passt.

3. Jeder Lernende erstellt eine Definition für die ihm zugeordneten Konzepte im Umfang von ca. 10 – 20 Zeilen. Die Expertengruppen (Lernende gleicher Rollen) können sich untereinander austauschen.

4. Die jeweiligen Stammgruppen ordnen die Konzepte in einem zweidimensionalen Gitter (Grid, siehe Abbildung 5) an. Dabei ist für jedes räumlich benachbarte Begriffspaar anzugeben, ob die Konzepte ähnlich oder unabhängig sind. Dies erfordert meist eine wiederholte Reorganisation der Konzepte, ehe alle Beziehungen angegeben werden können. Die jeweiligen Stammgruppen können dann ihre erstellten Grids untereinander vergleichen.

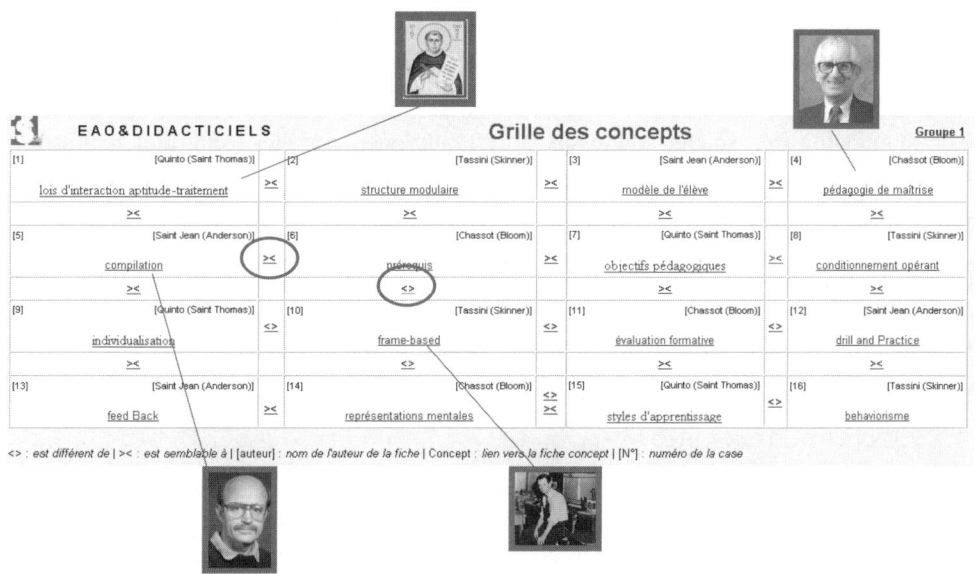

Abb. 5: Interface des GRID-Skripts (Die Lernenden sind mit zwei Namen in jeder Zelle, ihren Namen und den Namen der Rolle, die sie spielen; Dillenbourg 2002)

Zur Umsetzung des GRID-Skripts werden HTML-Seiten und Standard-Kommunikationswerkzeuge verwendet, allerdings wird schlechte Benutzbarkeit dieser Lösung beklagt (vgl. Dillenbourg 2002).

4.5 Planspiele

Ursprünglich stammt das Planspiel aus dem militärischen Bereich, wo Entscheidungsszenarien im Kriegsfalle trainiert und durchgespielt werden sollten. Von der Fallstudie unterscheidet sich das Planspiel durch seine innere Dynamik und die Organisation in mehrere Planspielrunden. Es ähnelt dem Rollenspiel, entwickelt und erstreckt sich aber meist über einen längeren Zeitraum. Es ist entscheidungsbezogen, durch die Aufteilung des Spielablaufes in einzelne Perioden erfordert es vom Spieler jeweils eine Reaktion auf den aktuellen Spielzustand. Das Planspiel ermöglicht dem Lernenden, Entscheidungen für ein wirklichkeitsbezogenes, periodengegliedertes Zeitablaufmodell zu treffen und die Qualität der Entscheidungen auf Grund der quantifizierbaren Periodenergebnisse zu überprüfen. Besonders verbreitet sind Planspiele im betriebswirtschaftlichen (z.B. Unternehmensplanspiele) oder ökologischen Bereich (z.B. Simulation von Umwelteinflüssen).

Grundlage des Planspiels ist das Modell, das den Spielrahmen festlegt und gewisse Verhaltensregeln vorschreibt, nach denen die Simulation zu erfolgen hat. Das Modell ist an den realen Gegebenheiten orientiert, kann aber nur eine vereinfachte, schematisierte und abstrakte Nachbildung darstellen. Durch die Aktivitäten der Spieler verändert sich das Modell dynamisch. Die Lernenden übernehmen hierbei spezifische Rollen, mit denen sie sich identifizieren können, und simulieren so Konkurrenz-, Kooperations- oder Konfliktsituationen.

Werkzeugunterstützung für Planspiele umfasst die Definition und Simulation des Modells, die Kommunikation der Spieler sowie spezielle Funktionen zur Steuerung und Evaluation des Planspiels durch den Planspielleiter (Moderator).

Es gibt zahlreiche computerunterstützte Planspiele, besonders im betriebswirtschaftlichen und ökologischen Bereich (beispielsweise Ecopolicy, Vester o.J.). Zur Erstellung von einfacheren Simulationen und Planspielen gibt es auch Autorenwerkzeuge wie beispielsweise RIDES (http://btl.usc.edu/rides), SIMQUEST (http://www.simquest.to.utwente.nl/simquest) oder Heraklit (http://www.khsweb.de) (vgl. auch Meier & Seufert 2003).

5   Zusammenfassung

In diesem Beitrag wurden Werkzeuge für spezielle Lernmethoden betrachtet. Als Beschreibungsrahmen für derartige Lernmethoden wurde das Konzept der Scripted Cooperation vorgestellt. Mit Hilfe von Skripts können Werkzeuge zur Unterstützung spezieller Lernmethoden konzipiert und analysiert werden. Beispielhaft wurden Methoden und Werkzeuge aus den Bereichen Problemdiskurs, fallbasiertes Lernen, Rollenspiel, Gruppenpuzzle und Planspiel dargestellt. Dabei wurde deutlich, dass spezielle Methoden bei geeigneten begleitenden Maßnahmen auf der Basis generischer Werkzeuge realisierbar sind. Andererseits kann die Verwendung von spezifisch auf einzelne Phasen oder Lernmethoden ausgerichteten Werkzeugen weitreichende Unterstützung bieten. Eine bessere Unterstützung geht in der Regel aber auch mit höherem Aufwand bei der Werkzeugerstellung und geringerer Wiederverwendbarkeit einher.

2.2   Plattformen

Wolfgang Appelt

Fraunhofer FIT, Sankt Augustin

1   Einleitung

CSCL-Werkzeuge werden häufig in integrierter Form von CSCL-Plattformen bereitgestellt. Diese Plattformen ermöglichen den Aufbau von Web-Portalen, die einen mehr oder weniger umfangreichen Satz von Funktionen für CSCL-Anwendungen bereitstellen und in der Regel auf den jeweiligen Benutzer individuell zugeschnitten werden können.

Man beachte, dass solche Plattformen verschiedene Komponenten *in integrierter Form* anbieten. Zwar könnte man ein Web-Portal für CSCL-Anwendungen auch aus getrennten Teilsystemen aufbauen (zum Beispiel einem Chat-Werkzeug, einem Diskussionsforum, einem E-Mail-System, einem Web-based Training System usw.), aber bei einer solchen Sammlung unterschiedlicher Systeme ist ein engere Integration in aller Regel kaum möglich, das heißt, die Leistungsfähigkeit der in diesem Abschnitt beschriebenen Plattformen beruht weitgehend auf der engen Kopplung und Integration unterschiedlicher Werkzeuge.

2   Komponenten

In diesem Abschnitt sollen zunächst übliche Komponenten solcher Plattformen beschrieben und im anschließenden Abschnitt einige weit verbreitete Systeme etwas detaillierter vorgestellt werden.

2.1   Kommunikations- und Kooperationswerkzeuge

Werkzeuge, die die Kommunikation und Kooperation zwischen Studenten ermöglichen, bilden die zentralen Komponenten für ein CSCL-System. Es lassen sich im Wesentlichen zwei Werkzeugklassen unterscheiden, nämlich solche zur synchronen Kommunikation und solche zur asynchronen Kommunikation. Dabei wird im Prinzip immer unterstellt, dass die beteiligten Personen räumlich verteilt sind (nur dann ist der Einsatz elektronischer Kommunikationswerkzeuge erforderlich), auch wenn in bestimmten Fällen solche Werkzeuge eingesetzt werden, obwohl die beteiligten Personen sich im gleichen Raum befinden und eine Face-to-Face-Kommunikation möglich wäre.

2.1.1   Synchrone Kommunikationswerkzeuge (siehe auch Beitrag 2.1.1)

Chat: Bei diesen Werkzeugen diskutieren zwei oder mehr Personen per Computer, indem sie miteinander synchron Textnachrichten austauschen. Die Funktionalität von Chat-Werkzeugen ist unterschiedlich. Einige ermöglichen nur Diskussionen zwischen zwei Personen, andere gestatten auch Diskussionen zwischen mehreren Personen, teilweise mit der Möglichkeit zum parallelen vertraulichen Chat (Whispering-Funktion). Bei den meisten Chat-Systemen ist der Inhalt der Textnachrichten bei Programmende verloren; bei einigen lassen sich die Nachrichten aber auch persistent speichern und bleiben damit für späteren Zugriff verfügbar.

Videokonferenz: Bei diesen Werkzeugen kommunizieren zwei oder mehr Personen per Computer synchron per Ton und Videobild. Die Leistungsfähigkeit von Videokonferenz-Werkzeugen variiert, zum Beispiel bezüglich der Qualität der Audio- und Videoübertragung.

Shared Whiteboard: Diese Werkzeuge stellen eine gemeinsame Zeichenfläche zur Verfügung, die synchron auf den Computern der Benutzer dargestellt wird, um die gemeinsame Erstellung von Grafiken zu ermöglichen. Häufig bieten solche Werkzeuge auch noch weitere Funktionen wie etwa gleichzeitigen Text- oder Audiochat oder Application Sharing, bei dem in der Zeichenfläche eine bei einem Benutzer laufende Anwendung wie etwa eine Folienpräsentation oder eine Web-Seite simultan in den Zeichenflächen der anderen Benutzer dargestellt wird.

Instant-Messaging Systeme: Bei diesen Werkzeugen tauschen registrierte Benutzer des Systems Nachrichten miteinander aus. Das System informiert dabei die Teilnehmer, welche Benutzer gerade online zur Kommunikation verfügbar sind. Die meisten Systeme sind keine reinen synchronen Kommunikationswerkzeuge, sondern bieten auch Funktionen zum asynchronen Nachrichtenaustausch.

2.1.2   Asynchrone Kommunikationswerkzeuge (siehe auch Beitrag 2.1.1)

Diskussionsforen: Bei diesen Werkzeugen diskutieren zwei oder mehr Personen per Computer, indem sie miteinander asynchron Textnachrichten austauschen. Zum asynchronen Zugriff werden die Nachrichten dabei stets persistent gespeichert, wobei die intendierte Nutzungsdauer oft im Bereich von Wochen oder Monaten liegt. Die Werkzeuge ermöglichen in der Regel den Zugriff auf die Diskussionen nach unterschiedlichen Kriterien sortiert (thematisch, zeitlich, nach Autor usw.).

E-Mail: Hierbei kommunizieren zwei oder mehr Personen durch den asynchronen Austausch von Nachrichten, wobei durch Attachments zu den E-Mails alle möglichen Arten von Informationen ausgetauscht werden können. Der Umfang der Integration von E-Mail in die anderen Komponenten einer CSCL-Plattform kann dabei variieren. Üblich ist die Integration mit einem Adressbuch mit den Namen anderer Benutzer der Plattform und Versand von Inhalten der Plattform. Einige Systeme bieten auch den automatischen Empfang von E-Mail durch die Plattform an, z.B. um Inhalte per E-Mailversand in die Plattform einzustellen.

Dateiaustausch: Benutzer können Dateien (Dokumente, Grafiken, Software usw.) von ihrem eigenen Rechner in elektronische Arbeitsbereiche der CSCL-Plattform übertragen, auf die auch andere Benutzer Zugriff haben. Dies dient zum asynchronen Austausch von Daten, etwa zum Austausch von Übungsaufgaben und deren Lösung zwischen Tutor und Student.

Notizen: Es besteht die Möglichkeit, dass die Benutzer Notizen erstellen können, entweder
privat oder auch für andere Benutzer sichtbar. Solche Notizen können eigenständige
Objekte in bestimmten Arbeitsbereichen der Plattform sein oder auch Attachments
zu Objekten der Plattformen wie z.B. dort abgelegten Dokumenten.

Benachrichtigungs- und Ereignisdienste: Bei CSCL-Anwendungen – speziell in räumlich
verteilten Gruppen – ist eine wechselseitige Information der Gruppenmitglieder ü-
ber ihre Aktivitäten von wesentlicher Bedeutung für die Organisation der Gruppenarbeit. Einige CSCL-Anwendungen bieten umfangreiche Dienste, die die Mitglieder
per E-Mail, SMS oder mit anderen Verfahren hierüber informieren, z.B. welches
Mitglied wann ein Dokument erzeugt oder einen Diskussionsbeitrag gelesen hat.

Private und gemeinsame Arbeitsbereiche: Die meisten CSCL-Systeme stellen den Benutzern
Arbeitsbereiche zur Verfügung, in denen sie Informationen (Dokumente, Notizen,
Links, Software, Bilder usw.) ablegen können. Zugang zu diesen Bereichen haben
dabei zunächst nur die jeweiligen Benutzer, die allerdings in der Regel auch anderen
(Tutoren, anderen Studenten) Zugang zu diesem Bereich oder Teilen davon gestat-
ten können.

Gruppenbildung: Einige CSCL-Plattformen stellen Werkzeuge zur Verfügung, mit denen die
Gruppenbildung unter den Studenten ermöglicht und gefördert wird. Solche Werkzeuge sind insbesondere in räumlich verteilten Gruppen, in denen sich die Studenten
nicht oder nur selten persönlich treffen, von großer Bedeutung. Es gibt hierzu verschiedene Ansätze zur Gruppenbildung. Einige Systeme stellen z.B. automatisch
Kontakte zwischen Studenten her, die den gleichen Kurs bearbeiten. Andere Systeme erstellen z.B. Interessenprofile der Benutzer (entweder auf Grund von expliziten
Benutzerangaben oder durch Beobachtung der Nutzung der Plattform) und verwenden diese, um Benutzer mit ähnlichen Profilen automatisch oder auf deren Wunsch
in Kontakt zu bringen. Die Gruppenbildung ist dabei nicht unbedingt auf Kursinhalte bezogen, sondern kann etwa auch auf privaten Interessen der Benutzer basieren.

2.2 Evaluationswerkzeuge

Die meisten CSCL-Plattformen enthalten Werkzeuge, mit denen sich die Aktivitäten und die
Lernerfolge der Studenten ermitteln lassen. Dabei gibt es verschiedene Verfahren.

Selbsttest: Die Studenten können nach dem Absolvieren einer Kurseinheit einen Test absolvieren, der ihnen Auskünfte über ihren Lernerfolg und ggf. Anregungen für den
weiteren Lernprozess gibt. Üblich sind hierbei Multiple-Choice-Fragebögen, die
von den Autoren der Lerneinheiten erstellt werden und nach dem Ausfüllen durch
die Studenten automatisch ausgewertet und ggf. mit einer Benotung versehen werden können.

Studenten- und Kursmonitoring: Hierbei kann der Tutor ermitteln, welche Kurse bzw. welche Lerneinheiten der Kurse Studenten zu bestimmten Zeitpunkt bearbeitet haben
und wie dabei der Lernerfolg war. Die Auswertungen können dabei individuell pro
Student oder aggregiert, zum Beispiel auf Kursebene, erfolgen, wobei der Umfang

der verfügbaren Auswertungsmöglichkeiten und der statistischen Methoden bei den Plattformen stark variiert.

Benotung durch Tutoren: Einige Plattformen bieten Unterstützung zum Beispiel bei der Bewertung von Hausaufgaben durch Tutoren, der Delegation von Benotungen an andere Tutoren, der Verwaltung der Benotungslisten oder z.B. dem Export von Benutzungslisten an externe Spreadsheet-Programme.

Beobachtung von Gruppenverhalten: Bei CSCL-Anwendungen wird die Bearbeitung einer bestimmten Aufgabenstellung üblicherweise einer Gruppe von Studenten übertragen, die ein gemeinsames Ergebnis dem Tutor abliefern sollen. Dabei ist häufig nicht mehr erkennbar, wie und in welchem Umfang die individuellen Gruppenmitglieder zu dem Gesamtergebnis beigetragen haben. Einige CSCL-Plattformen bieten daher Werkzeuge, die eine Beobachtung und Bewertung des Interaktionsverhaltens einer Gruppe und damit Rückschlüsse auf individuelles Verhalten der Teilnehmer ermöglichen.

2.3   Autorenwerkzeuge

Einige CSCL-Plattformen bieten Werkzeuge, die die Autoren bei der Erstellung von Lernmaterialien unterstützen.

Kursvorlagen, d. h. die Plattform stellt einen Satz von Vorlagen bereit, die den Autoren mehr oder weniger detailliert die Struktur ihrer Kurse vorgeben. Diese Vorlagen basieren häufig auf einem bestimmten pädagogischen Konzept des Wissenserwerbs. Neben der Erstellung der eigentlichen Lernmaterialien sind in diesen Vorlagen in der Regel auch schon Evaluationsschritte vorgesehen (z.B. Selbsttests der Studenten), die von den Autoren als Ergänzung erstellt werden müssen. Die Evaluationsergebnisse können dabei auf die weitere Bearbeitungsreihenfolge der Kurseinheiten Auswirkungen haben.

Historisch gesehen sind übrigens eine Reihe von CSCL-Plattformen aus Systemen hervorgegangen, die ursprünglich nur als Autorenwerkzeug zur Kurserstellung im E-Learning-Bereich gedacht waren und denen erst im Laufe der Zeit Kommunikations- und Kooperationswerkzeuge für die Studenten hinzugefügt wurden.

2.4   Administrationswerkzeuge

Alle CSCL-Plattformen besitzen eine Reihe von Werkzeugen zur Verwaltung von Benutzern und Ressourcen.

Benutzerregistrierung: Bei der Registrierung der Benutzer von CSCL-Systemen (Tutoren und Studenten) werden mehr oder weniger umfangreiche Daten erfasst. Die Registrierungsmethoden sind unterschiedlich, z.B. Selbstregistrierung durch Benutzer, ggf. mit zusätzlicher Genehmigung durch Administrator oder Tutor, Registrierung zentral durch Systemadministrator oder dezentral durch Tutoren oder Integration bzw. Abgleich der Registrierungsdaten mit einem ggf. schon vorhandenen Studenteninformationssystem der Hochschule.

Benutzeridentifikation: Vor dem Zugriff auf die Inhalte eines CSCL-Systems müssen sich die Benutzer identifizieren, üblicherweise mit einem Namen und einem Passwort. Die Benutzeridentifikation dient insbesondere zur Zuordnung von Zugriffsrechten und meistens auch zum Aufbau einer benutzerspezifischen Einstiegsseite in das System.

Rechteverwaltung: Üblicherweise ist der Zugriff auf bestimmte Inhalte oder Funktionen eines CSCL-Systems nur autorisierten Personen oder Personengruppen vorbehalten und wird über entsprechende Werkzeuge verwaltet. Die Rechtevergabe erfolgt dabei häufig rollenbasiert, d. h., je nach der Rolle, die einem bestimmten Benutzer zugeordnet ist (Student, Tutor, Kursautor usw.), erhält er unterschiedliche Zugriffsrechte auf bestimmte Daten oder Werkzeuge der Plattform.

Gruppenverwaltung: Bei CSCL-Anwendungen werden regelmäßig mehrere Studenten zu Gruppen zusammengefasst, denen bestimmte Aufgaben zugeordnet werden. CSCL-Plattformen besitzen daher in der Regel bestimmte Gruppenmodelle und Werkzeuge zur Verwaltung von Gruppen.

2.5   Weitere Komponenten

Darüber hinaus finden sich bei CSCL-Plattformen eine Vielzahl weitere Funktionen, von denen nachfolgend einige beschrieben werden sollen.

Suche: Die meisten Plattformen bieten eine Suchfunktion an, mit der sich in Lerninhalten oder auch noch sonstigen Informationen wie etwa Benutzernamen suchen lässt.

Kalender: Einige Plattformen bieten eine Kalenderfunktion an, mit der Studenten und Tutoren Termine verwalten können, wobei sowohl persönliche Kalender als auch Gruppenkalender zu finden sind.

Bookmarks: Einige Systeme erlauben es den Benutzern, Bookmarks zur Erleichterung der Navigation im System anzulegen, wobei diese teilweise auch anderen Benutzern zugänglich gemacht werden können. Gelegentlich sind auch Annotationen zu Bookmarks möglich.

Offline-Bearbeitung: Um die Bearbeitung von Kursmaterial auch dann zu ermöglichen, wenn ein Student nicht mit dem Internet verbunden ist (beim Arbeiten zu Hause kann dies etwa aus Kostengründen wünschenswert sein), ermöglichen es einige System den Studenten, Kursmaterial auf den eigenen Computer zu kopieren und dort zu bearbeiten. Beim späteren Einloggen in das System werden die Daten auf dem lokalen Rechner und dem zentralen Server dann wieder synchronisiert.

3   Ausgewählte Plattformen

Es gibt sicher weit über Hundert Systeme, die den Anspruch erheben, eine CSCL-Plattform zu sein. Aus Platzgründen kann hier nur auf einen ganz kleinen Teil dieser Systeme eingegangen werden; es sollen nachfolgend nur vier CSCL-Plattformen etwas genauer beschrieben werden: CSILE/Knowledge Forum, WebCT, Blackboard und BSCW/BSCL. Dabei wurde CSILE/Knowledge Forum ausgewählt, da es historisch eine der ersten CSCL-Plattformen war, die darüber hinaus auch heute noch im Einsatz ist. Die anderen Systeme wurden gewählt, da sie derzeit wohl die drei Systeme sind, die zur Unterstützung der Lehre an Schulen und Universitäten am weitesten verbreitetet sind.

3.1   CSILE / Knowledge Forum

Mit der Entwicklung von CSILE (Computer Supported Intentional Learning Environments) wurde 1983 in Kanada am Ontario Institute for Studies in Education (OISE) begonnen, und CSILE wurde zunächst an der Universität, sehr bald aber auch schon im Schulbereich eingesetzt. 1995 wurde es grundlegend überarbeitet und seitdem unter dem Namen Knowledge Forum von der Firma Learning in Motion kommerziell vertrieben und ständig weiter entwickelt. Das Programm lief ursprünglich nur auf Apple Computern, ist aber seitdem auf MS Windows Rechner portiert worden. Inzwischen existiert eine CSILE-Version, die auf Benutzerseite nur einen Web-Browser und keine sonstige Client-Installation benötigt.

CSILE basierte von Beginn an auf einem pädagogischen Modell des Wissenserwerbs (Bereiter & Scardamalia 1989), das ständig in E-Learning Anwendungen evaluiert wurde, deren Ergebnisse in die Weiterentwicklung der Software einflossen. Unter anderem wurde der Einsatz von CSILE in zwei verschiedenen Methoden evaluiert, nämlich dem *independent research model* und dem *collaborative knowledge-building model*. Beim ersten Modell arbeiten die Lernenden individuell und sind dabei gezwungen, viele Quellen zu studieren und viel zu schreiben. Beim zweiten Modell planen die Lernenden den Lernprozess gemeinsam und erarbeiten sich ihr Wissen in der Gruppe. Ein Vergleich der beiden Methoden zeigte, dass das kollaborative Modell dem individuellen im Lernerfolg überlegen war.

Der Kern von CSILE / Knowledge Forum ist ein multimedialer *Knowledge Space* einer Lerngruppe. Die Lerngruppen werden dabei üblicherweise von Tutoren eingerichtet, die den Gruppen auch die Aufgaben zuordnen. Bei der Anmeldung an dem System müssen sich die Benutzer mit Name und Passwort identifizieren und erhalten danach Zugriff auf die Knowledge Spaces ihrer Lerngruppen.

Die Mitglieder der Lerngruppe bringen in Form von Notizen ihre Theorien, Pläne, Begründungen, Referenzmaterialien usw. während des Wissensbildungsprozesses ein. Eine Notiz kann dabei nicht nur aus Text, sondern auch aus Bildern, Tabellen, oder digitalisiertem Audio- und Videomaterial bestehen. Das System unterstützt dabei das Erzeugen der Notizen und die Art und Weise, in der diese dargestellt, verknüpft und weiter verarbeitet werden. Insbesondere gestattet das System unterschiedliche textuelle und grafische Sichten auf einen Satz von Notizen, wodurch während des Wissensbildungsprozesses das Entstehen neuer Einsichten und Erkenntnisse über das schon gesammelte Material gefördert werden soll (Scardamalia 1989).

Bei der Erzeugung von Notizen werden die Studenten dazu angehalten, diese nach so genannten *Thinking Types* zu klassifizieren, zum Beispiel als „Problem", „Arbeitshypothese", „Erklärung" oder „Bitte um Hilfe", um den Wissensbildungsprozess zu strukturieren und die Teilnehmer zur Selbstreflexion ihrer Beiträge anzuhalten. Die verfügbaren Thinking Types sind dabei variabel und können von den Tutoren den jeweiligen Aufgabenstellungen angepasst werden. Nachträglich verändern können die Studenten nur ihre eigenen Texte, wobei ein Text auch mehrere Eigentümer haben darf. Kommentierend können die Studenten aber auf alle Notizen ihrer Gruppe eingehen.

CSILE/Knowledge Forum bietet neben den Gruppenarbeitsbereichen auch private Arbeitsbereiche für die Studenten. Dort können sie private Notizen zu ihrem Lernprozess anlegen, die sie später gegebenenfalls der gesamten Gruppe zur Verfügung stellen.

Das System stellt ferner Werkzeuge bereit, mit denen sich der Ablauf des Lernprozesses einer einzelnen Person oder einer Gruppe analysieren lässt. Die Ergebnisse der Analysewerkzeuge können zur weiteren Steuerung/Korrektur des Lernprozesses verwendet werden.

CSILE/Knowledge Forum kann im Klassenraum eingesetzt, aber auch – insbesondere in den neueren Web-basierten Versionen – in lokal verteilten Gruppen für kollaborative Teleteaching-Anwendungen über das Internet genutzt werden.

Abbildung 1 zeigt ein Beispiel (URL: http://onlinedemocracy.winona.org) für ein Knowledge Space in Knowledge Forum, bei dem die Notizen und deren Relation zueinander in grafischer Form dargestellt sind.

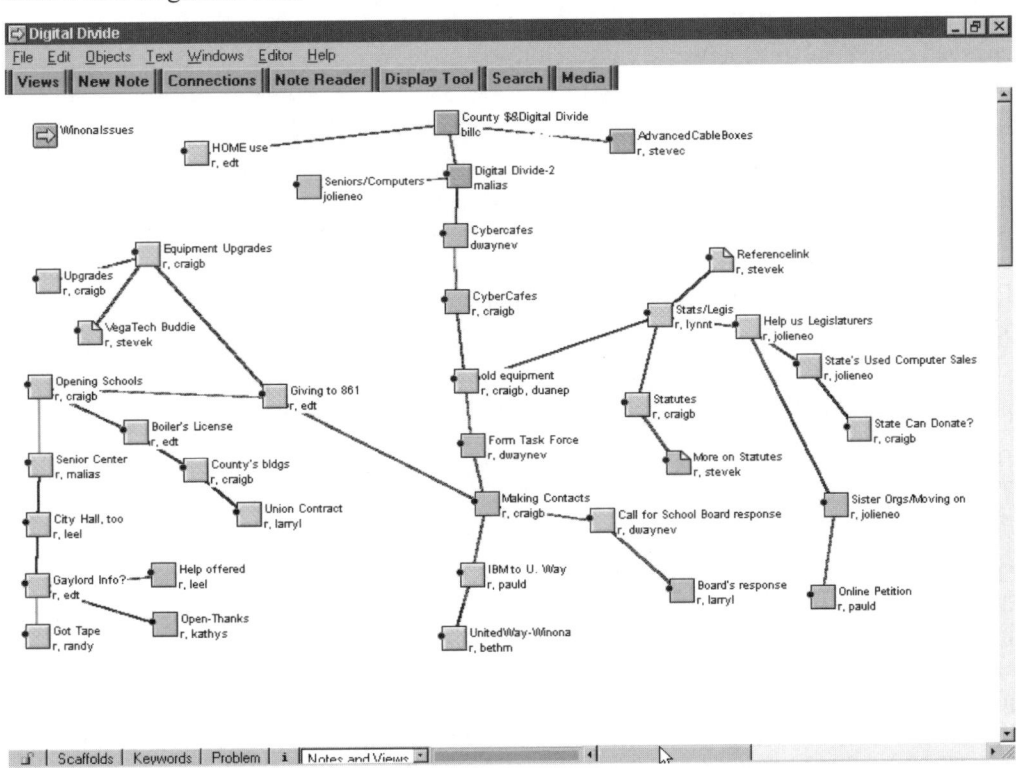

Abbildung 1: Beispiel für Knowledge Forum Benutzerinterface

Fazit

Der Schwerpunkt von CSILE / Knowledge Forum liegt auf der kollaborativen Wissenserarbeitung, basierend auf dem pädagogischen Konzept des intentionalen Lernens sowie auf der Bereitstellung von Werkzeugen zur Analyse und Steuerung des Lernprozesses. Die Erstellung von Lernmaterialien wird nur in begrenztem Umfang unterstützt.

Weitere Informationen zu CSILE / Knowledge Forum finden sich auf folgenden Web Sites:

- http://www.knowledgeforum.com/
- http://ikit.org/resources.html

3.2   WebCT

WebCT ist ein E-Learning System, das seit 1995 von der WebCT Inc. in den USA kommerziell vertrieben wird. Es umfasst etwa 40 verschiedene Werkzeuge für Tutoren und Studenten. Die wichtigsten Funktionen sollen im Folgenden kurz vorgestellt werden.

WebCT bietet den Kursautoren eine Reihe von Authoring-Werkzeugen für das Erzeugen und Verwalten von Lernmaterialien. Unter anderem gibt es ein so genanntes Selective Release, mit dem ein Autor die Zeit und das Datum festlegen kann, an dem Information zu bestimmten URLs, einzelnen WebCT-Werkzeugen, aber auch bestimmte Textseiten den Studenten angeboten werden. Üblicherweise enthalten Kurse auch Aufgaben, die von den Studenten zu bearbeiten sind.

WebCt bietet Chat-Funktionen und zwar einerseits als direktes Chatten zwischen zwei Teilnehmern unter Ausschluss der Anderen und andererseits Chatten in vorgegebenen Chat-Rooms, die für unterschiedliche Themenbereiche angelegt werden. Es gibt Diskussionsforen, wo nach Themen geordnet öffentlich Ideen ausgetauscht und Diskussionen geführt werden können. Ein Whiteboard ermöglicht einer Gruppe von Teilnehmern eine Kommunikation in Echtzeit, bei der sie eine gemeinsame Zeichenfläche benützen können.

WebCT ermöglicht Homepages, auf denen einzelne Benutzer oder Gruppen Informationen erstellen und publizieren können. So genannte *Presentations* erlauben es Benutzern, Gruppen- oder Einzelprojekte zu erstellen und allen Benutzern zugänglich zu machen.

Bei der Bearbeitung von Kursen können Benutzer Annotationen (individuelle Notizen oder Tagebucheinträge) zu einer bestimmten Seite zu machen. Diese sind nur sichtbar für den Autor des Eintrages.

Bezüglich Evaluation erlaubt es WebCT den Benutzern, Informationen und Statistiken über ihre Nutzung der Kurse abzurufen. Damit können sie feststellen, welche Seiten sie in welcher Reihenfolge besucht und wieweit sie das Lernmaterial schon durchgearbeitet haben. Auf der so genannten *Quiz-Seite* finden die Benutzer den Zugang zu Tests, Bewertungen, und Online-Aufgaben ihres Kurses. Dort finden sie auch Ihre Testergebnisse, Kommentare des Tutors und Statistiken über die Quiz. So genannte *Self Tests* erlauben es den Benutzern, ihr Verständnis des gerade behandelten Lernstoffes zu kontrollieren. Diese Selbstevaluationsfragen werden – im Gegensatz zum Quiz – nicht benotet.

Der Tutor kann den Arbeitsfortschritt der Studenten überwachen, zum Beispiel Angaben zum ersten und letzten Zugriff auf Lernmaterial, Anzahl und Prozentzahl der bearbeiteten Seiten usw. bekommen. Studenten können nach verschiedenen Kriterien klassifiziert werden, wodurch zum Beispiel Studenten, die sich nicht mehr in den Kurs einloggen, gefunden werden können. Das kann auch helfen Popularität oder Schwierigkeit einzelner Kursteile zu entdecken.

Ein Kalender bietet Einblick auf die vom Tutor vorgesehenen Ereignisse. Die Kursteilnehmer können private Einträge einfügen und, falls es ihnen erlaubt wurde, auch öffentlich sichtbare Einträge vornehmen.

Daneben bietet WebCT Funktionen zur Benutzerverwaltung, E-Mail zwischen den Benutzern und Suchfunktionen auf Inhalte und Benutzerdaten.

Abbildung 2 zeigt ein Beispiel für eine Kursseite eines WebCT Systems.

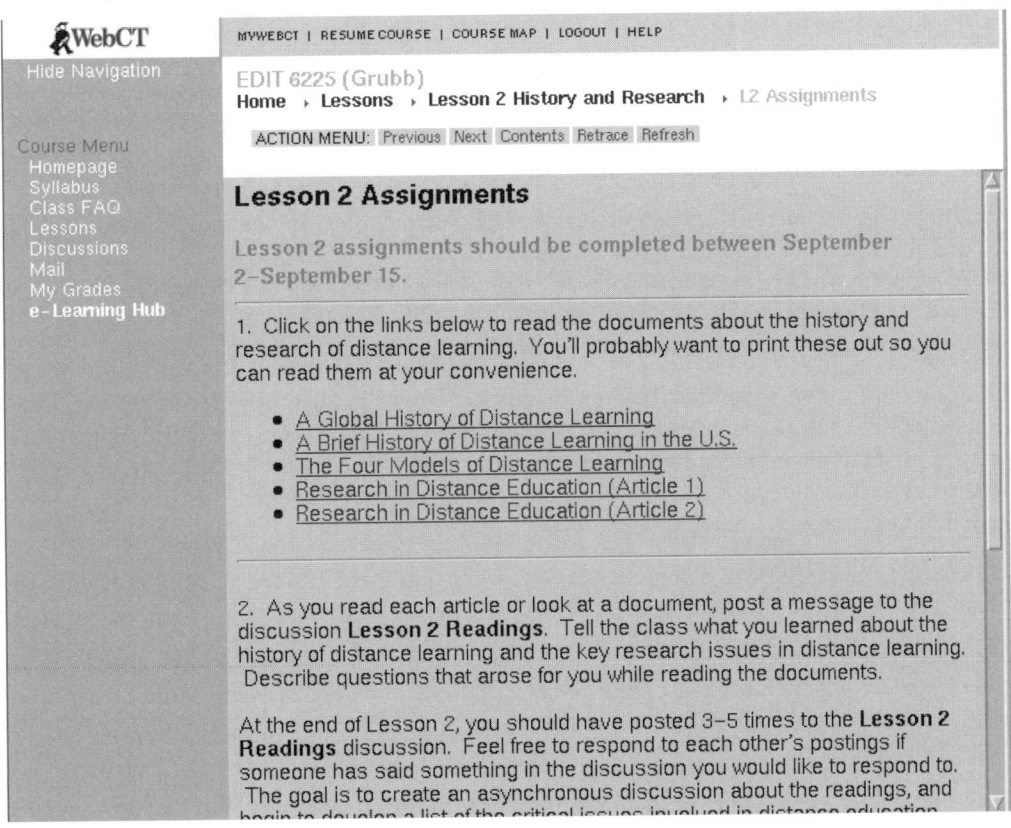

Abbildung 2: Beispiel für WebCT Kurs-Interface

Fazit

Der Schwerpunkt von WebCT liegt auf der Erstellung von Kursen, auf die Studenten über das Web zugreifen, sowie auf der Bereitstellung von Werkzeugen zur Evaluation des Lernerfolges. Zwar stellt WebCT auch einige Werkzeuge zur Zusammenarbeit von Studenten zur Verfügung, aber WebCT hat kein integriertes pädagogisches Konzept zum Collaborative Learning.

Informationen zu WebCT sind auf der Web Site http://www.webct.com zu finden.

3.3   Blackboard

Von der in den USA im Jahre 1997 gegründeten Firma Blackboard Inc. wird die *Blackboard e-Education Suite* angeboten, die aus den drei miteinander verknüpften Komponenten Blackboard Content System, Blackboard Portal System und Blackboard Learning System. (Zusätzlich wird auch noch die Komponente Blackboard Transaction System angeboten, die allerdings mit E-Learning nichts zu tun hat, sondern zur Abwicklung von Bezahlvorgängen bei Einkäufen oder Inanspruchnahme von Dienstleistungen auf dem Universitätsgelände mit einer Chip-Karte gedacht ist.)

Blackboard Content System

Die Blackboard Content Komponente dient zur Erzeugung und Verwaltung von Inhalten für Tutoren und Studenten. Diese Komponente stellt zum einen jedem Benutzer Speicherplatz zur Verfügung, auf den er über Blackboard zugreifen kann und der aus Benutzersicht wie ein (virtuelles) Plattenlaufwerk aussieht. Über eine WebDAV-Schnittstelle lassen sich Dateien bequem zwischen lokalen Rechnern und dem virtuellen Plattenlaufwerk austauschen.

Das Content System bietet den Tutoren Funktionen zum Erstellen und Verwalten von Lernmaterialen, die den Studenten über das Learning bzw. Portal System zur Verfügung gestellt werden. Insbesondere unterstützt das Content System die Wiederverwertung von Lerneinheiten in unterschiedlichen Kursen, wobei die jeweiligen Lerneinheiten nur in einer Instanz erstellt und gewartet werden müssen.

Ferner bietet die Content Komponente den Benutzern Arbeitsbereiche (E-Portofolios genannt), in denen sie Informationen (Forschungspapiere, Präsentationen, Multimediadateien usw.) ablegen und, wenn sie wollen, auch für andere Benutzer zugreifbar machen können.

Eine Spezialkomponente des Content Systems ist auf die Bereitstellung bibliothekarischer Informationen zugeschnitten und bietet auch Schnittstellen zu ggf. schon vorhandenen Bibliotheksdatenbanken.

Das Content System bietet ferner Suchfunktion, Versionskontrolle für Dokumente einschließlich der Erfassung der Änderungshistorie und Workflowfunktionen zur Dokumentenverarbeitung.

Blackboard Portal System

Mit der Blackboard Portal Komponente wird ein konfigurierbarer und benutzerabhängiger Einstieg in die unterschiedlichen Inhalte und Werkzeuge des Blackboard Systems realisiert. Über das Portal lassen sich allgemeine Informationen, personalisierte Informationen wie etwa Zugang zu den Kursen der jeweiligen Benutzer, offene und geschlossene Diskussionsforen und Gruppenarbeitsbereiche zur Verfügung stellen.

Zugriff auf personalisierte Informationen erhalten die Benutzer nach einer Authentifizierung mit Namen und Passwort, wobei die Authentifizierung mit schon existierenden Studenteninformationssystemen integriert werden kann. Zugriffsrechte lassen sich benutzer- bzw. rollenbasiert festlegen. Es lassen sich beliebige Rollen definieren wie etwa *Tutor*, *Student* oder spezialisiert auch *Informatikstudent im Grundstudium* oder *Mitglied der Bibliothekskommission*. Dies gestattet es, nach dem Einloggen den Benutzern dediziert auf ihre Person zugeschnittene Informationen zu liefern.

Über das Portal System können auch Werkzeuge wie etwa Chat, Instant Messaging Funktionen, Diskussionsforen, E-Mail und Werkzeuge zur Durchführung von Abstimmung bereitgestellt werden.

Blackboard Learning System

Über die Blackboard Learning Komponente wird den Studenten die Bearbeitung ihrer Kurse zugänglich gemacht. Tutoren können Kurse einrichten, Studenten den Kursen zuordnen und Ankündigungen für ihre Studenten machen. Falls gewünscht kann der Inhalt von Kursen erst zu bestimmten Terminen zugänglich gemacht werden.

Über das Learning System teilen Tutoren den Studenten Hausaufgaben zu, die die Studenten nach Bearbeitung über das Learning System abgeben können. Außerdem können Tests erzeugt, durchgeführt und ausgewertet werden.

Zum kollaborativen Lernen bietet der Learning System Chat, auch so genannte Chat-Vorlesungen, gemeinsames Web-Browsen in einer Gruppe und Shared Whiteboards.

Fazit

Der Schwerpunkt von Blackboard liegt auf der Erstellung von Lernmaterialien, auf die Studenten über das Web zugreifen, sowie auf der Bereitstellung von Werkzeugen, um den Lehrbetrieb an Schulen und Universitäten möglichst umfassend zu unterstützen. Ähnlich wie WebCT stellt zwar Blackboard einige Werkzeuge zur Zusammenarbeit von Studenten zur Verfügung, aber Blackboard hat ebenfalls kein integriertes pädagogisches Konzept zum Collaborative Learning.

Informationen zu Blackboard sind auf der Web Site http://www.blackboard.com (auf Deutsch auf http://www.blackboard.com/worldwide/de/de/index.htm) zu finden.

3.4   BSCW / BSCL

BSCW (Basic Support for Cooperative Work) ist ein Groupware-System, das vom Institut für Angewandte Informationstechnik FIT (bis 2001 ein Institut der GMD – Forschungszentrum Informationstechnik, seitdem ein Institut der Fraunhofer Gesellschaft) entwickelt wird und seit 1995 Interessierten zugänglich ist. BSCW war beim Erscheinen das erste vollständig Web-basierte Groupware-System, das auf Benutzerseite nur einen Web-Browser erforderte. Das System wird kontinuierlich von FIT und der 1998 gegründeten Spin-off-Firma Orbi-Team Software GmbH weiterentwickelt.

BSCW ist zwar ein generisches Groupware-System (Appelt 1999), das nicht auf eine speziellen Anwendungsbereich wie CSCL zugeschnitten ist, aber BSCW hat gerade im Hochschulbereich eine starke Verbreitung gefunden und wird in vielen E-Learning-Anwendungen eingesetzt (Appelt & Mambrey 1999).

Die Grundidee des BSCW Systems ist der gemeinsame Arbeitsbereich (Shared Workspace), den die Mitglieder einer Arbeitsgruppe auf einem Rechner einrichten und zur Organisation und Koordinierung ihrer Aufgaben verwenden. Ein solcher Arbeitsbereich kann unterschiedliche Arten von (elektronischen) Objekten wie zum Beispiel Ordner, Dokumente, Tabellen, Grafiken oder Verweise auf WWW-Seiten enthalten. Die Mitglieder der Arbeitsgruppe können Objekte von ihrem lokalen Rechner auf den Arbeitsbereich übertragen oder Objekte vom Arbeitsbereich auf ihre lokalen Rechner transferieren, etwa um ein Dokument zu lesen oder zu editieren.

Neben der Funktion eines zentralen Informationsarchivs stellt das BSCW System eine umfangreiche Palette weiterer Funktionen zur Verfügung, die die Kooperation der Mitglieder einer Arbeitsgruppe unterstützen:

Dokumentenmanagement

Da bei vielen Kooperationsaufgaben die gemeinsame Dokumenterstellung ein wichtiges Thema ist, enthält das BSCW System Funktionen zur Versionsverwaltung von Dokumenten. Die Benutzer können zum Beispiel explizit neue Versionen eines Dokuments ablegen, ohne dass ältere Versionen überschrieben werden.

Mitgliederverwaltung und Zugriffsrechte

Das BSCW System stellt Funktionen zur Verwaltung der Mitglieder in einem gemeinsamen Arbeitsbereich zur Verfügung, zum Beispiel das Hinzufügen oder Entfernen von Mitgliedern durch solche Mitglieder, die hierzu autorisiert sind. Der Zugang zu dem Arbeitsbereich kontrolliert das System durch die Abfrage von Benutzername und Passwort. Darüber hinaus kann ein Benutzer zusätzliche Informationen wie zum Beispiel E-Mail-Adresse, Telefon- oder Telefaxnummern einbringen.

Die Mitglieder einer Arbeitsgruppe können unterschiedliche Zugriffsrechte auf die Objekte in einem Arbeitsbereich haben. So kann der Erzeuger eines Dokuments zum Beispiel festlegen, daß bestimmte Mitglieder das Dokument ändern dürfen, andere aber nur lesenden Zugriff – oder überhaupt keinen Zugriff – haben sollen. Die Vergabe von Zugriffsrechten erfolgt rollenbasiert.

Ereignis- und Benachrichtigungsdienste

Das System registriert alle so genannten „Ereignisse" in einem Arbeitsbereich. Ein Ereignis wird dabei durch jeden Zugriff auf einen Arbeitsbereich ausgelöst, zum Beispiel wenn ein neues Objekt abgelegt wird, eine neue Version eines existierenden Objekts erzeugt wird, ein Dokument von jemandem abgeholt (gelesen) oder ein Objekt umbenannt wird.

Wenn ein Benutzer einen BSCW Shared Workspace „betritt", wird er darüber informiert, welche Ereignisse sich in der letzten Zeit ereignet haben, das heißt, jedes Mitglied einer Arbeitsgruppe erhält auf diese Weise Informationen über die Aktivitäten der anderen Mitglieder (in Bezug auf die Objekte im Arbeitsbereich). Dieser ereignisbasierte Ansatz zur wechselseitigen Information über Aktivitäten der Mitglieder ist zwar recht simpel, aber Informationen wie „X hat eine neue Version von Dokument A abgelegt" oder „Y hat Dokument B gelesen" enthält häufig genügend Metainformation, die die nächsten Schritte der Zusammenarbeit in der Gruppe steuern.

Benutzer können die Benachrichtigung über Aktivitäten in BSCW Arbeitsbereiche auch über E-Mail erhalten. Wenn sie sich für diesen Service registrieren, erhalten sie täglich eine E-Mail-Nachricht über die Ereignisse in ihren Arbeitsbereichen, wobei die Benutzer auch konfigurieren können, über welche Art von Ereignissen sie informiert werden wollen (zum Beispiel nur über der Erscheinen neuer Dokumente oder die Änderung von Dokumenten, nicht aber über Leseereignisse).

Das System bietet ferner ein Java-Applet an, das es Benutzern ermöglicht, sich über die gleichzeitige Anwesenheit anderer Benutzer in BSCW Arbeitsbereichen und deren Aktivitäten zu informieren. Über diese Komponente können die Benutzer auch synchrone Kommunikation betreiben, zum Beispiel in Form einer Chat Session.

Suchfunktionen

Benutzer können Suchen nach Objekt in BSCW Arbeitsbereichen durchführen. Die Suchanfrage kann dabei auf Namen, Inhalt oder anderen Eigenschaften von Objekten, zum Beispiel nach dem Namen des Autors eines Dokuments oder dem Erstellungszeitraum, basieren. Darüber hinaus können Anfragen an Suchmaschinen im WWW geschickt werden und die Antworten der Suchmaschinen dann direkt als Objekte in die Arbeitsbereiche übernommen werden.

Personalisierung

Die Benutzer können dem System gegenüber persönliche Präferenzen zur Gestaltung der Benutzerschnittstelle des Systems angeben, zum Beispiel, ob das Interface englischsprachig oder deutschsprachig sein soll. Es gibt verschiedene Benutzerprofile („Anfänger", „Fortgeschrittener", „Experte"). Üblicherweise beginnt ein neuer Benutzer des Systems mit dem Anfänger-Profil, in dem ihm zwar nur eine Teilmenge der Systemfunktionen zur Verfügung steht, dafür das Interface aber recht einfach und übersichtlich gestaltet ist. Mit zunehmender Vertrautheit mit dem System kann er dann zum Fortgeschrittenen- oder Experten-Profil wechseln.

Das System stellt den Benutzern persönliche Kalender sowie Gruppenkalender zur Verfügung, die auch Schnittstellen zu synchronen Kommunikationswerkzeugen wie etwa Audio/Video-Konferenzsystemen oder Application Sharing Werkzeugen haben.

3.5   BSCL

Aufbauend auf BSCW wurde im Rahmen des EU-geförderten Projekts ITCOLE von April 2001 bis Juni 2003 ein CSCL-System namens Synergeia entwickelt (Appelt 2003). Das System besteht aus einer Komponente zur asynchronen Kooperation namens BSCL und einer Komponente zur synchronen Kooperation (im Wesentlichen Chat und Shared Whiteboard) namens MapTool. Das Synergeia-System ist vorrangig für den Einsatz im schulischen Bereich (Primarstufe, Sekundarstufe) gedacht und wurde in einer Reihe von Feldtests im Rahmen von ITCOLE auch dort evaluiert (Emans & Slighte 2003).

Die asynchrone Kooperationskomponente BSCL (Basic Support for Collaborative Learning; siehe http://bscl.fit.fraunhofer.de) ist dabei eine Variante des oben beschriebenen BSCW Systems. Während BSCW ein generisches Groupware-System ist, das für zahlreiche Anwendungen eingesetzt werden kann, zum Beispiel für Projektmanagement, Tagungsorganisation, Teleteaching-Anwendungen oder Wissensmanagement, ist BSCL speziell für den CSCL-Einsatz gedacht. Insbesondere wurde in BSCL das pädagogische Konzept des Progressive Inquiry (Paavola et al. 2002) integriert, das eng mit dem pädagogischen Konzept von CSILE / Knowledge Forum verwandt ist.

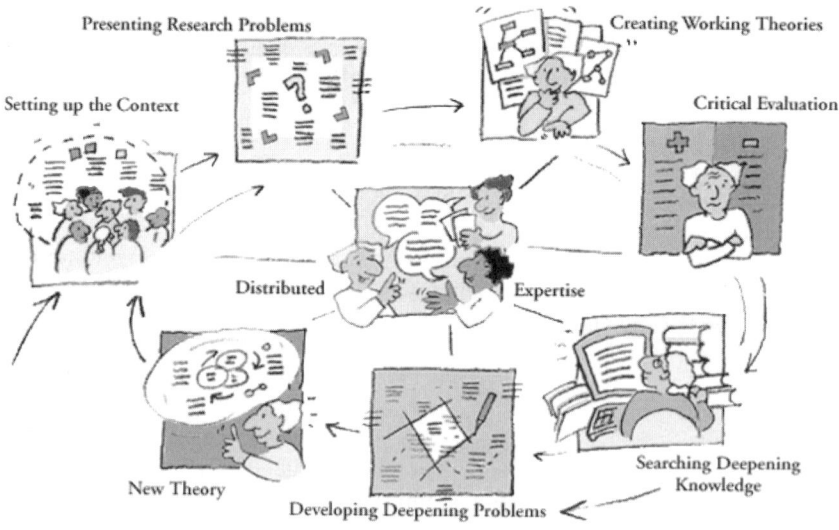

Abbildung 3: Die Progressive Inquiry Theorie

Die Konzepte der *Progressive Inquiry Theorie* sind in Abbildung 3 grafisch dargestellt (URL: http://newmedia.colorado.edu/cscl/228.html).

Gemäß dieser Theorie wird Wissen gemeinsam in diskursiver Weise erarbeitet, wobei die Lernenden ihren Beiträgen so genannte *Thinking Types* zuordnen (zum Beispiel „Setting up the Context", „Creating Working Theories", „Critical Evaluation" oder „New Theory"), um den Wissensbildungsprozess zu strukturieren und die Teilnehmer zur Selbstreflexion ihrer Beiträge anzuhalten. Diese Lernmethodik ist insbesondere in lokal verteilten Gruppen anwendbar (z.B. in der Fernlehre). Obwohl Computerunterstützung zur Anwendung dieser Methodik nicht unbedingt notwendig ist, ist es sehr sinnvoll, entsprechende CSCL-Software einzusetzen, die den Lernenden Hilfestellung beim Ablauf des Wissensbildungsprozesses bietet.

BSCL ist primär zur Konstruktion textueller Artefakte wie Dokumente, Verweise auf Web-Seiten und Diskussionsbeträge gemäß der *Progressive Inquiry* Theorie im Kontext von Schulunterricht gedacht. Das System unterstützt dabei die eigenständige Arbeit sowie die gemeinsame Arbeit von Schülern. Bei der gemeinsamen Arbeit wird dabei unterschieden zwischen der Arbeit in Lerngruppen (eine Lerngruppe umfasst dabei typischerweise drei bis fünf Schüler, denen eine gemeinsame Aufgabenstellung zugewiesen wurde) und der Arbeit in einem Kurs (Klasse), dessen Schüler auf mehrere Lerngruppen aufgeteilt werden, denen jeweils eine in der Regel unterschiedliche Aufgabenstellung zugewiesen wird.

Ein BSCL System wird üblicherweise mehrere Kurse verwalten, die jeweils eine Reihe von Lerngruppen enthalten. Lehrer richten Kurse und Gruppen ein und ordnen die Schüler diesen Kursen und Gruppen zu. Die Kurse und Gruppen können Ordner und Unterordner enthalten, um die Informationen darin zu strukturieren.

Wie im BSCW-System können Kurse, Gruppen und Ordner unterschiedliche Arten von Informationen enthalten, wie zum Beispiel Dokumente, Bilder, Verweise auf Web-Seiten, *Knowledge Building Areas* und mehr.

Die hauptsächlichen Änderungen, die für BSCL an BSCW vorgenommen wurden, sind die folgenden:

- – Das Benutzerinterface wurde gründlich überarbeitet, um es für Schüler attraktiver zu machen.
- – Die Konzepte *Kurs* und *Gruppe* wurden hinzugefügt.
- – Die Rollen *Schüler* und *Lehrer* wurden eingeführt. Abhängig von seiner Rolle hat ein Benutzer unterschiedliche Rechte in dem System. Zum Beispiel kann nur ein Lehrer neue Kurse und Gruppen einrichten.
- – BSCWs generisches Diskussionsforum wurde zur *Knowledge Building Area* von BSCL weiterentwickelt. Insbesondere muss ein Schüler, der einen Beitrag zum Wissensbildungsprozess einbringen will, diesem immer einen *Thinking Type* zuordnen, d.h., die Schüler werden dazu angehalten, zunächst über die Art ihres Beitrags nachzudenken.
- – Als neues Feature wurden *Aushandlungen* eingeführt: Beim Einsatz von BSCL hat eine Lerngruppe häufig die Aufgabe, das von der Gruppe gemeinsam erarbeitete Wissen anschließend dem gesamten Kurs vorzustellen. BSCL unterstützt dabei den Prozess des Aushandelns zwischen den Gruppenmitgliedern, was dem Kurs als das gemeinsame Gruppenergebnis präsentiert werden soll.

– Zum Einsatz von BSCL in Grundschulen wurde ein spezielles *Primary* Benutzerprofil eingeführt. Bei der Verwendung dieses Profils ist nur eine sehr reduzierte Teilmenge der BSCL-Funktionalität im Interface sichtbar, wodurch die Bedienung von BSCL für jüngere Kinder stark vereinfacht wird.

Abbildung 4 zeigt ein Beispiel-Interface der BSCL. Benutzer Appelt hat sich in das System eingeloggt und sich in den Kurs *Physics – Electricity* begeben. Andere Schüler dieses Kurses sind *amart*, *Ann*, ..., und *woutervi*. Der Kurs hat die zwei Gruppen *Boys* und *Girls* und enthält noch mehrere andere Objekte wie zum Beispiel den Ordner *Circuits* mit zusätzlichen Informationen, einen Verweis zum Benutzerhandbuch von Synergeia und die beiden Knowledge Building Areas *Magnetism & Electricity* und *Physics*.

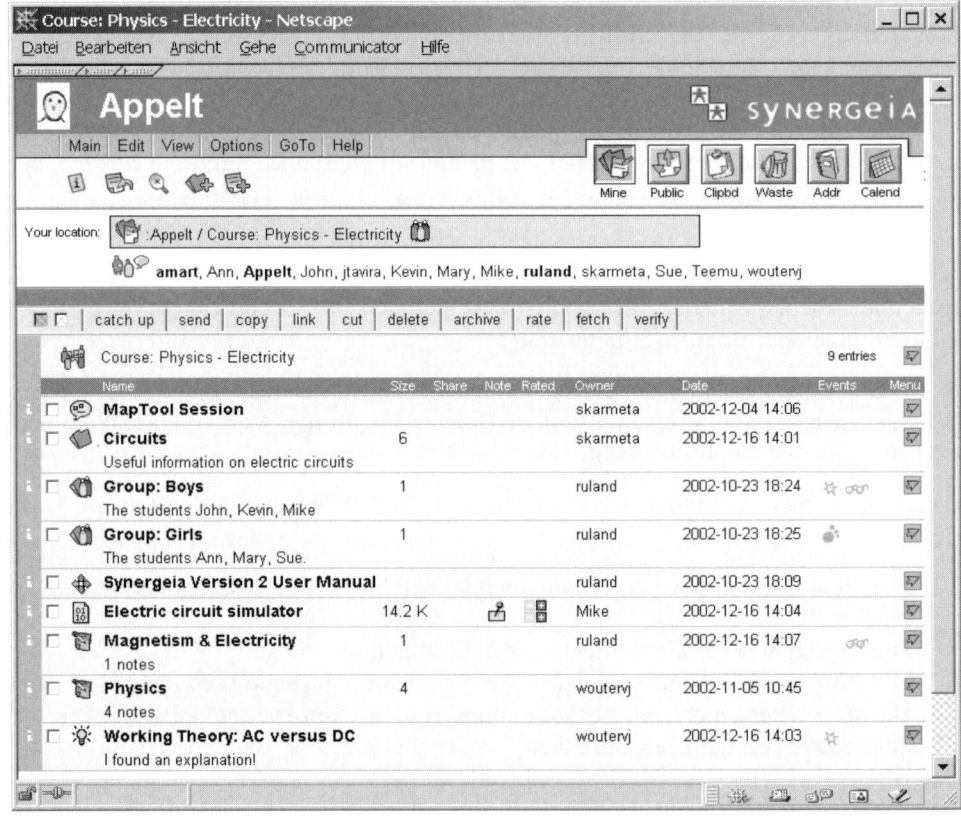

Abbildung 5: Das BSCL Benutzerinterface

Fazit

BSCW ist ein generisches Groupware System, das auf Grund seiner kostenlosen Verfügbarkeit für Schulen und Universitäten zu Ausbildungszwecken häufig für CSCL-Anwendungen eingesetzt wird. BSCL ist eine Weiterentwicklung von BSCW, bei dem CSCL-spezifische

Anpassungen vorgenommen wurden, insbesondere ein pädagogisches Konzept integriert wurde.

3.6 Vergleich der vier Systeme

Die folgende Tabelle gibt einen Vergleich bezüglich der Funktionalität der vier ausgewählten Systeme. Man beachte allerdings, dass alle Systeme noch weiterentwickelt werden und sich ihre Funktionalität in Zukunft ändern kann.

	CSILE/K. F.	WebCT	Blackboard	BSCL
asynch. Kommunikation	ja	ja	ja	ja
synch. Kommunikation	nein	ja	ja	gering
pädagogisches Konzept	ja	nein	nein	ja
Autorenwerkzeuge	nein	ja	ja	nein
Evaluationswerkzeuge	ja	ja	ja	nein
Zusammenarbeit von Studenten	stark unterstützt	gering unterstützt	gering unterstützt	stark unterstützt
Funktionsvielfalt	mittel	hoch	hoch	hoch
Mehrsprachigkeit	nur Englisch	ja	ja	ja
Schwerpunkt	kollaborative Wissenserarbeitung mit integriertem pädagogischem Konzept	Erstellung von Kursmaterial und Evaluationswerkzeuge	Erstellung von Kursmaterial, administrative Unterstützung des Lehrbetriebs	kollaborative Wissenserarbeitung mit integriertem pädagogischem Konzept
Lizenzgebühren	ja	ja	ja	nein (Schulen, Universitäten)

2.3   Konzepte für Werkzeuge und Plattformen

2.3.1   Konzepte zur Administration

Franziska Schneider, Helmut Schauer

Universität Zürich

1   Einleitung

Seit 1999 beschäftigt sich das OLAT-Team der Universität Zürich intensiv mit E-Learning. OLAT heißt Online Learning and Training und ist eine webbasierte Lernplattform. Das O-LAT-Team bietet für Lehrende didaktische wie auch technische Unterstützung beim Einsatz der Lernplattform OLAT an. Zusätzlich zu den Dienstleistungen entwickelt das OLAT-Team die Lernplattform OLAT weiter. Für weitere Informationen siehe (OLAT 2004).

Der enge Kontakt zu Lehrenden aus heterogenen Fachrichtungen zeigt, dass die Aktivitäten im Bereich des E-Learnings verschieden und deshalb die Anforderungen an eine Lern-plattform unterschiedlich sind. Beispielsweise benötigen die einen eine Gruppen- sowie eine Forenbeitragsadministration, die anderen brauchen auch eine Forenbeitragsadministration, keine Gruppen- dafür eine Leistungsadministration, sowie Möglichkeiten, Lernmodule zu administrieren. Auf den ersten Blick sind die Anforderungen so verschieden, dass scheinbar für jeden Lehrenden eine eigene Lernplattform zur Verfügung gestellt werden müsste, was allein aus der Kosten-Nutzen-Sicht nicht in Frage kommt.

Die größte Herausforderung besteht darin, eine sehr große Menge von administrativen An-forderungen exakt zu spezifizieren und widerspruchsfrei ohne Redundanz in eine Lern-plattform zu integrieren. Die Anforderungen ergeben sich aus zunächst konkreten Anfor-derungswünschen wie beispielsweise Administrieren von Gruppen, von Foren oder von Lernmodulen. Wird die Implementation aber gleich auf der Ebene der konkreten Anforde-rungen realisiert, so entsteht eine Lernplattform voller Widersprüche und Redundanzen. Das Problem muss eine Ebene höher angegangen werden, d.h. die gemeinsamen Nenner der un-terschiedlichsten Anforderungen der Lehrenden müssen gesucht und in einem generellen abstrakten Basismodell abgebildet werden, in welchem die Administrationskonzepte er-sichtlich sind. Das Basismodell und die Administrationskonzepte bilden die Grundlage für die Implementierung einer für den Benutzer konfigurierbaren Lernplattform, die aus einem Subset des Basismodells und der Administrationskonzepte bestehen kann. Aus diesem Sub-set können die konkreten Anwendungsfälle abgeleitet werden.

Der vorliegende Artikel entwickelt ein Basismodell und beschreibt die darin enthaltenen Administrationskonzepte für Lernplattformen. Im ersten Teil werden die Grundlagen erar-beitet und Begriffe eingeführt, im zweiten Teil das Basismodell entwickelt und im dritten

Teil die im Basismodell enthaltenen Administrationskonzepte erörtert. Der Aritkel schließt mit einer Diskussion und einem Ausblick.

2 Grundlagen und Begriffe

Die Aktivitäten im Umfeld des E-Learnings sind unterschiedlich: Das Spektrum geht von Einzelkämpfern in Fachbereichen bis zu zentral organisierten E-Learning-Kompetenzzentren, die die Lehrenden bei der Umsetzung von E-Learning unterstützen. Aber alle haben ein Ziel, nämlich die Lehre zu verbessern.

Dazu brauchen die Lehrenden im E-Learning in der Regel webbasierte Hilfsmittel. Diese Hilfsmittel sind Lernplattformen, so genannte Learning Management Systeme (LMS) oder Computer-Supported Collaborative Learning Systeme (CSCL-Systeme). Ein LMS fokussiert die Distribution von Lernmaterial, Lernkontrolle und die Administration von Personendaten und Leistungsdaten. CSCL-Systeme fokussieren kollaboratives Lernen, indem sie Gruppen-verwaltung und asynchrone/synchrone Kommunikationswerkzeuge zur Verfügung stellen. Alle heutigen Lernplattformen positionieren sich zwischen den beiden reinen Formen eines LMS und eines CSCL-Systemes. OLAT ist ein LMS mit gewissen CSCL-Funktionen.

Der Einsatz einer Lernplattform unterstützt oder ergänzt die bekannten Unterrichtsmethoden wie Frontalunterricht, Werkstattunterricht, Problembasiertes Lernen, Selbstgesteuertes Lernen. Zusätzlich zu der Wahl der Unterrichtsmethode bereiten die Lehrenden Lernmaterial, Lernaufgaben und Lernkontrollen auf. Die didaktische Methode beeinflusst die Art des Lern-materials, die Lernaufgaben und die Lernkontrollen sowie die Art der Betreuung. Die Be-treuung der Lernenden kann mit unterschiedlich großer Intensität durchgeführt werden: der unnahbare, dozierende Wissensvermittler bis hin zum einfühlsamen Helfer. Ein weiterer wichtiger Punkt ist sicherlich die Anzahl der Lernenden. Alle Lehrenden haben sehr indivi-duelle Vorstellungen über das Lehren, auch geprägt von ihrem zu vermittelnden Fach.

Die Lernenden werden mit der vom Lehrenden vorbereiteten Lehre konfrontiert und müssen sich darin zurecht finden. Abhängig vom Vorwissen über ein Fachgebiet, der bereits vor-handenen Lerntechnik und den Kenntnissen in der Informationstechnologie haben die Ler-nenden individuelle Erwartungen an eine Lernplattform.

Dieser Umriss des Umfeldes zeigt, wie heterogen die Vorstellungen über Lehren und Lernen in den Köpfen der einzelnen Beteiligten sind. In diesem Artikel wird davon ausgegangen, dass sich jedes Individuum seine eigene Realität im Kopf zusammenbaut.

Um diese unterschiedlichsten Realitäten zu abstrahieren und einen gemeinsamen Nenner für ein Basismodell mit den enthaltenen Administrationskonzepten zu finden, wird hier die Satz-struktur „Subjekt – Verb – Objekt" zur Hilfe genommen. Beim vorliegenden Problem heißt der dazugehörige Satz: Eine autorisierte Person oder ein System führen Interaktionen mit einer Sache oder Person aus. Das Subjekt ist „eine autorisierte Person oder ein System", das Verb ist „Interaktionen ausführen mit" und das Objekt lautet in diesem Fall „Sache oder Person". In Tabelle 1 werden die Satzteile, die mit dem Konstrukt „Subjekt – Verb – Objekt" eingeführt worden sind, unter der Spalte Elemente und mit Begriffen aus dem E-Learning subsumiert. Wer sind die Akteure? Welche Ressourcen existieren? Welche Handlungen führen Akteure aus? Im nachfolgenden Abschnitt werden die Akteure, Ressourcen und die Handlungen untersucht, wobei die Akteure, Ressourcen und die Handlungen Elemente des Basismodells sind.

Tabelle 1: Definition der Elemente Akteur, Handlung und Ressource

	Satzteile	Elemente
Subjekt	eine autorisierte Person oder ein System	Akteur
Verb	Interaktionen ausführen mit	Kombination von Interaktionen: Handlung
Objekt	Sache oder Person	Ressource

Wer sind die Akteure? Ein Akteur hat die Berechtigung eine Handlung mit einer Ressource vorzunehmen und ist die Repräsentation der Benutzer in einer Lernplattform. In Tabelle 2 sind die Akteure aufgeführt.

Tabelle 2: Akteure

Akteure	Beschreibung
Autor	Ein Autor schreibt Lehrmittel (siehe unten Ressourcen): Lernaufgaben, Lernmodule, Kontrollfragen, erarbeitet Fragebogen und konzipiert einen Rohkurs. Ein Rohkurs ist eine Kursvorlage, die der Kursadministrator in einen effektiven Kurs (siehe unten Kursadministrator) umwandeln kann.
Kursadministrator	Ein Kursadministrator erstellt und organisiert einen effektiven Kurs. Ein effektiver Kurs ist ein Kurs, der während einer definierten Zeitdauer stattfindet.
Betreuer	Ein Betreuer betreut und bewertet die Leistungen der Lernenden.
Lerner	Ein Lerner ist ein Teilnehmer von einem Kurs und muss das Lernziel erreichen.

Welche Ressourcen existieren und sind gleichzeitig für das Basismodell relevant? Gestützt auf die heutigen Standardisierungsbemühungen (z.B. IMS-LD für den Ablauf eines Kurses, IMS-CP für das Lernmaterial, IMS-QTI für die Kontrollfragen (IMS 2003)) und der Erfahrung des OLAT-Teams lassen sich folgende Ressourcen identifizieren. Die Ressourcen sind in Abbildung 1 als Ressourcenmodell visualisiert und in Tabelle 3 beschrieben.

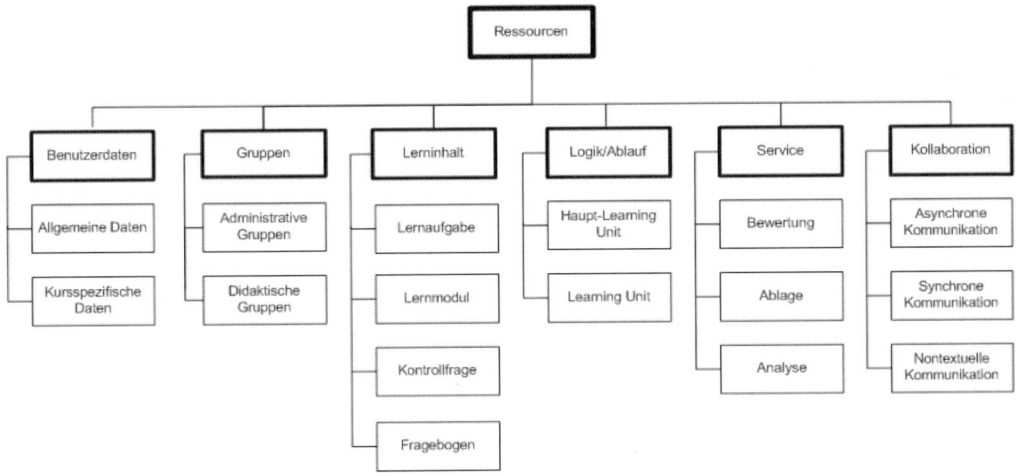

Abbildung 1: Ressourcenmodell

Welche Handlungen führen Akteure mit Ressourcen aus? Eine Handlung ist eine Summe von Interaktionen. Die einzelnen Interaktionsmöglichkeiten werden hier als allgemein bekannt vorausgesetzt: Kreieren, lesen, editieren, löschen, suchen, kopieren, verschieben, hochladen, herunterladen, installieren, ausführen.

Zwei Grundtypen von Handlungen mit Ressourcen sind identifizierbar: Einerseits kreative (nicht administrative) und andererseits administrative Handlungen. Kreative Handlungen sind eine Kombination von Interaktionen, die etwas Neues entstehen lassen wie beispielsweise schreiben eines Lernmoduls. Administrative Handlungen sind eine Kombination von Interaktionen, die bereits Bestehendes betreffen wie beispielsweise Suchen bestimmter Personendaten und nachfolgendes Löschen. Die Begriffe „Verwaltung oder verwalten" werden immer synonym für die Begriffe „Administration oder administrieren" verwendet. Werden die Begriffe „Administration oder administrieren" näher betrachtet, lässt sich feststellen, dass diese in fast allen Bereichen des Lebens von zentraler Bedeutung sind. Lohn-, Haus-, Mitarbeiter-, Lager-, Immobilien-, Vermögensverwaltung oder Patientenadministration sind konkrete Beispiele. Administrative Handlungen schaffen bessere Ordnung, vereinfachen Planung, ermöglichen einfachere Erreichbarkeit, Auffindbarkeit, Übersichtlichkeit, Transparenz, steigern die Sicherheit, verschaffen Kontrolle, erhöhen die Effizienz und bilden die Voraussetzungen für Abrechnung und Kommunikation.

Sobald ein Akteur mit kreativen Handlungen eine Ressource erstellt hat, muss diese entweder über ihre effektiven Daten oder ihre Metadaten mittels administrativen Handlungen administrierbar sein. Bei Metadaten „handelt es sich um Daten, die wiederum Daten beschreiben, um diese versteh- und gemeinsam nutzbar machen" (Arnold 2003, S. 379). Diese Metadaten sind im Umfeld des E-Learnings pädagogische Metadaten. Mit kreativen Handlungen erfassen die Akteure die einer Ressource zugehörigen pädagogischen Metadaten oder die effektiven Daten einer Ressource.

Tabelle 3: Ressourcen

Hauptressource	Ressource	Beschreibung
Benutzerdaten	Allgemeine Daten	Allgemeine Daten sind kursübergeordnete persönliche und leistungsbezogene Daten.
	Kursspezifische Daten	Kursspezifische Daten sind persönliche und leistungsbezogene Daten.
Gruppen	Administrative Gruppen	Administrative Gruppen können von einer Hauptlerneinheit oder einer Lerneinheit referenziert werden.
	Didaktische Gruppen	Didaktische Gruppen können nur von einer Lerneinheit referenziert werden.
Lerninhalt	Lernaufgabe	Lernaufgaben müssen die Lernenden lösen, damit sie das Lernziel erreichen können.
	Lernmodul	Ein Lernmodul umfasst didaktischen Lernstoff. Hauptsächlich liegt das Lernmodul in textueller Form vor und ist unterstützt durch Animationen, Simulationen, Bildern, Grafiken und integrierten Kontrollfragen. Die Granularität des Lernmoduls hängt vom Lernstoff ab.
	Kontrollfragen	Kontrollfragen sind Tests, Selbsttests zur Lernkontrolle oder Motivation.
	Fragebogen	Fragebogen ermöglichen die Evaluation eines Kurses oder eines Lernmoduls.
Logik/Ablauf	Hauptlerneinheit	Die Hauptlerneinheit ist die zentrale Steuerung eines Kurses und stellt die Daten und Logik zur Verfügung, welche für den gesamten Kurs relevant sind. Eine Hauptlerneinheit kann keine, eine oder mehrere Lerneinheiten haben. Eine Hauptlerneinheit stellt Steuerungsmechanismen zur Verfügung.
	Lerneinheit	Die Lerneinheiten bestimmen die Logik eines Kurses und stellen pro Lerneinheit die Daten zur Verfügung, welche für einen Lernschritt relevant sind. Eine Lerneinheit stellt Steuerungsmechanismen zur Verfügung.
Services	Bewertung	Bewertungsdaten, die manuell oder automatisch generiert werden können.
	Ablage	Es gibt folgende Ablagemöglichkeiten: persönliche Ablage oder gemeinsam genutzte Ablage.
	Analyse	Die Analyse stellt Funktionen für die Auswertung von Daten zur Verfügung.
Kollaboration	Asynchrone Kommunikation	Foren, Mail
	Synchrone Kommunikation	Chat
	Nontextuelle Kommunikation	Video, Audiokonferenzen

Bei administrativen Handlungen stellt sich nun die Frage, welche Daten (effektive Daten oder pädagogische Metadaten) der Ressourcen tangiert sind. Die Auseinandersetzung mit dieser Fragestellung führt zu der in Tabelle 4 aufgezeigten Aufschlüsselung:

Tabelle 4: Administrative Handlungen mit effektiven Daten oder pädagogischen Metadaten

Hauptressource	Ressource	Administrative Handlung mit effektiven Daten oder Metadaten
Benutzerdaten	Alle	Effektive Daten
Gruppen	Alle	Effektive Daten
Lerninhalt	Alle	Pädagogische Metadaten
Logik/Ablauf	Alle	Pädagogische Metadaten
Services	Bewertung / Analyse	Effektive Daten
	Ablage	Pädagogische Metadaten
Kollaboration	Alle	Effektive Daten

Die Elemente für das Basismodell sind nun bestimmt. Im nächsten Teil werden die Elemente im Blickwinkel des Basismodells besprochen und dieses erläutert.

3   Basismodell

Die im vorgängigen Teil beschriebenen Elemente Akteure, Ressourcen und Handlungen werden nun in Zusammenhang gestellt. Die Untersuchung der Zusammenhänge setzt bei den verschiedenen Akteuren an und bietet die Grundlage für das Basismodell, in dem die Administrationskonzepte enthalten sind.

Der Akteur Autor erstellt mit kreativen Handlungen die Ressourcen, die unter der Hauptressource Lerninhalt subsumiert sind, sowie einen Rohkurs (Hauptressource Logik/Ablauf). Der Akteur Kursadministrator nimmt einen Rohkurs und erstellt mit kreativen Handlungen seinen eigenen effektiven Kurs und stellt ihn den Lernenden (Akteure) zur Verfügung. Die Akteure Betreuer betreuen und bewerten mit kreativen Handlungen die Lernenden während der Dauer des effektiven Kurses. Der Akteur Kursadministrator administriert (administrative Handlungen) den Kurs und wird ihn nach Ablauf der Kursdauer archivieren. Der hier beschriebene Prozess kann in drei Phasen eingeteilt und abstrahiert werden. Das Erstellen von Ressourcen muss als Produktionsphase, die Vorbereitungen, die Betreuung eines effektiven Kurses als Betriebsphase und das Ablegen eines abgeschlossenen Kurses als Archivierungsphase bezeichnet werden. In jeder Phase gibt es kreative und administrative Handlungen der Akteure.

Mit der Einführung der Phasen Produktion, Betrieb und Archivierung zeigt sich, dass den Ressourcen aufgrund ihrer Bedeutung unterschiedliche Stellenwerte zugewiesen werden müssen. Zudem müssen die Ressourcen in eindeutigen Zuständen sein, damit sie von einer Phase in die nächste wechseln könnnen. In den nächsten beiden Abschnitten werden die unterschiedlichen Stellenwerte und die Zustände der Ressourcen beschrieben.

Die in diesem Artikel definierten Ressourcen haben innerhalb des oben beschriebenen Prozesses nicht den gleichen Stellenwert. Die beiden Hauptressourcen Lerninhalt und Logik/Ablauf sind *didaktischer Inhalt* eines Kurses. Die Hauptressourcen Kollaboration und Gruppen werden in der Regel für die *Kommunikation* zwischen Teilnehmern, die in Gruppen eingeteilt sind, eingesetzt. Die Hauptressource Benutzerdaten ist für die notwendigen persönlichen und leistungsbezogenen *Teilnehmerdaten* zuständig. Bei der Hauptressource Service ist die Ressource Ablage ein Spezialfall, da die Ablage für die *Speicherung* von Ressourcen notwendig ist. Die beiden Ressourcen Bewertung und Analyse der Hauptressource Service dienen zur *Auswertung von Daten*, die während der Betriebsphase anfallen.

Wenn Ressourcen von einer Phase in eine nächste wechseln, müssen die Zustände der Ressourcen eindeutig sein. Wenn ein Autor einen Rohkurs zusammenstellt, aber Ressourcen (beispielsweise Lernmodule, Foren) noch nicht vorhanden sind oder noch nicht instanziiert werden können, stellt sich die Frage, in welchem Zustand diese Ressourcen sein müssen, damit keine logischen und funktionalen Fehler bei den nächsten Phasen entstehen. Die Auseinandersetzung mit dieser Fragestellung ergab folgende Lösung: Jede Ressource muss in zwei unterschiedlichen Zuständen im System existieren können. Die Ressource kann effektiv existieren oder die Ressource existiert noch nicht und muss durch einen Platzhalter repräsentiert werden. In diesem Kontext ist die einzige Voraussetzung, dass eine Hauptlerneinheit und ihre Lerneinheit immer effektive Ressourcen sind. Die Beziehungen zwischen den Ressourcen müssen unterschieden werden. Diese Beziehungen können durch drei Typen darstellt werden, welche hier in Tabelle 5 beschrieben und visualisiert sind.

Tabelle 5: Beziehung zwischen Ressourcen

Typen	Beschreibung	Visualisierung
Typ 1	Eine effective Ressource kann auf eine effektive Ressource referenzieren.	effektive Ressource — Beziehungstyp 1 — effektive Ressource
Typ 2	Eine effektive Ressource wird irgendwann auf eine effektive Ressource oder eine Instanz einer Ressource referenzieren. Die referenzierte Ressource wird hier als Platzhalter bezeichnet.	effektive Ressource — Beziehungstyp 2 ● Platzhalter Ressource
Typ 3	Der Akteur nimmt bewusst in Kauf, dass eine effektive Ressource immer noch nicht auf eine effektive Ressource referenziert. Die referenzierte Ressource wird hier als Platzhalter bezeichnet.	effektive Ressource — Beziehungstyp 3 ● Platzhalter Ressource

Damit das Basismodell visualisierbar ist, muss noch ein Punkt genauer betrachtet werden. Die Akteure brauchen für ihre kreativen und administrativen Handlungen Werkzeuge. Unter diesen Werkzeugen sind Editoren, mit denen Ressourcen erstellt und editiert werden, sowie

Viewer, mit denen die Ressourcen in der Betriebsphase abgespielt werden können, zu verstehen.

Diese obigen Ausführungen lassen sich im unten visualiserten Basismodell (siehe Abbildung 2) darstellen:

	Akteur	Handlungen	Zustand der Beziehung zwischen Ressourcen	Werkzeuge	Ablage: Speicherung	Ressourcen		
						Lerninhalt und Logik/ Ablauf: didaktische Unterlagen	Kollaboration / Gruppen: Kommunikation Benutzerdaten: Teilnehmerdaten Bewertung / Analyse: Auswertung von Daten	
Produktionsphase	Autor	kreative	keine vorhanden ●—□	Editor für - Lernmodul - Kontrollfragen - Lernaufgaben - Fragebogen - Rohkurs	persönliche Ablage	- Lernmodule - Kontrollfragen - Lernaufgaben - Fragebogen - Rohkurs	- Gruppen - Kollaboration	
		administrative	Hauptressourcen Kollaboration und Gruppe muss ● sein		Ablage für: - Lernmodule - Kontrollfragen - Lernaufgaben - Fragebogen - Rohkurs			
Betriebsphase	Kursadministrator	kreative	●—□ □●	Editor um von Rohkurs einen effekiven Kurs zu erstellen		- effektiver Kurs - Lernmodule - Kontrollfragen - Lernaufgaben - Fragebogen	- Gruppen - Kollaboration	
		administrative	Alle müssen □● oder —□ sein		Ablage für effektiven Kurs			
	Lerner, Betreuer, Kursadministrator	administrative / kreative	Alle müssen □● oder —□ sein	- Kurseditor - Viewer: > eff. Kurs > Lernmodule > Kontrollfragen > Fragebogen		- effektiver Kurs - Lernmodule - Kontrollfragen - Lernaufgaben - Fragebogen	- Gruppen - Kollaboration - Benutzerdaten - Bewertung / Analyse	
Archivierungsphase	Kursadministrator	administrative	Alle sollten —□ sein		Ablage, um Kurs zu archivieren			

Abbildung 2: Basismodell

Jede Lernplattform muss in irgendeiner Form die im Basismodell dargelegten Akteure, Ressourcen, Handlungen, Zustandsbedingungen, Werkzeuge mit den drei Phasen repräsentieren oder Teile davon bewusst weglassen. Das Gleiche gilt für die im Basismodell enthaltenen Administrationskonzepte, die im folgenden Teil dargelegt werden.

4   Administrationskonzepte

Die in heutigen Lernplattformen eingesetzten Administrationskonzepte unterscheiden sich auf den ersten Blick in jeder Beziehung. Bei intensiver Auseinandersetzung mit den Administrationskonzepten fällt aber auf, dass sich die in Lernplattformen vorhandenen Adminisstrationskonzepte häufig allein durch die GUI-Gestaltung und in der Ausprägung von gewissen Funktionalitäten unterscheiden, hingegen sämtliche Administrationskonzepte im Basismodel enthalten sind.

Die Auseinandersetzung mit Administrationskonzepten zeigt, dass es grundsätzlich zwei Unterscheidungskriterien bei Administrationskonzepten gibt. Solche, die systemintern für den Benutzer nicht sichtbar, und solche, die für ihn sichtbar sind.

Die systeminternen für den Benutzer nicht sichtbaren Administrationskonzepte dienen der internen Organisation und garantieren die nötige Sicherheit für die gesamte Lernplattform. Es sind zwei Administrationskonzepte: Rechte- und Benutzer-Administrationskonzept und das Ressourcenbeziehungs-Administrationskonzept.

Das Rechte- und Benutzeradministrationskonzept ist dafür zuständig, dass Akteure nur erlaubte kreative oder administrative Handlungen auf Ressourcen vornehmen können. Dadurch ist die Sicherheit bezüglich Zugriffen auf Ressourcen gewährleistet.

Das Ressourcenbeziehungs-Administrationskonzept ist dafür zuständig, dass die Ressourcen in nur bestimmten Zuständen von einer Phase in die nächste wechseln können. Dadurch ist die Konsistenz gewährleistet.

Die für die Benutzer sichtbaren Administrationskonzepte ermöglichen überhaupt die administrativen Handlungen. Nachfolgend werden von jeder Phase die Administrationskonzepte genannt. Zudem wird erläutert auf welchen Daten (pädagogische Metadaten, effektive Daten) die administrativen Handlungen vorgenommen werden und die davon betroffenen Ressourcen aufgezählt. Jedes Administrationskonzept wird in wenigen Worten beschrieben (siehe Tabellen 6, 7 und 8). Zuerst folgen die Administrationskonzepte der Archivierungs-, danach die der Produktions- und zuletzt die der Betriebsphase.

Tabelle 6: Administrationskonzepte in der Archivierungsphase

Phase	Administrations-konzept (AK)	Administrative Handlung mit	Betroffene Hauptres-source	Beschreibung
Archi-vierung	Personen-AK	Effektive Daten	Benutzerdaten	Der Akteur kann anderen Akteuren Archivierungsrechte auf Ressource erteilen.
	Archiv-AK	Pädagogische Metadaten	Logik/Ablauf / Services	Der berechtigte Akteur kann seinen abgeschlossenen Kurs über Metadaten administrieren.

Tabelle 7: Administrationskonzepte in der Produktionsphase

Phase	Administrations-konzept (AK)	Administrative Handlung mit	Betroffene Hauptres-source	Beschreibung
Produktion	Personen-AK	Effektive Daten	Benutzer-daten	Der Akteur kann anderen Akteuren Autorenrechte auf Ressource erteilen.
	AK für persönliche Ablage inkl. Versi-onenadministration	Pädagogische Metadaten	Lerninhalt / Logik/ Ablauf / Services	Jeder Akteur kann seine Ressourcen in einem nur für ihn zugänglichen Be-reich ad-ministrieren.
	Lernmodulablage-AK inkl. Versionen-administration	Pädagogische Metadaten	Lerninhalt / Services	Der berechtigte Akteur kann seine Ressource über Metadaten admi-nistrieren.
	Kontrollfragenabla-ge-AK inkl. Versi-onenadministration	Pädagogische Metadaten	Lerninhalt / Services	Der berechtigte Akteur kann seine Ressource über Metadaten admi-nistrieren.
	Lernaufgabenabla-ge-AK inkl. Versi-onenadministration	Pädagogische Metadaten	Lerninhalt / Services	Der berechtigte Akteur kann seine Ressourcen über Metadaten admi-nistrieren.
	Fragebogenablage-AK inkl. Versionen-administration	Pädagogische Metadaten	Lerninhalt / Services	Der berechtigte Akteur kann seine Ressourcen über Metadaten admi-nistrieren.
	Rohkursablage-AK inkl. Versionenad-ministration	Pädagogische Metadaten	Logik/ Ablauf / Services	Der berechtigte Akteur kann seine Ressourcen über Metadaten admi-nistrieren.

Tabelle 8: Administrationskonzepte in der Betriebsphase

Phase	Administrations-konzept (AK)	Adminis-trative Handlung mit	Betroffene Hauptressource	Beschreibung
Betrieb	Effektive Kursablage-AK inkl. Versionen-administration	Pädagogi-sche Meta-daten	Logik/Ablauf / Services	Nachdem ein Akteur (Kursadministrator) einen Rohkurs in einen effektiven Kurs umge-wandelt hat, muss der effektive Kurs gespei-chert und administriert werden können.
	Personen- und Teilnehmer-AK	Effektive Daten	Benutzerdaten	Die berechtigten Ak-teure (Betreuer, Kurs-administrator, Lerner) können anderen Akteu-ren Rechte auf Res-source erteilen und Per-sonen administrieren.
	Kurs-AK	Effektive Daten	Logik/Ablauf	Der Akteur (Kursad-ministrator) kann den effektiven Kurs ad-ministrieren.
	Gruppen-AK	Effektive Daten	Gruppen	Die Akteure (Betreuer, Kursadministrator) können Gruppen-teilnehmer und Grup-pen administrieren.
	Kommunikations-AK	Effektive Daten	Kollaboration	Die berechtigten Ak-teure (Betreuer, Kurs-administrator) können Beiträge administrie-ren.
	Leistungsdaten-AK	Effektive Daten	Benutzerdaten	Die berechtigten Ak-teure (Betreuer, Kurs-administrator) können Teilnehmerleistungen administrieren.
	Auswertung-AK	Effektive Daten	Services	Der berechtigte Akteur (Kursadministrator) kann Auswertungs-daten administrieren.

Nebenbei stellen sich interessante Probleme im Zusammenhang mit Lernplattformen aus ökonomischer Sicht. Eine Lernplattform muss die Möglichkeit bieten, dass Akteure Ressourcen verkaufen können. Dies setzt Abrechnungsmechanismen voraus, die als Abrechnungskonzepte bezeichnet werden können. Solche Abrechnungskonzepte müssen Auskunft geben, wer was wann bestellt oder konsumiert hat, wer wann was bezahlt oder noch nicht bezahlt hat. Zudem müssen Zahlungsfunktionen (online: Kreditkarte, offline: Rechnung) sowie ein Mahnsystem in Abrechnungskonzepten integriert sein. Jedes Abrechnungskonzept muss entweder auf einem Administrationskonzept aufbauen oder ein eigenes integriert haben. Es gibt grundsätzlich zwei Abrechnungskonzepte: Kursabrechnungskonzepte und Materialabrechnungskonzepte. Kursabrechnungskonzepte ermöglichen es dem Kursadministrator seine kostenpflichtigen Kurse den Lernenden zur Verfügung zu stellen. Materialabrechnungskonzepte unterstützen die Akteure beim Verkauf von Lerninhalt und Rohkursen.

5   Diskussion und Ausblick

Wie bereits einführend erwähnt, sind das Basismodell und die Administrationskonzepte auf einer sehr hohen abstrakten Ebene angesiedelt. Die Erfahrung des OLAT-Teams haben aber gezeigt, dass es unabdingbar ist, bevor irgendeine konkrete Anforderung ausformuliert oder eine Zeile Code programmiert ist, alle von den Lehrenden vorgebrachten Anforderungen möglichst auf einer abstrakten Ebene zu generalisieren. Dieses Vorgehen ermöglicht nach außen zu den Lehrenden wie innerhalb vom Team eine gemeinsame Sprache zu entwickeln. Die Zusammenhänge zwischen und innerhalb der einzelnen Phasen werden aufgedeckt und formulierbar. Die Entscheidungsgrundlage zur Implementation wird dadurch transparenter. Die Positionierung der Lernplattform auf der Skala von einem reinen LMS bis hin zu einem reinen CSCL-System ist offensichtlicher. Entscheidet ein Entwicklungsteam sich beispielsweise die Ressource Kollaboration mit ausgereiften Funktionalitäten zu implementieren und dafür die gesamte Produktionsphase wegzulassen, ist die Lernplattform offensichtlich näher bei einem CSCL-System als bei einem LMS.

Die Weiterentwicklung aus dem Basismodell muss grundsätzlich nach den unten beschriebenen Schritten ablaufen. Als erster Schritt findet die Auswahl eines Subsets statt, welche den zukünftigen Rahmen der Lernplattform vorgibt. Grundsätzlich ist es wichtig, dass bei der Auswahl eines Subsets aus dem Basismodell und dessen Administrationskonzepte darauf geachtet wird, dass die logische und funktionelle Konsistenz gewährleistet ist. Für das Subset müssen Prozesse modelliert und die konkreten Anforderungen spezifizert werden. Die Auswahl der den Akteuren zur Verfügung gestellten Metadaten müsste getroffen werden, damit die betroffenen Administrationskonzepte verfeinert werden können. Daraus muss zur Implementation das Objektmodell entwickelt und die Systemarchitektur mit den dazugehörigen technischen Spezifikationen festgelegt werden. Die hier dargelegte Top-down-Entwicklung ist in der Praxis nicht oder nur schwierig durchführbar. Realistischerweise handelt es sich immer um einen iterativen Prozess zwischen Detailentwicklung und Modellanpassung.

2.3.2   Adaptivität für individuelles Lernen

Cornelia Seeberg

TU Darmstadt

1   Einleitung

Ein kooperativer *learnflow* (siehe Beitrag 2.3.4) besteht nicht nur aus Phasen, in denen kooperativ gearbeitet wird, sondern aus sich abwechselnden Phasen kooperativen und individuellen Lernens. In diesem Abschnitt soll der individuelle Aspekt (das heißt: die Phasen, in denen die Lernenden alleine arbeiten) unter besonderer Rücksichtnahme der Personalisierung (das heißt: die Lernmaterialien sind auf die Einzelnen angepasst) betrachtet werden.

Neben vielen anderen Vorteilen computergestützten Lernens bietet der Einsatz des Computers die Möglichkeit, das Paradigma „one size fits all" eines gedruckten Buches aufzulösen; die Lerneinheiten können individualisiert werden. Die Notwendigkeit hierzu entsteht nach Wittig (2002) aus drei Gründen: Erstens werden Softwaresysteme zunehmend für Kontexte entwickelt, die durch eine große Anzahl von Benutzer/innen mit unterschiedlichen Kenntnissen und Vorlieben gekennzeichnet sind. Als zweite Ursache nennt er den zunehmenden Einzug technischer Geräte und Software in den Alltag. Als drittes Argument verweist Wittig auf die Entwicklungen der Informationstechnologie in den letzten Jahren, die dazu geführt haben, dass der Benutzer von Informationssystemen einer immer größer werdenden Menge unterschiedlicher Informationstypen gegenübersteht.

Um auf die Bedürfnisse einzelner Lernender eingehen zu können, wurden Hypermedia-Lernsysteme entwickelt. Hypermedia-Systeme sind bei Hall and Lowe (1999) durch einen Informationsraum und die Navigation mittels assoziativer Links durch ihn gekennzeichnet. Die Lernenden können sich die von ihnen benötigten Informationen aufsuchen. Allerdings wurden die Grenzen von Hypermedia-Systemen, die den Lernenden zum Teil – wie von Nelson (1988) erträumt – völlige Freiheiten geben, in welcher Auswahl und Reihenfolge sie den Informationsraum erkunden, von verschiedenen Studien belegt. Gerdes (1997) beispielsweise kommt zum Ergebnis, dass die freie Navigation für fortgeschrittene Lernende geeignet sei, aber nicht für Anfänger/innen. Diese brauchen mehr Anleitung oder Führung. Das kann durch den Einsatz adaptiver Systeme geleistet werden. Brusilovsky (1998) definiert adaptive Hypermedia-Systeme als solche, die ihr Verhalten an die im Benutzerprofil verwalteten Merkmale der Benutzenden anpassen. Empirische Untersuchungen des Nutzens der entwickelten adaptiven Systeme führten mehrheitlich zu positiven Ergebnissen (Weibelzahl 2002).

2 Adaptivität

Die Anpassung an die Bedürfnisse der Lernenden kann auf verschiedenen Ebenen stattfinden: Inhalt, Oberfläche und Hardware. In diesem Abschnitt soll nur auf die Anpassung des Inhalts eingegangen werden.

Die Unterstützung sollte den Lernenden helfen, möglichst effektiv die für sie geeigneten Informationen zu finden. Die Eignung der Informationen kann sich in unterschiedlichen Kategorien ausdrücken: Verschiedene Aspekte eines Themas können für einzelne Lernende von Interesse sein. Lernende mit unterschiedlicher Vorbildung benötigen Erklärungen in unterschiedlichen Detaillierungsgraden. Auch die Reihenfolge kann von Lernenden zu Lernenden variieren. Zieht der eine es vielleicht vor, zuerst Beispiele anzuschauen und dann die dahinterstehende Theorie zu studieren, ist es für einen anderen Lernenden sinnvoller, erst die Theorie zu verstehen, bevor er mit den Einzelheiten der Beispiele konfrontiert ist. Eine Realisierung davon ist in (Carro et al. 1999) beschrieben. Auf diese Weise kann das System die Lernenden unterstützen, indem es entsprechend ihren Lernmethoden geeignete nächste Informationseinheiten vorschlägt. Eine weitere Kategorie ist die Medienpräferenz. Aus unterschiedlichen Gründen – beispielsweise wegen einer körperlichen Beeinträchtigung – macht es Sinn, dass die Benutzer/innen eines Lehrsystems wählen können, welche Medien in ihren Lektionen vorkommen sollen. Eine Adaption an diese Bedürfnisse kann ausschließlich Informationen in einer Aufbereitung anbieten, die dieser Auswahl entsprechen (siehe zum Beispiel das Projekt TELLIM (Jörding 1999)). Benutzer/innen könnten des Weiteren eine Vorliebe für bestimmte Autor/innen haben oder nur an Informationen, die zu einer bestimmten Zeit entstanden sind oder die kostenfrei zur Verfügung stehen oder in einer bestimmten Sprache verfasst sind, interessiert sein.

Geht man nicht von der Möglichkeit aus, dass die Informationen *on demand* erzeugt werden (wie es in Projekten wie ILEX (Cox et al. 1999) und PEBA II (Milosavljevic & Oberlander 1998) der Fall ist), wird die Adaption durch die Navigationshilfen realisiert:

Shadowing: Shadowing ist eine einfache Technik: Nicht relevantes Material, das entweder zu anspruchsvoll oder nicht interessant für die jeweilige Benutzerin/den jeweiligen Benutzer ist, wird grau unterlegt. Ein Experiment mit Shadowing ist in (Hothi & Hall 1998) beschrieben.

Stretchtext: Dem Stretchtext liegt die Idee zu Grunde, zusätzliches Material nicht in einem anderen Fenster anzuzeigen, sondern in dcn Textfluss zu integrieren. Beim Aktivieren eines Stretchtext-Links wird das angeforderte Material eingefügt. Das System MetaDoc (Boyle & Encarnacion 1998) erlaubt rekursiven Stretchtext mit unterschiedlichen Feinheitsgraden.

Freie Navigation: Freies Navigieren auf einem Hypermedia-System gibt den Lernenden die größte Selbstverantwortung. Die Gefahr, im Hyperspace verloren zu gehen oder zumindest durch Verfolgen unwichtiger Links viel Zeit zu verlieren, ist die Kehrseite dieser Freiheit.

Direkte Führung: Eine direkte Führung oder *Guided Tour* stellt eine Re-Linearisierung eines Hypermedia-Systems dar. Das System wählt nach Angaben des Benutzerprofils das jeweils am besten erscheinende nächste Modul aus. Die Lernenden brauchen lediglich einem „Next"-Button zu folgen. Der Vorteil dieser Methode liegt in der guten Orientierung der

Lernenden und der geringen kognitiven Last. Der Nachteil ist die Inflexibilität. Der „follow me or no help-Ansatz" (Brusilovsky 1996) bietet den Lernenden, die der Führung nicht folgen wollen, keine Hilfe.

Adaptives Link-Verbergen: Durch das Verbergen für sie unwichtiger Links werden die Lernenden nicht dazu verleitet, unnötigen Links zu folgen. Sie können davon ausgehen, dass alle sichtbaren Links zu interessantem Material führen.

Adaptives Link-Sortieren: Eine weitere, mehr Freiheiten lassende Technik ist das Sortieren der Links. Systeme, die diese Technik verwenden, bieten den Lernenden eine individuelle Liste mit den verfügbaren Links an. Je höher die Links auf der Liste stehen, desto relevanter ist das Material, auf das sie verweisen.

Adaptive Link-Annotation: Die Annotation von Links ist eine gebräuchliche Methode in Hypermedia-Systemen. Textuelle Anker, Graphiken oder unterschiedliche Farbgebung weisen die Lernenden auf Eigenschaften des jeweiligen Materials hin. Ein klassisches Beispiel dafür ist die Ampel-Metapher bei ELM-ART (ELM-ART II 2004) und InterBook (Interbook 2004), bei der grün markierte Links empfohlene Wege darstellen, rote nicht empfohlene und gelbe Links auf bereits besuchte Seiten hinweisen.

3 Benutzerprofil

Um individuell auf Lernende eingehen zu können, muss das System Kenntnis über sie haben. Die für das System relevanten Informationen werden in den Benutzerprofilen gespeichert und verarbeitet. Einträge im Benutzerprofil können entweder Annahmen des Systems oder bestätigte Fakten sein. Die Lernenden können individuell oder in Gruppen zusammengefasst betrachtet werden. Generell sind alle Eigenschaften, die im Kontext der Benutzertätigkeit relevant sind und die einzelnen Lernenden unterscheiden, potentielle Bestandteile des Benutzerprofils. In existierenden Anwendungen werden meist die Pläne, die Ziele, das Wissen, die Vorlieben und das Umfeld der Lernenden betrachtet (siehe hierzu Brusilovsky 1998 und Kobsa 1993). Das Benutzerprofil kann auch verwendet werden, um geeignete Kooperationspartner/innen für die kooperativen Lernphasen zu finden (vgl. die Beiträge 2.1.3 und 2.3.4).

4 Modulare Wissensbasis

Die Bedürfnisse der Benutzer/innen müssen auf der anderen Seite mit dem verfügbaren Informationsmaterial verglichen werden, damit daraus die geeignete Untermenge und gegebenenfalls eine Reihenfolge identifiziert werden kann.

Eine Wissensbasis besteht aus dem eigentlichen Informationsmaterial und einer zusätzlichen Beschreibungsebene. Die Informationen liegen modularisiert vor, damit die Anpassung auf die individuellen Lernenden möglichst feingranular erfolgen kann. Besteht die Wissensbasis aus kleinen, unabhängigen Modulen, die zu größeren Einheiten, beispielsweise einem Kurs, zusammengestellt werden können, hat das außerdem folgende Vorteile:

Wartbarkeit: In Themenbereichen, die einem schnellen Wandel unterliegen, lassen sich Module, die neue Ergebnisse beschreiben, leicht einfügen, ohne dass der Kontext geändert werden muss. Umgekehrt können obsolet gewordene Module leicht als solche gekennzeichnet oder modifiziert werden.

Positive Redundanz: Die Aufspaltung des zu vermittelnden Wissens in Module ermöglicht es, dass mehrere Module das gleiche Thema erläutern, sich aber im Detaillierungsgrad, Darstellungsmedium etc. unterscheiden. Es können zu einem Thema unterschiedliche Erklärungen gleichzeitig zur Verfügung stehen.

Wiederverwendbarkeit: An sich kontextfreie Module sind in ihrer Verwendung nicht auf ein System beschränkt. Tschichritzis (1999) beschreibt virtuelle Marktplätze als eine Vision für die Zukunft. Setzt sich ein solches Modell durch, wird es auch finanziell attraktiv, besonders die aufwändig erstellten multimedialen Module in mehreren Umgebungen anzubieten.

Um das geeignete Material herauszufinden, müssen die Module beschrieben sein. Seeberg (2002) schlägt eine dreigliedrige Beschreibungsebene vor:

Das Wissensgebiet wird formal durch beispielsweise ein semantisches Netz beschrieben. Die Knoten des Netzes sind die Begriffe des Wissensgebietes, die Kanten semantische Verbindungen unter den Begriffen. Die assoziierten Module bilden eine Menge von Erklärungen dieser Begriffe. Mit Hilfe dieses formalisierten Wissens um die Domäne können die benötigten Begriffe, der Voraussetzungen, Unterbegriffe etc. identifiziert werden.

Um aus dieser Menge die am besten geeigneten Module herauszufinden, werden diese durch Metadaten beschrieben. Insbesondere bei nicht-textuellen Modulen ist eine Beschreibung der Module essentiell, da hier wie Boll et al. (1998) unterstreichen, Mechanismen wie Stringmatching nicht angewandt werden. Hierfür bieten sich standardisierte Schemata, wie beispielsweise Learning Object Metadata (LOM 2004) (siehe auch Beitrag 4.6), das speziell auf die Beschreibung von Lernressourcen zugeschnitten ist, an. Hiermit können geeignete Medientypen, Sprachen, Schwierigkeitsgrade zugeordnet werden.

Zusätzlich können die Module miteinander durch rhetorisch-didaktische Relationen verbunden werden, so dass ein Zusammenhang zwischen ihnen hergestellt werden kann (z.B. Modul A erklärt Modul B). Diese Relationen können von den Lehrenden oder Lernenden verwendet werden, um zusätzliche Informationen anzubieten oder aufzufinden. Auch Aufgaben zu Modulen können mit Hilfe einer rhetorisch-didaktischen Relation an die entsprechenden Module gebunden werden.

5   Mapping-Komponente

Entsprechend den verschiedenen Möglichkeiten der Adaption können die Systeme, denen eine modulare Wissensbasis zugrunde liegt, unterschiedlich realisiert sein. Auf der einen Seite des Spektrums stehen Systeme, die die einzelnen Module in einer Art Lexikon anbieten. Die Lernenden erhalten durch die Beschreibungsebene einen effektiven, auf sie zugeschnittenen Zugriff auf die einzelnen Informationen. Es wird aber kein Lerndokument erzeugt. Ein Beispiel hierfür ist das Projekt Ariadne (ARIADNE 2004). Auf der anderen Seite stehen Systeme, die automatisch Kurse erstellen, die über eine Lernplattform den Lernenden angeboten werden, die diesen sequentiell durcharbeiten können. Dazwischen lassen sich hybride Systeme denken, die einen linearen oder mit annotierten Links versehenen Kurs mit einem Repository zusätzlichen Materials verbinden.

Tim Berners-Lee (2001) hat eine Vision entwickelt, die er „Semantic Web" nennt. Diese Vision hat eine Anreicherung des heutigen WWW um eine Beschreibungsebene bestehend aus Ontologien und Metadaten zur Basis. Auf ihr sollen Softwareagenten individualisiert Webseiten zusammensammeln und auch Informationen aus Webseiten extrahieren und neu zusammenstellen. Bisher ist das eine Vision, aber jedes Projekt in diese Richtung bringt, auch für Lernsysteme, Vision und Realität in größere Nähe.

2.3.3   Konzepte für die Lerngruppe

Andrea Kienle[1], Thomas Herrmann[2]

[1]Universität Dortmund, [2]Ruhr-Universität Bochum

1   Einleitung

In diesem Beitrag werden Konzepte vorgestellt, die sich für die Unterstützung von Gruppen, die computervermittelt lernen, als sinnvoll erwiesen haben (siehe Beitrag 5.3). Eine Prozesssicht auf kollaboratives Lernen unterstützt Lernende dabei, sich selbst mit dem Prozess vertraut zu machen, indem ihnen der Prozess dargestellt wird und für die unterschiedlichen Prozessschritte die passenden Funktionalitäten zur Verfügung gestellt werden. Zudem ermöglicht eine Prozessbetrachtung die Identifizierung von Unterstützungsbedarfen und kann helfen, bei der Gestaltung kollaboratives Lernen sinnfällig in Einheiten zu zerlegen, um für diese punktuell Lösungsansätze zu entwerfen. Neben der Prozesssicht auf kollaboratives Lernen und ihrer technischen und organisatorischen Unterstützung wird in diesem Kapitel auf zwei weitere zentrale Konzepte eingegangen. Dies sind Annotationen als Möglichkeit der Kommunikationsunterstützung einerseits und die technische Gestaltung der Einigung auf ein gemeinsames Ergebnis durch Aushandlung andererseits. Für alle drei Konzepte wird zunächst eine theoretische Einordnung vorgestellt, bevor auf konkrete technische und/oder organisatorische Unterstützungsmöglichkeiten eingegangen wird.

2   Kollaboratives Lernen: Eine Prozesssicht

Die Gestaltung von Lehr-/Lernprozessen stellt eine wesentliche Aufgabe der Pädagogik dar. Unter Prozessen sollen in diesem Kapitel Tätigkeiten verstanden werden, die in verschiedenen Varianten zeitlich und logisch verknüpft sein können, um bestimmte Ergebnisse zu erzielen. Beim kollaborativen Lernen werden die Tätigkeiten von mehreren Akteuren bzw. Rollen ausgeführt.

Die in der Literatur vorzufindenden Prozessmodelle haben in der überwiegenden Anzahl entweder das Ziel, den Ablauf (kollaborativen) Lernens zu beschreiben oder eine Grundlage zur Gestaltung der Computerunterstützung für die Aktivitäten kollaborativen Lernens zu schaffen. Nach einer Zusammenfassung bedeutender Arbeiten aus diesem Bereich wird hier ein Prozess vorgestellt, der zur Gestaltung einer kollaborativen Lernumgebung genutzt wurde und im praktischen Einsatz für die Qualifizierung der beteiligten Studierenden eingesetzt wurde (Kienle 2003). Dieser Prozess ist entstanden auf Basis einer Literaturanalyse und der Auseinandersetzung mit verschiedenen Lernszenarien und kann als Pattern für die Gestaltung der Computerunterstützung und des organisatorischen Rahmens von CSCL-Veranstaltungen angesehen werden (zur Anwendung dieses Prozesses vgl. den Beitrag 5.3).

2.1   Theoretische Einordnung

Modelle in der Literatur lassen sich zunächst in sequenzielle und zyklische Modelle eintei-len. So beschreiben beispielsweise Hesse und andere ein sequentielles Modell mit fünf Pha-sen (Hesse et al. 1997). Nach der Aufgabenstellung (1) folgen in diesem Ansatz Phasen der Festlegung von Zielen (2) und der Vorgehensweise (3), Recherchen (4) sowie die Erarbei-tung eines gemeinsamen Ergebnisses (5). Auch Tulodziecki (1997) beschreibt ähnliche Akti-vitäten, für die teilweise auch der Bezug zur Computerunterstützung dargestellt wird.

Demgegenüber schlagen Rötting & Bruder (2000) ein didaktisches Konzept mit den vier Phasen *„Vorbereitung"*, *„Wissensvermittlung"*, *„Vertiefung"* und *„Anwendung"* vor, die nicht in chronologischer Reihenfolge ablaufen. Dieses Konzept beruht auf dem so genannten *„Learning cycle"* nach Mayes und anderen (1994b), die die drei Phasen *„Conceptualisation"*, *„Construction"* und *„Dialogue"* in einem Zyklus anordnen. Die Konzeptionsphase wird dabei schwerpunktmäßig von einer ausgezeichneten Person übernommen. Mit der Phase des Dialogs wird hier der Kommunikation in kollaborativen Lernprozessen eine besondere Be-deutung beigemessen. Ergebnisse dieser Phase fließen wiederum in die weitere Konzeptiona-lisierung ein. Für jede dieser Phasen schlagen die Autoren Möglichkeiten der Computerun-terstützung vor. So wird für die Phasen Konzeption und Konstruktion eine geeignete Unter-stützung in Aufbereitung und Selektion von Inhalten gefordert, während für die Dialogphase ein *„need for communication with persons from local site"* (Mayes et al. 1994b, S. 45) aus-gemacht wird.

Eine andere Perspektive auf den Prozess kollaborativen Lernens zeigt der *„knowledge buil-ding process"* (Stahl 2000b). Hier wird das Wechselspiel zwischen individuellem und kolla-borativem Lernen verdeutlicht. Dieses Modell wird zur Gestaltung von CSCL-Systemen herangezogen. Auf die Notwendigkeit zur Unterstützung sowohl des individuellen Lernens als auch des gemeinsamen Lernens wird auch in (Hoadley & Enveda 1999) hingewiesen.

Das durch die Literaturstudie und den Einsatz von Szenarien entwickelte Prozessmodell computervermittelten kollaborativen Lernens (vgl. Abbildung 1) umfasst vier Phasen. Der Anfangspunkt ist auch hier die vorbereitende Phase einer ausgezeichneten Rolle, die hier Moderator genannt werden soll. Mit dieser Bezeichnung wird der kommunikative Bestand-teil kollaborativer Lernprozesse in den Vordergrund gestellt; gleichwohl begleitet der Mode-rator unseres Verständnisses den gesamten Prozess, übernimmt also auch Aktivitäten, die in anderen Veröffentlichungen einem Veranstalter, Tutor etc. zugeschrieben werden.

Diese beinhaltet die Aktivität der (fiktiven) Aufgabenstellung. Ein ganzer Forschungszweig beschäftigt sich mit der Frage, wie Aufgaben so gestaltet werden können, dass die Teilneh-menden schon aus der Aufgabe heraus die unterschiedlichen Phasen des kollaborativen Lernprozesses durchlaufen und es dem Moderator möglich ist, diesen Prozess zu leiten. Die-se Forschungen sind unter dem Stichwort Problem Based Learning bekannt geworden (vgl. z.B. Koschmann (2001)). In der Regel gibt die Aufgabenstellung ein zu lösendes Problem vor, das in (Klein-)Gruppen zu bearbeiten ist (Kimball 1998). Wenn eine Aufgabenstellung auf kollaboratives Lernen abzielt (vgl. Kienle (2003), S. 49), dann muss sie Recherche erfor-dern, die eine individuelle Aufbereitung für das jeweilige Thema nach sich zieht und anre-gen, in der Kleingruppe (z.B. innerhalb eines bestimmten Themenkomplexes) zu diskutieren

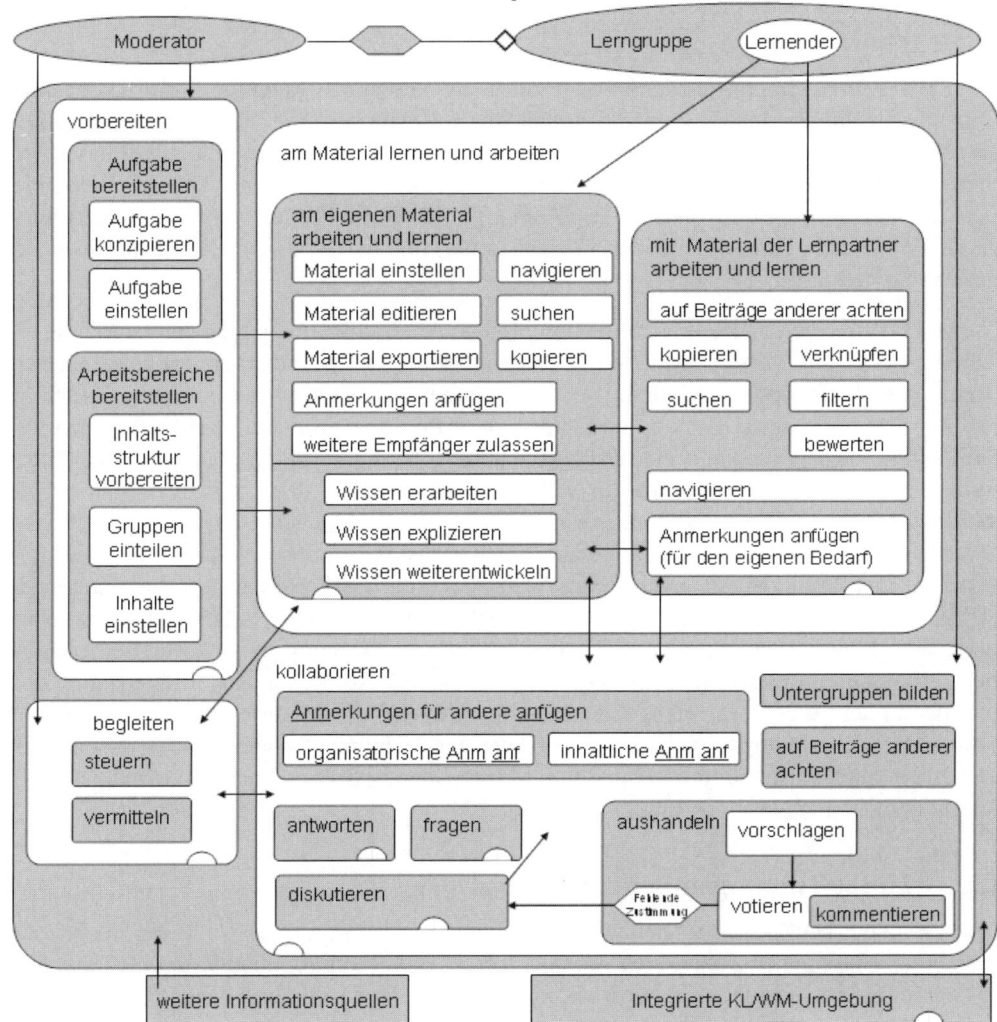

Abbildung 1: der Prozess kollaborativen Lernens

sowie auch Fortschritte anderer Kleingruppen zu beobachten. Zudem sollten in einem übergeordneten Themenblock gemeinsame Inhalte einer Gruppe gefordert werden, um Kommunikation mit dem Ziel der Konvergenzbildung anzuregen. Falls die Aufgabenstellung Diskussionen zu allen Teilschritten fordert, ist ein wesentlicher Aspekt kollaborativen Lernens
von Beginn an erforderlich.

Lipponen weist für die Gestaltung von Aufgaben für computervermittelte Situationen darauf
hin, dass bekannte Aufgabenstellungen nicht aus „*Face-to-Face Settings*" übernommen werden sollten. Vielmehr sind systematisch neue Aufgabenstellungen zu entwickeln, die den
neuen Möglichkeiten von CSCL-Systemen gerecht werden (Lipponen 2001). Neben der

Aufgabenstellung ist in dieser vorbereitenden Phase auch die Bereitstellung von Arbeitsbe-reichen relevant.

Die anderen drei Phasen, an denen dann auch die Lernenden beteiligt sind, müssen nicht sequenziell ablaufen. In Abbildung 1 ist dies durch Relationen, die die Kanten der Aktivitä-ten schneiden, gekennzeichnet. Hier wird getrennt zwischen einer individuellen Phase, einer Phase, in der am Material anderer Lernpartner gearbeitet wird und einer kollaborativen Pha-se, während der kommuniziert und ausgehandelt wird. Diese Phasen werden durch Aktivitä-ten des Moderators begleitet, der den Prozess steuert und notwendiges Wissen für die einzel-nen Phasen vermittelt.

Das Lernen am eigenen Material beinhaltet all jene Aktivitäten, bei denen eigene Inhalte (für sich) erarbeitet, strukturiert, expliziert und überarbeitet werden. Indem andere Mitglieder der Lerngruppe als Zugangsberechtigte (bzw. Empfänger) zugelassen werden, können auch an-dere mit diesem Material arbeiten und lernen. Je differenzierter dabei Rechte vergeben wer-den können, desto eher kann eine Prozesssteuerung gelingen, da an Hand der Empfänger-gruppe eingeschätzt werden kann, in welchem Stadium sich das erarbeitete Material des anderen befindet. Zugleich sind andere Beteiligte aufgefordert, auf Beiträge des Lernenden zu achten. Dies als eigene Aktivität zu kennzeichnen ist für computervermittelte Lernprozes-se wegen des Problems der erschwerten Wahrnehmung des Prozessfortschrittes notwendig (vgl. folgenden Abschnitt). Durch Suchen und Filtern wird es möglich, bestimmte Ausschnit-te aus dem Material anderer nachvollziehen zu können. Kopieren und Verknüpfen erlauben die Verbindung individueller Bestände. Bewerten und Anmerkungen anfügen sind erste Schritte auf dem Weg zum Erlangen eines gemeinsamen Verständnisses, da es sich dabei um (adressierte) Kommunikation bezogen auf bestehende Inhalte handelt. Durch Nachfragen, Diskussion und Aushandlung schließlich werden in der dritten Phase Argumente ausge-tauscht und ein gemeinsames Ergebnis erzielt.

2.2   Unterstützungsmöglichkeiten

Eine geeignete Unterstützung kollaborativen Lernens wird möglichst viele der im Prozess-modell angesprochenen Aktivitäten durch entsprechende Funktionalitäten in einem einzigen System anbieten. Beispiele solcher Funktionalitäten werden mit den Konzepten der Annota-tionen und der Aushandlung weiter hinten in diesem Kapitel beschrieben. An dieser Stelle soll auf technische und organisatorische Unterstützungsmöglichkeiten sowie auf ihr Zusam-menspiel zur Steuerung des Gesamtprozesses eingegangen werden.

2.2.1   Technische Unterstützung

In Bezug auf technische Funktionalitäten zur Unterstützung des Gesamtprozesses sind insbe-sondere zwei Problemfelder zu nennen: die Wahrnehmung des Prozessfortschrittes und die Steuerung des Aktivitätenablaufes. Für beide Felder sollen in diesem Abschnitt Lösungs-möglichkeiten diskutiert werden.

In Face-to-Face Situationen ist die Wahrnehmung des Rollenwechsels vom Mitteilenden zum Rezipienten und umgekehrt während eines Kommunikationsprozesses auf Grund der gegenseitigen Ko-Präsenz zu erkennen. Beim computervermittelten Prozess hingegen sind die wechselnde Rollenverteilung und der Ablauf des Lernprozesses mitunter nur schwer nachvollziehbar. So beschreiben Mynatt et al. die Schwierigkeit, bei computervermittelter Kommunikation den Rhythmus zu finden, in dem sich die Teilnehmer an der Kommunikation beteiligen (Mynatt et al. 1999). Dementsprechend ist es auch für Lernende oft nicht ersichtlich, wann mit einem Beitrag eines anderen Gruppenmitgliedes gerechnet werden kann. Daher können Kommunikationsprozesse ins Stocken geraten. Hier zeigt sich, dass Erkenntnisse aus der Awarenessforschung (Dourisch & Bellotti 1992) nicht nur für die Wahrnehmung der Aktivitäten einzelner Lernpartner, sondern vielmehr auch für die Wahrnehmung der Aktivitäten innerhalb des kollaborativen Prozesses von besonderer Relevanz sind.

Nicht nur die Wahrnehmung, auch die Organisation von Gruppenprozessen ist in computervermittelten Situationen schwieriger als in Face-to-Face Situationen (Hammond 1999). Zunächst existieren Ansätze, bei denen Aufgaben der Steuerung des Prozesses an das technische System übergeben werden (Masterson 1998). Im deutschsprachigen Raum beschäftigt man sich z.B. mit der Entwicklung und Umsetzung von Lernprotokollen, die auf der aus der Psychologie stammenden Skript-Theorie basieren (Pfister et al. 1998; Wessner et al. 1999). Es wird jedoch diskutiert, inwieweit Lernende bei einer systemgesteuerten Vorgabe des kollaborativen Prozesses diesen selbst erlernen. Kritisch wird eingewandt, dass ein Einfluss des Lernenden auf den Lernprozess als aktive Auseinandersetzung mit dem kollaborativ zu erlernenden Wissen begriffen werden kann und dass dies zu dem Erlernen des Prozesses selbst beiträgt. Genau dies würde aber bei einer Steuerung des Prozesses durch das System eingeschränkt werden. Ziel sollte es deshalb sein, computervermittelt und nicht computergesteuert zu strukturieren. Dies bedeutet, dass das technische System Funktionalitäten zur Unterstützung der Aktivitäten des Prozesses anbietet, ohne durch eine Steuerung die Flexibilität einzuschränken – etwa durch striktes Sequenzialisieren. Ansätze des Wissensmanagements (Diefenbruch 2002) versuchen, ein grafisch aufbereitetes Prozessmodell (etwa wie in Abbildung 1) ständig als Navigationshilfe präsent zu halten. Durch Anklicken auf eine Phase/Aktivität können die Lernenden z.B. in den passenden Inhaltsbereich springen. So erkennt man Zusammenhänge innerhalb des kollaborativen Lernprozesses. Das grafische Modell kann auch die erwähnte ausgezeichnete Rolle, den Moderator, unterstützen, indem zu den verschiedenen Phasen automatisch Inhaltsbereiche generiert und an Gruppen von Teilnehmern Zugriffsrechte vergeben werden.

2.2.2   Organisatorische Unterstützung: Moderation

Abbildung 1 greift mit der Aktivität „*begleiten*" eine Möglichkeit auf, den Prozess nicht durch die technische Unterstützung, sondern durch eine organisatorische Maßnahme zu regeln. Die Notwendigkeit einer solchen Rolle lässt sich empirisch belegen (Kienle 2003). Sie übernimmt koordinierende Aufgaben und leitet von einem zum anderen Prozessschritt über.

So kann zum einen im Vorfeld des kollaborativen Lernens eine themen- und zeitbezogene Strukturierung vorgenommen werden, die den Lernenden die Zuordnung von Informationen erleichtert. Auch in (Rötting & Bruder 2000) wird darauf hingewiesen, dass die Verteilung von Aufgaben, Mechanismen zur Terminüberwachung und Absprachenvereinbarungen gut unterstützt werden müssen. Lipponen erwähnt darüber hinaus die Notwendigkeit zu generellen Nutzungsanleitungen, die sich insbesondere auf den Austausch in kollaborativen Prozessen beziehen: „*general guidelines for effective participation and discourse in CSCL environments; these included dense interaction, decentralized participation, reflective, and constructive communication*" (Lipponen 2001, S.41).

Bzgl. der Prozesssteuerung achtet der Moderator darauf, dass die verschiedenen Phasen durchlaufen werden, gibt ggf. Hinweise oder Zusammenfassungen und leitet zu anderen Schritten – wie etwa der Aushandlung – weiter. Für einige dieser Aktivitäten kann der Moderator auch Verantwortliche aus der Gruppe der Lernenden benennen. Eine detaillierte Auseinandersetzung mit den Aktivitäten von Moderatoren in kollaborativen Lernprozessen findet sich in (Kienle 2003).

2.2.3   Integration von technischer Unterstützung und Moderation

Zunächst kann festgehalten werden, dass die Aktivitäten des Moderators wiederum durch Funktionalitäten des CSCL-Systems zu unterstützen sind. Hier bietet sich ein rollenbasierter Zugang zum technischen System an (Sandhu et al. 1996). Eine weitere Verbindung besteht darin, dass der Moderator an Hand des grafischen Modells des kollaborativen Lernprozesses die Abläufe, notwendige Aktivitäten und Anwendungen geeigneter Systemfunktionalitäten vermitteln kann.

3   Annotationen als Kommunikationsunterstützung in CSCL-Systemen

Da Lernende beim computervermittelten kollaborativen Lernen häufig zeitlich und/oder räumlich getrennt sind, kann sich die Interaktion nicht auf wechselseitige direkte Beobachtung abstützen. Vielmehr basiert computervermitteltes Lernen im Wesentlichen auf Kommunikation und auf der kommunikativen Auseinandersetzung mit virtuell präsentiertem Material (vgl. vorangegangenen Abschnitt). Das Konzept der Annotationen integriert die Ablage von Material und Kommunikation und ist für die Unterstützung von Kommunikation in CSCL-Systemen ein vielversprechender Ansatz, der den Grundstein legt für die Unterstützung des gesamten Prozesses, so wie er im vorangegangenen Abschnitt erläutert wurde.

3.1   Theoretische Einordnung

Theoretisch basieren Annotationen auf dem Ansatz kontext-orientierter Kommunikation. Wenn menschliche Kommunikationsakte durch CSCL-Systeme vermittelt werden, beinhalten sie mehr als den Transport einer codierten Nachricht von A nach B mittels eines Kanals und ihre anschließende Decodierung (vgl. dagegen Shannon & Weaver (1949)). Durch eine psychologische Sichtweise wird deutlich, dass beide Kommunikationspartner entscheidend zum Gelingen von Verständigung beitragen (Clark & Brennan 1991) und dass dabei die Art, wie sie sich auf den Kontext des Kommunikationsgeschehens beziehen, für den Erfolg ausschlaggebend ist (McCarthy & Monk 1994; Ungeheuer 1982). Dies führt zu einem Kommunikationsmodell, bei dem Verständigung bedeutet, dass zwei voneinander unabhängige Kommunikationspartner Vorstellungen entwickeln können, von denen beide annehmen, dass sie sich ähneln (eine ausführliche Darstellung des Kommunikationsmodells findet sich in Herrmann & Kienle (2004) und Herrmann (2001)). Kommunikation wird als ein Prozess verstanden, bei dem mehrere Selektionen stattfinden: aus seiner Vorstellungswelt wählt der Mitteilende aus, was er oder sie mitteilen möchte. Auch bzgl. der Art, wie die Vorstellung mitgeteilt wird, wird aus unendlich vielen Möglichkeiten ausgewählt. Letztlich entscheidet dann der Rezipient, was er von der Mitteilung aufnimmt und inwieweit er dies zu seiner eigenen Vorstellungswelt in Bezug setzt. Diese Auswahlprozesse sind in sozialen Interaktionen nicht determinierbar, sondern können höchstens beeinflusst werden. Diese Kontingenz (anstatt Vorbestimmbarkeit) ist eine grundlegende Eigenschaft sowohl von Kommunikations- als auch von Lehr/Lernprozessen und muss beim Entwurf von CSCL-Systemen akzeptiert werden.

Die durch die Kontingenz gegebene Verständigungsunsicherheit kann durch den verfügbaren Kontext gemildert werden (Ungeheuer 1982). Der Kontext beinhaltet Elemente, die für alle Kommunikationspartner gemeinsam wahrnehmbar sind oder waren. Die Bezugnahme auf den Kontext hat zwei wichtige Funktionen. Zum einen muss die Explizierung des Mitzuteilenden nicht maximal sein: es wird nur das ausgedrückt, was benötigt wird, um den Kontext so zu ergänzen, dass das Gemeinte rekonstruiert werden kann („Wo finde ich Lernmaterialien zum Thema X?" – „An dergleichen Stelle wie bei Veranstaltung Y."). Die Einschätzung der Rolle des Kontextes wird durch Mutmaßungen über das beim Kommunikationspartner bereits vorhandene Wissen (Partnerbild) ergänzt, um die Kommunikation zu vereinfachen („Wo finde ich Lernmaterialien zum Thema X?" – „Im Inhaltsbereich, in dem Du letzte Woche aktiv warst."). Zum anderen hilft der Kontext festzustellen, ob man sich verstanden hat: Je nach dem, wie sich eine Situation entwickelt, ergeben sich Hinweise auf den Kommunikationserfolg oder auf die Notwendigkeit, das Verständnis zu überprüfen oder nachzubessern. In CSCL-Systemen kann und muss das zur Verfügung gestellte Material die Rolle von Kontext spielen.

Das Konzept der Annotationen ermöglicht nun eine gute Umsetzung der Verbindung von Kommunikationsbeiträgen (in Form von Annotationen) und Kontextinformationen (in Form von Materialien). Es sind eine Reihe von Anforderungen an eine annotationsbasierte Kommunikationsunterstützung in CSCL-Systemen zu beachten (für eine ausführlichere Darstellung siehe Kienle (2003)):

- *hohes Maß an Direktheit der Annotation*: Annotationen und dazugehörige Materialien sollen gemeinsam sichtbar sein, da Kommunikationsbeiträge immer im Kontext zu verstehen sind. Annotationen sollen ggf. auch ausblendbar sein, um zunächst nur das Material wahrzunehmen.

- *Segmentierbarkeit des Materials*: Material muss in kleinen Einheiten in dem CSCL-System dargestellt werden, damit Kommunikationsbeiträge in Form von Annotationen möglichst genau mit einem Kontextausschnitt (repräsentiert durch den entsprechenden Materialausschnitt) verknüpft werden können. Um alle Phasen des kollaborativen Prozesses zu unterstützen, müssen Materialien von allen Nutzern eingestellt werden können.

- *Anschlussfähigkeit der Annotationen*: Durch das Annotieren von Annotationen wird Kommunikation in dem CSCL-System unterstützt.

– *Einschränkung der Rechte*: Mit Annotationen soll die Kommunikation unter den Teilnehmenden unterstützt werden. Zur Aufmerksamkeitssteuerung muss es auch möglich
  sein, Annotationen nur für eine bestimmte Teilnehmergruppe zuzulassen. Dies unterstützt auch die unterschiedlichen Phasen des kollaborativen Lernprozesses.

3.2   Technische Unterstützungen

Annotationen sind bislang in Systemen umgesetzt, die entweder Diskussionen zu bestehen-
dem Material oder die gemeinsame Arbeit an Texten unterstützen.

Häufig genannte Vertreter der ersten Gruppe sind CoNote (Davis & Huttenlocher 1995),
CaMILE (Gudzial & Turns 2000) und WebAnn (Bernheim Brush et al. 2002). Alle Systeme
wurden auch als Unterstützungen in kollaborativen Lernprozessen genutzt. Diese als Prototypen im Einsatz befindlichen Systeme konzentrieren sich auf die Möglichkeit, Kommunikationsbeiträge und Materialien zu verknüpfen. Zudem besteht in allen drei Systemen die Möglichkeit, auch Annotationen zu annotieren. So unterstützen CoNote oder CaMILE Verbindungen zwischen Kommunikationsbeiträgen, indem sie Diskussionsforen mit bestehenden
Webseiten verknüpfen. In CoNote werden dabei im Diskussionsforum Links zu den diskutierten Webseiten (Material) abgelegt. CaMILE fügt die Annotationen am Ende der betreffenden Webseite ein. In beiden Systemen bezieht sich die Verbindung jedoch nur auf Webseiten als Ganzes und nicht auf einzelne Inhaltsabschnitte.

Ähnliche Ansätze, die aber punktgenauere Annotation zulassen, finden sich inzwischen auch
in komplexeren CSCL-Systemen wie Gentle (Dietinger & Maurer 1998) oder Scholion (Auinger & Stary 2003). In beiden Systemen ist das Annotieren im Material selbst möglich,
indem die zu annotierende Textpassage markiert und ein Menüpunkt zur Anmerkung ausgewählt wird. Entscheidender Nachteil ist in allen bislang vorgestellten Systemen, dass die
Materialien nicht von den Lernenden selbst eingestellt werden, so dass der kollaborative
Prozess nicht in seiner Gesamtheit unterstützt werden kann.

Zur Unterstützung der gemeinsamen Erarbeitung von Texten werden in Textverarbeitungs-
oder -anzeigeprogrammen wie z.B. Microsoft Word oder Acrobat Reader inzwischen Kom-
mentierungsfunktionen angeboten, die die Annotation von Texten ermöglichen. Kommentare
können hier mit dem Text zusammen angezeigt werden. Anders als bei den bisher vorgestellten Systemen können hier die Texte von allen Teilnehmern erstellt und ergänzt werden.
Nachteilig ist, dass kein Rechtesystem für Einschränkungen im Umgang mit Kommentaren
(und auch bei Änderungen am Material) sorgt. So können beispielsweise Kommentare anderer gelöscht und Überarbeitung durch Ablehnung für alle unwiederbringlich entfernt werden.
Zudem können Annotationen nicht annotiert werden, so dass die Kommunikation nicht unterstützt wird.

Auch zur Unterstützung der Reviewphasen von Zeitschriftenartikeln werden Systeme eingesetzt, die Annotationen unterstützen. Ein Beispiel ist das System Jime (Journal of Interactive
Media in Education), in dem Inhalte nach Abschnitten segmentiert dargestellt werden, um
direkt an einzelnen Abschnitten des Inhalts kommunizieren zu können (Sumner & Bucking-
ham Shum 1998). Durch Anmerkungen an Anmerkungen kommen Diskussionen zu Stande.
Es ist aber hier, wie auch in den zuerst vorgestellten Systemen zur Diskussionsunterstützung

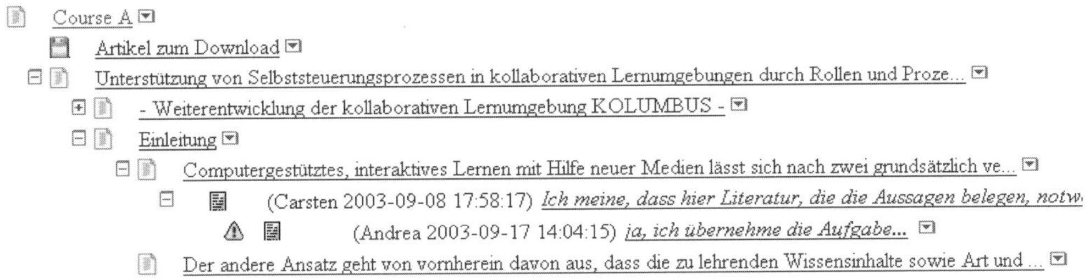

Course A ▾
   Artikel zum Download ▾
   Unterstützung von Selbststeuerungsprozessen in kollaborativen Lernumgebungen durch Rollen und Proze... ▾
      - Weiterentwicklung der kollaborativen Lernumgebung KOLUMBUS - ▾
      Einleitung ▾
         Computergestütztes, interaktives Lernen mit Hilfe neuer Medien lässt sich nach zwei grundsätzlich ve... ▾
            (Carsten 2003-09-08 17:58:17) *Ich meine, dass hier Literatur, die die Aussagen belegen, notw*
            (Andrea 2003-09-17 14:04:15) *ja, ich übernehme die Aufgabe...* ▾
      Der andere Ansatz geht von vornherein davon aus, dass die zu lehrenden Wissensinhalte sowie Art und ... ▾

Abbildung 2: Integrierte Ansicht von Material und Annotationen in der
Baumansicht

bestehender Materialien, nur einer Rolle (der des Veröffentlichers) möglich, die eingereichten Artikel (also das Material) einzustellen.

Zur annotationsbasierten Kommunikationsunterstützung in CSCL-Systemen, die alle genannten Anforderungen unterstützt, wurde KOLUMBUS entwickelt (Kienle 2003; Kienle & Herrmann 2002). In KOLUMBUS können Materialien in kleine Einheiten segmentiert werden. Diese Einheiten können Überschriften, Textabschnitte, Abbildungen etc. sein. An jeder kleinen Einheit kann ein Menü aufgerufen werden, über das sowohl neue Materialien als auch Annotationen eingefügt werden können. So werden die Kommunikationsbeiträge (in Form von Annotationen) sehr punktgenau in den Kontext eingefügt. Es ist eine besondere Eigenschaft von KOLUMBUS, dass für jede kleine Einheit (und damit auch für Annotationen) eine Gruppe von Empfängern festgelegt werden kann. Durch eine geeignete Wahl der Empfängergruppe wird sowohl individuelles Lernen (Empfänger = Autor) als auch das Lernen in unterschiedlichen Gruppen (Empfänger = kleine Arbeitsgruppe, alle Teilnehmer eines Kurses etc.) ermöglicht. Diskussionsstränge entstehen, indem Annotationen annotiert werden.

Für die Darstellung der Inhalte stehen eine Baumansicht (vgl. Abbildung 2) und eine Zeitungsansicht zur Verfügung. In der Baumansicht wird, ähnlich wie in einem Dateiexplorer, die Struktur der Inhalte dargestellt, verschiedene Typen (z.B. Materialtext, Annotationen, Abbildungen) werden durch unterschiedliche Icons symbolisiert und Inhalte werden durch Überschriften oder Textanfänge nur angedeutet. In der Zeitungsansicht dagegen wird der Inhalt in einer gut lesbaren Form vollständig angezeigt. Annotationen können bei Bedarf ausgeblendet werden, um in einem ersten Schritt zunächst das Material rezipieren zu können.

Um den kommunikativen Charakter der Annotationen zu erhöhen, werden in beiden Ansichten der Autor und das Erstellungsdatum vorangestellt. In beiden Ansichten werden darüber hinaus Kommunikationsbeiträge (Annotationen) und Materialien (alle anderen Typen) integriert dargestellt, so dass eine Wahrnehmung der Kommunikationsbeiträge im Kontext möglich ist.

Eine erste Evaluation (Kienle 2003; Herrmann & Kienle 2003) hat deutlich gemacht, dass das Auffinden von Kommunikationsbeiträgen besonders in längeren Materialien äußerst schwierig ist. Aus diesem Grunde wurde ein Annotationsfenster hinzugefügt, das ähnlich einer E-Mailbox eine Übersicht über alle Annotationen zusammenstellt, die von dem jewei-

Show INBOX   Show OUTBOX   Show Deleted   Show Marked   Filter...

Currently shown: inbox , sorted by date

Author	Recipients	C	Keyword	Date	Expires	Childs	
Haiko	Andrea		Ergänzen!!!	2003-09-30 12:10:20	Never	0	
Carsten	Andrea		Halte ich für nicht realistisch...	2003-09-30 11:59:32	Never	1	
Carsten	Andrea		Evaluation muss erweitert werden!!!	2003-09-15 10:44:30	Never	1	
Haiko	Andrea		Abbildung zur Verdeutlichung	2003-09-15 10:35:27	2003-10-01	1	
Carsten	Andrea		Literatur zu diesem Abschnitt notwendig!!!	2003-09-08 17:58:17	Never	1	

Abbildung 3: Übersicht über Annotationen

ligen Nutzer eingestellt oder an ihn adressiert wurden (vgl. Abbildung 3). Durch Anklicken einer Annotation wird der Nutzer in die integrierte Zeitungsansicht geleitet, um die Annotation dann wieder im Kontext des Materials rezipieren zu können.

In der Evaluation wurde auch deutlich, dass Nutzer eine Unterscheidung nach inhaltlichen und organisatorischen Beiträgen wünschen und dass eine Kategorisierung der Beiträge (z.B. nach Frage, Antwort, Begründung) zur Begleitung des kollaborativen Prozesses sinnvoll sein kann. Aus diesem Grunde unterstützt KOLUMBUS die Vergabe solcher Zusatzinformationen, die dann durch unterschiedliche Icons in der Baumansicht und durch unterschiedliche Farben in der Zeitungsansicht dargestellt werden.

4 Aushandlung als formaler Abschluss eines kollaborativen Lernprozesses

Für kollaboratives Lernen ist nicht nur die Unterstützung der Kommunikation von Interesse. Zur Unterstützung der Erreichung des Zieles kollaborativen Lernens, dem Erarbeiten eines gemeinsamen Ergebnisses, ist eine Aushandlungsfunktionalität notwendig. In der theoretischen Betrachtung werden verschiedene Charakteristika von Aushandlungsunterstützungen vorgestellt, bevor auf technische Umsetzungen eingegangen wird.

4.1 Theoretische Einordnung

Aushandlungsunterstützungen in technischen Systemen wurden ursprünglich im Bereich des computervermittelten kooperativen Arbeitens (CSCW) entwickelt, um das Treffen gemeinsamer Entscheidungen zu unterstützen. Diese Entwicklungen stehen in engem Zusammenhang mit Group Decision Support Systems (GDSS), die die Generierung von Vorschlägen (z.B. bzgl. Meinungen, Ideen, Lösungen), ihre Kommentierung, Präsentation und Zusammenfassung mehrerer Vorschläge bis hin zur Auswahl unter alternativen Beiträgen unterstützen (DeSanctis & Galluppe 1987). Zur Unterstützung der Aushandlung in kollaborativen Lernprozessen sollte die Kommunikation und Aushandlung stark integriert sein, so wie dies auch in dem Prozess kollaborativen Lernens (vgl. Abbildung 1) dargestellt wird: das Finden eines gemeinsamen Ergebnisses erfolgt aus einem Wechselspiel zwischen Diskussion und Aushandlung.

Allgemein gesprochen sind Bestandteile einer Aushandlung das Einbringen von Vorschlägen, über die eine Gruppe diskutiert und schließlich abstimmt. Die Unterstützung der Abstimmung (engl. Voting) ist für CSCW- und CSCL-Systeme besonders wichtig, wenn eine große Gruppe von Teilnehmern zwischen einer Menge von feststehenden Optionen entscheiden soll. Solche Anwendungen kennt man beispielsweise aus der Diskussion um das Finden gemeinsamer Termine in Gruppenkalendern (Ephrati et al. 1994). Zur Beschreibung von Aushandlungen können verschiedene Eigenschaften angegeben werden, die auch durch ein CSCL-System zu unterstützen sind:

- *Anzahl der Beteiligten*: Die Anzahl der Beteiligten ist sicher größer als eins, da es um das Finden gemeinsamer Ergebnisse in Gruppen geht. Angebotene Funktionalitäten können mitunter abhängig von der zu erwartenden Gruppengröße sein; so ist z.B. der Prozentsatz, bei dem ein Vorschlag als angenommen gilt, bei einer Gruppe von 3 Personen anders einzustellen als bei 100. In kollaborativen Lernsituationen, in denen in Kleingruppen gemeinsam Ergebnisse erarbeitet werden sollen, wird es sich meist um Gruppen mit 3 bis 10 Teilnehmern handeln.

- *Einbringen von Vorschlägen*: Hier kann unterschieden werden, wer Vorschläge, über die abgestimmt werden soll, einbringt. In kollaborativen Lernsituationen, in denen eine Gruppe selbst gemeinsame Ergebnisse erarbeiten soll, sollten die Vorschläge entsprechend auch von den Gruppenmitgliedern eingebracht werden können.

- *Auswahlmöglichkeiten für Stimmen (Voten)*: In Herrmann (1995) werden folgende Auswahlmöglichkeiten vorgeschlagen: Zustimmung, Ablehnung, Enthaltung, Gegenvorschlag oder Ausweichen auf andere Kommunikationswege. Das Ausweichen auf andere Kommunikationswege ist immer dann notwendig, wenn Gruppenmitglieder z.B. ein Gespräch initiieren möchten, da sich für sie der betreffende Vorschlag noch nicht in dem Zustand befindet, so dass formal abgestimmt werden kann.

- *Transparenz über Voten anderer*: Hier ist zu unterscheiden, ob es sich um eine geheime Wahl handeln soll oder ob die Voten anderer für die Nutzer angezeigt werden. Bei Transparenz über die Voten besteht für kollaborative Lernsituationen die Befürchtung, dass sich Gruppenmitglieder an den vermeintlich Besten in der Gruppe halten.

- *Modus der Abstimmung (Voting)*: Je nachdem, ob das Abstimmen (Voting) als Zwischenschritt oder Abschluss eines kollaborativen Lernprozesses angesehen wird, kann man Voten zurücknehmen bzw. ändern oder nicht.

- *Integration von Aushandlung und Diskussion bzw. Kommentaren*: Wie eingangs erwähnt, ist im kollaborativen Prozess eine enge Verknüpfung zwischen der Aushandlung und der Unterstützung von Diskussionen bzw. Kommentaren für kollaborative Lernsituationen sinnvoll. Dabei sind unterschiedliche Realisierungen, z.B. Kommentare von Voten oder Diskussionsstränge denkbar (siehe folgenden Abschnitt).

4.2   Technische Unterstützung

Aktuell gibt es nur wenige CSCL-Systeme, die Aushandlung unterstützen. Die Realisierungen unterscheiden sich dabei bzgl. der gerade genannten Eigenschaften.

Stahl & Herrmann schlagen mit dem CSCL-System WebGuide einen Ansatz zur Verschränkung von Aushandlung (durch Votieren) und Perspektivenmechanismen (Stahl & Herrmann 1999) vor. Mit der Unterstützung des Aushandlungsmechanismus wird es möglich, verschiedene individuelle Perspektiven zu einer gemeinsamen Perspektive verschiedener kommunikativer Beiträge, der eine bestimmte Anzahl von Gruppenmitgliedern zustimmt, zu kombinieren. Dabei stehen als Auswahlmöglichkeiten alle der oben genannten zur Verfügung. Ein abgegebenes Votum kann kommentiert und auch zurückgenommen werden, Voten anderer sind transparent. Zur genauen Beschreibung des Ablaufes siehe (Kienle 2003).

Die Erfahrungen mit WebGuide flossen schließlich in die Entwicklung von BSCL und KOLUMBUS ein. Das Hauptziel ist es, Annäherung zwischen unterschiedlichen Perspektiven der Lernenden zu erzielen. BSCL, Basic Support for Collaborative Learning (Stahl 2003), verfolgt den Ansatz, dass Artefakte von allen Nutzern so lange geändert werden können, bis eine Mehrheit oder alle Teilnehmer das Artefakt als gemeinsames Ergebnis akzeptieren. Einwände oder Diskussionen zu dem jeweiligen Stand des Artefakts werden in einem Diskussionsforum unterstützt. Die eigentliche Aushandlung findet also in der Diskussion des Artefaktes und nicht in der Abstimmung statt: „*the real negotiation action is in the evolution of the knowledge artefact proposed for agreement, and not in the voting process itself*" (Stahl 2003). In diesem Ansatz ist das Voting Interface sehr einfach (als Auswahl stehen nur Zustimmung oder Ablehnung zur Verfügung), da damit nur die schlussendliche Zustimmung realisiert wird. Zudem ist hier eine Begründung zur Zustimmung möglich.

In KOLUMBUS (Kienle 2003; Kienle & Herrmann 2002) werden Gruppenergebnisse erzielt, indem gemeinsam Verantwortung für eine oder mehrere kleine Einheiten wie Materialabschnitte etc. übernommen wird. KOLUMBUS stellt hier eine Aushandlungsfunktion zur Verfügung, bei der ein Urheber einem oder mehreren Teilnehmern die Mit-Urheberschaft vorschlägt. Alle vorgeschlagenen und auch die bereits festgelegten Mit-Urheber werden zu dem Aushandlungsprozess per E-Mail eingeladen. Sie können für oder gegen den Vorschlag stimmen, sich enthalten und weitere Diskussionen fordern. Dabei wird aus Gründen der Vereinfachung das Prinzip einer geheimen Wahl umgesetzt, d.h. Voten sind weder begründbar noch zurücknehmbar und Voten anderer können vor Ablauf der Aushandlung nicht eingesehen werden. Ein Grund für diese Entscheidung war die Überlegung, dass eine Diskussion mittels Annotationen dem Aushandlungsschritt vorangeht, so dass während der abschließenden Aushandlung Diskussionen nicht weiter zu unterstützen seien. Wenn ein bestimmter Prozentsatz dem Vorschlag zustimmt, wird die Gruppe der Autoren erweitert. Auf diesem Weg erreicht eine Gruppe Konvergenz hinsichtlich einer bestimmten Menge von Materialbausteinen.

5   Zusammenfassung

In diesem Kapitel wurden Konzepte vorgestellt, die sich für die Unterstützung von Gruppen, die computervermittelt lernen, als sinnvoll erwiesen haben. Dabei wurde zunächst gezeigt, wie eine Prozesssicht auf kollaboratives Lernen aussehen kann und wie Lernende dabei unterstützt werden können, sich selbst mit dem Prozess vertraut zu machen. Neben der Prozesssicht auf kollaboratives Lernen und ihrer technischen und organisatorischen Unterstützung wurde auf zwei zentrale Konzepte eingegangen. Dies sind Annotationen als Möglichkeit der kontext-orientierten Kommunikationsunterstützung einerseits sowie die technische Gestaltung der Einigung auf ein gemeinsames Ergebnis durch Aushandlung andererseits. Die vorgestellten Konzepte halten wir für zentrale Funktionalitäten für CSCL-Systeme, da sie spezielle Erfordernisse für den Prozess kollaborativen Lernens beachten und darüber hinaus vorsehen, den gesamten Prozess in einem einzigen System zu unterstützen. Bei der Gestaltung oder der Auswahl eines CSCL-Systems für eigene Lehrveranstaltungen sollte deshalb darauf geachtet werden, ob die hier vorgestellten Konzepte unterstützt werden.

2.3.4   Konzepte für den Lehrenden

Martin Wessner[1], Gerhard Schwabe[2], Jörg M. Haake[3]

[1]Fraunhofer IPSI, Darmstadt, [2]Universität Zürich,
[3]FernUniversität in Hagen

1   Einleitung

Lehrende übernehmen beim kooperativen Lernen wichtige Funktionen bei der Vorbereitung, Durchführung und Nachbereitung des kooperativen Lernens (vgl. Beitrag 3.1). In diesem Beitrag werden ausgewählte Konzepte vorgestellt, die den Lehrenden bei der Ausübung dieser Funktionen unterstützen.

Zunächst beschäftigen wir uns mit der Frage, wie Lehrende beim Zusammenstellen von Lerngruppen unterstützt werden können, und stellen Konzepte für die Gruppenbildung vor (Abschnitt 2). Während der Durchführung der Gruppenarbeit beobachtet der Lehrende die Gruppen, interveniert bei Bedarf und leistet nach Anforderung durch die Gruppe Hilfestellung. Zur Unterstützung dieser Aufgaben werden Konzepte der Beobachtung vorgestellt (Abschnitt 3). Außerdem kann der Lernende die von der Lerngruppe durchzuführende Gruppenarbeit z.B. durch das Bereitstellen von gruppen- bzw. rollenspezifischen Ressourcen oder aufgabenadäquaten Steuerungsmechanismen für den Gruppenprozess strukturieren. Wir betrachten hierfür relevante Konzepte unter der Bezeichnung „Lernlogistik" (Abschnitt 4).

2   Zusammenstellen von Lerngruppen

Damit eine Gruppenarbeit stattfinden kann, müssen aus der Menge der Lernenden Lerngruppen gebildet werden. In diesem Abschnitt wird zunächst diskutiert, welche Anforderungen an die Zusammenstellung von Lerngruppen gestellt werden. Danach werden diese Überlegungen für verschiedene Arten von Lerngruppen konkretisiert und Unterstützungsmöglichkeiten skizziert.

Vermutlich ist das Phänomen jedem bekannt: Manche Lerngruppen werden von allen Beteiligten als angenehm und lernförderlich erlebt, andere Gruppen „funktionieren" nicht, die Beteiligten klagen über ungerechte Verteilung der Arbeiten und würden lieber individuell lernen als in einer solchen Gruppe. Wie kann durch eine geeignete Zusammensetzung einer Lerngruppe die Zufriedenheit und der Lernerfolg einer Lerngruppe gesteigert werden? (Siehe auch die Beiträge 3.1 und 3.5.1)

Die Größe einer Gruppe bestimmt entscheidend mit, welche Kooperationsmethoden eingesetzt werden können und welche Anteile die Einzelnen an der Gruppenarbeit haben können. So steht in einer Zweiergruppe prinzipiell jedem Lernenden für die Hälfte der Zeit die Aufmerksamkeit der Gruppe zur Verfügung, je größer die Gruppe, desto weniger Aufmerksamkeit kann dem Einzelnen gewidmet werden.

Neben der Größe der Gruppe spielt die Homogenität bzw. Heterogenität einer Gruppe eine wichtige Rolle. Die Homogenität erleichtert die Gruppenarbeit durch gemeinsame Erfahrungen, Begrifflichkeiten oder Fachkompetenzen. Heterogenität erleichtert die Lösungsfindung, wenn die unterschiedlichen Perspektiven und Kompetenzen in der Gruppe sich im Hinblick auf die zu bearbeitende Aufgabe ergänzen. In der Fachliteratur werden verschiedene Eigenschaften der Lernenden für die Heterogenität einer Lerngruppe herangezogen, z.B. Geschlecht, Kompetenzniveau, soziale und ethnische Herkunft und Alter (vgl. bspw. Johnson & Johnson, 1989).

Sowohl die Größe als auch die Heterogenität einer Gruppe steht in engem Zusammenhang zu anderen Parametern der Gruppenarbeit, wie Kooperationskompetenz der Beteiligten, Lernziel, Art der Aufgabe oder benötigte bzw. mögliche Betreuungsintensität. Lehrende können unterstützt durch entsprechende Werkzeuge durch eine gute Wahl der Gruppengröße und -heterogenität in Abhängigkeit von den anderen Parametern der Gruppenarbeit günstige Rahmenbedingungen für die Gruppenarbeit schaffen. Dabei muss natürlich der zur Gruppenbildung benötigte zeitliche und organisatorische Aufwand in einem sinnvollen Verhältnis zur Bedeutung der jeweiligen Gruppenarbeit und ihrer Dauer stehen.

Prinzipiell können drei Arten der Gruppenbildung unterschieden werden: die Gruppenbildung durch den Lehrenden, durch den bzw. die Lernenden sowie durch das System. Je nach Art und Dauer der geplanten Kooperation haben alle drei Arten der Gruppenbildung ihre Berechtigung.

In Beitrag 3.1 werden informelle Gruppen für kurzfristige Kooperationen, formale Gruppen für instruktional geplante Kooperationen und kooperative Basisgruppen, deren Mitglieder sich über einen längeren Zeitraum gegenseitig im Lernprozess unterstützen (z.B. bei Verständnisschwierigkeiten oder zur Vorbereitung auf Prüfungen), unterschieden.

Für die kurzfristige Kooperation in informellen oder formalen Gruppen sollte die Gruppenbildung möglichst schnell und unkompliziert erfolgen können. Komplexe Aushandlungsprozesse, elaborierte Regeln für die Zusammensetzung der Gruppen sind in diesen Fällen nicht sinnvoll. Der Lehrende gibt evtl. die Größe der Gruppen vor, die Zusammenstellung kann durch den Lehrenden, die Lernenden oder das System erfolgen.

Soll die formale Gruppe länger zusammenarbeiten, kommt der Gruppenzusammensetzung eine größere Bedeutung zu. Die instruktionale Planung des Lehrenden enthält sowohl Anforderungen an die Größe der Lerngruppen als auch bestimmte Anforderungen an die Zusammensetzung, die Heterogenität in Bezug auf bestimmte Eigenschaften der Lernenden. Um diese Anforderungen für alle Gruppen umzusetzen, ist eine Gruppenbildung durch die Lernenden meist nicht geeignet. Hier kann der Lehrende oder das System selbst auf Basis der Anforderungen und der gespeicherten Lernerprofile geeignete Gruppen zusammenstellen.

Kooperative Basisgruppen existieren über einen längeren Zeitraum und gestalten ihre Zusammenarbeit weitgehend selbst. Sie dienen beispielsweise dem gemeinsamen Nachbereiten von Unterricht oder der Prüfungsvorbereitung. Basisgruppen können auch im Sinne einer

Community (vgl. die Beiträge 2.3.5 und 3.5.2) agieren. Damit diese Selbstorganisation (von Inhalt, Methode, Zeiten etc.) gut funktioniert, ist ein gutes Gruppenklima, ein hohes Maß an Kooperationskompetenz und Kooperationsbereitschaft innerhalb der Gruppe notwendig. Daher sollten die Lernenden einen starken Einfluss auf die Zusammensetzung der Lerngruppe ausüben. Lehrende oder gar ein System können hier allenfalls Empfehlungen auf Basis der gespeicherten Lernerprofile geben.

Wie kann die Gruppenbildung durch ein CSCL-System unterstützt werden? Unterstützung für das Finden von Mitlernern können Werkzeuge wie die in Beitrag 2.1.2 beschriebenen Recommender-Systeme leisten. Sie können auf der Basis der Benutzerprofile Benutzer mit ähnlichen Profilen oder mit bestimmten Eigenschaften identifizieren. Ein neuerer Ansatz, der sowohl selbstorganisierte Gruppenbildung als auch die Gruppenbildung durch den Lehrenden ermöglicht, wird zurzeit im CURE-System umgesetzt (Haake et al. im Druck). Aus der Tradition der künstlichen Intelligenz stammende Ansätze zielen darauf, dass das System auf Basis elaborierter Modelle des Lerngegenstandes und des Benutzerverhaltens (so genanntes Lernermodell) während des individuellen Lernens Situationen erkennt, in denen eine Kooperation sinnvoll ist, und dann die Zusammenstellung von Lerngruppen initiiert (Inaba et al. 2000). Im Rahmen des BMBF-Leitprojektes Projektes L^3 – Lebenslanges Lernen wurden web-basierte Kurse um kooperative Aufgaben erweitert. Die Modellierung kooperativer Aufgaben erlaubt Angaben wie die minimale und maximale Größe von Lerngruppen zur Bearbeitung einer Aufgabe oder inwieweit ein Tutor in die Gruppenbildung mit einbezogen werden soll. Auf Basis dieser Modellierung erlaubt die L^3-Plattform die systemunterstützte manuelle Gruppenbildung durch den Lehrenden sowie die automatische Gruppenbildung durch das System (vgl. Wessner & Pfister 2001, Wessner & Holmer 2003, Holmer & Wessner 2003, Wessner in Vorbereitung). Da die Kriterien für eine „gute" Zusammensetzung einer Lerngruppe wie oben dargestellt von Eigenschaften der Aufgabe, der Lernenden und sonstigen Rahmenbedingungen abhängen, sollten Systeme zur Unterstützung der Gruppenbildung eine hohe Flexibilität bezüglich der Gruppenbildungsalgorithmen aufweisen und auch während der Laufzeit vom Lehrenden bzw. auch von den Lernenden anpassbar sein.

3   Beobachten der Gruppenarbeit

Während der Durchführung der Gruppenarbeit hat der Lehrende drei Aufgaben: die Gruppen zu beobachten, bei Bedarf zu intervenieren und nach Anforderung durch die Gruppe Hilfestellung zu leisten. Um diese Aufgaben durchführen zu können, muss der Lehrende den aktuellen Stand der Gruppenarbeiten wahrnehmen können.

Im Folgenden werden verschiedene Möglichkeiten vorgestellt, wie der Lehrende eine solche Wahrnehmung („Awareness") über den aktuellen Stand der Gruppenarbeiten erhalten kann.

Verschiedene technische Lösungen wie bspw. MasterEye (http://www.mastersolution.ch) erlauben es dem Lehrenden, die Bildschirminhalte der Lernenden direkt zu beobachten. In vielen Anwendungsbereichen sind derartige Systeme aufgrund des Verlustes der Privatheit der Lernenden sicher problematisch.

Spezielle Feedbackwerkzeuge ermöglichen es den Lernenden kurze Fragen zu beantworten (Mini-Tests) bzw. Einschätzungen (Stimmungsbarometer) zum aktuellen Stand der Gruppenarbeit zu geben. Die Antworten bzw. Einschätzungen werden dem Lehrenden anonym und aggregiert als Feedback zur Verfügung gestellt (vgl. hierzu auch die Beiträge 2.1.3 und 2.1.4).

Hat der Lehrende Zugriff auf die virtuellen Arbeitsbereiche der Lerngruppen, kann er anhand der Kommunikationsbeiträge und der erzeugten Artefakte den aktuellen Stand der Gruppenarbeit beurteilen. Diese teilweise Aufhebung der Anonymität ist in vielen Systemkonzeptionen gewollt. Lernende können ihre Profile (Interessen, Erfahrungen, Kompetenzen), Beiträge und Dokumente im System veröffentlichen. Vertreter derartiger Systeme sind CommSy (CommSy 2003) und KOLUMBUS (Kienle 2003).

Die Analyse von Logfiles ermöglicht dem Lehrenden das Analysieren der Beteiligung von Lernern am Lernprozess. Beispielsweise kann das System für den Lehrenden (aber auch als Feedback für die Lerngruppe) die Anzahl der Beiträge im gemeinsamen Arbeitsbereich und deren Verteilung auf die Gruppenmitglieder anzeigen (vgl. Jermann et al. 2001).

Außer zur Intervention und Hilfestellung können die Informationen über den aktuellen Stand bzw. den Verlauf der Gruppenarbeit vom Lehrenden auch für eine Bewertung der Gruppenarbeit, für Feedback an die Lernenden oder für die Evaluation der Lehrveranstaltung herangezogen werden (vgl. die Beiträge 3.1 und 4.5).

4 Konzepte für Lernlogistik

Außer der im zweiten Abschnitt betrachteten Zusammenstellung von Lerngruppen müssen beim kooperativen Lernen eine Vielzahl weiterer organisatorischer Aufgaben erledigt werden. Die Aufgaben und die dazu benötigten Ressourcen (z.B. Dokumente und Werkzeuge) müssen an die Gruppen verteilt werden, (Teil-)Ergebnisse müssen in der Gruppe, zwischen den Gruppen oder zwischen der Gruppe und dem Lehrenden kommuniziert werden, für die Gruppenarbeit bzw. einzelne Phasen der Gruppenarbeit müssen Zeiten geplant werden, (reale oder virtuelle) Räume müssen bereitgestellt werden. Je nach Komplexität des Kooperationsprozesses müssen Rollenverteilungen zwischen oder innerhalb von Gruppen vorgenommen werden.

In Beitrag 3.1 wird das Gruppenpuzzle als eine Methode des kooperativen Lernens vorgestellt. Bei dieser Methode arbeiten die Lernenden wechselnd in Basis- und Expertengruppen in verschiedenen Rollen. Soll ein Gruppenpuzzle örtlich verteilt durchgeführt werden, muss ein virtueller Raum für jede Basisgruppe und für jede Expertengruppe, darüber hinaus ein Raum für das Plenum bereitgestellt werden.

Die Schwierigkeiten der Organisation soll anhand der folgenden Fragen verdeutlicht werden: Wie erreicht der Lehrende alle Lernenden für eine wichtige Ankündigung? Woher weiß ein Lernender, wann er in welchen virtuellen Raum gehen soll? Wer sollte noch in diesem Raum sein? Wie werden Ergebnisse zwischen verschiedenen Räumen transportiert? Welche Ergebnisse stehen für wen zur Verfügung? Wer aus der Gruppe ist für die Abgabe des Gruppenergebnisses beim Lehrenden zuständig? Wie und an wen erfolgt die Rückmeldung des Lehrenden?

Aus diesen Fragen wird deutlich, dass eine Realisierung des Gruppenpuzzles mit Hilfe von Chaträumen oder anderen Werkzeugen, die kein Wissen über den Prozess der Gruppenarbeit beim Gruppenpuzzle haben, sehr hohe Anforderungen an die Organisation durch den Lehrenden und die Lernenden stellt (vgl. die im Beitrag 2.1.7 skizzierte Realisierung des Gruppenpuzzles). Wir bezeichnen die Organisation der Aktivitäten und Ressourcen als Lernlogistik.

Bei geringer Komplexität der Gruppenarbeit kann die Lernlogistik von den Lernenden und dem Lehrenden selbst übernommen werden. Gruppenarbeit mit höherer Komplexität wie beispielsweise ein Gruppenpuzzle wird erleichtert oder gar erst möglich, wenn die Lernlogistik durch das CSCL-System unterstützt wird.

Die Lernlogistik kann auf zwei Ebenen betrachtet werden: Auf der Makroebene geht es um die Koordination von (größeren) Gruppenarbeitsphasen, beispielsweise den Wechsel zwischen der Arbeit in der Expertengruppe und der Basisgruppe beim Gruppenpuzzle. Innerhalb einzelner Phasen der Gruppenarbeit kann eine feingranularere Unterstützung sinnvoll sein. Auf der Mikroebene geht es um die Koordination der einzelnen Aktivitäten oder sogar der einzelnen Kommunikationsbeiträge innerhalb einzelner Phasen der Gruppenarbeit. Im Folgenden werden diese beiden Ebenen genauer betrachtet.

Lernlogistik auf der *Makroebene* bezieht sich auf die Koordination verschiedener Phasen des kooperativen Lernens. Dies umfasst neben unterschiedlichen Phasen der Kooperation insbesondere auch die Kombination von kooperativen Phasen mit Phasen des individuellen Lernens. Die Gesamtheit der durchlaufenen Phasen im kooperativen Lernprozess wird in Analogie zum Workflow auch als kooperativer Learnflow bezeichnet (Wessner et al. 2002).

Die Koordination auf der Makroebene kann prinzipiell vom Lehrenden oder von den Lernenden selbstorganisiert z.B. gemäß vorgegebener Instruktionen (Kursplan) oder vom System gesteuert erfolgen. Ist die Gesamtheit der Lernenden groß, wird die Koordination der verschiedenen Phasen durch den Lehrenden oder die Lernenden jedoch schwierig. Hier helfen am Konzept des Workflow orientierte technische Ansätze, wie sie in den Systemen FlexeL (Marjanovic & Orlowska 2000) oder in der L³-Plattform umgesetzt sind (Wessner et al. 2002). In diesen Systemen werden Beziehungen und Abhängigkeiten zwischen den einzelnen Phasen des Lernprozesses modelliert und deren Einhaltung von System überwacht. Berechtigungen, Phasenübergänge, Materialien, Ergebnisse und sonstige Ressourcen werden vom System in Abhängigkeit vom aktuellen Zustand im Kooperationsprozess für die einzelnen Benutzer bzw. Benutzergruppen freigeschaltet.

Lernlogistik auf der *Mikroebene* bezieht sich auf die Koordination einzelner Aktivitäten innerhalb einer Lerngruppe und innerhalb einer Phase des kooperativen Lernens. Auch auf der Mikroebene kann die Koordination von den Lernenden selbstorganisiert z.B. nach vorgegebenen Instruktionen („Scaffolding") oder vom System gesteuert erfolgen.

In nicht CSCL-spezifischen Werkzeugen kann die Lernlogistik auf der Mikroebene durch bestimmte Konventionen in der Gruppe unterstützt werden. Im Rahmen eines Projektes der

Universität Dortmund wurde beispielsweise für die Nutzung eines Chat-Werkzeugs folgendes vereinbart: *!* steht für das Melden eines Benutzers, *...* für das geplante Fortsetzen des Beitrags in einer folgenden Chatzeile, *E* für das Ende eines Beitrags (der sich aus mehreren Chatzeilen zusammensetzen kann) etc. (Storrer & Beißwenger 2004). Durch diese Konventionen kann ein normaler Chat als moderierter Chat genutzt werden.

Beispiele für die Systemsteuerung sind die Definition des Kooperationsprozesses in Form eines Workflow, die Vorgabe bestimmter Regeln zur Nutzung von Kommunikationskanälen (Floor Control; „scripted collaboration", vgl. Beitrag 2.3.3) oder die Gestaltung der Benutzeroberfläche derart, dass Interaktionsmöglichkeiten nur gemäß vorgegebener Regeln genutzt werden können (etwa durch die Vorgabe von Satzanfängen oder bestimmter Typen von erlaubten Kommunikationsbeiträgen).

Aus dem Bereich der Sitzungsunterstützungssysteme können spezielle Werkzeuge beispielsweise zur Abstimmung in der Gruppe genutzt werden (vgl. auch die Ausführungen zur Aushandlungsunterstützung in Beitrag 2.3.3). Sitzungsunterstützungssysteme (vgl. Schwabe 1995) erlauben es moderierten Lerngruppen, in Workshops unter Verwendung digitaler Moderationsmaterialien (elektronischer Kärtchen, Wandtafeln...) zusammenzuarbeiten und zu deutlich höherer Partizipation der Teilnehmer als im klassichen Unterricht zu gelangen (zur Moderation vgl. Beitrag 3.2). Mit zunehmender Gruppengröße (d.h. ab ca. 5 Personen) wird es hier schwieriger, alle Teilnehmer auf eine gemeinsame Aktivität auszurichten. Einzelne Teilnehmer finden die ihnen zugedachten (digitalen) Lernmaterialien nicht, anderen gelingt es nicht, die vereinbarten Werkzeuge zu starten. Während diese Probleme bei der asynchronen Zusammenarbeit mit der Zeit durch den Lernenden selbst gelöst werden können (ggf. mit Hilfe eines Coaches), wird bei der synchronen Zusammenarbeit die Gruppe sowohl durch die Verzögerungen als auch durch folgende Erklärungsversuche des Moderators irritiert. Es ist nicht ungewöhnlich, dass nach kurzer Zeit die Technik das Lernthema dominiert und der Lernerfolg erheblich beeinträchtigt wird. Deshalb hat sich eine zentrale Steuerung des Werkzeugeinsatzes und der Materialbereitstellung durch den Moderator bewährt. „Didaktische Netzwerke" stellen diese zentrale Steuerung auf Ebene des Betriebssystems sicher. Der Moderator kann von einer zentralen Software aus die Fensterinhalte jedes einzelnen Rechners festlegen und auch alle Bildschirme der Lernenden mit seinem Bildschirm koppeln und dadurch sicherstellen, dass alle Lernenden das Gleiche sehen.

Der Vorteil von didaktischen Netzwerken besteht darin, dass durch sie alle gängigen PC-Anwendungen für Lerngruppen nutzbar werden. Nachteilig ist, dass zu einem Zeitpunkt nur eine Person ein bestimmtes Lernmaterial verändern darf. Es ist aber gerade das Ziel von Moderationstechniken wie Brainstorming, dass alle Teilnehmer gleichzeitig dasselbe Lernmaterial verändern können. Hierzu bedarf es spezieller Sitzungsunterstützungssysteme wie GroupSystems (www.groupsystems.com). Diese stellen Werkzeuge zum Sammeln, Strukturieren und Bewerten von Ideen sowie zum gemeinsamen Verfassen von Texten zur Verfügung. Eine zentrale Steuerungskomponente erlaubt es, für jeden Teilnehmer festzulegen, mit welchem Werkzeug er welches Lernmaterial bearbeitet. Dadurch wird sowohl die Arbeit im Plenum als auch die Arbeit in Kleingruppen unterstützt.

Neben den allgemeinen Werkzeugen zur strukturierten Problemlösung wurden noch zahlreiche spezielle Werkzeuge für das kooperative Lernen entwickelt. So wurden im Projekt L³ eine Reihe von Werkzeugen entwickelt, die jeweils eine spezielle Kooperationsmethode spezifisch unterstützen, beispielsweise ein Pro-Kontra-Werkzeug, das das Rederecht jeweils zwischen den beiden Rollen Pro und Kontra hin und herschaltet (Holmer & Wessner 2003). Notwendige Basis für eine derartige Unterstützung des Kooperationsprozesses durch ein CSCL-System ist das Wissen im System über den vorgesehenen und den tatsächlichen Kooperationsprozess.

2.3.5   Kooperatives Lernen in Organisationen

Stefanie N. Lindstaedt, Johannes Farmer

Know-Center, Graz

1   Einleitung

Eine Organisation ist ein soziales System mit einer Struktur zur zielorientierten Aufgaben-verteilung und -koordination (Schanz 1992). Das Lernen in der Organisation ist ein Mittel zum Zweck. Aus der Makroperspektive betrachtet dienen Weiterbildungsmaßnahmen und die Förderung von Expertennetzwerken zur Stärkung der Wettbewerbsfähigkeit und der Aus-richtung auf sich verändernde Märkte. Aus der Mikroperspektive gesehen optimiert man den Wissenstransfer in den Arbeitsprozessen zwischen den Mitarbeitern, um eine Produktivitäts- und Effizienzsteigerung zu erzielen.

Das Lernen in den Arbeitsprozessen setzt auf die Ergebnisse früherer Lernprozesse auf. Die vermittelten Inhalte unterliegen einem stetigen Wandel. Die lernunterstützenden Maßnahmen konzentrieren sich daher auf die Bereitstellung von Werkzeugen, Instrumenten, Infrastruktu-ren und organisatorisch-kulturelle Initiativen. Lernen in Organisationen betrifft ausschließ-lich Erwachsene und es sind hier die Lernprinzipien der Andragogik (Knowles et al. 1998) anzuwenden.

Dieses Kapitel dient zur Einführung in die Begriffe des organisationalen Lernens, der ler-nenden Organisation und des Wissensmanagements. Die Begriffe werden anhand der zugrunde liegenden Theorie veranschaulicht. Anschließend werden ausgehend vom Wis-sensmanagement Konzepte für die unterschiedliche Lernunterstützung von Experten und unerfahrenen Mitarbeitern vorgestellt. Den Abschluss bildet die Beschreibung des AD-HOC Frameworks, das in die Arbeitsabläufe technologieunterstütztes Lehren und Lernen integ-riert.

2   Organisationales Lernen – die Lernende Organisation

Das Organisationale Lernen (OL) oder die Lernende Organisation (LO) gibt es als einheitli-che Begriffsbestimmungen nicht (Kluge und Schilling 2000). Um die beiden Begriffe von-einander abzugrenzen, wird OL als kollektives Lernen in einem sozialen System betrachtet. Wird der Begriff „Organisation" in der Bedeutung als „ein die Interaktionen der Mitglieder steuerndes Regelwerk" verwendet, so bezeichnet die LO ein formales Regelwerk, das konti-nuierliches Lernen ermöglicht. Im Folgenden wird für das OL die Theorie der Lernebenen nach Argyris und Schön und für die LO das Konzept des Systemdenkens von Senge vorge-stellt.

3   Basisprinzipien Organisationalen Lernens

Argyris und Schön (1996) wenden auf die Organisation die Metapher des informationsverarbeitenden Systems an. Lernen dient hier der Verbesserung des Wissens über den Input und Output und die Wirkungen organisationaler Handlungen auf die Umwelt. Argyris und Schön identifizieren drei Ebenen des Lernens: Single-Loop Lernen, Double-Loop Lernen und Deutero Lernen, welche in *Abbildung 1* in Zusammenhang gebracht werden.

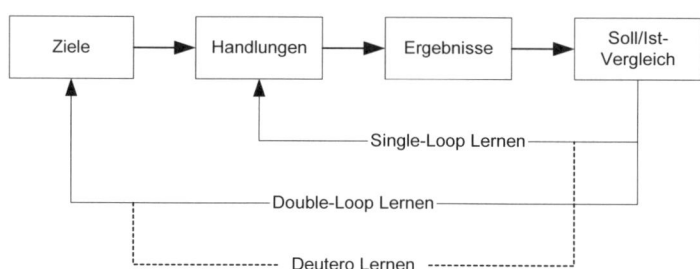

Abbildung 1: Lernebenen nach Argyris und Schön (Darstellung nach Schreyögg (1999))

Single-Loop Lernen registriert Abweichungen vom Sollzustand, adaptiert die Handlungsweise und führt wie in einem Regelkreis die Ergebnisse an den Sollzustand heran. Als Beispiel dafür kann die kontinuierliche Steigerung der Leistung von Kraftfahrzeugsmotoren in den letzten Jahren dienen. Hier wurde die Handlungsweise effizient adaptiert ohne die zugrunde liegende Grundüberzeugung: „Der Motor muss leistungsfähiger werden" zu ändern.
Double-Loop Lernen hinterfragt die gesetzten Ziele und erfordert eine Änderung von Grundüberzeugung und -orientierung. Double-Loop Lernen umfasst auch „Entlernen" – ein Hinterfragen von Werten und Normen. Angewandt auf das Beispiel der Kraftfahrzeugmotorenentwicklung bedeutet dies ein Erkennen und Umsetzen, dass Kunden vermehrt Augenmerk auf geringeren Energieverbrauch legen. Die Reaktion darauf impliziert eine Änderung der Grundüberzeugung und Zieldefinition.
Deutero Lernen ist „Lernen des Lernens". Das Ziel ist hier die Lernfähigkeit und Lernbereitschaft durch Reflexion des Lernprozesses, Lernkontexts, Lernverhaltens und der Lernerfolge sicherzustellen. Angewendet auf das Beispiel entspricht Deutero Lernen der Fragestellung: „Wie können Kundenwünsche früh erkannt werden und wie lässt sich überprüfen ob diese auch erfüllt werden?".

Die Theorie der Lernebenen beschreibt grundlegende Prozesse der Anpassung an Standards (Single-Loop-Lernen) und deren Reflexion (Double-Loop-Lernen). Die Art und Weise wie eine Organisation Informationen verarbeitet lässt Aussagen darüber zu wie sie lernt. Deutero Lernen ist dem im Folgenden beschriebenen Systemdenken sehr ähnlich.

4   Systemdenken für die Lernende Organisation

Senge (1999) betrachtet in seinem Buch „The Fifth Discipline" Lernen aus der Perspektive der Organisationsentwicklung. Er führt Systemdenken als fünfte Disziplin für „the art and practice of the learning organization" ein. Das Systemdenken integriert und erweitert die vier Disziplinen: „Personal Mastery", Mentales Model, Gemeinsame Vision und Team Lernen, welche im Folgenden beschrieben werden.

„Personal Mastery" ist die Quelle von Kreativität des einzelnen Mitarbeiters. Diese Quelle ergibt sich aus der Differenz von Vision, die der Einzelne als sein Lebensziel verfolgt, und dem Erkennen der gegenwärtigen Realität. „Personal Mastery" entspricht der eigenen Persönlichkeitsentwicklung – der kontinuierlichen Klärung und Vertiefung der persönlichen Vision und die Energiebündelung zu ihrer Zielerreichung.

Ein mentales Modell ist die eigene Sicht auf die Welt, die Denken und Handeln bestimmt. Mentale Modelle sind fehlerhaft und können in die Irre führen. Durch Interaktion und Austausch sollen sie an die Realität herangeführt werden. Dabei werden verborgene Annahmen aufgedeckt. Systemdenken strukturiert diese neu und deckt die Ursachen signifikanter Probleme auf.

Teams sind Gruppen von Personen, die ein gemeinsames Ziel verfolgen und sich in ihren Fähigkeiten ergänzen. Team Lernen beginnt mit dem Dialog und der Fähigkeit, eigene Annahmen zu korrigieren und sich auf gemeinsames Denken einzulassen. Teams bilden die Bausteine einer Organisation. Sie sind Schlüssel-Lerneinheiten und die Voraussetzung für die Entwicklung einer gemeinsamen Vision. Team Lernen stößt jedoch ohne die gemeinsame „Sprache" des Systemdenkens an die Grenzen der Darstellung komplexer Sachverhalte.

Die gemeinsame Vision ist der Wunsch sich auf ein Bild der Zukunft hin zu bewegen. Die gemeinsame Vision kann nicht vom Management vorgegeben sein. Sie muss sich ausgehend von den individuellen Visionen der Mitarbeiter durch Interaktion entwickeln. Dies führt zu Engagement und lässt Energie fürs Lernen entstehen. Systemdenken verdeutlicht hierbei den zurückgelegten Weg zum jetzigen Augenblick.

Systemdenken erkennt, dass lineares Denken – Ursache erzeugt Wirkung – einseitig und unvollständig ist. Einzelne Elemente interagieren immer mit dem gesamten Rest. Für Senge bestimmen nicht die Ereignisse das Verhalten, sondern die Ereignisse sind die Ergebnisse von Verhaltensmustern, welche durch die Interaktionen der Elemente eines Systems entstehen. Systemdenken ist ein neues Paradigma. Es verbessert individuelles Lernen, indem der Blick über die eigene Umgebung hinausgehend auf die Systemzusammenhänge gerichtet wird.

5   Wissensmanagement

Lernen unter dem Fokus des Wissensmanagements bedeutet den organisationalen Wissensbedarf zu decken. Das organisationale Wissen wird in diesem Zusammenhang mit dem Begriff des *Unternehmensgedächtnisses* (Organizational Memory) beschrieben. Ein Gedächtnis ist ein System, in dem Erlebtes, Erfahrenes und Wahrgenommenes gespeichert wird und zu einem späteren Zeitpunkt abgerufen werden kann. Lernen ist ohne Gedächtnis nicht möglich. Der Begriff des Unternehmensgedächtnisses bringt zum Ausdruck, dass Schriftstücke, Dateien und Personen eines Unternehmens Wissen enthalten, das zum Abruf bereitsteht. Lehner (2000) definiert das Unternehmensgedächtnis als die Gesamtheit aller Komponenten, Daten, Dokumente, Ereignisse, Informationen, Funktionen, mentaler Konzepte und sonstiger Einheiten einer Organisation, welche das spezifische Verhalten oder die Verhaltendisposition der Personen der Organisation beeinflussen.

Wissensmanagement unterscheidet zwischen den in *Tabelle 1* gegenübergestellten, sich ergänzenden Ansätzen. Das technologie-orientierte Wissensmanagement betrachtet Wissen als großteils dokumentierbar und trennbar von Personen. Das human-orientierte Wissensmanagement sieht Wissen geknüpft an Personen, ihren Erfahrungen und Fähigkeiten.

Tabelle 1: Vergleich der beiden Sichtweisen auf Wissensmanagement (Maier 2002)

	Technologie-orientiertes Wissensmanagement	Human-orientiertes Wissensmanagement	Integration der beiden Ansätze
Definition von Wissen	Wissen ist dokumentierbar und trennbar von Personen	Wissen befindet sich in den Köpfen der Mitarbeiter	Dokumentiertes Wissen steht in Zusammenhang zu den Autoren und deren Erfahrungen
Verfolgte Ziele	Verbesserung von Wissensdokumentation, Akquise von externem Wissen, Umwandlung von implizitem in explizites Wissen	Verbesserung von Kommunikation, Wissensaustausch und Mitarbeiterentwicklung, Einführung neuer Mitarbeiter	Verbesserung des Zugriffs auf dokumentiertes Wissen und Experten, Schaffen einer Wissenstransparenz
Notwendige Aufgaben	Speicherung und Verteilung von Wissen, Erweiterung, Pflege und Archivierung von Wissen	Fördern und Entstehen lassen von Communities, Dokumentieren von Fähigkeiten und Expertise	Entwicklung von Wissenslandkarten, die den Zugriff auf dokumentiertes Wissen und Wissensträgern erleichtern, Entwicklung von Wissensportalen

In der Praxis integriert Wissensmanagement beide Ansätze. Ziel ist es, das Unternehmensgedächtnis in einem einheitlichen System – einem so genannten *Wissensmanagementsystem* – abzubilden und für das Generieren, Speichern, Anwenden und Transferieren von Wissen, Ablage-, Zugriffs-, Kommunikations- und Kollaborationsfunktionalitäten bereitzustellen. In diesem Zusammenhang haben Penuel & Cohen (2003) die Lernbedürfnisse von Mitarbeitern in Organisationen untersucht. Sie kommen zu der Erkenntnis, dass sich die Bedürfnisse der Mitarbeiter nach dem Grad ihrer Erfahrung unterscheiden:

Unerfahrene und neue Mitarbeiter benötigen einen Überblick, wo organisations-spezifisches Wissen verfügbar ist, und wie darauf zugegriffen werden kann. Sie brauchen Ansprechpersonen für ihre jeweiligen Fragen. Die Lernbedürfnisse von Experten bestehen darin, sich mit anderen Experten desselben Wissensgebiets auszutauschen, sich gegenseitig Erfahrungen zu schildern, um die eigenen Fähigkeiten zu erweitern.

Wissensmanagementmaßnahmen für die spezifischen Lernbedürfnisse von Experten und Unerfahrenen werden nun im Folgenden behandelt.

6   Wissensmanagementmaßnahmen für die Lernunterstützung von Experten

In *Tabelle 2* sind die Lernbedürfnisse von Experten, ihre zu Grunde liegenden Prinzipien und die Wissensmanagementmaßnahmen, mit denen die Bedürfnisse gestillt werden können, dargestellt.

Tabelle 2: Lernbedürfnisse von Experten (Darstellung nach Penuel & Cohen 2003)

Lernbedürfnis von Experten	Lernprinzip	Wissensmanagementmaßnahme	Beispiel
Erweiterung der eigenen Fähigkeiten durch Erfahrungsaustausch mit anderen	Lernen als Mitglied einer Community of Practice (CoP)	Sammlung und Austausch von „Lessons-Learned"	(virtuelle) CoP
Nutzen von Expertise zum Lösen neuer Aufgaben	Der Weg zum Experten durch Lernen in neuen Situationen	Schaffen von Wissensnetzwerken zur Förderung von Innovation	(virtuelle) CoP
Vermeiden von Betriebsblindheit, aufgrund der eigenen Spezialisierung	Vorhandenes Wissen bestimmt Lernen (ermöglicht oder verhindert es). Lernen findet statt durch Reflexion.	Problemlösen durch Zusammenarbeit von Experten aus verschiedenen Wissensgebieten	(virtuelle) CoP

Tabelle 2 veranschaulicht, dass Experten lernen, indem sie sich mit anderen Experten austauschen. Ein dafür geeignetes Instrument sind Communities of Practice (CoP) (Wenger et al. 2002). Eine CoP ist eine Gruppe von Personen, die sich ein gemeinsames Anliegen, ein Problemfeld oder die Leidenschaft an einem Thema teilen und ihr Wissen und ihre Expertise durch Austausch kontinuierlich vertiefen. CoPs überschreiten meist Abteilungs- und Organisationsgrenzen und je spezialisierter das Themengebiet einer CoP ist desto größer sind die geographischen Distanzen zwischen den einzelnen Mitgliedern. In einer CoP findet Lernen als „soziales Phänomen" statt. Erst die verschiedenen Formen der technologischen Kommunikationsunterstützung wie z.B. Diskussionsforen, Video-Konferenzen usw. ermöglichen die Bildung so genannter virtueller CoPs zu sehr spezialisierten Themen. Beispiele dazu und das detaillierte Konzept der CoPs werden im Beitrag 3.5.2 behandelt.

7   Wissensmanagementmaßnahmen für die Lernunterstützung neuer und unerfahrener Mitarbeiter

Ein Wissensmanagementsystem unterstützt die Speicherung von Wissen in der Form, dass es bei Bedarf auch wieder schnell und einfach erschlossen werden kann. Verschiedene Benutzerinterfaces (z.B. Browser, Handheld PCs, E-Mail Clients) setzen hierbei auf ein Zugriffsinterface auf. Das Zugriffsinterface regelt den Transfer von und zu den verschiedenen Wissensspeichern, wie z.B. Dokumentenmanagementsystem, Datei-Server, E-Mail-Server etc. Für die systematische Ablage von Wissenselementen werden Metadaten, Zugriffsrechte und Klassifikationsstrukturen eingesetzt. Mit diesen Mechanismen und der Hilfe intelligenter Suchagenten kann somit relevantes und „gesuchtes" Wissen wieder effizient gefunden werden. *Tabelle 3* stellt die Lernbedürfnisse neuer Mitarbeiter dar und zeigt dazu passende Maßnahmen auf, die im Folgenden genauer beschrieben werden.

Tabelle 3: Lernbedürfnisse unerfahrener Mitarbeiter (Darstellung nach Penuel & Cohen, 2003)

Lernbedürfnis neuer Mitarbeiter	Lernprinzip	Wissensmanagementmaßnahme	Beispiel
Zu Lernen wo sich das Wissen der Organisation befindet und wie darauf zugegriffen werden kann	Lernen als Teilnahme an Communities of Practice	Aufzeigen wo und wie auf das im Unternehmen vorhandene Wissen zugegriffen werden kann.	Wissenslandkarte
Zu Lernen über die Aufgaben und Anforderungen die einem gestellt werden	Neue Mitarbeiter werden zu Experten durch Lösen einer Vielzahl von Aufgaben innerhalb eines Wissensgebiets	Simulation von Arbeitsumgebungen, Erfassen und Verteilen von Erfahrungsberichten	„War Stories"
Möglichkeiten zu Reflexion und Feedback über die eigene Arbeit	Lernen wird gefördert durch kollaborative Reflexion	Begleitung des Mitarbeiters, Schaffen eines Problembewusstseins und Sichtbarmachen von Lösungsansätzen	Intelligente FAQ

7.1   Wissenslandkarte

Eine Wissenslandkarte zeigt mit graphischen Metaphern auf, wo sich bestimmtes Wissen einer Organisation befindet. Wissenslandkarten erfassen nicht nur explizites Wissen sondern auch implizites Wissen der Mitarbeiter. Wissenslandkarten können manuell erstellt werden. Es gibt aber auch Systeme, die Dokumentenbestände analysieren und Wissenslandkarten automatisiert erstellen.

7.2   „War Stories"

„War Stories" werden von Experten untereinander erzählt. Sie sind Schilderungen über außergewöhnliche Probleme und deren Lösungen. Sie geben einen detaillierten Einblick in die Problemlösung von Erfahrenen. Die Herausforderung besteht nun darin, „War Stories" zu dokumentieren und in Kontext zu setzen. Sie vermitteln Wissen das sich in Anleitungen und Direktiven nicht festhalten lässt. Eingesetzt in simulierten Lernumgebungen sensibilisieren sie den Benutzer, um auf außergewöhnliche und überraschende Ereignisse und Abweichungen passend zu reagieren.

7.3   Intelligentes Frequently Asked Questions (FAQ) System

Experten stehen meist unter großer Arbeitslast und es stellt sich die Frage: „Wie nützt man effektiv ihre Zeit, um ihre Expertise bestmöglich an Mitarbeiter weiterzugeben?". Bei Informations- und Wissensdatenbanken besteht die Herausforderung darin, Experten einzuladen diese Systeme mit Wissen zu füllen. Mit einem intelligenten FAQ System wird eine Wissensdatenbank nach und nach aufgebaut: Steht ein Mitarbeiter vor einem Problem, so formuliert er dazu eine Frage und richtet diese an das FAQ System. Dieses extrahiert aus den bereits vorhandenen Frage-Antwort Paaren der eigenen Datenbank passende Antworten. Helfen diese Antworten nicht weiter, so wird die Frage an einen Experten weitergeleitet. Dieser nimmt sich des Problems an, formuliert mögliche Lösungsstrategien und schickt dem Fragesteller über das FAQ System eine Antwort zurück. Dem Fragesteller wird geholfen und das System erweitert sich mit einem neuen Frage-Antwort Paar, welches von nun an auch anderen Mitarbeitern in ähnlichen Situationen hilfreich sein kann.

Die Beispiele der verschiedenen Lernunterstützungen für Experten und Unerfahrene zeigen, dass es hier ein großes Spektrum an Lösungsmöglichkeiten gibt. Auch sind die Anforderungen in den einzelnen Organisationen voneinander sehr verschieden. Im Kontext der täglichen Arbeit findet Lernen als sozialer Prozess zwischen Experten und Unerfahrenen statt. Wobei ein Experte eines Wissensgebiets auf einem anderen Gebiet ein Unerfahrener sein kann. Das im Folgenden beschriebene AD-HOC Framework wurde in diesem Zusammenhang entwickelt und unterstützt speziell das Lernen als Teil der Wissensarbeit.

8   AD-HOC – Arbeitsintegriertes technologiegestütztes Lehren und Lernen

Geistige und schöpferische Arbeit in wissensintensiven Unternehmen der Bereiche Beratung, Forschung, Entwicklung usw. wird als *Wissensarbeit* (Drucker 1999) bezeichnet und impliziert kontinuierliches Lernen. Ein Werkzeug für die Durchführung der Tätigkeiten ist die Informations- und Kommunikationstechnologie (IKT). Die Art und Weise, wie die IKT in Organisationen bereitgestellt wird, berücksichtigt jedoch oft nur unzureichend die Lernbedürfnisse der Benutzer in ihrem jeweiligen Arbeitskontext.

Um hier Abhilfe zu schaffen, wurde das im Folgenden dargestellte AD-HOC Framework (Farmer et al. 2004) entwickelt. Es analysiert die Arbeitsprozesse hinsichtlich des Lernens und dient zur Konzeption so genannter AD-HOC Umgebungen. Eine AD-HOC Umgebung ist kein separates System sondern wird in das Intranetsystem einer Organisation integriert. Sie stellt spezifisch für den Arbeitskontext des Benutzers nicht nur die notwendigen Ressourcen zur Durchführung der Tätigkeiten *ad hoc* bereit, sondern unterstützt auch beim notwendigen Lernen, um die Aufgaben erfüllen zu können.

Die Probleme, die im Kontext der Wissensarbeit effizientes und effektives Lernen behindern können, sind:

– Zeitdruck
– Unpassende Lernunterstützung im Arbeitskontext
– Kognitive und strukturelle Trennung von Arbeits-, Wissens- und Lernräumen

Wie das AD-HOC Framework diese Probleme adressiert und eine integrierte AD-HOC Umgebung gestaltet, wird im Folgenden beschrieben.

8.1   Zeitdruck

Experten fehlt die Zeit ihr Wissen aufbereitet und strukturiert bereitzustellen. Und neue und unerfahrene Mitarbeiter sind genau an diesen Informationen interessiert, die sie zur Ausführung ihrer konkreten Arbeiten benötigen. Experten hinterlassen bei der Durchführung ihrer Tätigkeiten „Spuren" in der organisationalen IKT-Infrastruktur. Sind diese „Spuren" von Nutzen, sollten sie unerfahrenen Mitarbeitern bereitgestellt werden. Für die Bereitstellung dieser „Spuren" bedarf es eines Kommunikationsmittels in Form eines abgebildeten Arbeitskontexts. Folgendes Beispiel veranschaulicht dies: Ein Experte erstellt für ein abgeschlossenes Projekt den Endbericht. Bei der Durchführung dieser Tätigkeit greift er dabei auf verschiedenste Ressourcen (z.B. Dokumentenvorlage, Gestaltungsrichtlinien, Budgetkalkulationstools, exemplarische Abschlussberichte anderer Projekte) im Intranet zu. Der Zugriff auf die Ressourcen wird mitprotokolliert und zusammen mit dem Endbericht abgelegt. Hat ein unerfahrener Mitarbeiter ebenfalls einen Projektendbericht zu erstellen, so stellt ihm die AD-HOC Umgebung den Endbericht des Experten als exemplarisches Beispiel als auch die Referenzen auf die notwendigen Ressourcen für die Durchführung der Tätigkeit „Endberichterstellung" zur Verfügung.

8.2   Unpassende Lernunterstützung im Arbeitskontext

Formale Trainings in Form von Seminaren und E-Learning-Kursen sind Instrumente, um Mitarbeiter in komplexe Themen einzuführen und sie darauf zu spezialisieren. Die tägliche Arbeit hingegen impliziert als „unbewusstes Lernen" die ständige Suche nach relevanten Informationen für die Durchführung der Aufgaben. Als Vorbereitung auf Tätigkeiten sind formale Trainings oft des Guten zuviel und die ständige Informationssuche ist mühsam und zeitraubend. Was hier benötigt wird ist ein so genanntes AD-HOC Spektrum, welches diese beiden Extreme verbindet und in *Abbildung 2* dargestellt ist.

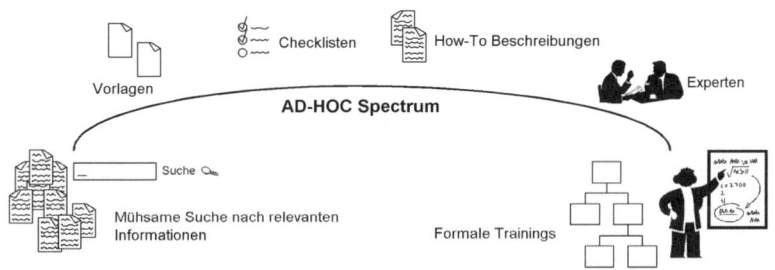

Abbildung 2: Das AD-HOC Spektrum

Das AD-HOC Spektrum stellt dem Benutzer spezifisch für seine Tätigkeit Hilfestellung in unterschiedlichen Detaillierungsgraden zur Verfügung. Die Ressourcen wie Vorlagen, Checklisten, How-To Beschreibungen und Kontakte zu Experten sind in Organisationen meist vorhanden. Sie müssen teilweise nur ergänzt und für den jeweiligen Arbeitskontext des Benutzers bereitgestellt werden.

8.3   Kognitive und strukturelle Trennung von Arbeits-, Wissens- und Lernräumen

Abbildung 3 charakterisiert den typischen Arbeitsplatz eines Wissensarbeiters und dessen Trennung in einen Arbeits-, Lern- und Wissensraum.

Der Arbeitsraum repräsentiert die Tätigkeiten, bei denen mit Hilfe von Software an Arbeitsobjekten gearbeitet wird. Er steht für den Computer des Benutzers und den gemeinsam genutzten Ablagen für die Arbeitsobjekte im Intranet. Die Struktur des Arbeitsraumes wird von den durchzuführenden Tätigkeiten bestimmt.

Der Lernraum repräsentiert die bewussten Lernsituationen – die Teilnahme an Seminaren oder E-Learning-Kursen. Die Lernsituationen finden entweder außerhalb eines technischen Systems oder basierend auf E-Learning-Systemen statt. Die Struktur des Lernraums entspricht der didaktischen Aufbereitung und Gliederung der zu vermittelnden Inhalte.

Der Wissensraum ist die Metapher für unbewusste Lernsituationen – der Suche nach relevanter Information zur Durchführung von Tätigkeiten. Der Wissensraum entspricht dem Unternehmensgedächtnis. Im Wissensraum wird die Ordnung der Inhalte von den zugrunde liegenden Systemen (z.B. Dokumentenmanagementsysteme, Dateiserver, …) und den Benutzern, die die Inhalte bereitstellen, bestimmt.

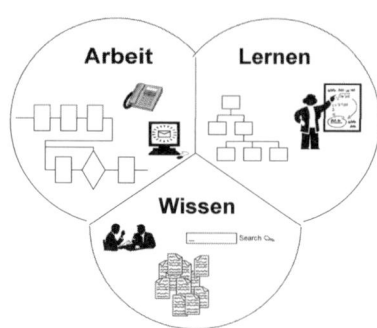

Abbildung 3: Die drei Räume eines typischen Arbeitsplatzes

Die strukturelle Trennung von Arbeit, Wissen und Lernen – die Verwaltung von Informationen auf verschiedenen technischen Systemen – lässt sich aufheben, indem für das Unternehmensgedächtnis ein Wissensmanagementsystem eingesetzt wird. Die kognitive Trennung kann überbrückt werden, indem die Inhalte anhand der Arbeitsprozesse strukturiert werden. Im Beitrag 5.7 wird ein Umsetzungsbeispiel beschrieben. Dem Benutzer werden die Arbeitsprozesse mit einem Diagramm visualisiert. Zu den einzelnen Tätigkeiten werden ihm die notwendigen Arbeitsressourcen (z.B. Dokumentenvorlagen), Lernressourcen (z.B. Referenzen zu Lernangeboten) und Wissensressourcen (z.B. Beispieldokumente aus anderen Projekten) bereitgestellt.

9   Zusammenfassung

Kooperatives Lernen in Organisationen konzentriert sich weniger auf das Erreichen von Lernzielen sondern dient zur Effizienzsteigerung und der Sicherung von Flexibilität der eigenen Organisation im Umfeld sich verändernder Märkte. Wissensmanagement betrachtet das in Organisationen vorhandene Wissen als einen entscheidenden Vermögenswert. Es fokussiert sich auf eine laufende Verbesserung der Generierung, des Teilens, der Pflege und der Nutzung von Wissen. Das Lernen in Organisationen ist ein sozialer Prozess zwischen Experten und Unerfahrenen, wobei sich die Lernanforderungen von Experten und unerfahrenen Mitarbeitern wesentlich unterscheiden. Das abschließend vorgestellte AD-HOC Framework dient dazu, um die Informations- und Kommunikationstechnologie einer Organisation so zu gestalten, dass sie arbeitsintegriertes Lehren und Lernen unterstützt. Eine konkrete Anwendung des AD-HOC Frameworks wird im Beitrag „5.7 Betriebliche Weiterbildung" dargestellt.

Danksagung

Das Know-Center wird als Kompetenzzentrum innerhalb des Österreichischen Kompetenzzentrenprogramms Kplus (www.kplus.at) unter der Schirmherrschaft des Österreichischen Ministeriums für Verkehr, Innovation und Technologie gefördert.

3 Didaktik

Aufbauend auf den im ersten Teil des Kompendiums gelegten Grundlagen aus Sicht der verschiedenen mit CSCL befassten Disziplinen sowie den technikorientierten Darstellungen im zweiten Teil wird im dritten Teil eine didaktische Perspektive eingenommen. Beim CSCL steht dabei das Lernen in Gruppen im Vordergrund. Es ist dabei herauszuarbeiten, welche Arten von Lerngruppen es gibt und wie die Zusammenarbeit in diesen Lerngruppen (mit oder ohne Technikeinsatz gestaltet werden kann (Beitrag 3.1). Die methodische und inhaltliche Unterstützung von Lerngruppen ist Gegenstand der darauf folgenden Beiträge: Die Moderation (Beitrag 3.2) ist zuständig für die Gestaltung des Lernprozesses von Lerngruppen. Während die klassischen Moderationstechniken von einer Face-to-Face-Zusammenarbeit ausgehen, behandeln moderne Ansätze der Online-Moderation auch die Gestaltung des Lernprozesses von räumlich oder zeitlich verteilten Gruppen. Das Coaching (Beitrag 3.3) dient zur Unterstützung jedes einzelnen Lernenden auch in Lerngruppen. Unter 3.4 folgt eine Auswahl didaktischer Konzepte, die für die Gestaltung von CSCL besonders relevant sind. Dies umfasst Kommunikationskonzepte, die Projektorientierung, die Problemorientierung sowie Fragen der Motivation und der Medienwahl. Den Abschluss dieses dritten Teils des CSCL-Kompendiums bilden Überlegungen zur Kombination der vorangegangenen didaktischen Aspekte in Form didaktischer Szenarien, seien es eher traditionelle, organisierte Lehr-/ Lernformen (Beitrag 3.5.1) oder Formen des selbstorganisierten Lernens (3.5.2).

3.1   Lerngruppen

Martin Wessner

Fraunhofer IPSI, Darmstadt

1   Einleitung

Im Zentrum des kooperativen Lernens steht die Lerngruppe. In diesem Beitrag wird geklärt, was eine Lerngruppe im Sinne des kooperativen Lernens ist, welche Arten von Lerngruppen unterschieden werden können und welche Anforderungen an ihre Arbeitsweise gestellt werden (Abschnitt 2). Anhand zweier Beispiele wird die Umsetzung der Anforderungen in Form konkreter Kooperationsmethoden skizziert (Abschnitt 3). Schließlich wird auf die Frage nach der Rolle des Lehrenden beim kooperativen Lernen eingegangen (Abschnitt 4).

Dieser Beitrag baut insbesondere auf den Beiträgen 1.4 und 1.5 auf. In Beitrag 1.4 werden verschiedene theoretische Begründungen für das kooperative Lernen sowie dessen Vorteile dargestellt. Bei allen sonstigen Unterschieden der dort vorgestellten Ansätze ist allen Ansätzen gemein, dass die soziale Interaktion beim Lernen und Wissenserwerb eine wichtige Rolle spielt. Beitrag 1.5 bestimmt den Begriff der Gruppe und stellt wichtige Aspekte der Gruppenarbeit dar.

Eine enge Beziehung besteht auch zu verschiedenen Beiträgen im zweiten Teil des Kompendiums. Insbesondere in den Beiträgen 2.3.3 und 2.3.4, werden Konzepte vorgestellt, die bei der Realisierung von Werkzeugen für CSCL nützlich sein können. In Kapitel 2.3.3 werden drei wesentliche Konzepte für Lerngruppen behandelt: die Prozessunterstützung, Annotationen und Aushandlung. In Kapitel 2.3.4 werden Konzepte behandelt, die den Lehrenden beim Anleiten und Begleiten der Lerngruppe unterstützen.

Die Umsetzung der didaktischen Überlegungen zu Lerngruppen in verschiedenen didaktischen Modellen und Szenarien wird in den weiteren Beiträgen des dritten Teils des Kompendiums beschrieben.

2   Lerngruppen: Begriff und Arten

Im Beitrag 1.5 wird der Begriff der Gruppe näher bestimmt. Eine Gruppe ist demnach eine Menge von Personen, die in Abgrenzung von ihrer Umwelt ein bestimmtes Zusammengehörigkeitsgefühl verbindet und die über Möglichkeiten zur Kommunikation und Zusammenarbeit verfügt und diese nutzt. Weiterhin werden dort Aspekte wie Gruppengröße, Gruppenstruktur, Produktivität einer Gruppe, Gruppenprozess/-dynamik und Gruppenleitung behandelt.

Eine Lerngruppe ist eine Gruppe, deren Mitglieder das Ziel verfolgen, Wissen zu erwerben, also zu lernen. Derartige Gruppen werden häufig im Lernkontext eingesetzt, beispielsweise zum gegenseitigen Vokabelabfragen in der Schule oder zur gemeinsamen Erarbeitung eines Referats an der Hochschule.

Welche Unterschiede bestehen zwischen Gruppen allgemein und Lerngruppen? Wir betrachten wichtige Unterschiede anhand eines Vergleichs von Arbeits- und Lerngruppen (vgl. Schwabe et al. 2001):

Das Ziel einer *Arbeitsgruppe* besteht darin, dass ein bestimmtes Produkt (im weitesten Sinne) effizient erstellt wird und daraus ein Gewinn für die Organisation entsteht. Sozial-, Fach- und Methodenkompetenz sind hierbei Mittel zur Erreichung des gemeinsamen Ziels. Jedes Gruppenmitglied bearbeitet die Teilaufgabe, für die es am besten qualifiziert ist (Spezialisierung). Die Motivation ist extrinsisch, etwa in Form der Entlohnung.

Lerngruppen erstellen zwar auch meist ein Produkt, das eigentliche Ziel ist jedoch der Erkenntnisgewinn jedes Einzelnen. Während das Ergebnis das Mittel zur Erreichung des Ziels darstellt, ist die Entwicklung von Sozial-, Fach- und Methodenkompetenz Teil des Gruppenziels. Die Aufteilung der Aufgaben erfolgt so, dass Qualifizierungsdefizite möglichst abgebaut werden. Die Gruppenmitglieder sind intrinsisch motiviert, sie wollen das Ziel erreichen.

Die Erfahrungen mit Gruppenarbeit zu Lernzwecken sind jedoch gemischt. Gut funktionierende Gruppenarbeit kommt ebenso vor wie Gruppen, in denen die Arbeiten ungerecht verteilt sind und die negativ beurteilt werden. Das Ziel aller Gruppenmitglieder, etwas zu lernen, stellt den Erfolg der Gruppenarbeit nicht sicher. Für eine Lerngruppe im Sinne des kooperativen Lernens werden weitere Eigenschaften gefordert (Johnson & Johnson 1990; Johnson, Johnson & Holubec 1998; vgl. auch Beitrag 1.4; in Klammern ist jeweils die von Johnson & Johnson gewählte Bezeichnung angegeben):

Positive Abhängigkeit (positive interdependence): Die Gruppenmitglieder nehmen wahr, dass eine Abhängigkeit zwischen ihnen derart besteht, dass keiner erfolgreich sein kann ohne dass auch die anderen erfolgreich sind bzw. dass das gewünschte Ergebnis nur erreicht werden kann, wenn alle ihre Aktivitäten koordinieren. Es gibt zwei Arten der Abhängigkeit, die Ergebnis- und die Mittelabhängigkeit. Erstere umfasst das Ziel, den Endzustand und die Belohnung, letztere die Abhängigkeit in Bezug auf Ressourcen, Rollen und (Teil-)Aufgaben. Die positive Abhängigkeit führt zu gesteigerter Motivation, da jeder die Notwendigkeit und den Effekt eigener Anstrengungen wahrnehmen kann. Dabei ist das gemeinsame Ziel die wichtigste Abhängigkeit, die Kombination mehrerer Abhängigkeiten kann die Wirkung verstärken.

Individuelle Zurechenbarkeit/Persönliche Verantwortlichkeit (individual accountability/ personal responsibility): Jedes Gruppenmitglied trägt die Verantwortung für die Erledigung der von ihm übernommenen Aufgaben und für das Fördern der Aktivitäten der anderen Gruppenmitglieder. Dies wird gefördert durch die individuelle Zurechenbarkeit der Leistung, d.h. die von einem Gruppenmitglied erbrachten Leistungen gehen nicht im gemeinsamen Ergebnis unter, sondern sind im Ergebnis sichtbar. Diese Eigenschaft hängt mit der positiven Abhängigkeit zusammen und verstärkt deren Wirkung.

Fördernde Interaktion (promoting interaction): Die Gruppenmitglieder ermutigen und fördern sich bei der Erledigung ihrer Aufgaben zur Erreichung des gemeinsamen Ziels. Dies umfasst u.a., dass die Gruppenmitglieder einander helfen, benötigte Informationen und Hilfsmittel austauschen, sich konstruktives Feedback geben, die Argumente und Teilergebnisse der anderen mit dem Ziel hinterfragen, zu besserem Verständnis und besser begründeten Entscheidungen zu kommen.

Soziale Kompetenz (social skills): Die Gruppenmitglieder lernen sich gegenseitig kennen und bauen ein Vertrauensverhältnis auf, kommunizieren klar und verbindlich, akzeptieren und unterstützen sich gegenseitig und wenden konstruktive Konfliktlösestrategien an. Ein bestimmtes Maß an sozialer Kompetenz ist Voraussetzung für kooperatives Lernen. Gleichzeitig kann kooperatives Lernen durch entsprechendes Feedback durch den Lehrenden oder die Gruppe die soziale Kompetenz der Gruppenmitglieder fördern.

Reflexion der Gruppenarbeit (group processing): Die Gruppenmitglieder thematisieren regelmäßig ihre Zusammenarbeit und mögliche Änderungen. Dadurch wird die Zusammenarbeit verbessert. Gleichzeitig erhalten die einzelnen Gruppenmitglieder Feedback zu ihrem Beitrag am Gruppenprozess.

Zahlreiche Studien (vgl. Johnson, Johnson & Holubec 1998) zeigen, dass diese fünf Gruppeneigenschaften den Rahmen für erfolgreiche Gruppenarbeit im Sinne des kooperativen Lernens schaffen.

Je nach Dauer unterscheiden Johnson und Johnson (1994b) drei Arten von Lerngruppen:

Informelle kooperative Lerngruppen werden ad hoc gebildet und haben eine Lebensdauer von wenigen Minuten bis zu einer Unterrichtsstunde. Sie werden eingesetzt, um die Aufmerksamkeit auf ein bestimmtes Thema zu lenken, die Erwartungen der Lernenden zu klären, sicherzustellen, dass ein bestimmtes Lehrmaterial bearbeitet wird, oder eine Unterrichtseinheit abzuschließen.

Formale kooperative Lerngruppen bearbeiten für eine oder mehrere Unterrichtsstunden eine bestimmte Unterrichtseinheit gemeinsam. Der Lehrende führt in die Aufgabe ein und gibt den organisatorischen Rahmen der Gruppenarbeit vor. Er beobachtet die Lernenden während der Gruppenarbeit und liefert bei Bedarf weitere Hilfestellung. Zum Abschluss der Gruppenarbeit erfolgt eine Bewertung der Gruppenarbeit durch den Lehrenden und/oder die Gruppe selbst.

Kooperative Basisgruppen existieren über einen längeren Zeitraum (mindestens ein Semester). Ihre Mitglieder unterstützen sich gegenseitig bei ihren Lernfortschritten fachlicher, sozialer und methodischer Art.

Die Kriterien für die Größe und Zusammensetzung einer Lerngruppe richten sich nach der Dauer und dem Ziel des kooperativen Lernens. Je größer eine Gruppe ist, desto weniger Anteil hat jedes Gruppenmitglied am gemeinsamen Ergebnis, desto weniger Redezeit bzw. Aufmerksamkeit der Gruppe steht ihm zur Verfügung, desto größer ist die Gefahr, dass einzelne Gruppenmitglieder sich nicht angemessen an der Gruppenarbeit beteiligen. Andererseits ist die Meinungs- und Erfahrungsvielfalt in der Gruppe umso geringer, je kleiner die Gruppe ist. Verschiedene Studien und Praxisberichte legen Gruppengrößen zwischen zwei und vier nahe (Cohen 1994; Felder & Brent 1994; Johnson & Johnson 1994b; Kagan 1997; Slavin 1995).

Die Heterogenität der Gruppe z.B. in Bezug auf den Leistungsstand, das Alter, das Geschlecht und die ethnische Zugehörigkeit wirkt sich für kooperatives Lernen positiv aus, da dadurch verschiedene Zugänge zum Lerngegenstand in der Gruppe existieren und in der Gruppenarbeit thematisiert werden. Um die Funktionsfähigkeit der Gruppe zu gewährleisten, ist jedoch ein Mindestmaß an Homogenität notwendig. Wird die Gruppenzusammensetzung von den Lernenden selbst vorgenommen, entstehen meist eher homogene Gruppen. Heterogenität kann durch den Lehrenden erreicht werden, indem er die Gruppen selbst zusammenstellt oder bestimmte Kriterien zur Zusammenstellung oder Fluktuation vorgibt (Felder & Brent 1994).

3 Methoden des kooperativen Lernens

Im vorangehenden Abschnitt wurden verschiedene Anforderungen an eine Lerngruppe gestellt, um einen Rahmen für effektives kooperatives Lernen zu schaffen. Wie können diese Anforderungen konkret umgesetzt werden? Dazu wurden in den vergangenen vier Jahrzehnten eine Reihe von Aufgabenformen oder Methoden entwickelt (vgl. Slavin 1997, Johnson, Johnson & Stanne 2000). Tabelle 1 gibt einen Überblick über wichtige Methoden des kooperativen Lernens.

An dieser Stelle soll anhand von drei dieser Methoden die Umsetzung der Anforderungen skizziert werden.

Beim Gruppenpuzzle (Jig Saw; Aronson et al. 1978; vgl. auch Beitrag 2.1.7) werden die Lernenden in Gruppen eingeteilt, jeder Lernende übernimmt innerhalb seiner Gruppe ein bestimmtes Thema. Zusätzlich zu diesen (Basis-)Gruppen existieren Expertengruppen, die von jeweils allen Lernenden mit demselben Thema gebildet werden. Durch die Arbeit in den Expertengruppen werden die Lernenden zu Experten für ihr jeweiliges Thema. Sie vermitteln dieses Expertenwissen anschließend an die anderen Mitglieder in ihrer jeweiligen Basisgruppe.

Bei der STAD-Methode (Student Teams-Achievement-Divisions; Slavin 1978) bearbeiten die Lernenden nach einer Lehreinheit in Vierer- oder Fünfergruppen Arbeitsblätter zum Thema der Lehreinheit. Danach bearbeitet jeder Lernende einen Test. Die Gruppe wird danach beurteilt, wie sehr sich jedes Gruppenmitglied im Vergleich zu seiner durchschnittlichen bisherigen Leistung verbessert hat. Das beste Team erhält eine Belohnung.

Besonders deutlich werden bei diesen beiden Methoden die Anforderungen nach positiver Abhängigkeit und individueller Zurechenbarkeit umgesetzt. Beim Gruppenpuzzle erfolgt dies durch die Verteilung der Informationen bzw. Zuständigkeiten, bei der STAD-Methode durch die Art, wie die Belohnung in Abhängigkeit von der individuellen Verbesserung erfolgt.

Forscher/Entwickler	Entstehungszeitraum	Methode
Johnson & Johnson	Mitte der 1960er	Learning Together & Alone
DeVries & Edwards	Frühe 1970er	Teams-Games-Tournaments (TGT)
Sharan & Sharan	Mitte der 1970er	Group Investigation
Johnson & Johnson	Mitte der 1970er	Constructive Controversy
Aronson und Kollegen	Späte 1970er	Jigsaw Procedure
Slavin und Kollegen	Späte 1970er	Student Teams Achievement Divisions (STAD)
Cohen	Frühe 1980er	Complex Instruction
Slavin und Kollegen	Frühe 1980er	Team Accelerated Instruction (TAI)
Kagan	Mitte der 1980er	Cooperative Learning Structures
Stevens, Slavin und Kollegen	Späte 1980er	Cooperative Integrated Reading & Composition (CIRC)

Tabelle 1: Kooperative Lernmethoden (aus Johnson, Johnson & Stanne 2000).

Group Investigation (Sharan & Hertz-Lazarowitz 1980) ist eine projektorientierte Methode. Zunächst wird ein Rahmenthema für die Gruppenarbeit vorgegeben und die Lernenden werden in Gruppen aufgeteilt. In der Planungsphase entscheidet jede Gruppe, welches Unterthema sie mit welcher Zielsetzung und wie untersuchen will. Danach sammeln, analysieren und bewerten die Gruppenmitglieder Informationen zum gewählten Thema und erarbeiten Schlussfolgerungen. Jede Gruppe erstellt nun einen Gruppenbericht und präsentiert ihn dem Plenum. Dabei werden nach Möglichkeit alternative Präsentationselemente wie Rollenspiele oder Streitgespräche eingebaut. Abschließend erfolgt die Bewertung der Gruppenarbeiten, deren Zielsetzung und Methoden zwischen den Lernenden und dem Lehrenden ausgehandelt werden.

Bei Group Investigation wird besonderer Wert auf die Förderung der Interaktion, die soziale Kompetenz und die Reflexion der Gruppenarbeit gelegt. Dies erfolgt durch das Aushandeln des Themas, der Untersuchungsmethode, die Vorbereitung und Durchführung der (möglichst interaktiven) Präsentation sowie durch das gemeinsame Aushandlung der Bewertungskriterien.

In Johnson, Johnson & Stanne (2000) wird eine Meta-Analyse von 164 Studien zur Effektivität von Methoden kooperativen Lernens vorgenommen. Sie vergleichen alle acht Methoden kooperativen Lernens, zu denen es ausreichend viele Studien gab, jeweils mit individuellem und kompetitivem Lernen im Hinblick auf den dabei erzielten Lernerfolg. Alle untersuchten

Methoden zeigten positive Effekte auf den Lernerfolg. Die größten Effekte weisen demnach die Methoden Learning Together, Constructive Controversy, Teams-Games-Tournaments und Group Investigation auf.

4   Die Rolle des Lehrenden

Auch kooperatives Lernen benötigt oder profitiert zumindest von der Unterstützung durch einen Lehrenden. Während in selbstorganisierten kooperativen Lernszenarien (vgl. Beitrag 3.5.2) eine solche Rolle eher im Sinne von Fach- oder Methodenexperte gesehen wird, haben wir es in organisierten Szenarien (vgl. Beitrag 3.5.1) mit Lernarrangements zu tun, die in der Regel von einem Lehrenden vorbereitet, begleitet und bewertet werden.

Bei der Vorbereitung des kooperativen Lernens werden geeignete Ziele und Inhalte ausgewählt und eine dazu passende Kooperationsmethode festgelegt. Besondere Bedeutung kommt der Instruktion zu, da sie mithilft die im ersten Abschnitt dargestellten Anforderungen an Lerngruppen zu realisieren. Weiterhin legt der Lehrende Größe und Zusammensetzung der Lerngruppen bzw. die Methode der Gruppenbildung fest. Bei Bedarf gibt er zudem bestimmte Rollen für die einzelnen Gruppenmitglieder vor (z.B. „Zeitwächter", „Gruppenklimawächter", „Fragensteller"). Schließlich organisiert der Lehrende die benötigten Räume bzw. die Anordnung der Gruppen im Raum sowie die Arbeitsmaterialien und erstellt eine zeitliche Planung der Gruppenarbeit.

Während der Durchführung erklärt der Lehrende zunächst die Aufgabenstellung. Danach beginnt die Gruppenarbeit. Der Lehrende beobachtet währenddessen die Gruppen und überwacht die Effektivität der Gruppenarbeit. Wenn entsprechender Bedarf vom Lehrenden erkannt wird („Arbeiten die Lernenden gemäß der vorgegebenen Methode?"), kann der Lehrende intervenieren, um den Erfolg der Kooperation sicherzustellen. Auf Anforderung kann der Lehrende zudem Hilfestellung geben. Zum Abschluss der Gruppenarbeit steuert und überwacht der Lehrende die Bewertung der Gruppenarbeit in der Gruppe. Die Bewertung kann dabei die Elemente Gruppenergebnis, Gruppenprozess, Lernerfolg und Lernprozess umfassen. Sie erfolgt in den Gruppen unter Mitwirkung des Lehrenden und beinhaltet sowohl die Reflexion der vergangenen Gruppenarbeit als auch Möglichkeiten, folgende Gruppenarbeiten zu verbessern.

In der Phase der Nachbereitung kooperativen Lernens liegt es in der Verantwortung des Lehrenden die Ergebnisse zu analysieren und zu bewerten. Dies erfolgt unter dem Blickwinkel der weiteren inhaltlichen und methodischen Gestaltung des nachfolgenden Unterrichts. Auf dieser Basis kann der Lehrende auch individuelles Feedback und Fördermaßnahmen planen und Hinweise für die Zusammensetzung zukünftiger Lerngruppen gewinnen.

3.2 Moderation

Birgit Schenk

Fachhochschule für öffentliche Verwaltung in Kehl

1 Einleitung

Der folgende Beitrag geht auf Sinn und Zweck der Moderation von Lerngruppen ein, die Aufgaben in der Moderation sowie Phasen der online-Moderation und Spezifika bei Einsatz von synchronen und asynchronen Medien.

2 Moderation von Lerngruppen – warum?

Kooperatives Lernen, also das Lernen in Gruppen, wird favorisiert, um damit einhergehende Vorteile zu nutzen (vgl. Reinmann-Rothmeier & Mandl 1999):

– *Synergie-Effekte:* Das Lernen und Arbeiten in Gruppen gibt mehr Anregungen, fördert kognitive Auseinandersetzung und gegenseitig verstärkende Neugier etc.
– *Implizites Wissen explizit machen:* Eigenes Wissen muss in Worte gefasst (verbalisiert) und eingebracht (externalisiert) werden. Hierfür muss es strukturiert und organisiert werden. Dadurch werden Lernprozesse angeregt und gefördert.
– *Steigerung der Lern- und Durchhaltemotivation:* Eine Lerngruppe bietet soziale Unterstützung in schwierigeren Phasen.
– *Lernen am Modell:* Internalisierung von Wissen und Verhaltensweisen, die in der Gruppe beobachtet werden.

Im Gegensatz dazu wird Gruppenarbeit häufig als aufwendig, schwierig und belastend sowie unproduktiv empfunden, wenn mehr als drei Personen zusammenarbeiten und kein Moderator die Leitung übernimmt. Einige Gründe hierfür:

– die Gruppenarbeit verläuft unstrukturiert und unkoordiniert, da Gruppenmitglieder nicht über die notwendige Erfahrung und Gruppenarbeitstechniken verfügen. Es wird zwischen unterschiedlichen Arbeitsphasen wie Ideenerzeugung und Bewertung ziellos gewechselt;
– die Gruppe verwendet viel Zeit und Aufmerksamkeit auf das Herausbilden eines informellen Moderators. Diese Zeit geht ihr für die Arbeit an der eigentlichen Sachaufgabe verloren;
– Missverständnisse und ungeklärte Erwartungshaltung sowie Konflikte zwischen den Gruppenmitgliedern hinsichtlich Rolle, Funktion und Persönlichkeit be-/verhindern die Zusammenarbeit;
– die Identifikation der Gruppenmitglieder mit der Gruppe und dem Gruppenergebnis kann gering sein, u.a. durch Kampf um die Leitungsposition;

   – ökonomisch handelnd, halten sich manche Gruppenmitglieder bei der Ergebniserarbeitung zurück (Trittbrettfahrer). Weitergehende Arbeiten zu Problemen der Gruppenarbeit finden sich bei Cohn & Matzdorf (1992, S. 75 und 83f.), Freudenreich
   (1997, S. 53) und Nunamaker et al. (1990).

Moderation ist eine Gruppenarbeitstechnik mit dem Ziel, Gruppen bei ihrer Zusammenarbeit
zu unterstützen, produktiver und effizienter zu machen, also die Nachteile der Gruppenarbeit
zu vermeiden. Im Hinblick auf Lerngruppen ist Ziel, die Zusammenarbeit in der Lerngruppe
zu ermöglichen, zu fördern und zu unterstützen. In diesem Kontext ist es Aufgabe der Moderation den Lernprozess durch gezielten Einsatz von Methoden und Techniken zu gestalten.
Ein Moderator ist somit Methodenspezialist, kein inhaltlicher Experte. Je nach Gruppengrö
ße übernehmen ein oder zwei Personen diese Aufgabe, sie werden als *Moderatoren* bezeichnet. Der Moderator sollte gegenüber den Personen als auch inhaltlich eine neutrale Position
einnehmen (vgl. Edmüller & Wilhem 2002, S. 10 ff.; Hausmann, Stürmer 1994, S. 4ff.). Hier
ist zu bedenken, dass ein Moderator kaum wirklich neutral sein kann. Denn er beeinflusst
durch Formulierung des Themas und der Moderationsfragen sowie die Wahl der Methoden.
Auch ist der Moderator Teil des sozialen Gefüges und entwickelt Beziehungen. Dessen muss
er sich bewusst sein und dies reflektieren.

3   Moderationsaufgaben

Moderatoren haben bei der Gestaltung des Lernprozesses drei Funktionen (vgl. McGrath
1991) im Blick zu halten. Die *aufgabenbezogene Funktion (production function):* Sie bezieht
sich auf die Ausführung der Sachaufgabe, beispielsweise Planung der Ziele, des Leistungsumfangs und der Arbeitsschritte der Gruppe. Die *gruppenbezogene Funktion (group well-
being):* Sie fokussiert das Wohlbefinden der Gruppe als soziales Gebilde. Hierzu gehören
z.B. das Entwickeln von Gruppennormen und -werten sowie das Vereinbaren von Regeln der
Zusammenarbeit. Die *personenbezogene Funktion (member support):* Sie zielt auf die Unterstützung des Einzelnen. Dies umfasst z.B. das Coaching bei der individuellen Lernplanung
oder auch bei der Erstellung von Teilergebnissen.

Aktivitäten im Rahmen der aufgabenbezogenen Funktion sind Aufgabe des Lehrenden, soweit sie das Inhaltliche betreffen. Prozessbezogene Zielsetzung, Leistungsumfang und Arbeitsschritte sind dagegen Aufgabe des Moderators.

3.1   Vorbereitung der Moderation

Vorbereitend sind die Gesamtzielsetzung sowie die Planung der Prozessgestaltung zu klären.
Das bedeutet, dass ausgehend vom Gesamtziel Entscheidungen getroffen werden über die
zielgerichtete Splittung in einzelne Phasen (Einstieg, Arbeitsphase, Zusammenfassungen,
Überleitungen, Abschluss) und Arbeitsschritte (z.B. Ideengenerierung, -verdichtung und
Bewertung). Anschließend können die einzusetzenden Moderationsmethoden (z.B. Brainstorming, Brainwriting, Clustern, Punkten) und -techniken (z.B. Kartenabfrage oder Zuruftechnik zum Sammeln von Beiträgen) sowie adäquate Medien (z.B. Papierkarten oder spezielle Moderationssoftware, Chat, Foren), um den Arbeitsfortschritt zu visualisieren und zu

dokumentieren, festgelegt werden (vgl. Seifert 1995, S. 78ff., Edmüller & Wilhem 2002, S. 19ff.).

Ergebnis ist ein strukturierter Ablaufplan mit Alternativen zu einzelnen Arbeitsschritten.

Entsprechend dem partizipativen Ansatz wird die Planung der Zusammenarbeit den Gruppenmitgliedern kommuniziert und sie dazu eingeladen, darüber zu reflektieren und sich ggf. einzubringen. Dadurch wird ein höheres Commitment in Bezug auf den Prozess und seine Durchführung schon im Vorfeld erreicht (vgl. Cohn 1994, S. 170f.).

3.2   Durchführung der Moderation

Drei Phasen sind bei der Durchführung zu beachten: Einleitung – Arbeitsphase – Abschluss. In der Einleitung werden die Voraussetzungen für die Zusammenarbeit geklärt. Neben Zeitrahmen, Arbeitsstruktur, Zielsetzung etc. sollte eine gute Arbeitsatmosphäre geschaffen und einfache Kommunikationsregeln vereinbart werden. Bezogen auf online-Moderation kann dies als „netiquette" bezeichnet werden. Hierfür einige Anstöße (vgl. Cohn 1994, S. 170f.):

1. Vertritt dich selbst in deinen Aussagen, sprich/schreibe per „Ich" und nicht per „Wir" oder per „Man".
   Die Regel, per „ich" zu schreiben bzw. zu sprechen, soll helfen, verantwortliche Aussagen zu machen. Die Kommunizierenden übernehmen Verantwortung für das, was sie sagen/schreiben und verstecken sich nicht hinter anderen.
2. Wenn du eine Frage stellst, sage/schreibe, warum du fragst und was deine Frage für dich bedeutet. Sage dich selbst aus und vermeide das Interview.
   Fragen als Werkzeug von Machtkämpfen, rhetorische und manipulierende Fragen sollen durch diese Regel vermieden und Offenheit sowie Transparenz sollen etabliert werden. Erkennen die Gefragten, warum die Frage gestellt wird, können sie entsprechend antworten und werden nicht in die Defensive gehen. Interpretationsspielräume werden reduziert.
3. Sei authentisch und selektiv in deiner Kommunikation. Mache dir bewusst, was du denkst und fühlst, und wähle, was du sagst/schreibst und tust.
   Das Kommunizieren auf Basis von internalisiertem Soll oder unreflektierter Gruppennorm soll vermieden werden. Die Gruppenmitglieder sollen entsprechend ihrer eigenen Werte und Gefühle handeln, sprechen und schreiben, jedoch mit Rücksicht auf Vertrauensbereitschaft und Verständnisfähigkeit der Kommunikationspartner. Beispielsweise ist Kommunikation in einem ersten Kontakt anders zu gestalten als in einem wiederholten Kontakt. Erst wenn Vertrauen und Verständnis geschaffen ist, kann „ungefiltert" kommuniziert werden (vgl. Langmaack & Braune-Krickau 1995, S. 101).
4. Halte dich mit Interpretationen von anderen so lange wie möglich zurück. Sage/schreibe stattdessen deine persönlichen Reaktionen.
   Richtige Interpretationen verstärken lediglich das Gesagte, falsche Interpretationen führen dagegen zu Abwehrhaltung und beeinträchtigen den Prozess. Deshalb soll diese Hilfsregel spontane Interaktion und das Fortschreiten des Prozesses unterstützen. Beispielsweise, indem Geschrieben wird, wie z.B. eine E-Mail wirkt und was sie auslöst.

5. Sei zurückhaltend mit Verallgemeinerungen.
   Verallgemeinerungen wirken unterbrechend auf den Gruppenprozess. Der Moderator
   kann sie zielgerichtet nutzen, z.B. für einen Wechsel zu einem anderen Thema.
6. Wenn du etwas über das Benehmen oder die Charakteristik eines anderen Gruppenmitgliedes aussagst, sage/schreibe auch, was es dir bedeutet, dass er so ist, wie er ist (d. h.
   wie du ihn siehst).
   Das Phänomen des Prügelknaben wird durch diese Hilfsregel vermieden. Denn Interview
   und Feedback können Angriffe und Ablenkungsmanöver sein. Wird die Bedeutung des
   Gefragten oder Gesagten zu den Aussagen hinzugefügt, wird offene und transparente
   Kommunikation möglich.

Hinzukommen können noch Regeln wie „Humor kann ohne non- und para-verbale Hinweise
schnell missverstanden werden. Nutze ihn vorsichtig und kennzeichne ihn." (vgl. Palloff,
Pratt 1999, S. 101).

Solche Regeln sind Bestandteil der Kontrollstrategien, die erforderlich sind, um „Störungen"
im Gruppengeschehen frühzeitig zu erkennen und zu bearbeiten. Durch sie werden beispielsweise Dominanz und „Trittbrettfahren" eingeschränkt, Kommunikation über Kommunikation sowie Feedback etabliert. Zudem erhält die Gruppe damit einen Rahmen, innerhalb
dessen sie sich zu bewegen lernt. Dies befähigt sie schließlich auch ohne Moderation von
außen zu arbeiten.

In der Arbeitsphase ist es wichtig zu Ergebnissen zu kommen, die von allen Gruppenmitgliedern gleichmäßig erarbeitet wurden. Dadurch wird das gemeinsame Lernen möglich und
gefördert. Hierzu sollte eine möglichst gleichmäßige Beteiligung und Vernetzung aller
Gruppenmitglieder erreicht werden, um den Austausch und die Auseinandersetzung untereinander und mit dem Lerninhalt zu fördern. Zudem muss die Motivation zum Weitermachen
in einer Gruppe aufrechterhalten werden. Dies kann über methodische Strukturierung des
Lern-/Arbeitsprozesses, aber auch durch Einfangen von Abschweifenden und Inaktiven sowie das Bremsen von Dominanten und Voreiligen erfolgen.

Zum Abschluss sollte die Ergebnissicherung erfolgen. Sofern dies nicht begleitend zum
Prozess getan wurde, ist zusammenzufassen und zu reflektieren hinsichtlich erreichtem Ergebnis und der Qualität der Zusammenarbeit (z.B. was hat gut geklappt, wo sollte verbessert
werden?). Dank für die Zusammenarbeit und Ausblick auf ggf. weitere gemeinsame Arbeits-
einheiten sollten nicht fehlen (vgl. Edmüller, Wilhem 2002, S. 36).

Da Gruppenarbeit sowohl innerhalb eines Raumes von Angesicht zu Angesicht als auch
räumlich verteilt (online) stattfindet, kann Moderation beide Formen der Zusammenarbeit
unterstützen. Bei der Moderation von Gruppen, die von Angesicht zu Angesicht zusammenarbeiten, kann der Arbeitsprozess wahlweise papier- oder computergestützt durchgeführt
werden. Kommt Papier zum Einsatz, notieren die Teilnehmer ihre Beiträge bpsw. auf Karten.
Kommen Computer zum Einsatz, tippen die Teilnehmer ihre Beiträge ein. Papier ist im Zusammenhang mit Gruppenmoderation nach wie vor für viele vertrauter als Computer. Dadurch sind mit Papier im Einsatz weniger Hemmnisse der Teilnehmer verbunden. Papier hat
unter anderen auch den Vorteil, dass Ergebnisse für alle sichtbar im Raum aufgehängt und
damit für alle durchgängig präsent bleiben können. Dies gilt jedoch nur eingeschränkt, denn

bei Großgruppenmoderation in entsprechend großen Räumen, kann die Lesbarkeit je nach Entfernung leiden und den Vorteil damit aufheben (vgl. Schenk & Schwabe 2000). Vorteile computermediierter Moderation sind, dass der Arbeitsverlauf- und fortschritt sofort dokumentiert ist, keine separate Ergebnisprotokollierung notwendig wird und Zwischenergebnisse problemlos weiterverarbeitet werden können, da keine Medienbrüche entstehen. Positive Auswirkung ist auch, dass eine Anonymisierung der Beiträge (getippte Buchstaben lassen weniger auf einzelne Personen schließen als Handschriftliches) eine gleichmäßigere Beteiligung der Einzelnen fördert (vgl. Hollingshead & McGrath 1995, S. 74). Gerade bei Lerngruppen ist dies wichtig, sofern für ein gleichmäßiges Lernen aller Beteiligten gesorgt werden muss.

4   Online-Moderation

Online-Moderation unterscheidet sich von traditioneller Moderation dadurch, dass sich die Beteiligten nicht sehen können, sondern an unterschiedlichen Standorten sind und via Medien kommunizieren. Grundsätzlich sind die Phasen der Moderation auf die online-Moderation von Lerngruppen übertragbar.

4.1   Phasen der online-Moderation in Lernprozessen

Gilly Salmon entwickelte das 5-Stufen-Modell (siehe *Abbildung 6*) für die Moderation von Lerngruppen, basierend auf ihren Erfahrungen aus lernerzentriertem kooperativen e-Learning (Salmon 2000).

Ihre grundlegende Annahme ist, dass die einzelnen Phasen, ähnlich den Team-/Kleingruppenphasen nach Tuckman (1965) forming, storming, norming, and performing, nicht übersprungen werden können und jeweils erreicht werden müssen, um in die nächste Phase zu gelangen. Ziel ist es, die Lerngruppen über die fünf Phasen hinweg selbstständig und unabhängig von außengeleiteter Moderation zu machen, indem die Vernetzung der Gruppenmitglieder und die Eigenständigkeit der Gruppe gezielt aufgebaut wird.

Für den Moderator kommt zum Aufgabenbereich „Gruppen-/Prozessmoderation" noch ein weiterer hinzu: die technische Hilfestellung.

4.1.1   Phase 1 – Access and Motivation – Zugang und Motivation

Die Gruppenmitglieder brauchen umfassende technische Hilfestellung (z.B. Freischaltungen von Software, Versenden von Zugangsdaten, Handbücher sowie individuelle Hilfe) und müssen mit der Plattform vertraut gemacht werden. Ziel ist es, dass die Gruppenmitglieder die vielfältigen Möglichkeiten der Plattform, des online-Kommunizierens und -Arbeitens kennen lernen.

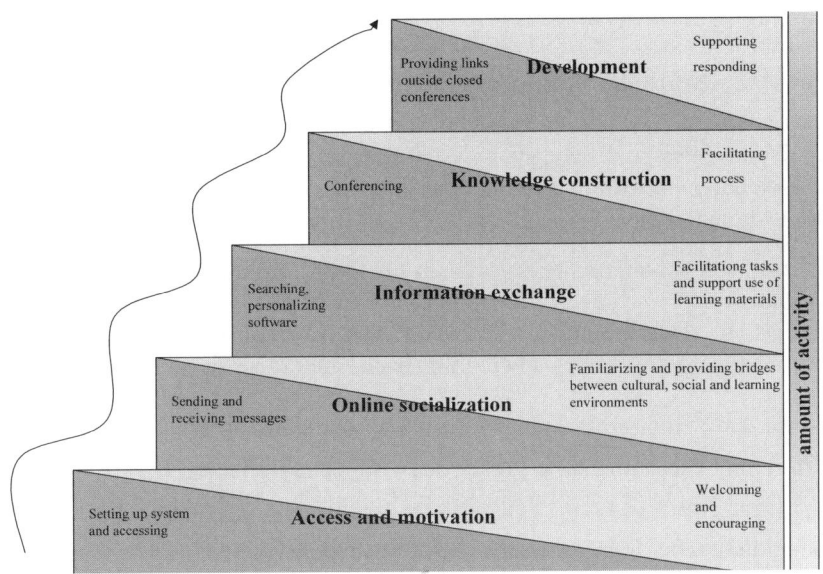

Abbildung 6: Phasen der online-Moderation (nach Salmon 1999, S. 27)

Im Rahmen der Moderation hat die Begrüßung und Einführung der Gruppenmitglieder zu Kursbeginn hohe Bedeutung. Über das Verdeutlichen der Vorteile von kooperativem E-Learning, ist der Grundstein für die Motivation zu legen. Zur Orientierung soll die Kursstruktur vermittelt werden. Dadurch können sich die Gruppenmitglieder zurechtfinden und darauf einstellen. Wesentlich ist das Ermutigen der Gruppenmitglieder, sich mit der Plattform vertraut zu machen. Dies kann z.B. durch erste spielerische Aufgaben, die zum Experimentieren mit den Werkzeugen einladen, geschehen.

4.1.2   Phase 2 – Online-Socialisation – Online-Sozialisation

Ziel dieser Phase ist es, die Lerngruppen zu vernetzen und soziale Interaktion zu ermöglichen.

Die Gruppenmitglieder gewöhnen sich an die Plattform und sammeln erste Erfahrungen, indem sie Nachrichten einstellen und abrufen. Sie machen sich mit dieser Art zu kommunizieren und zu interagieren intensiver vertraut. Ziel ist es, dass sich die Gruppenmitglieder kennen lernen und über den Austausch miteinander feststellen, dass alle ähnliche Erfahrungen mit der neuen Situation machen.

Ziel der Moderation ist es, einen respektvollen Umgang der Gruppenmitglieder zu etablieren (z.B. durch das Aufstellen von Kommunikationsregeln), das Bewusstwerden von interkulturellen Gemeinsamkeiten und Unterschieden (z.B. wie wird entschieden/motiviert/Kritik geübt) zu ermöglichen, Schwierigkeiten aufzudecken, Lösungswege anzubieten sowie Brücken zu bauen zwischen bekannten und neuen Lernmethoden. Dadurch werden auch Grenzen und Risiken von den Gruppenmitgliedern erkannt. Wesentlich ist in diesem Rahmen das Angebot strukturierter Übungen.

4.1.3   Phase 3 – Information Exchange – Informationsaustausch

Die Gruppenmitglieder setzen sich nun verstärkt mit den Inhalten auseinander. Das detaillierte Erkunden und Personalisieren von der eingesetzten Lernplattform stehen bei der technischen Hilfestellung im Mittelpunkt. Hierzu können neue Funktionen, neue Software etc. freigeschaltet werden.

In dieser Phase kann es vorkommen, dass sich die Gruppenmitglieder von der Fülle an Beiträgen und Materialien erschlagen fühlen. Hier ist der Moderator gefordert zu strukturieren, zusammenzufassen, Hilfestellung in Bezug auf Arbeitstechniken zur Erleichterung des Überblicks zu geben und die Gruppe sowie Einzelne beständig zu ermutigen.

4.1.4   Phase 4 – Knowledge construction – Wissenskonstruktion

Die Interaktion und Zusammenarbeit unter den Gruppenmitgliedern wächst in dieser Phase. Das erworbene Wissen wird geteilt und vertieft. Technische Hilfestellung reduziert sich.

In der Moderation stehen nun problem- und aufgabenorientierte Interventionen zur Förderung des Wissensaufbaus und -austausches im Vordergrund. Beispielsweise können Gruppentechniken vorgestellt und ausprobiert werden, die dies fördern.

4.1.5   Phase 5 – Development – Entwicklung

Die Gruppenmitglieder werden unabhängiger. Sie suchen nach anderen Quellen, werden anspruchsvoller und erwarten ein größeres inhaltliches Angebot. Ähnlich wie in der vierten Phase fällt wenig technische Hilfestellung an.

Aufgabe des Moderators ist es nun, themenbezogene Events und die Moderation von Fachdiskussion zur kritischen Auseinandersetzung zu fördern.

4.2   Formen der online-Moderation

Online-Moderation (siehe hierzu auch Beitrag 3.4.1) kann in drei unterschiedlichen Formen erfolgen:

- asynchron,
- synchron oder
- hybrid (gemischt).

Hybride online-Moderation umschreibt die Kombination von synchronen und asynchronen Einheiten. Je nach Aufgabenstellung und Ziel, kann es sinnvoll sein, diese zu kombinieren. So können die Vorteile beider Varianten genutzt werden (vgl. Back et al. 2001, S. 226f.). Im Folgenden werden die asynchrone und synchrone Moderation näher betrachtet.

4.2.1 Asynchrone online-Moderation

Asynchrone online-Moderation ist durch räumliche und zeitliche Distanz zwischen den Beteiligten gekennzeichnet. Interaktion wird beispielsweise in schriftlicher Form über Foren, Newsgroups, E-Mail abgewickelt (vgl. Seufert & Mayr 2002). Die Feedbackgeschwindigkeit dieser Medien ist geringer als bei synchronen Medien. Dies ist für viele gewöhnungsbedürftig, da die anderen Mitlernenden nicht direkt „spürbar" sind. Ein weiterer Nachteil liegt darin, dass die Gruppenmitglieder nicht zeitgleich einen gewissen Informationsstand haben. Wird beispielsweise eine Diskussion über eine Woche geführt, und nehmen Gruppenmitglieder nur am Beginn der Woche teil, fehlt ihnen der Informationszuwachs nach ihrem letzten Login. Motivation zu wecken und zu halten ist bedeutend schwieriger als in synchronen Arbeitsphasen.

Für die Gruppenmitglieder bietet asynchrones Arbeiten ein hohes Maß an Flexibilität. Sie können es ihren Bedürfnissen und Rahmenbedingungen anpassen: Sie bestimmen in vorgegebenem Zeitrahmen selbst den Zeitpunkt (wann), den Ort (wo), die Geschwindigkeit (wie schnell) und die Intensität (wie tief), mit der sie aktiv werden möchten (Vgl. Geyken et al. 1998, S. 181f., Palloff & Pratt 1999, S. 46ff.). In diesem Vorteil liegen allerdings auch Schwierigkeiten für die Moderation der Lerngruppen. Beispielsweise kann es sein, dass nur wenige Teilnehmer kommunizieren, manche sind die ganze Zeit offline und halten abgemachte Online-Frequenz (einmal täglich in das Forum gehen, einmal täglich E-Mails abrufen, ...) nicht ein, einige stellen immer nur Fragen und fordern immer nur Unterstützung ein, helfen aber anderen nicht. Auch kann es sein, dass unklare und unverständliche Nachrichten gepostet werden oder nicht alle erhalten alle Infos (die eine Hälfte der Lerngruppe kommuniziert von Angesicht zu Angesicht oder per Telefon und schreibt keine Protokolle) (vgl. Palloff & Pratt 1999, S. 37ff.).

Deshalb liegen die Moderationsaufgaben entsprechend den Phasen der online-Moderation in asynchronen Medien darin,

- ein gutes Gruppenklima zu erzeugen,
- sternförmige Kommunikation der Gruppenmitglieder fördern, nicht Punkt-zu-Punkt oder nur auf sich ziehen,
- Missverständnisse zu erkennen und zu klären,
- durch gezielte Impulse wie Fragen die Diskussion in Gang zu halten,
- Zusammenhänge zwischen Beiträgen unterschiedlicher Personen sowie Beiträgen und Zielen der Diskussion aufzuzeigen,
- die eingestellten Beiträge zu strukturieren und wesentliche Aspekte herauszukristallisieren sowie zwischendurch und auch am Ende zusammenzufassen,
- stille Gruppenmitglieder durch gezielte Fragen, persönliche Anrede etc. einzubeziehen und zu aktivieren sowie dominante Gruppenmitglieder zu bremsen (vgl. Friedrich et al. 1999, S. 126f.; Rohfeld & Hiemstra 1995, S. 92ff., Palloff & Pratt 1999, S. 34ff.).

Wichtig ist hierbei, dass der Moderator Präsenz zeigt, indem er beispielsweise täglich Beiträge einstellt und auf Fragen schnell reagiert. Dies vermittelt den Gruppenmitgliedern das Gefühl gut betreut zu sein und nicht vergessen zu werden. Entstehen zu lange Kommunikationspausen, bricht der Kontakt ab und die Wirksamkeit von Impulsen sinkt (Kindt 1999, S. 145ff.).

4.2.2   Synchrone online-Moderation

Bei synchroner online-Moderation ist die gesamte Gruppe zur gleichen Zeit räumlich verteilt aktiv. Zum Überbrücken der räumlichen Distanz werden Tele-Kommunikationstechniken eingesetzt. Üblich sind Videokonferenzen, Telefonkonferenzen und Chats sowie virtuelle Klassenzimmer (Seufert & Mayr 2002).

Die Synchronität ermöglicht den direkten Austausch zwischen den Beteiligten. Dadurch ist die Lehr-/Lernsituation spontaner und Präsenzveranstaltungen ähnlicher. Dies ist für Gruppenmitglieder besonders angenehm, die noch nie selbstgesteuert und mediengestützt aktiv waren. Das Gefühl betreut zu werden ist intensiver. Auch entwickelt sich dadurch das Gruppengefühl besser.

Nachteilig ist der verhältnismäßig hohe technische und/oder kostenbezogene Aufwand. Beispielsweise müssen für Videokonferenzen Kameras und Mikrophone angeschafft werden, Chats verursachen online-Kosten.

Zu beachten ist, dass die Anforderungen an den Moderator und die Gruppenmitglieder sowohl bei der Planung als auch bei der Durchführung umso höher sind, je komplizierter die Übertragungstechnik ist.

Professionelle Moderation sollte einfühlsam, sprachgewandt, aufmerksam und ehrlich sein. Dazu gehören auch ein gewisser Charme, Humor und Taktgefühl. Hinzu kommen bei synchroner online-Moderation flinke Finger des Moderators. Am Beispiel der *Chat-Moderation*, werden die wesentlichen Aspekte der synchronen online-Moderation herausgearbeitet.

Vor einem Chat

Ein Chat muss vorbereitet sein. Wesentlicher Bestandteil ist die Tagesordnung. Auf dieser sind die abzuhandelnden Punkte in chronologischer Reihenfolge aufgeführt. Ergänzend sollten organisatorische und fachliche Aspekte eingetragen werden, um diese nicht zu vergessen. Parallel hierzu ist eine Checkliste mit methodischen Aspekten, die beachtet werden sollen (siehe „Während des Chats"), zu erstellen.

Zu Beginn des Chats

Mit der Begrüßung und kurzer Vorstellung beginnt der Chat. Dies ermöglicht den Teilnehmenden Orientierung und dem Moderator zu erkennen, ob alle mit der online-Situation zurechtkommen.

Anschließend sind Vereinbarungen mit der Gruppe zu treffen. Dazu gehört das Festlegen eines Protokollanten mit einem Hinweis, wie das Protokoll erstellt wird (Kurzzusammenfassung oder das Log-file), wo Informationen hierzu zu finden sind und wo das Protokoll nach dem Chat abgelegt werden soll.

Bei mehr als drei Teilnehmern ist das Festlegen einer Rednerreihenfolge wesentlich, um das Durcheinanderposten zu vermeiden und den Chat übersichtlicher zu halten sowie allen von vornherein eine gleichmäßige Teilnahme zu ermöglichen. Hierzu gehören auch die Vereinbarung der Kennzeichnung einzelner Gruppenmitglieder und die des Moderators, je nach Möglichkeiten des Chat-Systems farblich, durch Namenskürzel etc. Werden Beiträge zu lang getippt, so dass alle lange warten müssen, wird Ungeduld ausgelöst. Um dies zu vermeiden, kann vereinbart werden, einen Beitrag in mehrere zu splitten und am Ende, wenn nichts mehr kommt, ein Endezeichen zu setzen, als Signal für das nächste Gruppenmitglied, dass es jetzt schreiben darf.

Kommunikationsregeln sollten je nach Bedarf in Anlehnung an die o.g. Regeln vereinbart werden.

Mit der Vorstellung der Tagesordnung und dem Einholen des Einverständnisses der Gruppenmitglieder dazu, ist die Startphase des Chats abgeschlossen.

Während des Chats

Für die Chatdauer können folgende methodische Aspekte die Moderation unterstützen:

1. Starke Gefühle ansprechen

   Mit dieser Methode können Sie die emotionale Ebene der Gruppenmitglieder einbeziehen. Manchmal reicht ein kleiner Impuls wie eine kleine Anerkennung oder ein Lob, aber auch Impulse wie Zitate, Bilder oder Gedichte. Eine weitere Möglichkeit die emotionale Ebene anzusprechen, ist die Frage nach eigenen Erfahrungen. Wichtig ist, dass möglichst alle Gruppenmitglieder Erfahrungen einbringen können.

2. Neugier der Gruppenmitglieder untereinander wecken

   Durch gezielte Fragen können die Gruppenmitglieder eine wertschätzende Neugier für die Eigenheiten, Fähigkeiten und Kompetenzen der anderen entwickeln. Interesse füreinander begünstigt das Interesse an einer guten Zusammenarbeit. In einem Kennenlern-Chat ist dies eine wichtige Komponente. Wesentlich sind Fragen, die die Gruppenmitglieder dazu bringen, über sich selbst zu berichten, z.B. „Wer von Ihnen würde sich selbst als neugierig bezeichnen und warum?".

3. Nicht mit Anerkennung sparen

   Jeder Mensch hat das Bedürfnis nach Anerkennung. Ein Chat-Moderator/-in fasst nach langen Beiträgen zusammen, bedankt sich und drückt Anerkennung für das Geleistete aus.

4. Für Feedback sorgen

   Auch während des Chats Feedback zu Beiträgen anregen und selbst als gutes Beispiel vorangehen, z.B. indem geschrieben wird, was beim Lesen eines Beitrags an Empfindungen und Interpretationen entstehen.

5. Zwischenbilanzen ziehen

   Wird ein Chat zu einer Aufgabenlösung eingesetzt, ist eine Zwischenbilanz hilfreich. Diese kann durch Fragen wie „Was haben wir bisher erledigt?" oder „Was steht noch an?" angestoßen werden.

6. Eine persönliche Beziehung zu den Gruppenmitgliedern aufbauen

Jeder Einzelne will „gesehen" werden. Dies kann durch direktes Ansprechen, durch Danken, gezieltes Fragen etc. erfolgen. Dabei sollte die Situation der Einzelnen beachtet und mit einbezogen werden: Die Anstrengungen der Einzelnen respektieren und sich an Erfolgen freuen.

7. Adressat eingeben

Um das Diskutieren zu erleichtern, ist es wichtig, die Personen zu nennen, die „angesprochen" werden. Wenn zu einem konkreten Beitrag geantwortet wird, dann den Namen der Person verwenden.

Das Einbinden ruhiger Personen ist ebenfalls über das Nennen ihrer Namen möglich.

8. Eine Idee pro Beitrag

Um das Ganze übersichtlich zu halten, sollte nur eine Idee pro Beitrag geschrieben werden. Es erleichtert das schnelle Erfassen und Verarbeiten dieser.

9. Keine Ironie und kein Zynismus

In schriftlicher Kommunikation kann Ironie nicht durch die Tonlage oder die Mimik etc. erkannt werden. Deshalb ist es oberstes Gebot für alle, dies zu vermeiden. Auch mit E-moticons gekennzeichneter Zynismus kann zum Verstummen von Gruppenmitgliedern führen.

Zum Ende des Chats

Am Ende eines Chat sollte Feedback eingefordert werden, in der die Gruppenmitglieder zu ihrem momentanen Befinden bezüglich der Aufgabe, des Gruppenklimas etc. befragt werden. Dies kann in Form eines Blitzlichtes erfolgen, d.h. der Chat-Moderator stellt eine Frage und alle Gruppenmitglieder antworten darauf. Wichtig ist dabei, dass die Beiträge nicht gegenseitig kommentiert werden. Die Bewertung kann „blitzschnell" in Form von Schulnoten (Skala 1 bis 6) oder durch Emoticons/Smilies (☺, ☻, ☹) erfolgen.

Mit einem entsprechenden Schlusswort sollte die Sitzung abgeschlossen werden, das den Dank für die Mitarbeit, das Dabeisein und ggf. einen Ausblick auf einen Folgechat enthält.

5   Zusammenfassung

Moderation von Lerngruppen in CSCL-Umgebungen unterscheidet sich von klassischer Moderation darin, dass neben der gruppen- und aufgabenbezogenen Prozessgestaltung und -steuerung noch die technische Hilfestellung geleistet werden muss sowie die Gegebenheiten der Moderationsform (synchron, asynchron, hybrid) zu berücksichtigen sind. Wesentlich ist, dass entsprechend der fünf Phasen der online-Moderation die Lernenden schrittweise mit der Technik vertraut gemacht werden, ein Zusammenführen und Vernetzen der Gruppenmitglieder stattfindet und diese schrittweise zu eigenständiger Zusammenarbeit beim Lernen geführt werden.

3.3   Coaching

Claudia Schlienger-Merki, Helmut Schauer

Universität Zürich

1   Einleitung

Wie können Lernende optimal betreut und unterstützt werden? Die Aufgabe von Coaches ist es, Lernenden individuelles Feedback zu Lösungen und Problemen ihrer Aufgaben zu geben und bei Bedarf bei Motivations- und Lernproblemen Unterstützung zu bieten. Mit der immer größer werdenden Masse an Lernenden kann eine intensive persönliche Betreuung oftmals jedoch nicht mehr gewährleistet werden. Durch die fehlende persönliche Betreuung, verlieren Übungsaufgaben zudem oft ihre subjektive Verbindlichkeit.

Im E-Learning fallen soziale Lernprozesse weg, dadurch fehlt der soziale Kontrollmechanismus, der für das Lernen wichtig ist. Arbeiten die Lernenden in Gruppen und in hybriden Lernszenarien kann soziales Lernen wieder stattfinden.

Das Coaching von Gruppen ist ein wichtiger Prädikator für den Lernerfolg. Das Coaching Szenario hängt von organisatorischen Rahmenbedingungen, wie Lernzielen, Bedürfnissen und Vorkenntnissen, Zielgruppe und vor allen auch den vorhandenen Ressourcen ab. Daraus können die didaktischen Dimensionen definiert werden, wie Funktion, Aktivitätsgrad, personelle Aspekte, Formen des Coachings. Aus den organisatorischen und didaktischen Dimensionen ergibt sich ein Coaching-Szenario, welches den Lernenden in Gruppen optimale Betreuung und Unterstützung bietet.

2   Was ist Coaching?

Die Begriffe Coach, Tutor und Mentor haben ursprünglich unterschiedliche Bedeutungen, werden aber im Zusammenhang mit der Betreuung, Begleitung und Beratung von Personen im Ausbildungs-, Weiterbildungs, psychologisch-psychotherapeutischen, sportlichen und betriebswirtschaftlichen Umfeld meist nicht klar voneinander abgegrenzt und teilweise sogar gleichgesetzt.

Der Begriff „Coach" leitet sich aus dem Wort „Kutsche" ab und kommt ursprünglich aus dem Ungarischen. 1855 verwendet man Coach erstmals in England und den USA im Sport, wo ein Coach der Trainer einer Sportteams ist. Der heutige Begriff des Coaching wurde aus dem Hochleistungssport übernommen, wo er für die persönliche und umfassende Betreuung eines Sportlers steht. Inzwischen wird der Begriff auch zunehmend im betriebswirtschaftlichen Umfeld benutzt als *„eine Kombination aus individueller Beratung, persönlichem Feedback und praxisorientiertem Training. Im Coaching werden Fragestellungen behandelt, die*

die berufliche Aufgabe und Rolle sowie die Persönlichkeit des Klienten betreffen." (Fischer-Epe, 2003)

Der Begriff „Tutor" stammt ursprünglich aus der angelsächsischen Hochschulpraxis. TutorInnen sind (höhersemestrige) Studierende, die andere Studierende in ihrem Studium beraten und bei der Erarbeitung von Themengebieten unterstützen. Sie verfügen über ein breites Spektrum an Aufgaben, übernehmen unterschiedliche Funktionen und üben verschiedene Rollen aus (Huber, 1972; Fischer, Lorenz, Schmithals, Webler, 1997).

Der Begriff „Mentor" stammt aus der griechischen Mythologie und ist auf Odysseus zurückzuführen. Als Odysseus in den Trojanischen Krieg zog, bat er den Gebildeten Mentor, sich während seiner Abwesenheit seinem Sohn Telemachus zu widmen und die Rolle eines wohlwollenden Beraters, Erziehers, väterlichen Vertrauter und Lehrer zu übernehmen. In den folgenden Jahrhunderten entwickelte sich das Mentoring in *„eine wohlwollende und fördernde Beratung im Beruf durch eine erfahrene Person, die informell oder formell stattfinden kann"* (UniFrauenstelle, 2003).

Bezug nehmend auf den oben erwähnten Definitionen von Coach, Tutor und Mentor und im speziellen Zusammenhang mit Studierenden in CSCL basierten Lehrveranstaltungen wird Coaching folgend definiert:

Coaching ist die begleitende, persönliche und intensive Betreuung und Unterstützung von kollaborativ lernenden Studierenden im E-Learning und findet persönlich oder über die Distanz mit Hilfe technischer Kommunikationsmittel statt. Kernaufgaben des Coaching sind die inhaltliche Förderung und die Unterstützung von Gruppenprozessen. Coaching dient der Lernerfolgskontrolle, der Beratung bei Lernproblemen und der Aufrechterhaltung der Lernmotivation.

3 Dimensionen des Coaching

3.1 Didaktische Dimensionen des Coaching

3.1.1 Funktionen von Coaches

Die Funktionen von Coaches lassen sich in 6 Hauptfunktionen unterteilen (Collins und Berge, 1996; Goodyear, 2001; Rautenstrauch, 2001):

- Kommunikative
- Inhaltlich – fachliche
- Pädagogisch – didaktische
- Soziale, gruppenspezifische
- Organisatorische
- Technische

Die Kommunikation mit den Gruppen ist die wichtigste Aufgabe eines Coaches, sie wird jedoch selten explizit erwähnt, da sie in den anderen Funktionen mit enthalten ist. Ein Coach sollte in jeder Phase des Lernprozesses die Kommunikation mit und in der Gruppe im Auge behalten – sie initiieren, fördern, aufrechterhalten, begleiten.

Der Coach begleitet und fördert den Lernprozess der Gruppe inhaltlich – fachlich.

Das pädagogisch-didaktische Coaching vermittelt Grundkenntnisse des Lernens und des Lernens mit neuen Meiden, gibt den Gruppen idealerweise Hilfestellungen zur selbständigen Erarbeitung des Wissens, motiviert, vermittelt Kenntnisse und Hilfestellung bei der erfolgreichen Meisterung von Konflikten, Lern-, Motivations- und Kommunikationsproblemen und kontrolliert den Lernprozess.

Der soziale Coach betreut Gruppen und deren gruppenspezifische Fragestellungen. Er fördert Lerngruppenprozesse, geht auf die Besonderheiten des Lernens in Gruppen ein, betreut und moderiert Gruppenaufgaben mit kollaborativen Kommunikationswerkzeugen, unterstützt und berät bei Gruppenproblemen, motiviert und animiert die Gruppen.

Die Organisation einer Lehrveranstaltung oder des Coaching wird meist von den Unterrichtsverantwortlichen übernommen. Die Coaches übernehmen einen Teil davon, wenn es darum geht, dass die Gruppen Arbeiten pünktlich abliefern, Testatbedingungen erfüllen oder wenn Termine oder Räume neu koordiniert werden müssen.

Grundkenntnisse der benutzten technischen Medien für das Coaching werden entweder vorausgesetzt oder zu Beginn der Veranstaltung eingehend eingeführt. Dennoch können immer wieder technische Fragen und Probleme auftreten, die entweder vom Coach direkt gelöst werden, oder vom Coach an die zuständige technische Helpline weiter geleitet werden. Das technische Coaching ist eine eher nebensächliche aber trotzdem wichtige Funktion. Denn immer wieder drohen Lehrveranstaltungen oder Coachingangebote zu scheitern, weil technische Probleme auftreten, welche nicht innert kurzer Frist behoben werden können.

3.1.2 Aktivitätsgrad von Coaches

Coaching kann mehr oder weniger aktiv gestaltet werden. Ein aktiver Coach agiert. Er hat die Funktion eines Animators, der die Gruppen durch seine aktiven Aufforderungen (motivierendes Auffordern oder Festsetzen klarer Regeln für ein gewisses Maß an Kommunikation) zu Interaktion und Dialogen anregt.

Der passive Coach reagiert nur auf die Anfragen der Gruppen. Er hat die Funktion eines Mentors, der als reiner Ratgeber fungiert und sich im Hintergrund hält. Dadurch soll die Selbstverantwortung und Eigenständigkeit der Gruppen vermehrt gefördert werden. Bei dieser reinen passiven Form kommen erfahrungsgemäß relativ wenig Anfragen – dies erlaubt dem Coach einerseits eine große Anzahl von Gruppen zu betreuen. Andererseits besteht die Gefahr, dass das Coaching und die Kommunikation mit den Gruppen sehr schnell erlöschen (Geyken, Mandl & Reiter, 1998; Seufert & Mayr, 2002). Voraussetzungen für ein erfolgreiches passives Coaching sind sehr selbständig arbeitende Gruppen und klar formulierte und von beiden Seiten gleich verstandene Aufgabenstellungen.

Aus unserer Erfahrung zeigt sich, dass eine Mischung aus aktivem und passivem Coaching am erfolgreichsten ist.

3.1.3 Personelle Aspekte des Coaching

Als mögliche Coaches kommen verschiedene Personengruppen in Betracht. Ist die Anzahl der Gruppen eher klein, so kann die Lehrperson als Coach fungieren. Daraus kann ein intensives, direktes, sehr persönliches Coaching entstehen. Die Lehrperson erhält direkte Rückmeldungen über den vermittelten Stoff und die Studierenden erhalten ihre Informationen aus erster Hand vom Profi. Als möglicher Nachteil kann für die Lehrperson eine enorme Arbeitsbelastung entstehen. Deshalb ist die Lehrperson als Coach nur bei einer kleinen Anzahl von Gruppen sinnvoll. Ein weiteres Hindernis kann eine Hemmschwelle der Gruppen sein, in dem Sinne, dass sie sich nicht getrauen, der Lehrperson „blöde Fragen" zu stellen. Dieses Problem kann umgangen werden, wenn Assistierende der Lehrperson Coaching-Aufgaben übernehmen.

Eine wichtige Gruppe von Coaches stellen Peers dar (Goodyear, 2001). Peers sind Studierende in meist höheren Semestern, die andere Studierende betreuen. Peers werden am häufigsten als Coaches eingesetzt. Der Einsatz von Peers bedarf einer guten Struktur und Organisation sowie didaktischer und fachlicher Kenntnisse. Meist werden Peers als Coaches im Voraus didaktisch geschult. Eine Besonderheit stellt das Peer-Coaching in Gruppen dar (Bruffee, 1993). Lernende in Gruppen coachen einander gegenseitig. Sie erklären einander Probleme, diskutieren verschiedene Fragestellungen und kommen so zu multiplen Perspektiven (Konrad & Traub, 2001; Ploetzner, Dillenbourg et al., 1999).

Eine besondere Aufgabe und Zwischenstellung haben Teaching Assistants. Teaching Assistants sind fortgeschrittene Studierende, welche die Peer Coaches coachen und können bei Massenlehrveranstaltungen mit vielen Coaches eingesetzt werden. Die Coachingfunktionen sind jeweils für einen Teaching Assistant spezifisch: sie haben inhaltlich-fachliche, pädagogisch-didaktische, kommunikativ-kanalisierende oder technische Funktionen. Teaching Assistants gewährleisten eine gute Betreuung der Peer Coaches, eine qualitativ gutes Coaching der Gruppen und eine Entlastung der Kursleitung.

Eine bisher eher seltene Gruppe von Coaches sind externe Experten. Diese sind Experten in ihrem Fach und optimale Coaches, wenn es sich um praxisbezogene Fragestellungen und Probleme handelt. Voraussetzung für ein gutes Coaching ist eine gute Erreichbarkeit der Experten, Kenntnisse des Bildungbetriebes und der eingesetzten Kommunikationswerkzeuge.

Coaches benötigen für ihre Aufgaben bestimmte Kompetenzen und müssen dafür, je nach Vorkenntnissen und Anforderungen speziell geschult und wenn möglich auch während ihrer Coaching-Tätigkeit bei Bedarf weiterhin unterstützt werden.

3.1.4 Formen des Coaching

Coaching kann in face-to-face Treffen (persönliches Coaching), über die Distanz mit diversen technischen Hilfsmitteln (Distance, virtuelles oder E-Coaching) oder sowohl face-to-face als auch über die Distanz (hybrides Coaching) stattfinden.

Beim persönlichen Coaching treffen sich der Coach und seine Gruppe gleichzeitig und regelmäßig an einem bestimmten Ort.

Das Distance Coaching kann in drei verschiedenen Zeitformen (asynchron, synchron oder hybrid) stattfinden. Bei der asynchronen Form sind der Coach und die Gruppen nicht gleichzeitig online aktiv. Die Kommunikation und Interaktion zwischen Coach und Lernenden findet zeitversetzt statt. Asynchrone Kommunikations- und Interaktionstools sind beispielsweise Diskussionsforen, E-Mail oder Mailinglisten (Seufert et al. 2002).

Synchrones Coaching findet zeitgleich statt. Der Coach und die Gruppen kommunizieren und interagieren gleichzeitig online. Für diese Form des Coaching werden verschiedene synchrone Tools benötigt, wie Chat (für Fragestunden, Expertengespräche, Rollenspiele), Videokonferenzsysteme, Whiteboards etc. (Seufert et al., 2002).

Werden sowohl asynchrone wie auch synchrone Medien eingesetzt, spricht man von hybridem Distance Coaching. So kann ein Coach beispielsweise immer per E-Mail erreichbar sein und sich zu gewissen Zeiten für eine Fragestunde im Chat zur Verfügung stellen.

Die hybride Form des Coaching vereint alle erwähnten Formen des Coaching und stellt die wahrscheinlich am häufigsten praktizierte Form dar. Ein Coach und seine Gruppe kommunizieren beispielsweise meistens per E-Mail, treffen sich aber zudem von Zeit zu Zeit persönlich oder im Chat.

3.2   Organisatorische Dimensionen des Coaching

Die Planung und Vorbereitung bestimmt den Erfolg des Coaching. Bevor die einzelnen didaktischen Dimensionen festgelegt werden, sollten die organisatorischen Rahmenbedingungen geklärt werden. Die Lernziele der Lehrveranstaltung müssen bekannt und berücksichtigt werden, eine Analyse der sowohl inhaltlichen als auch technischen Bedürfnisse und Vorkenntnisse bei den Studierenden soll stattfinden, die Zielgruppe und Anzahl Studierender bestimmt werden (Busch & Mayer, 2002). Zusätzlich müssen die vorhandenen finanziellen, personellen, technischen und infrastrukturellen Ressourcen festgehalten werden.

Wenn diese Rahmenbedingungen geklärt sind, kann mit Hilfe der didaktischen Dimensionen das optimale Coaching Szenario skizziert werden.

4   Coachingszenarien

Zur Veranschaulichung der beschriebenen Theorie werden drei Coachingszenarien mit jeweils unterschiedlichen Rahmenbedingungen und Betreuungskonzepten skizziert. Sie stammen aus dem Lehrbetrieb der Universität Zürich. Szenarien eins und zwei finden im Educational Engineering Lab am Institut für Informatik (Prof. Helmut Schauer, Wirtschaftswissenschaftliche Fakultät) und Szenario drei an der Abteilung Psychologische Methodenlehre am Psychologischen Institut (Prof. René Hirsig, Philosophische Fakultät) statt. Die Szenarien sind mit einigen Anpassungen auch auf andere Lehrbereiche, im besonderen auch auf die Aus- und Weiterbildung außerhalb der Hochschule übertragbar.

4.1   Semi-Virtuelle Seminare des Educational Engineering Lab

Die interdisziplinären, semi-virtuellen Seminare des Educational Engineering Lab finden jedes Semester zu einem aktuellen Aspekt aus dem Themenkreis des E-Learning statt (für eine Übersicht vergangener Seminare: Educational Engineering Lab (2004)). Das Seminar besteht aus zwei parallelen Teilen. Es gibt drei Präsenztermine für die (ca. 30–45) Studierenden: An der Kickoff-Veranstaltung wird ins Thema eingeführt, organisatorische Belange besprochen, Themen werden verteilt und Gruppen eingeteilt. In der Mitte des Semesters erhalten die Studierenden von einem meist externen Referenten Input zum Seminarthema. Ende des Semesters präsentieren die Gruppen ihre Arbeiten in Form von Referaten, Konferenzpostern oder Homepages. Parallel zu den Präsenzterminen erarbeiten die Gruppen selbständig einen Text zu einer spezifischen Fragestellung. Diese Gruppenarbeiten finden sowohl physisch als auch virtuell mit Hilfe einer Groupware und E-Mail statt.

Ziel der Seminare ist es, den Studierenden flexible Lernmöglichkeiten anzubieten, interdisziplinäres Wissen zu erwerben und selbstorganisierte Arbeitsmethoden zu erlernen. Gleichzeitig soll die Gestaltung des eigenen Lernprozesses durch kollaboratives Arbeiten in der Gruppe gefördert werden. Zudem können damit Methoden- und Sozialkompetenzen initiiert werden (Michelbacher, 2003).

Die TeilnehmerInnen sind vorwiegend Wirtschaftsinformatik-Studierende im Haupt- oder Nebenfach und bringen optimale IT-Kenntnisse mit. Die Seminare werden von einem oder mehreren Professoren (meist in Kooperation mit einer anderen Universität) interdisziplinär geleitet und von Assistierenden organisiert und betreut. Das Institut stellt die notwendigen technischen und infrastrukturellen Ressourcen zur Verfügung.

Das hybride Coaching der Gruppen erfolgt arbeitsteilig über die Seminarleitung (Assistierende) und die Coaches. Die Coaches sind Experten zum jeweiligen Thema aus der Wirtschaft oder dem universitären Umfeld. Das Coaching der Experten findet sowohl über die Distanz (meist asynchron per E-Mail oder im Forum) als auch mit persönlichen Treffen statt und umfasst inhaltliches Feedback sowie eine Arbeitsbeurteilung am Ende des Seminars. Der Coach reagiert vor allem auf Anfragen der Gruppen (passives Coaching) und ist für die fachliche Beratung der Gruppen zuständig. Für organisatorische Belange, soziale, pädagogisch-didaktische und technische Probleme steht die Seminarbetreuung als Coach (sowohl aktives wie passives Coaching) zur Verfügung.

Das Coaching der virtuellen Seminare wird laufend evaluiert und weiterentwickelt. Unsere bisherigen Erkenntnisse zeigen,

–   dass sich das passive Coaching vor allem für selbständig arbeitende Gruppen mit guten Methoden- und Handlungskompetenzen eignet. Diese Gruppen schätzen es frei und selbständig arbeiten zu können. Studierende, die nicht gewohnt sind in Gruppen zu arbeiten oder Arbeiten zu schreiben, sind mit der kollaborativen Aufgabenstellung oft überfordert und das passive Coaching entspricht wenig ihrem Bedürfnis nach mehr Struktur, Anleitung und Kontrolle.

–   dass das rein passive Coaching sowohl die Gruppen, als auch die Coaches verunsichern kann. Die Gruppen nehmen die Erfahrung und das Wissen der Coaches zu wenig in Anspruch, da sich die Coaches im Hintergrund halten. Die Coaches im Gegensatz dazu getrauen sich oft zu wenig zu intervenieren, da sie nach unserer Anleitung „nur" reagieren und nicht agieren sollen.

–   dass beim Distance Coaching die häufigsten Kommunikationsschwierigkeiten auf Missverständnissen beruhen, welche sich bereits vor dem inhaltlichen-fachlichen Coaching ergeben und oft den weiteren Verlauf bestimmen (Michelbacher, 2004).

Im Sommer 2004 läuft ein virtuelles Seminar zum Thema „virtuelle Konferenz" in Form einer virtuellen Konferenz. Die rein virtuelle Form des Seminars und die Distanz zu den Studierenden bedingt, dass der Ablauf, die Kommunikation, die Aufgabenstellungen sowie das Coaching viel strukturierter und kontrollierter ablaufen. Schlüsselfaktoren für die erfolgreiche Durchführung sind ein aktives, individuelles und persönliches Coaching der Gruppen durch die Seminarleitung, E-Moderatoren und Coaches und das Schaffen von persönlicher Atmosphäre und Nähe.

4.2   Einführung in die Informatik (Vorlesung und Übungen)

Einführung in die Informatik I ist eine zweistündige wöchentliche Vorlesung in 2 Hörsälen (synchrone Übertragung). Für die erstsemestrigen Studierenden der wirtschaftswissenschaftlichen Fakultät (BWL, VWL, Wirtschaftsinformatik) sind die Vorlesung und die Übungen eine Pflichtveranstaltung, welche mit Prüfungen abgeschlossen werden.

Ziel der Lehrveranstaltung ist es den Studierenden die Grundlagen und einen Überblick der Informatik zu vermitteln. In den Übungen werden praktische Kenntnisse der Informatik und deren Anwendungen eingeübt.

Die Teilnehmer sind Erstsemestrige der wirtschaftswissenschaftlichen Fakultät und bringen sehr unterschiedliche Vorkenntnisse mit. Die Coaches sind höhersemestrige, vor allem Wirtschaftsinformatikstudierende und bringen gute Fach- und IT-Kenntnisse mit.

Die 800 Studierenden werden von einem Professor, einer Assistierenden, vier Teaching-Assistants und 40 Coaches betreut. Das Institut und die Universität stellen Computerräume mit der notwendigen technischen Ausstattung zur Verfügung.

Die Betreuung sieht eine fünf-stufige Hierarchie vor, an deren Spitze ein Professor steht. Darunter fungiert eine Assistierende (80% Arbeitspensum) als Kursleitung. Die dritte Stufe bilden 4 Teaching-Assistants, welche alle sehr spezialisierte Arbeiten ausführen. Ein Teaching-Assistant ist inhaltlich für die Übungen zuständig. Eine Person kümmert sich um die technischen Belange und Probleme. Ein Teaching-Assistant ist verantwortlich für die Didaktik und einer übernimmt die Kommunikationsfunktion zwischen den Coaches und der Kursleitung. Diese Kommunikations- und Kanalisationsfunktion nimmt eine zentrale Stellung im Kommunikations- und Organisations-System ein. Dadurch werden die Hierarchie und das gute Zusammenspiel der verschiedenen Ebenen gewährleistet und sichergestellt. Die vier Teaching-Assistants schließen die Kluft, die früher zwischen der Kursleitung und den Coaches auftrat.

Die zweistündigen wöchentlichen Übungen werden von 40 Coaches betreut. Die Übungen sind testatpflichtig und bilden eine praxisorientierte Ergänzung zur Vorlesung. Sie finden in den Computerräumen des Instituts in Gruppen zu max. 25 Studierenden statt. Für die Hälfte der Übungstermine besteht Anwesenheitspflicht, die restlichen Teilübungen können auch von zu Hause aus übers Internet gelöst werden. Für die Einschreibung in die Übungen und die Gruppeneinteilung wird die internet-basierte Lernplattform OLAT (Multimedia- und E-Learning Services, 2004) verwendet. Die Übungen können in OLAT runtergeladen und auch dort wieder abgegeben werden.

Die sechs Personen (Professor, Assistentin und 4 Teaching-Assistants) sind verantwortlich für die Betreuung und Kontrolle der Arbeit der 40 Coaches (vierte Stufe), welche jede Woche 800 Studierende (fünfte Stufe) betreuen und durch die Übungen begleiten (Kerstin Michelbacher & Philippe Schürmann, Persönliche Kommunikation, 12. & 13.2.2002).

Die Coaches und Teaching-Assistants werden jeweils zu Beginn des Semesters an einer Blockveranstaltung didaktisch geschult und auf ihre Tätigkeiten vorbereitet.

Das Coaching bedingt eine sehr aufwendige Organisation, Durchführung und Koordination und ist wegen dem hohen Personalaufwand sehr kostenintensiv. Vor allem in den ersten Jahren war das Finden von qualitativ guten Coaches sehr aufwendig. Da die Coaches ihre Aufgaben gerne ausüben und von den Teaching Assistants gut betreut werden, gibt es in der Zwischenzeit viele langjährige Coaches, die jeweils wieder ihre StudienkollegInnen anwerben. Die Teaching Assistants sind ein gut eingespieltes Team und sie sammeln wertvolle Erfahrungen für ihre spätere Berufstätigkeit.

4.3   MESOSworld: Statistische Methoden: Eine Einführung für Psychologen I und II (Vorlesung)

„Statistische Methoden: Eine Einführung für Psychologen" ist eine semi-virtuelle Lehrveranstaltung mit über 500 Psychologiestudierenden in den ersten zwei Semestern. Die Vorlesung wird mit ersten Teilprüfungen (nach zwei Semestern) im Rahmen der Zwischenprüfungen abgeschlossen. Die Lehrveranstaltung ist Teil von MESOSworld, einem Projekt vom Virtuellen Campus Schweiz (MESOSworld Projekt, 2004).

Das Ziel der Lehrveranstaltung ist eine Einführung in das sozialwissenschaftlich-methodische Denken. Der inhaltliche Schwerpunkt besteht dabei aus einführendem Grundlagenwissen, welches sowohl Theorie als auch Praxis beinhaltet. Das Coaching verfolgt zwei Ziele:

Die Zusammenarbeit unter den Studierenden durch Initiierung von Lerngruppen soll gefördert werden. Mit der persönlichen Vernetzung der Studierenden kann eine mögliche Vereinsamung im Rahmen eines Studiums mit enorm hohen Hörerzahlen vermieden werden.

Die Studierenden werden zur sukzessiven Bearbeitung der Übungsserien im Verlauf des Semesters und zur eigenverantwortlichen Lernkontrolle eingeladen. Durch die aktive Auseinandersetzung mit dem Lernstoff im Verlauf des Semesters kann der Prüfungsstress namhaft reduziert werden.

Die Lernenden sind erstsemestrige Psychologiestudierende im Haupt- oder Nebenfach. Sie bringen sehr unterschiedliche mathematische und IT-Vorkenntnisse mit. Die Coaches sind höhersemestrige Psychologie-Studierende. Sie bringen optimale Statistik-Kenntnisse und unterschiedliche IT-Kenntisse mit.

Die 500 Studierenden werden von einem Professor, einer Assistierenden und 7 Coaches betreut.

Zur Erreichung der genannten Ziele stehen den Studierenden folgende Coaching-Angebote zur Verfügung:

– Übungsserien und Musterlösungen: Die Lehrveranstaltung wird ergänzt durch Übungsserien, welche die Studierenden in der Internet basierten Lernplattform OLAT oder von der MESOSworld Projekthomepage runter laden und jeweils eine Woche später die Musterlösungen beziehen können. Die Übungsserien sind selbständig, freiwillig und idealerweise in Lerngruppen zu lösen.

– Fachliche Unterstützung für eingeschriebene Lerngruppen durch E-Mail-Coaches: Studierende werden aufgefordert sich in Lerngruppen zu organisieren und bei der Coaching-Organisatorin anzumelden. Eingeschriebenen Gruppen wird ein persönlicher Coach zugewiesen, den sie bei Bedarf per E-Mail kontaktieren können.

– Online korrigierte Semesterschlussklausur in OLAT. Die Semesterschlussklausur besteht aus alten Prüfungsaufgaben und dient der Prüfungsvorbereitung und Lernkontrolle.

– Signifikanz: Für die Vorbereitung der Prüfung steht ein online Set von ca. 160 alten Prüfungsaufgaben zur Verfügung.

– Statistikaufgaben erfinden: Die beste Prüfungsvorbereitung ist das eigenständige Erfinden von Statistikaufgaben und deren Lösungen. Die besten Aufgaben werden prämiert und werden Bestandteil der Prüfungen oder weiterer Übungen.

Das Coaching-Angebot wird von den Studierenden sehr geschätzt – aber nur mäßig genutzt. Die Studierenden beschränken sich auf das Lösen der diversen zur Verfügung stehenden Aufgaben. Zu Beginn des Semesters melden sich jeweils sehr viele Gruppen für das E-Mail Coaching an. Von diesen eingeschriebenen Gruppen lernen und bearbeiten viele die Aufgaben kollaborativ und kontaktieren nur sporadisch ihren E-Mail Coach. Nur wenige Gruppen nehmen regelmäßig das E-Mail Coaching in Anspruch. Grund dafür könnte sein, dass die Coaching-Angebote auf Grund der aktuellen Studienordnung und der hohen Zahl Studierender freiwillig sind und keine Verbindlichkeiten bestehen. Mit dem Coaching-Angebot wird dem ersten Ziel – einer möglichen Vereinsamung der Studierenden entgegen zu wirken – Rechnung getragen. Das zweite Ziel bleibt weiterhin in der Selbstbestimmung der Studierenden und kann nur mit einer allfälligen Anpassung der Studienordnung und der Umstrukturierung der Lehrveranstaltung erreicht werden.

5 Schlussbemerkung

Das Coaching von kollaborativ lernenden Studierenden ist eine sehr wichtige und vielfältige Aufgabe. Die vielen sowohl positiven wie auch teilweise negativen Rückmeldungen und Ergebnisse unserer Evaluationen zeigen, dass Studierende sich ein begleitendes und unterstützendes Coaching wünschen und brauchen.

Die vielfältige Literatur zum Thema, die vielen didaktischen und organisatorischen Dimensionen des Coaching und unsere jahrelange Erfahrung zeigen, dass das Coaching keine „statische Angelegenheit" ist. Coaching-Szenarien müssen immer wieder von neuem diskutiert und überarbeitet werden und sich neuen Bedürfnissen und geänderten Rahmenbedingungen anpassen. Nur so kann gewährleistet werden, dass kollaborativ lernende Studierende optimal betreut und unterstützt werden.

3.4   Didaktische Konzepte

3.4.1   Kommunikationskonzepte

Gerry Stahl[1], Angela Carell[2]

[1]Drexel University, [2]Universität Dortmund

1   Theorien

1.1   Kommunikationstheorien

Einleitend sei gesagt, dass es nicht nur eine, sondern viele verschiedene Kommunikations-theorien gibt. Littlejohn (1999) hat insgesamt neun verschiedene Gruppen von Kommunika-tionstheorien identifiziert. Ergänzt werden muss diese Auflistung um die Theorie Sozialer Systeme im Sinne Luhmanns (2001). Im Einzelnen lassen sich die Theorien wie folgt cha-rakterisieren:

– *Kybernetik* – untersucht den Informationsfluss zwischen dem Sender und dem Emp-fänger einer Nachricht unter Berücksichtigung von Feedback-Mechanismen und Hin-tergrundrauschen (*transmission noise*).
– *Semiotik* – analysiert die Rolle von Zeichen, Symbolen und Sprache in kommunikati-ven Interaktionsprozessen.
– *Konversationsanalyse* – identifiziert Strukturen in der alltäglicher Konversation, wie zum Beispiel das *turn-taking* und Frage-Antwort Paare.
– *Nachrichtenproduktion* – betrachtet, wie die Nachrichtenproduktion durch persönli-che Merkmale, den mentalen Status des Sprechers sowie durch den mentalen Prozess der Produktion von Nachrichten determiniert bzw. bestimmt wird.
– *Nachrichtenrezeption* – fokussiert darauf, wie Individuen die Bedeutung von kommu-nizierten Nachrichten interpretieren, organisieren und auf der Basis dieser Informati-onen Entscheidungen treffen.
– *Symbolische Interaktion* – betrachtet die sozialen Strukturen von Gruppen, Familien und Gemeinschaften als Interaktionsprodukte zwischen den Mitgliedern. Zentrale Annahme ist, dass diese Strukturen in der Interaktion geschaffen, definiert und auf-rechterhalten werden.
– *Sozio-kultureller Ansatz* – betont die Rolle von sozialen und kulturellen Faktoren in Kommunikationsprozessen innerhalb oder zwischen verschiedenen Gemeinschaften (*communities*).
– *Phänomenologische Hermeneutik* – untersucht Fragen der Interpretation von Nach-richten, die zum Beispiel bei der Übersetzung und der historischen Interpretation von Nachrichten über verschiedene Kulturen hinweg entstehen.

–   *Kritische Theorie* – geht davon aus, dass die Machtstrukturen innerhalb einer Gesell-
    schaft auf Kommunikationsprozesse übertragen werden, so dass Kommunikation sys-
    tematisch verzerrt wird und soziale Ungleichheit und Unterdrückung gefördert wer-
    den.

–   *Theorie sozialer Systeme im Sinne Luhmanns* – was eine Äußerung bedeutet, „ent-
    scheidet" allein die Rezeption innerhalb des Diskurskontextes. Bedeutungen werden
    konstruiert, indem Kommunikationsakte aufeinander bezogen werden. Ein soziales
    System kann unter diesen Bedingungen als Geflecht von Kommunikationen definiert
    werden.

Die oben genannten Kommunikationstheorien nehmen jeweils unterschiedliche Aspekte und
Analyseebenen des kommunikativen Geschehens in den Blick: Kleinste Informationseinheiten, Wörter, verbale Äußerungen, kommunikative Nachrichten, soziale Interaktionen, Kommunikation in Gemeinschaften oder sozialen Systemen sowie historische und gesellschaftliche Einflüsse auf Kommunikationsprozesse. Obgleich traditionelle Kommunikationstheorien
sowohl eine individuelle wie auch eine soziale Perspektive zusammenbringen und Kommunikation in *Face-to-Face* Situationen ebenso wie computervermittelte Kommunikation einbeziehen, werden sie den besonderen Anforderungen, die die spezifische Integration von
technischen, kollaborativen und lerntheoretischen Aspekten von CSCL an eine Kommunikationstheorie stellt, nicht gerecht.

Allein der Ausdruck „kollaboratives Lernen" zeigt, dass individuelles Lernen in einen sozialen Kontext eingebettet ist, also individuelle wie soziale Prozesse des Lernens wechselseitig
aufeinander bezogen sind. Auf der einen Seite wird der Begriff des Lernens auf individuelle
kognitive Prozesse angewendet, die dem Individuum die Erweiterung seines individuellen
Wissensstandes ermöglicht. Auf der anderen Seite weitet der kollaborative Aspekt diesen
individuumzentrierten Lernbegriff explizit aus: Neben dem Individuum werden nun auch
Gruppen, deren Mitglieder miteinander interagieren, als Lernsubjekte betrachtet. In jüngsten
Diskussionen wird darüber hinaus auch vermehrt von „organisationalem Lernen" und „lernenden Gemeinschaften" gesprochen. Darüber hinaus betont die neuere pädagogische Forschungsliteratur, dass individuelles Lernen immer in einen sozialen Kontext eingebettet ist
und auf einem Fundament gemeinsamem oder intersubjektivem Wissen aufbaut.

1.2   Philosophische Theorien

Das Denken und Reden über Lernen ist davon geprägt, dass das lernende Individuum im
Zentrum der Analysen steht. Dieses Alltagsverständnis von Lernen kann auf die traditionelle
westliche philosophische Denkweise zurückgeführt werden, die bereits seit Sokrates und
insbesondere seit Descartes das Individuum als Subjekt von Lernen und Denken betrachtet.
Die Vielfalt und Bandbreite der existierenden Kommunikationstheorien des 20. Jahrhunderts
ist Ausdruck unterschiedlichster philosophischer Richtungen, die sich im vorherigen Jahr-
hundert entwickelt haben. Das Aufstellen solcher grundlegender Theorien war bislang immer
eine Domäne der Philosophie. Aber in jüngster Zeit wird dies zunehmend zu einer interdisziplinären Aufgabe der Sozial- und Kommunikationswissenschaften.

Philosophen in der Zeit vor Hegel verbreiteten die Grundlagen für die Lernwissenschaften, wobei sie auf das Individuum als den Wissenden fokussierten. Hegel löste sich von dieser Perspektive und setzte das individuelle Wissen in Beziehung zu sozialen und historischen Entwicklungen. Marx griff diesen Ansatz auf und verankerte ihn in den konkreten Beziehungen sozialer Produktionprozesse. Heidegger arbeitete die Konsequenzen dieses Ansatzes für eine Philosophie des menschlichen Daseins als In-der-Welt-sein aus. Soziologen, Anthropologen, Informatiker und Pädagogen haben diese Ansätze aufgegriffen, ausgeweitet, angepasst und angewandt, um pädagogische Theorien zu definieren, die für das Lernen in computerunterstützten kollaborativen Lernumgebungen von Bedeutung sind.

1.3   Lerntheorien

Die unterschiedlichen lerntheoretischen Ansätze fokussieren in ihren Analysen verschiedene Lernsubjekte (vgl. Kapitel 1.3). Vertreter der klassischen Lerntheorie, wie beispielsweise Thorndike (1914), fokussieren auf den individuellen Lernenden, während im Kontext des situierten Lernens in so genannten communities of practice (Lave, 1991) die verschiedenen Phasen, in denen sich eine Gemeinschaft entwickelt, als Lernprozess betrachtet und das Lernen der einzelnen Mitglieder durch die Entwicklung ihrer Rollen innerhalb der entstehenden Gemeinschaft definiert. Diese Sichtweise einer lernenden Gemeinschaft weitete sich auf den Bereich der Wirtschaft aus, als man dort begann, sich mit den Grundzügen und Merkmalen von Unternehmen als lernende Organisationen in einer Wissensgesellschaft zu beschäftigen (Argyris & Schön, 1978). Mit dem Aufkommen des Internet wurde dann zunehmend deutlich, dass die neue IuK-Technik dazu genutzt werden kann, die Kommunikationsprozesse in lernenden Gemeinschaften besser zu unterstützen (vgl. Kapitel 3.5.2). Die Entstehung von CSCL basiert auf der Idee, dass Lerngruppen (classrooms) nach dem Modell professioneller communities of practice gestaltet werden könnten, in der die Lernenden ähnlich wie in der wissenschaftlichen Theoriebildung, kollaborativ Wissen aufbauen (Scardamalia & Bereiter, 1996). Entsprechend strukturieren die neuen CSCL-Kommunikationsumgebungen die Beiträge der Lernenden zu asynchron geführten Online-Diskussionen als kollaborative Wissensbildungsprozesse.

Das Ziel, Lernprozesse effektiv durch den Computer zu unterstützen, ist äußerst komplex. So reicht es nicht, eine Software zu gestalten, mit der nur einfache Kommunikationsprozesse realisiert werden können. Vielmehr müssen Interaktionsprozesse unterstützt werden, die Kommunikation zwischen mehreren Personen erlaubt, mit der auf verschiedenste Artefakte zurückgegriffen werden kann und mit denen die unterschiedlichsten pädagogischen Ziele auf individueller wie gemeinschaftlicher Ebene verfolgt werden können.

Aber auch die Software selbst kann als Artefakt konzeptualisiert werden, mit dem kollaborative Kommunikation vermittelt wird: Die Technik führt dabei sowohl physische Zwänge wie anspruchvolle symbolische Bedeutungen ein (z.B. technische Ausdrücke, Icons und Repräsentationen von Prozeduren wie *links*). Das bedeutet, dass Lernende den adäquaten Umgang mit diesen CSCL-Artefakten lernen müssen und dass die technischen Komponenten sorgfältig in pädagogische Aktivitäten eingebettet werden müssen. CSCL-Forscher, die versuchen zu verstehen, wie virtuelle Seminare didaktisch zu gestalten sind und wie diese durch den Computer als Medium unterstützt werden sollten, müssen dafür auf eine ganze Reihe von

Ansätzen und Theorien aus der Kommunikationswissenschaft, der Pädagogik und der Kognitionsforschung zurückgreifen, wie z.B. kollaborative Interaktion, Konstruktivismus, Wissensaufbau, situiertes Lernen in *communities of practice* und Aktivitätstheorie.

2   CSCL-Kommunikation

Die Spezifika computerunterstützten Lernens führen eine Reihe signifikanter und sich wechselseitig beeinflussender Faktoren in den Kommunikationsprozess ein, die zwar nicht völlig neu sind, die aber bisher nur isoliert auftraten. So ersetzt beispielsweise das Telefon den persönlichen visuellen Kontakt, das Schreiben von Briefen erfolgt zeitlich versetzt (asynchron), Gruppentreffen ersetzen eins-zu-eins Interaktion, Fernsehen und Kino fügen die Möglichkeit der technische Manipulation von Nachrichten hinzu. CSCL transformiert demgegenüber simultan den Modus, das Medium, die Ebenen und den Kontext von Kommunikation.

Der Modus der CSCL-Kommunikation. CSCL eröffnet neue Möglichkeiten, verschiedene Kommunikationsformen miteinander zu kombinieren, wie bspw. Zweiergespräche, synchrone Kommunikation in unterschiedlich großen Gruppen und moderierte asynchrone Diskussionen. Typischerweise liegt der Schwerpunkt dabei auf asynchron geführten Diskussionen. Diese Form der Kommunikation verläuft zeitlich versetzt und erlaubt jedem, sich in seinem individuellen Tempo an den Diskussionen zu beteiligen. Sie unterstützt reflektierte Antworten und trägt zu einer Demokratisierung bzw. zu einer Gleichstellung der Diskussionsteilnehmer bei. Der Umfang an Kommunikation und die Tatsache, dass die Kommunikation computervermittelt ist – mit all den damit zusammenhängenden Einschränkungen, sprachliche Äußerungen zu verschriftlichen – begünstigen auch ein schnelles Antwortverhalten mit kurzen Mitteilungen. Die Asynchronität dieser Kommunikationsform verlangsamt den Kommunikationsprozess jedoch insgesamt und erschwert das Zustandekommen rechtzeitiger Gruppenentscheidungen sowie das Einhalten kurzfristiger Termine. Synchron geführte Kommunikation (Chat) kann demgegenüber die Geschwindigkeit des Kommunikationsprozesses erhöhen, vergrößert aber gleichzeitig den Druck, schnell und zeitnah zu antworten. Wenn mehr als nur ein paar Personen zusammen chatten, kann die Struktur der Antworten sehr schnell verwirrend werden, weil nicht mehr klar wird, auf welche Frage oder welches Statement sich eine gegebene Antwort bezieht (Überkreuzkommunikation). Zusammenfassend lässt sich festhalten, dass jede Kommunikationsform ihre Vor- und Nachteile hat. Eine geschickte Kombination der verschiedenen Formen kann jedoch die Vorteile der jeweils anderen nutzen.

Das Medium der CSCL-Kommunikation. Das Medium, mit dem CSCL-Kommunikation realisiert wird, hat einige ihm inhärente Vorteile. Zunächst ermöglicht es eine nachhaltige Speicherung von Dokumenten, Nachrichten und Interaktionen. Eine gut integrierte kollaborative Umgebung kann die Nutzer dabei unterstützen, Aufzeichnungen von miteinander in Beziehung stehenden Interaktionen zu sichten, zu überprüfen und sie mit relevanten digitalen Artefakten wie Diagrammen, Grafiken, Daten, Bildern und Berichten zu verknüpfen. Der Computer bietet darüber hinaus Rechenleistung sowie Möglichkeiten der Manipulation, Organisation, der Weiterverarbeitung und der Verteilung von Informationen auf verschiedene Weise. Mitteilungen können beispielsweise asynchron in einem *diskussionthread*, chronologisch geordnet oder nach Autoren sortiert ausgegeben werden. Je mehr Funktionalitäten eine CSCL-Umgebung bereitstellt, desto mehr müssen jedoch auch die Nutzer den Umgang damit erlernen, wie bspw. das Interface aufgebaut ist und wie es manipuliert werden kann, welche Vor- und Nachteile die verschiedenen Funktionalitäten besitzen und wie sie am besten genutzt werden. Die technische Umgebung kann rätselhaft, verwirrend, frustrierend und ein bedrohliches Artefakt sein mit geheimnisvollen Symbolen und trickreichen Funktionen – insbesondere wenn jemand die Software noch nicht beherrscht. Die Beherrschung einer Umgebung beinhaltet oftmals ein gewisses Maß an Verständnis der technischen Zusammenhänge und des Modells, das dem Design und der Interfacegestaltung zugrunde liegt.

Die Ebenen der CSCL-Kommunikation. Kollaboratives Lernen findet in der Regel in kleinen Gruppen von vier bis fünf Lernenden statt. Lernen wird hier über das gemeinsame Austauschen von Ideen (*brainstorming*), das Teilen von Informationen, das Reagieren auf die Äußerungen der anderen, das Diskutieren und Aushandeln von Entscheidungen sowie über das Erzielen gemeinsamer Ergebnisse realisiert. Die Gruppe lernt etwas als Gruppe und als Resultat ihres Gruppenprozesses – etwas, dass kein Gruppenmitglied für sich alleine hätte erwerben können und vielleicht etwas, das kein Mitglied vermissen möchte. Natürlich wird jede Gruppe durch seine Mitglieder mit ihren spezifischen Vorerfahrungen, individuellen Sichtweisen, Vorwissen und Beiträgen zum Gruppendiskurs bestimmt, die mitnehmen, was sie aus der Gruppeninteraktion gelernt haben. Individuelles Lernen ist also eng mit dem Lernen der Gruppe verknüpft. Möglicherweise genauso wichtig ist aber, dass die Gruppe ihrerseits in ein größeres soziales System etwa in einen Kurs oder eine Klasse, in eine Schule und in eine Gesellschaft eingebettet ist. Das Ziel der Gruppenaktivitäten (Aufgaben, Belohnungen), seine Zwänge (Materialien, Zeit), die Form, in der die Gruppenaktivitäten stattfinden (computerunterstützt, Sitzungen), die Arbeitsteilung (Zusammensetzung der Gruppe, Kompetenzmix) und soziale Gepflogenheiten (Arbeit zu Hause, Muttersprache) werden von einer der Gruppe übergeordneten sozialen Gemeinschaft vorgegeben. Alle an diesem Prozess Beteiligten, d.h. der individuelle Lerner, die Gruppe und die Gemeinschaft entwickeln durch ihre wechselseitige Beeinflussung neue Fertigkeiten und Strukturen. Keine der am Lernprozess beteiligten Gruppen ist unabhängig voneinander oder kann losgelöst von den jeweils anderen agieren. Lernen findet somit auf allen Ebenen sowie zwischen diesen statt.

Der Kontext der CSCL-Kommunikation. CSCL-Kommunikation wird hauptsächlich über Diskurse realisiert. Ein Diskurs ist eine Sequenz von Äußerungen oder kurzen Texten in gesprochener oder geschriebener, natürlicher Sprache (Englisch, Deutsch etc.). Gesprochene Sprache unterscheidet sich deutlich von der Schriftsprache. Sie muss nicht aus komplexen Satzstrukturen und ganzen, grammatikalisch korrekten Sätzen bestehen, sondern setzt sich aus vielen holprigen, mehrdeutigen und hastig zusammengesetzten Äußerungen zusammen. Die Bedeutung oder der Sinn mündlicher Äußerungen wird wesentlich durch den nachfolgenden Diskurs bestimmt. Ist ein geäußerter Satz oder eine Meinung für die interagierenden Personen problematisch oder unverständlich, kann dies unmittelbar in der Interaktion geklärt werden. Ein Chat ist der gesprochenen Sprache sehr ähnlich, auch wenn er eigene Regeln und Konventionen hat. Diskussionsforen sind dagegen eher mit der Schriftsprache vergleichbar. Gleichwohl sind Äußerungen in Diskussionsforen immer noch interaktiv, da sich ihre Bedeutung auch aus den Sequenzen und Diskussionssträngen ergibt, die andere Teilnehmer beigetragen haben. Beim kollaborativen Lernen sollte deshalb nicht davon ausgegangen werden, das eine einzige Aussage der Ausdruck von wohl definierten bzw. klar umrissenen Gedanken einer Person ist. Vielmehr muss die Bedeutung interaktiv aus den fortlaufenden Äußerungen konstruiert werden – vieles davon tun die Mitglieder einer Gruppe während des kollaborativen Lernprozesses. Der Diskurskontext ist eingebettet in einen größeren Kontext an Aktivitäten, der verschiedene Ebenen der sozialen Gemeinschaft umschließt. Dieser größere Kontext umfasst ein offenes Netzwerk physikalischer und symbolischer Artefakte (einschließlich Technik und Sprache), deren Bedeutungen sich historisch entwickelt haben und die als Kultur überliefert wurden. Der kollaborative Diskurs ist eingebettet in das von den Gruppenmitgliedern geteilte gemeinsame Verständnis welches seinerseits historisch, sozial und kulturell eingebettet ist.

3.   Implikationen

3.1   Implikationen für die technische Unterstützung von Kommunikation in kollaborativen Lernprozessen

Wie eine Computerunterstützung von eins-zu-eins Kommunikation realisiert werden kann, ist weitgehend geklärt. Systeme wie E-Mail sind zwar nicht perfekt, aber sie sind für die meisten Menschen ausreichend. Die Unterstützung von Kommunikation in kollaborativen Prozessen (kollaborative Kommunikation) ist dagegen wesentlich schwieriger, weil es das Teilen von multiplen Perspektiven beinhaltet.

Geteilte Lernumgebung: Eine kollaborative Umgebung beinhaltet i.d.R. ein geteiltes Ablagesystem für gemeinsame Dokumente etc. und ein Kommunikationssystem (CSCL-Umgebungen sind im Kapitel 2 dargestellt). Dennoch unterscheiden sich kollaborative Lernsysteme (CSCL) von solchen, die netzbasiertes kooperatives Arbeiten (CSCW) unterstützen, weil sich kollaboratives Lernen in vielen Bereichen von kollaborativen Arbeitssituationen abgrenzt. Es gibt in der Regel einen Lehrenden, der die Ziele und Aktivitäten der Gruppe strukturiert, um Lernprozesse zu initiieren und zu fördern. Die Lernkultur in Bildungseinrichtungen unterscheidet sich von der Kultur in der Wirtschaft im Hinblick auf die eingesetzten Methoden und die Be- und Entlohnungssysteme. Die Mitglieder von kollaborativ lernenden Gruppen sind i.d.R. Anfänger bzgl. des zu bearbeitenden Themas, in CSCW-Kontexten handelt es sich i.d.R. um Experten für die zu bearbeitende Aufgabe. Die Umgebung muss deshalb die Unterschiede von Rollen, Wissen und Kultur bei CSCL- bzw. CSCW-Anwendungen berücksichtigen.

Integration von Material und Kommunikation: Eine besondere Forderung an die technische Unterstützung für kollaborative Kommunikation ist es, dass in einer CSCL-Umgebung die Ablage gemeinsamer Dokumente und die Kommunikation über das Material integriert werden sollten (Kienle, 2003). Aktuelle Forschungen versuchen diese Forderung auf Basis von Annotationen zu realisieren. Annotationen können beispielsweise an Textabschnitte, Bilder o.ä. angehängt werden, um eine Frage zu dem jeweiligen Material zu stellen oder eine Diskussion zu initiieren. Durch die Annotation von Annotationen entstehen Diskussionsstränge, so wie diese beispielsweise aus Diskussionsforen bekannt sind. Darüber hinaus können durch die Adressierung von Annotationen Diskussionen zwischen zwei Personen, aber auch in großen Gruppen stattfinden (vgl. Kapitel 2.3.3).

Gestaltung des CSCL-Systemartefakts: Ein Artefakt verkörpert symbolische und unmittelbar wirksame Bedeutungen, die ein Nutzer rekonstruieren muss, um effektiv mit dem Artefakt umgehen zu können. Die durch ein CSCL-System zur Verfügung gestellte technische Infrastruktur kann durch den Lehrenden arrangiert bzw. angepasst werden und von den Studierenden selbst durch das Einstellen von Dokumenten zu einem System umfangreicher bedeutungsvoller Informationen gestaltet werden. Die Software selbst kann konzeptualisiert und gestaltet werden als ein integriertes Set von Artefakten. Der Umgang mit dem CSCL-System im Allgemeinen und der aktuelle Gebrauch des Systems im konkreten Fall muss von den Nutzern verstehbar und nachvollziehbar sein, dessen einzige Interaktionsmöglichkeiten über dieses Verständnis über das System selbst erfolgen kann.

Soziale awareness: In Kommunikationssituationen, die nicht in Form von *face-to-face* Kommunikation stattfinden, müssen Mechanismen zur Verfügung stehen, die soziale Gewärtigkeit unterstützen, so dass die Teilnehmer wissen, was ihre Gruppenmitglieder tun, bspw. ob sie im Chat erreichbar sind.

Wissensmanagement: Es sollte eine Reihe von Tools zur Verfügung stehen, um die Gruppe darin zu unterstützen, Informationen sowie Artefakte, die sie zusammenstellen und diskutieren, zu organisieren. Diese Tools sollten es ermöglichen, Wissen in der Gruppe so zu organisieren, dass jedes Gruppenmitglied den aktuellen Wissensstand der Gruppe nachvollziehen kann, gleichzeitig aber auch die Erzeugung einer individuellen Sicht möglich ist.

Unterstützung von Gruppenentscheidung und Aushandlung: Um einen Grundstock an geteiltem Wissen in der Gruppe aufzubauen, müssen Aushandlungs- und Entscheidungsprozesse in der Gruppe adäquat unterstützt werden. Erreicht werden kann dies durch Mechanismen, die sowohl die Sammlung unterschiedlichster Ideen (*brainstorming*) als auch das Zustandekommen von Konsens unterstützen.

3.2   Implikationen für eine Didaktik des kollaborativen Lernens

Die aufgezeigten Merkmale von CSCL-Kommunikation weisen darauf hin, dass Lerninhalte anders gestaltet und strukturiert sein müssen als in traditionellen *face-to-face* Seminaren, Vorlesungen, Praxis-Übungen und Prüfungen.

Unterstützen von Gruppendiskussionen: Zentraler Aspekt beim kollaborativen Lernen ist die Unterstützung von Gruppendiskussionen. Gruppenmitglieder müssen in der Lage sein, sich mit unterschiedlichen Formen der Diskursinteraktion zu beschäftigen bzw. sich darauf einzulassen – denn nur über Diskussionsprozesse kann Wissen auf Gruppenebene konstituiert werden.

Strukturgeben: Die Rolle des Lehrenden besteht hauptsächlich darin, die Diskussionen in der Gruppe zu unterstützen und zu fördern. Dies umfasst z.B. die Bereitstellung von Aufgaben sowie die Begleitung und Strukturierung des Diskussionsprozesses, um den Wissensbildungsprozess in der Gruppe und eine tiefenorientierte Auseinandersetzung mit dem Lerngegenstand zu ermöglichen. Diese Unterstützung durch den Lehrenden sollte vor allem zu

Anfang des kollaborativen Lernprozesses gegeben sein, um die Koordination und Kooperation in den Lerngruppen zu begleiten und zu fördern. Je mehr die Studierenden im Verlauf des
Seminars lernen, ihren gemeinsamen (kollaborativen) Lernprozess selbst zu steuern, kann die
Unterstützung seitens des Lehrenden sukzessive zurückgenommen werden – wie ein Gerüst
um ein Gebäude, das mit zunehmender Fertigstellung abgebaut wird. Die Rolle des Lehrenden wandelt sich von der eines Belehrenden in Richtung eines Moderators und *Facilitators*.

Schaffen pädagogischer Situationen: Die Definition von Zielen, Aufgaben des zu verwen-
denden Mediums und der Materialien sind entscheidend für den Erfolg von kollaborativem
Lernen. Die Gestaltung und Einführung effektiver pädagogischer Situationen ist eine wesentliche Aufgabe des Lehrers, die viel Geschick verlangt. Besonders in den frühen Phasen des
Lernprozesses muss der Lehrende die Lernenden durch den kollaborativen Prozess begleiten
und ihnen verdeutlichen, wie man auf die wesentlichen Lerngegenstände fokussiert und wie
man handhabbare Aufgaben festlegt. Häufig führt eine anleitende Frage des Lehrens zu einer
ad hoc Lernsituation.

Gruppen und Communities: Letzten Endes sollen die Lernenden in eine kenntnisreiche Füh-
rungsposition in einer größeren lernenden Gemeinschaft hineinwachsen. Die Sammlung von
Erfahrungen in kleinen Gruppen ermöglicht den Aufbau der dazu erforderlichen Fähigkeiten.
In vielerlei Hinsicht nehmen kleine Gruppen eine Vermittlerposition zwischen den Individu-
en auf der einen und größeren Gemeinschaften auf der anderen Seite ein. Sie stellen ein
handhabbares soziales Gefüge für Lernende dar, um Interaktionskompetenzen zu erwerben
und strukturieren eine formlose Gemeinschaft in spezialisierte Einheiten. (Zu *communities of
practice* siehe auch Kapitel 3.5.2.)

Lernartefakte: Artefakte sind Ergebnisse vergangener Wissensbildungsprozesse, externalisieren Wissen und machen es in physikalischer, digitaler oder linguistischer Form permanent
zugänglich. Sie ermöglichen die Weitergabe von Wissen von einer Generation kollaborativ
Lernender zur nächsten. Indem gelernt wird, wie die Bedeutung eines Artefaktes interpretiert
werden kann, deckt eine neue Gruppe Lernender die Bedeutung auf, die eine vorherige
Gruppe in das Artefakt eingebracht hat. Pädagogische Situationen sollten deshalb sorgfältig
gestaltete Lernartefakte beinhalten.

Problemorientiertes Lernen: Eine pädagogische Methode für diskursbasierte kollaborative
Lernprozesse stellt das problemorientierte Lernen im Rahmen des Medizinstudiums dar.
Studierendengruppen arbeiten mit einem Mentor, der Erfahrungen auf dem Gebiet des kolla-
borativen Lernens hat, aber keine medizinischen Informationen zur Verfügung stellt (siehe
Kapitel 3.4.3). Die Studierendengruppen lernen, indem sie sich in Diskurs und Kollaboration
engagieren, aber auch, indem sie konkrete Probleme untersuchen.

3.3   Implikation für Praxis des kollaborativen Lernens

Didaktische Konzepte für die Gestaltung und Evaluation computerunterstützter kollaborativer Lernprozesse müssen sowohl den neueren lerntheoretischen Ansätzen des situierten Lernens Rechnung tragen, als auch die kommunikativen Besonderheiten in CSCL-Umgebung
berücksichtigen.

– *Sich auf die Interaktion in der Gruppe und auf kollaboratives Lernen fokussieren.* Lernen muss als aktiver Prozess der Wissenskonstruktion betrachtet werden. Ein tiefer gehendes Verständnis über den Lerngegenstand kann dabei nur in einem sozialen Kontext, d.h. in der kritischen Auseinandersetzung mit anderen erworben werden. Gleichzeitig erwerben die Lernenden über das Lernen in der Gruppe Kompetenzen im Hinblick auf die Kooperation in Gruppen und die Koordination von Gruppenprozessen. Didaktische Konzepte für CSCL sollten daher am Modell professioneller *communities of practice* orientiert sein.

– *Sich verantwortlich zeigen für das Zusammenspiel von individuellem Lernen, Lernen in Kleingruppen und dem Lernen größerer sozialer Gemeinschaften.* Der Lehrende muss den Diskussionsprozess in der Gruppe anregen und begleiten. In seiner Rolle als Moderator bzw. *Facilitator* kommt ihm die Aufgabe zu, Wissensbildungsprozesse sowohl auf individueller wie auch auf Gruppenebene zu unterstützen und anzuregen. Dabei muss er eine tiefer gehende inhaltliche Diskussion ebenso fördern wie die Selbstorganisation der Gruppe.

– *Einen breiteren sozialen Kontext und kulturelle Situationen berücksichtigen.* Der Lehrende muss sich bewusst sein, dass Lernprozesse immer in einen größeren kulturellen und sozialen Kontext eingebunden sind.

– *Technische Unterstützung als Kommunikationsmedium und Wissensartefakte konzeptualisieren.* Die technische Umgebung stellt verschiedene Kollaborations- und Kommunikationsmöglichkeiten zur Verfügung, um Wissen zwischen den Mitgliedern einer Lerngruppe aufzubauen, auszutauschen und zu speichern. Der Lehrende muss darauf achten und anregen, dass die Vorteile der verschiedenen asynchronen und synchronen Kommunikationsmöglichkeiten entsprechend der Aufgabenstellung angemessen genutzt und miteinander verzahnt werden, um die jeweiligen Nachteile kompensieren zu können. Gleichzeitig sollte die technische Umgebung als Wissensspeicher konzeptualisiert werden, in dem bedeutsame Lernartefakte gespeichert, miteinander in Beziehung gesetzt und kollaborativ bearbeitet werden können. Die Umgebungen selbst können als Artefakten angesehen werden, die vom Lernenden bzw. Benutzer verstanden werden müssen.

3.4.2   Projektorientierung

Michael Janneck

Universität Hamburg

1   Einleitung

Projekte sind eine Unterrichtsform, in der die handelnde Auseinandersetzung der Lernenden mit einem für sie persönlich bedeutsamen und gesellschaftlich relevantem Thema im Mittelpunkt steht. Sie arbeiten dazu über einen längeren Zeitraum (z.B. ein Schulhalbjahr oder Semester) eigenverantwortlich und kooperativ an diesem Thema. Dabei ist unter Projektpädagogik mehr zu verstehen als „einfach mal etwas Praktisches machen", nämlich ein philosophisch im Pragmatismus begründeter didaktischer Ansatz (vgl. Frey 2002; Gudjons 1994; Hänsel 1999).

Da das Lernen in Projekten meist nicht an den immer gleichen Orten und zu festgelegten Zeiten stattfindet, kommt CSCL-Systemen in Projekten insbesondere als *Organisations- und Arbeitshilfe* Bedeutung zu. Umgekehrt stellt die Projektmethode einen geeigneten didaktischen Rahmen für den Einsatz von CSCL-Systemen dar.

Im Folgenden gehe ich zunächst auf die *Geschichte* der Projektmethode ein, stelle dann wichtige *Merkmale* von Projekten vor und beschreibe typische *Projektabläufe*. Ich skizziere dann die Verwendungsmöglichkeiten von *Medien in Projekten* und schließe mit einem Fazit.

2   Zur Geschichte der Projektmethode

Erste Ideen, die dem nahe kommen, was man heute als Projektmethode versteht, finden sich bereits bei den pädagogischen Klassikern Rousseau, Pestalozzi und Fröbel (Frey 2002). Im engeren Sinne geht das heutige Projektverständnis aber auf die amerikanische Reformpädagogik am Ende des 19. Jahrhunderts zurück. Lernen durch Tun wurde dort als etwas zutiefst demokratisches verstanden, weil dabei praktische und theoretische Begabungen als gleich wichtig und gleichwertig angesehen werden, und weil postuliert wurde, dass sich nur durch selbstständiges Denken und kooperatives Handeln eine demokratische Gesellschaft entwickeln kann (Gudjons 2001). Ausgehend von dieser Sichtweise formulierte Dewey seine Theorie der Erziehung (Dewey 1993), die grundlegend für das heutige Projektverständnis ist. Drei Aspekte, die an Aktualität bis heute nichts verloren haben, waren für ihn wesentlich:

1. *Erziehung zur Demokratie:* In Projekten sollen die Lernenden ihr Handeln (zunehmend) selbst organisieren und untereinander verantworten.
2. *Denkende Erfahrung:* Erkennen und Tun sind für den Menschen untrennbar miteinander verbunden.
3. *Probleme lösen lernen:* Bildung kann nicht Vorbereitung auf vorausbestimmte Lebensverhältnisse sein. Gefragt sind daher nicht mit Fakten vollgestopfte Köpfe, sondern handlungsfähige Menschen.

Zu Beginn des 20. Jahrhunderts wurde der Projektbegriff noch einmal erweitert und so von *einer bestimmten Methode* in der technischen Berufsausbildung zu einer *universellen Lernmethode,* die dem neuen Bild des Kindes entsprach. Kilpatrick, ein Freund und Schüler Deweys, arbeitete dieses Projektverständnis aus (Kilpatrick 1935).

Mit der Rezessionskrise ab 1968 erlebte die Projektpädagogik in Deutschland eine Renaissance und bis heute steigt die Zahl der Veröffentlichungen zu Projekten stark an (Hahne & Schäfer 1997). Projekte werden dabei nicht mehr als universelle Lernmethode gesehen, sondern als eine methodische Grundform (Meyer 1999) bzw. Großform (Schulz 1981) des Unterrichts neben anderen, die durch bestimmte Merkmale und Abläufe charakterisiert werden kann.

3   Merkmale von Projekten

Vor allem in der praktischen Umsetzung stellen sich Projekte sehr unterschiedlich dar. Deswegen werden sie oft über Merkmale charakterisiert (Hahne & Schäfer 1997; vgl. Bossing 1977; vgl. Schulz 1973). Ein modernes, an Dewey orientiertes Projektverständnis findet sich bei Gudjons (1994; 1997; 2001). Er formuliert zehn wechselseitig voneinander abhängige Merkmale, die er nicht als enge Begriffsdefinition, sondern als einkreisende Umschreibung verstanden wissen will.

(1) Situationsbezug: Ausgangpunkt eines Projektes soll eine „Situation", also eine problemhaltige Sachlage der realen Welt sein, nicht eine durch die wissenschaftliche Systematik eingegrenzte Fragestellung. Durch die Orientierung an realweltlichen Situationen sammelt das Thema eines Projektes die Beiträge verschiedener Disziplinen um sich „wie ein Magnet" (Dewey 1935, 97).

(2) Orientierung an den Interessen der Beteiligten: Das Projektthema soll so ausgehandelt werden, dass sich alle Beteiligten darin wiederfinden können. Da sich in der Auseinandersetzung mit dem Thema immer Interessensverschiebungen bei den Beteiligten ergeben, muss das Projektthema während des Projektverlaufs kontinuierlich diskutiert und abgesichert, konkretisiert oder verändert werden.

(3) Gesellschaftliche Praxisrelevanz: Es geht in Projekten allerdings nicht darum, etwas völlig Beliebiges zu tun, sondern „das Leben der Gemeinschaft, der wir angehören, so zu beeinflussen, daß die Zukunft besser wird, als die Vergangenheit war" (Dewey 1993, 255).

(4) Zielgerichtete Projektplanung: Planvolles Handeln steht im Zentrum von Projekten. Ausgehend von Zielen und Produkten wird der Projektverlauf gemeinsam geplant: die Abfolge von Handlungsschritten, zu erstellende Zwischenergebnisse, die Verteilung von Aufgaben auf die Projektbeteiligten und auch die Auswertung des Projektes. In längeren Projekten wird die Planung immer wieder an veränderte Situationen und Interessen angepasst.

(5) Selbstorganisation und Selbstverantwortung: In Projekten bestimmen nicht die Lehrenden die Zielsetzung und das Vorgehen. Die Projektmethode bricht also „mit der Geringschätzung der Kompetenz des Schülers" (Gudjons, 1994, 19). Selbstorganisation ist aber nicht mit einem Laissez-faire-Stil zu verwechseln, in dem die Lehrenden die Lernenden einfach ma-

chen lassen. Vielmehr haben sie die Aufgabe, die Rahmenbedingungen zu schaffen und Impulse zu geben, kurz: die Selbstorganisation zu ermöglichen.

(6) Einbeziehen vieler Sinne: Im Projekt wird gemeinsam etwas getan „unter Einbeziehung des Kopfes, des Gefühls, der Hände, Füße, Augen, Ohren, des Mundes und der Zunge – also möglichst vieler Sinne" (Gudjons 2001, 86). Es geht um die aktive Auseinandersetzung mit dem gewählten Thema und den handelnden Umgang mit der Wirklichkeit anstelle einer ständigen Belehrung über und des Beredens von Wirklichkeit.

(7) Soziales Lernen: Lernen in Projekten ist immer auch soziales Lernen. Die Beteiligten lernen voneinander und miteinander. Dafür ist es notwendig, demokratische Umgangsformen zu etablieren: der Umgang miteinander und Kommunikation werden so ein wichtiges Lernfeld, das genauso wichtig ist wie das inhaltliche Lernen, so dass Sachziele ggf. zugunsten einer kooperativen Konfliktlösung zurückgestellt werden.

(8) Produktorientierung: In traditionellen Unterrichtsformen ist das Ziel in der Regel eine „Lernbestandsveränderung" in den Köpfen der Lernenden. In Projekten hingegen entstehen „Produkte" im weitesten Sinne, die einen Gebrauchs- oder Mitteilungswert haben und die für die Lern-Lehr-Gruppe insgesamt wertvoll, nützlich und wichtig sind. Produkte sind Ziel und Ausgangspunkt der Lernerfahrungen in Projekten. Sie erlauben es darüber hinaus, die Ergebnisse der Projektarbeit der interessierten Öffentlichkeit zugänglich zu machen und damit der Bewertung und Kritik durch andere auszusetzen.

(9) Interdisziplinarität: Projekte behandeln lebensweltliche Probleme, die normalerweise ganzheitlich und nicht disziplinär gestückelt wahrgenommen werden. Deswegen sind Projekte immer interdisziplinär.

(10) Grenzen des Projektunterrichts: Projekte haben dort ihre Grenzen, wo andere methodische Grundformen (gemeinsamer Unterricht, lehrgangsförmiger Unterricht, Freiarbeit und Marktplatz-Lernen; vgl. Meyer 1999, 96f.) ihre Berechtigung haben. So kommt kein Projekt ohne lehrgangsförmige Elemente aus, in denen das im Projekt Gelernte in die Systematik eines Faches bzw. einer Wissenschaft eingeordnet wird und in denen fremde Erkenntnisse mit den eigenen Erfahrungen verglichen werden können.

Es kommt vor, dass aus organisatorischen Gründen nicht alle genannten Merkmale realisiert werden können und die Grenzen, was noch als Projekt bezeichnet werden kann und was nicht, sind fließend. Oft wird von *Projektorientierung* gesprochen, um zum Ausdruck zu bringen, dass nicht alle Projektmerkmale umgesetzt wurden. Unverzichtbar sind meiner Meinung nach zumindest die Orientierung an den Interessen der Beteiligten, die Selbstorganisation und die Produktorientierung.

4   Projektabläufe

Mit Merkmalen allein ist noch nicht charakterisiert, wie Projekte typischerweise verlaufen. Daher sind mit Beschreibungen der Projektmethode oft Ablaufmodelle verbunden. Die klassischen Stufen: Beabsichtigen, Planen, Ausführen, Beurteilen finden sich bereits bei Kilpatrick (1935, 177) und wurden danach vielfach aufgegriffen. Die normative Vorgabe eines

Projektverlaufes widerspricht allerdings in gewisser Weise der Forderung nach der Selbstorganisation des Lernprozesses. Dennoch lassen sich empirisch typische „Grundmuster der Projektmethode" (Frey 2002) finden, die eine Ausdifferenzierung des klassischen Stufenmodells sind. Frey identifiziert sieben „Komponenten" von Projekten und ordnet sie wie folgt zu einem idealisierten Projektverlauf an (Frey 2002, 53ff.):

(1) Projektinitiative: Ein Mitglied der späteren Projektgruppe oder ein Außenstehender regt ein Projekt an. Ob aus der ersten Idee ein Projekt entsteht, entscheidet die Projektgruppe nach der Auseinandersetzung mit der Projektinitiative. Der Ideengeber ist nicht verpflichtet, etwas „pädagogisch Wertvolles" vorzuschlagen, sondern kann jedes Interesse einbringen. „Die Projektinitiative wird für die Beteiligten allmählich zur Bildung, indem sie sich mit ihr in einer bestimmten Weise auseinander setzen [...] und zu einem Betätigungsgebiet entwickeln" (ebenda, 56).

(2) Auseinandersetzung mit der Projektinitiative: Mit dem Vorschlag müssen sich die Projektbeteiligten auseinandersetzen. Dabei bringen sie ihre Interessen und Betätigungswünsche ein, skizzieren erste Handlungsmöglichkeiten, sondieren das Umfeld und beziehen gegebenenfalls schon mittelbar Beteiligte ein. Die Auseinandersetzung mit der Projektinitiative kann mit einem negativen Ergebnis enden, wenn die Idee keine Unterstützung durch die Beteiligten findet oder die Rahmenbedingungen so schlecht sind, dass eine erfolgreiche Umsetzung nicht vorstellbar ist. Endet die Auseinandersetzung positiv, dann wird als Ergebnis eine Projektskizze erstellt.

(3) Entwicklung der Betätigungsgebiete: Ist die Projektinitiative angenommen, dann wird die Projektskizze zu einem konkreten Projektplan weiterentwickelt. Dazu verständigen sich die Beteiligten auf ein konkretes Endprodukt, planen die Betätigungen, die zum Erreichen des Produktes erforderlich sind, erstellen ein Zeitbudget, entwerfen Ablaufpläne, klären die Rahmenbedingungen und verteilen die Aufgaben untereinander. Dabei verleihen sie dem Projekt persönliche Konturen, indem sie nicht nur feststellen, was zu tun ist, sondern auch einbringen, wer gerne was wie tun möchte. Für den Bildungsgehalt eines Projektes ist es wichtig, sich gemeinsam darüber zu verständigen, *warum* jemand etwas tut und welche *Qualitätsmaßstäbe* gewählt werden. Wenn die Aufgaben so verteilt werden, dass alle Beteiligten nur das tun, was sie ohnehin schon können, dann ist der Bildungsgehalt geringer, als wenn jeder die Gelegenheit bekommt, etwas Neues zu tun. Entsprechend ist eine Qualitätsbewertung allein über das Produkt nicht förderlich, sondern es ist beispielsweise auch eine Qualität, wenn alle im Projekt an jeder Betätigung beteiligt sind. Die Projektbeteiligten entscheiden selbst über die Qualitätsmaßstäbe und dokumentieren ihre Entscheidung für die spätere (Selbst-) Bewertung des Projektes.

(4) Projektdurchführung: In dieser Phase werden die zuvor entwickelten Betätigungen umgesetzt. Dabei kann jede Form der Tätigkeitsorganisation vorkommen: Einzelarbeit, Arbeit in Klein- oder Großgruppen. Es sind (zeitweise) überwiegend geistige oder körperliche Tätigkeiten denkbar und Arbeitsteilung ist möglich, sogar wahrscheinlich. Es gibt keine zwingende, von außen vorgegebene Anordnung für bestimmte Tätigkeiten, es ist allein wichtig, dass die Beteiligten die Arbeits- und Funktionsteilung als für sich sinnvoll entwickelt haben.

(5) Beendigung des Projektes: Ein Projekt kann auf verschiedene Weise beendet werden. Die meisten Projekte enden mit einem *bewussten Abschluss* und der Veröffentlichung der Projektergebnisse anlässlich eines besonderen Ereignisses. Häufig gibt es zeitliche Vorgaben, etwa das Ende eines Semesters oder die Verfügbarkeit bestimmter Räumlichkeiten oder Hilfsmittel, die das Projektende bestimmen. Die Beteiligten können gegen Ende des Projekts auch das Erreichte mit den Ideen in der Projektinitiative *rückkoppeln.* Dabei geht es nicht darum, den Projektverlauf zu problematisieren oder Kritik zu üben, sondern eine nochmalige vertiefte Auseinandersetzung im Sinne einer Metainteraktion (s. u.). Es ist nicht in jedem Fall sinnvoll, einen Endzeitpunkt für ein Projekt zu definieren. Man kann ein Projekt auch einfach *auslaufen lassen.* Gerade in Projekten, die eine kontinuierliche (beispielsweise soziale) Betätigung zum Inhalt haben, kann das Projekt mit dieser Variante nahtlos in den Alltag überführt werden.

(6, 7) Fixpunkte und Metainteraktionen: liegen quer zum sonstigen Projektverlauf. *Fixpunkte* dienen als „organisatorische Schaltpunkte" in Projekten. Sie sollen Aktionismus, Orientierungslosigkeit und mangelnder Abstimmung zwischen den Beteiligten vorbeugen. In Fixpunkten informieren sich die Beteiligten gegenseitig, vergegenwärtigen sich den Stand des Projektes und organisieren die nächsten Schritte. Kein Projekt, das länger als wenige Stunden dauert, kommt ohne Fixpunkte aus. *Metainteraktion,* also die Auseinandersetzung über das Projekt, trägt entscheidend dazu bei, „dass das Tun pädagogisches Tun wird" (ebenda, 131). In der Metainteraktion reflektieren die Beteiligten ihre persönliche Beziehung zum Thema und gehen auf Betätigungen auf einer anderen Ebene oder vertieft ein. In ihr beschäftigen sie sich auch mit Problemen im Umgang miteinander und verständigen sich darüber, inwieweit vereinbarte Umgangsformen eingehalten wurden und gegebenenfalls angepasst werden müssen.

Durch die Beschreibung der einzelnen Komponenten wird deutlich, wie das Verhältnis von Struktur und Prozess in Projekten ist. Die grobe Struktur (im Sinne der genannten Komponenten) wird meist von den Lehrenden vorgegeben und ergibt sich auch relativ natürlich. Die einzelnen Projektschritte werden von der Lern-Lehr-Gruppe ausgestaltet, die Lehrenden übernehmen dabei die Rolle von Moderatoren und nur auf explizite Nachfrage seitens der Lernenden die von Fachexperten.

5   Medien in Projekten

In Projekten kommt immer eine Vielzahl von Medien zum Einsatz. Gudjons (1997) ordnet das Spektrum von Medien anhand ihres Verwendungszweckes in vier Kategorien, die jeweils sowohl die so genannten „neuen" als auch „alte" Medien umfassen:

(1) Traditionelle Medien: Traditionelle Medien sind die Medien, die auch in traditionellen Lehrformen vorkommen. Sie sind didaktisch aufbereitet (z.B. Lehrbücher und e-Learning-Kurse). Sie können die Projektarbeit inspirieren und dabei helfen, sich fehlendes Wissen anzueignen. Sie haben „die Funktion eines medialen Reservoirs, das insbesondere auf Anregung des Lehrers ‚angezapft‘ wird" (ebenda, 137). Spezifisch für die Projektmethode sind aber vor allem die nachfolgend genannten Medien.

(2) Medien als Organisations- und Arbeitshilfen: Die Bedeutung dieser Medien wird oft übersehen oder als banal eingestuft. Aber sie sind für die kooperative Planung von Projekten wichtig, weil sie helfen, Entscheidungsprozesse transparent zu machen und zu strukturieren sowie die Planungsergebnisse festzuhalten und für alle Beteiligten zu visualisieren.

CSCL-Umgebungen (vgl. Teil 2), die die Kommunikation, Koordination und Kooperation unterstützen, gehören typischerweise in diese Kategorie. Die orts- und zeitunabhängige Bereitstellung von Medien und asynchrone Kommunikationsformen haben dabei das größte Potenzial für eine Bereicherung der Projektarbeit (vgl. Jackewitz et al. 2002; Janneck & Krause 2004), es kommt aber auf den jeweiligen Kontext an, inwieweit diese Potenziale sinnvoll ausgenutzt werden können.

Für den Einsatz in Projekten sind Systeme problematisch, in denen bereits Annahmen über Gruppenstruktur (z.B. durch Rollen) und Verlauf des Lernprozesses (z.B. durch Workflows) implementiert sind, weil die freie Aushandlung derselben dadurch erschwert wird. Es sollte daher auf den Projektunterricht zugeschnittene Software verwendet werden, die der Offenheit und Dynamik von Projekten Rechnung trägt, wie beispielsweise das Community-System CommSy (Jackewitz et al. 2002; 2004).

(3) Selbst produzierte Medien: Von den Projektbeteiligten selbst produzierte Medien sind Zwischen-, Teil- oder Endergebnisse der Projektarbeit. Sie können verschiedenste Formen annehmen, von einfachen Texten über multimediale Medien bis hin zu selbst gefertigten Gegenständen. Sie haben normalerweise einen „Mitteilungscharakter". Ihr besonderer Wert liegt darin, dass die Lernenden sich die Inhalte der Projektarbeit nicht nur aneignen, sondern auch für andere kommunizierbar und diskutierbar machen. Diese Medien stehen normalerweise im Mittelpunkt der Projektarbeit und können mit Hilfe von CSCL-Systemen vor allem zugänglich gemacht werden.

(4) Medien aus der Lebenswirklichkeit: Zeitungsartikel, wissenschaftliche Beiträge, selbst erhobene empirische Daten, Fotos, Karten usw. machen den eigentlichen Reiz der Projektarbeit aus. Anders als die didaktisch aufbereiteten Medien sind die Medien aus der Lebenswirklichkeit „ungewaschen". Sie repräsentieren die „wirkliche" Wirklichkeit. Sie sind deshalb nicht frei von Ungereimtheiten, Unverständlichkeiten, Widersprüchen, Fehlern, sie sind niveaulos oder viel zu anspruchsvoll, womöglich einseitig und unausgewogen und insgesamt von zunächst unbestimmter Qualität. Sie machen es erforderlich, sich aktiv mit ihnen auseinander zu setzen, erfordern Distanzierung und selektiven Umgang. Erst im Bezug zur Projektfragestellung erhalten sie Bedeutung (oder auch nicht). Sie laden damit zum Diskurs in der Projektgruppe ein.

6   Fazit

Die Projektmethode ist ein didaktischer Ansatz, der auf eine lange Tradition zurückblickt und sich in Schule und Hochschule praktisch bewährt hat. Durch die Orientierung an den Interessen der Lernenden, deren Beteiligung an der Projektplanung sowie die Akzentuierung der Eigenverantwortung der Lernenden für ihren Lernprozess erscheint sie aber gleichzeitig immer noch als konkrete Utopie von humanen Bildungsprozessen.

Die Abgrenzung zu anderen didaktischen Ansätzen ist oft unscharf, weil einerseits die Projektmethode viele Variationen zulässt, und andererseits Elemente der Projektmethode immer wieder aufgegriffen, variiert und das resultierende Unterrichtskonzept mit einen neuen, griffigen Namen versehen wurde. Als eine der fünf methodischen Grundformen verstanden, bilden Projekte allerdings den Oberbegriff für viele verwandte Konzepte (etwa das problemorientierte Lernen; vgl. Beitrag 3.4.3).

Von den methodischen Grundformen sind Projekte am besten für den Einsatz von CSCL-Systemen geeignet. Bei allen Möglichkeiten, die CSCL-Systeme für Projekte bieten, sollte der Verzicht darauf aber immer als Alternative in Betracht gezogen werden, weil die Komplexität selbst einfacher Systeme viel Zeit im Lernprozess beansprucht. Entscheidet sich eine Lern-Lehr-Gruppe für den Einsatz eines CSCL-Systemes, dann ist auf jeden Fall eine reflektierte Einführung und Bereitstellung (vgl. Beitrag 4.4) erforderlich, um zu einer effektiven und effizienten Nutzung zu kommen.

3.4.3   Problemorientiertes Lernen

Nicole Hoffmann

Universität Koblenz-Landau

„Probleme kann man niemals mit der gleichen Denkweise lösen, durch die sie entstanden sind." Dieses Albert Einstein zugeschriebene Diktum umreißt den Kerngedanken des Problemorientierten Lernens: Es gilt, sich einerseits durchaus mit der spezifischen Logik eines vorhandenen Problems auseinanderzusetzen, um aber zu Lösungen zu kommen, ist andererseits mehr als *eine* „Logik", mehr als *eine* Sichtweise des Problems von Nöten.

Allgemein kann der Ansatz des „Problemorientierten Lernens", der auch unter den Bezeichnungen „problembasiertes", „problemzentriertes" oder „problembased learning" firmiert, als ein Lehr- bzw. Lernkonzept beschrieben werden, das verschiedene didaktische Grundelemente kombiniert. Eine kurze Definition könnte lauten:

Beim Problemorientierten Lernen handelt es sich um
- eine an Vorwissen und Lernstrategien der Lernenden orientierte,
- kooperativ selbstorganisierte,
- schrittweise aufgebaute,
- von Seiten der Lehrenden moderierend und begleitend unterstützte
- Lösung von ausgewählten authentischen und komplexen Problemen aus beruflichen Anwendungsfeldern
- einschließlich der Reflexion von Prozess und Ergebnis
- zu Zwecken der Ausbildung.

In starker Abgrenzung von stoff- und lehrerbezogenen Wissensvermittlungsformen liegen die Ziele des Problemorientierten Lernens sowohl im individuellen, fallbezogenen Ausbau von Sachwissen als auch im Bereich der Entwicklung von Kooperations-, Kommunikations- und Transferfähigkeiten (Stichwort „soft skills"). Es wird eine Integration von Fach-, Methoden-, Selbst- und Sozialkompetenz angestrebt – wie auch in manchen anderen didaktischen Konzepten, etwa im projektorientierten Lernen (siehe Beitrag 3.4.2), bei „action learning", Fallstudienarbeit oder pädagogischer Werkstättenarbeit (vgl. Hoffmann & Kalter 2003). Die Abgrenzung des Problemorientierten Lernens gegenüber diesen Verfahren ist eher graduell, d.h. es handelt sich um eine Verschiebung des Akzentes auf die gruppengetragene Lernerfahrung bei der Erarbeitung von Lösungen für komplexere Problemstellungen.

Auf der Umsetzungsebene hat das Problemorientierte Lernen seit seinen Anfängen in den 60er Jahren vielfach Verbreitung gefunden. Vorreiter waren – neben den U.S.A. – in Europa vor allem die skandinavischen Länder, die Niederlande und die Schweiz. Die praktischen Einsatzgebiete liegen in schulischen, ausbildnerischen, akademischen und weiterbildnerischen Kontexten. Inhaltlich hat sich das Problemorientierte Lernen inzwischen u.a. in den Fachdisziplinen Medizin, Psychiatrie, Psychologie, Mathematik, Ingenieurwissenschaften und Architektur etabliert (Kumpf et al. 2001; Zumbach 2003).

Auf der Ebene der Forschung hat der Ansatz ebenso eine starke Ausdifferenzierung erfahren, wobei verstärkt auch die Schnittmengen mit anderen Konzepten in den Blick genommen werden. Konstruktivistische Annahmen bilden für die Mehrzahl der Autoren den theoretischen Referenzpunkt, wobei andere Stränge aus Lern- und Motivationspsychologie, Kognitionswissenschaften sowie aus der pädagogischen Theoriebildung ebenso aufgegriffen werden. Die Strukturelemente Problemorientierten Lernens widerspiegelnd beschäftigt sich die jüngere Forschung vor allem mit den folgenden Fragen (vgl. Zumbach 2003):

- Was ist ein geeignetes „Problem" für diesen Ansatz? (u.a. Edmondson 1994; Mpofu et al. 1997; Schmidt & Moust 1998)
- Wie kann in einer – z.B. unterschiedlich zusammengesetzten – „Gruppe" gelernt werden? (u.a. de Grave et al. 1996; Hinsz et al. 1997; Connolly & Seneque 1999)
- Welche Rolle haben die „Prozessbegleiter" bzw. „Tutoren"? (u.a. Ambury 1992; Schmidt et al. 1994; Kaufman & Holmes 1996)
- Wie können welche „Medien" sinnvoll eingesetzt werden? (u.a. Mooney et al. 1995; Hoffman & Ritchie 1997; Nistor 1998; Milter & Stinson 1999; Zumbach & Reimann 2000)

Jenseits unterschiedlicher Nuancierungen in der Forschung oder diverser Varianten in der Praxis wird das Problemorientierte Lernen im Folgenden verallgemeinernd charakterisiert: 1. anhand seiner pädagogischen Prinzipien und 2. anhand der Phasen des Lernprozesses – unter besonderer Berücksichtigung der Nutzungsmöglichkeiten computergestützter Medien.

1 Pädagogische Prinzipien des Problemorientierten Lernens

In seiner Orientierung des Lernens an „Problemen" geht das Konzept davon aus, dass diese – im Sinne eines *Prinzips der Authentizität* – an reale oder real mögliche Situationen aus dem Anwendungsgebiet des zu erwerbenden Wissens angelehnt sind. Damit soll zugleich eine Situierung im Hinblick auf die Lernzielrelevanz sowie eine Kontextuierung der inhaltlichen Aufgabe gewährleistet werden. Da es sich in der Praxis meist nicht um einfache, linear bzw. nah am Schulbuchwissen zu bearbeitende Probleme handelt, bezieht Koschmann (1996) ergänzend die folgenden Prinzipien ein, die für die Arbeit in komplexen, also wenig- bzw. schlecht-strukturierten Gebieten erforderlich sind.

Die Bewährung in Anwendungssituationen setzt die Befähigung voraus, unterschiedliche Perspektiven im Hinblick auf das Ausgangsproblem einzunehmen. Im Sinne eines *Prinzips der Vielfalt* gilt es, die Wahrnehmung entsprechend zu schulen und zur Interpretation des Wahrgenommenen auf verschiedene Wissensformen und Deutungsmuster zurückgreifen zu können. Vielfalt meint hier Multiperspektivität im Hinblick auf die unterschiedlichen Standpunkte, Kompetenzen und Fachgebiete, welche die Beteiligten in den Prozess einspeisen und – im Erfolgsfall – kooperativ integrieren.

Neben der Interpretationsfähigkeit ist im Zuge der Problemlösung auch Handlungskompetenz von Nöten. Diese soll – im Sinne eines *Prinzips der Aktivität* – durch die Stärkung der Position des Lernenden als tätigem Organisator und Mitgestalter des Bildungsprozesses gefördert werden.

Damit eng verbunden ist das *Prinzip der Artikulation*. Es ist gezielt darauf zu achten, dass für Kommunikations- und Argumentationsmöglichkeiten und -medien gesorgt ist, da über die Interaktion der Teilnehmenden Integration und Verantwortungsübernahme gestützt werden sollen. Außerdem wird auf einübende Effekte durch die Präsentation neu erworbenen Wissens, durch die Wiederholung in der Auseinandersetzung und die Positionierung in kommunikativen „In-Frage-Stellungs-Situationen" gesetzt.

In Anlehnung an das durch den Entwicklungspsychologen Jean Piaget formulierte *Prinzip der Akkommodation und Adaptation* wird der Prozess des Lernens sowohl als Anpassung als auch als Veränderung verstanden. Dies setzt auf Seiten der Lehrenden und der Lernenden eine Orientierung am jeweils bereits vorhandenen Wissen einerseits sowie andererseits eine Bereitschaft zu Reflexion und Modifikation voraus.

Schließlich betont Koschmann (1996), dass es im Problemorientierten Lernen insgesamt darum gehe, ein Verständnis lebenslangen Lernens bzw. eine entsprechende Lernkultur zu entwickeln. Diese weitere Grundannahme kann *als Prinzip der Unabhängigkeit von formellen Lernzeiten* beschrieben werden. Die Fixierung von Lernen und Bildung auf Schuljahre, Kurswochen, Semesterzyklen oder Seminarstunden soll aufgebrochen werden.

2 Die Phasen des Prozesses Problemorientierten Lernens – unter besonderer Berücksichtigung des Medieneinsatzes

Um sich ein Bild von der Funktionsweise Problemorientierten Lernens zu machen, ist der Blick auf den Ablauf des Prozesses hilfreich. Im Kontext des vorliegenden Bandes ist dabei der Aspekt der Medien von besonderer Relevanz, wobei besonderes Augenmerk auf den kooperativen Gebrauch von computergestützten Werkzeugen gerichtet wird. Diese können, so Meurer (2000), curricular und didaktisch begründet bei unterschiedlichen Schritten des Problembasierten Lernens genutzt werden.

In einem idealisierten Modellverlauf sind die folgenden Phasen zu unterscheiden (in Anlehnung an Unz (1998) und Nistor (1998)):

2.1 Präsentation des Problems

In der Gesamtgruppe wird das zu lösende Problem von den „lehrenden" Prozessbegleitern vorgestellt, wobei darauf zu achten ist, dass es sich um eine möglichst authentische Fragestellung mit Relevanz für das jeweilige Anwendungsfeld handelt. Die Darstellung der Komplexität des Problems soll in dieser Phase keiner didaktischen Vereinfachung unterliegen. Über Art bzw. Auswahl der Problemstellung kann jedoch auf Anfänger- oder Fortgeschrittenenstatus der Lernenden eingegangen werden.

Die Problempräsentation kann und soll medial gestützt erfolgen, wobei einige Autoren darauf hinweisen (etwa Meurer 2000, 1), dass der authentische Charakter mancher Probleme eher durch eine Konfrontation mit „echten" Dokumenten oder durch persönliche Gespräche mit Experten gewährleistet wird. Doch kann dies auch und gerade durch multimediale Elemente unterstützt sowie vor allem dokumentiert werden; z.B. durch Videosequenzen, Inter-

viewmitschnitte oder Fotomaterialien, auf die zu einem späteren Zeitpunkt noch zurückgegriffen werden kann. In der Auftaktphase gilt es in diesem Fall, die Teilnehmenden auf die
Techniken der Nutzung einer gemeinsamen Datenplattform sowie möglicher Kommunikationswerkzeuge vorzubereiten.

2.2 Sondierung der spezifischen Problematik und möglicher Problemlösestrategien

Nach der Konfrontation mit dem Problem sind Verständnisschwierigkeiten auszuräumen, Art
und Spezifik des „Problems" zu bezeichnen und gemeinsam mögliche Ideen und Wege der
Lösung zu sammeln. In dieser und den folgenden Phasen verschiebt sich die Aufgabenstellung für die Lehrenden von der Rolle des Initiierens in der ersten Phase hin zu einer Rolle
des Moderierens und Koordinierens.

„We fail more often because we solve the wrong problems than because we get the wrong
solution to the right problem." Dieses so von Ackoff umschriebene Phänomen greifen Otten-
hejim et al. (1998, 1) auf, um die Wichtigkeit einer gemeinsamen Bestimmung des „Problems" zu verdeutlichen. Sie plädieren in der Folge für den Einsatz von Electronic Meeting
Systems: Diese können zur Erarbeitung gemeinsamer „frames" bzw. eines gemeinsamen
Problemverständnisses beitragen, wenn es gelingt, vom Anfangsstatus der Unsicherheit bzw.
der Vieldeutigkeit des Problems zu Entscheidungssicherheit in der Gruppe zu gelangen, ohne
mögliche Konflikte – quasi als Selbstläufer – aufzubauschen und ohne die Konflikte im
Sinne des Gruppendrucks oder zugunsten der Vorstellungen der Gruppenleitung zu ignorieren.

Die Ermittlung möglicher Problemlösungen kann zum Beispiel als Brainstorming gestaltet
werden. Dazu können die klassischen Medien, wie Karten und Pinnwände eingesetzt werden.
Will man jedoch auf eine parallele digitale Archivierung des Brainstormingprozesses und der
Ergebnisse, auf eine nuanciertere Kommentierungsfunktion zu den Einzelbeiträgen sowie auf
eine größere Flexibilität in der Erstellung von Strukturierungsvarianten nicht verzichten, so
bietet sich beispielsweise das entsprechende Feature des Electronic Meeting Systems
„GroupSystems" an.

2.3 Klärung von Ressourcen und Defiziten im Kontext möglicher Problemlösestrategien

In dieser Phase klären die Lernenden, welche Ressourcen und Wissensbestände sie jeweils in
den Lösungsprozess einbringen können bzw. inwiefern Wissensdefizite bestehen. Dies betrifft sowohl Aspekte des notwendigen Sach- und Problemwissens als auch den Bereich der
Methoden, etwa Verfahren der Projektorganisation und Methoden der Forschung sowie
Kenntnisse der Lern- und Medientechniken. Hier kann auf Friedrich und Mandl (1995) verwiesen werden, denen zufolge das selbstgesteuerte Lernen auf diesen unterschiedlichen Wis-
sensarten basiert, d.h. auf Inhaltswissen, Wissen über Aufgaben und Strategiewissen.
Daneben ist im Rahmen der kontextspezifischen Ressourcen auch zu prüfen, inwieweit die
notwendigen technischen Voraussetzungen individuell und institutionell gegeben sind.

2.4   Festlegen der Problemlösestrategie und der Organisation

Auf dieser Grundlage sollen dann die Entscheidung für den Weg der Problemlösung getroffen sowie die persönlichen Lernziele bestimmt werden. Im Rahmen der Einigung auf eine bestimmte Problemlösestrategie werden die allgemeinen und die partiellen Ziele strukturiert und etwa nach Wichtigkeit oder Angemessenheit gewichtet. An dieser Stelle wird deutlich, dass es sich beim Problemorientierten Lernen um ein Verfahren innerhalb der Ausbildung handelt, insofern als die Wahl der Strategie an die Formulierung von Lernzielen gekoppelt ist. Dies bedeutet, dass der Weg nicht nur unter dem Aspekt der Problemlösung sondern auch unter dem Kriterium seines Beitrags zur Wissenserweiterung ausgewählt wird. Wiederum können elektronische Konferenzsysteme diesen Aushandlungsprozess systematisierend und dokumentierend unterstützen.

Aus der Zielsetzung wird dann eine entsprechende Aufgabenverteilung und Arbeitsorganisation abgeleitet. Diese kann Einzel-, Gruppen- oder Plenararbeit umfassen, wobei einer transparenten Rollengestaltung große Bedeutung zukommt. Gröblinger (2003) verweist dabei ausdrücklich auf die Eignung Problemorientierten Lernens für Ansätze des „blended learning", das vor allem in der folgenden Phase praktiziert werden kann.

2.5   Verfolgen der entwickelten Strategie – einschließlich Rückkoppelungsschleifen

Es folgt eine je nach Problem unterschiedlich umfangreiche Umsetzungsphase, die z.B. über gemeinsam formulierte zentrale Stationen („Meilensteine") eine Überprüfung des eingeschlagenen Weges im Sinne seiner Stimmigkeit und seiner Machbarkeit umfasst. Unter Umständen sind Modifikationen in Bezug auf Zielstellungen oder Projektorganisation notwendig. Die Justierung wird durch eine Vernetzung der Arbeitsgruppen im Sinne einer stetigen Einspeisung von erarbeiteten Zwischenergebnissen und ihrer Diskussion unterstützt. Die Rolle der Lehrenden kann in diesen Phasen zusätzlich um die Funktion als Lernbegleiter bzw. Tutor von Kleingruppen oder in Bezug auf die einzelnen Lernenden erweitert werden.

Besonders in der Anfangsphase wirkt die Komplexität des Problems verwirrend. Oftmals fehlen reflektierte Strategien für Informationsbeschaffung, -auswahl und -bewertung. Aussagekräftige Bilder sprechen in diesem Zusammenhang von „Informationsflut", „Sammelwut" oder „Datenfriedhof". Nistor (1998) äußert jedoch die Hoffnung, dass die überfordernde Wirkung über eine zunehmende Verbreitung Problemorientierten Lernens sowie eine entsprechende Auswahl von Problemstellung und Instrumenten abzufedern ist. Diese Schwierigkeiten können durch den Einsatz computergestützter Verfahren einerseits verschärft, andererseits genau dadurch bearbeitet werden. Die bisherigen Untersuchungen weisen dabei auf fruchtbare Integrationsmöglichkeiten computergestützter Funktionen vor allem in den Bereichen des Auffindens und des Austausches von Informationen hin. So bilanziert etwa Nistor im Rahmen einer Studie an der Münchner Universität zum Vergleich von traditionellen und problembasierten Seminarformen: Es „kann behauptet werden, daß die Problemorientierung zu einer effizienteren Nutzung von Informationsquellen führt" (1998, 12). Hierfür sei hinsichtlich der neuen Medien an erster Stelle die selbstorganisierte Nutzung des Internets zu nennen, das mit seiner inhaltlichen Offenheit und hohen Reichweite selbst strukturell hoch anschlussfähig an die Konzeption des Problemorientierten Lernens ist.

Für den Bereich des CSCL ist die Frage des Austausches und der kooperativen Nutzung von Information von besonderem Interesse. Da der gesamte Problembearbeitungsprozess von einer intensiven Kommunikation zwischen den Lernenden, den Kleingruppen, den Lernbegleitenden und ggf. externen Personen bestimmt sein soll, sind sowohl synchrone als auch asynchrone Formen sowie Phasen der Präsenz und des mobilen Lernens zu berücksichtigen. Dazu können Datenbanken, Mailinglisten, Whiteboards, Diskussionsforen, Newsgroups oder Chats hilfreich sein (vgl. Meurer 2000). Formen wie BSCW oder WIKI leisten hierbei eine technische Integration der Elemente, regeln Zugriffsrechte und können auf der sozialen Ebene auch das Gefühl der Gruppenzugehörigkeit stärken. Digitale Medien sichern den Zugang zu weiter bearbeitbaren Dokumenten, ermöglichen synchronen, auch verteilten und asynchronen Austausch, dokumentieren und archivieren den Prozess, bieten Chancen für zeitnahe Rückmeldung und die Kontrolle von Lern- bzw. Arbeitsfortschritten (sei es in Form von Online-Selbsttests, als peer review oder über tutorielles Feedback). Sie kommen in der Flexibilität des individuellen Zugriffs variierenden inhaltlichen Interessen und dem unterschiedlich gelagerten Vorwissen der einzelnen Teilnehmenden gelegen und können die Entwicklung eines gemeinsam geteilten, anwendungsbezogenen Wissenshorizontes erleichtern, insofern als sie auch den Zuwachs an Wissen für alle Beteiligten sichtbar machen.

Im Fall von „Problemen", die eine erheblich größere Wissensbasis benötigen, kann dem Aspekt des Lernens eine zusätzliche Dimension verliehen werden: Das erarbeitete Wissen kann anderen später zur Verfügung gestellt werden, indem der Problemlöseprozess beispielsweise in die gemeinsame Erstellung einer Lernplattform integriert wird (etwa via Hyperwave oder WebCT; als Beispiel sei auf den „Grammatikbär" aus dem Fachbereich Germanistik der Universität Koblenz-Landau, Campus Koblenz verwiesen).

2.6   Exploration der Antworten

Schließlich werden die gesammelten Ergebnisse gesichtet, um das neu strukturierte Wissen – im Erfolgsfall problemlösend – in die Ausgangsfrage zu integrieren. Insbesondere bei der Visualisierung von Zusammenhängen kann etwa das Verfahren des „Mind-Mapping" eingesetzt werden (vgl. z.B. die Software „Mindmanager", deren Version X5 im Übrigen auch Planungsinstrumente umfasst). Selbst wenn in manchen Fällen eine eindeutige Lösung ausbleibt, ist doch ein Zugewinn an Wissen und an innerhalb des Prozesses entwickelten Fähigkeiten oder „erlittenen" Erfahrungen zu verzeichnen. Unter anderem deshalb ist die letzte, leider oftmals aus Zeitgründen vernachlässigte Phase von großer Bedeutung.

2.7   Evaluation und Reflexion des Prozesses

Rückblickend sind hier sowohl Ergebnis als auch Verfahrensweise im Kontext der Gesamt- und Individualziele aufzuarbeiten und zu reflektieren. Meist ist dabei eine erneute gemeinsame Präsenzphase und die Form des persönlichen Gesprächs angemessen. Die Verfügung über digitale Dokumente aus allen Phasen des Prozesses kann aber dem Gedächtnis zusätzlich auf die Sprünge helfen und die Reflexion systematisieren. Somit kommt die stetige Archivierung aller Schritte nun der Rekonstruktion der Lernprozesse zu Gute.

Das Problemorientierte Lernen zeichnet sich durch eine Lernerzentrierung aus, die das Auffinden von Informationen, ihre Selektion und Strukturierung nach Problemrelevanz sowie die Integration in den Prozess zu weiten Teilen in die Hände der Teilnehmenden legt. Die damit verbundenen Anforderungen selbstorganisierten und kooperativen Lernens scheinen – auch angesichts der Gewöhnung an die vielfach vorherrschenden dozentenorientierten Vermittlungsformen – das Risiko der Überforderung der Lernenden in sich zu bergen (vgl. u.a. Gräsel & Mandl 1993). Dies gilt insbesondere, wenn damit die Nutzung unbekannter oder ungewohnter Kommunikationsinstrumente einher geht (vgl. Gröblinger 2003). Doch kann dies – im Erfolgsfall – durch ein Training von Kommunikations- und Kooperationsfähigkeiten, eine Steigerung der Lernmotivation durch aktive Teilhabe, die Verbindung von wissenschaftlichem Wissen und Anwendungsgebieten sowie einen Beitrag zu einem reflektierten Umgang mit dem eigenen Lernverhalten wett gemacht werden.

3.4.4   Motivation

Armin Weinberger[1], Frank Fischer[2]

[1]IWM Tübingen, [2]Universität Tübingen

1   Motivation und computerunterstütztes Lernen

In der Forschung zu computerunterstützten kooperativen Lernumgebungen stehen bisher häufig das „Was?" und das „Wie?" kooperativer Aktivitäten im Mittelpunkt des Interesses: Es geht darum, Lernumgebungen so zu gestalten, dass bestimmte als lernförderlich angesehene Aktivitäten (z.B. kritische Fragen stellen) durch die Umgebung unterstützt werden. Weniger systematisch hat man sich bislang mit Fragen des „Warum?" befasst: Warum beteiligen sich manche Lernende aktiv an computerunterstützten Lernumgebungen? Und warum werden in manchen kooperativen computerunterstützten Lernumgebungen die Kooperationstools am Ende kaum noch aktiv genutzt? Die Tatsache, dass so viele gut gemeinte Diskussionsforen leer bleiben, ist ein Hinweis darauf, dass die Motivation von Lernenden in computerunterstützten Lernumgebungen häufig zu wenig berücksichtigt wird.

Der Motivationsbegriff wird in der Psychologie dazu herangezogen, Ursachen und Ziele menschlichen Verhaltens zu erklären. Motivation umfasst all diejenigen „Faktoren und Prozesse, die unter gegebenen situativen Anregungsbedingungen zu Handlungen führen und diese bis zum Abschluss in Gang halten" (Heckhausen 1974, S. 143). Die große Bedeutung der Motivation für das Lernen wird heute kaum bezweifelt (z.B. Schiefele & Wild 2000). Nicht allein scheint Motivation den individuellen Lernerfolg gut vorhersagen zu können. Lernmotivation bestimmt auch, wie sich Lernende auf die jeweils nächste Lernaufgabe einstellen, Lernsituationen vermeiden oder aufsuchen und in ihnen etwa angsterregende Momente oder persönliche Befriedigung erleben.

Der vorliegende Beitrag stellt ein kognitiv-rationales Motivationsmodell beispielhaft vor, um einen einführenden Überblick über pädagogisch-psychologische Aspekte der Motivation zu geben und dabei Hinweise zu liefern, wie die Motivation in computerunterstützten kooperativen Lernumgebungen analysiert und gefördert werden kann. Einen gut verständlichen Überblick über die Entwicklung des Motivationsbegriffs in der Psychologie (z.B. auch über triebtheoretische und humanistische Konzepte) gibt Mietzel (2001). Auf Überblicksarbeiten über weitere aktuelle motivationale Ansätze kann hier nur verwiesen werden (z.B. Krapp 1999). Weitere Ansätze zur Förderung der Motivation (z.B. auch Motivtrainings und unterrichtintegrierte Trainings, Interessenförderung) werden in Rheinberg (1998) dargestellt.

2   Das kognitiv-rationale Motivationsmodell

Im erweiterten kognitiv-rationalen Motivationsmodell (Heckhausen 1989) ist Motivation eine Funktion aus Situation, Handlung, Ergebnis und Folgen. Individuen wählen in Abhängigkeit von Situation, erwartetem Ergebnis und erwarteten Folgen rational Handlungen aus.

Dabei können die Handlungen selbst und die erwarteten Folgen Anreize und Beweggründe für Handlungen sein.

2.1   Erwartungsebene

Das erweiterte Motivationsmodell beschreibt zunächst auf der *Erwartungsebene*, welche Ergebnisse und Folgen Individuen aufgrund bestimmter Situationen und Handlungen erwarten (s. Abb. 1). In Abhängigkeit der abgeschätzten Erwartungen verändert sich die jeweilige Motivation. Dabei stehen auf der Erwartungsebene des erweiterten Motivationsmodells mehrere unterschiedliche Erwartungen miteinander in Beziehung.

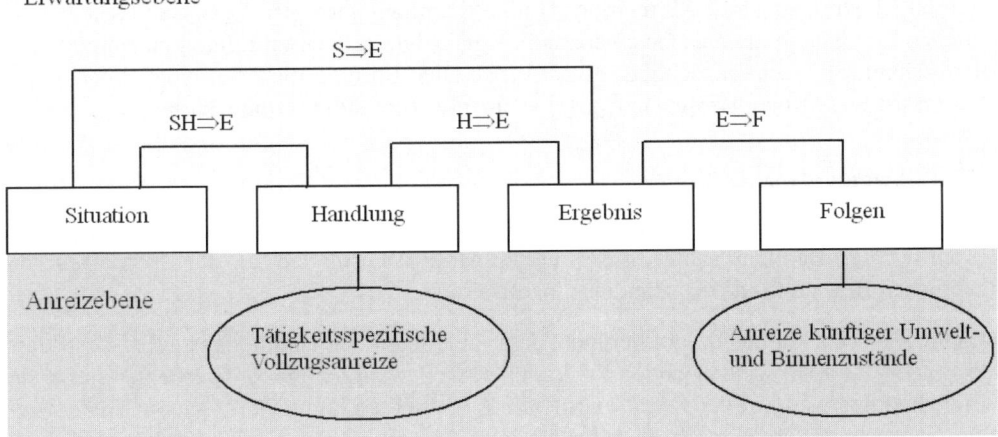

Abb. 1: Erweitertes Motivationsmodell nach Rheinberg (2002)

Zunächst wird beurteilt, zu welchem Ergebnis die gegebene Situation führt wenn man *nicht* handelnd eingreift (Situations-Ergebnis-Erwartung oder *SE-Erwartung*). Ist die SE-Erwartung hoch, so ist die Bereitschaft zur Aktivität gering. Eine problematische SE-Erwartung beim computerunterstützten Lernen könnte z.B. sein, dass Lernende annehmen, eine Leistungsbescheinigung in jedem Fall zu erhalten, so dass eine aktive Teilnahme an Online-Diskussionen nicht erforderlich ist. Unter der Annahme, dass ein passives Verfolgen des Online-Seminars zu einer gleichwertigen Leistungsbescheinigung führt wie eine aktive Teilnahme würde die Motivation zur aktiven Teilnahme Lernender also sinken.

Die Situations-Handlungs-Erwartung (*SH-Erwartung*) ist die Wahrnehmung darüber in einer Situation überhaupt handeln zu können. Bin ich in der Lage, mich in einer computerunterstützten Lernumgebung zu orientieren und ist es mir z.B. technisch möglich, einen Online-Beitrag zu verfassen?

Die Handlungs-Ergebnis-Erwartung (*HE-Erwartung*) beruht auf der subjektiven Einschätzung des Individuums, inwiefern eigene Handlungen zu einem möglichen Ergebnis führen könnten. Wird der eigenen Handlung ein nur geringer oder sogar negativer Effekt auf das Ergebnis zugeschrieben, so sinkt die Bereitschaft, diese Handlung auszuführen. In computerunterstützten kooperativen Lernumgebungen könnten Lernende z.B. annehmen, dass eine E-Mail an die Moderatoren oder die Lernpartner (nicht) dazu beitragen könnte, offene Fragen zur Lernaufgabe zu klären.

Die Ergebnis-Folgen-Erwartung (*EF-Erwartung*) ist die Annahme bezüglich des Zusammenhangs zwischen Handlungsergebnis und Folgen. Eine Trennung von Handlungsergebnis und Folgen ist insofern sinnvoll, als aus der Perspektive des Handelnden Ergebnisse unmittelbar beeinflusst, Folgen jedoch als Reaktionen der Umwelt nur eingeschätzt werden können. Insofern können Handlungsergebnisse mehrere, möglicherweise unerwartete Folgen haben, die wiederum individuell unterschiedlich bewertet werden können. Ist die EF-Erwartung niedrig, so ist die Motivation für eine Handlung geringer. Wenn also etwa in einer virtuellen Lernumgebung eine Gruppenarbeit angefertigt wird, deren Beitrag zu einem besseren Abschneiden in einer anschließenden individuellen Prüfung nicht besonders hoch eingeschätzt wird, so wird die Bereitschaft gering sein, etwas zu dieser Gruppenarbeit beizutragen.

2.2   Anreizebene

Neben den mehr oder weniger situationsabhängigen oder verinnerlichten Erwartungen bezüglich eigenen Handelns, sind im erweiterten Motivationsmodell auf der *Anreizebene* die eigentlichen Beweggründe des Handelns lokalisiert.

Handlungsanreize können darauf beruhen, dass die Folgen von Handlungsergebnissen (künftige Binnen- und Umweltzustände) als erstrebenswert wahrgenommen werden. Anreize der Handlungsfolgen sind in der Regel extrinsisch („von außen kommend"). *Extrinsische Motivation* bezeichnet den Wunsch oder die Absicht, eine Handlung durchzuführen, weil damit ganz bestimmte Konsequenzen verbunden sind, die mit der Handlung selbst in keinem direkten Verhältnis stehen. Dazu werden für gewöhnlich nicht nur finanzielle Anreize oder Noten gezählt, sondern auch Fremdbewertungen, etwa als Lernender in einem Diskussionsforum von einem Online-Moderator gelobt zu werden. Bestimmte Ansätze zum kooperativen Lernen legen den Schwerpunkt auf extrinsische Motivation. So fasst Slavin (1993) die empirische Forschung zum kooperativen Lernen in der Aussage zusammen, dass kooperatives Lernen individuellem Lernen nur dann überlegen ist, wenn Gruppen als Ganzes belohnt werden, die Bemessung der Belohnung jedoch auf der Basis individueller Lernleistungen vorgenommen wird. Dadurch soll gewährleistet sein, dass alle Gruppenmitglieder für ihre eigenen Lernhandlungen motiviert sind, aber auch dazu, die Lernpartner beim Lernen zu unterstützen.

Eine andere Gruppe von Anreizen, nämlich so genannte tätigkeitsspezifische Vollzugsanreize, können laut des erweiterten Motivationsmodells in der Handlung selbst lokalisiert sein. Die *intrinsische Motivation* („von innen heraus") bezeichnet den Wunsch oder die Absicht, eine Handlung um ihrer selbst willen durchzuführen. Mittel und Zweck oder Handlung und Handlungsziel stimmen thematisch überein (vgl. Rheinberg 2002).

Intrinsische Motivation wird mitunter als der extrinsischen Motivation gegensätzlich konzipiert. So sprechen einige wissenschaftliche Befunde dafür, dass extrinsische Anreize intrinsi-

sche Motivation beeinträchtigen können (Deci & Ryan 1985). Wenn also jemand aus eige-
nem Interesse eine Aufgabe bearbeitet und wird dafür belohnt, so könnte dies dazu beitragen,
dass die Lernhandlung in Zukunft nicht mehr aus Interesse, sondern allein für die Belohnung
ausgeführt wird. Verantwortlich dafür ist ein Wechsel des wahrgenommenen Ortes der Kontrolle der Handlungen (locus of control). Insbesondere materielle Belohnungen scheinen
intrinsische Motivation als Handlungsziel zu ersetzen und als kontrollierende Rückmeldung
bewertet zu werden (Anderson, Manoogian & Reznick 1976). Rückmeldungen, die dazu
dienen, Handlungen von außen zu kontrollieren, können also einerseits extrinsische Motivation fördern. Andererseits können Rückmeldungen über das Erreichen eines Ziels unmittelbar und konkret informieren, dadurch die Handlungskontrolle des Handelnden erhöhen und
somit intrinsische Motivation fördern (Deci & Ryan 1985).

Inwiefern extrinsische oder intrinsische Motivation funktional zur Unterstützung der Lernmotivation in computerunterstützten Umgebungen sind, hängt aber im Wesentlichen davon
ab, ob die Lernaufgabe als interessant oder uninteressant wahrgenommen wird. Dabei wird
der Geltungsbereich des Ansatzes von Slavin (1993) zur Erklärung der Effekte kooperativen
Lernens von Cohen (1994) auf als uninteressant wahrgenommene Aufgaben wie z.B. Voka-
belnlernen eingeschränkt. Die Akzeptanz von als uninteressant wahrgenommenen Aufgaben
kann durch extrinsische Belohnungen substanziell erhöht werden (Calder & Staw 1975).
Sind Aufgaben hingegen für Lernende interessant (weil z.B. von persönlicher Relevanz),
dann sei kooperatives Lernen unter bestimmten Voraussetzungen auch ohne extrinsische
Anreize individuellem Lernen überlegen.

3 Analyse und Förderung der Motivation in computerunterstützten kooperativen Lernumgebungen

Individuelle Bewertungen und Erwartungen spielen für die Aufnahme und Durchführung
von Handlungen in CSCL-Umgebungen eine erhebliche Rolle. Legt man das erweiterte Motivationsmodell zugrunde, so kann man den Lernenden eine Sequenz von vier Fragen (s.
Abb. 2) unterstellen, deren Antworten ihre Motivation für Lernhandlungen determinieren.
Diese vier Fragen werden typischerweise nicht expliziert und bei der Wiederholung ähnlicher Entscheidungsprobleme verkürzt und automatisiert, d. h. die Beantwortung der Fragen
geschieht nicht unbedingt bewusst. Darüber hinaus bildet die Sequenz der vier Fragen keine
verobjektivierbaren Entscheidungsverläufe ab. Vielmehr handelt es sich um eine hypotheti-
sche Sequenz zur Erklärung individueller Motivation. So können sich nicht nur die von Lernenden angestrebten Folgen interindividuell unterscheiden (z.B. Wissenserwerb, gute Schul-
note, sozialer Anschluss), sondern werden auch die Entscheidungsprobleme subjektiv bewertet und beantwortet.

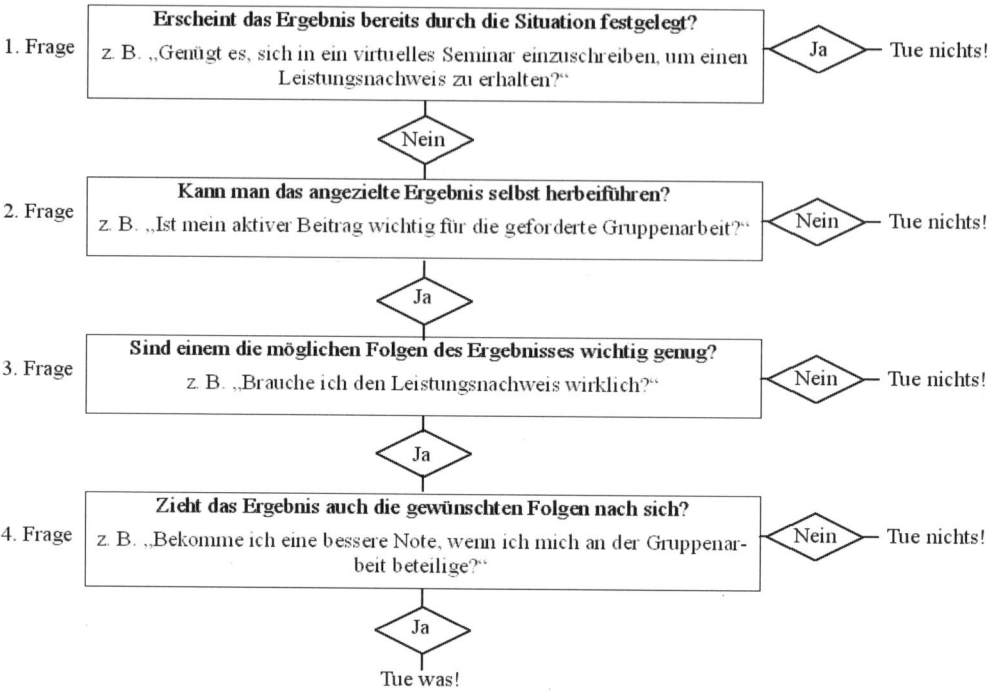

1. Frage — **Erscheint das Ergebnis bereits durch die Situation festgelegt?** z. B. „Genügt es, sich in ein virtuelles Seminar einzuschreiben, um einen Leistungsnachweis zu erhalten?" — Ja — Tue nichts!

Nein

2. Frage — **Kann man das angezielte Ergebnis selbst herbeiführen?** z. B. „Ist mein aktiver Beitrag wichtig für die geforderte Gruppenarbeit?" — Nein — Tue nichts!

Ja

3. Frage — **Sind einem die möglichen Folgen des Ergebnisses wichtig genug?** z. B. „Brauche ich den Leistungsnachweis wirklich?" — Nein — Tue nichts!

Ja

4. Frage — **Zieht das Ergebnis auch die gewünschten Folgen nach sich?** z. B. „Bekomme ich eine bessere Note, wenn ich mich an der Gruppenarbeit beteilige?" — Nein — Tue nichts!

Ja

Tue was!

Abb. 2: Aussagenlogische Sequenz von Fragen und Handlungsentscheidungen
(nach Heckhausen, 1989)

Die vier Entscheidungsfragen können auch als Ansatzpunkte zur Förderung der Motivation betrachtet werden.

(1) Lernende sollten *nicht* erwarten, dass ein Ergebnis auch ohne Zutun sozusagen automatisch eintritt. Ein wichtiges Kriterium für CSCL-Umgebungen ist demnach, inwiefern die Lernaufgabe aktive Beteiligung Lernender explizit voraussetzt. (2) Lernende sollten wahrnehmen, dass sie die Möglichkeit besitzen, in computerunterstützten Lernumgebungen aktiv zu sein und dass sie durch ihre Aktivitäten wesentlich dazu beitragen können, ein bestimmtes Ergebnis innerhalb der Lernumgebung zu erreichen. Diese Erwartungen können z.B. durch nutzerfreundliche Gestaltung oder Qualifizierung der Lernenden bezüglich des Umgangs mit neuen Medien unterstützt werden. Aber auch die einfache Information der Lernenden über den (hohen) Stellenwert des Beitrags von jedem Einzelnen kann bereits hilfreich sein (Hertel 2002). (3) Die Handlungsfolgen sollten transparent und bedeutsam für Lernende sein. Online-Kurse sollten demnach nicht allein experimentellen Charakter besitzen, sondern in bestehende Aus- und Weiterbildungskonzepte integriert werden. Leistungsnachweise aus Online-Kursen sollten z.B. herkömmlichen Leistungsnachweisen gleichwertig sein. (4) Lernende sollten einen verlässlichen Zusammenhang zwischen ihren Handlungsergebnissen und den angestrebten Folgen erkennen. Um etwa die aktive Beteiligung Lernender in Diskussionsfo-

ren, Chatrooms oder an Videokonferenzen zu fördern, sollten die angestrebten Ziele der Lernenden (z.B. Erwerb eines Leistungsnachweises) bei der Gestaltung der Lernumgebung insofern berücksichtigt werden, als klar gemacht wird, wie genau die geforderten Lernaktivitäten mit Ergebnissen (und deren Folgen) zusammenhängen.

Die Anreizebene ist ein weiterer wesentlicher Ansatzpunkt zur Förderung der Motivation in CSCL-Umgebungen. Extrinsische Anreize können dazu führen, dass Lernende auch solche Lernaufgaben motiviert bearbeiten, die zunächst weniger interessant für sie sind. Slavin (1993) schlägt als Konsequenz aus seinen Analysen vor, Lernumgebungen für Gruppen so zu gestalten, dass die individuellen Beiträge der Gruppenmitglieder identifizierbar bleiben, die Gruppe als Ganzes jedoch auf der Basis der Einzelleistungen belohnt wird. Typischerweise wird in den instruktionalen Anordnungen Slavins (1993) das Gruppenmittel über die individuellen Leistungen gebildet und es erhält jedes Gruppenmitglied dieselbe Belohnung (z.B. eine Benotung). Entscheidende Voraussetzung ist also, dass die Einzelleistungen erkennbar bleiben – dies ist gerade in textbasierten CSCL-Umgebungen etwa durch die Autorentags an den einzelnen Nachrichten oder Beiträgen relativ einfach zu realisieren.

Motivation kann auch durch spezifisches Feedback für die Lernenden gefördert werden. Feedback über die Richtigkeit einer Aufgabenlösung kann extrinsischer Anreiz sein. Feedback, das darüber hinaus genaue und konkrete Informationen darüber enthält, inwiefern eine Aufgabenlösung von einer richtigen Lösung abweicht oder mit ihr übereinstimmt, kann hingegen intrinsische Motivation fördern. Lernende in CSCL-Umgebungen können in unterschiedlichem Maß kontrolliert oder über ihre Handlungen informiert werden. Feedback, das in CSCL-Umgebungen (z.B. über die Anzahl der Beiträge oder Besuche) automatisch generiert wird, zeichnet sich häufig weniger durch informative als vielmehr durch kontrollierende Aspekte aus. Kontrollierendes Feedback kann allerdings den wahrgenommenen Ort der Kontrolle zu Ungunsten des Lernenden verändern und dadurch intrinsische Motivation reduzieren.

Maßnahmen zur Motivierung von Lernenden in CSCL-Umgebungen können sich dementsprechend an der Stärkung der Kontrollmöglichkeiten (z.B. Wahlmöglichkeiten) der Lernenden über ihre Lernhandlungen orientieren. Gerade insofern als neue Medien eine aktive Konstruktion und Kommunikation von Texten und Bildern erlauben, können computerunterstützte kooperative Lernumgebungen dazu beitragen, intrinsische Motivation zu fördern.

3.4.5   Medienwahl

Gerhard Schwabe

Universität Zürich

1   Einleitung: Das Problem der Medienwahl

In den letzen Jahrzehnten erleben wir eine deutliche Ausweitung des Spektrums der für das Lernen verfügbaren Medien: Fernsehen und Rundfunk zählen bereits zu den etablierten Medien und auch Lernen mit Hilfe des Internets hat sich in erstaunlich kurzer Zeit (und mit gemischtem Erfolg) etabliert. Inzwischen interessiert die Forschung, wie man mit mobilen Medien (mit Hilfe eines Smartphones, Tablet PCs oder PDAs) lernen und lehren kann (siehe z.B. das EU-Projekt Mobilearn, www.mobilearn.org). Da „alte" Medien wie der Face-to-Face Unterricht oder das Buch dennoch nicht am Verschwinden sind, gewinnt mit steigender Zahl verfügbarer Medien das Problem einer geeigneten Medienwahl an Bedeutung: Welches Medium soll für welchen Lernzweck verwendet werden? Im Folgenden werden zuerst kurz Forschungsergebnisse der Mediendidaktik zur Medienwahl beim Unterricht und Lernen und aus den Sozialwissenschaften zur Medienwahl im Allgemeinen vorgestellt. Dabei wird die am weitesten verbreitete Theorie, die so genannte „Media Richness-Theorie", im Detail vorgestellt. Allen Ansätzen ist gemein, dass sie a) zu grobgranular sind, und b) zu allgemein sind, um aus ihnen konkrete Gestaltungsempfehlungen für die Medienwahl beim kollaborativen Lernen abzuleiten. Deshalb wird anschließend ein Ansatz aus der Forschung zur computerunterstützten Gruppenarbeit diskutiert. Er weist sinnvolle Ansatzpunkte auf, ist aber für das kollaborative Lernen auch nur eingeschränkt verwendbar.

2   Das Problem der Medienwahl in der Mediendidaktik

Das Problem der Medienwahl wird in der Mediendidaktik schon seit längerem diskutiert, ohne dass die Diskussion zu eindeutigen Gestaltungshinweisen geführt hat. Das Problem einer geeigneten Medienwahl hängt so ziemlich von allen anderen didaktischen Gestaltungsdimensionen ab (also z.B. von den didaktischen Zielen, den Persönlichkeiten und der Weltanschauung der Akteure, den Lernmethoden etc.). Der empirische Befund zur Medienwahl ist nicht eindeutig, d.h. es ist bisher nicht belegt, ob ein bestimmtes Medium unter definierten Umständen einem anderen überlegen ist (wenn man von Trivialitäten und offensichtlichem Unsinn absieht). Dieses Ergebnis erstaunt wesentliche Fachvertreter nicht:

1. Es ist praktisch unmöglich, ein sinnvolles Experiment zu entwickeln, bei dem isoliert nur die Medien variiert werden (Weidemann 2001). Je mehr man versucht, die sonstigen Variablen stabil zu halten, desto mehr reduziert man die Ausdrucksmöglichkeiten der beteiligten Medien, bis der Forscher schließlich nur noch den größten gemeinsamen Teiler der beteiligten Medien testet. Nutzt man aber die Potentiale der Medien aus, variiert man damit auch andere Variablen wie z.B. die verwendete didaktische Methode. Damit lässt sich jede Vari-

anz im Ergebnis nicht mehr auf das Medium zurückführen, sondern nur noch auf die Gesamtkonfiguration.

2. Schon ein klassischer Schulunterricht wird mit einem Medienmix aus Lehrbüchern, Face-to-Face Diskussion und Einzelarbeit zu Hause durchgeführt. So sind auch die meisten anderen Lernaufgaben nicht nur durch ein Medium abzudecken, sondern durch eine geeignete Medienkonfiguration. Selbst aufwändig produzierter Unterricht bei den Funk-Kollegs konnte nicht auf gedruckte Unterlagen verzichten. Kerres (2001, S. 271 ff) argumentiert deshalb stark dafür, nicht die Eignung von einzelnen Medien, sondern die Eignung von Medienkonfigurationen zu untersuchen.

Zusammenfassend lässt sich feststellen, dass die Mediendidaktik Medienwahl danach untersucht hat, wie gut ein bestimmtes Medium zur Erreichung eines Lernziels geeignet ist. Dabei ist sie an der Komplexität der realistischen Lernszenarien gescheitert, die aufgebaut werden müssen, um ein Lernziel zu erreichen. Kerres Verweis auf Medienkonfigurationen verlagert das Problem auf die Frage, wie geeignet die einzelnen Bausteine sind und wie sie zusammenzusetzen sind. Um zum Ziel zu führen, ist auf jeden Fall auf ein feinergranulares Objekt als Lernszenario abzuheben. Das Problem zu grober Granularität ist auch bei den im Folgenden vorgestellten Basistheorien zur Medienwahl aus den Sozialwissenschaften zu beobachten.

3   Basistheorien zur Medienwahl

Da das Problem einer geeigneten Medienwahl insbesondere für Manager wesentlich ist, wird es in den Organisationswissenschaften schon seit längerem diskutiert. Dabei lassen sich rationale und alternative Ansätze unterscheiden (Abb. 1, Weber 2003).

3.1   Ansätze rationaler individueller Medienwahl

Ein prominenter Ansatz zur rationalen individuellen Medienwahl ist die Social Presence-Theorie (Short et al. 1976): Ein Medium hat eine umso höhere soziale Präsenz, je mehr es dazu in der Lage ist, die Persönlichkeit des Kommunizierenden und nonverbale Symbole zu übermitteln. Die höchste soziale Präsenz hat die Face-to-Face Kommunikation; eine sehr geringe das geschriebene Dokument. Ein Medium ist so zu wählen, dass es ein ausreichendes Maß an sozialer Präsenz für eine gegebene Kommunikationssituation ermöglicht. Die Grundidee der Social Presence-Theorie wird in der weiter unten beschriebenen Media Richness-Theorie aufgegriffen und verfeinert.

Das Modell der aufgabenorientierten Medienwahl (Reichwald et al. 1998, S. 59 ff) empfiehlt, ein Medium in Abhängigkeit von der Strukturiertheit der zugrunde liegenden Kommunikationsaufgabe, der erforderlichen Genauigkeit, der gewünschten Schnelligkeit und Bequemlichkeit sowie der erforderlichen Vertraulichkeit zu wählen. Dabei werden konkrete Beispiele für eine geschickte Medienwahl gegeben, ohne dass ein Theoriegebäude aufgebaut wird.

Kategorien		Grundlegende Annahmen
rationale Ansätze	**Ansätze rationaler, individueller Medienwahl** (Trait Theories, Media-Task Views)	Die Medienwahl erfolgt rational aufgrund objektiver, dem Medium inhärenter Eigenschaften und deren Eignung, bestimmte Kommunikationsinhalte zu übertragen. Die Ansätze dieser Gruppe wählen dabei entweder Charakteristika des Mediums oder diejenigen der Kommunikationsaufgabe als Ausgangspunkt für die Medienwahl. Soll ein Kommunikationsprozess effektiv abgewickelt werden, bedarf es einer gewissen Abstimmung von Medium und Kommunikationsinhalt bzw. -aufgabe.
alternative Ansätze	**Ansätze kollektiver Medienakzeptanz** (Social Interaction Theories)	Die Medienwahl des Benutzers ist subjektiv rational, wird aber durch die soziale Umwelt beeinflusst.
	Ansätze subjektiver Medienakzeptanz (Experience-Based Media Appropriateness)	Die Medienwahl des Benutzers wird durch die individuelle Erfahrung und Einstellung beeinflusst.
	Ansätze mit Berücksichtigung zeitlicher und gruppendynamischer Aspekte	Im Zusammenhang mit der Medienwahl werden auch dynamische Veränderungen innerhalb von Gruppen – in deren Kontext die individuelle Medienwahl erfolgt – über eine gewisse Zeitspanne betrachtet.

Abbildung 1: Theorien zur Medienwahl nach Weber 2003

Die Media Richness-Theorie (Daft & Lengel, 1984; 1986) verbindet die Medienwahl mit der Aufgabe, die die beteiligten Akteure gemeinsam lösen wollen. Sie teilt Aufgaben danach ein, wie unsicher (Unsicherheit = Uncertainty) sie sind, und wie mehrdeutig (Mehrdeutigkeit = Equivocality) sie sind. Unsichere Aufgaben könnte man optimal lösen, wenn alle benötigten Informationen vorhanden wären.

Mehrdeutige Aufgaben lassen sich auch durch sehr viel Information nicht lösen. Vielmehr unterliegen sie der Interpretationsfähigkeit der Akteure, welche zu einem gemeinsamen Verständnis eines Sachverhalts kommen müssen. Beispielsweise ist das Verfassen einer Unternehmensstrategie eine mehrdeutige Aufgabe, weil sich die Akteure dabei auf ein gemeinsames Verständnis der Rolle des Unternehmens im Markt verständigen und dafür die relevanten Einflussfaktoren erst definieren müssen. Bei mehrdeutigen Aufgaben sucht man Variablen; bei unsicheren Aufgaben hingegen Variablenwerte.

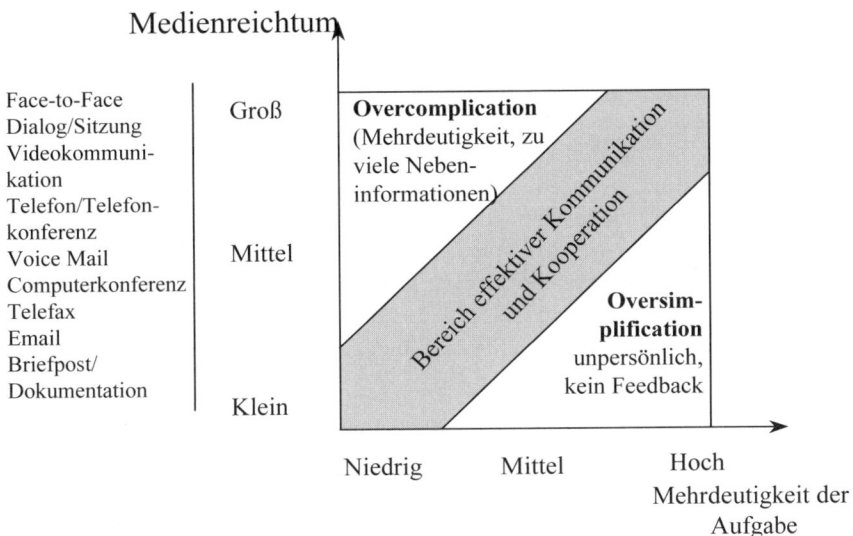

Abbildung 2: Media Richness-Theorie (nach Reichwald et al., 1998, S. 57)

Die ursprüngliche Fassung der Media Richness-Theorie von Daft und Lengel (1984; 1986) empfiehlt, für unsichere Aufgaben Medien zu verwenden, die viel Information vermitteln (z.B. schriftliche Berichte), und für mehrdeutige Aufgaben Medien einzusetzen, die „reich" sind (z.B. Sitzungen). Den „Reichtum" („Richness") eines Mediums kann man daran messen, wie unmittelbar das Feedback ist, wie viele Kanäle wie viele Hinweise geben, wie persönlich die Kommunikation und wie vielfältig die vermittelte Sprache ist. Die Verwendung von besser geeigneten Medien führt zu höherer Effektivität der Aufgabenerfüllung (Daft & Lengel, 1986, S. 561). Rice (1992) entwickelt die Media Richness-Theorie für neue Medien fort. Reichwald et al. (1998, S. 57) entwickeln daraus ein Media Richness-Modell für die Telekooperation (vgl. Abbildung 2). Face to Face-Dialoge oder -Sitzungen haben den größten Medienreichtum; Briefpost und schriftliche Dokumentation den kleinsten. In Abhängigkeit davon, wie mehrdeutig die Telekooperationsaufgabe ist, sind andere Medien zu bevorzugen. Dabei ist es nicht so, dass reiche Medien per se „besser" geeignet sind und arme Medien schlechter. Vielmehr gibt es einen Bereich effektiver Kommunikation. Die Wahl zu reicher Medien führt zu einer „Überkomplizierung" („Overcomplication") der Situation. Anstatt Fakten zu suchen, werden die Teilnehmer durch den Reichtum des Mediums abgelenkt; es wird interpretiert und möglicherweise Mehrdeutigkeit künstlich erzeugt. Die Verwendung zu armer Medien hat eine zu starke „Vereinfachung" („Oversimplification") zur Folge: Das Medium eignet sich nur für die Informationssuche, obwohl ein gemeinsames Verständnis durch gemeinsame Interpretation gefragt ist. Wegen mangelnden Feedbacks und Unpersönlichkeit des Mediums kann nicht gemeinsam interpretiert werden.

3.2   Ansätze kollektiver Medienakzeptanz

Kritiker bemängeln an den Modellen zur rationalen Medienwahl ihren Reduktionismus. Neben rationalen Gründen betonen Vertreter einer kollektiven Medienakzeptanz die Bedeutung weiterer Faktoren. So erweitern Treviño, Daft und Lengel (1990) die Media Richness Theorie um die symbolische Bedeutung, die einem Medium zugewiesen werden kann (z.B. die symbolische Bedeutung, von einer hochstehenden Persönlichkeit persönlich empfangen zu werden) und um kontextuelle Faktoren, z.B. geographische Distanz, Zugang zu Medien, Zeitdruck und Verbreitung eines Mediums. Die Verbreitung eines Mediums ist zudem ein kritische-Masse-Problem (Markus 1990). Eine kritische Masse an Nutzern sorgt bei kommunikationsorientierten Anwendungen für ein ausreichend großes Netzwerk, eine kritische Masse an (nutzbringender, neuer) Funktionalität für eine ausreichende Attraktivität zur Überwindung von Eintrittsschwellen.

Das Social Influence Modell (Fulk et al. 1990) betont die Bedeutung des sozialen Umfelds. Der Einfluss des sozialen Umfelds sowie die Erfahrungen des Entscheidungsträgers prägen sowohl die Bewertung der Medien als auch die Bewertung der Aufgabe. Mediennutzung ist umso stärker sozial geprägt, je weniger Erfahrungen die wählenden Akteure haben. Hinzu kommen auch situative Einflussgrößen wie die geographische Distanz der Akteure.

3.3   Ansätze subjektiver Medienakzeptanz

Auch das Technology Acceptance Model (TAM, Davis et al. 1989) wurde auf die Medienwahl angewendet. Grundidee ist es, dass eine Technologie dann genutzt wird, wenn die wahrgenommene Nützlichkeit und die wahrgenommene Einfachheit der Nutzung höher sind als bei einer Alternativtechnologie. King und Xia (1997) ergänzen dieses Modell um die Beobachtung, dass auch die Gewohnheit und Erfahrung im Umgang mit einem Medium dessen Nutzungswahrscheinlichkeit erhöht. Deshalb werde beispielsweise das Telefon so häufig verwendet.

3.4   Resümee zu den Basistheorien

Die aufgeführten Theorien führen eine beobachtete Nutzung von Medien auf eine individuelle rationale Entscheidung, auf sozial geprägte, individuelle Entscheidungen oder auf ein kollektives Entscheidungsverhalten zurück. Wahrscheinlich tragen sie alle jeweils einen Baustein zur Erklärung von Medienwahlentscheidung bei; sie leiden jedoch bei der Anwendung für die Medienwahl beim CSCL alle unter der gleichen Schwäche: 1. Sie sind nicht für Lernsituationen gedacht und sind 2. allenfalls für Kleingruppen (2–4 Personen) geeignet. Die für das CSCL typische Gruppenarbeit in größeren Verbünden (5–100 Personen) ist nicht abgedeckt. Größere Gruppen haben nicht nur ein Kommunikationsproblem in dem Sinne, dass die einzelnen Teilnehmer sich missverstehen könnten, sondern sie haben mit zunehmender Teilnehmerzahl ein Performanceproblem. Das zeigt sich schlicht daran, dass bei einer mündlichen Diskussion in der Face-to-Face-Situation jeder Teilnehmer einer Großgruppe nur noch sehr kurz zu Wort kommen kann. Deshalb wird im Folgenden eine noch junge Theorie vorgestellt, die auf diese Probleme dezidiert eingeht. Sie baut auf Experimenten zur Media Richness-Theorie auf.

4 Medienwahl bei Computerunterstützter Gruppenarbeit

In diesem Abschnitt werden die Beschreibungen und Ergebnisse von Schwabe (2001, 2002) zusammengefasst. Dennis und Valacich (1999) bescheinigen der Media Richness-Theorie ein hohes Maß an Plausibilität, verweisen aber darauf, dass ihre empirischen Überprüfungen bisher nicht sehr überzeugend waren. Insbesondere basierten die Studien auf Wahrnehmungen der Eignung von Medien für Aufgaben, nicht aber auf echter Nutzung. Dennis und Valacich (1999) argumentieren, dass der Grundansatz der Media Richness-Theorie zu grob ist: Die Media-Richness-Theorie geht davon aus, dass Charakteristika der Aufgabe und deren Anforderung an den Kontextreichtum eine optimale Medienwahl bestimmen. Es ist aber vielmehr die Art des Kommunikationsprozesses und dessen Anforderung an die Informationsverarbeitungskapazität eines Mediums, welche die Mediennutzung vorgeben. Ausgehend von den Kommunikationsprozessen entwickeln sie eine eigene „Media Synchronicity-Theorie". Im Folgenden wird zuerst in die Media Synchronicity-Theorie eingeführt und dann ihre Brauchbarkeit für das CSCL diskutiert.

4.1 Einführung in die Media Synchronicity-Theorie

Die Media Synchronicity-Theorie unterscheidet zwei generische Kommunikationsprozesse: Informationsübermittlung und Konvergenz (vgl. Abbildung 3).

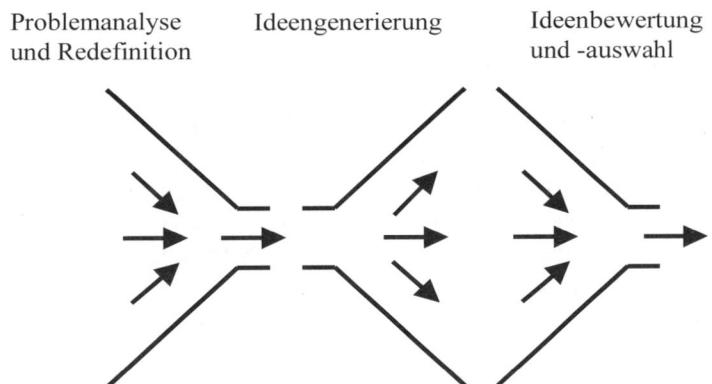

Problemanalyse und Redefinition   Ideengenerierung   Ideenbewertung und -auswahl

Abbildung 3: Konvergente und informationsübermittelnde Kommunikationsvorgänge in Sitzungen

Informationsübermittlungsprozesse sorgen dafür, dass möglichst viele Informationen möglichst vielen Gruppenmitgliedern zur Verfügung stehen. Hierzu müssen einzelne Gruppenmitglieder Informationen sammeln oder kreativ erzeugen und sie sodann anderen zur Verfügung stellen. Diese Aktivität erfordert Überlegung und ist meist divergent, d.h. der der Gruppe zur Verfügung stehende Informationsumfang wird ausgeweitet. Für eine rationale Problemlösung verbessert der Umfang (relevanter) Informationen und Alternativen die Gruppenentscheidung. Allerdings wird eine Gruppe mit zunehmendem Informationsumfang auch immer weniger handlungsfähig. Informationen müssen strukturiert und verdichtet werden, um diese Handlungsfähigkeit wieder herzustellen. Hierzu sind konvergente Kommunikationsprozesse gedacht. In ihnen wird in der Gruppe ein gemeinsames Verständnis über den Problemgegenstand sowie über die Alternativen erzielt.

In der Terminologie der Media Richness-Theorie sind divergente Prozesse für die Reduktion von Unsicherheit geeignet, während konvergente Prozesse zur Reduktion von Mehrdeutigkeit beitragen. Hierin liegt offenkundig die Verwandtschaft zur Media Richness-Theorie.

Die Media Synchronicity-Theorie erweitert die relevanten Medieneigenschaften: Nicht der „Reichtum" eines Mediums ist entscheidend, sondern sein Synchronizitätsgrad: „Mediensynchronizität ist das Ausmaß, in dem Individuen an der gleichen Aufgabe zur gleichen Zeit zusammenarbeiten, d.h. einen gemeinsamen Fokus haben" (Dennis & Valacich, 1999; Übersetzung des Autors). Diese Definition macht deutlich, dass es sich beim Begriff der Mediensynchronizität nicht um eine Dichotomie zwischen synchron und asynchron handeln kann, sondern dass es sich hier um ein Kontinuum handelt. Synchronizität sollte man unabhängig von seinen Implikationen als Zeitversatz messen. Der Synchronizitätsgrad gibt dann das Ausmaß des Zeitversatzes an (z.B. Sekunden, Minuten, Stunden, Tage). Dabei legen menschliche Kommunikationsgepflogenheiten nahe, dass es sich hier nicht einfach um eine lineare Zeitskala handeln kann.

Das Potential von Medien macht die Media Synchronicity-Theorie an fünf Faktoren fest:

- *Geschwindigkeit des Feedbacks*: Wie schnell kann ein Kooperationspartner auf Nachrichten antworten? Ein unmittelbares Feedback kann in Sekunden-Bruchteilen geschehen, langsameres Feedback kann Stunden oder Tage dauern (z.B. bei E-Mail).
- *Symbolvarietät*: Auf wie viele Weisen kann Information übermittelt werden? Die Symbolvarietät wurde der Media Richness-Theorie entlehnt, und zwar in der Bedeutung, auf wie vielen Kanälen wie viele Hinweise zum gleichen Kommunikationsvorgang übermittelt werden können, oder anders ausgedrückt, wie viele Symbolsysteme zur Verfügung stehen. Beispielsweise hat ein gedruckter Brief eine geringe Symbolvarietät; eine Face-to-Face-Kommunikation hingegen eine hohe Symbolvarietät, da Stimmhöhe, Gesichtsausdruck etc. im gleichen Kommunikationsvorgang die gesprochene Aussage unterstützen.
- *Parallelität*: Auf wie vielen Kanälen können wie viele Personen gleichzeitig in *unterschiedlichen* Kommunikationsvorgängen kooperieren oder kommunizieren? Wenn in einer Gruppe eine Person einen Vortrag hält und die anderen ihm zuhören, dann ist die Parallelität niedrig (nämlich = 1). Wenn hingegen in einer Gruppe jeder Teilnehmer seine Ideen auf Kärtchen schreibt und diese an einem Pinboard veröffentlicht, dann ist die Parallelität hoch (nämlich = n, wenn „n" die Zahl der Gruppenteilnehmer ist).
- *Überarbeitbarkeit*: Wie umfassend und häufig kann der Sender seine Nachricht oder seinen Beitrag überarbeiten, bevor er ihn abschickt? Ein gesprochener Satz lässt sich im Kopf nur schwierig überarbeiten; ein geschriebener Satz (z.B. in einer E-Mail) lässt sich hingegen vergleichsweise einfach umformulieren.

- *Wiederverwendbarkeit*: Wie gut kann der Empfänger eine Nachricht oder einen Beitrag eines anderen wiederverwenden? Ein gesprochenes Wort lässt sich normalerweise kaum weiterverwenden, ein im Computer geschriebener Text meist recht einfach.

Abbildung 4 fasst die Medieneigenschaften zusammen.

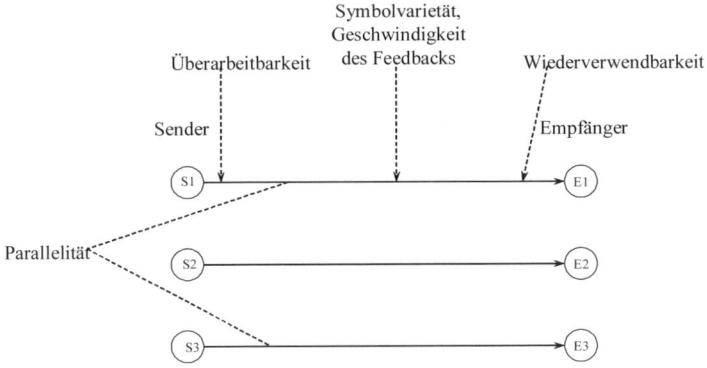

Abbildung 4: Medieneigenschaften in der Media Synchronicity-Theorie am Beispiel von 3 Sendern und Empfängern

Die Überarbeitbarkeit wirkt auf den Sender, die Wiederverwendbarkeit auf den Empfänger. Parallelität beschreibt die Anzahl von Kommunikationskanälen; die Symbolvarietät sowie die Geschwindigkeit des Feedbacks stehen für die Kapazität und Qualität jedes einzelnen Kommunikationskanals.

Schon angesichts dieser fünf Faktoren wird unmittelbar deutlich, dass es absolut gesehen keine „reichen" und „armen" Medien geben kann: Überarbeitbarkeit und Feedback sind zwei gegenläufige Größen; Parallelität und Symbolvarietät weisen keinen direkten inneren Zusammenhang auf. Im Kern der Betrachtung stehen die beiden Faktoren Feedback und Parallelität. Medien mit schnellem Feedback und geringer Parallelität ermöglichen hohe Synchronizität; Medien mit langsamem Feedback und hoher Parallelität ermöglichen geringe Synchronizität. Beispielsweise ist elektronisches Brainstorming ein Medium für geringe Synchronizität und der Face to Face-Frontalunterricht ein Medium für hohe Synchronizität. Der Unterschied zwischen hoher und niedriger Synchronizität lässt sich auch am Beispiel einer Cocktail-Party erklären: Während sich die Gesprächsgruppen laufend mischen und zusammensetzen, herrscht ein hohes Maß an Parallelität der Konversationen aber von geringem Feedback (außer vom direkten Gesprächspartner). Wenn ein Teilnehmer ruft „Alle herhören, der Gastgeber hat heute Geburtstag!" werden die Einzelgespräche eingestellt und alle hören auf den Rufer. Die Kommunikation hat mit einem Schlag eine geringe Parallelität und ein schnelles Feedback.

Zwischen den generischen Prozessen und den Medieneigenschaften bestehen folgende Zusammenhänge: Für konvergente Prozesse sind Medien mit hoher Synchronizität geeignet; für divergente Prozesse Medien mit geringer Synchronizität. Generell führen Medien mit einer höheren Überarbeitbarkeit zu einer besseren Leistung, in konvergenten Prozessen führen Medien mit einer höheren Wiederverwendbarkeit zu einer besseren Leistung (Anmerkung: Der Begriff der „Leistung" bleibt bei Dennis und Valacich unspezifiziert). Etablierte Gruppen benötigen weniger Synchronizität als noch nicht etablierte Gruppen; im Laufe des Gruppenentwicklungsprozesses nimmt der Bedarf demnach an Synchronizität ab, da sich ein gemeinsames Grundverständnis entwickelt hat.

Neben die generischen Kommunikationsprozesse (Informationsübermittlung und Konvergenz) und die Kommunikationsverarbeitungskapazität eines Mediums treten als dritte Dimension von Einflussfaktoren für die Medienwahl die drei Funktionen einer Gruppe nach McGrath (1991): Produktion, Mitgliederunterstützung und Gruppenwohlbefinden. Die Produktionsfunktion bezieht sich auf das Sachergebnis, welches eine Gruppe produziert, z.B. die Qualität eines gemeinsam erarbeiteten Konzeptes; die Mitgliederunterstützung stellt den Nutzen für das individuelle Gruppenmitglied in den Vordergrund, z.B. seine Zufriedenheit; das Gruppenwohlbefinden zielt schließlich auf den Zustand der Gruppe als Ganzes, lässt sich also etwa durch den Grad an Konsens messen.

4.2   Brauchbarkeit der Media Synchronicity-Theorie für das CSCL

Die Media Synchronicity-Theorie ist für das computerunterstützte kooperative Lernen aus folgenden Gründen interessant:

1. Sie betrachtet mit der Überarbeitbarkeit und Wiederverwendbarkeit eines Mediums Variablen, die mit zunehmender Verbreitung von Computern an Bedeutung gewinnen.

2. Sie betrachtet explizit Gruppenprobleme und gibt den Lehrenden (die beim CSCL häufig Moderator werden) und den Lernenden in der Moderationslehre fundierte Hinweise, wie durch eine geeignete Medienwahl mit diesen umzugehen ist.

3. Sie wählt nicht die Aufgabe als Ansatzpunkt, sondern die Art des Kommunikationsprozesses. Nach dem gescheiterten Versuch der Didaktik, einen direkten Zusammenhang zwischen Lernziel/Aufgabe und Medien herzustellen, ist dies ein interessanter neuer Ansatz. Kommunikationsprozesse sind zudem feinergranular und näher an Kommunikationsmedien als Aufgaben und damit vermutlich ein besser geeigneter Ansatzpunkt für die Medienwahl.

4. Sie betrachtet mit dem Synchronizitätsgrad eine grundlegende Medieneigenschaft, da sich gerade kollaborative Lernmedien durch abgestufte Synchronizitätsgrade auszeichnen.

Wenn die Media Synchronicity-Theorie für das Lernen anwendbar ist, führt das zumindest für das kollaborative Lernen zu einer Umkehrung bisheriger Lernformen: Prozesse, die primär der Wissensaufnahme dienen, sollten besser asynchron abgehalten werden, während ein gemeinsames Verständnis besser synchron erarbeitet wird. Vorlesungen in der traditionellen Form haben damit im Kontext des kollaborativen Lernens keinen Platz mehr. In einer ersten Pilotstudie zur Eignung der Theorie für das kooperative Lernen (Schwabe 2002) wurden aber Grenzen dieser einfachen Schlüsse deutlich:

1. Co-Präsenz hat beim Lernen nicht nur mit Kommunikation zu tun, sondern auch mit Motivation. Motivation kann durch die Persönlichkeit der Lehrenden entstehen. Dieser wesentliche Aspekt wird in der Media Synchronicity-Theorie ausgeblendet. Zur Motivation der Lernenden kann es notwendig sein, ein höheres Maß an Synchronizität zu wählen, als dies die Theorie empfiehlt.

2. Während es das Ziel des kooperativen Arbeitens ist, eine Aufgabe möglichst effektiv und effizient zu erfüllen, strebt das kooperative Lernen das Erreichen von Lernzielen an. Dies verbietet bestimmte Formen der Arbeitsteilung, da letztlich jedes Individuum der Gruppe das Lernziel erreichen muss (Schwabe et al. 2001).

3. Der Synchronizitätsgrad ist nur ein – wenn auch wichtiger – Baustein für eine Medienwahl. Für konkrete CSCL-Lernsituationen geht es nicht darum, einen Synchronizitätsgrad festzuschreiben, sondern es kommt auf den richtigen Medienmix bzw. auf den Wechsel von Mediennutzungsarrangements mit hoher und geringer Synchronizität an. Zu einer geeigneten Konfiguration von Medien in Lernszenarien trägt die Media Synchronicity-Theorie nur wenig bei.

5 Zusammenfassung und Ausblick

So wichtig die Medienwahl für das kooperative Lehren und Lernen ist, ein geschlossenes Konzept zur Medienwahl ist derzeit nicht absehbar. Die Didaktik sieht in der Medienwahl eine wesentliche Gestaltungsdimension für den Unterricht; es gelingt ihr aber nicht, diesen Aspekt von den anderen Gestaltungsdimensionen zu isolieren und gezielte Gestaltungshinweise zu geben. Die sozialwissenschaftlichen Basistheorien zur Medienwahl zeigen, wie vielfältige rationale, subjektive und kollektive Einflussfaktoren es auf die Medienwahl gibt. Für eine umfassende Gesamttheorie ist die Zahl der diskutierten Einflussfaktoren zu groß, und wenn man sich einer der dort angeführten Theorien anschließt, dann ist ihre direkte Anwendbarkeit für das CSCL fraglich, da Gruppenaspekte unzureichend behandelt werden. Hier liegt die Stärke der Media Synchronicity-Theorie; aber auch sie kann nur Bausteine für ein Konzept zum Medieneinsatz liefern – das Gesamtszenario müssen sich die Lehrenden oder Lernende dann selbst zusammensetzen. Dennoch lassen sich aus den vorgestellten Theorien besser fundierte und brauchbarere Gestaltungshinweise ableiten als aus manchem neumodischen oder technikzentrierten „Leitfaden". Es bleibt aber den verständigen Lehrenden und Lernenden überlassen, welche Theorie sie für welche Medienwahl zu Rate ziehen.

3.5   Didaktische Szenarien

3.5.1   Mediendidaktische Konzeption

Michael Kerres, Axel Nattland, Ilke Nübel

Universität Duisburg-Essen

1   Einleitung

Computergestützte Ansätze des kooperativen Lernens kommen im Rahmen selbstorganisierter Lernaktivitäten (s. „autonome Lerngruppen", Beitrag 3.5.2) oder in geplanten Lernarrangements, die für bestimmte Zielgruppen und Rahmenbedingungen konzipiert sind, zum Einsatz. Im Folgenden werden einige Aspekte der didaktischen Planung und Konzeption solcher Arrangements erläutert.

Dabei ist zunächst auf Hindernisse des Lernens in Gruppen einzugehen, denn die pädagogischen Chancen des kooperativen Lernens stellen sich nicht so einfach ein, wie teilweise erwartet wird. Das bloße Anbieten von digitalen Werkzeugen für die Kommunikation und den Austausch zwischen Lernenden ist etwa nicht hinreichend, um bestimmte pädagogische Ziele, die mit dem kooperativen Lernen verbunden werden, erreichen zu können.

2   Planung von CSCL aus mediendidaktischer Sicht

Aus didaktischer Sicht geht es bei der Planung von CSCL-Arrangements zunächst um die Wahl der angemessenen Sozialform eines Lernangebotes. Auch wenn empirische Studien teilweise aufzeigen, dass das gemeinsame Lernen mit anderen „im Durchschnitt" bestimmte Vorzüge gegenüber dem individuellen Lernen aufweist (vgl. die Metaanalyse von Lou et al. 2001), bleibt die Frage, (a) wann – technologieunterstützte – Gruppenarbeit tatsächlich *pädagogisch wünschenswert* ist und (b) unter *welchen Bedingungen* Gruppenarbeit die erwünschten Ergebnisse ermöglicht.

Gruppenbasierte Lernszenarien sind nicht a priori individuellen Lernszenarien überlegen. So kann z.B. die Zielgruppenanalyse zu den individuellen Voraussetzungen bei den Lernenden ergeben, dass es vorteilhafter ist, auf gemeinsame Lernaktivitäten zu verzichten, etwa weil die Lernenden hierzu nicht motiviert sind bzw. hierfür nicht motivierbar erscheinen. Bei dem Ansatz des *learning on demand* etwa sind die Lernprozesse des Einzelnen auf üblicherweise kleine Lerneinheiten ausgerichtet, mit denen eine Person ihre Lernbedürfnisse ad hoc befriedigen möchte bzw. kann. Die immer mit Zeitanforderungen verbundenen und oft mühsamen Prozesse der Gruppenbildung lassen zunächst keinen unmittelbaren „Nutzen" für den einzelnen Lerner erkennen.

Es muss davon ausgegangen werden, dass das gemeinsame Lernen mit anderen nur unter bestimmten Bedingungen vorteilhaft für den Lernfortschritt ist. In einer mediendidaktischen Konzeption ist zu prüfen, ob das Lernen in Gruppen in einer bestimmten Konstellation pädagogisch sinnvoll ist und welche Vorteile der Einsatz von Computerwerkzeugen bei der Gruppenarbeit mit sich bringt. Aus diesen Überlegungen ist ein mediendidaktisches Konzept für ein kooperatives Lernarrangement abzuleiten.

Im Folgenden werden zunächst mögliche Hindernisse für kooperatives Lernen in geplanten Lernarrangements beschrieben. Anschließend wird es um pädagogische Begründungen für Kooperation beim Lernen gehen. Hieraus soll ersichtlich werden, dass Lernaufgaben einen zentralen Stellenwert bei der Planung eines Lernarrangements mit technologieunterstützter Gruppenarbeit haben.

2.1 Hindernisse für kooperatives Lernen

Auch wenn das Lernen mit anderen positive Erfahrungen vermitteln kann, ist zu berücksichtigen, dass eine Reihe von Hindernissen für kooperatives Lernen besteht. So kann seitens der Lernenden nicht von einer „natürlichen" Motivation zur Kooperation mit anderen ausgegangen werden. Kooperation wird vielfach als aufwändig und wenig hilfreich erlebt. Dies trifft vor allem zu, wenn letztlich der Wissenszuwachs des Einzelnen in Prüfungen bewertet wird. In der Regel sind Lernende es gewohnt, sich Lernstoff als Individuen anzueignen. Der Aufwand, gemeinsam mit anderen zu lernen, wird zunächst vielfach negativ bewertet und der Nutzen kooperativer Lernarrangements wird nicht wahrgenommen. Erfahrungen mit schlecht konzipierten Gruppenarbeiten bestärken solche negativen Vorannahmen.

Auch Lehrende sind gegenüber Gruppenarbeit vielfach skeptisch, sie befürchten etwa negative Konsequenzen auf den Unterricht und die Disziplin, sinkende Leistungen und eine geringe Anerkennung bei Kolleg/innen. Darüber hinaus wird befürchtet, dass Gruppenunterricht mehr Lernzeit als konventioneller Frontalunterricht erfordert (Huber 1985).

Gleichzeitig vermittelt (erfolgreiche) Gruppenarbeit aber auch wichtige Kompetenzen, die durch bloße Präsentation und Rezeption, etwa im Vortrag, per Text oder multimedialer Präsentation, nicht erreicht werden können.

Die empirische Forschung zu Effekten kooperativen Lernens (vor allem in der Schule) zeigt, dass das Lernen in Gruppen mit positiven Effekten verbunden sein kann (höhere Produktivität, besseres psychisches Wohlbefinden und Selbstwertgefühl, positive Einstellung zur Gruppenarbeit), dass diese Vorzüge aber nur unter bestimmten Rahmenbedingungen eintreten (vgl. Antil et al. 1998; Renkl & Mandl 1995; Webb & Palinscar 1996).

Aus diesem Grund ist ein mediendidaktisches Konzept, das sich aus Analysen des didaktischen Feldes ableitet und die wesentlichen Parameter eines medialen Lernangebotes spezifiziert, für den erfolgreichen Einsatz von CSCL ganz entscheidend (s. den Ansatz der „gestaltungsorientierten Mediendidaktik" bei Kerres 2001).

2.2   Begründungen für kooperatives Lernen

Der Begriff „kooperatives Lernen" umfasst eine ganze Fülle von didaktischen Arrangements, die zunächst dadurch charakterisiert sind, dass zumindest zwei Personen in irgend einer Weise „gemeinsam" lernen (vgl. Slavin 1995). CSCL kann in nahezu allen Varianten von organisierten Lernarrangements Einsatz finden, nicht nur in Online-Kursen oder Projektarbeiten, sondern auch als Element in einer Vorlesung oder in Präsenzseminaren. Es ist jedoch grundsätzlich von den Lehrzielen abhängig zu machen, ob Gruppenarbeit überhaupt sinnvoll ist bzw. als sinnhaft vermittelt werden kann.

Bei der mediendidaktischen Konzeption ist grundsätzlich die Frage zu klären, welchen Mehrwert die Technologie für das Lernen und Lehren bietet. Manche auf den ersten Blick plausible Argumente sind dabei zu hinterfragen, denn sie beschreiben zwar Merkmale einer Technik, aber nicht den Nutzen für den Anwender bzw. das didaktische Setting. So ist bspw. die Möglichkeit, durch Werkzeuge für die technologiegestützte Gruppenarbeit, Dokumente räumlich entfernt gemeinsam zu bearbeiten, nur die Umschreibung eines technischen Merkmals entsprechender Software. Ob dieses Merkmal tatsächlich einen Nutzen für bestimmte Lernkontexte beinhaltet, ist im Einzelnen zu prüfen. Die Frage nach dem möglichen Mehrwert technologiebasierter Lernarrangements kann erst beantwortet werden, wenn Lehrziele, Zielgruppe und Lernsituation bekannt sind.

Die Mediendidaktik fordert die Prüfung des Mehrwertes für die Lernenden vor allem um sicherzustellen, dass ein Lernarrangement in der Anwendung die gewünschten Effekte tatsächlich mit sich bringt. Aus technischer Sicht scheinbar „innovative" Anwendungen scheitern, wenn sie für Anwender/innen keinen überzeugenden Nutzen aufweisen bzw. sich nicht in einer Weise in ein konkretes Lernszenario einbetten lassen, die einen solchen Mehrwert für die Lernenden tatsächlich erfahrbar werden lässt. So ist auch für Anwendungen, die das kooperative Lernen unterstützen, kritisch zu fragen, warum und wann „Kooperation" in einem Lernarrangement sinnvoll erscheint.

Im didaktischen Kontext ist das Lernen in Gruppen eine Sozialform der Organisation von Lernprozessen, mit der ein *bestimmtes* pädagogisches Ziel verfolgt werden soll. CSCL bietet demnach eine technologische Unterstützung der didaktischen Methode des Lernens in Gruppen und beinhaltet damit keinen eigenständigen, gar „neuen" didaktischen Ansatz. Die Entscheidung für oder gegen Gruppenarbeit *und* CSCL beruht auf den Fragen, (a) ob für die Erreichung der Lehrziele das Lernen in Gruppen sinnvoll ist und (b) ob eine technologiebasierte Variante für den Austausch der Gruppe Vorteile bietet. Werkzeuge für die Unterstützung von Gruppen sind damit keine in jedem didaktischen Szenario nützliche „Standardtechniken", sondern bieten spezifische Lösungen für bestimmte didaktische Settings.

Kooperatives Lernen kann etwa eingesetzt werden, um folgende Lehrziele zu verfolgen:

–   Lernende sollen ihre Meinung formulieren und diese angemessen in einer Diskussion mit anderen artikulieren können.
–   Lernende sollen anderen zuhören und auf deren Argumente eingehen können. Sie sollen Argumente und Sichtweisen von anderen bei (Re-) Formulierung der eigenen Position berücksichtigen können.

- Lernende sollen erfahren und akzeptieren, dass es zu komplexen Sachverhalten unterschiedliche Sichtweisen und Positionen geben kann.
- Lernende sollen erfahren, dass es richtig und notwendig sein kann, seine eigene Sichtweise zu relativieren.
- Lernende sollen erfahren, wie bei unterschiedlichen Positionen eine gemeinsame Position entwickelt und formuliert werden kann.
- Lernende sollen erfahren, wie man komplexe Sachverhalte in einer Gruppe arbeitsteilig bearbeitet und zu einem Ergebnis zusammenführt.
- Lernende sollen erleben, dass das gemeinsame Bearbeiten von Fragen in Gruppen einen Gewinn darstellt.
- Lernende sollen erfahren, dass es gut und wichtig ist, sein Wissen an andere weiterzugeben und im Gegenzug von dem Wissen anderer zu profitieren.

Diese (keineswegs erschöpfende) Liste möglicher Lehrziele bezieht sich damit sowohl auf inhaltliche als auch auf methodische und sozio-emotionale Lehrziele. Während Lehrziele die Ziele der Gestalter des Lernangebotes artikulieren, verstehen wir Lernziele als Ziele der Lernenden. Damit soll deutlich gemacht werden, dass diese keineswegs immer deckungsgleich sind. Die mögliche Differenz von Lehr- und Lernzielen ist selbst zum Gegenstand der Planung zu machen.

2.3 Forderungen an Lernaufgaben

Um die genannten Lehrziele erreichen zu können, sind bestimmte Erfahrungen bei den Lernenden durch die Bearbeitung von Lernaufgaben anzuregen. Hierfür müssen die eingesetzten Lernaufgaben bestimmte Anforderungen erfüllen, d.h. es sind Forderungen an die Lernaufgaben aus den Lehrzielen abzuleiten. Diese lauten etwa (s.a. Petschenka et al. 2004):

1. Die zu bearbeitende Lernaufgabe soll über die Suche und Aneignung von Wissen hinausgehen; sie sollte vielmehr auf das Verstehen komplexer Problemstellungen oder Konstellationen ausgerichtet sein. (Negativbeispiel: Die Lerngruppe soll die Geburtsdaten der Musikerfamilie Bach finden und auf einer Netzseite präsentieren.)
2. Die Aufgabenbearbeitung soll die Erstellung eines gemeinsamen Ergebnisses erfordern. Das Ergebnis sollte nur erreichbar sein, wein alle etwas dazu beitragen. (Beispiel: Es werden Texte mit unterschiedlichen Meinungen verteilt, die Gruppe soll die Unterschiede zwischen den Positionen herausarbeiten.)
3. Die Aufgabe soll Arbeitsteilung ermöglichen, d.h. sie sollte in unterschiedliche Arbeitsschritte aufgeteilt werden können. (Negativbeispiel: Es ist ein Experiment durchzuführen, das nur von einer Person bedient werden kann / muss.)
4. Die Aufgabe darf nicht *additiv* arbeitsteilig bearbeitbar sein, d.h. das Ergebnis der Gruppenarbeit darf nicht durch bloßes Zusammenfügen bzw. Zusammentragen von Einzelergebnissen zustande kommen, sondern nur bei kooperativer Bearbeitung bewältigbar sein (Cohen 1994). (Negativbeispiel: Ein Gruppenreferat, bei dem die zu präsentierende Literatur durch die Studierenden „aufgeteilt" wird.)
5. Die Aufgabenbearbeitung soll den Blick auf unterschiedliche Positionen oder Sichtweisen einer Fragestellung ermöglichen. (Beispiel: Es ist ein Rollenspiel im Netz mit verteilten Rollen auszuführen, das kommentierte Chat-Skript mit einer anschließenden Reflexion ist einzureichen.)

6. Die erfolgreiche Aufgabenbearbeitung soll einen Anreiz bieten. Der Anreiz ist in Abhängigkeit von den Rahmenbedingungen unterschiedlich zu gestalten. (Negativbeispiel: Während eines Kurses wird Gruppenarbeit gefordert, die gesamte Prüfungsleistung des Kurses bezieht sich auf einen Wissenstest.)
7. Kooperation beim Lernen soll als selbstverständliches Element der Lernkultur etabliert werden, das nicht nur gelegentlich und isoliert stattfindet, sondern von den Lehrkräften einer Institution übereinstimmend getragen wird.

Es handelt sich dabei um eine Liste (ebenfalls nicht erschöpfender und möglicher) Kriterien zur Auswahl und Bewertung von Lernaufgaben, wie sie im Rahmen von mediendidaktischen Beratungsprojekten zu Medien in der Hochschullehre entwickelt worden ist (vgl. Petschenka et al. 2004). Es soll deutlich werden, dass die Qualität der Lernaufgabe entscheidet, ob ein gruppenbasiertes Lernszenario, so es sich für ein Lernen in Gruppen eignet, die erwünschten Erfolge möglich macht.

Das wesentliche Kriterium für die Bewertung entsprechender Lernaufgaben für eine kooperative Bearbeitung bleibt, ob die Teilnehmenden die gemeinsame Bearbeitung tatsächlich als zusätzlichen Wert erfahren, d.h. nehmen sie wahr, dass es sich für ihren eigenen Lernfortschritt „gelohnt" hat, an der Gruppenarbeit teilzunehmen? Gerade zu Beginn eines Kurses oder längeren Lehrganges ist es wichtig, dass eine Gruppenarbeit von den Betroffenen in dieser Weise positiv erlebt wird, denn ansonsten sinkt die Bereitschaft zur Mitwirkung in Gruppen rapide.

Wenn Lernende individuell geprüft und bewertet werden, ist sofort offensichtlich, dass gemeinsames Lernen nur Mittel zu dem Zweck sein kann, eine individuelle Prüfung zu bestehen. Und damit muss für den Einzelnen sichtbar werden, dass das Lernen in der Gruppe einen Vorteil für den individuellen Lernfortschritt mit sich bringt. Aus diesem Grund ist eine kooperative Lernsituation so zu gestalten, dass für den Lernenden der Grund und der Nutzen für eine „Kooperation" mit anderen tatsächlich erfahrbar werden.

Dies ist keineswegs in allen Settings der Fall, es bedarf vielmehr eines präzise von den Parametern des didaktischen Feldes abgeleiteten Konzeptes, um sicherzustellen, dass das Lernen in der Gruppe mit digitalen Werkzeugen tatsächlich zu einem Erfolg wird. Entscheidend ist letztlich die Anregung von Lernaktivitäten, die durch Lernaufgaben gesteuert werden, und ob diese geeignet sind für eine (computergestützte) Gruppenarbeit und für das angestrebte Lehrziel.

Bei einer entsprechenden Qualität der mediendidaktischen Konzeption ist Gruppenarbeit eine sehr wichtige didaktische Methode, die von einer ebenso präzise geplanten Technologieunterstützung durch digitale Werkzeuge in bestimmten Kontexten profitieren kann.

3　Übersicht mediendidaktischer Entscheidungen

Bei der Ableitung einer mediendidaktischen Konzeption für ein solches Lernarrangement sind u.a. folgende Entscheidungen zu treffen (zur Begründung s. die „gestaltungsorientierte Mediendidaktik" bei Kerres 2001):

Ziel. Welches Ziel verfolgt die Gruppenarbeit? In Kerres (2001) wird unterschieden zwischen einem rein informellen Austausch zwischen Lernenden, in dem sich Lernende vor allem spontan und untereinander bei Schwierigkeiten helfen, der Kooperation bei der Bearbeitung vorgegebener Lernaufgaben und einer weitgehenden Zusammenarbeit in längerfristigen Gruppen, die sich selbst organisieren (etwa im Sinne von *learning communities*, Arbeitsgruppen etc.). In vielen Fällen wird in didaktisch organisierten CSCL-Arrangements die mittlere Variante vorgesehen. Es hängt vor allem von dem Lehrziel ab, welches Niveau die Kommunikation in Gruppen erreichen soll.

Gruppengröße. Welche Größe soll die Lerngruppe haben? Zur Frage der optimalen Gruppengröße liegen unterschiedliche Einschätzungen und Erfahrungen vor. Berichtet wird von „erfolgreichen" Lerngruppen in Tandems, mit 4 oder 100 und mehreren hundert Teilnehmenden. Es hängt von der Intensität der tatsächlich in der Gruppe zu leistenden Interaktion zwischen Lernenden untereinander und mit dem/der Tutor/in ab, wie groß eine Lerngruppe sein sollte. Zu berücksichtigen ist, wie wichtig es für die Zielerreichung ist, dass die Personen untereinander ein Gefühl des „Sich-kennens" entwickeln. Grundsätzlich scheinen für CSCL keine anderen Werte zu gelten als für konventionelle Gruppenarbeit (vgl. Lou et al. 2001).

Arbeitsmodus. Soll die Gruppe bei der Bearbeitung der Lernaufgabe zeitgleich oder zeitversetzt zusammenarbeiten? Beide Varianten haben, z.B. je nach Art der zu bewältigenden Aufgabe, der Phase der Gruppenarbeit oder der Zusammensetzung der Gruppe, ihre Vorteile (vgl. die Theorie der Mediensynchronizität bei Schwabe 2001).

Aus mediendidaktischer Sicht hat die *zeitversetzte* Zusammenarbeit beim verteilten Lernen im Netz einen hohen Stellenwert, da die damit verbundene zeitliche Flexibilität für viele Lernende einen wesentlichen Vorteil darstellt. Der subjektiv erlebte Aufwand für die Teilnahme an synchroner Kommunikation ist – für viele Zielgruppen – in der Regel hoch (Kerres & de Witt 2003).

Lernaufgabe. Welche Aufgabe soll die Gruppe bearbeiten? Grundsätzlich erscheint es vorteilhaft, die Tätigkeit der Gruppe durch eine Lernaufgabe zu strukturieren. In einem Online-Setting sind an die Präzision der Aufgabenformulierung deutlich höhere Anforderungen zu stellen als in einer face-to-face Situation, in der die Lehrkraft relativ einfach „merkt", ob eine Aufgabenstellung (richtig) verstanden wurde. Eine Lernaufgabe sollte deswegen z.B. inkludieren: Benennung der erwarteten Aktivität, des erwarteten Ergebnisses, der Bearbeitungsdauer, der hinzu zu ziehenden Materialien, der Voraussetzungen für die Bearbeitung.

Zusammensetzung der Gruppe. Wie homogen / heterogen sollte die Lerngruppe zusammengesetzt sein? Bei einer homogen zusammengesetzten Gruppe (z.B. Mathematiklehrer/innen an Gymnasien) sollte die Verständigung einfach funktionieren, da alle Personen über einen ähnlichen Hintergrund verfügen. Dies kann allerdings auch bedeuten, dass für die Bewältigung einer bestimmten Gruppenaufgabe nicht hinreichend *unterschiedliche* Erfahrungen, Sichtweisen oder Kompetenzen in der Gruppe vorliegen, wie dies bei einer stark heterogenen Zusammensetzung vorliegen würde. Es ist könnte also – in Abhängigkeit von der zu erwartenden Gruppenleistung – ein ausgewogenes Verhältnis der Zusammensetzung gefordert

werden: so viel Heterogenität wie nötig, so viel Homogenität wie möglich (s.a. die Forschung zum knowledge sharing, vgl. Creß & Hesse 2003).

Rollenstruktur. Ist eine bestimmte Rollenstruktur für die Bearbeitung günstig? Wenn für die
Bearbeitung der Lernaufgabe eine bestimmte Rollenstruktur in der Gruppe von Vorteil ist,
sollte dies in der Lernaufgabe explizit formuliert werden (z.B. Bitte benennen Sie zunächst
eine Person, die das Ergebnis protokolliert, und eine andere Person, die das Ergebnis vor-
trägt.). Gerade in früheren Phasen der Gruppenarbeit wird diese Rollenaufteilung von Gruppen oft „vergessen", was den erfolgreichen Abschluss der Gruppenarbeit erschwert oder gar
verhindert.

Gender. Wie können günstige Voraussetzungen geschaffen werden, damit sich weibliche
und männliche Personen in der Gruppenarbeit gleichermaßen einbringen können / wollen?
Es ist günstig, wenn in jeder Lerngruppe ein möglichst ähnlich großer Anteil männlicher und
weiblicher Lernender vorhanden ist oder, wenn dies nicht möglich ist, die Lerngruppen vollständig getrennt nach Geschlechtern aufgeteilt sind. Eine einzelne Frau oder ein einzelner
Mann in einer ansonsten zahlenmäßig überlegenen Gruppe Andersgeschlechtlicher wird als
wenig günstig bewertet (Wiesner et al. 2003).

Gruppenbildung. Wie soll die Gruppenbildung erfolgen? Das Prinzip der Gruppenbildung
sollte zuvor genau überlegt sein und in Abhängigkeit von dem verfolgten Ziel der Gruppenarbeit und vom Ausmaß der erforderlichen Heterogenität / Homogenität der Gruppenzusammensetzung abhängig gemacht werden. Sie kann per Zufall oder Zuordnung, nach Interessen
oder Sympathie erfolgen. Die Zusammensetzung nach gleichen Interessen oder Sympathien
kann eine gute Voraussetzung für CSCL sein. Wenn die Gefahr einer zu großen Homogenität
der Gruppenzusammensetzung besteht, sollte hiervon abgewichen werden. Dann kann etwa
aufgrund von bestimmten Kriterien eine (Selbst-) Zuordnung erfolgen (z.B. in jeder Gruppe
muss eine Person mit betriebswirtschaftlichem und eine Person mit technischem Hintergrund
sein oder in jeder Gruppe müssen mindestens zwei weibliche und zwei männliche Teilnehmende sein).

Betreuungsmodus. (Wie) Soll die Gruppenarbeit betreut werden? Betreuung von Gruppenarbeit wird in organisierten Lernangeboten zunehmend als wesentliche Determinante für den
Erfolg von technologiebasierter Gruppenarbeit erkannt. Je nach Setting ist die Betreuung
unterschiedlich auszulegen. Das didaktische Betreuungskonzept definiert die Funktion, Aufgaben und Arbeitsweise von Tutor/innen (Initiative, Reaktionszeit, Gestaltung von Rückmeldungen, Umsetzung von *scaffolding / fading* ...). Kerres & Nübel (2004) beschreiben in dem
Modell des *split role tutorings* ein bestimmtes Betreuungskonzept, bei dem Fachtutor/innen
und Gruppentutor/innen arbeitsteilig bestimmte Aufgaben wahrnehmen. Für die Tätigkeit
von Tele-Tutor/innen wird eine spezielle Ausbildung als erforderlich erachtet, um auf die
spezifischen Anforderungen und Arbeitsbedingungen vorbereitet zu sein.

4   Schlussbemerkung

War man lange Zeit auf eher schlichte Werkzeuge, wie Newsgroups für asynchrone Gruppenarbeit oder textbasierte Chats für synchrone Konferenzen, angewiesen, so steht zuneh-

mend eine Fülle an Alternativen zur Verfügung. Für die verschiedenen Anforderungen von Gruppenarbeit stehen zunehmend anspruchsvolle digitale Werkzeuge zur Verfügung, die sowohl die lokale Gruppenarbeit *vor Ort* in einem Klassenraum als auch die verteilte Gruppenarbeit über das Netz unterstützen. Die Auswahl des richtigen Werkzeuges in einem geplanten Lernarrangement ist davon abhängig zu machen, welche Ziele mit der Gruppenarbeit verbunden werden.

Es ist immer zu bedenken, dass der Einsatz eines CSCL-Werkzeuges als solches keineswegs sicherstellt, dass tatsächlich „Kooperation" stattfindet. Ein systematisches und planvolles Vorgehen bei Auswahl und Einsatz von Werkzeugen für die computergestützte Gruppenarbeit ist unerlässlich, wenn man Kooperation beim Lernen anstrebt. Hierzu ist es erforderlich, auf der Basis der Analyse von Parametern des didaktischen Felds eine mediendidaktische Konzeption abzuleiten, in der die Rahmenbedingungen der Gruppenarbeit spezifiziert und die geplanten Aktivitäten für die Gruppen (etwa in Form von Lernaufgaben) ausgearbeitet sind.

3.5.2   Selbst organisierte Szenarien

Patricia Arnold[1], Eva Hornecker[2]

[1]Helmut-Schmidt-Universität, Universität der Bundeswehr
Hamburg,
[2]Technische Universität Wien

1   Vielfalt selbst organisierter Szenarien

Der Einsatz von Computern zur Unterstützung kooperativen Lernens kann über geplante Lernarrangements, die für bestimmte Zielgruppen und Rahmenbedingungen konzipiert sind (vgl. Beitrag 3.5.1), auch in vielfältigen Formen *selbst organisiert* stattfinden. Selbst organisiert heißt, dass die Initiative, Organisation und Gestaltung kooperativer Lernprozesse nicht von einer Bildungsorganisation oder einem Unternehmen ausgehen, sondern von den Lernenden selbst. Im Unterschied zu didaktischen Szenarien wie sie beispielsweise an einer Hochschule von Lehrenden organisiert werden, sind hierbei die Lernenden die zentralen Akteure. Der Impuls für die Entstehung der kooperativen Lernformen geht von ihnen aus. Sie tragen die Verantwortung für die weitere Entwicklung, auch wenn sie Unterstützungsleistungen der Organisationen, z.B. die technologische Infrastruktur, in Anspruch nehmen. Mediendidaktische Entscheidungen für CSCL-Szenarien, wie sie in Beitrag 3.5.1 detailliert beschrieben werden, werden in selbst organisierten Szenarien in der Regel nicht systematisch und vollständig im Vorfeld getroffen, sondern stärker nach einer anfänglichen Festlegung unmittelbar in der Praxis von allen Beteiligten weiter entwickelt und oft neu ausgehandelt.

Der vorliegende Beitrag behandelt computerunterstütztes kooperatives Lernen in solchen selbst organisierten Szenarien. Dieses erweiterte Begriffsverständnis von CSCL basiert auf einer Auffassung von Lernen als situierter sozialer Praxis. Als Einführung werden in diesem Abschnitt zunächst einige Beispiele für selbst organisierte Szenarien beschrieben und die Vielfalt unterschiedlicher selbst organisierter Szenarien aufgezeigt. Im zweiten Abschnitt wird das zugrunde liegende Verständnis von Lernen als situierter sozialer Praxis skizziert. Das damit eng verbundene Konzept der „Communities of Practice" und der in ihnen ablaufenden Prozesse der Wissenskonstruktion wird im dritten und vierten Abschnitt erläutert. Abschließend wird die Virtualisierung der Selbstorganisation thematisiert: mit welchen Schwierigkeiten und Begrenzungen muss gerechnet werden, wenn das selbst organisierte kooperative Lernen hauptsächlich computerunterstützt verläuft, und welche Lösungsansätze gibt es?

Ähnlich wie didaktisch geplante Szenarien erfolgt das kooperative Lernen in selbst organisierten Gruppen in vielfältigen Mischungen aus ko-präsentem Lernen am gleichen Ort und verteiltem Lernen. Dabei werden zahlreiche verschiedene CSCL-Werkzeuge (für eine Übersicht vgl. Beitrag 2.1.1) oder auch CSCL-Plattformen genutzt, die bereits mehrere Werkzeuge integrieren, die für synchrone und asynchrone Kommunikation und Kooperation geeignet sind (für eine Übersicht vgl. Beitrag 2.2). Sowohl für einzelne CSCL-Werkzeuge als auch für integrierte CSCL-Plattformen existieren frei verfügbare oder für Ausbildung und Studium kostenlos zu nutzende Softwarelösungen, sodass die Finanzierung für die technologische Infrastruktur für selbst organisierte Gruppen in der Regel kein unüberwindbares Problem darstellt.

Selbst organisierte kooperative Gruppen variieren in Hinblick auf den Grad ihrer Strukturiertheit, d.h. ob und in welcher Form Verantwortlichkeiten aufgeteilt sind. Sie differieren ebenso in Bezug auf den Gegenstand, der den Kristallisationspunkt des Kooperierens darstellt, sowie hinsichtlich des eigenen Selbstverständnisses als zielgerichtete Lerngemeinschaft, als lose gekoppeltes Netzwerk oder thematisch zentriertes Diskussionsforum (vgl. Wiley & Edwards 2002).

Drei Beispiele sollen hier skizziert werden, die die Vielfalt der Erscheinungsformen und Kontexte aufzeigen, in denen selbst organisierte CSCL-Formen entstehen.

PerlMonks ist ein englischsprachiger Verbund von Programmierern und Programmiererinnen, die die Programmiersprache Perl erlernen oder damit arbeiten. Im Vordergrund steht der Austausch zu Programmierfragen und Problemlösungen. Die technologische Infrastruktur bildet ein webbasiertes Diskussionsforum, in dem die Beiträge der einzelnen Teilnehmenden thematisch zugeordnet in Diskussionssträngen erscheinen (http://www.perlmonks.org).

ParentSoup, ebenfalls englischsprachig, ist ein von Eltern getragenes webbasiertes Diskussionsforum, das dazu dient, Aspekte von Elternschaft und Erziehungsfragen zu diskutieren, Erfahrungen auszutauschen und auf diese Weise voneinander zu lernen. Es gibt eine starke Strukturierung durch Kategorisierung und Moderation der einzelnen Unterforen, die von regelmäßig Aktiven für eine bestimmte Zeitspanne übernommen wird. Die technologische Infrastruktur ist ebenfalls ein webbasiertes Diskussionsforum (http://www.parentsoup.com).

Die *FESA-Community* ist im Kontext des Fernstudiums entstanden (vgl. Kap. 5.5). Fernstudierende haben hier unabhängig vom Anbieter ihres Fernstudiums eine Kommunikations- und Kooperationsstruktur eigenständig aufgebaut, die aus einer Mailingliste, einem webbasierten Diskussionsforum sowie zahlreichen privaten Homepages besteht. Letztere enthalten studienbezogene Informationen sowie Erfahrungsberichte und dienen als dezentrale Datenspeicher. Zudem werden regionale informelle Treffen über die benutzten Medien organisiert. Für die Weiterentwicklung und den Betrieb sind keine festen Rollen verteilt, die Entwicklung erfolgt vollkommen dezentral und nur schwach koordiniert (vgl. Arnold 2003).

Diese Gemeinschaften sind Beispiele für die durch Computerunterstützung neu entstehenden Möglichkeiten, in großen Gruppen mit oft mehreren Hundert Teilnehmenden, offenen Mitgliedschaftsregelungen und unterschiedlichen Partizipationsmustern – häufig mit einem hohen Anteil überwiegend „Lesender" – einen virtuellen Ort des Wissens- und Erfahrungsaustausches zu schaffen. Die Dauerhaftigkeit und die Weiterentwicklung solcher Gruppen sind einzig vom Interesse und Engagement der Beteiligten abhängig. Aufgrund der häufig dezentralisierten Steuerung sind die Gruppen in kontinuierlicher Veränderung begriffen, z.T. auch mit redundanten Weiterentwicklungen.

Selbst organisierte CSCL-Formen sind aber nicht nur auf diese neu entstandenen Gemeinschaften beschränkt. Auch kleine, überschaubare Gruppen, die ihr Lernen wie z.B. in einem autonomen Seminar an der Universität kooperativ mit Hilfe von Computerunterstützung organisieren (vgl. z.B. *Admina* am Fachbereich Informatik der Universität Hamburg), zählen dazu. In diesem Fall nutzt eine an einem Ort lebende Gruppe eine internetbasierte Kooperationsplattform zur Flexibilisierung und Erweiterung ihrer Arbeitsformen. In ortsverteilten, großen Gemeinschaften ist die Nutzung einer Kooperationsplattform konstitutiv für ihr Entstehen und ihre Entwicklung.

2   Lernen als situierte soziale Praxis

Worin besteht das Lernen in den oben skizzierten Beispielen? Kann man überhaupt von Lernen sprechen, wo es in den beschriebenen Formen kein explizites Lehren und keine Lehrenden gibt? Die Teilnehmenden bezeichnen ihre Verbünde zudem auch nicht notwendig als *Lern*gemeinschaften.

Dass die dargestellten Szenarien hier dennoch als Lernkontexte und als CSCL-Formen eingeordnet werden, basiert lerntheoretisch auf einem situierten Lernansatz (vgl. Lave & Wenger 1991; Wenger 1998). Im Gegensatz zu kognitivistischen Lernkonzeptionen wird Lernen nicht als Ergebnis von Instruktion betrachtet, sondern als situierte soziale Praxis, die in vielfältigen Kontexten stattfinden kann – in Alltagskontexten ebenso wie in Lehrveranstaltungen mit geplanter Instruktion. Gemäß diesem Ansatz erfolgt Lernen als schrittweise wachsende Teilhabe an der Handlungspraxis einer bestehenden Gemeinschaft, die durch ihre Praxis, ihre Sprache, ihren Werkzeuggebrauch sowie Normen und Werte gekennzeichnet ist (Praxisgemeinschaft; *Community of Practice, kurz CoP*). Lernen findet dabei vor allem in Form von Teilhabe statt, z.B. durch das Hören von Geschichten aus der Arbeitspraxis, durch Zuschauen, Nachahmen, Learning-by-Doing und allmähliche Verselbständigung.

Diese schrittweise Verselbständigung beschreiben Lave und Wenger als „legitime periphere Partizipation" (*legitimate peripheral participation*) wie folgt: Neulinge nehmen zu Beginn des Lernprozesses eine von der CoP legitimierte Position am Rande der Gemeinschaft ein. Dies tun sie, indem sie sich zunächst nur an Teilbereichen der gemeinsamen Praxis beteiligen und nur begrenzt Verantwortung tragen. Schrittweise wächst ihr Anteil an der Praxis dann ebenso wie ihre Verantwortung und ihr Einfluss. Wissen wird erworben und neues Wissen entsteht in der diskursiven Bedeutungsaushandlung innerhalb der Gemeinschaft.

Auch wenn diese Form oft als verallgemeinerte Form des „Meister-Lehrlings-Lernen" (*apprenticeship*) bezeichnet wird (Lave 1991; Lave & Wenger 1991), ist eine andere Konzeption des „Meisters" zugrunde gelegt. Konstitutiv für das Lernen ist, dass Neulinge nicht ausschließlich durch die Instruktion durch einen „Meister" lernen, sondern in vielfältiger Weise von anderen Mitgliedern der Gemeinschaft. Alle Mitglieder, insbesondere etwas weiter fortgeschrittene Neulinge, die etablierten Praxisformen und die in der Gemeinschaft geschaffenen Artefakte bilden zusammen das Ensemble der Lernressourcen der Gemeinschaft.

Meist erfolgt die erste Begegnung der Neulinge mit der zu erlernenden Praxis über die jeweiligen „Endprodukte". Erst zu einem späteren Zeitpunkt setzen sie sich mit anderen Phasen und Details auseinander. Beispielsweise erwerben Studierende die Praxis wissenschaftlichen Arbeitens in ihrer Studiendisziplin zunächst über abgeschlossene Publikationen wie Fachaufsätze oder Handbücher, erst mit wachsender Teilhabe erstellen sie eigene Texte, veröffentlichen diese und wachsen so in die Scientific Community hinein.

Das Hineinwachsen in die Kultur der Gemeinschaft (*enculturation*) verläuft nicht ohne Spannungen. Durch die wachsende Teilhabe verändern nicht nur die Neulinge ihre persönliche Identität, sondern es wandelt sich auch die Praxis und die Beziehungsstruktur der Gemeinschaft.

In den eingangs beschriebenen Beispielen können zahlreiche Elemente wieder gefunden werden, die von diesem Lernansatz beschrieben werden. Die Teilnehmenden lernen nicht durch ein von einem Lehrenden strukturiertes Lehrangebot, sondern indem sie Probleme gemeinsam lösen und sich mit Erfahrungsberichten, Hinweisen und Ratschlägen gegenseitig helfen. Die Dialoge sind dabei verschriftlicht und von jedermann einsehbar. Neulinge können so legitimiert an diesem Austausch teilhaben. Gleichzeitig wird ein Wissensbestand in Form von Materialien, Zusammenfassungen und weiterführenden Hinweisen aufgebaut, der als Lernressource dienen kann. Schrittweise kann eine aktivere Rolle eingenommen werden. Diejenigen, die anderen durch ihre Hinweise und Erfahrungen helfen, reflektieren ihre eigenen Handlungen und erleben gleichzeitig eine Wertschätzung ihrer Beiträge als wertvolle Lernressourcen (für eine genauere Analyse von Dialogen vgl. für *PerlMonks* (Wiley & Edwards 2002), für die *FESA-Community* (Arnold 2003)).

Wachsende Teilhabe und damit kooperatives Lernen kann aber nicht erzwungen werden. Beides hängt in hohem Maße davon ab, ob die Teilnehmenden die Kooperation für sich als wertvoll erachten und einen Kompetenzgewinn oder eine Bereicherung ihrer Persönlichkeit antizipieren. Die Bestimmung des Lerngegenstands ebenso wie die jeweilige Praxis unterliegt einer ständigen gemeinschaftlichen Aushandlung. In dieser Stärke, unmittelbar an den Lebensinteressen der Teilnehmenden anzusetzen, liegt gleichzeitig die Fragilität dieser Lernkontexte begründet.

Im Folgenden wird auf das Konzept der Praxisgemeinschaften in Abgrenzung zu anderen selbst organisierten Formen eingegangen und es werden die Wissenserwerbs- und Wissenskonstruktionsprozesse genauer betrachtet.

3   Praxisgemeinschaften und andere selbst organisierte Gruppen

Im Ansatz von Lave und Wenger werden Praxisgemeinschaften (kurz: CoP) als grundlegende Bedingung für die Entstehung von Wissen gesehen. Anschaulich kann man sich CoPs als Gruppe von Menschen vorstellen, die in einem Bereich zusammenarbeiten, ähnliche Tätigkeiten haben oder gemeinsame Anliegen mit ihren Tätigkeiten verfolgen. Sie schätzen ihr Wissen und ihre Erfahrungen gegenseitig als wertvoll und sich ergänzend ein. Beispiele für CoPs können in den unterschiedlichsten Bereichen gefunden werden: z.B. unter Architekten, Ärzten, Krankenpflegern, Software-Entwicklern oder Kranführern. Innerhalb jeder Gemeinschaft gibt es wiederum Differenzierungen und meist arbeiten verschiedene CoPs im organisatorischen Kontext zusammen (z.B. Ärzte und Pflegepersonal im Krankenhaus).

Basisprozesse zur Etablierung und Erhaltung einer CoP sind *Partizipation* und *Objektivierung / Vergegenständlichung* (Wenger 1998). Durch Objektivierung kristallisiert sich gemeinsames Verständnis in bedeutungsvolle Artefakte mit symbolischer Kraft. Es wird als *Produkt* der Verständigung externalisiert, festgehalten und damit zum Teil der äußeren Realität. Ein einfaches Beispiel hierfür ist eine schriftliche Zusammenfassung einer Seminardiskussion oder ein erstellter Entwurf. Der *Prozess* der Diskussion oder des Entwerfens stellt dagegen die aktive Teilhabe (also die Partizipation) dar. Zentral für eine CoP ist ihr gemeinsames Repertoire an Ressourcen (Lave & Wenger 1991; Schön 1987). Hierzu zählen Arbeitsmethoden, Werkzeuge, Heuristiken und Denkweisen der „Reflection-in-Action" (Reflexion und Improvisation *während* des Handelns). Zu einer CoP gehören Rituale, soziale Verhaltensweisen und ein bestimmter Habitus. Längerfristiges Bestehen und Zusammenarbeiten einer CoP führt aufgrund der gemeinsamen Geschichte und Erfahrung zu ihrer Abgrenzung nach außen (Wenger 1998). Dies wirkt oft als Barriere für Außenseiter und Neulinge. Im Kern einer CoP sind die akzeptierten Insider. Die *Peripherie* der CoP kann als Eingangszone für Außenseiter und Neulinge verstanden werden. Zugleich ist sie durch die Auseinandersetzung mit dem eintretenden Neuen eine dynamische Zone der Veränderung und Selbst-Erfindung der CoP.

Neulinge werden, wie in Abschnitt 2 beschrieben, über den Weg der *legitimen peripheren Partizipation* (Lave & Wenger 1991) in eine CoP integriert. *Legitim* heißt, dass die Lernenden zum Zugang berechtigt sind, z.B. als Auszubildende oder Trainees. Sie lernen dabei die Fähigkeiten, Fertigkeiten und sozialen Verhaltensweisen, die sie zu einem anerkannten Mitglied machen. Lernen umfasst dabei auch die Anpassung an soziale Umgangsformen, die Aneignung kompetenter Praktiken der Reflection-in-Action. Was Kompetenz ist (bzw. als solche anerkannt wird) entscheidet sich an der Übereinstimmung mit technischen und sozialen Normen – technische und soziale Anteile sind untrennbar (Lave & Wenger 1991).

Communities of Interest (kurz: CoI) (Fischer 2001; Arias & Fischer 2000) bringen Personen mit verschiedenem Hintergrund zusammen, um ein konkretes, akutes Problem zu lösen, an dem alle ein Interesse haben. Die Beteiligten können Angehörige *verschiedener* Praxisgemeinschaften oder auch vom Problem betroffene Individuen sein. CoIs sind häufig vorübergehender Natur: sie kommen für ein bestimmtes Projekt zusammen, haben ein konkretes Ziel und lösen sich danach wieder auf. Der stärkere Projektcharakter und die zeitliche Befristung sind zwei wesentliche Merkmale von CoIs, die sie von Praxisgemeinschaften unterscheiden. Während Praxisgemeinschaften eher homogene Praxisformen aufweisen und eine Gruppenidentität besitzen, sind CoIs heterogene, problemorientierte-Gruppen, die sich zunächst gar nicht als „Gruppe" bezeichnen würden. Ein Beispiel einer CoI ist z.B. ein Team aus Endanwendern, Software-Designern, Marketing-Fachleuten, Ergonomen und Programmierern, das zusammen ein Informatiksystem erstellt. Auch eine Bürgerinitiative, die für den Erhalt eines Kleinstadt-Bahnhofes kämpft, und deren Mitglieder nur das häufige Zugfahren gemein haben, wäre als CoI zu bewerten.

CoIs haben ein großes Innovationspotential wenn sie ihr unterschiedliches Wissen und ihre verschiedenen Sichtweisen als Quelle gemeinsamer Kreativität nutzen. Größte Herausforderung für sie ist es, ein gemeinsames Verständnis und gemeinsame Zielvorstellungen zu entwickeln. Dieses Verständnis entwickelt sich schrittweise, zum Teil als mentale Vorstellung, zum Teil veräußerlicht (*externalisiert*) in Artefakten. Die Teilnehmer müssen lernen, miteinander zu kommunizieren und von anderen zu lernen, die andere Sichtweisen, andere Kenntnisse und ein anderes Vokabular haben. Bleibt eine CoI über ihr ursprüngliches Projektanliegen oder Ziel hinaus zusammen, kann sie sich zu einer CoP weiter entwicklen, welche eine gemeinsame Geschichte hat, bestimmte Praktiken und Sichtweisen teilt. Obige Bürgerinitiative kann sich zum Beispiel entscheiden, den Bahnhof zu mieten und in Eigenregie weiter zu betreiben. Der Übergang von Communities of Interest zu Praxisgemeinschaften ist daher fließend. Eine exakte Trennlinie zwischen CoIs und CoPs zu ziehen, ist daher ebenso oft schwer. Des Weiteren entstehen in der Realität oft Konstellationen aus mehreren zusammen arbeitenden Praxisgemeinschaften, die in ihrer Gesamtheit betrachtet dann oft CoI-Charakter haben. Teilweise bestehen solche Konstellationen auch sowohl aus CoIs als auch aus CoPs.

CoIs können leicht mit Projektteams verwechselt werden, da beide Arbeitsformen zeitlich begrenzt sind. Während Projektteams aber eine von außen vorgegebene, meist klar umrissene Aufgabe haben, haben die Teilnehmer einer CoI ein genuines Interesse an deren Inhalt und sind oft vom Problem direkt betroffen.

Die Bezeichnung *CoI* wurde in Analogie zu *CoP* entwickelt. Mit Gemeinschaften (Community) verbindet man aber i.d.R. langwährende Beziehungen und ein Gruppen-Gefühl. Da dieser Terminus mehr bezeichnet als ein gemeinsames Problem oder Ziel, ist der Begriff CoI also leicht missverständlich. Eine andere Bezeichnung hat sich jedoch bislang nicht durchgesetzt.

Innerhalb einer CoI gibt es – ebenso wie in einem Verbund mehrerer CoPs – *verschiedene gleichberechtigte Wissenssysteme*. Notwendig für das Lernen und die Verständigung sind daher Externalisierungen (Bruner 1996) in Form so genannter *Boundary Objects* (Bowker & Star 1999; Arias & Fischer 2000), die geteilte Bedeutung über die Grenzen einzelner Wissenssysteme hinaus besitzen und eine Vermittlungsfunktion innehaben. Externalisierungen erleichtern eine Verständigung, da sie implizites Wissen veräußerlichen, zur Diskussion anregen, Rückmeldungen auf Probehandlungen geben und so die Möglichkeit bieten, mit ihnen in ein „Wechselgespräch" zu treten (Schön 1987).

Boundary Objects bieten für mehrere Wissenssysteme eine gemeinsame Referenz, die für alle Seiten bedeutungsvoll ist, und ermöglichen so Interaktion und Verständigung. Sie sind flexibel genug, um an lokale Gegebenheiten angepasst zu werden und dennoch so robust, dass sie über alle Kontexte eine gemeinsame Identität behalten. So ist es möglich, dass jede beteiligte Gruppe dem Objekt lokale Bedeutungen zumisst. Die Beteiligten haben verschiedene Sichtweisen auf die Objekte und verwenden sie auf unterschiedliche Weise, beziehen sich aber dennoch auf einen gemeinsamen Kern. Boundary Objects sind gemeinsames Eigentum und können gerade deswegen zwischen verschiedenen Wissenssystemen vermitteln und eine Zusammenarbeit erleichtern, weil lokale Verschiedenheiten der Bedeutung nicht miteinander konfrontiert und aufgelöst werden müssen.

Boundary Objects bewohnen sozusagen den Verhandlungsraum zwischen den beteiligten Parteien. Ein einfaches Beispiel ist ein Set an Landkarten derselben Gegend, die jeweils das Straßennetz, die Bevölkerungsdichte, die Verteilung von Agrargebiet und Industrie zeigen, aber durch die geteilten Umrisse eine Verständigungsgrundlage für unterschiedliche Spezialisten und Interessengruppen bei einem Bauvorhaben bilden. Ein anderes Beispiel für ein Boundary Object ist eine Bauzeichnung. Bauleitung, Innenarchitektin, Heizungsinstallateurin

und Wasserleitungsinstallateur können gemeinsam eine Bauzeichnung betrachten und diskutieren, wobei sie jeweils Teile dieser Repräsentation ignorieren, die nicht in ihr Wissensgebiet fallen, und jeweils andere Dinge aus dem Plan herauslesen.

Auf diese Weise erleichtern Boundary Objects den Zutritt zu Randbereichen einer Praxisgemeinschaft. *Lernen* innerhalb einer Community of Interest ebenso wie in den Randzonen
verschiedener Praxisgemeinschaften eines Verbunds findet in der Auseinandersetzung mit
den anderen Beteiligten statt, im Zusammenfügen der Perspektiven und Fähigkeiten sowie
im Erstellen neuer Boundary Objekte.

4   Entwicklungsphasen von Praxisgemeinschaften

CoPs durchlaufen unterschiedliche Entwicklungsphasen, in denen sie jeweils andere
Schwerpunkte in ihrer gemeinschaftlichen Praxis setzen und verschiedene Arten der Unter-
stützung brauchen. Idealtypisch lassen sich fünf solcher Phasen unterscheiden (vgl. Wenger,
McDermott & Snyder 2002):

In der Phase der *Entstehung* ist eine CoP noch kaum sichtbar. Es werden gemeinsame Interessen und Anliegen entdeckt sowie ein engerer Austausch erwogen. Als Unterstützung benötigt eine entstehende CoP eine gute Balance aus Möglichkeiten gemeinsame Interessen zu
erkennen und Visionen für eine Zusammenarbeit zu entwickeln. Informelle Treffpunkte sind
wichtig, aber auch best-practice Beispiele oder erfahrungsbasierte Geschichten bereits florie-
render CoPs.

In der Phase der *Annäherung* bereiten die Interessenten Strukturen für eine Praxisgemeinschaft vor, indem sie erste Verabredungen treffen, Formen der Zusammenarbeit vereinbaren
und Kommunikationsmittel wählen. In dieser Phase kann eine CoP unterstützt werden, indem den ersten Mitgliedern der unmittelbare Wert einer Kooperation aufgezeigt und erste
Werkzeuge zur Verfügung gestellt werden.

In der anschließenden Phase der *Reifung* entwickelt eine CoP vielfältige Formen der Zusammenarbeit und integriert neue Mitglieder. In dieser Phase ist es hilfreich, Koordinatoren
für bestimmte Aufgaben festzulegen und Einführungsformen für neue Interessierte zu finden.

In der Phase der *Kompetenzausübung* sind die Aktivitäten auf ihrer Höhe, die Beziehungs-
netze eng geknüpft und die Formen der Zusammenarbeit gut etabliert. Es geht nun darum,
diese zu verfeinern, zum Vorteil aller Mitglieder maximal auszuschöpfen, aber auch neue
Aspekte zu entdecken. Unterstützung in dieser Phase bieten Formen, die die Energie der
Gemeinschaft bündeln und das gemeinsame Interesse an der Kooperation erneuern. Zum
Beispiel können Rituale geschaffen werden, aber auch punktuell neue Kooperationsanlässe
wie z.B. die gemeinsame Veranstaltung einer Tagung.

In der Phase der *Transformation* verliert die gemeinschaftliche Praxis an Bedeutung für die
Mitglieder. Es gilt den Übergang der Mitglieder in neue Gemeinschaften und das Ende der
Kooperation zu gestalten. Diese Prozesse können unterstützt werden, indem die aktuellen
Anliegen der Mitglieder erörtert, die Produkte der Zusammenarbeit für Nachfolgende zu-
sammengestellt und Formen einer anderen, loseren Verbindung thematisiert werden.

Grundsätzlich notwendige Bedingungen für *Entstehung und Weiterentwicklung* von Praxisgemeinschaften sind Treff- und Knotenpunkte und/oder Kommunikationsmöglichkeiten. Als
wichtige Bedingungen für legitimierte periphere Partizipation identifizieren Bjerrum und
Bødker (2003) (bezogen auf die Zusammenarbeit in Büros) die Sichtbarkeit von Handlungen
sowie des jeweiligen Arbeitsstatus (herumliegende Akten, Papierstapel), erkennbare Kom-
munikationsorte, die Möglichkeit, andere zu beobachten, sowie von allen genutzte Orte oder
Flächen, die dem Austausch dienen (z.B. Pinwände). Ohne Treffpunkte werden die Beteiligten einander nicht gewahr und treten nicht in Kommunikation. Die Praxisgemeinschaft bleibt
„sprachlos" und vor-bewusst, entwickelt keine Sozialkultur und keine gemeinsame Identität.
Um diese Treffen zu nutzen, braucht es zudem Zeit zur (informellen) Kommunikation, wie
sie z.B. Kaffeepausen und gemeinsame Essenszeiten bieten. Sinnvoll sind zudem Möglichkeiten zur Entwicklung eines gemeinsamen Gedächtnisses (Archivierung).

Abstrakt gesehen, bestimmen Infrastruktur und Arbeitsorganisation, ob solche Treff-/ Knotenpunkte und Kommunikationsmöglichkeiten entstehen können. Selbstorganisation benötigt
zudem den Freiraum, sich selbst zu organisieren. Die Entwicklung einer Praxisgemeinschaft
ist daher nicht (von außen/oben) planbar, hergestellt werden können nur förderliche Bedingungen.

5 Virtualisierung der Selbstorganisation

Was verändert sich, wenn die Mitglieder von selbst organisierten CoPs oder CoIs nicht mehr
lokal am gleichen Ort, sondern ortsverteilt mit Computerunterstützung agieren? Kooperatives Lernen weitgehend oder ausschließlich im virtuellen Raum selbst zu organisieren, erfordert ein neues Set an Kompetenzen (vgl. z.B. Wenger et al. 2002; Salmon 2001; Wiesner
2001). Im virtuellen Raum wird es schwieriger, die jeweiligen persönlichen und organisationalen Kontexte der Beteiligten für alle sichtbar zu machen (Arnold & Smith 2003). Die Gemeinschaft ist für die einzelnen Mitglieder im Alltag weniger „präsent". Man trifft nieman-
den zufällig in der Kantine, die zeitversetzte Diskussion in webbasierten Diskussionsgruppen
konkurriert mit der Dringlichkeit des Alltagsgeschäfts.

In kopräsenten Gruppen sieht man unmittelbar, wer zuhört. Wer die eigenen Beiträge im
virtuellen Raum liest, ist hingegen nicht sofort ersichtlich. Referenzen wie „heute", „morgen" oder „hier" verlieren an eindeutiger Bedeutung. Ortsverteilte Gruppen sind oft durch
eine große Vielfalt in ihrer Mitgliedschaft gekennzeichnet. Beteiligte aus unterschiedlichen
Kulturen haben verschiedene Arbeitsweisen und Diskussionskulturen. Oft ist die Arbeits-
sprache für viele Mitglieder nicht die Muttersprache. Unterschiedlicher Zugang zum Internet,
eine überwiegend verschriftlichte Diskussion, aber auch unterschiedliche Zeitzonen, in denen
die Beteiligten leben, können die Zusammenarbeit erschweren (Wenger et al. 2002, Wiesner
2001).

Untersuchungen zu computervermittelter Kommunikation (CMC) verweisen auf Begrenzungen, die die schriftliche Kommunikation in webbasierten Diskussionsforen aufweist. Nonverbale Signale fehlen, einzelne Beiträge erschienen oft unverbunden und es entsteht leicht
ein Überangebot an Information. Die Koordination von gemeinschaftlichen Aktivitäten ist
aufwändiger. Vertrauen entsteht langsamer und persönliche Beziehungen scheinen schwerer

aufzubauen zu sein, als in kopräsenten Situationen (Hesse et al. 2002, Kimble et al. 2000). Insbesondere das Knüpfen von informellen persönlichen Kontakten zwischen den Mitgliedern und die Koordination von Aktivitäten sind aber in selbst organisierten Praxisgemeinschaften von entscheidender Bedeutung (Wenger et al. 2002).

Allerdings sind die Ergebnisse zu computervermittelter Kommunikation häufig in kurzfristig angelegten Gruppen erzielt worden. Andere Untersuchungen verweisen darauf, dass mit hinreichender *Dauer* des Bestehens einer Gruppe ähnlich intensive Beziehungen und Kooperationen aufgebaut werden können wie in kopräsenten Situationen (Walter & Burgoon 1992; Walther 1996).

Neben den genannten Begrenzungen, mit denen selbst organisierte Gruppen umgehen müssen, die überwiegend oder ausschließlich computerunterstützt kommunizieren und kooperieren, entstehen durch die Virtualisierung der Selbstorganisation aber auch neue, zusätzliche Chancen: Es können sich Interessierte über Ländergrenzen hinweg und in zeitlich vollkommen flexiblen Formen beteiligen. In großen virtuellen Gruppen entstehen neue Kooperationsökonomien, der eigene Beitrag hat potenziell eine sehr hohe Reichweite, eine passive Teilnahme ist unaufwändig möglich, ohne die Gruppe in jedem Fall zu stören (vgl. ausführlich Kollock (1999)).

Da zahlreiche CSCL-Werkzeuge und Plattformen frei verfügbar sind oder kostenlos für nicht kommerzielle Zwecke zur Verfügung stehen (z.B. Yahoo-Groups, BSCW, WIKIS; vgl. die Beiträge 2.1.1 sowie 2.2), fällt die Auswahl der technologischen Infrastruktur selbst dann nicht leicht, wenn nur wenig oder keine finanziellen Mittel vorhanden sind. Grundsätzlich gilt, dass die Auswahl und die Entwicklung von Nutzungsregeln von CSCL-Werkzeugen und Plattformen in selbst organisierten Gruppen ihrerseits situierte Prozesse der Aushandlung der Beteiligten sind. Wenn eine Kerngruppe oder Einzelne in der Anfangsphase daher Vorschläge für die gesamte Gruppe erarbeiten, ist es sinnvoll, auf größtmögliche Transparenz und die Möglichkeit der gemeinschaftlichen Weiterentwicklung zu achten. Eine Zusammenstellung und Bewertung von CSCL-Plattformen speziell unter der Perspektive, inwieweit sie die unterschiedlichen Prozesse in Communities of Practice unterstützen, liefert Wenger (2001). Eine ideale Plattform für alle selbst organisierten Gruppen existiert nicht; vielmehr hat jede CSCL-Plattform unterschiedliche Stärken und Schwächen, die nur möglichst gut zu den speziellen Anforderungen der jeweiligen selbst organisierten Gruppe passen sollten. Nie zu vermeidende Schwächen der gewählten Plattform gilt es dann durch kreative Improvisationen auszugleichen.

Als in der Regel hilfreiche Eigenschaften einer Plattform bei hohem Grad an Virtualisierung in einer Gruppe haben sich die folgenden Merkmale erwiesen:

- Raum für persönliche Vorstellung der Beteiligten ist vorhanden, möglichst mit Foto,
- Diskussionsbeiträge können mit Autorenphoto versehen werden,
- es erfolgt eine automatische Benachrichtigung über neue Beiträge per E-Mail,
- eine „wer ist online?"-Anzeige zeigt mögliche Kooperationspartner für eine synchrone Kommunikation an,
- neue Diskussionsbereiche sind flexibel einzurichten,
- Beiträge werden übersichtlich archiviert und können durchsucht werden.

Aber auch mit einfachsten Mitteln kann bei entsprechendem Interesse der Gruppe erfolgreich kooperiert werden: Die eingangs erwähnte FESA-Community, die als selbst organisierte Gruppe von Fernstudierenden zunächst nur eine Mailingliste und später zusätzlich ein webbasiertes Diskussionsforum (Yahoo-Groups) sowie individuelle, persönliche Webseiten als Datenspeicher nutzte, ist ein Beispiel dafür, dass die technologische Infrastruktur nicht alleiniger Erfolgsfaktor für selbst organisierte CSCL-Szenarien ist.

Neben der möglichst großen Passung zwischen Gruppe, CSCL-Werkzeugen (oder Plattform) sowie den Rahmenbedingungen der Kooperation ist die *Gestaltung* der Zusammenarbeit von entscheidender Bedeutung. Auch hier gibt es keine allgemeingültigen Rezepte. Vielmehr sollten Gestaltungsprinzipien, die sich in der Praxis anderer Gruppen bewährt haben, als Anregungen für die Gestaltung der eigenen selbst organisierten Kooperation interpretiert und gegebenenfalls für die eigene Gruppe angepasst werden. Gestaltungsprinzipien müssen sich dabei einerseits auf die sozialen Regeln für Kommunikation und Kooperation beziehen (*sociability*) sowie auf die benutzerfreundliche Auswahl, Zusammenstellung und Gestaltung geeigneter Software-Werkzeuge (*usability*). Für beide Bereiche hat Preece (2000) eine Fülle von Prinzipien zusammengestellt und anhand von exemplarischen virtuellen Gemeinschaften sowie wissenschaftlichen Forschungsergebnissen erläutert.

Einige zentrale Gestaltungsprinzipien sind dabei folgende: Präsenztreffen, insbesondere in der Anfangsphase, können die erfolgreiche Selbstorganisation in ortsverteilten Gruppen sehr erleichtern (Wenger et al. 2002). Sind auf Grund der Gruppengröße oder der internationalen Beteiligung keine Gesamttreffen möglich, sind auch Treffen von Untergruppen nach regionalen oder thematischen Gesichtspunkten zusammengesetzt hilfreich.

Um die „Präsenz" der Gruppe für ihre Mitglieder auch im Alltag zu erhöhen, hat sich die Etablierung regelmäßiger wiederkehrender Ereignisse (z.B. monatliche Telefonkonferenzen) bewährt. Die Zusammenarbeit kann effektiver gestaltet werden, wenn für bestimmte Bereiche Koordinatoren bestimmt werden, die Diskussionen anregen und moderieren. Insbesondere in der Entstehungsphase ist ausreichend Zeit einzuplanen, um Aushandlungsprozesse zu ermöglichen und gemeinschaftlich tragfähige Strukturen der Zusammenarbeit zu schaffen.

Wichtig scheint es darüber hinaus, auch im virtuellen Raum die Möglichkeit zu schaffen, informell persönliche Kontakte zu schaffen (z.B. durch einen virtuellen Café-Bereich). Zu einer Kontaktanbahnung können auch spezielle koordinierende Werkzeuge eingesetzt werden (vgl. dazu auch Beitrag 2.1.2). Ein weiteres sinnvolles Gestaltungsprinzip ist es, innerhalb der Diskussionen Raum für erfahrungsbasierte persönliche Geschichten zu lassen (zur Bedeutung des *story telling* im Rahmen von virtuellen Gemeinschaften vgl. Arnold & Smith 2003; Neal 2002).

Insgesamt entstehen durch die wachsende Anbindung an Computernetze also neue Kontexte für selbst organisierte CSCL-Szenarien. Kooperationsplattformen sind oft frei verfügbar und können selbst Initialpunkte für die Entstehung ortsverteilter Praxisgemeinschaften sein. Selbst organisierte CSCL-Szenarien zu begründen und kooperativ zu gestalten, erfordert in jedem Fall aber Zeit und Engagement zumindest einer Kerngruppe von Beteiligten, die vom Wert der Kooperation überzeugt sind.

4   Umsetzung

Bei der Umsetzung von neuen technischen Lösungen in Organisationen müssen eine Reihe von Fragen beantwortet werden:

- Wie soll die technische Lösung entwickelt werden?
- Wie kann der Bedarf für die zu entwickelnde Lösung erhoben werden?
- Wie soll der softwaretechnische Entwicklungsprozess organisiert werden?
- Wie soll die Lösung in die Organisation eingeführt und bereitgestellt werden?
- Wie soll die Qualität der Lösung beurteilt und kontinuierlich verbessert werden?

Diese Fragen stellen sich auch für CSCL-Anwendungen. Hinzu kommt bei CSCL die Frage nach der geeigneten Repräsentation von Lerninhalten: welche Standards sollten verwendet werden? Diese Fragen werden in diesem Teil des Kompendiums behandelt.

CSCL ist für Nutzer und Organisationen eine neue Form des Lehrens und Lernens. Deswegen muss bei allen Fragen der Umsetzung von CSCL die Koevolution von Anwenderverständnis und technischer Lösung berücksichtigt werden. Beitrag 4.1 präsentiert ein zyklisches, partizipatives Vorgehensmodell für die Entwicklung von CSCL-Anwendungen, das auf dem „Socio-cognitive Engineering" Ansatz beruht. Die Ausgestaltung dieses Vorgehensmodells hängt nicht zuletzt von der Bedeutung ab, die CSCL für die Organisation hat.
Wesentliche Voraussetzung für die Entwicklung einer CSCL-Anwendung ist die Feststellung des Bedarfs in der Organisation. Beitrag 4.2 stellt hierzu die Grundlagen der Bedarfsanalyse im Bildungscontrolling vor. Auch beim Vorgehensmodell für die Durchführung von Bedarfsanalysen für CSCL-Anwendungen finden wir ein zyklisches Vorgehensmodell.
Bei der Implementierung von CSCL-Systemen spiegelt sich der interdisziplinäre Charakter von CSCL in den Vorgehensmodellen, Softwarearchitekturen und Entwicklungsprozessen wider. Deutlich wird dies auch bei der Beschreibung sozialer Prozesse, die durch die CSCL-Anwendung unterstützt werden sollen. Beitrag 4.3 ist diesen Themen gewidmet.
Eine wichtige Voraussetzung für den erfolgreichen Einsatz von CSCL ist der Abgleich der CSCL-Anwendung mit dem Nutzungskontext. Die hierzu notwendige Aushandlung zwischen den Beteiligten geschieht in der Einführung und Bereitstellung des Systems. Beitrag 4.4 beschreibt die organisatorischen Herausforderungen und Maßnahmen bei der Einführung und Bereitstellung von CSCL-Anwendungen.
Damit die Qualität von CSCL-Anwendungen sichergestellt werden kann, sind Maßnahmen zur Qualitätssicherung notwendig. Beitrag 4.5 beschreibt, wie netzgestützte kooperative Lernangebote evaluiert und ihre Qualität durch Qualitätsmanagement erhöht werden kann.
Beitrag 4.6 behandelt die Spezifikationen, Normen und Standards für Lernmaterialen, die bei der Entwicklung von CSCL-Anwendungen eine Rolle spielen.

4.1   Entwicklungsprozess

Jörg M. Haake[1], Gerhard Schwabe[2], Martin Wessner[3]

[1]FernUniversität in Hagen, [2]Universität Zürich,
[3]Fraunhofer IPSI, Darmstadt

1   Socio-Cognitive Engineering

CSCL-Anwendungen können analog zu CSCW-Anwendungen als spezielle Art von Software betrachtet werden. Aufgrund ihrer Eigenheiten lassen sich Methoden der klassischen Softwareerstellung für nicht kooperative Anwendungen nicht unverändert anwenden. So verläuft die Entwicklung von CSCL-Anwendungen nicht als Folge separater Phasen sondern als Folge vieler kurzer Zyklen, in denen die Phasen der klassischen Softwareentwicklung (z.B. Anforderungsanalyse, Spezifikation, Design, Implementierung und Test) verschränkt auftreten. Hierdurch wird erst die Ko-Evolution von Anwender- bzw. Entwicklerverständnis einerseits sowie des Softwaresystems andererseits möglich. Aufgrund der Koevolution von Anwenderverständnis bzw. auch -verhalten und der zu ihrer Unterstützung entwickelten CSCL-Anwendung müssen CSCL-Systeme als sozio-kognitive Systeme (Sharples et al. 2002) gestaltet werden. Sozio-kognitive Systeme umfassen hier sowohl die Aspekte, die die Nutzung des Systems durch einzelne Benutzer betreffen als auch die Aspekte, die die Nutzung des Systems in einer (z.B. arbeitsteiligen) Organisation betreffen. Letzteres ist ein wesentlicher Aspekt von CSCL-Anwendungen. Sharples et al. (2002) schlagen hierfür die Methodologie „Socio-Cognitive Engineering" vor. Ausgangspunkt dieser Methodologie ist die Analyse der komplexen Interaktionen zwischen Menschen und computer-basierter Technologie mit dem Ziel der Überführung dieser Analyse in benutzbare, nützliche und elegante Technologie in ihrem sozialen Kontext.

Der Ansatz besteht aus zwei Stufen (vgl. Abbildung 1): die Analyse der Aktivitäten und das Design der Technologie. Ausgangspunkt ist die Erhebung der allgemeinen Anforderungen. Bei der Analyse der Aktivitäten wird der Typ der zu unterstützenden Arbeit definiert, die Domäne (z.B. im CSCL eine Vorlesung in linearer Algebra) wird festgelegt und es werden die Randbedingungen (z.B. Ausstattung der Zielgruppe, vorgesehene Didaktik) für das Design erhoben. Daran schließen sich zwei parallele Studien an: eine Feldstudie, die betrachtet, wie Menschen die zu unterstützende Arbeit im normalen Arbeitskontext erledigen, und eine mehr Theorie-basierte Untersuchung der zugrunde liegenden kognitiven und sozialen Prozesse. Die beiden Studien werden dann in einem Aufgabenmodell synthetisiert. Im Aufgabenmodell werden die Interaktionen zwischen Personen, Werkzeugen und Ressourcen beschrieben, und es wird analysiert, wie die Personen ihre Arbeit externalisieren (z.B. in Form von Dokumenten oder Notizen), welche Regeln und Konventionen ihre Aktivitäten beeinflussen, welche Terminologie die Personen verwenden und welche Muster in ihren Diskursen vorkommen.

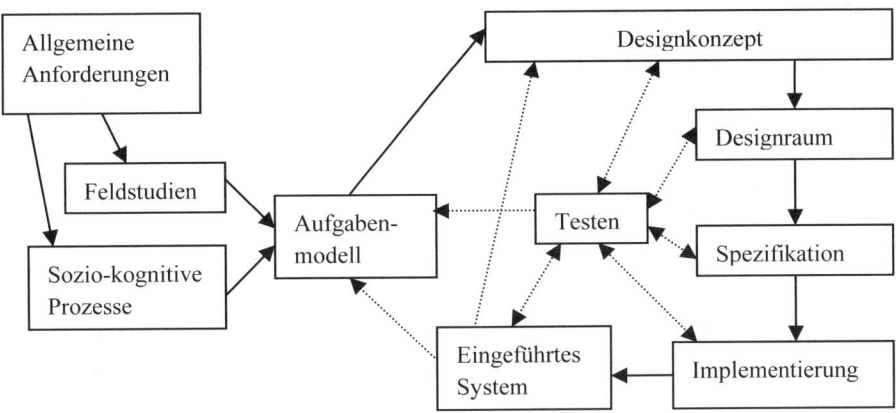

Abbildung 1: Hauptergebnisse und ihre Abfolge beim Designprozess
(nach Sharples et al. (2002))

An diese erste Stufe der Analyse schließt sich ein iterativer Designzyklus an. Dieser besteht aus folgenden Aktivitäten: Spezifikation eines Designkonzepts, Erzeugung des dazugehörigen Designraums (d.h. der Menge der möglichen Designalternativen für dieses Konzept), Spezifikation der funktionalen und nicht-funktionalen Aspekte des Systems, Implementierung und Einführung des Systems. Das so entwickelte Gesamtsystem, das über das technologische System (Hardware und Software) und die Dokumentation hinaus auch die empfohlenen Nutzungsmethoden umfasst, soll dann den Anforderungen des Aufgabenmodells genügen. Kontinuierliche Tests und Evaluierung führen zu iterativen Verbesserungszyklen innerhalb des groben Vorgehensmodells.

Für die Durchführung der Methodologie schlagen Sharples et al. (2002) ein Framework aus Bausteinen für das sozio-kognitive Systemdesign vor (siehe Tabelle 1). Es werden vier Prozesse unterstützt: Software Engineering, Task Engineering, Knowledge Engineering und Organizational Engineering. Vier Spalten enthalten Bausteine für diese Prozesse, die sich an den neun Hauptphasen des Entwicklungsprozesses orientieren (Vorschlagen, Erheben, Analysieren, Interpretieren, Design, Implementieren, Integrieren, Evaluieren und Wartung) und aufeinander aufbauen. Jeder Baustein bezeichnet eine Aktivität, zu der mehrere Methoden angewendet werden könnten. Sharples et al. (2002) betonen, dass ihr Framework keineswegs für die reine sequentielle Anwendung gedacht ist, sondern dass die Entwickler in jeder Phase in unterschiedlichem Ausmaß aktiv werden können. Da aber Modifikationen in einer Phase alle davor liegenden Phasen betreffen können, müssen diese erneut betrachtet werden, um die Konsistenz des Gesamtsystems zu garantieren. Aufgrund kontinuierlicher Tests und solcher Änderungen kommt es zu zahlreichen Iterationszyklen während des Entwicklungsprozesses.

Tabelle 1: Framework aus Bausteinen für das sozio-kognitive Systemdesign (nach Sharples et al. (2002))

Phasen	Software Engineering	Task Engineering	Knowlegde Engineering	Organizational Engineering
1. Vorschlagen	Allgemeine Anforderungen			
2. Erheben	Existierende Systeme	Konventionelle Aufgabenstrukturen & Prozesse	Domänenwissen	Organisatorische Strukturen und Abläufe
3. Analysieren	Anforderungen	Aufgaben: Ziele, Objekte, Methoden	Wissen: Konzepte, Fertigkeiten	Arbeitsplatz: Praktiken, Interaktionen
4. Interpretieren	Aufgabenmodell			
5. Design	Algorithmen, Heuristiken	Mensch-Computer-Interaktion	Domänenkarte, Benutzermodell	Sozio-technisches System
6. Implementieren	Prototypen, Dokumentation	Interfaces, Kognitive Werkzeuge	Wissensrepräsentation	Kommunikation, vernetzte Ressourcen
7. Integrieren	Protoypisches System			
8. Evaluieren	Debugging	Benutzbarkeit	Conceptual change, skill development	Organisatorische Änderungen
9. Wartung	Installiertes System	Neue Aufgabenstruktur	Angereichertes Wissen	Neue Organisationsstruktur

2   Zyklische Vorgehensmodelle

Betrachtet man CSCL-Anwendungen aus Implementierungssicht als CSCW-Anwendungen, dann lassen sich die Methoden der Softwareentwicklung, die für CSCW-Anwendungen entwickelt wurden, übertragen. Typisch für die Entwicklung von CSCW-Anwendungen ist die Entwicklung einer Folge von Releases, wobei für jedes Release die Rahmenbedingungen und Anforderungen definiert, ein Design entwickelt, implementiert, evaluiert und eingeführt bzw. betrieben werden muss. Hierfür bieten sich evolutionäre Methoden der Softwareerstellung an, z.B. das STEPS Modell (Floyd et al. 1989; 1994; 1997). STEPS definiert einen evolutionären Entwicklungsprozess, in dem eine Folge von „Systemversionen" (= Releases) als Reaktion auf geänderte Anforderungen der Anwender entwickelt wird. Softwaredesign stellt einen gemeinsamen Lernprozess von Entwicklern und Anwendern dar. Hierzu ist eine intensive Kommunikation zwischen Anwendern und Entwicklern notwendig. Pankoke-Babatz et al. (2001) haben das STEPS-Modell für die Erstellung von CSCW-Anwendungen um die parallele Fortentwicklung von Anforderungsdefinition, Design, Implementierung und Betrieb erweitert.

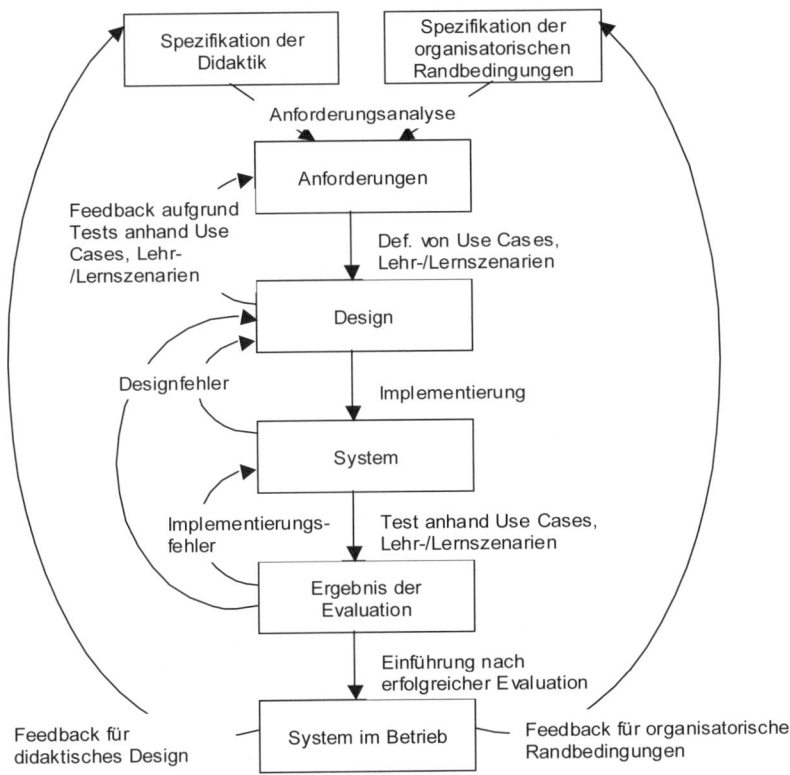

Abbildung 2: Gesamtprozess der Entwicklung und des Betriebs eines CSCL-Systems

Abbildung 2 stellt den Gesamtprozess der Entwicklung und des Betriebs einer CSCL-Anwendung dar, wie er an der FernUniversität in Hagen erfolgreich eingesetzt wird. Dieses Vorgehen kann als Beispiel für eine konkrete Anwendung der Methode von Sharples et al. (2002) sowie des erweiterten STEPS Modells angesehen werden. In der ersten Stufe (Analyse) werden ausgehend von einer Bedarfsanalyse die Anforderungen aus didaktischer und organisatorischer Sicht festgelegt. Die so definierten Anforderungen definieren die Ziele des Systemdesigns. Das Aufgabenmodell wird konkret über die Definition von Anwendungsfällen (Use Cases) und Lehr-/Lernszenarien genauer festgelegt – hierbei spielen Lerntheorien und didaktische Modelle eine wesentliche Rolle bei der Festlegung der sozio-kognitiven Prozesse beim verteilten Lernen. In der zweiten Stufe wird das System iterativ realisiert. Das Systemdesign gibt an, wie diese Anforderungen von den Systemkomponenten mit Hilfe der Benutzungsoberfläche und der zu entwickelnden Systemfunktionen erfüllt werden sollen. Anhand der Anwendungsfälle (Use Cases) und Lehr-/Lernszenarien (d.h. Aufgabenmodelle) kann das Design mit den späteren Anwendern überprüft und ggf. korrigiert werden. Die Implementierung des Designs führt dann zu einem System. Werden bei der Implementierung Designfehler festgestellt, so müssen diese in einem Re-Design korrigiert werden. Das lauffähige System kann dann in einem Evaluationsschritt anhand der Aufgabenmodelle (Anwendungsfälle und Lehr-/Lernszenarien) getestet und ggf. korrigiert werden. Bei positiver Evaluierung kann das System eingeführt werden und in Betrieb gehen. Die Erfahrungen im Betrieb können wiederum als Feedback in die Anpassung der didaktischen und organisatorischen Anforderungen und der Aufgabenmodelle eingehen und im nächsten Entwicklungszyklus wirksam werden.

Dieses Modell des Gesamtprozesses der Entwicklung einer CSCL-Anwendung umfasst die wesentlichen Aktivitäten des STEPS Modells: Systemgestaltung (hier: Spezifikation der Randbedingungen und Anforderungen), Systemspezifikation (hier: Design), Softwarerealisierung (hier: Implementierung des Systems) und Einsatz (hier: Einführung, Betrieb). Auf die explizite Bezeichnung von Systemversionen sowie der Projektetablierung wurde aus Gründen der Übersichtlichkeit verzichtet.

Eine Konkretisierung von STEPS betrifft die explizite, mit Design und Implementation verschränkte Evaluation (Pfister & Wessner 2000) und die daraus resultierenden Zyklen im Modell sowie die Unterstützung des sozio-technischen Designprozesses. Die explizite, verschränkte Evaluation wird notwendig, da für die Evaluation neuartiger Systemtypen wie CSCL-Anwendungen es in der Regel unmöglich ist, von Beginn an einen begründeten Kriterienkatalog aufzustellen. Pfister & Wessner (2000) argumentieren deshalb für eine verschränkte formative Evaluation auf zwei Ebenen: zum einen auf der Ebene der Systementwicklung, zum anderen auf der Ebene der Evaluationskriterien. Die Systementwicklung muss iterativ den Resultaten des formativen Evaluationsprozesses angepasst werden. Gleichzeitig müssen auch die Evaluationskriterien selbst iterativ den Erkenntnissen und Randbedingungen, die erst im Zuge der Systementwicklung deutlich werden, angepasst werden. Nach Pfister & Wessner (2000) wird formative Evaluation hier also nicht nur als kontinuierliche Evaluation und iteratives Redesign des Systems, sondern ebenso als kontinuierliche Reformulierung des Kriterienkatalogs selbst verstanden. Zwar bleibt auf oberster Ebene der Gegenstand der Evaluation konstant, die konkrete Kriterienhierarchie einschließlich der Operationalisierungen ist jedoch hochgradig mit dem aktuellen Stand der Systementwicklung verschränkt. Evaluation muss also selbst als ein kooperativer Lernprozess begriffen werden!

Wie oben ausgeführt erfordern Design und Implementierung von CSCL-Systemen viele Zyklen, da Anwender ihr Verständnis im Entwicklungsprozess vertiefen müssen. Zentral ist für diesen Prozess daher das intensive und direkte Einbeziehen der Anwender. Um eine konkrete und intensive Kommunikation zwischen Anwendern und Entwicklern zu fördern, ist der frühzeitige Einsatz von Prototypen für Design (z.B. in Papierform) und Implementierung (als Systemprototyp) förderlich.

3 Einfluss der organisatorischen Bedeutung von CSCL

Die bisherigen Ausführungen gehen von dem derzeit typischen Wissensstand zu CSCL aus: Organisationen experimentieren mit CSCL, um in Pilotprojekten Erfahrungen zu sammeln. Deshalb sind ein enger Bezug zum Anwender und das Sammeln von Erfahrungen während des Entwicklungsprozesses von großer Bedeutung. Diese Annahme kann für einzelne, professionelle Anbieter schon heute nicht mehr zu treffen und die Zahl der Erfahrenen nimmt mit der Diffusion der Technologie zu. Im Folgenden wird deshalb die vorgestellte Vorgehensweise in einen organisatorischen Kontext gestellt und diskutiert, wie die Vorgehensweise den Zielen und dem Erfahrungsstand der Organisation anzupassen ist.

Aus organisatorischer Sicht hat die Bedeutung einer Anwendung für eine Organisation (z.B. Unternehmen oder Universität) einen großen Einfluss auf den Entwicklungsprozess. Ward & Peppard (2003) unterscheiden hier in Anlehnung an das Produktportfolio zwischen strategischen Anwendungen, operativ kritischen Anwendungen, High-Potential Anwendungen und Unterstützungsanwendungen (vgl. Abb. 3). Applegate et al. (2003) machen die gewählte Entwicklungsvorgehensweise von den Erfahrungen der Anwenderorganisation mit der Technologie und den mit der Einführung verbundenen organisatorischen Änderungen abhängig.

	Strategisch	High Potential
In Zukunft	Anwendungen, die kritisch für die Umsetzung der Unternehmensstrategie sind	Anwendungen, die möglicherweise für den zukünftigen Erfolg eine wichtige Rolle spielen
Heute	Anwendungen, von denen die Organisation zur Zeit erfolgsabhängig ist	Nützliche Anwendungen, die aber nicht erfolgskritisch sind
	operativ kritisch	**Unterstützung**
	Hohe Bedeutung	Niedrige Bedeutung

Abbildung 3: Derzeitige und zukünftige Bedeutung von Anwendungen

Für die meisten Organisationen sind CSCL-Anwendungen derzeit High-Potential Anwendungen oder Unterstützungsanwendungen. Im Fall von High-Potential Anwendungen zielen CSCL-Projekte darauf ab, den Nutzen von CSCL kennen zu lernen und die in diesem Beitrag vorgestellte Methode ist in ihrer Gesamtheit anzuwenden. Wegen seines hohen Risikos sollte das CSCL-Projekt von anderen Anwendungen (insbesondere solche mit hoher Bedeutung) isoliert werden (z.B. indem Daten nicht integriert werden), damit bei einem Fehlschlag wichtige Systeme nicht beeinträchtigt werden.

Ist eine CSCL-Anwendung nützlich, aber nicht geschäftsentscheidend, so hat sie für eine Organisation einen nur unterstützenden Charakter. In diesem Fall kommt es darauf an, zu einer möglichst kostengünstigen Lösung zu gelangen. Dies ist in der Regel durch den Einsatz von Standardsoftware zu erreichen. Damit reduziert sich der Software-Engineering Teil der Entwicklung (vgl. Tabelle 1) auf das Anpassen und „Customizing" von Standardsoftware. Auch die Anforderungen werden – soweit möglich – nicht von Grund auf neu definiert, sondern durch die Anpassung von Referenzmodellen an die individuellen Bedürfnisse einer Organisation erhoben. Eine Nutzerbeteiligung ist auch in diesem Fall sinnvoll; es ist sogar denkbar, dass die Nutzer die Implementierung des Systems weitgehend selbst übernehmen.

Eine strategische Bedeutung kann CSCL beispielsweise für Fernuniversitäten haben, d.h. diese Organisationen erwarten sich einen Wettbewerbsvorteil davon, dass die dort eingeschriebenen Studierenden ihre Lernziele mit Hilfe von kooperativen Medien erreichen. Erste Erfahrungen sollten in High-Potential-Projekten gesammelt werden, aber das darauf folgende strategische Projekt ist dann auch ein Lernprozess, der wiederum eine iterative Vorgehensweise erfordert. Können High-Potential Projekte noch stark Technologie-getrieben sein, ist bei strategischen Projekten eine Leitung durch einen Anwender (d.h. für eine Fernuniversität beispielsweise durch einen Dozenten) wesentlich. Die große Bedeutung des Projekts erfordert einen starken und mit aktiven Personen besetzten Lenkungsausschuss. Aus dem gleichen Grund ist auch ein eigener Aktivitätenstrang zum Risikomanagement geboten. Die Risiken sollten, in Anlehnung an das Spiralmodell von Boehm (1986), für jede Iteration bei der Entwicklung der CSCL-Anwendung in einer eigenen Phase beurteilt werden.

Die Mehrzahl der in diesem Buch diskutierten CSCL-Anwendungen hat noch nicht den Status einer operativ-kritischen Anwendung erreicht, d.h. es hängt das derzeitige „Geschäft" noch nicht davon ab, dass CSCL-Systeme (jenseits einfacher E-Mail-Systeme oder Newsgroups) im Dauerbetrieb funktionieren. Wenn CSCL-Anwendungen operativ-kritisch sind, dann haben Neuprojekte in diesem Umfeld das Ziel, die derzeitigen Systeme zu verbessern und man kann davon ausgehen, dass bei Betreibern und Anwendern ausreichend Erfahrungen im Umgang mit diesen Systemen vorliegen. Deshalb kann dann auf eine Einbeziehung der Anwender in den laufenden Entwicklungsprozess zu Gunsten einer gründlichen Anforderungserhebung zu Beginn verzichtet werden. Der eigentliche Schwerpunkt der Aktivitäten liegt dann auf einer guten Ingenieur-Leistung bei der Konstruktion und Implementierung der Lösung. Hierzu gibt es ausreichende Gestaltungshinweise im klassischen Software-Engineering. Eine eigene Vorgehensweise für die Entwicklung von CSCL-Systemen ist dann nicht mehr notwendig.

4.2   Bedarfsanalysen

Katrin Allmendinger

Fraunhofer IAO, Stuttgart

1   Einführung

Bedarfsanalysen sind eine wichtige Grundlage für die Identifizierung und Strukturierung des Bildungsbedarfs. Basierend auf den Ergebnissen von Bedarfsanalysen erfolgt die Planung, Konzeption und Umsetzung von Lehr-/Lernszenarien. Prinzipiell können unterschiedliche Varianten von Bedarfsanalysen unterschieden werden. Einerseits gibt es Analysen, die sich vor allem auf die Erhebung des Bildungsbedarfs beziehen. Andererseits können Analysen darauf abzielen, den Bedarf an E-Learning und speziell CSCL zu untersuchen.

Bedarfsanalysen können dem Bildungscontrolling zugeordnet werden. Unter Bildungscontrolling ist ein planungsorientiertes Instrument zur ziel- und ergebnisorientierten Gestaltung und Steuerung von Aus- und Weiterbildungsaktivitäten zu verstehen (Krekel & Gnahs 2000). Durch die Erhebung des Bedarfs im Hinblick auf CSCL können folglich Fehlplanungen vermieden werden und die CSCL-Aktivitäten auf der Basis der ermittelten Bedarfslage konzipiert und durchgeführt werden.

Als zentrales Element der traditionellen betrieblichen Weiterbildung sind Bedarfsanalysen in vielen Organisationen und Betrieben fest verankert (Seusing & Bötel 2000). Verantwortlich für die Durchführung von Bedarfsanalysen ist meist der Weiterbildungsbereich oder die Personalabteilung.

Im Folgenden sollen der Nutzen und die Ziele bezogen auf Bedarfsanalysen näher erläutert werden bevor ein Vorgehensmodell zur Durchführung vorgestellt wird. Es wird auf die Kriterien eingegangen, die im Rahmen von Bedarfsanalysen im CSCL zu berücksichtigen sind und unterschiedliche Methoden zur Erhebung des Bedarfs werden beschrieben.

2   Nutzen und Ziele von Bedarfsanalysen

Allgemein ist das Ziel von Bildungsbedarfsanalysen durch einen Vergleich der Ist-Situation mit der Soll-Situation den Qualifikationsbedarfs aufzudecken (Seusing & Bötel 2000). Während neue Arbeitsplatzanforderungen, die sich beispielsweise aufgrund technischen Entwicklungen oder Veränderungen der Arbeitsorganisation ergeben, bei der Erfassung der Soll-Situation eine entscheidende Rolle spielen, führt eine Analyse der bereits vorhandenen Qualifikationen zur Identifikation der Ist-Situation. Durch Bedarfsanalysen wird gewährleistet, dass inhaltlicher Qualifikationsbedarf frühzeitig erkannt wird. Es kann entsprechend mit Qualifizierungsmaßnahmen auf den Bedarf reagiert werden. Dadurch wird in Organisationen bzw. Unternehmen qualifikationsbedingten Nachteilen bei der Aufgabenbewältigung vorgebeugt. Diese Variante einer Bedarfsanalyse wird im Folgenden als Bildungsbedarfsanalyse bezeichnet.

Bildungsbedarfsanalysen zeichnen sich dadurch aus, dass der Gesamtbedarf des Unternehmens bzw. der Organisation im Bereich der Bildung untersucht wird. Neben der Identifikation relevanter Qualifikationsziele steht die Spezifizierung von Lehr-/Lerninhalten, Zielgruppen und Lehr-/Lernszenarien im Vordergrund.

Bedarfsanalysen, die vor allem auf einen Ist-Soll-Vergleich von E-Learning-Aktivitäten fokussieren, werden im Folgenden E-Learning-bezogene Bedarfsanalysen genannt. Sie zielen einerseits darauf ab Lehr-/Lernszenarien zu analysieren, die bisher in Präsenzform abgelaufen sind, jedoch hohes Nutzenpotential für E-Learning besitzen (z.B. da der Lerninhalt einem kontinuierlichen Wandel unterliegt, wie das beispielsweise bei Produktschulungen der Fall sein kann). Andererseits können sie auch auf die Optimierung bereits bestehender E-Learning-Angebote fokussiert sein (z.B. bei der Erhebung der inhaltlichen, technischen und organisatorischen Anforderungen und Rahmenbedingungen von tutorieller Betreuung).

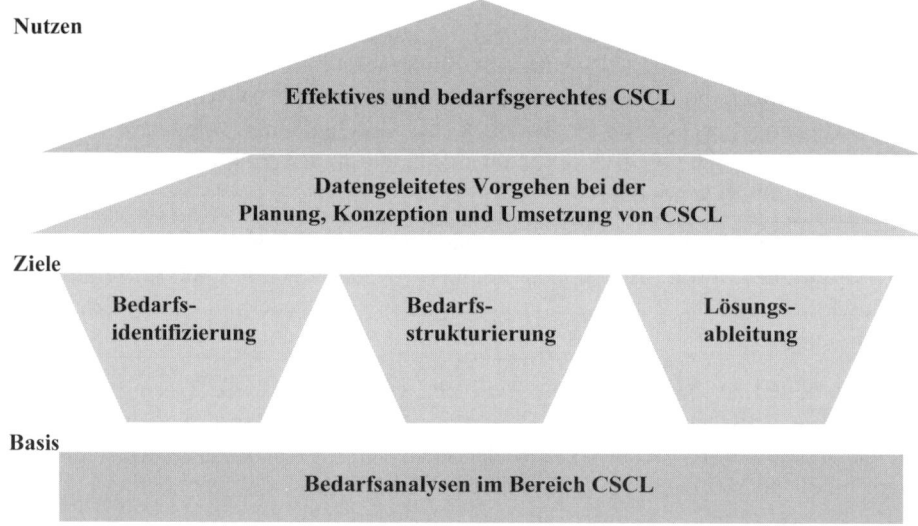

Abbildung 1: Nutzen und Ziele von Bedarfsanalysen im CSCL

Neben Bildungsbedarfsanalysen und E-Learning-bezogenen Bedarfsanalysen können als weitere Variante CSCL-bezogene Bedarfsanalysen durchgeführt werden. Sie beziehen sich auf einen noch kleineren Ausschnitt des Aus- und Weiterbildungssystems, da sie speziell auf die Erfassung der Anforderungen hinsichtlich der inhaltlich-methodischen Konzeption und Realisierung der CSCL-Aktivitäten abzielen. Zusammenfassend können folgende Ziele von CSCL-bezogenen Bedarfsanalysen festgehalten werden (vgl. Abbildung 1):

–   Bedarfsidentifizierung: konkrete Anforderungen an CSCL-Szenarien werden bezogen auf einen oder mehrere Lehr-/Lernbereiche erfasst

- Bedarfsstrukturierung: Bedarfe und Anforderungen werden in Zusammenhang gebracht mit den Rahmenbedingungen des Unternehmens (z.B. bezogen auf das Kosten-Nutzen Verhältnis im CSCL, bereits existierende IT-Lösungen, Weiterqualifizierung der Trainer hinsichtlich CSCL)
- Lösungsableitung: Handlungsschritte werden abgeleitet, die Strukturierung des weiteren Vorgehens erfolgt auf empirisch ermittelter Basis.

Aufbauend auf den Zielen, die im Rahmen von CSCL-bezogenen Bedarfsanalysen verfolgt werden, kann auf der Ebene des organisationalen bzw. betrieblichen Nutzens festgehalten werden, dass durch das datengeleitete Vorgehen die Planung, Konzeption und Umsetzung von CSCL bedarfsgerecht und effektiv erfolgt. Somit kann durch die Durchführung von CSCL-bezogenen Bedarfsanalysen eine sinnvolle Basis für die erfolgreiche Entwicklung und Nutzung von CSCL-Szenarien im Unternehmen geschaffen werden.

3 Durchführung von Bedarfsanalysen

Bedarfsanalysen können in Unternehmen und Institutionen (Öffentliche Verwaltung, Hochschule (Gröhbiel 2002) etc.) durchgeführt werden. Im Folgenden wird vor allem auf die Bedarfsanalysen in Unternehmen Bezug genommen.

Prinzipiell können bei Bedarfsanalysen die Ziele, das Vorgehen und der Umfang der Analysen sehr unterschiedlich sein. Die Einteilung in die drei Varianten (Bildungs-, E-Learning-bezogene und CSCL-bezogene Bedarfsanalysen) soll dabei eine Richtlinie darstellen, mit welchen Schwerpunkten Bedarfsanalysen durchgeführt werden können. Es sei jedoch ausdrücklich erwähnt, dass die Varianten unter Umständen auch zu einer umfassenden Bedarfsanalyse zusammengefasst werden können.

Gemeinsam ist den Bedarfsanalysevarianten, dass sie in der Regel nicht nur einmal durchgeführt werden, sondern in einen iterativen Ansatz eingebettet sind, der erneute Analysedurchgänge nach einer bestimmten Zeitspanne vorsieht. Auf diese Weise kann dem sich verändernden Bedarf Rechnung getragen werden und das Bildungsangebot entsprechend kontinuierlich angepasst und optimiert werden (vgl. auch Kapitel 4.1). Eine weitere Gemeinsamkeit der Bedarfsanalysevarianten bezieht sich auf die Rahmenbedingungen der Analyse, die vorab zu klären sind. Die Analysen sind unternehmensintern meist im Bereich der Personalentwicklung angesiedelt. Eine Abstimmung bezogen auf die finanziellen und personellen Ressourcen, die für die Analyse zur Verfügung stehen, wird deshalb im Allgemeinen zwischen Personalentwicklungsabteilung und Geschäftsführung vorgenommen. Dabei sollte auch entschieden werden, ob externe Dienstleister, z.B. aus Unternehmensberatungen oder Forschungseinrichtungen, eingebunden werden.

Im Folgenden wird insbesondere auf E-Learning-bezogene und CSCL-bezogene Bedarfsanalysen eingegangen (bzgl. Bildungsbedarfsanalysen vgl. Krekel & Gnahs 2000; Seusing & Bötel 2000).

3.1   E-Learning-bezogene Bedarfsanalyse

Die Initiierung einer E-Learning-bezogenen Bedarfsanalyse erfolgt in der Regel durch die Personalentwicklungsabteilung oder aufgrund strategischer Entscheidungen des Vorstands oder der Geschäftsführung eines Unternehmens. Auslöser dafür sind nicht selten die Anforderungen aus den Fachbereichen bzw. seitens der Fachbereichsleiter und der Personalverantwortlichen. Die Ziele der E-Learning-bezogenen Bedarfsanalyse können sehr unterschiedlich ausfallen. So kann es beispielsweise sein, dass ein Unternehmen bereits Erfahrungen im Bereich Selbstlernen mit Computer Based Training (CBT) hat und eine explizite Erweiterung des E-Learning-Angebots in Richtung tutoriell betreutes E-Learning plant. Ein anderes Beispiel wäre, dass ein Unternehmen untersuchen will, in welchen Lehr-/Lernzielbereichen, mit welchen Zielgruppen und unter welchen organisatorischen Rahmenbedingungen der Einsatz von Virtual Classroom-Lösungen vielversprechend ist. Die beiden Beispiele zeigen, dass die der Bedarfsanalyse zugrunde liegende Zielvorstellung zu einem sehr unterschiedlichen Analysevorgehen führen kann. Es wird im Folgenden ein prototypisches Vorgehen vorgestellt, das den Gesamtprozess der E-Learning-bezogenen Bedarfsanalyse, von der Konkretisierung der Ziele der Bedarfsanalyse bis hin zur Ableitung von Aktivitäten, aufzeigt. Einen Überblick über die einzelnen Schritte des Prozesses und die an den Schritten beteiligten Bereiche vermittelt Abbildung 2.

Eine Eingrenzung der Ziele der E-Learning-bezogenen Bedarfsanalyse erfolgt meist in unterschiedlichen *Vorgesprächen* zwischen Personalentwicklungsbeauftragten und anderen Beteiligten, z.B. der Geschäftsführung und dem IT-Bereich, sowie beim ersten offiziellen Treffen, das als „*Start-Workshop*" der Bedarfsanalyse bezeichnet werden kann. Neben der Vereinbarung einer gemeinsam getragenen Zielspezifikation ist im ersten Workshop eine Entscheidung über die Zusammensetzung des Teams zu fällen, das bei der Bedarfsanalyse mitwirkt. In der betrieblichen Praxis arbeiten des Öfteren gemischte Projektteams, bestehend aus externen Beratern und unternehmensinternen Mitarbeitern aus dem Personalentwicklungs- und IT-Bereich, zusammen. Das weitere Vorgehen bei der Analyse wird aus Sicht dieses Projektteams geschildert.

Weitere Beteiligte, mit denen das Projektteam die Bedarfsanalyse abstimmen sollte, sind die Geschäftsführung, Fachbereichsleitungen und der Betriebsrat. In der Regel wird nach dem Start-Workshop wiederum eine *Abstimmung mit der Geschäftsführung* über die nun konkretisierten Ziele der Bedarfsanalyse vorgenommen und die Ressourcen, die für die Analyse zur Verfügung stehen, sollten spätestens zu diesem Zeitpunkt geklärt werden. Des Weiteren sollte das Gespräch genutzt werden, um die strategische Ausrichtung bezogen auf E-Learning sowie die diesbezüglichen finanziellen Ressourcen im Unternehmen zu erkunden. Je nach Zielsetzung der E-Learning-bezogenen Bedarfsanalyse kann dabei eine allgemeine Erhebung des E-Learning-Bedarfs, eine Einschätzung der Chancen und Problemfelder von E-Learning oder ein konkreter Schwerpunkt im E-Learning (z.B. die Verbindung von E-Learning und Wissensmanagement im Unternehmen) im Vordergrund stehen (Bruhns & Gajewski 2002; Habermann & Kraemer 2001). Außerdem ist die Abstimmung des internen Marketings zu einem frühen Zeitpunkt zu leisten (Boden 2002).

Im nächsten Schritt kann eine endgültige *Verifikation der konkreten Ziele* der Bedarfsanalyse sowie die *Planung des Vorgehens* erfolgen. Bei der Planung des Vorgehens sind auf der

Basis der Ziele der E-Learning-bezogenen Analyse die Kriterien zu spezifizieren, die erhoben werden sollen. Dabei handelt es sich sowohl um Kriterien, die den Ist-Zustand des Unternehmens erfassen als auch um Kriterien, die der Soll-Analyse zuzuordnen sind. Des Weiteren wird die Festlegung des Ablaufs der Datenerhebung geplant. Unter anderem ist zu klären, wann, wie und durch wen die Erhebungen durchgeführt werden sollen. Außerdem gehört zur Planung die Auswahl der Zielgruppen der Befragung. In der Regel ist ein repräsentativer Querschnitt mehrerer Zielgruppen anzustreben. Je nach Ziel der Bedarfsanalyse ist es sinnvoll, die Meinung von Lernenden, Mitarbeitern des IT-Bereichs, Bildungskoordinatoren bzw. Qualifizierungsbeauftragten und Trainern zu erfassen.

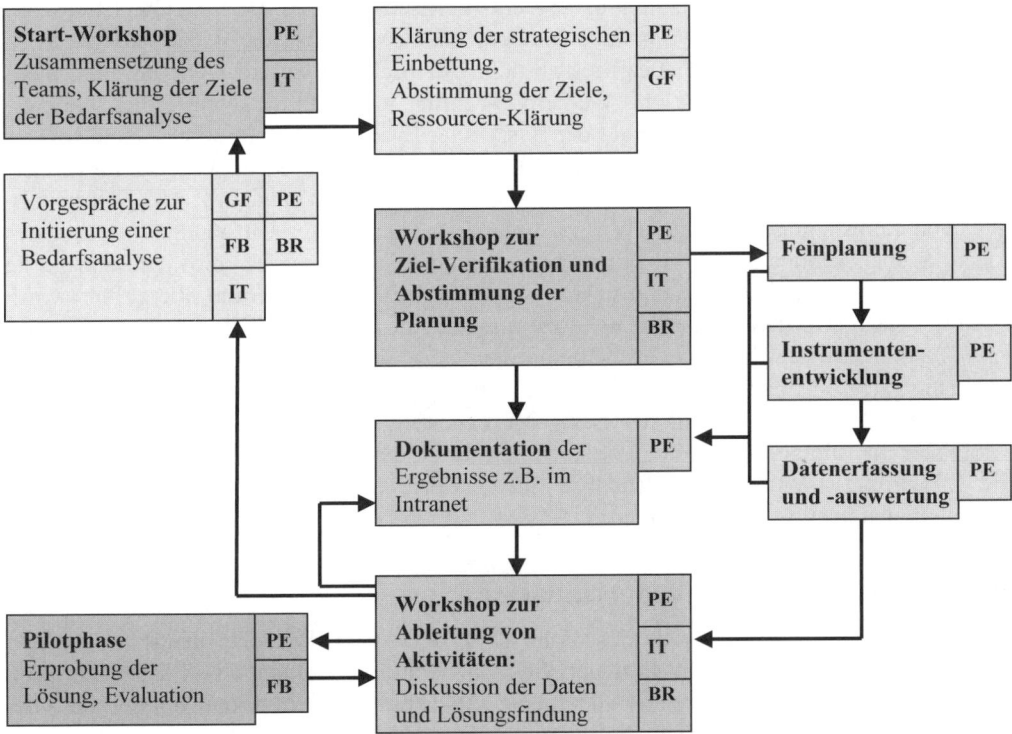

Abbildung 2: Prototypisches Vorgehen bei E-Learning-bezogenen Bedarfsanalysen (Legende: PE = Personalentwicklung, GF = Geschäftsführung, IT = Informationstechnologie-Bereich, BR = Betriebsrat, FB = Fachbereich)

Die *Feinplanung des Vorgehens* wird in der Regel innerhalb des Projektteams von den Vertretern aus dem Bereich Personalentwicklung übernommen. Neben der Auswahl der Erhebungsmethoden (Fragebogen, Interview etc.) ist die *Entwicklung der Erhebungsinstrumente* sowie die Abstimmung des Vorgehens mit Vertretern der zu befragenden Zielgruppe zu leisten. Darüber hinaus sind die Inhalte der Erhebungsinstrumente mit den unterschiedlichen Beteiligtengruppen abzustimmen, um zu gewährleisten, dass alle notwendigen Daten erfasst werden. Dabei hilft eine für alle Beteiligte zugängliche *Dokumentation* der Bedarfsanalyse, z.B. im Intranet der Firma. Mit dem Betriebsrat ist zusätzlich das Vorgehen hinsichtlich der Erfassung etwaiger personenbezogener Daten zu klären.

Die *Erhebung und Auswertung der Daten* erfolgt in der Regel durch den Bereich Personal-entwicklung oder den möglicherweise einbezogenen externen Dienstleister. Im Rahmen eines Workshops mit den unterschiedlichen Beteiligtengruppen können die Ergebnisse vor-gestellt, diskutiert und als Grundlage für die *Ableitung von Aktivitäten* genutzt werden. Je nach Zielsetzung der Analyse können die Aktivitäten ebenfalls einen expliziten CSCL-Bezug aufweisen.

Insbesondere, wenn die Entwicklung neuer Lehr-/Lernszenarien als Aktivität abgeleitet wird, empfiehlt es sich, durch eine *Pilotphase* zu überprüfen, ob die über die Bedarfsanalyse iden-tifizierte Lösung im Bereich E-Learning zu dem Unternehmen bzw. der Organisation passt und ob sie von den Lernenden und Trainern akzeptiert wird und die angestrebten Ziele er-reicht werden. Im Anschluss sollte auf der Basis einer Evaluation der Pilotphase eine erneute Ableitung von Handlungsempfehlungen erfolgen. Wenn es sich beispielsweise um die Er-probung eines für das Unternehmen neuen E-Learning-Ansatzes handelt, z.B. die Durchfüh-rung von Lernsitzungen in einem Virtual Classroom, kann unter Umständen der Test des Ansatzes über Application Service Providing sinnvoll sein. Auf diese Weise wird ohne hohe Investitionskosten die Lösung abgesichert bevor sie in den Dauerbetrieb übergeführt wird. Die Pilotphase erfordert wiederum die Abstimmung mit unterschiedlichen Beteiligtengrup-pen (Testnutzern, Betriebsrat, Geschäftsführung etc.) hinsichtlich der Durchführung und Evaluation der Testlösung. Eine längerfristig wirksame Entscheidung und eine vorläufige Kalkulation der Kosten ist auf der Basis der Erfahrungen und Evaluationsergebnisse der Pilotphase im Allgemeinen valide vorzunehmen. Nach einem bestimmten Zeitintervall wird die E-Learning-bezogene Bedarfsanalyse idealerweise erneut durchgeführt, um aktuelle Informationen über die Bedarfe zu ermitteln.

3.2   CSCL-bezogene Bedarfsanalyse

Wie bereits erwähnt, bezieht sich diese Analysevariante speziell auf die Identifizierung und Strukturierung von Bedarfen im Bereich CSCL sowie auf die Ableitung von entsprechenden Lösungen. Einerseits können relativ allgemeine CSCL-bezogene Zielsetzungen mit der Ana-lyse verfolgt werden (z.B. die Identifikation von Lehr-/Lernzielbereichen, die bisher zwar netzbasiert vermittelt werden, bei denen sich eine CSCL-Komponente jedoch anbieten wür-de). Andererseits können jedoch auch sehr spezifische Zielsetzungen verfolgt werden (z.B. die Identifikation von Anforderungen bezüglich CSCL-Aktivitäten im Lehr-/Lernzielbereich eines Arbeitsmethoden-Trainings für Projektleiter). Das prototypische Vorgehensmodell zu E-Learning-bezogenen Bedarfsanalysen hat hinsichtlich der CSCL-bezogenen Bedarfsanaly-se ebenfalls prinzipielle Gültigkeit (vgl. Abbildung 2). Ähnlich wie bei der E-Learning-bezogenen Bedarfsanalyse werden die Rahmenbedingungen der Analyse in der Regel vorab geklärt. Nach einer Klärung der Ziele der Analyse mit unterschiedlichen Beteiligtengruppen erfolgen die Schritte Feinplanung, Entwicklung der Erhebungsinstrumente, Erfassung, Aus-wertung und Dokumentation der Daten sowie Ableitung von Handlungsempfehlungen bzw. vorherige Durchführung einer Pilotstudie. Außerdem wird meist auch ein iteratives Vorgehen mit dem Ziel der längerfristigen Aktualisierung und Verifikation der Analyseergebnisse verfolgt (vgl. Kapitel 4.1).

Bedarfsanalysen zum CSCL können sich auf einen oder mehrere der folgenden Schwerpunkte beziehen. Zu jedem Schwerpunkt werden mehrere exemplarische Ist- und Soll-Analyse-Kriterien zugeordnet, die je nach Zielsetzung der Analyse kombiniert werden können (Kerres 2001):

- *Lernzielanalyse: oder welche Ziele passen zu welchen CSCL-Ansätzen?*
  Ist-Analyse-Kriterien: z.B. bestehende Lernangebote und -szenarien im Bereich E-Learning/CSCL, Lernkultur insbesondere bezogen auf kooperatives Lernen; Soll-Analyse-Kriterien: z.B. Lernzieleignung für CSCL-Ansätze (z.B. Lernziele, die durch Diskussion im ggf. interdisziplinären Team erreicht werden oder die unternehmensstrategische Bedeutung haben)

- *Zielgruppenanalyse: oder welche Zielgruppen kommen für welche CSCL-Ansätze in Frage?*
  Ist-Analyse-Kriterien: z.B. soziodemographische Daten (Alter, Geschlecht, Schul- und Berufsabschluss, berufliche Stellung, Sprachen, geographische Verteilung), Größe der Zielgruppen, Computer- und Interneterfahrung, Lernerfahrungen (Vorerfahrung mit E-Learning/CSCL, Lerngewohnheiten, Lernbereitschaft), Medienzugang (Blumstengel 1998; Kerres 2001); Soll-Analyse-Kriterien: z.B. Anforderungen an CSCL seitens der Zielgruppen (z.B. hinsichtlich Methoden, Einsatzbereichen, Software/Tools)

- *Anforderungsspezifikation: oder welche Anforderungen haben Lehrende und Lernende bezogen auf den Einsatz von CSCL beim Erwerb spezifischer Lerninhalte?*
  Ist-Analyse-Kriterien: z.B. Anforderungen und ggf. Evaluationsergebnisse bezogen auf das bestehende Angebot, Anforderungen an Kommunikation, Koordination und Kooperation zwischen Beteiligtengruppen (Haake & Wessner 2001); Soll-Analyse-Kriterien: z.B. Anforderungen an CSCL unter Berücksichtigung des Lehr-/Lernziels, Priorisierung verschiedener CSCL-Ansätze hinsichtlich ihrer Eignung zur Erreichung des Lehr-/Lernziels, Spezifikation der gewünschten Lehr-/Lernsituation (z.B. Zusammensetzung und Größe der Lerngruppe), Anforderungen an die didaktisch-methodische Struktur des CSCL (z.B. hinsichtlich Feedback, Betreuung, kooperative Lernanteile), Qualitäts- und Erfolgskriterien zur Einschätzung des Erfolgs der CSCL-Ansätze

- *Technische Basis: oder welche Infrastruktur ist für welchen CSCL-Ansatz nötig?*
  Ist-Analyse-Kriterien: z.B. technische Infrastruktur an den Arbeitsplätzen und Lernorten der Zielgruppe (Client-Ausstattung), Serverinfrastruktur, Internetzugang und Bandbreiten (Habermann & Kraemer 2001), Funktionsanalyse einer ggf. bereits erworbenen Lernplattform z.B. hinsichtlich bereits vorhandener synchroner und asynchroner Kommunikationsformen, die für CSCL genutzt werden können (Schulmeister 2001); Soll-Analyse-Kriterien: z.B. Überprüfung der Erweiterbarkeit einer ggf. bereits bestehenden Lernplattform, Überprüfung der Anbindung an ein ggf. vorhandenes Content-Management-System, Knowledge Management System etc., Internet- vs. Intranet-Lösung, Inhouse-Lösung vs. Outsourcing (z.B. application service providing)

- *Kosten-Nutzen-Analyse: oder wo lohnt sich der Einsatz von CSCL-Ansätzen?*
  Ist-Analyse-Kriterien: Kosten- und Nutzenaspekte bisheriger Lernformen im Präsenztraining (Herget & Beicht 2000, Weiss 2000) und beim E-Learning/CSCL (Kerres

2001);
Soll-Analyse-Kriterien: Kosten- und Nutzensapekte von geplanten CSCL-Ansätzen
(Bruns & Gajewski 2002).

4   Methoden der Bedarfserhebung

Sowohl für die E-Learning-bezogene als auch die CSCL-bezogene Bedarfsanalyse ist zu
klären, welche Methoden zur Erhebung der Daten eingesetzt werden sollen. Prinzipiell
kommen u.a. folgende Methoden in Frage:

–   Fragebögen
–   Interviews oder Gespräche
–   Beobachtung z.B. bestehender Interaktionen im E-Learning/CSCL (Reinmann-Roth-
    meier, Mandl & Prenzel 1997)
–   Kosten-Nutzen-Analyse (Kerres 2001).

Die Wahl der Methode ist abhängig von den Zielen der Bedarfsanalyse, der konkreten Reali-
sierbarkeit im Unternehmen, aber auch von dem Aufwand, der in Kauf genommen werden
kann. Während Beobachtungen und Kosten-Nutzen-Analysen eher auf einer objektiven Da-
tenstruktur basieren, können subjektive Einschätzungen eher durch schriftliche und mündliche Befragungen ermittelt werden. Die Fragebögen und Interviewleitfäden können verschiedene Frageformen beinhalten. Bei offenen Fragen kann der Befragte seine Antworten frei
formulieren, während bei geschlossenen Fragen der Spielraum durch Antwortkategorien
eingeschränkt ist (Reinmann-Rothmeier et al. 1997). Letztere Frageform ist schneller zu beantworten und lässt sich ökonomisch auswerten (Wottawa & Thierau 1990). Bei der mündlichen Befragung unterscheidet man strukturierte und unstrukturierte Interviews (Mayring
1996). Eine Mischform stellt das halbstrukturierte Interview dar, bei dem zwar Themen vorgegeben sind, nicht aber die Reihenfolge und Formulierung bestimmter Fragen. Im Rahmen
der Bedarfsanalyse im CSCL eignet sich das halbstrukturierte Interview insbesondere für die
Gespräche mit der Geschäftsführung, dem Betriebsrat oder den IT-Experten im Unternehmen.

Wenngleich die Methoden der Bedarfserhebung im Einzelfall sehr unterschiedlich sein kön-
nen, so zielen sie dennoch alle darauf ab, für Zielgruppe und Lernziele angemessenen E-
Learning- bzw. CSCL-Ansätze herauszubilden. Bedarfsanalysen bilden somit eine wertvolle
Basis, um fundierte Entscheidungen zu fällen und die richtigen Investitionen zu tätigen.

4.3   Software- und Systementwicklung

Andreas Harrer, Sam Zeini, Ulrich Hoppe

Universität Duisburg-Essen

1   Einleitung

CSCL-Systeme weisen gegenüber allgemeinen Softwaresystemen einige Charakteristika auf, welche eine spezifische Methodik der Softwareentwicklung nahe legen: zum einen haben sie als Systeme zur Kooperation/Kollaboration den Aspekt der Mehrbenutzerunterstützung zu berücksichtigen, zum anderen werden CSCL-Systeme aus technischer Sicht größtenteils in verteilten Umgebungen ausgeführt. Weiterhin ist es notwendig, der stark interdisziplinären Prägung von CSCL-Systemen bereits schon im Entwicklungsprozess Rechnung zu tragen. Diese verschiedenen Aspekte, wie Softwarearchitekturen, Entwicklungsmethodiken und die explizite Modellierung von kollaborativen Lernprozessen samt Umsetzung der Modelle in realen Systemen, sind Gegenstand der folgenden Abhandlung.

2   Softwarearchitekturen

Für eine Diskussion von Architekturen für CSCL-Systeme ist zunächst eine grundsätzliche Unterscheidung bezüglich der Art der Kooperation oder „Kollaboration" (hier verstanden als spezifische Form der Kooperation bei gemeinsamer kongruenter Zielperspektive), Nutzungsweise und verwendeter Technologie vorzunehmen. Kooperation kann – wie auch für CSCW-Systeme charakteristisch – räumlich und/oder zeitlich verteilt oder in unmittelbarem Kontakt stattfinden, ebenso wie die Nutzung ein und desselben Systems oder heterogener bzw. verteilter Applikationen und auch Hardware möglich ist. Beispielsweise ist eine Face-to-Face-Sitzung (synchrone Gruppenarbeit) zur Wissens-Ko-Konstruktion mit multiplen Eingabegeräten (Maus, Tastatur, interaktive Tafel oder auch ausgefallenere Medien wie Datenhandschuh oder Gestenerkennungssystem) für jeden Teilnehmer eines einzigen Softwaresystems ebenso denkbar wie eine asynchrone Diskussion von Benutzern verschiedener Rechner mit verschiedenen Plattformen und verschiedenen Benutzerschnittstellen eines CSCL-Systems; jedes dieser Szenarien wirft ganz unterschiedliche Anforderungen und Herausforderungen auf (im ersteren Fall z.B. Fusion völlig unterschiedlicher Eingabearten/ -daten, im letzteren Interoperabilität zwischen heterogenen Subsystemen).

Für CSCL-Systeme, die asynchrone Lernszenarien ermöglichen, ist die Verfügbarkeit der zum Lernen notwendigen Materialien ein wesentlicher Gesichtspunkt. Deshalb sind dezentrale Architekturen hierfür weniger geeignet, es sei denn, die Lernmaterialien liegen auf verschiedenen Rechnern repliziert (s. unten) vor. Ansonsten bieten sich zentrale Lösungen, d.h. auf dem Client-Server-Prinzip basierende Systeme (s. Beitrag 1.6) insbesondere unter Nutzung allgemein verwendbarer Technologien, z.B. web-basierte Lösungen mit minimalem

Installationsaufwand – im Idealfall lediglich moderne Web-Browser – auf Benutzerseite an, um möglichst viele Nutzer erreichen zu können. Beispiele für solche CSCL-Systeme sind Web-Portale mit speziell lerner-unterstützenden Modulen oder Diskussionsforen für kollaborative Wissenskonstruktion, wie FLE3. (FLE3)

Insbesondere für CSCL-Systeme, die synchrone Zusammenarbeit von Lernern unterstützen, wie z.B. kooperative Modellierungsumgebungen, ist zu berücksichtigen, dass zusätzliche Anforderungen an Softwaresysteme gestellt werden, die von mehreren Benutzern gleichzeitig und koordiniert verwendet werden: dazu gehören Awarenessbildung (um den Lernern Informationen über den Gruppenkontext anzubieten, der in verteilten, rechnergestützten Szenarien leicht verloren geht, s. Beitrag 2.3.3), konsistente Datenorganisation und Regelung der Kommunikation.

Bezüglich der Datenhaltung und Rechnerkommunikation sind unterschiedliche Realisierungen verteilter und synchron benutzter Gruppenlernumgebungen denkbar:

- Zentrale Architekturen, die auf dem Client-Server-Prinzip beruhen, bieten den Vorteil, dass die für die Lerngruppe wesentlichen Informationen zentral und eindeutig gehalten werden; so genannte „Spätkommer", d. h. Lerner, die erst nachträglich zur Lerngruppe hinzukommen, können diese Informationen einfach anfordern und damit sofort über den aktuellen Arbeitszustand verfügen. Eine Änderung des Arbeitszustands durch einen der Lerner wird im Datenbestand der zentralen Komponente vorgenommen und sodann auch an alle anderen beteiligten Lerner weiterpropagiert. Ein Nachteil dieses Architekturtyps ist die Anfälligkeit des Gesamtsystems durch die zentrale Komponente; bei Ausfall dieser Komponente ist eine Weiterarbeit für die Lerner nicht möglich und bei einem serverseitigen Datenverlust gehen alle Ergebnisse der Gruppe verloren. Deshalb ist die Zuverlässigkeit der zentralen Komponente entscheidend für die Nutzbarkeit einer zentralen Architektur.
- Replizierte Architekturen halten die Daten verteilt und bieten deshalb die Möglichkeit, dass ein Lerner selbst bei Ausfall der Systeme anderer Lerner weiterarbeiten kann, da alle relevanten Informationen lokal auf dem Rechner der einzelnen Lerner verfügbar sind. Dabei tritt allerdings das Problem auf, dass insbesondere in kollaborativen Lernszenarien, also solchen mit gemeinsamem Ziel, für einen konsistenten Zustand der Daten gesorgt werden muss, so dass alle Lerner über denselben Arbeitszustand verfügen können. In so genannten Peer-to-Peer-Systemen (s. Abschnitt 1.6 und Margaritis et al. 2003) muss eine solche Änderung bei einem Lerner direkt an alle anderen Rechner der Mitlerner geschickt werden, d.h. jeder Rechner verwaltet eine Liste der Rechner, die benachrichtigt werden müssen. Außerdem ist es in Peer-to-Peer-Systemen schwierig, Spätkommern zu ermöglichen, nachträglich der Lerngruppe beizutreten, da sich der Rechner zunächst bei allen anderen Rechnern anmelden muss und zudem den gesamten Datenbestand eines der anderen Rechner einspielen muss. Aus diesem Grund wird in manchen replizierten Architekturen eine zentrale Kommunikationskomponente verwendet, welche die Verwaltung der beteiligten und zu benachrichtigenden Rechner übernimmt und die selbst auch eine Kopie des Gruppenarbeitszustands hält. Bei einer Änderung benachrichtigt der Rechner des betreffenden Lerners zuerst den Kommunikationsserver und dieser alle anderen beteiligten Rech-

ner; die Rechnerkommunikation wird somit gebündelt (einhergehend mit Entlastung des Rechners, von dem die Änderung ausging, aber auch mit den typischen Nachteilen zentraler Systeme, d.h. Ausfallsanfälligkeit). Bei einer ständigen Verfügbarmachung des Kommunikationsservers (z.B. als Web-Server) ist es auch leichter für einen Spätkommer, den Kommunikationsserver zu finden und von diesem den Datenbestand anzufordern, als in einem reinen Peer-to-Peer-System die anderen Lerner bzw. deren Rechner zu finden. Eine minimale – aber sehr wirkungsvolle – zentrale Funktion wäre ein Namensdienst mit Verzeichnis und Registrierung. Ein Beispiel für eine replizierte Architektur mit Kommunikationsserver findet sich in den kollaborativen Lernumgebungen Cool Modes und FreeStyler mit dem Kommunikationsserver MatchMaker. (Collide)

Aus Benutzersicht ist sicherlich nicht der Ort der Datenhaltung interessant, sondern die Tatsache, dass in synchronen verteilten Lernumgebungen die Lerner einen möglichst gleichartigen Eindruck des momentanen Arbeitszustandes gewinnen können. Dazu sind wiederum verschiedene Ansätze denkbar, die in der Nutzbarkeit aus Anwendersicht und der Art und Größe der übertragenen Daten zwischen den einzelnen Rechnern der verteilten Lernumgebung variieren:

- Gemeinsamer Bildschirm – hierbei sieht jeder Lerner genau denselben Bildschirminhalt mit selber Anordnung von Fenstern (What you see is what I see – WYSIWIS). Dies entspricht eventuell nicht den Wünschen einzelner Benutzer, was deren übliche Bildschirmgestaltung betrifft. Ferner ist eine sehr große Menge von Bilddaten an alle Rechner zu übertragen. Ein Werkzeug zur Unterstützung von Gruppensitzungen, das den strengen Ansatz des gemeinsamen Bildschirms benutzt, ist VNC (Virtual Network Computing).

- Gemeinsames Fenster – der Inhalt von speziellen gemeinsamen (sog. gekoppelten) Fenstern ist für alle Benutzer derselbe. Aktionen wie Scrolling führen evtl. zu Problemen, wenn verschiedene Benutzer gleichzeitig verschiedene Bereiche des Fensters betrachten wollen und dazu den Scrollbalken verwenden. Auch in diesem Ansatz ist eine recht große Menge von Bilddaten an alle Rechner zu übertragen. Netmeeting™ unterstützt neben dem Prinzip des gemeinsamen Bildschirms auch das gemeinsame Benutzen von Fenstern.

- Gemeinsame Ereignisfolgen – in diesem Ansatz wird bei Veränderungen durch einen Benutzer lediglich ein Ereignis erzeugt und an die anderen Teilnehmer verschickt. Das Ereignis wird auf jedem Zielrechner ausgewertet und bei einer Änderung des Arbeitszustandes wird die Bildschirmdarstellung aktualisiert. Dieser Ansatz hat den Vorteil, dass die übertragene Datenmenge klein ist, allerdings ist es für einen Spätkommer erforderlich, dass die gesamte Historie von Ereignissen (sofern diese überhaupt irgendwo gehalten wurde) nachvollzogen werden muss, was z.T. einen beachtlichen Berechnungsaufwand ergeben kann.

- Gemeinsame Modelle – in diesem Ansatz wird bei einer Veränderung lediglich die Änderung des Datenmodelles übertragen (i.A. also ein Ausschnitt des Datenbestands). Die Bildschirmdarstellung (auch View genannt) des Datenmodels (auch Document genannt) wird lokal auf dem Zielrechner erzeugt, wobei im Extremfall auch für unterschiedliche Benutzer unterschiedliche Views denkbar sind, beispielsweise könnte sich ein Benutzer Daten als Tabelle anzeigen lassen, ein anderer als Graphen – diese Art der Trennung von Daten und Darstellung wird typischerweise als Document-View-Architektur (Buschmann et al. 1996) bezeichnet. Da allerdings auch explizit ein Gesamtmodell des Arbeitszustandes repräsentiert wird, kann dies an einen Spätkommer leicht übertragen werden. Die Datenmenge, die bei Änderungen übertragen wird, ist auch in diesem Verfahren durch den Übergang von Bilddaten zu Modelldaten, verhältnismäßig klein (Jansen et al. 2003).

Diese Grundüberlegungen definieren eine Grobstruktur für die Architektur von CSCL-Systemen, lassen aber bei der Realisierung einzelner Komponenten viele Freiheitsgrade offen. Gerade für die elegante und flexible Gestaltung von (Sub-)Systemen hat sich in den letzten Jahren der Ansatz der *Muster (patterns)* in der Softwareentwicklung etabliert. Durch Software-Muster werden wiederkehrende und damit in verschiedenen Kontexten auftretende Probleme und dazugehörige elegante Lösungen beschrieben. Im Bereich der CSCL-Systeme gibt es erste Ansätze, Softwaremuster bei der Entwicklung von Systemen zu verwenden, um den Entwurfsaufwand dieser i.A. recht komplexen Systeme zu verringern. Beispielsweise finden sich Muster zur Strukturierung von Systemen mit intelligenten Agenten (s. Abschnitt 1.6) in (Devedzic/Harrer 2002). Das E-LEN Projekt (E-LEN) hat sich die Beschreibung von Softwaremustern zum Themengebiet E-Learning zum Ziel gesetzt.

3   Softwareentwicklungsmethodiken

Die Entwicklung von CSCL-Systemen ist aufgrund der in ihnen enthaltenen Anforderungen an multi- und interdisziplinäre Expertise und der technischen Komplexität von verteilten Mehrbenutzersystemen enorm aufwändig. Dementsprechend sollte die Methodik der Entwicklung von CSCL-Systemen dabei helfen, den Aufwand der Entwicklung handhabbar zu machen. Um Expertise aus verschiedenen Disziplinen, wie z.B. Lerntheorien, Sozialpsychologie oder auch dem Inhaltsbereich frühzeitig einzubeziehen, eignen sich partizipative Ansätze und agile Entwicklungsmethoden wegen ihrer Flexibilität i.A. besser als stark formalisierte Prozesse; in solchen Vorgehensmodellen, wie z.B. Wasserfallmodell und V-Modell, kann der Wechsel zwischen verschiedenen Phasen der Software-Entwicklung, z.B. Anforderungsanalyse, Systementwurf, Implementierung, bei sich ändernden Anforderungen nicht so flexibel gehandhabt werden, besonders, wenn ein Wechsel der geplanten Lerntheorie möglich sein soll, wie er z.B. in der Lernumgebung CROCODILE möglich ist. Partizipative Ansätze, wie z.B. rapid prototyping unter enger Zusammenarbeit mit Experten aus anderen Bereichen, beispielsweise zur Erstellung von Benutzerschnittstellen unter Bedienbarkeitsaspekten, beziehen diese Experten von Beginn an in den Entwicklungsprozess ein. Agile Entwicklungsmethoden, wie z.B. Extreme Programming (kurz „XP", vgl. Beck 2000), sind Methoden, die zugunsten schneller Auslieferungszyklen mit darauf folgendem Feedback des Kunden (hier Benutzern) auf umfangreiche Planungszeiten und starre Prozesse verzichten. Diese Methoden ermöglichen es, Anforderungsänderungen bzw. Erweiterungen bei Bedarf einzuarbeiten, ohne ein System mit nicht benötigter Flexibilität und damit verbundener Komplexität zu überfrachten.

Da die Entwicklung von CSCL-Systemen von Grund auf sehr aufwändig ist, gewinnen Aspekte der Wiederverwendbarkeit von Systemen oder einzelnen Komponenten an Bedeutung.

Eine besondere Rolle dabei kann (wie auch in anderen Bereichen der Entwicklung komplexer Systeme) die Verwendung von Rahmensystemen bzw. Frameworks spielen. Ein Framework legt die Architektur für eine Familie von Systemen fest, wobei grundlegende Komponenten bereits durch das Framework definiert und z.T. vorimplementiert werden. Die Nutzung dieses Rahmensystems erfolgt durch einen oder die Kombination der folgenden Schritte:

– Instantiierung des Frameworks: die Komponenten des Frameworks werden mit geeigneten Parametrisierungen initialisiert (in objektorientierten Frameworks spricht man von Instantiierung) und die vordefinierte Struktur und Funktionalität des Frameworks benutzt.

– Spezialisierung des Frameworks: bestimmte Komponenten werden den Bedürfnissen des speziellen Systems gemäß definiert, indem zusätzliche Funktionalität definiert bzw. die bestehende überschrieben wird, um den spezielleren Anforderungen Rechnung zu tragen. In objektorientierten Frameworks geschieht dies durch Komposition und Ableitung der vom Framework vorgegebenen konkreten und abstrakten Klassen. Beispiele für CSCL-Frameworks, die durch Spezialisierung erweiterbar sind, sind

  – das Rahmensystem Cool Modes (Pinkwart 2003), für das zusätzliche graphische Modellierungssprachen als so genannte Plug-ins definiert werden können (Spezialisierung eines vom Rahmensystems bereitgestellten interfaces) für kollaborative shared-workspace Szenarien (Hoppe et al. 2000) oder
  – das Framework ANAKON für Agenten in semi-strukturierten Diskussionsumgebungen (Harrer 2003), bei dem zusätzliche Agenten mit speziellen Unterstützungsaufgaben durch Spezialisierung einer abstrakten Klasse in das System eingebunden werden können.

Im Idealfall sollte die Nutzung eines Rahmensystems auf einer so abstrakten Ebene möglich sein, dass für den Nutzer keine umfassenden Programmierkenntnisse nötig sind, um das System zu erweitern. Ein Beispiel für ein Rahmensystem für Lernumgebungen, in dem dieser Ansatz weitgehend umgesetzt wurde, ist E-Slate (Kynigos/Koutlis 2002), für das diverse Mikrowelten, d. h. explorative Lernumgebungen, die ein geschlossenes Gebiet mit den dafür gültigen Regeln repräsentieren, entwickelt wurden. E-Slate unterstützt auch die Erstellung von Mikrowelten durch Benutzer ohne vertiefte Programmierkenntnisse (z.B. Lehrer verschiedener Fächer).

4 Soziale Prozesse – Beschreibung und Modellierung

Bei der Modellierung kooperativer Prozesse ist es für eine verbesserte Nutzbarkeit von Lernszenarien sinnvoll, explizit kooperative Szenarien zu repräsentieren. Beispielsweise kann ein Lerner bei einer expliziten Spezifikation eines Lernszenarios entscheiden, ob er an dieser Lernerfahrung überhaupt teilnehmen will oder ob ihm die Größe der Lerngruppe, das Thema und/oder die geplante Kooperationsform nicht zusagen. Eine explizite Beschreibung von kooperativen Szenarien erfordert zunächst, dass das Szenarium entweder nicht integraler Bestandteil des CSCL-Systems ist, also loslösbar und evtl. sogar austauschbar mit anderen Szenarien ist, oder aber, dass ein (evtl. dann auch monolithisches) CSCL-System durch Meta-Informationen so beschrieben wird, dass das Szenarium, das durch das System ermöglicht wird, erkennbar ist.

–   Ein nahe liegender Ansatz zur Beschreibung von kooperativen Lernszenarien aus der Benutzersicht ist die Definition von Anzahl und Art der beteiligten Akteure und des angestrebten Lernziels. Typischerweise beruhen solche Ansätze auf der Rollentheorie und postulieren das Vorhandensein von Akteuren mit bestimmten Aufgaben bzw. an die Akteure gebundenen Erwartungen (Rollen). Beispielsweise wird in (Inaba et al. 2001) eine Ontologie vorgestellt, die für verschiedene Lerntheorien charakteristische Rollen enthält und in einem Lernzenarium mit diversen Rollen auch Lernziele für diese Lerngruppe festlegt. In weiteren Arbeiten (Dillenbourg et al. 1997; Harrer 2000) werden Rollen für Lerngemeinschaften vorgeschlagen und z.T. auch die Ausfüllung von Rollen durch intelligente Agenten thematisiert.

–   Kommunikativer Erfolg ist grundlegend für die Funktion von CSCL Systemen (Kapitel 1.3), wobei Kontext eine entscheidende Rolle in diesem Zusammenhang zugeschrieben werden kann (Kapitel 2.3). Während in so genannten Face-to-Face Situationen die Kontextvermittlung durch verbale und nonverbale Signale und Informationen eine wichtige Stütze für den Lehrer bilden, um die Aktivität und den Zusammenhalt der Lerngruppe einzuschätzen, stellt das Fehlen dieser Informationen insbesondere im Falle des CSCDL (Computer Supported Cooperative Distance Learning) ein zu berücksichtigendes Problem dar. Aktuell wird zur Modellierung von Kommunikationsstrukturen, die in Lernprozessen wiedergefunden werden, der Einsatz von Methoden aus der sozialen Netzwerkanalyse (SNA) diskutiert (Wassermann/ Faust 1994; Jansen 1999). Reffay und Chanier (2003) haben beispielsweise die Cluster- und Cliquenanalyse (level-c cliques) als Monitoringsystem für E-Mail-Kommunikation und Diskussionsforen realisiert. Hierbei werden Kommunikationsdaten für die Berechnung von Matrizen und deren Visualisierung als Graphen herangezogen.

–   Die sowjetische kulturell historische Aktivitätstheorie (Leontjew 1977) erweist sich zunehmend als eine praktikable Basis für die Modellierung von CSCL Systemen. Diese geht vor allem auf die Arbeit von Engeström (1987) zurück, der die kontextsensitive Aktivitätstheorie in ein für die Modellierung handhabbares Modell überführt, ohne die zentralen Vermittlungsinstanzen der kontextuellen Aspekte aus dem Blickfeld zu verlieren. Die zentrale Intention der Theorie besteht aus der Erfassung zielgerichteten menschlichen Handelns in seinem soziokulturellen Kontext und der damit in Zusammenhang stehenden, handlungsvermittelnden Artefakte, beispielsweise Medien (Beitrag 1.3). Diese Vorstellung lässt sich in ein Dreieck überführen, das Gemeinschaft, Regeln, Subjekte Artefakte, Aufgabenteilung und Objekte (im Sinne von Arbeits- bzw. Lernobjekten) miteinander in Beziehung setzt. Zusammenfassend besagt das Modell, dass menschliche Interaktion mit anderen Subjekten oder mit Objekten (z.B. Lern-, Wissens oder Arbeitsobjekten) durch Artefakte, Regeln oder Rollen bzw. Verantwortlichkeiten vermittelt wird. Abbildung 1 veranschaulicht das Modell und dessen Anwendung für pädagogische Konzepte. Die Subjekte stellen hierbei die Handelnden dar. Die Objekte (im Sinne von objective) sind konkrete Lern-, Wissens- oder Arbeitsobjekte, welche zum Ergebnis der Kollaboration transformiert werden. Diese Ergebnisse sind nicht lediglich Texte oder Wissen in den Köpfen der Lerner; sie kön-

nen sich auch in produzierten Artefakten oder neuen Formen der Aktivität ausdrücken. Barros und Verdejo (1999) haben beispielsweise das Modell erfolgreich für die
Konzeption einer symmetrischen Konfiguration bezüglich der Verantwortung eingesetzt, so dass die Verantwortlichkeit der Subjekte nicht identifiziert bzw. erörtert werden musste.

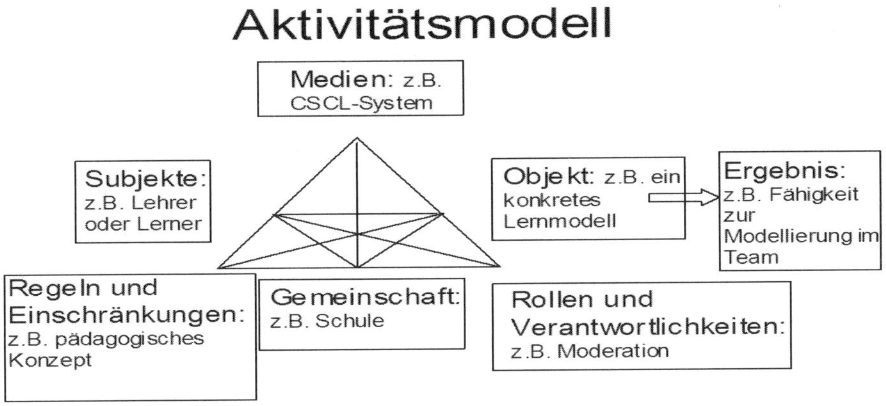

Aktivitätsmodell

Medien: z.B.
CSCL-System

Subjekte:
z.B. Lehrer
oder Lerner

Objekt: z.B. ein
konkretes
Lernmodell

Ergebnis:
z.B. Fähigkeit
zur
Modellierung im
Team

Regeln und
Einschränkungen:
z.B. pädagogisches
Konzept

Gemeinschaft:
z.B. Schule

Rollen und
Verantwortlichkeiten:
z.B. Moderation

Abbildung 1: Aktivitätsmodell nach Engeström (1987)

– Ein Ansatz, der u.a. das soeben beschriebene Aktivitätsmodell unterstützt, ist das Active Document (Verdejo et al. 2002). Als perspektivisches Modell unterstützt es die
verschiedenen Rollen des Lerners, Lehrers und Lerndesigners und deren Interaktion
mit dem AD (Active Document), das im Laufe der Zeit gestaltet wird. Ein Active Document stellt sowohl den Rahmen für die Repräsentation von Lernaktivitäten als auch
eine Umgebung zur Unterstützung der Erzeugung und Pflege von Lernszenarien dar.
Das AD-Rahmensystem bietet einen Editor für die Erstellung und Konfiguration verschiedener ADs und bietet verschiedene Ressourcen und Tools für Lernobjekte und
der damit verbundenen Lernaktivitäten. Die Lernerperspektive unterstützt strukturierte Lernszenarien auf individueller oder kollaborativer Ebene. Die Lehrerperspektive
bietet die Möglichkeit der nachträglichen Betreuung von Lernaktivitäten verschiedener Gruppen, der Beurteilung der Lernaufgaben und damit verbunden die Verteilung
anschließender Aufgaben. Die Designerperspektive unterstützt die Editierung der
ADs, die auf verschiedenen XML-Dokumenten verteilt sind, wobei die verschiedenen
Elemente des Dokuments in einer Baumstruktur dargestellt werden. Es werden verschiedene Lernphasen unterstützt, so dass die Lerner in einer ersten Phase unabhängig
vom Ort (z.B. Zuhause) beim Vorbereitungsprozess beobachtet werden können, wobei die behandelten Fragen in ein gemeinsames Glossar (z.B. als FAQ) abgelegt werden können. In der nächsten Phase wird das System unterrichtsbegleitend eingesetzt,
wobei die Notizblöcke gemeinsam benutzt werden können und die verwendeten Ex-
perimentdaten verschiedene Formate haben können. In der abschließenden Phase
können die Lerner unabhängig vom Ort gemeinsam ihre Ergebnisse zu einem Bericht
herausarbeiten.

- Auf der Ebene der Modellierung von Lernprozessen existiert die EML (Educational Modelling Language), die von der Open University of the Netherlands (OUNL) entwickelt wurde, um fortgeschrittene pädagogische Konzepte, wie z.B. Rollen, für die Designspezifikation fruchtbar zu machen. Auf der Basis der EML wurde das IMS „Learning Design" (IMS LD) verabschiedet, das sich im Wesentlichen von der EML durch die Einbindung weiterer IMS-Spezifikationen und die Trennung von Inhalt und Ablauf unterscheidet; während der Inhalt durch die Verwendung von beispielsweise XHTML ausgelagert wird, können inhaltsunabhängige Strukturen im Design berücksichtigt werden. Die IMS LD unterstützt durch die Einbeziehung von Rollen, Aktivitätsstrukturen, Umgebungen, Services und Personen (s. Abbildung 2) verschiedene pädagogische Konzepte bei gleichzeitiger Unabhängigkeit von einer bestimmten pädagogischen Vorstellung.

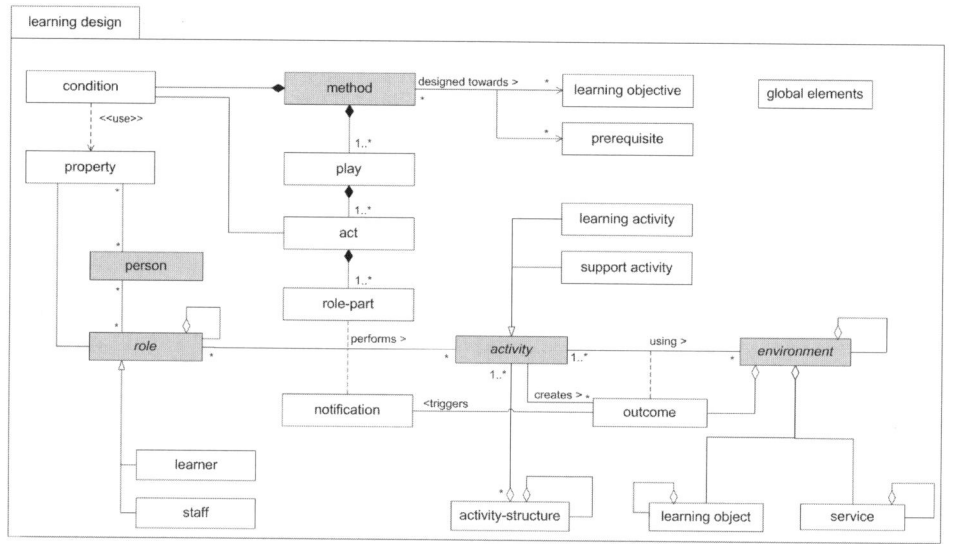

Abbildung 2: IMS LD Gesamtstruktur (Quelle: IMS 2003)

Die IMS LD unterscheidet zwischen drei Ebenen, die unterschiedliche Ausprägungen der Dynamik von Lernprozessen spezifizieren. Level A enthält die Basiselemente der Spezifikation. Level B fügt Level A Personen und Rollen betreffende Eigenschaften (Property) und Bedingungen für den Lernprozess zu (conditions). Level C fügt Level B ein Benachrichtigungselement (notification) hinzu. Die IMS LD ist kombinierbar mit weiteren IMS-Standards, wobei die IMS Metadata Binding und die IMS Content Package-Spezifikation (wird z.B. von Microsoft © für das LRN Toolkit verwendet) in diesem Zusammenhang erwähnt seien. Ein IMS LD-Dokument wird als valides XML-Dokument repräsentiert, das von einem Player ausgeführt werden kann. Für die Entwicklung solcher Player existiert die Engine CopperCore (Coppercore), die z.Z. allerdings nur Level A der Spezifikation unterstützt. Ferner wird eine (weitere) Annäherung an das Aktivitätsmodell (s. oben) diskutiert, wobei die Einbeziehung des Ortes und die Fragen nach dem Wie und dem Wofür spezifiziert werden sollen. (Caeiro et al. 2003).

Durch die explizite Modellierung sozialer Prozesse können kooperative Lernsysteme Lernern eine gezieltere und weiter reichende Unterstützung anbieten, als durch eine lediglich technische Ermöglichung verteilter Kooperation (wie z.B. in chat-Systemen oder gemeinsamen Datei-/Dokumentsystemen). Weiterhin ist es aus soziotechnischer Sicht interessant, Theorien durch Implementierung in Systemen und nachfolgender Evaluation zu überprüfen und ggf. weiterzuentwickeln, wodurch sowohl die Benutzer als auch die Forschung profitieren können.

5 Modellierung von Kooperationsprozessen

Um in CSCL-Systemen nicht nur eine technische (Kommunikation in verteilten Systemen) bzw. werkzeugorientierte Unterstützung (z.B. verteilte graphische Editoren) von kooperativen Lehr-/Lernprozessen zu ermöglichen, sondern die Benutzer auch direkt bezogen auf den Prozess zu unterstützen, ist eine rechnerinterne Repräsentation, also ein Modell, der zu unterstützenden Prozessen nötig. Die Modelle, die in realen CSCL-Systemen verwendet werden, sind je nach Art der gewünschten Unterstützung durch verschiedene Theorien, z.T. sogar von verschiedenen Disziplinen geprägt:

– In den konversationsorientierten Ansätzen wird versucht, die textuelle Kommunikation der Lerner zu analysieren und entsprechend dieser Analyse den Lernprozess zu unterstützen. Diese Ansätze beruhen auf Arbeiten aus der Konversationstheorie, z.B (Winograd & Flores 1986) und modellieren auf Basis von typischen Abfolgen von einzelnen Kommunikationsbeiträgen bzw. Sprechakten (Searle 1979) Konversationen in Lerngruppen. Diese Modelle basieren in der Regel auf Konversationsnetzen bzw. -graphen (s. Abbildung 3 für ein Konversationsnetz, das ein Schema für Anfrage, Erklärung und Nachfrage zwischen zwei Personen A und B beschreibt) und verfolgen durch Kombination mit so genannten semi-strukturierten Benutzerschnittstellen (Barros & Verdejo 1999; Harrer 2000) den Verlauf von textbasierter Konversation auf kleingranularer, d. h. der Mikroebene des Lernprozesses. Solche Schnittstellen sind durch Vorgabe von satzeinleitenden Phrasen (sentence opener, s. Baker & Lund 1996) oder teilstrukturierten Satzschemata gekennzeichnet.

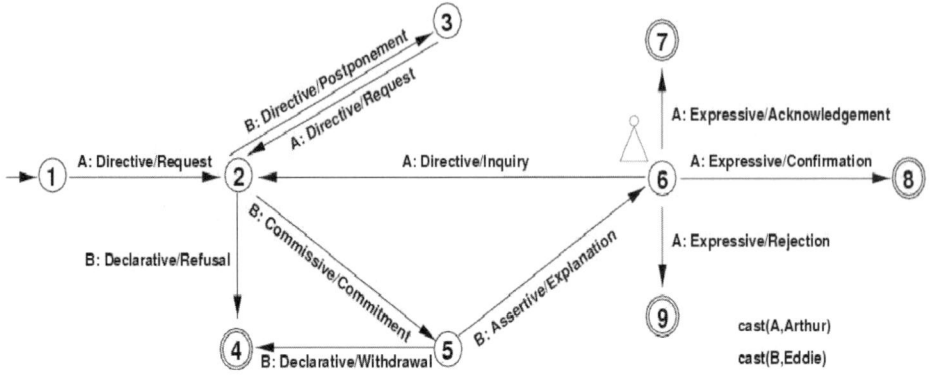

Abbildung 3: Konversationsnetze

– Werden nicht die einzelnen Kommunikationsakte des Gruppenlernens betrachtet, sondern eine Makroprozessbetrachtung betrieben, so kommt man zu Phasenmodellen von Kooperation in Gruppen: beeinflusst durch kognitionswissenschaftliche Arbeiten über epistemische Formen (Collins & Ferguson 1993) wird im System DiscBoard (Gaßner 2003) eine Unterstützung des Kooperationsprozess durch Bereitstellung und Integration verschiedener Perspektiven ermöglicht, die verschiedene Phasen (z.B. Brainstorming, Argumentation) von Kooperation repräsentieren.

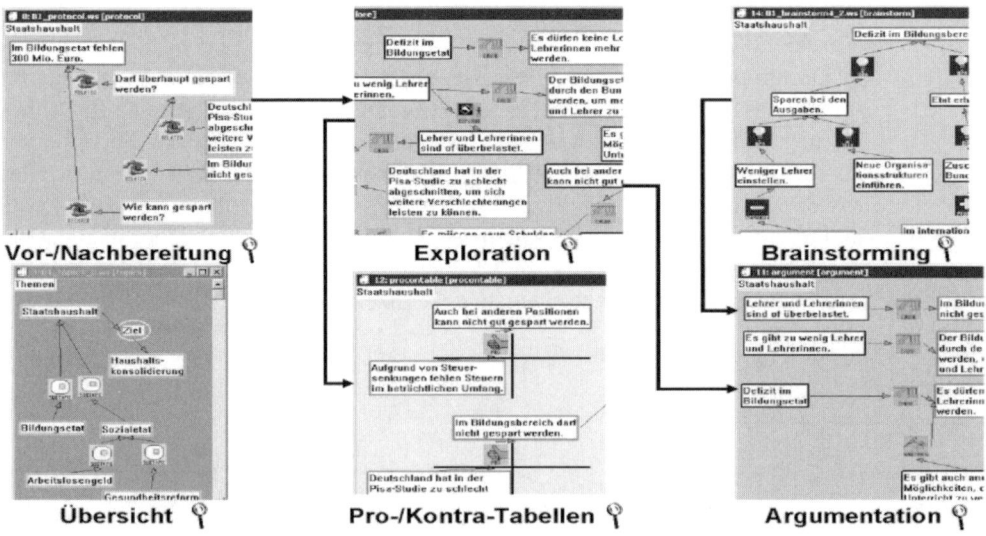

Abbildung 4: Epistemische Perspektiven (hier nach Gaßner 2003)

– Einen weiteren Ansatz zur Strukturierung und Unterstützung von Lernprozessen durch explizite Modellierung des gewünschten Prozesses stellen so genannte Lernprotokolle oder Skripte dar (Dillenbourg 2003). Durch diese Protokolle werden beispielsweise alternierende Gesprächsbeteiligungen oder bestimmte Rollen vorgegeben, die von den Lernenden eingenommen werden sollen. Im System CROCODILE (CROCODILE) können Lernprotokolle ganz verschiedener Prozessebenen, vom einfachen Dialog bis hin zum problemorientierten Lernen, realisiert werden. Die im vorigen Abschnitt erwähnte Lernmodellierungssprache IMS LD stellt einen Ansatz zur Standardisierung strukturierter Lernprozesse dar und bringt bei Vorhandensein einer Laufzeitumgebung für Lernprozesse (Player) den Vorteil der vereinfachten Austauschbarkeit von Lernprozessen mit sich. Auch im Rahmen des BMB+F geförderten L3-Projektes wurde mit den so genannten Points of Cooperation (Wessner et al. 2002) ein Ansatz zur expliziten Modellierung samt systemseitiger Unterstützung des Lernprozesses vorgeschlagen.

Diese Modelle von kooperativen Prozessen werden nun zur Unterstützung der Lerner im Lernprozess herangezogen. Zum einen ist es möglich, direkt die verschiedenen Prozessphasen durch geeignete Werkzeuge zu unterstützen, wie es im DiscBoard der Fall ist, zum anderen können Analysen des momentanen Prozesszustands herangezogen werden, um die systemseitige Analyse den Lernern direkt als Rückmeldung widerzuspiegeln bzw. gezielt anhand der Analyse den Lernern situationsgemäße Hilfe anzubieten.

4.4   Einführung und Bereitstellung

Iver Jackewitz, Bernd Pape

Universität Hamburg

1   Einleitung

Für computerunterstütztes Lernen wird die Passung zwischen der Computerunterstützung und den Lehr-/Lernkontexten als wesentlicher Erfolgsfaktor für seine Nutzung angesehen (Kerres 1999; Janneck & Strauss 2002a). Das gilt für computerunterstütztes, kooperatives Lernen in besonderem Maße, weil CSCL-Systeme weniger die multimediale Aufbereitung und Vermittlung von Lerninhalten unterstützen, sondern sich als variable Kooperationsunterstützung von Lerngruppen für unterschiedliche didaktische Zwecke einsetzen lassen (Wessner & Pfister 2001; Reinmann-Rothmeier 2003). Damit die Flexibilität der Zwecksetzung von CSCL-Systemen und ihre vielfältigen Verwendungsmöglichkeiten nicht zu Mehrdeutigkeiten und Missverständnissen in ihrer Nutzung führen, ist ihre Einpassung in den jeweiligen Nutzungskontext von den Beteiligten gemeinsam auszuhandeln (Orlikowski et al. 1995). Diese Aushandlung geschieht in der Einführung und Bereitstellung von CSCL-Systemen.

In diesem Beitrag werden unter dem Begriff „Einführung" eines CSCL-Systems alle Maßnahmen zur Inbetriebnahme und initialen Nutzung im Einsatzkontext zusammengefasst. Mit „Bereitstellung" werden alle Maßnahmen bezeichnet, welche die Nutzung eines CSCL-Systems dauerhaft ermöglichen. Neben technischen und didaktischen Herausforderungen stellen sich in der Einführung und Bereitstellung von CSCL-Systemen organisatorische Herausforderungen (Hartung et al. 2003). Durch diesen organisatorischen Fokus wird dem Umstand Rechnung getragen, dass der Erfolg von CSCL von einer Vielzahl interdependenter Faktoren abhängt (Elsner 2002; Hinze & Balkowski 2002). Die Nutzung von CSCL-Systemen kann einerseits Veränderungs- und Innovationsprozesse in (Bildungs-)Institutionen initiieren; andererseits hängt sie von einem Wandel ihrer Organisation ab (Pape & Rolf 2004; Jackewitz 2004).

2   Organisatorische Herausforderungen

Durch einen organisatorischen Fokus wird es möglich, verschiedene Einsatzkontexte von CSCL-Systemen hinsichtlich der Einführung und Bereitstellung in den Blick zu nehmen. Mögliche Einsatzkontexte sind schulische Unterrichtsformen (siehe Beitrag 5.1: CSCL in der Schule), universitäre Lehr-Lernformen (siehe Beitrag 5.3: CSCL in Hochschulseminaren; Beitrag 5.4: Kollaboratives Lernen Studierender; Beitrag 5.5: CSCL im Fernstudium) und die betriebliche Ausbildung (siehe Beitrag 5.6: Neue Lernformen in der Ausbildung; Beitrag 5.7: CSCL in der betrieblichen Weiterbildung). Dabei sehen sich Ansätze zur Integration

Neuer Medien in die Lehre bzw. Ausbildung derzeit im Wesentlichen zwei Herausforderungen gegenüber (Wagner 2000; Bremer et al. 2002):

- den Übergang vom Experimentieren mit Neuen Medien zu routinemäßigen Alltagsformen mit ihnen; sowie
- die Kombination von Einzelinitiativen engagierter Lehrender und Lernender für den Einsatz Neuer Medien mit institutionsweiten Strategien.

Um diesen Herausforderungen zu begegnen, müssen (Bildungs-)Institutionen eine umfassende Strategie entwickeln und sie in folgenden Handlungsfeldern systematisch umsetzen (Hamann & Müller 2002; Kandzia 2002; Reinmann-Rothmeier 2003; Pape & Rolf 2004):

- Kombination didaktischer und ökonomischer Zielrichtungen in Verbindung mit technischer Unterstützung.
- Ausgestaltung von Lehr-/Lernszenarien, Veranstaltungs- und Betreuungsformen sowie die Bestimmung und ggf. multimediale Aufbereitung von Lehr-/Lerninhalten.
- Beschaffung und Bereitstellung notwendiger Ressourcen für den Medieneinsatz.
- Qualifizierungsmaßnahmen für beteiligte Personen zum Erwerb der notwendigen Kenntnisse zum Einsatz Neuer Medien in der Bildung.
- Organisatorische Verankerung in der (Bildungs-)Institution als fester Bestandteil im Lehrbetrieb.
- Qualitätssicherung und Controlling zur Bestimmung von Problemen und Planung bedarfsorientierter Anpassungen.

Für Hochschulen bedeutet eine Strategieentwicklung insbesondere ein bildungstheoretisch und gesellschaftspolitisch motiviertes Lehre-Profil aufzustellen, welches den Sinn und das Ziel des Einsatzes von Neuen Medien in der Hochschullehre verdeutlicht. Der Einsatz eines CSCL-Systems muss weiterhin im Lehrbetrieb als strategisches Ziel in die Hochschulentwicklung und -planung aufgenommen werden (Uhl 2003). Dazu ist es wichtig, die Nutzung als Studienleistung formal zu deklarieren und auch auf Lehrdeputate anzurechnen. Der Einsatz von CSCL-Systemen muss weiterhin in der Lehreplanung curricular abgesichert als Studienanforderung bzw. -leistung gutgeschrieben werden (Hoppe & Haas 2003).

Kollaborative computergestützte Lernszenarien lassen sich im Rahmen der traditionellen schulischen Unterrichtsstruktur (Meyer 2001) nur schwer realisieren. Beim Einsatz von CSCL-Systemen in der schulischen Ausbildung muss neben anderen Aspekten einer Schulentwicklung insbesondere eine Veränderung der Vermittlungstechniken erfolgen und Möglichkeiten zum gemeinsamen, arbeitsteiligen und auch fachübergreifenden Lernen aufgebaut werden. Darüber hinaus müssen gerade in Schulen die technischen, infrastrukturellen Voraussetzungen für den Einsatz von Neuen Medien im Unterricht erst noch geschaffen werden (siehe Beitrag 5.1: CSCL in der Schule).

Eine geeignete technische Infrastruktur zum Einsatz von CSCL-Systemen in der betrieblichen Aus- und Weiterbildung ist zumindest bei mittelständischen und großen Unternehmen als gegeben vorauszusetzen. Eine größere Herausforderung ist hier die Verquickung von Arbeitsalltag und Lernphasen. Anders als in schulischen oder universitären Kontexten steht das Lernen für Lernende hier nicht im Mittelpunkt, sondern muss ggf. zusätzlich zur alltäglichen Arbeitsbelastung bewältigt werden. Mögliche Kombination lassen sich anhand des

Ziels und der Dauer der Weiterbildung, sowie der Person, die die Weiterbildung initiiert, unterscheiden. Sie reichen von langfristigen Weiterqualifikationen (Diplom, MBA) über die zielgerichtete Weiterentwicklung innerhalb weniger Tage/Wochen in bestimmten Bereichen (Seminare, Workshops) bis hin zu kurzfristigem, unsystematischem und meist selbst initiiertem Lernen im Arbeitsalltag (siehe Beitrag 5.7: CSCL in der betrieblichen Weiterbildung). Die Schaffung von Freiräumen zum Lernen ist im betrieblichen Kontext ein besonderer Aspekt der Strategieentwicklung zur Aus- und Weiterbildung.

Trotz der beschriebenen Unterschiede werden im Folgenden die Einsatzkontexte von CSCL nicht separat, sondern gemeinsam behandelt. Dazu werden zunächst die übergreifenden Spannungsfelder Planung und Revision, Temporäre und dauerhafte Leistungen sowie Top-Down- und Bottom-Up-Vorgehen beschrieben, die in allen Einsatzkontexten relevant sind.

2.1 Planung und Revision

Die Umsetzung organisationsweiter Strategien zur Integration Neuer Medien in die Lehre soll im Wesentlichen den Phasen einer systematischen Projektabwicklung folgen (Bremer et al. 2002; Reinmann-Rothmeier 2003): Situationsanalyse, Strategieentwicklung, Ressourcenplanung, Implementierung, Controlling und Evaluation. Die zu Beginn entwickelte Strategie soll dabei nicht als unumstößliche Vorschrift gelten, sondern als heuristische Leitlinie für kontinuierliche Revisionen im Projektverlauf dienen. Das Wechselspiel zwischen Planung und Revision zu unterstützen ist das grundsätzliche Anliegen zyklischer Vorgehensweisen, die auf eine Verbindung organisatorischer Veränderungsprozesse im universitären Lehrbetrieb mit der Entwicklung, Bereitstellung und Einführung von CSCL-Systemen zielen (Wulf & Rohde 1995; Floyd et al. 1997; Rolf 1998; Janneck & Strauss 2002a; Beitrag 4.1: Entwicklungsprozess).

Die Motivation für zyklische Vorgehensweisen entspringt der Einsicht, dass Arbeitsprozesse in ihrem Verlauf nicht vollständig vorherbestimmbar sind, sowie dass das Vorhaben in Anpassung an veränderte Anforderungen aus dem Einsatzbereich revidierbar sein muss (Floyd et al. 1990; Kilberth et al. 1994). Diese Anforderung an die Vorgehensweise führt zu einer Abkehr von Phasenmodellen, die Aktivitäten in einer linearen Weise mit vorweg bestimmten Zwischenergebnissen gliedern. In zyklischen Vorgehensmodellen werden die Entwicklungsschritte in unterschiedlichen Handlungsfeldern hingegen nicht grundsätzlich getrennten Arbeitsphasen oder Projektabschnitten zugeordnet, sondern zeitlich flexibel miteinander verzahnt. In einer Folge von Entwicklungszyklen wird so aufbauend auf die jeweils letzte Version eine neue Version erstellt und eingesetzt (Floyd 1994b; Floyd & Züllighoven 2002). Ein zyklisches Vorgehen fördert damit die Verschränkung zwischen organisatorischen Veränderungsprozessen und der Entwicklung, Einführung und Bereitstellung von CSCL-Systemen als wechselseitige Lernprozesse zwischen allen Beteiligten (Floyd 1994b). In kurzen Zyklen können in vorgesehenen Verwendungszusammenhängen zeitnah Erfahrungen gemacht werden. Es geht darum, miteinander Probleme zu erschließen, tragfähige Lösungen zu erarbeiten, diese zu bewerten und zu revidieren, um so schrittweise ein gemeinsames Verständnis der Software sowie der mit ihr verbundenen Veränderungen der Handlungsmöglichkeiten im Einsatzkontext zu erlangen.

Ein zyklisches Vorgehen für die Planung und Revision bei der Einführung und Bereitstellung von CSCL-Systemen heißt, betreffende Maßnahmen nicht zeitlich, sondern nach Aufgabenbereichen zu gliedern. Um nicht frühzeitig Festlegungen vorzunehmen, die sich später unter gewandelten Bedingungen nicht mehr halten lassen, und dennoch einen Projektfortschritt zu erzielen, muss die zeitliche Gliederung der Einführung und Bereitstellung darauf aufbauend immer wieder aus verschiedenen Perspektiven neu vereinbart werden.

2.2   Temporäre und dauerhafte Leistungen

Arbeiten zum Benutzer-Service fordern über das Projektmanagement sowie die Planung und Einführung von Software hinaus eine dauerhafte Betreuung der Benutzer, damit diese die Komplexität und Dynamik softwaretechnischer Entwicklungen bewältigen können (Heinrich & Hänschel 1996; Heinrich 1999). Das gilt auch für CSCL-Anwendungen. Der Betreuungsbedarf darf nicht als eine temporär beschränkte Erscheinung angesehen werden. Die Annahme, dass kein Betreuungsbedarf mehr bestehen würde, sobald die Benutzer eine „Erstausstattung" benötigten Wissens erworben hätten, ist nicht haltbar (Heinrich 1992; Knolmayer 1996). Die technische Komplexität und der technische Wandel von CSCL-Systemen machen eine dauerhafte Betreuung ebenso notwendig wie die Organisation der mit der Software verbundenen Lern- und Arbeitsprozesse. Dadurch wird die dauerhafte Benutzungsbetreuung zu einer organisatorischen Aufgabe, die beständig eine selbstbezügliche Auseinandersetzung über ihre eigene Organisation erfordert.

In diesem Sinne muss für alle Aufgaben der Einführung und Bereitstellung von CSCL-Systemen im Einzelnen geklärt werden, ob es sich um einmalige oder dauerhafte, initiale oder wiederkehrende Aufgaben handelt, wobei die Kategorisierung von der Perspektive der beteiligten Personen abhängt. Z.B. kann ein Nutzer eine Schulung als initial und einmalig erleben, während der Schulungsanbieter sie als dauerhaft wiederkehrende Aufgabe sieht.

2.3   Top-Down- und Bottom-Up-Vorgehen

Während die Initiative für die Strategieentwicklung bei einem Top-Down-Ansatz von den Leitungsgremien ausgeht, wird ein Bottom-Up-Ansatz von einzelnen Lehrenden, z.B. in Instituten oder Fachbereichen einer Universität, getragen (Lehner et al. 1995; Rolf 1998; Bremer et al. 2002). Da beide Ansätze für die strategische Entwicklung und Ausrichtung des CSCL-Einsatzes durchaus komplementäre Wirkungen entfalten können, fällt die Forderung nach ihrer parallelen Anwendung leicht (Kerres 2001; Reinmann-Rothmeier 2003).

Allerdings ist dadurch noch nicht gewährleistet, dass die beteiligten Akteure in ihren Positionen zueinander finden (Kandzia 2002): Zu bemängeln ist eine unzureichende Abstimmung zwischen den beteiligten Akteuren darüber, was mit dem Einsatz neuer Medien erreicht werden soll. Vielfach werden Schlagworte nicht hinreichend operationalisiert und können deshalb weder zur Definition der Zielrichtung noch zur Überprüfung von Ergebnissen dienen. Dieses Defizit führt letztlich zu bürokratischen Stolpersteinen, langen Entscheidungswegen, eingleisigen Informationsflüssen und verkrusteten Machtverhältnissen (Reinmann-Rothmeier 2003). Für die Einführung und Bereitstellung von CSCL-Systemen muss insbesondere geklärt werden, wer dazu in welcher Rolle mit welchen Aufgaben zu welcher Zeit beiträgt.

Im Folgenden wird die Einführung und Bereitstellung von CSCL-Systemen anhand der beschriebenen Spannungsfelder präsentiert. Im Sinne einer Differenzierung zwischen Bottom-Up- und Top-Down-Vorgehensweisen behandelt der folgende Abschnitt CSCL-Systeme in einzelnen Lehrveranstaltungen und der darauf folgende CSCL-Systeme im gesamten Lehrbetrieb. Innerhalb der beiden Abschnitte orientiert sich die Beschreibung jeweils an den beiden anderen Spannungsfeldern *Planung und Revision* sowie *temporäre und dauerhafte Leistungen*.

3 CSCL-Systeme in einzelnen Lehrveranstaltungen

Dieser Abschnitt konzentriert sich auf die Einführung und Bereitstellung eines CSCL-Systems in einer Lehrveranstaltung, die Lernende aktiv beteiligt, Lernen in Gruppen vorsieht und ein projektorientiertes Vorgehen nahe legt. Dieser Fokus wird gewählt, weil die betreffende Veranstaltungsart sich besonders gut für den Einsatz eines CSCL-Systems eignet (Janneck & Strauss 2002b; Beitrag 1.5: Gruppen und Gruppenarbeit; Beitrag 3.1: Lerngruppen; Beitrag 3.4.2: Projektmethode). Mit Lehrveranstaltung sind hier universitäre Lehrveranstaltungen, aber auch projektorientierter schulischer Unterricht oder Fortbildungen und Workshops im betrieblichen Umfeld gemeint. Für andere Veranstaltungen wie traditionelle Vorlesungen oder Seminare mit Referaten an Universitäten, Frontalunterricht an Schulen (Meyer 2001) oder „Training-on-the-Job" (siehe Beitrag 5.7: CSCL in der betrieblichen Weiterbildung) in betrieblichen Kontexten, in denen CSCL-Systeme eingesetzt werden sollen, muss das Vorgehen zur Einführung und Bereitstellung ggf. angepasst werden.

Die Einführung und Bereitstellung eines CSCL-Systems für eine einzelne Lehrveranstaltung lässt sich in drei Aufgabenbereiche gliedern: die Gestaltung des Nutzungskontexts, die Unterstützung der initialen Nutzung und die Unterstützung der kontinuierlichen Nutzung. In diesen drei Aufgabenbereichen werden mögliche Maßnahmen aus Sicht der Personen erläutert, die die Nutzung des CSCL-Systems fördern wollen. Das sind in der Regel die Lehrenden, aber auch Lernende können diese Rolle übernehmen (Friedrich et al. 2000). Schließlich ist beim Einsatz von CSCL-Systemen auch der mögliche Einfluss auf eine Lehrveranstaltung seitens technischer und didaktischer Berater zu bedenken.

Neben diesen organisatorisch-technischen Aspekten sind bei der Nutzung von CSCL-Systemen in Lehr-/Lernkontexten immer auch didaktisch-methodische Aspekte zu betrachten. Da sich dieser Beitrag auf die Einführung und Bereitstellung konzentriert, wird im Folgenden nicht ausführlich auf didaktische Aspekte eingegangen, sondern werden an entsprechenden Stellen Schnittpunkte zu didaktischen Fragestellungen und Problemen benannt. Zur didaktischen Einbettung von CSCL-Systemen in verschiedene Lehr-/Lernkontexte siehe Teil 3: Didaktik.

3.1 Gestaltung des Nutzungskontexts

Zur Gestaltung des Nutzungskontexts zählen Maßnahmen, die ein CSCL-System für seine Benutzer im Rahmen einer Lehrveranstaltung verfügbar machen. Das sind häufig vorbereitende Maßnahmen seitens der Lehrenden vor einer Veranstaltung. Sie können aber auch einen dauerhaften Charakter annehmen und von anderen Akteuren vorgenommen werden. In der Regel sind technisch versierte Systemadministratoren zu beteiligen. Eventuell kann die Gestaltung des Nutzungskontexts auch zu einer (Teil-)Aufgabe für die Teilnehmenden einer Lehrveranstaltung gemacht werden.

Zunächst beeinflusst die Entscheidung, dass und wozu ein CSCL-System genutzt werden soll, die Gestaltung einer Lehrveranstaltung. Die erwünschten Beiträge und Ergänzungen zu den zu erreichenden Lernzielen und zur inhaltlichen Auseinandersetzung sind zu bestimmen. Insbesondere sollte das CSCL-System mit anderen Medien wie Skripten, Folien, E-Mail oder Präsenztreffen abgestimmt werden (Hinze & Blakowski 2002; Janneck et al. 2003).

Auch die Auswahl eines bestimmten CSCL-Systems hat Einfluss auf die Lehrveranstaltung (Pfister & Wessner 2000). Sie sollte von den Merkmalen, der zugrunde liegenden Philosophie, Oberflächengestaltung und Funktionalität als auch von kontextuellen Merkmalen des Lehrbetriebs, wie Vorkenntnissen der Lehrenden und Lernenden, zu erwartenden Kosten und verfügbaren Betreuungsleistungen, abhängig gemacht werden (Trahasch et al. 2002).

Wenn es keine zentrale Installation des Systems für den gesamten Lehrbetrieb gibt, muss es für die betreffende Einzelveranstaltung installiert und fortgesetzt administriert werden (Bleek et al. 2003). Dazu ist neben dem CSCL-System als interessierende Anwendungssoftware auch die Basistechnologie aus Hardware, Betriebssystem, ggf. weitere Software einzubeziehen. Je nach eigenen Fertigkeiten sind Lehrende hierzu auf die Unterstützung durch erfahrene Systemadministratoren angewiesen. Zusätzlich zu dieser möglichen Serverinstallation ist auch die notwendige Ausstattung der Client-Rechner zu bedenken. Um für ein CSCL-System notwendige Installationen auf Client-Rechnern vorzunehmen, müssen evtl. die Lernenden in die Lage versetzt werden, das zu tun.

Neben der anfänglichen Installation erfordert auch der fortwährende Betrieb eines CSCL-Systems Aufmerksamkeit und Arbeitsaufwand (Bleek & Pape 2001). Selten läuft eine einmal installierte Software problemlos. So können Veränderungen an der technischen Peripherie wie bspw. neue Drucker, Webbrowser oder Mailserver Anpassungen am CSCL-System erfordern. Außerdem ist damit zu rechnen, dass aufgrund von Weiterentwicklungen in Abständen alte Versionen des Systems durch neue zu ersetzen sind. Darüber hinaus müssen kontinuierlich Logfiles analysiert und Dateispeicher überprüft werden, um auf Probleme im laufenden Betrieb reagieren zu können. Neben diesen Routineaufgaben ist auch für unerwartete Systemausfälle technisch versiertes Personal zur Problembehandlung einzuplanen.

Wie andere Software bieten auch CSCL-Systeme in der Regel Funktionalitäten, um Individualisierungen im jeweiligen Nutzungskontext vornehmen und damit auf veränderte Anforderungen im zeitlichen Verlauf reagieren zu können (Wulf 1999; Krabbel 2000). Häufige Formen für Anpassungsoptionen bilden Parameterlisten zur Auswahl von Nutzungsweisen oder auch Makrosprachen zur Programmierung durch Endbenutzer. Die Anpassungen können die individuellen Client-Rechner oder die gesamte Lehrveranstaltung betreffen und ggf. auch von Entscheidungen für den gesamten Lehrbetrieb abhängen. In der Regel können die Anpassungen durch die Benutzer selbst durchgeführt werden. In komplizierten Fällen kann es aber erforderlich sein, Fachleute für das betreffende System hinzuzuziehen.

Der Zugang zu den CSCL-Systemen ist zumeist reglementiert, damit geschlossene Gruppen in einem bekannten Personenkreis arbeiten können. Damit Lernende in dem CSCL-System mitarbeiten können, müssen Benutzungskennungen für sie eingerichtet werden. Diese Aufgabe ist kontinuierlich zu verrichten, wenn eine gewisse Fluktuation unter den Teilnehmenden der Veranstaltung herrscht (Bleek & Pape 2001). Darüber hinaus sind physische Zugangsmöglichkeiten zu bedenken: Zu prüfen ist, ob der Zugang für die Lernenden in schulischen oder universitären Rechnerräumen bzw. am Arbeitsplatz unter erträglichen Rahmenbedingungen möglich ist, und ob sie das System via Internet von zu Haus nutzen können.

Auch wenn beim CSCL nicht die Inhalte im Vordergrund stehen, weckt ein leeres System erfahrungsgemäß nicht das Bedürfnis, es zu nutzen. Es ist daher wichtig, schon vor der ersten Systemnutzung ein gewisses Maß an Inhalt einzustellen (Bleek et al. 2000; Scheepers & Darmsgaard 1999). Die ersten Beiträge bieten zum einen einen Vorgeschmack auf das, was die Teilnehmenden im Laufe der Veranstaltung im System erwarten können. Die initialen Inhalte dienen zum anderen dazu, einen Eindruck zu vermitteln, wie das System benutzt werden soll. Zuviel initialer Inhalt könnte die Teilnehmenden aber auch überwältigen und ihre eigene Auseinandersetzung mit dem System im Keim ersticken.

3.2 Unterstützung der initialen Nutzung

Die Unterstützung der Systemnutzung am Anfang einer Lehrveranstaltung sollte das Ziel verfolgen, eine möglichst eigenständige Nutzung der Teilnehmenden zu initiieren. Dabei ist es wichtig, die Unterstützung richtig, meist mit einer nachlassenden Intensität, zu dosieren, damit die Lernenden sich das System zu Eigen machen (Bremer 2002; Rüdiger 2001). Außerdem sollte ein weiteres Ziel sein, dass ein gemeinsames Verständnis der Nutzung unter den Teilnehmenden entsteht. Die initiale Nutzung wird zumeist von Lehrenden unterstützt. Diese Aufgabe kann aber auch durch Teilnehmende, z.B. Schüler oder Studenten, die schon Erfahrung im Umgang mit dem System haben, übernommen werden.

Einer Lerngruppe, die noch nicht mit einem CSCL-System gearbeitet hat, sollte das System in einem Vortrag vorgestellt werden. Dabei ist es hilfreich, den Umgang mit ihm über einen Beamer zu demonstrieren; aber auch an Hand von Folien ist eine erste Darstellung der Handhabung und der Funktionen möglich. Der Vortrag sollte knapp darstellen, welche Grundfunktionen das System bietet (Pape & Jackewitz 2002). Die Vorstellung könnte mit genauen Hinweisen zum Zugang in das System und einer Einladung, in ihm herumzustöbern, enden. Die Bedienung im Detail kann dann durch die Teilnehmenden unmittelbar in Interaktion mit dem System erlernt werden (Bleek et al. 2000). Die didaktische Herausforderung ist es, ein offenes Klima zu schaffen, in dem die Lernenden keine Angst haben, mit dem System zu experimentieren und dabei ggf. auch Fehler zu machen.

Um den Lernenden die technische Handhabung des CSCL-Systems schrittweise näher zu bringen, ist es empfehlenswert, ihnen eine Reihe konkreter Aufgaben mit steigendem Schwierigkeitsgrad zu stellen, die bekannte Elemente aus Präsenzveranstaltungen aufgreifen und diese auf die Systemnutzung übertragen. Die Aufgaben sollten zunächst die medialen bzw. technischen Kompetenzen der Teilnehmenden fördern und später auf fachliche und soziale Kompetenzen ausgeweitet werden (Bleek et al. 2000; Feeken et al. 2002). Beispielsweise könnte mit dem Eintragen persönlicher Daten in ein CSCL-System begonnen werden, um eine Teilnehmenden-Liste zu bilden. Anschließend könnten im System – falls es das didaktische Konzept vorsieht – Kleingruppen für die spätere Arbeit gebildet werden. Danach kann der Lernprozess im System geplant und vollzogen werden, indem fachlich motivierte Arbeitspläne und -materialien mit dem System erstellt oder in das System eingestellt und auch inhaltliche Diskussionen dort geführt werden.

Es ist notwendig, dass die Lehrenden und Lernenden die Erwartungen und Verpflichtungen abstimmen, die sich aus dem Einsatz des CSCL-Systems in einer Lehrveranstaltung ergeben (Arnold et al. 2002; Pape et al. 2002). Eine Ausgangsbasis für eine realistische Extrapolation hinsichtlich der Systemnutzung könnte zum einen der Umfang der auszutauschenden (Zwischen-)Ergebnisse und zum anderen der Umfang der allgemeinen Computernutzung und ggf. der Internetnutzung sein. Schon am Anfang der Veranstaltung sollte mit den Teilnehmenden geklärt werden, welche (Zwischen-)Ergebnisse in der Lehrveranstaltung erstellt werden sollen und wie die Dokumentation des zugehörigen Arbeitsprozesses stattfinden soll. Sollen die Ergebnisse und Dokumentation der Lernprozesse in das CSCL-System eingestellt werden, ist diese Anforderung deutlich auszudrücken. Außerdem sind Kommunikationsanlässe und -wege zu verabreden, die alle Beteiligten für die Betreuung der Systemnutzung sowie der Begleitung des Lernprozesses wählen können (Link 2002, Pape & Jackewitz 2002).

3.3 Kontinuierliche Unterstützung der Nutzung

Wenn die Lernenden mit der Handhabung des genutzten Systems vertraut sind, sollten sie im weiteren Veranstaltungsverlauf motiviert und unterstützt werden, das System kontinuierlich für ihre Zwecke und Fragestellungen selbstständig zu nutzen.

Dazu bedarf es zunächst einer kontinuierlichen Nutzung durch die Lehrenden selbst (Bleek et al. 2000; Pape & Jackewitz 2002). Sie können das System mit eigenen Beiträgen lebendig gestalten und eine kontinuierliche Nutzung vorleben. Durch ihre Nutzung füllen sie das System nicht nur mit Inhalt und schaffen Nutzungsanlässe, sondern sie motivieren die Lernenden, das System auf die gleiche Art und Weise zu benutzen. Zu den möglichen Beiträgen seitens der Lehrenden zählen das Ankündigen von externen Terminen, die thematisch mit der Veranstaltung verwandt sind, das Bereitstellen von veranstaltungsrelevanten Materialien oder die aktive Beteiligung an Diskussionen. Nur durch die eigene kontinuierliche Nutzung ist es möglich, die Systembenutzung zu beobachten und ggf. unterstützend einzugreifen.

Lehrende sollten nicht in die Rolle der alleinigen Informationsquelle geraten, sondern ihre Aufgabe darin sehen, die Lernenden anzuregen, eigene Informationen für eine gemeinsame Nutzung zur Verfügung zu stellen. So bietet sich die Chance, dass die Verantwortung für das Lernen vom Lehrenden auf die Lernenden übergeht. Dazu ist es hilfreich, Beiträge aus dem CSCL-System an Präsenzterminen oder in anderen Kommunikationsmedien aufzugreifen. Durch das Hervorheben von Beiträgen seitens der Teilnehmenden soll das Interesse der anderen geweckt und die Systemnutzung insgesamt sichtbar gemacht werden.

Außerdem ist es gewinnbringend, eine Reflexion der Systemnutzung durch die Teilnehmenden zu initiieren. Schon zu Beginn, auf jeden Fall gegen Ende der Veranstaltung, können die Lernenden dazu nach den Erfahrungen und Wünschen zur Nutzung gefragt werden. Dabei ist ggf. auch zu akzeptieren, wenn die Teilnehmenden – meist aus gutem Grund – für bestimmte Anlässe eine andere Kooperationsform ohne CSCL-System finden. Wichtiger ist eine Auseinandersetzung über die gewählten Kooperationsformen (Janneck et al. 2003).

Die Ergebnisaufbereitung mit Hilfe des CSCL-Systems verfolgt das Ziel, die gemeinsame Arbeit zu dokumentieren. Dadurch bietet sich den Lernenden eine thematische und arbeitsmethodische Grundlage, auf der sie im Weiteren aufbauen können (Janneck et al. 2003). Das CSCL-System wird dabei zum „externen Gedächtnis" (Brennecke et al. 1997), auf das die Lernenden auch nach Ende der Veranstaltung zurückgreifen können. Das Veröffentlichen ausgewählter Ergebnisse gegen Ende der Veranstaltung kann als Präsentation der Veranstaltungsergebnisse dienen. Aber nicht nur Endergebnisse, sondern auch die in den Gruppen erarbeiteten Zwischenergebnisse sollten in das CSCL-System gestellt werden. Die Vorteile liegen darin, dass einerseits der gemeinsame Lernprozess für alle Teilnehmenden transparent wird; andererseits können alle Mitglieder jederzeit auf Zwischenergebnisse zugreifen, was z.B. das Weiterarbeiten zu Hause oder bei Fehlen von Gruppenmitgliedern vereinfacht bzw. im Falle von Revisionen im Arbeitsprozess notwendig ist (Bleek et al. 2000).

4   CSCL-Systeme im gesamten Lehrbetrieb

Die Einführung und Bereitstellung eines CSCL-Systems im gesamten Lehrbetrieb soll zu seiner nachhaltigen und organisatorisch abgesicherten Verankerung in Universität, Schule oder Betrieb führen, damit ihre Mitglieder bzw. Angestellten es uneingeschränkt nutzen können. Dabei steigt die Komplexität im Vergleich zu einer einzelnen Lehrveranstaltung, da mehrere Veranstaltungen mit zahlreichen Benutzern das CSCL-System nutzen werden und zusätzlich das CSCL-System die Lehrenden und Lernenden meist lehrveranstaltungsübergreifend unterstützen soll. Die Komplexität drückt sich u.a. dadurch aus, dass neben den Lehrenden und Lernenden nun auch weitere Akteure verstärkt mit in die Einführung und Bereitstellung des CSCL-Systems involviert werden, und dass der Einsatz des CSCL-Systems Eingang in die strategische Organisationsentwicklung und Ressourcenplanung finden muss (Bremer et al. 2002; Bleek et al. 2003).

Vor der Einführung von CSCL-Systemen ist für den Lehrbetrieb wie auch für die einzelne Lehrveranstaltung der Nutzen eines Einsatzes zu bestimmen. Kommt es zur Einführung eines CSCL-Systems in den Lehrbetrieb, wird das CSCL-System meist in ausgesuchten Pilotveranstaltungen eingesetzt, um den ausgemachten Mehrwert empirisch zu be- oder widerlegen. Diese Erfahrungen werden im Sinne des zyklischen Vorgehens konstruktiv auf die nächste Lehrveranstaltung abgewendet. Auch dort, wie in jeder weiteren Lehrveranstaltung, muss eine Evaluation der Nutzung erfolgen, um ein kontinuierliches, kritisches Hinterfragen des Nutzens des Einsatzes des CSCL-Systems zu gewährleisten (Strauss et al. 2003).

Um den Herausforderungen der Einführung und Bereitstellung von CSCL-Systemen in einen Lehrbetrieb zu begegnen, sind verschiedene Leistungen und Arbeiten in unterschiedlichen Bereichen zu erbringen. Im Folgenden werden vier Aufgabenbereiche vorgestellt (Engel et al. 2001; Pape & Rolf 2004; Jackewitz 2004): Betrieb eines CSCL-Systems, Benutzungsbetreuung, organisatorische Verankerung und Rückkoppelung mit der Weiterentwicklung des Systems. In diesen vier Aufgabenbereichen werden mögliche Maßnahmen aus Sicht der

Personen erläutert, die als Multiplikatoren für die Nutzung des CSCL-Systems im Lehrbetrieb auftreten. Sie sind z.B. in universitären oder betrieblichen Leitungsgremien und in (hoch)schul- oder mediendidaktischen Zentren zu finden, können aber auch die Entwickler des CSCL-Systems oder engagierte Lehrende mit mediendidaktischem Interesse sein (Gillian et al. 1999; Pape & Rolf 2004).

4.1 Betrieb

Der technische Betrieb des CSCL-Systems ist Grundlage seiner Verankerung und Nutzung im Lehrbetrieb. Hierbei ist anzumerken, dass eine Installation von potenziell sehr vielen Nutzern genutzt wird, so dass der Betrieb entsprechend leistungsfähig ausgerichtet sein muss (Bleek & Pape 2001; Bleek et al. 2003; Grohmann 2002).

Für den Betrieb muss entsprechende Hardware zur Verfügung gestellt werden, was neben dem Kauf, dem Aufstellen und der initialen Installation und Konfiguration auch Folgeaufwand für die langfristige Wartung bedeutet, in der Komponenten ausgetauscht, zur Reparatur geschickt oder einfach durch neuere, leistungsfähigere ersetzt werden müssen. Neben der Hardware ist die Basissoftware ein weiterer Aufgabenbereich, der eine anfängliche Installation und Konfiguration sowie ebenfalls eine langfristige Wartung erfordert. Wartung bedeutet hier u.a. Lizenzproblematiken im Blick zu haben, die Softwarekomponenten auf dem neuesten Stand zu halten und insbesondere die mit Blick auf Sicherheitsaspekte erforderlichen „Sicherheitspatches" einzuspielen. Weiter muss die eigentliche CSCL-Anwendung beschafft, installiert, konfiguriert und gewartet werden. Darüber hinaus muss der Betrieb dafür sorgen, dass Datenschutzrichtlinien gewährleistet sind und keine unautorisierte Nutzung möglich ist. Neben einem geeigneten Zugriffsschutz müssen weitere Sicherheitsmaßnahmen bedacht werden, um den Verlust von Daten zu verhindern. Dazu gehören u.a. regelmäßige Datensicherungen und Schutz gegen Viren.

Für die Betreuung der Hard- und Basissoftware wird in den meisten universitären und betrieblichen Kontexten ein organisationsinternes Rechenzentrum verantwortlich sein. Schulen verfügen meist nicht über ein eigenes Rechenzentrum. Ist das CSCL-System eine Client-Server-Anwendung oder durch andere Techniken eine Übertragungsfähigkeit zu erreichen (Server-based Computing), dann ist es ggf. möglich, den Serverbetrieb durch externe Anbieter übernehmen zu lassen (Bleek & Jackewitz 2004; Jackewitz 2004). Die Administration des CSCL-Systems selbst kann ebenfalls durch das entsprechende Rechenzentrum oder einen externen Dienstleister übernommen werden, aber auch durch eine z.B. schulische Arbeits- oder universitäre Forschungsgruppe, welche sich mit der Nutzung des CSCL-Systems befasst (Pape & Rolf 2004).

4.2 Benutzungsbetreuung

Ziel der Benutzungsbetreuung ist es, den Nutzer in seinem Arbeitskontext in die Lage zu versetzen, aufgabenangemessen und -adäquat mit dem CSCL-System umzugehen (Heinrich & Hänschel 1996; Heinrich 1999).

Zur Benutzungsbetreuung gehören Schulungen und eine fortgesetzte Handhabungsunterstüt-
zung, die Nutzern bei Handhabungsproblemen im direkten Kontakt per E-Mail oder Telefon
bzw. indirekt über FAQs, Handbücher usw. helfen. Die Benutzungsbetreuung kann darüber
hinaus auch für die didaktische Einbettung in Lehrveranstaltungen beratend zur Seite stehen
(Hartung et al. 2003). Zur Etablierung des CSCL-Systems im Lehrbetrieb ist es außerdem
hilfreich, einen Erfahrungsaustausch unter den Nutzern zu organisieren und eine Nutzer-
Community aufzubauen. Über die beschriebenen Betreuungsleistungen hinaus sind administrative Aufgaben zu erledigen, um z.B. Benutzungskennungen freizuschalten, Inhalte zu verwalten und zu strukturieren oder das CSCL-System anzupassen. Neben diesen Aufgaben ist
es weiterhin wichtig, dass die Benutzungsbetreuung Marketing betreibt, um neue Benutzer
zu gewinnen und bisherige Benutzer über Ansprechpartner und Betreuungsleistungen zu
informieren (Pape & Jackewitz 2002).

Die Benutzungsbetreuung erfordert sowohl technische als auch didaktische Qualifikationen
und ist aus Sicht der Benutzer häufig eine zeitkritische Dienstleistung. Daher ist kritisch zu
prüfen, ob die Benutzungsbetreuung von internen Rechenzentren durchgeführt werden kann
oder ob dafür andere Akteure wie externe Dienstleister oder mediendidaktische Zentren
besser geeignet sind. Die didaktische Beratung für Lehrende hinsichtlich der CSCL-
Anwendung sollte von (hoch)schul- oder mediendidaktischen Zentren ausgeführt werden.
Aber auch thematisch affine schulische Arbeits- oder universitäre Forschergruppen könnten
diese Rolle übernehmen. Für die darüber hinausgehenden administrativen Aufgaben im Zusammenhang mit einem CSCL-System ist thematisches und organisatorisches Detailwissen
über eine Bildungsinstitution notwendig. Sie sollte daher von internen Akteuren, wie z.B.
dem mediendidaktischen Zentrum oder im betrieblichen Kontext der Personalabteilung bzw.
Abteilung für Weiterbildung, wahrgenommen werden.

4.3   Organisatorische Verankerung

Zur Etablierung eines CSCL-Systems im Lehrbetrieb ist es von entscheidender Bedeutung,
die in den Bereichen Betrieb und Benutzungsbetreuung genannten Aufgaben organisatorisch
zu verankern, d.h. die Aufgaben müssen von eventuell verschiedenen Akteuren der Bildungsinstitution übernommen werden (Pape & Rolf 2004; Jackewitz 2004).

Die Übernahme der Aufgaben bedeutet in erster Linie das Schaffen oder Erweitern von Stellen bzw. das Einstellen von Personen, die diese Aufgaben wahrnehmen (Hartung et al. 2003).
Entsprechende Arbeitsverträge mit detaillierter Aufgabenbeschreibung sind zu erstellen. Des
Weiteren müssen die Personalkosten, wie auch die Hardware- und eventuellen Lizenzkosten
für das CSCL-System und weitere benötigte Software im Etat einzelner Abteilungen, Institute, Fachbereiche und der gesamten Hochschule, Schule oder dem Betrieb insgesamt einge-
plant und genehmigt werden.

Das Präsidium bzw. die Geschäftsleitung und sonstige Leitungsgremien einer Organisation
müssen den Einsatz von CSCL-Systemen im Lehrbetrieb befürworten und können ihn dadurch unterstützen, dass die Einführung und Bereitstellung als ein strategisches Ziel der
Organisation aufgenommen und mit ausreichenden Ressourcen ausgestattet werden (Bremer
et al. 2002; Trahasch et al. 2002). Die Koordination der gesamten Einführung und Bereitstel-

lung kann entweder von einer in der Organisation etablierten Stelle, etwa dem mediendidaktischen Zentrum oder einem extra dafür gebildeten Ausschuss bzw. Projekt, oder von einem externen Dienstleister unterstützt werden (Grohmann 2002).

4.4 Rückkoppelung mit der Softwareentwicklung

Für den Betrieb und die Benutzungsbetreuung sollte versucht werden, mit der Entwicklung des CSCL-Systems oder dem Open-Source-Projekt Kontakte aufzunehmen, um einen regen Austausch über die Softwarenutzung zu pflegen (Pape & Jackewitz 2002). Zum einen findet dadurch der für den Betrieb und für die Benutzungsbetreuung notwendige Kompetenzaufbau statt. Zum anderen können so erkannte Fehler sowie Anpassungs- und Weiterentwicklungswünsche aus dem Einsatzkontext in die Weiterentwicklung einfließen.

5 Zusammenfassung

In diesem Beitrag wurde ein Spagat zwischen verallgemeinerbaren Spannungsfeldern in der Einführung und Bereitstellung von CSCL-Systemen in den Kontexten Schule, Hochschule und betriebliche Weiterbildung und konkreten Gestaltungshinweisen vollzogen. Die Breite der Darstellungen soll Akteure, die an der Einführung und Bereitstellung von CSCL-Systemen beteiligt sind, in die Lage versetzen, einen Rahmen möglicher Maßnahmen aufzuspannen und gleichzeitig in ihrer jeweiligen Situation konkrete Maßnahmen zu ergreifen.

Die Einführung und Bereitstellung von CSCL-Systemen bedeutet, technische, fachliche, didaktische und organisatorische Aufgaben miteinander zu verbinden. Hierbei ist zu beachten, dass die Einführung und Bereitstellung von CSCL-Systemen auf unterschiedlichen Ebenen geschieht: Lernende werden von ihren Lehrenden betreut, und die Lehrenden suchen Betreuung bei speziellen Beratern, die sich wiederum bei den Entwicklern Rat holen. Dabei ist die Einführung und Bereitstellung nicht in zeitliche Phasen, sondern in Aufgabenbereiche bzw. Handlungsfelder zu gliedern, die zu bestimmten Zeitpunkten unterschiedlich priorisiert sein müssen. Darüber hinaus wird die Einführung und Bereitstellung von CSCL-Systemen zu verschiedenen Zeitpunkten von mehreren Akteuren in unterschiedlichen Rollen wesentlich beeinflusst. Sie stellt deshalb insbesondere eine organisatorische Herausforderung dar, der in zyklischen Vorgehensmodellen begegnet werden kann. Eine zyklische Vorgehensweise ermöglicht eine evolutionäre und partizipative Gestaltung der Einführung und Bereitstellung von CSCL-Systemen in überschaubaren zeitlichen Abschnitten.

Die einzelnen vorgestellten Handlungsfelder und Aufgabenbereiche hinsichtlich der Einführung und Bereitstellung von CSCL-Systemen in einer einzelnen Lehrveranstaltung und im Lehrbetrieb stellen für die handelnden Akteure zunächst einen Mehraufwand dar. Dieser Aufwand ist notwendig, damit ein CSCL-System im Lehrbetrieb genutzt werden kann bzw. in der einzelnen Lehrveranstaltung tatsächlich genutzt wird. Nur so wird ein Nutzen für die Beteiligten ermöglicht, der als Mehrwert den Mehraufwand im von CSCL-Systemen unterstützten Lehren und Lernen rechtfertigt. Auf Grundlage der erfolgreichen Einführung und nachhaltig gesicherten Bereitstellung von CSCL-Systemen können sich Verschiebungen in den Handlungsfeldern und Aufgaben der Lehrenden, Lernenden und weiteren beteiligten Rollen und Akteure ergeben, die den initialen Mehraufwand egalisieren.

4.5   Qualitätssicherung

Ute Linder

Fraunhofer IPSI, Darmstadt

1   Einleitung

Die Güte von Bildungsangeboten und Möglichkeiten zu deren Verbesserung werden in den letzten Jahren nicht nur in Fachkreisen, sondern auch in der Öffentlichkeit verstärkt diskutiert. Das hat vor allem zwei Gründe: Einerseits gewinnt der Erwerb und die Aktualisierung von Qualifikationen mit Blick auf die Entwicklungschancen von Individuen, Betrieben und Volkswirtschaften an Bedeutung; andererseits bleiben die vorhandenen Lernangebote häufig hinter den Erwartungen der individuellen oder betrieblichen Kunden zurück. Dies gilt nicht zuletzt auch für technologiegestützte Lernangebote. Aus diesem Grund werden vielfältige Anstrengungen unternommen, um die Differenz zwischen den tatsächlichen und den erwarteten Leistungen von Bildungseinrichtungen bzw. zwischen den tatsächlichen Effekten einzelner Bildungsangebote und den Erwartungen der Beteiligten zu reduzieren (Trentin 2000, 26). Die Gesamtheit all dieser Maßnahmen wird heute unter dem Begriff „Qualitätssicherung" zusammengefasst.

Dieser Beitrag beschreibt Ansätze zur Qualitätssicherung von netzbasierten Kursen, in deren Verlauf Teilnehmer gemeinsam lernen. Im Mittelpunkt steht dabei die Frage, wie Bildungsanbieter hochwertige Lernangebote entwickeln können. Es werden zwei Ansätze präsentiert, „Qualitätsmanagement" und „Evaluation", deren Kombination eine Optimierung sowohl einzelner Lernangebote als auch des komplexen Arbeitsprozesses ermöglicht, in dessen Verlauf Lernangebote entstehen. Benachbarte Fragestellungen, z.B. wie sich die Markttransparenz für netzbasierte, kooperative Bildungsangebote erhöhen und somit die Nachfrageseite stärken lassen, werden hier ausgeklammert (siehe dazu z.B. Hope 2001).

Behandelt werden die folgenden Fragen

–   Worin besteht die Qualität von netzbasierten, kooperativen Lernangeboten?
–   Welche Faktoren sind qualitätsbestimmend?
–   Warum muss die Qualität von netzbasierten, kooperativen Lernangeboten gezielt und systematisch gefördert, entwickelt und verbessert werden?
–   Durch welche Maßnahmen lässt sich die Qualität von netzbasierten, kooperativen Lernangeboten positiv beeinflussen? Welche Richtlinien, Verfahren und Instrumente gibt es dafür?
–   Wie lässt sich die tatsächliche Qualität von netzbasierten, kooperativen Lernangeboten feststellen und optimieren? Welche Dimensionen sind zu berücksichtigen? Welche Empfehlungen, Verfahren und Instrumente gibt es dafür?

2 Zur Qualität netzbasierter, kooperativer Lernangebote

Bei Lernangeboten handelt es sich um komplexe Humandienstleistungen, die von Mitarbeitern der anbietenden Institution häufig unter Einsatz von Produkten, z.B. Medien, für die Lernenden erbracht werden. Das eigentliche Resultat der Bildung, der Lernzuwachs, wird jedoch nicht vom Anbieter, sondern von den Lernenden selbst durch aktive Auseinandersetzung mit den angebotenen Inhalten und Aufgabenstellungen hergestellt. Die Motivation und Aktivität der Lernenden entscheiden letztlich, ob ein Lernprozess erfolgreich ist oder nicht. Dies gilt in besonderem Maße für Angebote, in deren Verlauf Lernende untereinander sowie ggf. mit Tutoren oder Fachexperten kommunizieren und zusammenarbeiten, wie es beim netzbasierten, kooperativen Lernen der Fall ist. Lehren bedeutet demnach die gezielte Anregung und Unterstützung von Lernprozessen und erfolgt alleine über die Schaffung von lernförderlichen Kontextbedingungen, z.B. zum Denken und Handeln anregende Aufgabenstellungen.

Worin besteht nun die Qualität von netzbasierten, kooperativen Lernangeboten? Das Wort Qualität stammt aus dem Lateinischen („qualitas": Beschaffenheit) und ist grundsätzlich wertneutral. Qualität kann als Ausmaß der Übereinstimmung des Ergebnisses einer Tätigkeit mit vorab definierten Anforderungen aufgefasst werden (vgl. Institut für Qualitätssicherung 2001). Aus dieser Definition folgt, dass Qualität keine absolute Größe ist, sondern nur bezogen auf Einzelanforderungen beschrieben und ermittelt werden kann. Es handelt sich somit um ein mehrdimensionales Konstrukt.

Im Bildungsbereich kann Qualität allgemein definiert werden als ein Gesamturteil über das Ausmaß der Zielerreichung einer Institution oder eines Lernangebots und den Wert dieser Leistung. Bildungsmaßnahmen gelten dann als erfolgreich, wenn die von den Lernenden erhofften und vom Anbieter in Aussicht gestellten Wirkungen eintreten. Die Qualität technologiegestützter Lernangebote sollte daher bezogen auf jene Faktoren definiert und beschrieben werden, die dazu beitragen, dass Lernende die angestrebten Lernziele effektiv und mit vertretbarem Aufwand erreichen können (Hope 2001, 129).

Die Beschäftigung mit jenen Faktoren, welche die Effektivität und Effizienz von Lernangeboten beeinflussen, hat in der Psychologie und Pädagogik Tradition. Zur Analyse von Bildungsangeboten haben sich Modelle aus der Unterrichtsforschung bewährt, die jeweils Ausgangslage, Lernprozess und Ergebnisse unterscheiden und sich auch auf das Lernen in virtuellen Lernumgebungen übertragen lassen (Friedrich & Hron 2002). Aus Sicht der Lehr-Lernprozess-Forschung resultieren Lernergebnisse in virtuellen Lernumgebungen aus einer Auseinandersetzung der Lernenden mit der Technologie, mit den Lerninhalten sowie mit anderen Personen (Lernprozess). Der Lernprozess wiederum wird geprägt von den Merkmalen der Lernenden, der Kursinhalte, der Aufgabenstellungen, Instruktionen und Lernmaterialien, der Technologie, der institutionellen Rahmenbedingungen, der Qualifikation und vom Verhalten der Lehrkräfte etc. (Eingangsgrößen, Ressourcen, Kontextbedingungen oder inputs). Die Qualität eines netzbasierten, kooperativen Lernangebots hängt somit von der Qualität des Lernprozesses ab. Dessen Gelingen lässt sich vor allem durch eine bewusste Gestaltung und sorgfältige Abstimmung der Eingangsgrößen positiv beeinflussen. Besondere Bedeutung kommt dabei der didaktischen Konzeption des Lernangebots zu (siehe dazu Abschnitt 5.2).

Betrachtet man die Effekte eines Bildungsangebots, so sind kurzfristig beobachtbare Ergebnisse (outcomes) von den längerfristigen, indirekten Folgen einer Teilnahme (impacts) zu unterscheiden.

Zu den erwünschten kurzfristigen Ergebnissen von Lernangeboten (outcomes) gehören z.B.:

–   Unmittelbare Lernerfolge im Sinne eines Zuwachses an Wissen, Fertigkeiten oder Fähigkeiten;
–   Gelungene Übertragung des Gelernten auf die Arbeitssituation bzw. den Alltag;
–   Erwerb von anerkannten Bildungsabschlüssen oder Zertifikaten;
–   Hohe Zufriedenheit der Lernenden;
–   Geringe Abbrecherquote usw.

Zu den mittelfristigen, indirekten Folgen einer Teilnahme (impacts) werden z.B. verbesserte Arbeitsmarkt- oder Aufstiegschancen der Teilnehmer gezählt.

Zusammenfassend ist festzuhalten, dass sich die Qualität eines netzbasierten, kooperativen Lernangebots auf drei Ebenen erfassen und beschreiben lässt (Wilbers 2001; Friedrich & Hron 2002): Ressourcen, Lernprozesse, Lernergebnisse.

3   Qualität als perspektivenabhängige, subjektive Größe

Welche Aspekte sind qualitätsbestimmend und sollten bei der Definition von Anforderungen an technologiegestützte Lernangebote berücksichtigt werden? Je nach Perspektive und Interessen der befragten Person fällt die Antwort unterschiedlich aus (vgl. Twigg 2001). So verfolgen Lernende, Lehrkräfte, Fachdidaktiker, Lernpsychologen, Manager, Softwareentwickler, Systemadministratoren etc. unterschiedliche Ziele und formulieren verschiedene Erwartungen an die Qualität von Lernangeboten:

> *„Quality is a subjective rather than an absolute concept and may be examined from different analytical perspectives: consumer's satisfaction level, intrinsic value of scientific and technical content of learning materials, soundness of learning strategies, efficiency of organisation and procedures, adequate use of advanced technologies, reliability of student support mechanisms, etc.“* (Trindade et al. 2000, 1)

Trentin (2000, 26) hebt hervor, dass ein qualitativ hochwertiges Lernangebot sowohl die Erwartungen des Anbieters als auch der Lernenden erfüllen sollte. Daher soll nun der Frage nachgegangen werden, welche Aspekte die Qualität netzbasierter Lernangebote aus Sicht der Lernenden beeinflussen. Die Perspektive der Bildungsanbieter wird in Abschnitt 5.1 im Zusammenhang mit aktuellen Qualitätsrichtlinien verschiedener Anbieterkonsortien behandelt.

Bislang gibt es kaum wissenschaftliche Studien dazu, wie qualitativ hochwertige, netzbasierte Lernangebote aus Sicht von Lernenden aussehen. Cashion und Palmieri (2002) baten Erwachsene, die entsprechende Lernangebote australischer Anbieter genutzt hatten, die Qualität dieser Angebote hinsichtlich verschiedener Aspekte einzuschätzen. Aus Sicht der Lernenden wirkten sich folgende Faktoren positiv auf die Lernerfahrung aus (Die Reihenfolge entspricht dabei der subjektiven Rangfolge der Befragten):

- Räumlich und zeitlich flexible Lernorganisation;
- Hilfreiche und prompte Betreuung durch Tutoren;
- Aktuelle, umfassende, gut gestaltete Lernmaterialien mit klarer Navigationsstruktur, verständlichen Instruktionen sowie sinnvollen Lernerfolgskontrollen;
- Zugang zu netzbasierten Ressourcen;
- Technologiegestützte, einfach zu handhabende Verfahren zum Einreichen von bearbeiteten Aufgaben;
- Gelegenheit, die eigenen EDV-Kenntnisse zu erweitern;
- Lernmethoden- und Medienmix;
- Kommunikation und Kooperation mit anderen Lernenden und Tutoren;
- Nutzerfreundlichkeit der Technologien;
- Kombination von Präsenz- und Fernunterricht (Blended Learning).

Aus Sicht der Lernenden wirken sich insbesondere folgende Faktoren negativ auf die Lernerfahrung aus (Cashion & Palmieri 2002):

- Zu geringe Vorkenntnisse und Fertigkeiten hinsichtlich der Nutzung von Informationstechnologien;
- Mangelnder Zugang zu Rechnern, Software, Internet und technischer Hilfe;
- Probleme mit dem selbstgesteuerten Lernen (Zeitaufwand und Zeitmanagement, Selbstdisziplin und Eigenmotivation).

Eine großangelegte Studie mit Erwachsenen, die an netzbasierten Aus- und Weiterbildungsgängen deutscher Anbieter teilgenommen hatten (Ehlers 2004), ergab, dass Lernende Qualitätsansprüche in sieben Feldern formulieren: Tutorielle Betreuung, Kooperation und Kommunikation, Lerntechnologien, Information über das Lernangebot und den Anbieter, Lernorganisation, Didaktik und Kosten-Nutzen-Verhältnis.

Beide Studien enthalten Belege dafür, dass sich die Lernenden ihrer Rolle als Koproduzenten des Lernprozesses und somit ihrer Verantwortung für die Entstehung von Lernergebnissen durchaus bewusst sind. Zudem ist festzuhalten, dass Lernende umfassende Qualitätsansprüche formulieren und sich dabei auf alle Ebenen des Lernangebots beziehen (Ehlers 2004): die ihnen verfügbaren Ressourcen, den Lernprozess sowie die Lernergebnisse.

Sowohl Cashion und Palmieri (2002) als auch Ehlers (2004) betonen jedoch, dass Lernende keineswegs einheitliche Erwartungen und Ansprüche an die Qualität von netzbasierten Lernangeboten haben, sondern die Ansprüche z.B. in Abhängigkeit von Personenmerkmalen (Alter, Geschlecht, Lebenssituation, Lernbedürfnissen und -gewohnheiten) oder von Charakteristika der gewählten Kurse variieren können. Anbietern, die ihre Kunden zufrieden stellen wollen, ist demnach sowohl die Entwicklung zielgruppenspezifischer Angebote zu empfehlen als auch eine transparente Information der Interessenten darüber, welche Ansprüche einzelne Angebote befriedigen sollen (vgl. Sinclair 2003).

4 Qualitätssicherung als komplexe Herausforderung

Warum sollte die Qualität netzbasierter, kooperativer Lernangebote in Bildungseinrichtungen gezielt sowie systematisch gefördert und verbessert werden? Vor allem deshalb, weil eine erfolgreiche Gestaltung und Durchführung solch komplexer Angebote keineswegs selbstverständlich ist. Die Aufgabe, das Gelingen von netzbasierten, kooperativen Lernangeboten zu sichern, stellt für Bildungsanbieter aus folgenden Gründen eine große Herausforderung dar:

1. Ziel der Qualitätssicherung ist die Gewährleistung zielführender Lernprozesse, ohne dass Lernprozesse, die ja von den Lernenden selbst vollzogen werden müssen, von Managern oder Fachkräften unmittelbar gesteuert werden können.
2. Die Gestaltung netzbasierter, kooperativer Lernangebote ist eine anspruchsvolle Aufgabe für Experimentierfreudige. Wegen der hohen Komplexität virtueller Lehr-Lern-Arrangements und der aktiven Koproduzentenrolle und gegenseitigen Beeinflussung der Lernenden lassen sich Lernprozesse nicht vollständig determinieren. In der Praxis werden daher häufig überraschende Lernprozessverläufe und Ergebnisse beobachtet.
3. Aufgrund der bislang rasanten Technologieentwicklung liegen kaum wissenschaftlich fundierte und zugleich praxistaugliche Empfehlungen vor, an denen sich Praktiker bei der Konzeption, Vorbereitung und Begleitung netzbasierter, kooperativer Lernprozesse orientieren könnten (Bonk & Cunningham 1998; Hirumi 2002).
4. Die Entwicklung von Lernumgebungen erfolgte in vielen Fällen technologiegetrieben, orientiert an mehr oder minder erfolgreichen Modellen für den Präsenzunterricht sowie ohne hinreichende Beteiligung von Unterrichtsexperten, so dass die Software in der Regel zwar verschiedene Kommunikationskanäle und eine Anzeige elektronischer Lernmaterialien bietet, spezifische kooperative Lernaktivitäten aber nicht immer hinreichend unterstützt (Linder & Rochon 2003; Linder & Wessner 2004).
5. Hinzu kommt, dass entsprechende Lernangebote häufig arbeitsteilig von multidisziplinären Teams konzipiert, entwickelt, vorbereitet und durchgeführt werden. Die sinnvolle Koordination und Abstimmung dieser Arbeitsprozesse stellt hohe Anforderungen an alle Beteiligten.
6. Dies gilt umso mehr für Institutionen, die bislang kaum über Erfahrungen mit der Planung und Durchführung kooperativer und/oder technologiebasierter Lernangebote verfügen: Sie müssen parallel zu den neuartigen Angeboten auch die institutionellen Rahmenbedingungen weiter entwickeln, damit Fachkräfte mit Erfolg innovativ arbeiten können. Diese Veränderungsprozesse binden Ressourcen und führen oft zu Konflikten.

Angesichts der komplexen Anforderungen ist es gegenwärtig unwahrscheinlich, dass es Bildungsanbietern auf Anhieb gelingt, ein qualitativ hochwertiges, netzbasiertes Lernangebot zu entwerfen und durchzuführen oder eine andernorts erfolgreich erprobte Lerntechnologie in einen bestehenden Kurs zu integrieren. Es geht somit für viele Anbieter weniger um die Gewährleistung einer gleichbleibend hohen Qualität bereits erfolgreicher Kurse, sondern vielmehr darum, die Qualität entsprechender Angebote schrittweise systematisch zu entwickeln. Für diesen Zweck stehen zwei sich ergänzende Ansätze (vgl. Beywl 2001) zur Verfügung, genannt „Qualitätsmanagement" und „Evaluation". Beide werden in den folgenden Abschnitten erläutert.

5 Qualitätsmanagement: Voraussetzungen für gute Praxis schaffen

Werden in einer Institution gezielt Maßnahmen ergriffen, um die Entstehung qualitativ hochwertiger Lernangebote zu begünstigen und zu überwachen, dann nennt man die Gesamtheit dieser Maßnahmen „Qualitätsmanagement". Das Qualitätsmanagement ist eine vielschichtige und herausfordernde Daueraufgabe für Bildungsmanager. Sie besteht im Kern darin, in der Einrichtung günstige Voraussetzungen dafür zu schaffen, dass Lernprozesse der Kunden optimal begleitet und unterstützt werden können. Zu diesem Zweck führen Bildungsmanager eine Kombination von strukturierten Verfahren ein, mit denen die Infrastruktur, die Qualifikation und das Verhalten des Personals sowie zentrale Arbeits- und Kommunikationsprozesse bewusst gestaltet, aufeinander abgestimmt, erfasst, reflektiert und verbessert werden können (zum Qualitätsmanagement nach ISO 9000:2000 in der Bildung siehe z.B. Wuppertaler Kreis e.V. & CERTQUA 2002).

Ausgangspunkt aller Bemühungen ist die Definition des institutionellen Qualitätsverständnisses. Dieses bildet zusammen mit entsprechenden Qualitätskriterien, die für jeden Einzelaspekt nachprüfbar formuliert werden, die Basis dafür, dass hochwertige Lernangebote erzeugt und deren Güte bewertet werden können (Wuppertaler Kreis e.V. & CERTQUA 2002).

Aufgrund ihrer unterschiedlichen Rollen und Interessen formulieren Manager, Fachkräfte und Kunden in der Regel verschiedene Erwartungen an die Qualität netzbasierter, kooperativer Lernangebote. Die Befunde zu den Qualitätsansprüchen Lernender (siehe Abschnitt 3) sprechen dafür, die zu berücksichtigenden Qualitätsaspekte und Mindestausprägungen immer angepasst an den jeweiligen Kontext sowie unter Einbeziehung der Zielgruppe festzulegen (vgl. Trentin 2000). Abhängig von den spezifischen Ausbildungszielen, den Merkmalen der Zielgruppe und den lokalen Rahmenbedingungen, etwa der Verfügbarkeit verschiedener Ressourcen, kann ein- und dasselbe Angebot als qualitativ hoch- bzw. minderwertig beurteilt werden (Trindade et al. 2000). Mit Blick auf die Akzeptanz sowohl der Qualitätsanforderungen als auch der daraus abgeleiteten Maßnahmen zur Erzeugung hochwertiger Lernangebote sollten die verschiedenen Fachkräfte bei der Aushandlung der Qualitätsanforderungen angemessen beteiligt werden.

5.1 Woran kann sich das Qualitätsmanagement orientieren?

Verschiedene Autoren (siehe z.B. Frydenberg 2002; Hope 2001; Sinclair 2003) haben jüngst Qualitätsrichtlinien für netzbasierte Lernangebote beschrieben und verglichen, die im englischsprachigen Raum von Anbieterkonsortien oder Akkreditierungsagenturen veröffentlicht wurden (siehe z.B. Australian Flexible Learning Framework 2002; Barker 2002; Institute for Higher Education Policy 2000; Quality Assurance Agency for Higher Education o. J.). Diese Dokumente spiegeln die Anbietersicht wider, da sie unter Beteiligung erfahrener Praktiker aus seriösen Institutionen entwickelt wurden, und richten sich primär an das Management von Hochschulen. Die Qualitätsrichtlinien thematisieren nicht nur die Anforderungen an seriöse, netzbasierte Lernangebote, sondern auch die institutionellen Voraussetzungen für deren Erzeugung und empfehlen typischerweise eine gezielte Steuerung der Arbeitsprozesse bzw. Aktivitäten in den folgenden Bereichen:

- Information von Interessenten und Aufnahme von Lernenden
- Gestaltung und Begleitung von Lernprozessen
- Gestaltung und Erstellung von Lernmaterial
- Bereitstellung und Wartung von Technologien
- Gestaltung flankierender Dienstleistungen zur Unterstützung der Lernenden
- Gewinnung, Bezahlung, Fortbildung und Beratung von Lehr- u. anderen Fachkräften
- Institutioneller Kontext (Infrastruktur, Ziele, Strategie, Finanzierung)

Da die Richtlinien zur Qualitätssicherung von netzbasierten Bildungsangeboten jedoch noch recht neu sind und ihre Anwendung bislang nicht evaluiert wurde, bleibt vorerst abzuwarten, ob sich diese tatsächlich positiv auf das Qualitätsmanagement in Institutionen und die weitere Angebotsentwicklung auswirken (Sinclair 2003).

5.2   Die zentrale Bedeutung des didaktischen Designs

Neben den erwähnten Qualitätsrichtlinien bietet eine großangelegte Studie zur Einführung von Lerntechnologien an australischen Universitäten (Alexander & McKenzie 1998) Orientierung, in der erfolgreiche und gescheiterte Projekte miteinander verglichen wurden. Alexander und McKenzie (1998) betonen, dass Projekte, die nicht zu den angestrebten Lernerfolgen der Teilnehmer führten, oftmals die Erprobung und schrittweise Verbesserung der Technologien und Lernangebote vernachlässigt hatten. Sie heben zudem die Bedeutung der didaktischen Konzeption für den Erfolg technologiebasierten Lernens hervor und empfehlen, bei der Entwicklung neuer Angebote die Qualität der Lernerlebnisse der Lernenden in den Mittelpunkt zu stellen (vgl. Laurillard 1993; Philipps et al. 2000).

> *„The use of a particular information technology did not, in itself, result in improved quality of learning or productivity of learning. Rather, a range of factors were identified which are necessary for a successful project outcome, the most critical being the design of students' learning experiences."* (Alexander & McKenzie 1998)

Nach Alexander und McKenzie (1998) ist eine gute didaktische Konzeption gekennzeichnet durch folgende Merkmale (siehe dazu auch Beitrag 3.5.1):

1. Ausrichtung des Online-Angebots an den Bedürfnissen der Lernenden beim Erwerb der angestrebten Kompetenzen und Wissensbestände.
2. Sorgfältige Auswahl oder Entwicklung von Lehr-Lernstrategien unter Einbeziehung aktueller pädagogisch-didaktischer Fachliteratur und/oder anerkannt guter Unterrichtspraktiken. (Anmerkung der Autorin: Im Falle technologiegestützten, kooperativen Lernens muss z.B. entschieden werden, welche Lernziele Lernende durch individuelle Auseinandersetzung mit Lernmaterialien, durch Kooperation untereinander oder besser im Austausch mit einer Lehrkraft erreichen können.)
3. Der Einsatz der Lerntechnologie orientiert sich an der didaktischen Konzeption sowie am Kontext und verfolgt das Ziel, Lernenden bestimmte Lernerfahrungen zu ermöglichen.
4. Lernerfolgskontrollen sind an das mediengestützte Angebot und die Lernaktivitäten angepasst.

5. Der Unterstützungsbedarf der Lernenden, z.B. die Vorbereitung auf das Arbeiten in
    Gruppen, auf die Nutzung bestimmter Software sowie auf die medienvermittelte Kom-
    munikation, wird bereits bei der Planung von Angeboten berücksichtigt.

5.3   Die Förderung und Organisation von Teamarbeit

Qualitativ hochwertige, technologiegestützte Lernangebote können nur dann entstehen, wenn
ein Team kompetenter Fachkräfte den Lernprozess gezielt plant, optimal begleitet, sich dabei
eng abstimmt und bei Bedarf auf spezifische Beratungs- und Qualifizierungsangebote zugreifen kann (Laurillard 1993). Deshalb kommt sowohl der Personalentwicklung als auch der
Organisationsentwicklung und dem Workflow-Management besondere Bedeutung zu.

Voraussetzung für ein gutes Zusammenspiel verschiedener Fachkräfte ist Transparenz hinsichtlich der einzelnen Rollen, Aufgaben und Verantwortlichkeiten sowie der Arbeitsprozesse und Schnittstellen zwischen Letzteren. Sinnvoll unterstützen lässt sich die Teamarbeit
während der Konzeption, Planung, Durchführung und Auswertung von Lernangeboten durch
ein integriertes Dokumenten- und Workflow-Management-System, das allen Beteiligten
jederzeit einen Überblick über Vorgaben, Absprachen sowie den Arbeitsstand ermöglicht.

Alle Fachkräfte sollten für ihre anspruchsvollen Aufgaben regelmäßig trainiert werden. Pra-
xisnahe Arbeitshilfen und Vorlagen strukturieren den komplexen Arbeitsprozess und können
Fachkräften helfen, alle erforderlichen Arbeitschritte und Entscheidungen systematisch an-
zugehen (siehe z.B. Münzer & Linder 2004). Zusätzlich zu rollenspezifischen Fortbildungs-
und Unterstützungsangeboten für Autoren, Tutoren, Administratoren etc. sollten Qualitäts-
zirkel eingerichtet werden, in denen Mitarbeiterteams ihre Erfahrungen regelmäßig austauschen und Möglichkeiten zur Verbesserung der Arbeitsabläufe diskutieren können.

Aus betriebswirtschaftlicher Perspektive kann es mit Blick auf eine mehrfache Verwertung
und Kombination von Lernmaterialien in verschiedenen Lernangeboten und den technolo-
gieübergreifenden Austausch von Daten durchaus sinnvoll sein, internationale technische
Standards bei der aufwändigen Erstellung von Lernmaterialien zu berücksichtigen und Fachkräften entsprechende Vorgaben zu machen. Für einen Überblick zum Stand der internationalen Entwicklung von Lerntechnologiestandards siehe Beitrag 4.6.

6   Evaluation: Die Praxis datenbasiert bewerten und optimieren

Werden in einer Institution Konzepte, Bedingungen, Ablauf und Wirkungen von netzbasierten, kooperativen Lernangeboten systematisch analysiert und empirisch untersucht mit dem
Ziel, die Qualität dieser Lernangebote zu bewerten und/oder zu modifizieren, dann nennt
man die Gesamtheit dieser zeitlich befristeten Maßnahmen „Evaluation" (vgl. Rossi et al.
1999). Die Planung, Durchführung und Dokumentation einer Evaluation ist eine vielschichtige und herausfordernde Aufgabe für Bildungsmanager bzw. interne oder externe Experten,
so genannte Evaluatoren. Sie besteht im Kern darin, eine solide und nützliche Datenbasis für
bestimmte Entscheidungen zu erzeugen. Zu diesem Zweck werden zunächst die Nutzer der
künftigen Datenbasis, deren konkreten Informationsbedarf sowie geeignete Informationsquellen identifiziert, um die benötigten Informationen dann unter Einbeziehung aller am

Dienstleistungserstellungsprozess beteiligten Personengruppen (Lernende, Autoren, Tutoren, Mitarbeiter der technischen Hotline etc.) zusammenzutragen, auszuwerten und aufzubereiten.

Im Kontrast zur Forschung steht bei einer Evaluation nicht die wertfreie Gewinnung grundlegender Erkenntnisse und die Entwicklung allgemeingültiger Theorien im Vordergrund, sondern die datenbasierte Bewertung und ggf. Verbesserung eines konkreten Produktes oder einer Dienstleistung. Zur Datengewinnung und -analyse werden die gleichen Methoden eingesetzt wie in der Forschung (siehe Beitrag 1.2). Eine Evaluation erfolgt jedoch prinzipiell anwendungs-, kontext- und interessenorientiert.

Die Evaluation von Bildungsangeboten kann verschiedene Zwecke verfolgen (vgl. Philipps et al. 2000; Rindermann 2001). Es wird eine Informationsbasis erzeugt für:

– die Optimierung von Lernangeboten, z.B. eines Konversationstrainings in einer Fremdsprache gestützt auf ein Audio-Chat-Werkzeug (formative Evaluation).
– die Optimierung von Entscheidungen, z.B. über die Beibehaltung bzw. Übernahme von Innovationen in den Routinelehrbetrieb (summative Evaluation)
– die Anpassung einer Technologie an bzw. Einbettung in einen bestimmten Kontext, z.B. in einen bestehenden Bildungsgang oder eine Institution (integrative Evaluation)
– den Nachweis der Qualität von Produkten und Dienstleistungen und/oder über die Effizienz von Verwaltung und Mittelverwendung (Rechenschaftslegung und/oder Marketing mit dem Ziel des Reputationsgewinns)

6.1   In welchen Schritten und nach welchen Modellen läuft eine Evaluation ab?

Im Zuge der Planung, Vorbereitung, Durchführung und Dokumentation einer Evaluation sind folgende neun Aufgaben zu bewältigen (vgl. Harvey et al. 2000):

1. Definition des Zwecks der Evaluation (Nutzer der Ergebnisse und deren Informationsbedarf)
2. Ermittlung der Beteiligten und Betroffenen und deren Interessen
3. Formulierung der im Zuge der Evaluation zu beantwortenden Fragen
4. Wahl der Datenquellen je Frage
5. Wahl der Datenerhebungsmethoden und Entwicklung bzw. Anpassung von Datenerhebungsinstrumenten
6. Datenerhebung
7. Wahl der Datenauswertungsmethoden
8. Analyse der Daten und Bewertung der Ergebnisse
9. Dokumentation und Präsentation der Ergebnisse

In der Literatur finden sich eine Fülle von Theorien bzw. Modellen zur Evaluation (für einen Überblick siehe z.B. Reeves 1997; Rindermann 2001), die sich hinsichtlich der Ziele der Informationsgewinnung, der zu beteiligenden Personengruppen, der Rolle des Evaluators, der favorisierten Methodologie etc. unterscheiden. Pragmatisch gesehen ist es entscheidend, die Methodenwahl abgestimmt auf den Zweck und den Kontext der Evaluation von technologiegestützten Lernangeboten zu treffen (Harvey et al. 2000; Oliver 2000; Reeves 1997). Nur so kann sichergestellt werden, dass die erzeugten Ergebnisse für die intendierten Nutzer tatsächlich von Nutzen sind (Patton 1997) und die Qualitätsentwicklung in Organisationen fördern (Preskill & Torres 1999; Schratz et al. 2000). Um der Komplexität des zu bewertenden Gegenstandes gerecht zu werden, ist es wichtig, bei der Evaluation von Lernangeboten quantitative mit qualitativen Methoden (siehe dazu auch Beitrag 1.2) zu kombinieren und verschiedene Indikatoren zu verwenden (Alexander & Hedberg 1994; Kirkpatrick 1996; Reeves 1997). Die vielfach beobachtbare Praxis, die Datenerhebung auf das Einholen von subjektiven Einschätzungen der Lernenden (Feedbackfragenbogen) zu begrenzen, mag zwar bequem sein, wird jedoch der Komplexität netzbasierten, kooperativen Lernens nicht gerecht. Verlässliche Schlüsse können nur gezogen und sinnvolle Empfehlungen nur formuliert werden, wenn solide Informationen aus verschiedenen Quellen vorliegen.

6.2 Wer evaluiert und welche praktischen Hilfen gibt es für Evaluatoren?

Wurden Evaluationen früher häufig als Domäne externer Experten angesehen, die im Auftrag einer Institution tätig wurden, so werden diese heute häufig in Zusammenarbeit zwischen Bildungspraktikern und (internen bzw. externen) Evaluationsexperten oder von Praktikern in Eigenregie durchgeführt (Selbstevaluation). Eine Selbstevaluation hat Vor- und Nachteile: Einerseits kennen Praktiker den Kontext, die lokalen Rahmenbedingungen und die Beteiligten besser als Außenstehende. Sie haben direkten Zugang zu Kollegen und Lernenden, was die Datenerhebung im Zuge einer Selbstevaluation erleichtern dürfte. Andererseits fehlen Praktikern oftmals das methodische Rüstzeug und/oder die benötigten Ressourcen für die selbständige Planung und Durchführung einer Evaluationsstudie (Alexander & McKenzie 1998; Harvey et al. 2002; Oliver & Conole 1998). Weiterhin sind bei der Bewertung der eigenen Arbeit selbstdienliche Wahrnehmungsverzerrungen im Sinne mangelnder Neutralität und Ergebnisoffenheit nicht ganz auszuschließen.

In den letzten Jahren haben Evaluationsexperten eine Reihe von Anleitungen und Entscheidungshilfen entwickelt und veröffentlicht, die Praktiker bei der Selbstevaluation von technologiegestützten Lernangeboten unterstützen sollen. Diese Materialien bieten Hilfestellung z.B. bei der Definition der Evaluationsziele, der Identifikation der zu beteiligenden Personen, der Auswahl von Datenerhebungsmethoden usw. (siehe Harvey 1998; Münzer & Linder 2004; Oliver et al. 2002; Philipps et al. 2000; Schenkel et al. 2004).

6.3 Wann sollte evaluiert werden?

Die Entwicklung und Einführung neuer Lerntechnologien lässt sich idealtypisch in vier Phasen unterteilen: An die Bedarfsanalyse und das Design eines technologiegestützten Lernangebots schließt sich dessen Entwicklung durch ein interdisziplinäres Team von Fachkräften und die Erprobung mit Hilfe weniger Nutzer sowie Optimierung an. In einer dritten Phase folgt die Implementierung der Innovation in einem Bildungsgang bzw. einer Organisationseinheit und später ggf. deren institutionsweite Verbreitung und Nutzung.

Verschiedene Autoren haben betont, dass Evaluation im Bemühen um Qualität in allen Phasen der Einführung neuer Lerntechnologien und entsprechender Bildungsangebote unverzichtbar sei (Alexander & Hedberg 1994; Laurillard 1993; Pfister & Wessner 2000; Philipps et al. 2000; Reinmann-Rothmeier et al. 1997). In den folgenden Abschnitten wird deshalb beispielhaft dargestellt, welche Fragen und Aspekte in den verschiedenen Phasen den Fokus der Evaluation bilden und welche Methoden jeweils zur Informationsgewinnung eingesetzt werden können.

6.4   Evaluation in der Phase der Bedarfsanalyse und des Designs neuer Lernangebote

Das Konzept für die Entwicklung des Lernangebots sollte vor einer Entscheidung über dessen Realisierung von Fachkollegen kritisch auf dessen Erfolgsaussichten überprüft werden. Folgende Fragen könnten dabei im Mittelpunkt stehen:

Besteht für die jeweilige Zielgruppe ein belegbarer Lernbedarf, der mit der Entwicklung oder Einführung einer Lerntechnologie gedeckt werden kann? Welche Lernergebnisse sollen mit Hilfe der Technologie erreicht bzw. verbessert werden? Wie plausibel ist es, dass der geplante kooperative Lernprozess zu den gewünschten Lernergebnissen führt? Wie plausibel ist es, dass die zu entwickelnde bzw. die gewählte Technologie diesen Lehr-Lern-Prozess sinnvoll unterstützt? Muss tatsächlich eine weitere Lerntechnologie entwickelt werden, oder genügt es, existierende Werkzeuge entsprechend zu modifizieren?

Zur Prüfung der Plausibilität bzw. Bewertung der Erfolgsaussichten des Konzepts kann ein interner Peer-Review durchgeführt und folgende Methoden eingesetzt werden:

- Analyse der Dokumente zum didaktischen Design sowie zur Spezifikation der Software;
- Themenzentrierte Interviews mit Autoren zum Instruktionsdesign und ggf. zur Spezifikation der geplanten Software.

Mit Blick auf die mit einer Realisierung verbundenen Kosten sollten nur Konzepte realisiert werden, die den Plausibilitätstest bestehen.

6.5   Evaluation in der Phase der Entwicklung und Erprobung neuer Lernangebote

Eine Evaluation vor und während der Pilotphase dient vor allem dem Zweck, das Lernangebot zu optimieren, daher sollten Lerntechnologie und Lernprozess genau analysiert werden. Insbesondere die Lernprozessanalyse kann wertvolle Hinweise dazu liefern, wie sich die Technologie, Elemente des didaktischen Designs oder das Nutzerverhalten verbessern lassen. Den Lernerfolg als zentralen Indikator für die Qualität des Lernangebots zu wählen, ist im Fall von Pilotstudien nicht ratsam, da schwache Testergebnisse zwar belegen mögen, dass die Lernenden ein bestimmtes Lernziel nicht erreicht haben, dieser Befund jedoch häufig keinerlei Information zu den Ursachen des Scheiterns bietet (Linder & Rochon 2003).

Bei einer formativen *Evaluation der Lerntechnologie* könnten z.B. folgende Fragen beantwortet werden: Können die Lernenden in der Lernumgebung einfach navigieren, zuverlässig Zugang zu Materialien finden, die erforderlichen Aufgaben bearbeiten? Finden sie die Lernumgebung attraktiv, übersichtlich und leicht zu bedienen? Welche Funktionen vermissen die

Nutzer, welche ignorieren sie? Zur Sammlung von Daten hinsichtlich der Eignung der Lernumgebung können z.B. folgende Methoden eingesetzt werden:

–   Befragung von Lernenden (und Lehrkräften) in Interviews oder mit Fragebogen (Einschätzungen zur Nutzerfreundlichkeit, Attraktivität, Funktionalität der Software);
–   Moderierte Diskussion bzw. Fokusgruppen mit Lernenden (zur Interpretation und Gewichtung der Fragebogenantworten);
–   Beobachtung oder Videoaufzeichnung der Lernenden während der Handhabung der Technologie, auch mit der Bitte, alle Gedanken zu verbalisieren (Methode „Lautes Denken") (detailliertes Verständnis der Nutzung der Software und mögl. Probleme).

Im Zuge der formativen *Evaluation des Lernprozesses* könnten z.B. diese Fragen gestellt werden: Wozu genau nutzen die Lernenden die Technologie? Kann der Lehr-Lern-Prozess wie beabsichtigt beeinflusst werden? Lassen sich die geplanten Lernaktivitäten während kooperativer Episoden tatsächlich beobachten und verläuft die Kommunikation effizient (Linder 2004)? Gibt es Belege dafür, dass die erwünschten Lernergebnisse eintreten (Philipps et al. 2000)? Zur Analyse der Lernprozesse können z.B. folgende Methoden eingesetzt werden:

–   Analyse der archivierten Lernerbeiträge aus den asynchronen oder synchronen Diskussionen (Interaktion zwischen Lernenden sowie mit dem Tutor, Quantität und Qualität der Aufgabenbearbeitung, siehe z.B. Linder & Rochon 2003);
–   Videoaufzeichnung einzelner Lernender während der Lernsitzung, nachher gemeinsames Anschauen des Videos und Interview zu den Erfahrungen in den verschiedenen Arbeitsphasen (detailliertes Verständnis der Denkprozesse und möglicher Probleme);
–   Befragung von Lernenden mit Fragebogen (subjektive Einschätzungen zum Verständnis des Lernstoffs, zur Qualität der Interaktion mit Lernenden und Tutor, zur Gruppengröße, zur Verteilung von Wissen);
–   Lerntagebücher (Lernende notieren regelmäßig, inwiefern sie die Lernumgebung und der Austausch mit anderen beim Lernen und der Erarbeitung der Inhalte unterstützt oder behindert hat).

Notwendige Anpassungen der Software, des didaktischen Designs oder der Nutzerschulung sollten so rasch wie möglich vorgenommen und weitere Rückmeldungen der Nutzer eingeholt werden.

6.6   Evaluation in der Phase der Implementierung neuer Lernangebote

In der Phase der routinemäßigen Durchführung neuer Lernangebote besteht während eines Durchlaufes meist wenig Gelegenheit, größere Veränderungen und Anpassungen am didaktischen Design oder der Technologie vorzunehmen. Die Evaluation ist in dieser Phase eher summativ, d.h. es geht um eine Gesamtbewertung der Innovation, um die Beurteilung ihrer Effektivität und Effizienz. Dabei werden der Lernprozess, die Lernergebnisse sowie die Angemessenheit der Innovation beurteilt.

Im Zuge der *summativen Evaluation des Lernprozesses* könnten z.B. folgende Fragen beantwortet werden: Nutzen die Lernenden die Technologie wie geplant? Treten der geplante Lernprozess bzw. die geplanten Lernaktivitäten bei routinemäßiger Nutzung der Technologie tatsächlich auf? Welche Qualität hat die Aufgabenbearbeitung? Wie funktioniert die Zusammenarbeit unter Lernenden bzw. mit Tutoren? Wie beeinflussen Kooperation und Kommunikation das individuelle Lernen (Philipps et al. 2000)? Wie entwickelt sich die Motivation der Lernenden nach Abklingen des Neuigkeitseffekts? Zur summativen Evaluation der Lernprozesse können die gleichen Methoden eingesetzt werden wie zur formativen Evaluation (siehe oben).

Bei einer *summativen Evaluation der Lernergebnisse* könnten z.B. folgende Fragen beantwortet werden: Welche Wirkung hat das neue Lernangebot auf die Leistungen der Lernenden? Verbessern sich die Lernergebnisse verglichen mit früheren Angeboten wie erhofft? Stimmen die tatsächlichen Lernergebnisse mit den erwarteten überein? Profitieren alle Lernenden von möglichen positiven Effekten oder nur bestimmte Gruppen? Treten überraschende positive oder negative (Neben-)Wirkungen auf? Zur summativen Evaluation der Lernergebnisse können eigens dafür entworfene Lernerfolgskontrollen, Prüfungsfragen, Arbeitsergebnisse der Lernenden sowie Interviews und Fragebogen zur subjektiven Einschätzung des eigenen Lernzuwachses eingesetzt werden.

Möchte man die *Angemessenheit der Innovation* evaluieren, könnten z.B. folgende Fragen beantwortet werden: In welcher Relation stehen Aufwand und Nutzen der Technologienutzung für die Lerner? Welche Wirkung hatte die Innovation auf die Auslastung und das Tätigkeitsprofil von Lehrkräften? Erfüllt das neue Angebot bestehende Qualitätsrichtlinien?

6.7   Evaluation in der Phase der Institutionalisierung und Verbreitung neuer Lernangebote

Steht eine Entscheidung hinsichtlich der Institutionalisierung einer Lerntechnologie bzw. technologiegestützter Lernangebote an, dann dient eine Evaluation meist der Beantwortung der folgenden Frage: Welche Konsequenzen hat die dauerhafte, breite Nutzung der Technologie für die Lernenden und die Bildungsinstitution?

Mit Blick auf die Lernenden könnte dabei sowohl auf die Entwicklung fachübergreifender Schlüsselqualifikationen als auch die Arbeitsmarktchancen der Absolventen geachtet werden. Für das Management der Institution ist z.B. ein Kosten-Nutzen-Vergleich wichtig, wenn es um Entscheidungen hinsichtlich der Aufrechterhaltung bzw. institutionsweiten Verbreitung netzbasierter Technologien geht. Welche Ressourcenverteilung und Investitionen erfordert eine erfolgreiche Durchführung der Angebote auf Dauer? Welche Be- und Entlastungen ergeben sich für die verschiedenen Fachkräfte? Welche Unterstützungsangebote für Fachkräfte werden dauerhaft benötigt? Welche Änderungen der Ablauf- oder Aufbauorganisation werden erforderlich? Haben sich interne Qualitätsrichtlinien bewährt? Wie kann das Qualitätsmanagement optimiert werden?

6.8 Welche Fehler gilt es bei Evaluationen zu vermeiden?

Alexander & McKenzie (1998) berichten, dass erfolglose Projekte zur Einführung von Lerntechnologien an australischen Universitäten hinsichtlich der Evaluation typischerweise eine oder mehrere der folgenden Schwächen aufweisen:

1. Wegen mangelnder Ressourcen (Expertise, finanzielle Mittel, Zeit) wurden sehr begrenzte und methodisch wenig solide Evaluationen durchgeführt;
2. Eine Evaluation fand erst zum Ende oder nach Abschluss des Projekts statt, so dass die erforderlichen Anpassungen nicht mehr durchgeführt werden konnten, weil die Mittel dafür fehlten;
3. Die formative Evaluation der Technologie fand nicht in jenem Kontext statt, in dem sie danach eingesetzt werden sollte, so dass bei der Implementierung unangenehme Überraschungen auftraten.

6.9 Welchen Nutzen bringt die Evaluation netzbasierter Lernangebote?

Eine (Selbst-)Evaluation ist aufwändig; sie erfordert Expertise, Sachmittel, Zeit und weitere Ressourcen, z.B. die Bereitschaft der Beteiligten, die eigenen Arbeitsergebnisse, Überzeugungen und Verhaltensweisen kritisch zu hinterfragen und ggf. zu verändern. Der Nutzen einer Evaluation ist am größten, wenn sie sich am Informationsbedarf der Praktiker orientiert und diese von Anfang an einbezieht. Dann entfaltet (vor allem formative und integrative) Evaluation direkte positive Wirkungen auf das Wissen über und die Gestaltung von netzbasierten, kooperativen Lernangeboten. Indirekt bzw. mittelfristig kann zudem das Qualitätsbewusstseins der Fachkräfte, deren Bereitschaft zur Selbstevaluation und Erwerb eines entsprechenden Methodenrepertoires sowie die Konsensbildung hinsichtlich der Kriterien und Methoden professioneller Praxis gefördert werden (Mandl & Reinmann-Rothmeier 2000).

7 Qualitätsmanagement mit Evaluation kombinieren

Fazit: Qualitätsmanagement kann die Voraussetzungen für gute Praxis beim technologiegestützten, kooperativen Lernen schaffen. Jedoch lässt sich nur durch gezielte Evaluation der Lernangebote unter Einbeziehung der Lernenden und Fachkräfte selbst feststellen, ob der Lernprozess tatsächlich den gewünschten Verlauf nimmt und die gewünschten Effekte hat. Erst sie gibt Klarheit darüber, inwiefern ein Kursangebot sich bewährt und die qualitätsfördernden Maßnahmen ausreichen oder ob Anpassungen erforderlich sind. Daher ist es sinnvoll, zur Entwicklung qualitativ hochwertiger Lernangebote Ansätze aus dem Qualitätsmanagement mit Evaluationsansätzen zu kombinieren und auf diese Weise sowohl den Dienstleistungserstellungsprozess als auch das jeweilige Lernangebot nach und nach zu optimieren (siehe Abbildung 1). Diese Kombinationsstrategie wird an einigen Hochschulen (siehe z.B. Arnold et al. 2003; McNaught 2001), aber auch in der Weiterbildung (siehe z.B. Münzer & Linder 2004) bereits erfolgreich eingesetzt.

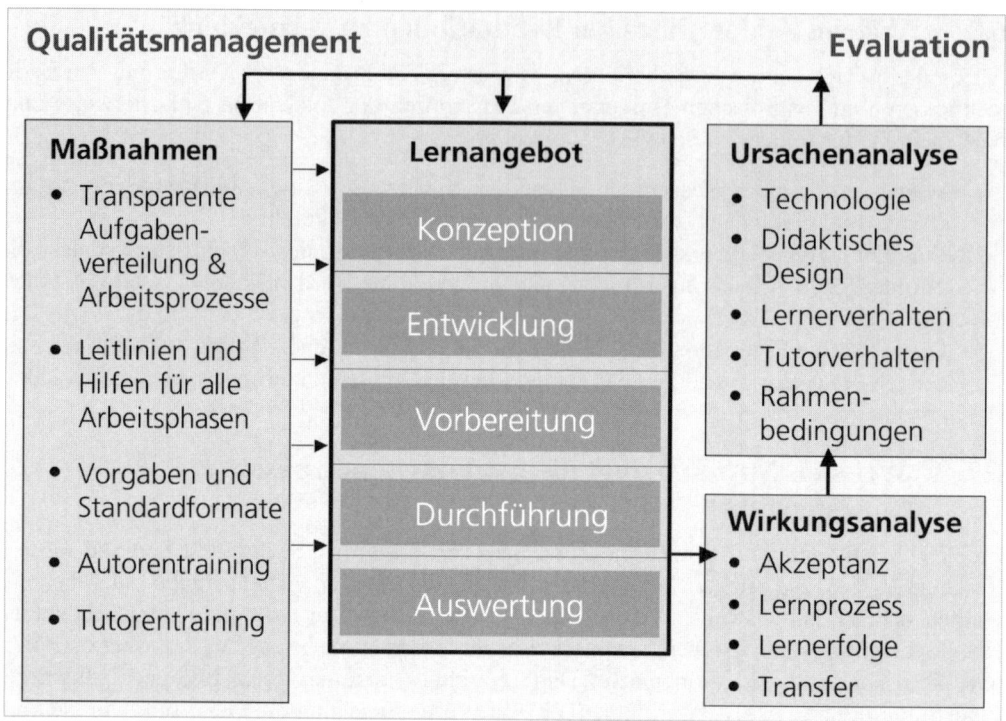

Abbildung 1: Die Kombination von Qualitätsmanagement und (formativer) Evaluation ermöglicht die Optimierung des Dienstleistungserstellungsprozesses und des Lernangebots

Anbieter, welche die Qualität ihrer Lernangebote nicht gezielt definieren, entwickeln und
sichern, werden dieses Versäumnis spätestens nach (dem absehbaren) Ende der Pionierphase
bereuen, wenn Lernende nicht länger bereit sein dürften, Qualitätsmängel als „typische Kinderkrankheiten" des netzbasierten Lernens hinzunehmen, und sich selbstbewusst anderen
Angeboten zuwenden werden. Spart eine Bildungsinstitution heute bei der Qualitätsentwicklung, so verzichtet sie kurzfristig auf Lernchancen und mittelfristig auf Wettbewerbsvorteile
auf den Bildungsmärkten der Zukunft.

4.6 Spezifikationen, Normen und Standards für Lernmaterialien

Rolf Lindner

Technische Universität Darmstadt

1 Einleitung

Im Zusammenhang mit der Unterstützung des Lernens und Lehrens durch Informations- und Kommunikationstechnologie taucht häufig der englische Begriff „Content" auf. In diesem Unterkapitel soll dieser in vielfältiger Bedeutung benutzte Begriff präziser gefasst werden. Zugleich sollen die Spezifikationen, die Normungsvorhaben und die bereits existierenden Normen zu diesem Bereich kurz vorgestellt oder wenigstens benannt werden.

Dazu werden zunächst die Begriffe Spezifikation, Norm und Standard erläutert. Dann wird im Kontext von Lernumgebungen das Konzept der „Träger kodierter Expertise" vorgestellt, das, präzisiert in verschiedenen Kategorien, den unscharfen Begriff „Content" ersetzt. Anschließend werden die existierenden und in Entwicklung befindlichen Normen zu Trägern verschiedener kodierter Expertise-Kategorien zusammengestellt und kurz beschrieben. Einige Bemerkungen und Referenzen zu Normungsansätzen im Kontext kooperatives Lernen schließen dieses Unterkapitel ab.

2 Begriffe

Im deutschen Sprachraum unterscheidet man sehr präzise zwischen den Konzepten Norm und Standard. Im englischen Sprachraum wird der Begriff Standard weniger differenziert benutzt und umfasst beide Konzepte des deutschen Sprachraums. Zwischen Normen und Spezifikationen wird in beiden Sprachräumen gleichartig unterschieden.

Normen und Spezifikationen im Bereich des Einsatzes der Informations- und Kommunikationstechnologie zur Unterstützung von Vorgängen in den Bereichen Lernen und Lehren, Ausbilden und Weiterbilden, Wissensgewinnung und Wissenspflege, und vielen weiteren verwandten Vorgängen (kurz: IT-Unterstützung des Lernens und Lehrens) sind sehr eng mit Begriffsbildung verbunden. Auch deshalb sollen die im Titel verwendeten Begriffe hier zuerst vorgestellt werden.

2.1 Spezifikationen

Spezifikationen können als Vorstufen der Normen angesehen werden. Sie spiegeln erste Harmonisierungen in kleineren Anwendungsgemeinschaften. Sie zielen so gut wie immer auf die Sicherstellung der Austauschbarkeit und des reibungslosen Zusammenwirkens von Komponenten in zusammengesetzten Systemen.

2.2   Normen

Normen vereinbaren Spezifikationen innerhalb größerer Gemeinschaften. Da sie die Anwendungspraxis harmonisieren sollen, gehen sie in der Regel aus Spezifikationen hervor. Sie abstrahieren diese, um bestehende Unterschiede zwischen Varianten aufzulösen und gleichzeitig Gemeinsamkeiten deutlich herauszuarbeiten. Normen werden von Normungsinstitutionen erarbeitet, harmonisiert, autorisiert und herausgegeben, die wohletablierte und breit anerkannte Gemeinschaften repräsentieren. Im nationalen Bereich ist dies das jeweilige staatlich anerkannte Normungsinstitut, wie z.B. in Deutschland das Deutsche Institut für Normung e.V. (DIN 2004) mit seinem Normenausschuss Informationstechnik (NI 2004), in dem der Arbeitsausschuss NI-36 „Lerntechnologien" für den hier interessierenden Bereich zuständig ist. In einem multinationalen Bereich ist dies gewöhnlich ein entsprechender Dachverband, im europäischen Bereich z.B. der Zusammenschluss der Normungsinstitute der europäischen Staaten, das Comité Européen de Normalisation, (CEN 2004) mit seinem Information Society Standardization System (ISSS), in dem der CEN/ISSS Learning Technologies Workshop (WS-LT 2004), der für das hier betrachtete Gebiet der relevante Arbeitsbereich ist. Weltweit gibt es wenige, thematisch disjunkte und miteinander kooperierende Normungsinstitutionen, unter denen für das hier betrachtete Gebiet das mit Informationstechnologie befasste Gemeinsame Technische Komitee (JTC1 2004) des internationalen Netzwerks der Normungsinstitute (ISO 2004) und der Internationalen Elektrotechnischen Kommission (IEC 2004) mit seinem Unterkomitee SC36 (2004) zuständig ist.

Normungsinstitutionen müssen nicht unbedingt politische Strukturen spiegeln (wie die vorgenannten Beispiele). Das uns hier interessierende und weltweit agierende Beispiel für ein Normungsgremium mit fachlicher Struktur ist der technisch-berufliche Verband der Ingenieure aus Elektrotechnik und Elektronik (Institute of Electrical and Electronics Engineers, IEEE (2004)), der wie ISO/IEC ebenfalls anerkannte Normen mit weltweiter Bedeutung herausgibt.

Normen begründen im Prinzip keinerlei verbindliche Zwänge. Ihre wirtschaftliche Bedeutung entsteht erst daraus, dass sie aus der Erkenntnis ihres Nutzens breit befolgt werden und damit alle diejenigen, die Sonderwege verfolgen, ins Abseits stellen. Häufig wird die Vergabe staatlicher Aufträge oder von Aufträgen der Großindustrie von der Einhaltung wichtiger Normen abhängig gemacht. Genauso stark bei der Durchsetzung von Normen wie Staat und Großindustrie können über ihre Verbände auch die Abnehmer von Produkten und Leistungen werden.

Eine nicht überzeugende Norm bleibt bedeutungslos, während eine überzeugende Spezifikation für eine Produktgruppe oder eine Dienstleistungskategorie auch ohne Herausgabe einer formalen Norm quasi verbindlich werden kann. Man spricht dann häufig von einer de-fakto-Norm oder einer Industrie-Norm.

Dass gerade im hier betrachteten Bereich der IT-Unterstützung des Lernens und Lehrens Normen auch ohne Rückgriff auf bewährte Spezifikationen entwickelt werden, liegt an der starken Interdisziplinarität dieses Gebietes, die eine Herausbildung breit akzeptierter Konzepte bisher verhindert hat. Die Vielfalt der Möglichkeiten für die Umsetzung der Konzepte spiegelt sich in einer Vielfalt individueller Lösungen, die den Experten die Sicht auf die zugrunde liegenden Grundkonzepte versperrt. Deshalb ist hier eine konzeptionelle Modellierung der Problematik dringend erforderlich, auf deren Basis dann detaillierte Normen parallel zur Entwicklung und Erprobung von Anwendungen erarbeitet und abgestimmt werden können.

So überrascht es nicht, dass im Bereich der IT-Unterstützung des Lernens und Lehrens Interessenverbände entstanden sind, die sich im Vorfeld der breiten Anwendung mit der Konzeptentwicklung, der Spezifikation und der Pilotimplementierung fortschrittlicher Lösungen auseinandersetzen. Diese Verbände leisten der eigentlichen Normung unschätzbare Dienste. Ihre Spezifikationen dienen als erste Normentwürfe. Ihre Gemeinschaften stellen die Anbindung der Entwicklungen an die Anwendungspraxis dar. Die augenblicklich (2003) populärste Anwendungsgemeinschaft dieser Art ist die US-amerikanische Initiative Advanced Distributed Learning (ADL 2003) mit ihrer Referenzanwendung „Sharable Content Object Reference Model" (SCORM).

2.3   Standards

Während das englische Normungsinstitut sich „British Standards Institution, BSI" nennt, heißt das deutsche Normungsinstitut „Deutsches Institut für Normung". In der deutschen Sprache ist eine „Norm" ein Regelwerk, während ein „Standard" eher eine Qualitätsaussage darstellt. Auf diese Weise kann die Einhaltung einer Norm einen Standard darstellen.

Standard und Norm stehen häufig zueinander in Bezug. So kann beispielsweise eine Norm die Kriterien definieren und benennen, die für die Charakterisierung eines Produktes von Bedeutung sind. Ein zugeordneter Standard für eine Produktgruppe kann dann aus diesen Kriterien eine Auswahl treffen und den ausgewählten Kriterien Werteschranken zuordnen, deren Einhaltung für dieses Produkt eine Aussage zu seiner Qualität darstellt. Auf diese Weise kann dann ein Produkt mit Bezug auf diesen Standard zertifiziert werden: das Produkt erfüllt den Standard. Die dem Standard zugrunde liegende Norm dagegen kann ein Produkt gar nicht erfüllen, weil in der Norm aus gutem Grund keine wertemäßigen Anforderungen festgelegt sind, sondern nur die Kriterien, mit deren Hilfe sich derartige Anforderungen aufstellen lassen. Normen dieser Art haben für den im vorliegenden Kompendium behandelten Bereich deshalb eine große Bedeutung, weil sie es ermöglichen, den (nur scheinbaren) Widerspruch zwischen Normung und Anwendungsvielfalt aufzulösen.

3   IT-Unterstützung des Lernens und Lehrens

Dieses Kompendium hat den Einsatz von Informations- und Kommunikationstechnologie zur Unterstützung des kooperativen Lernens zum Thema. Ob der Bezug auf „kooperatives Lernen" hierbei eine Einschränkung vorstellbarer Lernformen auf einen kooperativen Typus darstellt oder aber eine explizite Ausweitung nicht-kooperativer Lernformen auch auf den Bereich der Kooperation, scheint auf den ersten Blick noch unbestimmt.

Dieses unscharfe Bild wird aber in dem Maße klarer, in dem man sich deutlich macht, was Lernen überhaupt bedeutet. Die vorstellbare Fiktion eines Menschen, der allein auf sich gestellt „lernt" ist ein Roman-Genre à la Robinson – und selbst Robinson hat auf seiner Insel nicht bei Null zu Lernen begonnen.

In Wirklichkeit war Lernen schon immer kooperativ. Lediglich die Methoden, mit denen alte Erkenntnisse in Frage gestellt und neue Erkenntnisse gewonnen werden und mit denen Erlerntes bewahrt und weitergegeben wird, haben sich entwickelt und gewandelt und erfahren jetzt möglicherweise durch die Informations- und Kommunikationstechnologie eine weitere – vielleicht dramatische – Bereicherung und Veränderung.

Die Bewahrung von Erlerntem ist schon lange nicht mehr an Menschen als Träger des Wissens gebunden. Schrift und Grafik stehen schon seit Jahrtausenden zur Verfügung, sind seit Jahrhunderten durch die Drucktechnik und das Verlagswesen breit zugänglich geworden und werden seit Jahrzehnten durch immer weitere neue Medien ergänzt. Gleichzeitig hat sich die Kommunikation ständig verbessert und ist vom Wandern und Reisen über bessere Verkehrsmittel, das Postwesen, den Telegrafen und das Telefon bis heute zu den Internetgestützten und häufig mit englischen Bezeichnungen versehenen Kommunikationsformen wie E-Mail, Chat, Videokonferenz und Fernpräsenz vorgedrungen. Die Weitergabe von Erlerntem hat schon immer auf vielen verschiedenen Ebenen stattgefunden, die alle überwiegend kooperativ waren und Familie, Schule, Ausbildung, Privat- und Berufsleben einschließen.

Selbst das Lesen eines Buches im stillen Kämmerlein stellt im Grunde einen kommunikativen Vorgang dar, obwohl dies intuitiv kaum so empfunden wird. Wir haben uns heute bereits mit den Konzepten „synchroner" und „asynchroner" Kommunikation angefreundet und verbinden mit der ersten etwa ein Telefongespräch, mit der zweiten eine durch kurze oder längere Verzögerungen unterbrochene Auseinandersetzung etwa über elektronische Post. Synchrone und asynchrone Kooperationsarten können zwischen nur zwei Menschen, aber selbstverständlich auch innerhalb größerer Gruppen stattfinden. Das Lesen eines Buches ist dann letztlich auch nur eine Phase einer „sehr stark asynchronen" Kooperation zwischen einer „Leserschaft" und einer „Autorenschaft", zweier Gruppen, die sich letztlich überlappen und kooperierende Bestandteile unserer Gesellschaft sind. Es ist wenig sinnvoll, kategorisch zwischen kooperativen und nicht-kooperativen Lernformen zu unterscheiden. Tatsächlich unterscheiden sich unsere Lernformen nur durch den Grad ihrer „Asynchronität" und sind immer kooperativ. Deshalb sind auch die Vorgänge des Lernens und des Lehrens eng miteinander verwoben. Selten können in diesen verbundenen Prozessen die Rollen des Lerners und des Lehrers unveränderlich bestimmten Personen zugeordnet werden, sondern Personen wirken abwechselnd und sogar simultan in unterschiedlichen Rollen.

Die zweifellos wichtigste Ursache für denkbare dramatische Auswirkungen der Bereicherung des Lernens und Lehrens durch die Nutzung der Informations- und Kommunikationstechnologie ist die Einführung einer neuen Komponente, die es in der Vergangenheit nicht gab: wir begegnen zunehmend der Maschine (dem „Digitalrechner", der allerdings in keiner Weise auf das Rechnen beschränkt ist) als nicht nur reagierendem, sondern auch agierendem Teilnehmer. Wir können heute kaum absehen, wie groß das nutzbare Potenzial von Maschinen im Bereich des Lernens und Lehrens ist.

Wir wissen, dass Maschinen den Menschen in der Sicherheit und der Geschwindigkeit der Verarbeitung von Information weit überlegen sind, dass sie (solange dies wirtschaftlich rentabel ist) praktisch in beliebiger Zahl bereitgestellt werden können und dass sie nicht wie Menschen müde werden, sondern rund um die Uhr immer dienstbereit sind.

Wir wissen auch, dass Maschinen nach vorgegebenen Regeln reagieren und agieren können. Diese Regelwerke dürfen sehr komplex sein. Dabei kann eine sehr hohe Leistungsfähigkeit erreicht werden, die gern als „künstliche Intelligenz" bezeichnet wird. Es ist zu vermuten, dass eher die Beherrschbarkeit dieser „künstlichen Intelligenz" durch ihre menschlichen Erzeuger als die Leistungsfähigkeit der Maschinen selbst die Anwendung dieses Konzeptes begrenzen wird.

Das Konzept der Maschine als Partner des Menschen steht im Mittelpunkt der meisten Spezifikationen und Normen für die Unterstützung des Lernens und Lehrens durch Informations- und Kommunikationstechnologie, die gegenwärtig teils aus der Anwendungspraxis abgeleitet und teils vorausschauend für künftige Anwendungen konzipiert werden. Diese Normen betreffen selbstverständlich nicht nur das Verhalten von Maschinen, sondern werden auch Auswirkungen auf die Menschen haben, die sich dieser Maschinen bedienen.

4 Das Zusammenwirken von Menschen und Maschinen

Zum Verständnis der Normen und der Normungsvorhaben für rechnerunterstütztes Lernen sind einige Begriffe sehr nützlich, die in dem folgenden, sehr abstrakten Modell dargestellt sind.

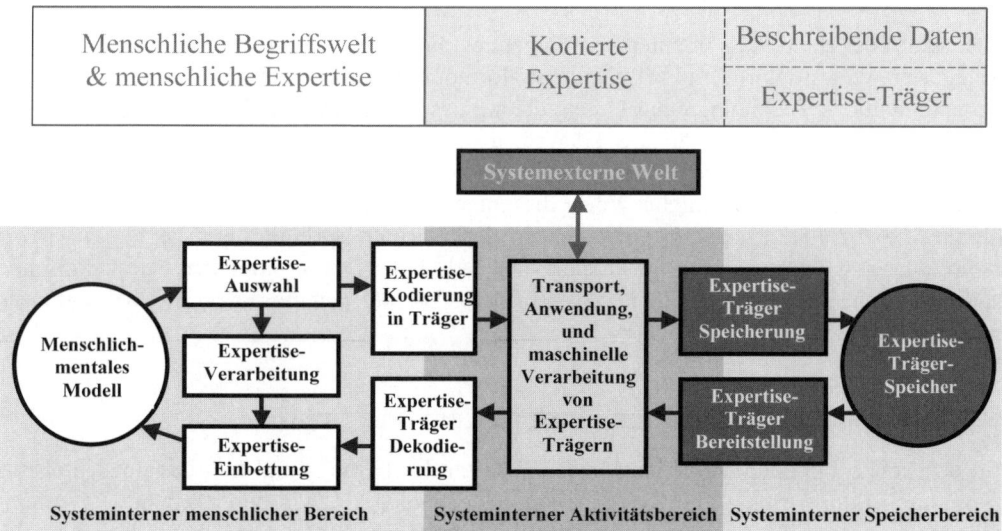

Abbildung 1: Abstraktes Modell von Mensch und Maschine
in einem kooperativen Lernprozess

Im obigen Modell (siehe Abbildung 1) spielt das Konzept des Trägers kodierter Expertise eine zentrale Rolle. Hierunter soll die einem Medium aufgeprägte Information verstanden werden. Dies kann z.B. in der normalen Unterhaltung zwischen Menschen ein dem akustischen Medium aufgeprägter gesprochener Satz sein. Wird dieser dann aufgezeichnet, so wird vielleicht ein digitales Medium benutzt und erlaubt den elektronischen Transport und die Speicherung dieser Information. Mittels einer Maschine (eines Abspielgerätes) kann bei Bedarf aus diesem digitalen Träger wieder die dem Menschen zugängliche akustische Information des ursprünglichen Satzes erzeugt werden.

Der vom Medium getragene Satz selbst kann der Übertragung von Expertise von einem Menschen zu einem anderen dienen. Er kann deshalb als kodierte menschliche Expertise angesprochen werden, die durch Dekodierung beim Empfänger wieder zu menschlicher Expertise werden kann. Wenn man bedenkt, dass sich menschliche Expertise im sinnvollen Handeln von Menschen ausdrückt, dann kann man sich auch vorstellen, dass Maschinen auf der Basis ihnen verständlicher kodierter Expertise sinnvoll handeln können. Sie verfügten dann auf der Basis kodierter menschlicher Expertise über maschinelle Expertise und können in Grenzen als Stellvertreter für Menschen auftreten.

Die erste und vordringlichste Herausforderung für die Zusammenarbeit zwischen Menschen und Maschinen ist selbstverständlich das gegenseitige Verstehen, das für Träger kodierter Expertise durch die Bereitstellung von beschreibenden Daten (so genannter Metadaten) in einer vereinbarten Sprache (definiert in einem so genannten Datenmodell) ermöglicht wird, die gleichermaßen von Menschen wie von Maschinen verstanden wird. Das Verständnis der Maschinen ist dabei vornehmlich deren Fähigkeit, Gleichheiten und Ähnlichkeiten des Gehalts von Trägern feststellen zu können.

Es liegt auf der Hand, dass in einer Lernumgebung eine Vielzahl unterschiedlicher Expertise-Kategorien wirksam wird. Im Fortschritt der Normung für den Einsatz von Informations- und Kommunikations-Technologie zur Unterstützung des Lernens und Lehrens werden zu diesen Expertise-Kategorien eigenständige Trägerformate und Metadaten-Modelle entwickelt werden. Dieser Entwicklungsprozess hat gerade erst begonnen. Die heutigen Träger vermischen immer noch auf unübersichtliche Weise die unterschiedlichen Kategorien. Das Verständnis für die Expertise-Kategorien beginnt sich in den Normungsgremien erst gerade zu entwickeln. Dieser schleppende Forschritt rührt daher, dass der Dialog zwischen den technischen und den geisteswissenschaftlichen Experten mangels einer gemeinsamen Begriffswelt stark behindert ist.

5   Expertise-Kategorien beim Lernen und Lehren

An den konzeptionellen Modellen für den Bereich des Lernens und Lehrens mit Unterstützung durch Informations- und Kommunikationstechnologie haben bereits mehrere Gemeinschaften und Normungsgruppen gearbeitet. Gegenwärtig (2003) wird diese Arbeit in der ISO/IEC JTC1 SC36 WG5 (2003) „Information Technology for Learning, Education, and Training – Quality Assurance and Descriptive Frameworks" weitergeführt. Hierzu identifizieren und spezifizieren Experten die relevanten Phänomene (Komponenten) dieses Bereichs und deren Eigenschaften. Diese Arbeiten sind sehr wichtig als Leitfaden für die detaillierteren Normen zu den Komponenten selbst. Die konzeptionellen Modelle weisen die Träger für kodierte Expertise unterschiedlicher Kategorien aus, wie diese im obigen abstrakten Modell von Mensch und Maschine in einem kooperativen Lernprozess angedeutet sind.

Eine von Pädagogen und Technologen gleichermaßen getragene Identifikation der unterschiedlichen Expertise-Kategorien steht noch aus. Aus der Anwendungspraxis des rechnerunterstützten Lernens und Lehrens lassen sich aber bereits drei grobe Kategorien erkennen, die allerdings noch sorgfältig durch Unterkategorien verfeinert werden müssen.

Eine erste Expertise-Kategorie, deren Träger und Metadaten bereits (2003) durch zwei Normen harmonisiert werden, lässt sich einigermaßen verständlich als „fachliche Expertise" kennzeichnen. Wenn heute von „elektronischen Lernmaterialien" (im Gegensatz zu ganzen „Elektronischen Kursen", „Computer-Based Trainings – CBTs" oder „Web-Based Trainings – WBTs") die Rede ist, dann versteht man darunter meist Materialien, mit denen einem Nutzer Fakten (z.B. in einer textlichen Aussage), Zusammenhänge (z.B. in einem Diagramm) oder einfaches Verhalten (z.B. in einer Rechentabelle) verfügbar gemacht werden können. Diese Normen ranken sich um die Inhalte zu menschlicher Expertise und ihre Bezeichnungen, um die beabsichtigten und möglichen Wirkungen auf die Lernvorgänge und um unterschiedliche Arten der Kodierung, die unterschiedliche Arten des menschlichen Verständnisses spiegeln.

Eine zweite Expertise-Kategorie, zu der die Spezifikation von Trägern und Metadaten noch in heftiger Bewegung ist, lässt sich einigermaßen verständlich als „pädagogische Expertise" kennzeichnen und ist jene Expertise, die die Art und Weise des Einsatzes der Träger „fachlicher Expertise" zum Zweck der Lernunterstützung betrifft. Diese Normen ranken sich um pädagogische Konzepte, pädagogische Pläne und nicht zuletzt um Curricula.

Eine dritte Expertise-Kategorie, deren Träger und Metadaten in der gegenwärtigen Anwendungspraxis noch kaum verstanden sind, lässt sich als „Beurteilungs-Expertise" kennzeichnen. Die Beurteilung der Expertise von Menschen basiert auf den Ergebnissen von Beobachtungsprozessen und nutzt Beurteilungskonzepte. Sie ist die Voraussetzung für die geforderte personalisierte Betreuung beim Lernen. Die Beurteilung maschineller Dienstleistungen ist einfacher als die Beurteilung von Menschen, weil bei Ersteren aus ihrem Entwurf und ihrer Implementierung viele Einzelheiten wirklich bekannt sind. Beurteilungs-Expertise spielt für das Lernen und Lehren eine zentrale Rolle. Der Wert eines guten Lehrers liegt ja schließlich darin, dass er seine Schüler individuell richtig beurteilt und mit Hilfe seines fachlichen Wissens unter Einsatz seiner pädagogischen Expertise seine Schüler zu Experten herausbildet. Auch die Schüler nutzen Beurteilungsexpertise – beispielsweise bei ihrer Wahl der Unterstützungsangebote. Diese Normen ranken sich vorerst um die Information zu den Menschen und maschinellen Dienstleistungen, die in einer Lernumgebung zusammenwirken.

6   Normen zu Trägern fachlicher Expertise

Beginnen wir mit der oben kurz angerissenen ersten Expertise-Kategorie: der „fachlichen Expertise". Sie wird meist mit dem Begriff „Lernmaterial" angesprochen (im Englischen wird hier häufig das Wort „Content" oder „Learning Content" verwendet).

6.1   Norm zum Datenaustausch von Lernmaterial

Die Kategorie von Lernmaterial, die den meisten Befragten als erste einfällt, sind die klassischen „Konserven des Wissens", wie wir sie seit jeher z.B. als Bücher oder als Exponate in Museen oder Kunsthallen kennen. Mit Hilfe genormter Abspielgeräte, genormter Medienformate und genormter Datenträger oder Übertragungsmechanismen lassen sich digitale „Konserven" betrachten oder bedienen, gestalten, zusammenstellen und verbreiten. Ohne die hier (einigermaßen) einheitlich eingehaltenen Normen wären die heutigen Kosten der „Konserven" viel teurer und ihre Nutzbarkeit wäre auf eine viel geringere Zahl von Anwendungen beschränkt, die derart hohe Kosten rechtfertigen.

Es ist nützlich sich zu verdeutlichen, welche Vorgänge mit der Herstellung und der Nutzung derartiger „Konserven" verbunden sind. Bei der Herstellung wird versucht, ein „Abbild menschlicher Expertise" zu erzeugen, das sich aufbewahren, vervielfältigen und transportieren lässt und das (u.U. mit geeigneter Anleitung etwa durch einen Ausbilder) dazu benutzt werden kann, die mit diesem Abbild verbundene Expertise in einem Lerner auszubilden (wozu seine aktive Mitwirkung erforderlich ist). Die Herstellung des Abbildes der Expertise kann dabei als ein Expertise-Kodiervorgang verstanden werden, die „Konserve" stellt dann einen Expertiseträger dar, während der Lernvorgang als ein Dekodier- und Verarbeitungsvorgang verstanden werden kann und wieder in Expertise resultiert.

Es ist unübersehbar, dass Expertise auf dem oben beschriebenen Wege nur dann richtig und wirksam übertragen werden kann, wenn die Art der Expertise-Kodierung den Fähigkeiten der Trägerdekodierung des Lerners entspricht. Dabei kommt es nicht nur auf die mentalen Fähigkeiten des Lerners an, sondern selbstverständlich auch auf seine „Voreinstellung". Die Weiterentwicklung der mentalen Modelle im menschlichen Gehirn gelingt ja nur dann, wenn die Aufmerksamkeit des Lerners rechtzeitig auf die richtige Stelle gelenkt wird und die von seinen Sinnen aufgenommenen Reize sich dort sinnvoll (verstärkend, ergänzend, kontrastierend) einfügen und auswirken.

Angesichts der mentalen Vielfalt der Menschen wird deutlich, dass es keine „richtige" oder „falsche" Expertise-Kodierung geben kann. In einer gegebenen, zusammenwirkenden Gesellschaft (Kultur) kann man allerdings oberhalb von Details von einer ungefähren Übereinstimmung der mentalen Modelle ihrer Mitglieder ausgehen. Dies erlaubt es, für die Kodierung von Expertise erfolgversprechende Methoden herauszubilden und damit sowohl inhaltlich gleiche Expertiseträger als auch Expertiseträger gleicher (Mach-) Art vielfach zu verwenden.

In der Aufbruchphase zur Herstellung großer Mengen teuren Lernmaterials sind Normen zu Lernmaterial besonders dringlich und besonders heikel, da ja nur dann maschinelle Hilfe und Vielfachnutzung vor allem von Produktionskonzepten möglich ist. Schon für kleine Lernanwendungen werden sehr große Materialmengen benötigt. Schon zur Erzielung einer gerade noch akzeptierten Qualität sind die primären Herstellungskosten für Lernmaterial sehr hoch. Große Mengen Lernmaterial will und kann aus wirtschaftlichen Gründen niemand wieder in die Hand nehmen, um sie etwa neuen technischen Richtlinien anzupassen. Automatische Anpassungen kann man nur mit durchdachter Normung erreichen.

Es ist deshalb kein Zufall, dass mit der Normung gerade bei den Lernmaterialien begonnen wurde. Ebenfalls ist es kein Zufall, dass sich hier eine Nutzergruppe sehr stark eingebracht hat, die bereits Riesenmengen von Lernmaterial betreibt: das eine weltweite Nutzergruppe vertretende Aviation Industry CBT Committee (AICC 2004). Dem Druck dieser Gruppe sind bei den ersten Normungsvorhaben freilich einige fortschrittliche Details zum Opfer gefallen, was die konservative Wirkung etablierter Nutzungsgemeinschaften verdeutlicht: wo erst einmal etwas auf breiter Basis betrieben wird, schmerzen Veränderungen sehr und müssen sehr behutsam angegangen werden. Mit der vorhandenen oder fehlenden Akzeptanz durch die Nutzer steht oder fällt schließlich jede Norm!

Bei den bisherigen Normen zu Lernmaterial geht es keineswegs um Empfehlungen oder Festlegungen zum inhaltlichen oder didaktischen Entwurf. Was hier tatsächlich genormt wird ist die Art und Weise, wie Lernmaterial technisch in eine Lernumgebung (d.h. in deren technische Infrastruktur) eingebettet wird.

Die vom Learning Technology Standards Committee LTSC (2004) der IEEE bereits verabschiedete Norm IEEE 1484.11.2-2003 (2003) „Standard for Learning Technology – ECMAScript Application Programming Interface for Content to Runtime Services Communication" beschränkt sich auf Anwendungen, die vom Dokumenten-Objekt-Modell (DOM) Gebrauch machen, welches bei typischen Client-Server-Anwendungen benutzt wird, die wir von der Nutzung von Web-Browsern her kennen. Die Norm definiert ein Protokoll zum Datenaustausch zwischen einem „Content Object" und der Laufzeitumgebung, die dem angenommenen Nutzer dieses Lernmaterial-Objekt zur Verfügung gestellt hat. Das Materialobjekt könnte dabei eine Web-Seite sein, das Laufzeitsystem der Prozess im Browser, der die Verbindung zum Web-Server aufrechterhält.

Diese am 11. September 2003 verabschiedete Norm regelt die Verbindungsaufnahme und die Verbindungbeendigung zwischen dem Materialobjekt und dem Laufzeitsystem, den Ablauf des immer vom Materialobjekt ausgelösten Datentransports in beiden Richtungen sowie die Fehlerbehandlung und die Fehlerdiagnose.

Zu diesem Zweck muss ein Laufzeitsystem, das dieser Norm entspricht, auf alle zulässigen Aktionen eines Materialobjektes richtig reagieren und seine Datentransportaufgaben erfüllen. Von einem Materialobjekt, das dieser Norm entspricht, wird verlangt, dass es die Verbindung zum Laufzeitsystem aufnimmt und auch wieder beendet. In welchem Umfang ein Materialobjekt Daten austauscht, ist ihm (d.h. der Entscheidung seines Erzeugers) überlassen.

Die pädagogische Neutralität dieser Norm ist geringfügig dadurch eingeschränkt, dass keine Symmetrie bezüglich der Verbindungsaufnahme besteht: Das Laufzeitsystem hat sozusagen kein „Initiativrecht". Wieweit dies pädagogische Konzepte beeinträchtigen kann ist eine Frage, die Pädagogen beantworten sollten. Dazu müssen diese sich aber erst einmal mit dieser Problematik befassen, was offenbar noch aussteht.

6.2   Norm zum Betrieb von Lernmaterial

Die zweite IEEE-Norm im Zusammenhang mit Lernmaterial (Content) spezifiziert unter anderem die Träger für Steuerungsparameter zum Betrieb des Lernmaterials und ist Ende

2003 im Endstadium der Fertigstellung. Es handelt sich um den Normentwurf IEEE P1484.11.1 (2003) „Standard for Learning Technology – Data Model for Content Object Communication". Wird in der bereits verabschiedeten API-Norm zu Lernmaterial spezifiziert, wie Daten ausgetauscht werden, so wird in dieser künftigen Norm festgelegt, welche Daten mit welcher Bedeutung ausgetauscht werden. Zum Betrieb von Lernmaterial wird Information übertragen etwa zur spezifischen Initialisierung oder zum Wiederaufsetzen nach Unterbrechungen.

Wir werden diesem Normenwurf weiter unten noch einmal begegnen. Das Datenmodell enthält in großem Umfang Datenelemente zur Expertise-Kategorie „Beurteilung".

6.3   Normen zu Lernmaterial-Metadaten

Trotz aller kulturellen Übereinstimmungen der Menschen einer Gesellschaft wird eine sehr große Vielfalt von Lernmaterialien benötigt, wenn alle Mitglieder der Gesellschaft wirkungsvoll „versorgt" werden sollen. In jeder Bibliothek spiegelt sich dies in der Vielfalt der Bücher wider und nicht zuletzt in der Bestandskartei, die den bereits im Aussterben begriffenen Bibliothekar nicht nur ergänzt, sondern in Bezug auf Auskünfte meist bereits ersetzt. Die Bestandskartei findet sich heute auch nicht mehr in einer Reihe von Karteikästen, sondern als Datenbestand im Speicher eines Rechners, den die Leser mittels eines Suchprogrammes nutzen. Schon die alten Karteikarten repräsentierten Metadaten. Metadaten sind beschreibende Daten, die Auskunft über ein Objekt geben, die sich aus dem Objekt nicht einfach erschließen (z.B. weil das Objekt erst beschafft werden muss oder Eigenschaften hat, die nicht offensichtlich sind).

Damit eine zielsichere und auch rechnerunterstützte Auswertung und Verwertung eines Bestandes von Metadaten möglich ist, muss für die Metadaten genau definiert sein, welche Information in ihnen enthalten sein darf oder muss.

Ein Detail-Beispiel aus der für allgemeine Informations-Ressourcen anwendbaren Norm „Dublin Core", ISO Standard 15836:2003(E) (2003), soll dies verdeutlichen. In dieser Norm sind im Metadata Element Set (2003) die Attribute (die Datenelemente) vereinbart, mit Hilfe derer Informations-Ressourcen beschrieben werden können.

Im Dublin Core Metadata Element Set ist beispielsweise ein Datenelement für den „Typ der Ressource" definiert:

> Label: Resource Type
> Definition: The nature or genre of the content of the resource

Im Vokabular (DCMI Type Vocabulary 2003) zu diesem Datenelement ist ferner definiert, welche Einträge (Werte) für dieses Datenelement in Frage kommen. Darunter sind Werte wie „Service", „Software", „Text", „PhysicalObject". Jeder aufgeführte Wert ist mit einer verbalen Definition versehen, wie z.B. für den Wert „Text":

Label: Text
Definition: A text is a resource whose content is primarily words for reading. For example – books, letters, dissertations, poems, newspapers, articles, archives of mailing lists. Note that facsimiles or images of texts are still of the genre text.

Dabei ist in der Norm nicht vorgeschrieben, welche Auswahl von Attributen aus dieser Norm im Einzelfall zur Beschreibung einer Ressource verwendet wird. Die Festlegung genauerer Bestimmungen ist den Nutzungsgemeinschaften überlassen.

Die insgesamt 15 Attribute, die in der Norm „Dublin Core" zum Zweck der harmonisierten und damit auch interoperablen Beschreibung von Informations-Ressourcen bereitgestellt werden, sind nicht annähernd reichhaltig genug, um den Anwendungen, die mit Lern-Resourcen befasst sind, genügend Information über die Ressourcen bereitzustellen. Aus diesem Grund ist im IEEE LTSC eine Norm speziell für diese „Lernobjekte" erarbeitet und verabschiedet worden: die Norm IEEE 1484.12.1-2002 (2002), Standard for Learning Object Metadata, die in der Version des finalen Entwurfs kostenlos verfügbar ist (http://ltsc.ieee.org/wg12/files/LOM_1484_12_1_v1_Final_Draft.pdf).

Die Norm „IEEE LOM" (Verabschiedung am 12. Juni 2002) ist über einen Zeitraum von mehr als vier Jahren entwickelt worden und dabei ursprünglich von verschiedenen Quellen ausgegangen (z.B. dem europäischen ARIADNE-Projekt (Ariadne Foundation 2004) und der Dublin Core Metadata Initiative (2004)). Im Zeitraum ihrer Entwicklung hat der internationale Lernprozess zur Unterstützung von Lernen und Ausbilden durch Informations- und Kommunikationstechnologie große Fortschritte gemacht. IEEE LOM unterstützt deshalb zwar die Katalogisierung von Lernressourcen und auch deren Suche, ist dabei aber in der heutigen Verwendung sehr stark vom Verständnis menschlicher Nutzer abhängig. Die Nutzbarkeit dieser Metadaten für rein maschinelle Entscheidungsvorgänge ist noch beschränkt, vor allem durch unzureichende Konsistenz und Präzision pädagogisch relevanter Wertebereiche (wie z.B. der pädagogischen Nutzbarkeit der Ressourcen) und durch das Fehlen breit anerkannter Taxonomien für die unmissverständliche Kennzeichnung der Thematik und der Abstraktionsebene der Ressourcen (zu denen IEEE LOM lediglich eine Anschlussstelle liefert).

Trotz vielfältiger (und auch durchaus berechtigter) Kritik ist die Norm IEEE LOM gegenwärtig das Beste, was in diesem Bereich verfügbar ist. Die Arbeiten zu einer Nachfolgenorm laufen gerade erst an, und es wird Jahre dauern, bis ein Nachfolger den Status einer Norm erreicht. Deshalb empfiehlt es sich heute, die Norm IEEE LOM zu verwenden und darauf zu vertrauen, dass mit einem Nachfolger auch die automatische Konvertierung dann vorliegender Metadatenbestände geliefert wird.

Einer der Schwachpunkte der IEEE LOM besteht darin, dass die so ganz unterschiedlichen Kategorien der in Lernobjekten kodierten Expertise kaum adäquat angesprochen werden können. Es macht begreiflicherweise einen großen Unterschied, ob ein Metadatensatz (eine Metadaten-Instanz) sich auf ein Bild bezieht, das zum Zweck des Lernens zur richtigen Zeit nützlich sein kann, oder ob eine Metadateninstanz sich auf die Spezifikation einer ganzen Lernanwendung in einer spezifischen Lernumgebung bezieht. In diesen Beispielen werden ganz unterschiedliche Beschreibungsattribute von Relevanz sein. Eine Norm, die diese Spannweite abdeckt, wird zwangsläufig unhandlich und schwer zu nutzen.

7 Normen zu Trägern pädagogischer Expertise

Obwohl die Möglichkeit einer modularen Strukturierung pädagogische Regelwerke längst erkannt ist, werden die Träger pädagogischer Expertise noch selten als eigenständiges „Material" gehandhabt. Ein typisches Beispiel hierfür ist eine Referenzanwendung „Sharable Content Object Reference Model" (SCORM) der US-amerikanischen Initiative Advanced Distributed Learning (ADL 2003). Dieses heute (2003, Version 1.3) populäre Beispiel macht gleichzeitig deutlich, wie heute existierende und in der Entwicklung befindliche Normen und Spezifikationen auf dem Gebiet der IT-Unterstützung für Lernen und Ausbilden in einer Anwendung zusammenwirken können.

Das in fortschreitender Entwicklung befindliche SCORM-Applikationsprofil vereinigt die Ergebnisse von Anwendergruppen (vor allem dem Aviation Industry CBT Committee AICC (2004)), Interessensverbänden (vor allem dem IMS Global Learning Consortium (2004)) und Normungsinstitutionen (vor allem dem IEEE LTSC (2004)). Aus Platzgründen kann hier nicht in die Details gegangen werden. Die Träger für „Fachliche Expertise" sind in SCORM als „Content" angesprochen. Die hier interessierenden Träger für „Pädagogische Expertise" sind die als „Organizations" bezeichneten „Pädagogischen Pläne".

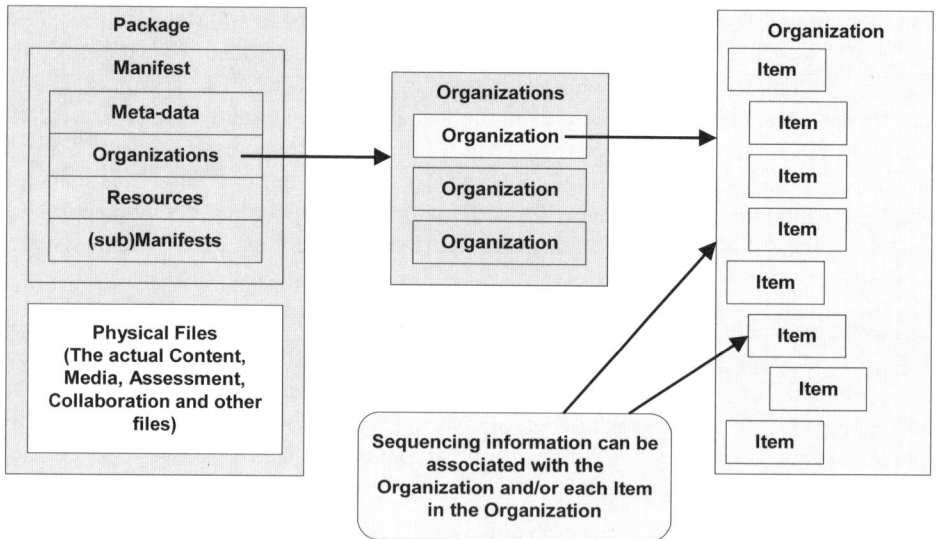

Abbildung 2: Content Packaging Structure (Quelle: ADL SCORM®, Version 1.3, Working Draft 1, Figure 5.3a)

In dem oben skizzierten „Materialpaket" muss der so genannte „actual Content" der Norm IEEE 1484.11.2-2003 (2003) und dem Normentwurf IEEE P1484.11.1 (2003) entsprechen. Für alle Metadaten wird die Norm IEEE 1484.12.1-2002 (2002) (in einem SCORM-spezifischen Profil) vorgeschrieben. Die Zusammenstellung des gesamten Materials in einem Archiv geschieht nach der Spezifikation IMS Content Packaging (2004), deren Normung noch nicht beschlossen ist, da die Konzepte zur Aggregation der unterschiedlichen Komponenten in Lernsystemen noch heftig diskutiert werden. Als Träger pädagogischer Expertise „Organization" wird von SCORM gegenwärtig das Trägerformat IMS Simple-Sequencing (2004) implementiert. Die Handhabung von Beurteilungs-Expertise ist in der SCORM-Implementierung versteckt und wird allenfalls aus den Nutzungen in der Spezifikation IMS Simple-Sequencing sichtbar.

7.1 Normen zu pädagogischen Plänen

Zur Kategorie pädagogischer Expertiseträger gibt es verschiedene Spezifikationen im Frühstadium. Es erscheint unlogisch, dass im oben angesprochenen Anwendungsprofil SCORM die pädagogischen Expertiseträger nicht unter die „Physical Files" zählen, sondern im „Package" eine Sonderrolle spielen. Dies ist nur aus der geschichtlichen Entwicklung des „Content Packaging" (IMS Content Packaging Specification 2004) zu erklären und wird voraussichtlich keinen langen Bestand mehr haben.

Expertise-Träger für pädagogische Pläne stellen Regelwerke dar, nach denen einer lernenden Person Anregungen und unmittelbare Hilfe, Kritik und Bestätigung angeboten und bereitgestellt werden. Dabei können diese Ressourcen menschlicher oder maschineller, lokal verfügbarer oder aus der Ferne vermittelter, realer oder virtueller, sofortiger oder verzögerter Art sein. Die Regelwerke bilden die Erfahrung der Pädagogen ab und machen vom jeweiligen Kontext des Lernvorgangs und vom Wissen über die beteiligten Personen und maschinellen Dienstleistungen Gebrauch. Sie können im Sinne einer Lehranleitung von einer Person oder einem Team in Aktion gesetzt werden; mittel- und langfristiges Ziel ist es aber, die Umsetzung dieser Regelwerke Maschinen zu übertragen und damit der Knappheit und begrenzten Verfügbarkeit menschlicher Ausbilder zu begegnen. Dass hierbei bisherige Qualitäten der direkten Auseinandersetzung zwischen Menschen verloren gehen ist trivial richtig. Gleichzeitig werden aber neue Qualitäten erschlossen, die aus der sehr guten Verfügbarkeit der Maschinen resultieren, aus deren „Objektivität" und vor allem aus deren Fähigkeit, sehr große Mengen an Information in sehr kurzer Zeit zu verarbeiten und dabei sehr komplexe Zusammenhänge zuverlässig zu berücksichtigen.

Unter den heute vorliegenden Spezifikationen zu pädagogischen Trägerformaten gibt es neben vielen Ansätzen, die in Projekten entwickelt und mit Ende der Projekte verschollen sind, einige wenige erfolgversprechende Ansätze, die im Vergleich zu visionären Vorstellungen allerdings immer noch primitiv anmuten.

Einer der Archetypen dieser Trägerformate wird beim AICC (2004) betrieben und ist zugleich der Ausgangspunkt für die meisten US-amerikanischen Weiterentwicklungen. Stand der Technik bei den Weiterentwicklungen dieses Typs ist das in der SCORM-Anwendung (ADL 2003) unterstützte IMS Simple-Sequencing (2004). Es erlaubt die Zusammenstellung von Lernmaterial und die Steuerung des Angebotes an den Lerner, das je nach Einstellung zum ersten die strikte Traversierung der hierarchischen Materialstruktur sein kann, zum zweiten der freie Zugriff des Lerners zum gesamten Materialbaum oder zum dritten die lernfortschrittsabhängige Freischaltung des Materialbaumes für den Lerner. Die pädagogische Führung resultiert wesentlich aus der Art der Zusammenstellung des Materials und ist deshalb nur gering ausgeprägt. Pädagogen wenden sich hier eher desinteressiert ab und übersehen dabei, welch großer organisatorische Fortschritt gegenüber älteren Ansätzen hier bereits erreicht wurde:

Material aus möglicherweise unterschiedlichen Quellen kann hier ohne aufwändige Anpassung zu Lernangeboten zusammengestellt und angeboten werden. Die Betreuung des Lern/Lehrvorganges nach spezifizierten pädagogischen Konzepten ist von hier aus gesehen der nächste Schritt, an dem die Pädagogen mitwirken müssen. Viele weitere Probleme müssen noch gelöst werden wie z.B. die Erreichung einheitlichen Layouts und Stils von Lernmaterial aus verschiedenen Quellen. Zum Letzteren gibt es im Instrumentarium des Web-Designs einige wirkungsvolle Ansätze, die nicht auf Lernanwendungen begrenzt sind.

8 Normen zu Trägern von Beurteilungs-Expertise

In allen Lern- und Lehrprozessen spielt der Austausch zwischen Menschen seit jeher und sicher auch künftig eine zentrale Rolle. Dort, wo diese Prozesse durch Informations- und Kommunikationstechnologie unterstützt werden, findet dieser Austausch nicht mehr ausschließlich unmittelbar zwischen Menschen statt, sondern wird zunehmend durch Maschinen vermittelt und damit mittelbar. Die Maschinen erlauben den Dialog nicht nur mit einem individuellen Menschen, sondern mit einer abstrakten (z.B. durch eine Maschine verkörperten) Person, deren Expertise eine ganze Gemeinschaft spiegelt (deren Träger kodierter Expertise in der Maschine verfügbar sind). Um der lernenden Person sinnvolle Anregungen und Hilfe, Kritik und Bestätigung zu bieten und eine individuelle Unterstützung beim Lernen zu erreichen, muss die Maschine ihr menschliches Gegenüber „kennen". Sie muss wissen, was die Person schon alles weiß und wo der Lernfortschritt erfolgen soll, worauf die Person gerade ihr Augenmerk richtet und wie man hier im Sinne des Lernens gezielt einwirken kann. Sie muss aus Beobachtungen schließen, ob der beabsichtigte Lernvorgang gelungen scheint, und sollte die Person gut genug kennen, um bei Misserfolg eines Lernschrittes eine geeignete Alternative auszuwählen. Diese Kenntnis gewinnt sie mit Hilfe kodierter Beurteilungs-Expertise aus erfasster und gespeicherter Information, die zu dem Menschen verfügbar ist.

Die Erfassung, der Transport, die Speicherung und die Auswertung dieser Information aus Lernvorgängen sind vital wichtige Prozesse, ohne die eine wirksame Nutzung von Trägern für kodierte pädagogische Expertise verschlossen bleibt. Die Vorstellung, dass der Ausbilder alle von ihm betreuten Personen (möglichst auch noch von Anfang an) im Detail kennt, ist ebenso illusorisch wie jene, dass ein Lerner immer beim gleichen Ausbilder bleibt.

Soll diese Betreuung anteilsweise von Maschinen geleistet werden, dann stellt man enorm hohe Anforderungen an erforderliche Information und deren Nutzung. Anders als bei der direkten Mensch-zu-Mensch-Kommunikation ist der Dialog zwischen Mensch und Maschine leider immer noch sehr schlecht entwickelt. Es wird noch lange dauern, bis Tonfall, Mimik und Gestik im Mensch-Maschine-Dialog jene wichtige Rolle spielen können wie im Dialog zwischen Menschen. Dieses Manko kann allenfalls dadurch kompensiert werden, dass der Maschine Information im größtmöglichen Umfang bereitgestellt wird, damit sie (und dies sicher viel besser als der einzelne Mensch) aus einer Vielzahl von Beobachtungen über einen großen Zeitraum und nach vorgegebenen Regeln Schlüsse ziehen kann. Eine reichhaltige, detaillierte und semantisch gut ausgewiesene Lernerhistorie wird hier deshalb eine große Rolle spielen.

8.1 Normen zu Beobachtungs-Ergebnissen

Der Normentwurf IEEE P1484.11.1 (2003) Standard for Learning Technology – „Data Model for Content Object Communication" legt auch fest, welche Information zum Lernfortschritt mit welcher Bedeutung zwischen Lernmaterial und dem Laufzeitsystem ausgetauscht werden kann. Hier geht es vor allem um Informationen zu Lernerfolgen oder Lernmisserfolgen im Kontext der Ziele, die mit dem Einsatz des Lernmaterials verfolgt werden. Das Datenmodell, das in diesem Normentwurf spezifiziert wird, enthält auch Datenelemente, mit denen Nutzerpräferenzen vom Laufzeitsystem übertragen werden können, damit sie bei der Ausführung des Lernmaterials berücksichtigt werden.

Es gibt eine ganze Reihe weiterer Spezifikationen und Normenansätze im Bereich der Spezifikation von Information über Personen (und Maschinen) und zur Realisierung der Beobachtung der Lernprozesse. Es fehlt hier der Platz, um diese verschiedenen Konzepte zu erläutern; deshalb beschränken wir uns hier auf eine Liste von Referenzen:

- IMS Learning Information Package Specification (2004): ein Datenmodell für Information über Lerner
- IMS Question & Test Interoperability Specification (2004): ein Fundus zu rechnergestützten Tests und ihrer Handhabung
- ISO/IEC 19786 ITLET -- Participant accommodation information (2004): ein früher Entwurf zu einigen Lerner-Präferenzen
- ISO/IEC 19787 ITLET -- Participant performance information (2004): ein früher Entwurf zu Information über die Expertise von Lernern

8.2 Normen zur Beurteilung von Beobachtungsergebnissen

Zu Methoden für die Beurteilung von Beobachtungsergebnissen gibt es noch keine sichtbaren Ansätze. Die Vorstellung, ein wählbares Beurteilungskonzept auf einen Satz von Beobachtungsergebnissen anzuwenden, ist, so nahe sie liegt, noch nicht verbreitet. In der gegenwärtigen Anwendungspraxis wird die wichtige „Rohinformation" der Beobachtungen früh und irreversibel vernichtet. Dabei wird gewöhnlich (z.B. in der SCORM-Applikation) die vom Lernmaterial kommunizierte Rohinformation zum Lernfortschritt nicht als zeitliches Log gespeichert, sondern überschreibend in Tabellen gehalten (die dann immer nur den letzten Eintrag zu der Beurteilung eines Lernschrittes enthalten). Die Tabelleneinträge werden dann mit Hilfe von „Roll-Up"-Vorschriften zusammenfassend beurteilt und münden schließlich in ein Zertifikat zu einem ganzen Lehrgang. Diese (etwa in einer IMS Simple Sequencing (2004) enthaltenen) Roll-Up-Vorschriften können jedoch als Vorläufer von Trägern kodierter Expertise zur Beurteilung von Beobachtungsergebnissen angesehen werden.

9   Normungsansätze im Umfeld kooperativen Lernens

Ist bereits die Entwicklung von Normen zu personalisiertem, individuellem Lernen ein schwieriger Prozess, so gilt dies in verstärktem Maße für das Lernen in Gruppen. Die bisher noch am besten durchdachten Ansätze sind ganz in der Nähe der Spezifikation für Träger für pädagogische Pläne angesiedelt, etwa bei der Entwicklung von Trägerformaten für Lehr-/Lernmodelle. Aus der an der Open University Netherlands (OUNL) entwickelten „Educational Modeling Language" (EML 2004) ist bei IMS ein Trägerformat namens „IMS Learning Design" (IMS Learning Design Specification 2004) abgeleitet worden, das als eine zukünftige „Organization" auch für die SCORM-Anwendung von ADL qualifiziert ist (es fehlt bisher allerdings die dazugehörige Laufzeitkomponente). In diesem Trägerformat kann die Zusammensetzung einer Lernumgebung spezifiziert werden, indem (menschliche und maschinelle) Akteure in ihren Rollen aufgeführt und realen Personen und Prozessen zugeordnet werden. Akteure können dabei einzeln oder in Gruppen auftreten. Ihnen werden Aufgaben zugeordnet und ihr Zusammenwirken wird spezifiziert. Zugleich werden den Aufgaben die erforderlichen Ressourcen wie Materialien oder Hilfsdienste zugeordnet. Der Ablauf in der Lernumgebung wird durch eine Beschreibung festgelegt, die man sich wie die Beschreibung eines Theaterstücks in Akten und Szenen denken kann. An der OUNL existiert eine Plattform, die mit Trägern in EML-Format umgehen kann.

Ähnliche Zielsetzungen wie beim IMS Learning Design (2004) werden von der japanisch geleiteten Arbeitsgruppe WG5 bei ISO/IEC JTC1 SC36 WG5 (2004) verfolgt, wobei hier weniger der Aspekt der Lenkung der Lernvorgänge im Vordergrund der Bemühungen steht, sondern die wenigstens teilweise automatisierte Einrichtung bewährter, spezifizierter kooperativer Lernumgebungen. Zugleich sollen Normen für die Informationsflüsse in derartigen Umgebungen entwickelt werden. Diese Arbeiten stehen noch ganz am Anfang, und es ist noch nicht sichtbar, welche wirklich nutzbaren Normen hieraus entstehen werden.

5 Anwendungen, Wirkungen, Potentiale

In diesem Teil des CSCL-Kompendiums betrachten wir den Einsatz von CSCL in der Praxis. Die Autoren berichten über den Einsatz in verschiedenen Anwendungsbereichen: von der Schule und der Lehrerausbildung, über die Präsenzhochschule und das Fernstudium hin zu Berufsausbildung und betrieblicher Weiterbildung. Zum Abschluss berichtet Beitrag 5.8 über die Möglichkeiten von CSCL bei der Unterstützung von Lernbehinderten und Hochbegabten.

Die einzelnen Beiträge verbinden Praxisfälle und Erfahrungsberichte mit den in den vorherigen Teilen des CSCL-Kompendiums eingeführten Konzepten und Werkzeugen. Je nach Anwendungsszenario sind zusätzliche Rahmenbedingungen und Anforderungen für die Gestaltung, die Einführung, den Betrieb und die Evaluation von CSCL-Umgebungen zu berücksichtigen. Insofern eignen sich diese Erfahrungsberichte auch zum Einstieg in das Kompendium. Ausgehend von einem Anwendungsszenario können die dort bewährten Konzepte, Werkzeuge und Methoden identifiziert und in den entsprechenden Teilen des Kompendiums vertieft werden.

5.1   CSCL in der Schule

Johannes Magenheim

Universität Paderborn

1   Einleitung

Der Beitrag knüpft an einige der in den vorhergehenden Kapiteln dargestellten Aspekte von CSCL an und versucht diese für den Bereich verschiedener schulischer Lernszenarios zu konkretisieren. Kriterien zur Charakterisierung eines Designs von schulischen CSCL-Szenarios können einem mehrdimensionalen Kategoriensystem zugeordnet werden, das methodisch-didaktische, mediale und technisch-organisatorische Aspekte beinhaltet. Im einführenden Abschnitt dieses Kapitels werden diese zunächst kurz vorgestellt, um dann mit ihrer Hilfe in den weiteren Abschnitten unterschiedliche Formen kollaborativen Lernens in der Schule zu beschreiben. Hierzu zählen insbesondere die Nutzung von Cognitive Tools und Groupware für kollaboratives Lernen, kooperative netzbasierte Strategie- und Rollenspiele sowie der Einsatz von multimedialen Erkundungsumgebungen. Abschließend wird auf die Bedeutung von kollaborativen Lernkonzepten für die Schulentwicklung unter Berücksichtigung historischer und künftiger Perspektiven eingegangen.

2   Dimensionen eines kollaborativen schulischen Lernarrangements

Schulisches Lernen mit vernetzten, interaktiven Lernumgebungen erfordert sowohl hinsichtlich prozessualer als auch konzeptioneller Aspekte Gestaltungsentscheidungen. Diese beziehen sich auf methodisch-didaktische, mediale und technisch-organisatorische Elemente des Lernszenarios und können zusammenfassend als Lernarrangement bezeichnet werden (siehe auch Beitrag 3.5.1). In der angloamerikanischen Literatur wird hierfür häufig auch der Begriff Learning Design verwendet.

Die inhaltliche Struktur des Beitrags orientiert sich an diesen drei zentralen Elementen des Lernarrangements. Zunächst werden Aspekte des methodisch-didaktischen Kontexts dargestellt. Es folgen Erläuterungen zum technisch-organisatorischen Kontext. Hier werden in Unterabschnitten die medialen Funktionen von so genannten *Cognitive Tools* und von *Lernsoftware* erläutert und in einer weiteren Untergliederung spezifische schulische CSCL-Szenarien vorgestellt, die diese medialen Funktionen nutzen. Schließlich werden Lernarrangements erörtert, die auf Lernplattformen und Groupware (siehe auch Beitrag 2.2) zugreifen. Zum Abschluss des Beitrags wird auf die Bedeutung von schulischem CSCL für die Schulentwicklung verwiesen.

2.1 Methodisch-didaktischer Kontext schulischer Lernarrangements

Im *methodisch-didaktischen Kontext* eines geplanten Unterrichtsvorhabens gilt es, Entscheidungen über Ziele, Inhalte und methodisches Vorgehen zu treffen. Die Inhaltsauswahl orientiert sich neben fachdidaktischen Kriterien an allgemein didaktischen Prinzipien wie etwa Erfahrungs-, Wissenschafts- oder Zukunftsorientierung (Jank & Meyer 1997). Neben inhaltlichen Aspekten sind bei der Auswahl von Zielsetzungen Entscheidungen über die Zielebenen der zu erreichenden Lernziele zu treffen, also ob neben kognitiven auch sozial-kommunikative, methodisch-strategische, sozio-emotionale oder normativ bewertende Lernziele erreicht werden sollen (Magenheim 1999, S. 176 ff). Auch ist im Sinne von Standards zu klären, welche Mindestqualifikationen für die Beteiligten erreicht werden sollen und wie im Sinne eines differenzierten Lernens individualisierter Wissenserwerb auf unterschiedlichem Niveau in der Lerngruppe ermöglicht und mit welchen Methoden realisiert werden kann (Koschmann 1996). Kollaboratives Lernen erfordert im unterrichtsmethodischen Bereich Festlegungen über die Integration von computerbasierten Medien in den Lernprozess und über deren zu erwartenden Beitrag zur Strukturierung von unterrichtlichen Arbeits- und Sozialformen. Dazu sind weitere Entscheidungen für das Lerndesign erforderlich:

– *Ort und Zeit*: Treffen sich die Lernenden, wie in der Schule zumeist üblich, zur gleichen Zeit am gleichen Ort (face to face, synchron) oder sind Lerngruppen bzw. Einzelpersonen (z.B. bei Hausaufgaben) an verschiedenen Orten an dem Vorhaben beteiligt (verteilt), die ggf. noch zu unterschiedlichen Zeiten aktiv sind (asynchron). Möglicherweise treten in unterschiedlichen Lernphasen mehrere der vorgenannten Szenarien auf, so dass man von einer Mischform (Blended Learning) sprechen kann.
– *Dauer*: Lerngruppen können für kurze Zeit (Unterrichtseinheit) oder sogar spontan (ad-hoc-Gruppen z.B. mit Funknetz und Laptop) als transiente Lerngemeinschaften gebildet oder persistent über einen längeren Zeitraum (z.B. AG während eines Schuljahrs) in der schulischen Organisation verankert werden.
– *Sozialform*: Neben der Entscheidung über die Gruppengröße sind für einzelne Lernphasen Planungen für die soziale Form der Kooperation zwischen den Gruppenmitgliedern und Formen der Mediennutzung festzulegen (Indiviual-, Partner- bzw. Gruppenarbeit, Plenumsphasen) (Wessner et al. 2000).

Ferner sind lerntheoretische Erwägungen im Hinblick auf die Rolle der Lehrenden und Lernenden im Lernszenario sowie Festlegungen hinsichtlich der erforderlichen Vorkenntnisse der Schüler/innen für ein erfolgreiches Lernarrangement von zentraler Bedeutung. Kognitivistische und vor allem konstruktivistische Theorien des Lernens favorisieren aktive, handlungsorientierte und durch Schüler/innen selbst organisierte Formen des Lernens, die vielfältige, möglichst problembasierte Sichten auf den Lerngegenstand eröffnen (Friedrich 1997). Damit werden zugleich auch Symmetrie und Direktivität des schulischen Lerndesigns beeinflusst. In symmetrischen schulischen Unterrichtsszenarien leisten die Gruppenmitglieder mit annähernd gleichem Wissensniveau weitgehend gleichwertige Beiträge zum kollaborativen Lernprozess, während in asymmetrischen unterrichtlichen Kommunikationssituationen die Lehrkraft eine stärker lenkende Funktion wahrnimmt. Das Maß an unterrichtlicher Direktivität bei der Steuerung von Lernprozessen kann auch durch die eingesetzten computerbasierten Medien beeinflusst werden, wobei behavioristisch orientierte CBT-Software den Lernenden weit weniger Freiräume für individuelle Lernwege zugesteht als etwa eine nach konstruktivistischen Prinzipien gestaltete interaktive, multimediale Erkundungsumgebung (Tulodziecky 1966). Software kann in einem CSCL-Design auch zur Evaluation von Lernprozessen eingesetzt werden (Sesink 2000).

2.2 Technisch-organisatorischer-Kontext schulischer Lernarrangements

Parameter des *technisch-organisatorischen* Kontexts beeinflussen Lernszenarios hinsichtlich der Art des Mediengebrauchs, der technisch gestützten Kommunikationsformen und damit zusammenhängend hinsichtlich der einzusetzenden Lernplattform. In Bezug auf die Funktionen von computerbasierten Medien (Keil-Slavik 2002) bei den intendierten Lernprozessen kann vor allem zwischen *Cognitive Tools*, *Lernsoftware* und *adaptiven Systemen* unterschieden werden. Während computerbasierte „Tools" die interaktive Gestaltung von Medienobjekten ermöglichen, indem sie durch geeignete Repräsentationen und Anordnungen deren Bearbeitung, Übertragung und Sicherung gewährleisten, beinhaltet „Lernsoftware" implizit eine in ihr vergegenständlichte Abfolge von Interaktionen und Rückmeldungen mit den Nutzern, die unter didaktischen und lerntheoretischen Erwägungen implementiert wurde. Damit werden Formen der Mediennutzung im Medium selbst abgebildet. Adaptive Softwaresystem, die in der Lage sind, Lerner- und Nutzungsverhalten anhand der stattfindenden Interaktionen zu analysieren und im Hinblick auf Lerneffizienz für die Nutzer zu modellieren, spielen gegenwärtig in der Schulpraxis keine Rolle.

Neben den computerbasierten Medien ist auch Software, die in einem vernetzten System Groupware- und Lernplattformfunktionen bereitstellt, als wichtiges Element eines schulischen CSCL-Designs anzusehen. Sie sorgt neben User- und Contentmanagementfunktionen vor allem für die computergestützte Kommunikation zwischen den Lernenden in einem vernetzten System. Bei den dabei auftretenden Interaktionstypen kann in Abhängigkeit vom Grad der softwaretechnischen Unterstützung für kollaborative Lernprozesse zwischen Lernszenarien mit kommunikationsfähigem Computerarbeitsplatz im lokalen Netz, Arbeitsplatz im Netz mit Groupwarefunktionalität und Arbeitsplatz im Netz mit Workflowmanagement unterschieden werden (Schulmeister 2003).

Die Vielfalt der genannten Kriterien eröffnet eine Fülle von unterschiedlichen Gestaltungsmöglichkeiten für schulische CSCL-Lernszenarien, von denen im Folgenden einige häufig vorkommende Nutzungsformen genauer dargestellt werden sollen.

3 CSCL mit Cognitive Tools

Kooperatives Lernen in der Schule wurde von zahlreichen lerntheoretischen und didaktisch-methodischen Konzeptionen seit jeher eingefordert und hat daher eine lange unterrichtspraktische Tradition. Partnerarbeit, Lernen in Arbeitsgruppen und im Plenum, projekt- und handlungsorientiertes Lernen gelten als typische Formen adäquater methodischer Umsetzung dieser Forderungen (Hung 2002). Mit dem Aufkommen der IuK-Techniken wurden diese nach und nach auch zur Unterstützung kollaborativen Lernens in der Schule eingesetzt. Der den folgenden Erläuterungen zugrunde liegende Begriff *Cognitive Tools* umfasst in einem weiten Sinne alle Werkzeuge zur Unterstützung des Erstellens und Manipulierens von Repräsentationen. In einem engeren Sinne wird er auf jene Werkzeuge reduziert, die einen gewissen Grad an semantischer, bereichsspezifischer Informationsverarbeitung oder -repräsentation bereitstellen (z.B. Simulationen, Faktendatenbanken, Mikrowelten, Expertensysteme). Eine andere, eher pragmatische Form der Unterstützung von Gruppenprozessen bieten etwa Lernplattformen, Groupware aber auch Lernskripts und Rollenspiele (Gaßner et al. 2002).

3.1   Zugriff auf elementare Ressourcen im LAN

Die einfachste Form der Integration von IuK-Techniken in kollaborative Arbeitsformen im Klassenraum ist die Nutzung von *Cognitive Tools* in einem lokalen Netzwerk. Sie sind entweder lokal auf den Arbeitsplätzen installiert oder über eine Client-Server Installation im lokalen Netz erreichbar. Die Phasen derartiger Lernszenarien sind mit den Stichworten *Recherche*, *Produktion* und *Präsentation* beschreibbar. Mit Hilfe des Netzbetriebssystems können Schülerinnen und Schüler zunächst aufbereitete Informationen in einer lokalen Datenbank oder einem lokalen Webserver recherchieren. Die Dateien werden am Arbeitsplatz individuell oder in Gruppenarbeit bearbeitet und später anderen Gruppenmitgliedern über einen Server und entsprechend gesetzten Lese- oder Schreibrechten zugänglich gemacht. Auf diese Weise sind auch netzbasierte Interaktionen zwischen Gruppen und einzelnen Schülern möglich. Darüber hinaus können Hardwareressourcen im Netz, wie Drucker und Scanner, gemeinsam genutzt werden.

Derartige Lernszenarien bedürfen keiner zusätzlichen softwaretechnischen Unterstützung durch Groupware, sondern organisieren Datei- und Ressourcenzugriffe im lokalen Netz mit den grundlegenden Funktionen des Netzbetriebssystems. Zur Präsentation von in Arbeitsgruppen erzielten Ergebnissen im Plenum kann ein Beamer oder ein pädagogisches Netzwerk eingesetzt werden, das die Darstellung von Bildschirminhalten beliebiger an das Netz angeschlossener Computer auf allen Bildschirmen erlaubt. Zu den Cognitive Tools, die auf diese Weise im Unterricht genutzt werden können, zählen u. a. Programme zur Text-, Bild- und Videobearbeitung, Grafikprogramme, Hypertexteditoren, Animationstools, Datenbanksoftware, Präsentationssoftware, Tabellenkalkulations- und Statistikprogramme, aber auch einfache z.T. visuelle Entwicklungsumgebungen für Software. Neben den fachlich-inhaltlichen und sozialen Lernzielen, vermitteln derartige Lernszenarien durch den Umgang mit den Tools auch mediale Kompetenzen.

Spezifische, auf die Unterstützung von Kommunikation und Kooperation zwischen den Mitgliedern einer Lerngruppe ausgerichtete Cognitive Tools mit informationsstrukturierenden Funktionen sind z.B. shared whitboards, mind mapping tools und Entscheidungsfindungssysteme.

In Lernszenarien mit Cognitive Tools wechseln computergestützte Arbeitsphasen mit Phasen direkten kommunikativen Austausches ab und bilden auf diese Weise ein Design für „Blended Learning". Trotzdem kann es auch hier in einigen Phasen hilfreich sein, instant messaging Funktionen eines lokalen Netzwerks zu nutzen.

Für derartige Szenarien gibt es eine Fülle von fachbezogenen und fächerübergreifenden Unterrichtsbeispielen mit Produktorientierung, von denen hier nur einige wenige exemplarisch benannt werden können: „Schülerzeitung", „Kooperatives Redigieren von Texten", „Produktion von hypermedialen Drehbüchern zum Geschichtsunterricht", „Erstellen und Auswerten von Befragungen mit einem Statistikprogramm im Sozialkundeunterricht", Produktion von CDs mit multimedialem Inhalt in verschiedensten Fächern (vgl. Computer + Unterricht). Mit der zunehmenden Verbreitung von Computerarbeitsplätzen mit Internetzugang an Schulen, fließen in diese Produkte vermehrt auch die Ergebnisse von Recherchen im Internet mit ein.

Positive Erfahrungen liegen auch mit dem Einsatz von Concept-Mapping (Komis et al. 2002) und Entscheidungsfindungssoftware im Unterricht vor. Mit der Entscheidungsfindungssoftware DECIDE können Schüler beispielsweise im Wechsel zwischen Plenum und anonymisierten computerbasierten Argumentationsphasen ein Entscheidungsproblem einer Lösung zuführen. In der Erprobung zeigte sich, dass stille Schüler/innen sich eher in die Diskussion einbrachten, auf sozialen Rangordnungen beruhende Meinungsführerschaften kaum noch wirksam waren und sozio-emotionale Aspekte von inhaltlichen Entscheidungen im Unterricht problematisiert werden konnten (Magenheim & Rauch 1995).

3.2   Nutzung von Diensten des Internet

Mit der Internetanbindung der lokalen Schulnetze erweitert sich auch die Palette der nutzbaren Cognitive Tools um die Funktionalität der Internetdienste. E-Mail, Chat, Newsgroups, WWW, Filetransfer, Videoconferencing eröffnen neue Möglichkeiten zur Wissensakquisition und -repräsentation. In Verbindung mit der vorgenannten Gruppe von Softwarewerkzeugen können Produkte jetzt einer Öffentlichkeit jenseits der Klassenraum- und Schulgrenzen präsentiert, können Information weltweit recherchiert, kann Kommunikation global organisiert werden. Der Gestaltungsrahmen für kreative kollaborative Unterrichtsprojekte wird damit wesentlich erweitert. Viele der gängigen schulischen Lernszenarien weisen in ihrem technisch-organisatorischen Kontext ähnliche Nutzungsformen von IuK-Techniken für kollaboratives Lernen auf.

Als typische Unterrichtsvorhaben sind zunächst *E-Mail-Projekte* aller Art zu nennen. Sie reichen vom persönlichen oder themenbezogenen Informationsaustausch zwischen Schülern zweier oder mehrerer Klassen aus benachbarten Schulen zwecks Erweiterung des Wissenshorizonts zu einem fachlichen Themenbereich über Formen interkulturellen und sozialen Lernens bis hin zu Projekten im Fremdsprachenunterricht, wo es um die sprachliche Begegnung mit „native speakern" geht. Internationale Einrichtungen organisieren bilaterale Kooperationspartnerschaften oder internationale fachbezogene E-Mail-Projekte (vgl. z.B. http://www.iecc.org). Exemplarisch sind hier Projekte zur Gewässergüteuntersuchung, internationale kollaborative Wetter- und Klimabeobachtungen, Erfahrungsaustausch per E-Mail zu den sozialen Lebensbedingungen von Schülern in verschiedenen Kulturen oder der Austausch von E-Mails mit sprachlich-landeskundlichen Informationen zwischen Schulklassen in verschiedenen Ländern zu benennen (vgl. z.B. Donath & Volkmer (1997)). Mit dem Medium E-Mail besteht auch die Möglichkeit zur Teilnahme an international organisierten Forschungsprojekten für Schüler, die etwa von der NASA organisiert werden (Wagner 1997). Im „attachment" von E-Mails können dank mittlerweile breitbandiger Datennetze von Lerngruppen erstellte multimediale Dokumente versendet werden, was die Gestaltungsmöglich-keiten der Dokumente wesentlich erweitert.

Eine zweite große Gruppe von kollaborativen Lernszenarios in der Schule ist mit der arbeits-teiligen *Informationsrecherche* im Internet verbunden, wobei die oben erwähnten Cognitive Tools zur kooperativen Informationsaufarbeitung -präsentation und -speicherung der recher-chierten Informationen im lokalen Netz genutzt werden. Vor allem fachbezogene Angebote von Bildungsservern erleichtern gegenüber der breiten Recherche mit Suchmaschinen die Suche nach unterrichtsverwertbaren Materialien und garantieren zudem einen qualitativen Mindeststandard. Bildungsserver bieten darüber hinaus auch Möglichkeiten zu einem den Klassenraum transzendierenden Chat oder einer internetbasierten Videokonferenz. Schuli-sche Lerngruppen, die an unterschiedlichen Standorten an einem gemeinsamen Thema arbei-ten, können auf diese Weise Arbeitsergebnisse und weitere Planungen in synchroner Kom-munikation besprechen. Internationale Kooperationen leiden bei dieser Form kollaborativen Lernens manchmal unter der Zeitverschiebung. Generell wird auch auf Sprachbarrieren hin-gewiesen, die es für Schüler zu überwinden gilt, um derartige Kooperationsformen effektiv zu nutzen.

Schließlich ist das Erstellen von *Webpräsentationen* und *Schulhomepages* als eine weitere produktorientierte Form kollaborativen schulischen Arbeitens zu erwähnen. Die Produkte sind zumeist Ergebnisse vorhergegangener Recherche- und Bearbeitungsprozesse, in denen oben beschriebene kollaborative Arbeitsformen mit Cognitive Tools praktiziert werden. Entsprechend lerntheoretisch-didaktischen Erwägungen ist die Einbettung derartiger Lern- und Arbeitsprozesse in ein ziel- und produktorientiertes Gesamtszenario von großer Bedeu-tung. Als ein Beispiel für derartige Unterrichtsvorhaben kann die Erstellung einer gemein-samen deutsch-französischen Schülerzeitung im Internet angesehen werden (Wernsing 1999).

4   Lernsoftware und multimedialen Erkundungsumgebungen

Im Gegensatz zu Cognitive Tools beinhaltet *Lernsoftware* auch fachlich-inhaltliche und methodische Elemente der Wissensrepräsentation und -vermittlung in einem spezifischen Themenbereich. In Form von *CBT* (Computer Based Training) und *WBT* (Web Based Trai-ning) ist derartige Software oft für den individuellen Wissenserwerb bestimmt und erhält in kollaborativen schulischen Lernszenarien erst dann eine Bedeutung, wenn der individuelle Wissenserwerb von Schülerinnen und Schülern als arbeitsteiliger Auftrag zur Vorbereitung von nachfolgenden gruppenbezogenen Lernprozessen erfolgt und später die Ergebnisse in das kollaborative Lernszenario eingebracht werden. Lernsoftware bzw. CBT- und WBT-Lerneinheiten können für die Lerngruppe an Einzelarbeitsplätzen, über das lokale Netzwerk oder webbasiert über Intra- oder Internet bereitgestellt werden.

Lernsoftware wird mittlerweile aber unter methodisch-didaktischen Gesichtspunkten primär für kollaboratives Lernen in der Schule entwickelt. Multimediale Dokumente und eine inter-aktive *virtuelle Erkundungsumgebung* werden in diesem technisch-organisatorischen Szena-rio über eine im lokalen Netz für alle Arbeitsplätze zugängliche Quelle (Server, CD) bereit-gestellt. Die Lernsoftware beinhaltet sowohl auf die virtuelle Welt bezogene Erkundungsauf-

träge und kleinere interaktive Simulationen als auch Anregungen zu kollaborativen handlungsorientierten Aktionen im Klassenraum oder in themenbezogenen, realen außerschulischen Erfahrungsräumen. Auf diese Weise wechseln sich computergestützte Lernprozesse
mit auf sozialem Austausch zwischen den Schülern beruhenden Arbeitsformen ab und
erzeugen eine Form von *Blended Learning* im Klassenraum. Das interaktive Erkunden
einer mittelalterlichen Stadt (http://www.micromediaarts.de/mittelalter/), die Auseinandersetzung mit wirtschaftsgeografischen und ökologischen Problemen des Alpenraums
(http://www.medienpraktisch.de/amedienp/mp4-99/4-99moll.htm) oder das Erlernen einer
Fremdsprache unter Berücksichtigung von landeskundlichen und politisch-historischen Aspekten (http://web.mit.edu/fll/www/projects/BerlinerSehen.html) können als Beispiele für
derartige kollaborative Lernszenarien gelten. Auch Lernen mit interaktiver Simulationssoftware im Bereich der naturwissenschaftlichen Fächer, deren Ergebnisse später für reale Experimente oder Erkundungen genutzt werden, sind diesem Typ von CSCL in der Schule zuzuordnen (Boll 1997).

5   CSCL mit Unterstützung von Groupware und Lernplattformen

Komplexere virtuelle Erkundungsumgebungen beinhalten zahlreiche multimediale Dokumente, kleinere Lernprogramme (Learning Objects), interaktive Simulationen sowie themenspezifische Softwaretools (z.B. Software-Entwicklungsumgebungen). Darüber hinaus besteht
für die Nutzer der virtuellen Erkundungsumgebungen die Möglichkeit, ergänzende Dokumentensammlungen, die z.T. während des gemeinsamen Lernprozesses entstanden sind, in
privaten oder gruppenbezogenen Datenkollektionen aufzubewahren.

Mittels dieser Erkundungsumgebung können sich, wie beispielsweise im Informatik Lernlabor angestrebt, im Laufe des Lernprozesses zunehmend selbst organisierende Lerngruppen
bilden (Learning Communities), die in einem mehrwöchigen Unterrichtsprojekt mit Formen
des kollaborativen Blended Learning ein komplexeres Produkt (z.B. Software) entwickeln
(Magenheim 2003).

Derartige Lernszenarios sind meist nur mit Unterstützung durch eine für Schulen geeignete
Groupware oder Lernplattform zu realisieren (siehe auch Beitrag 2.2), die hauptsächlich
Funktionen des Content- und Usermangement mit einem differenzierten System der Zugangskontrolle wahrnimmt. Ferner kann mittels E-Mails, Newsgroups und Scheduling-Tools
die Arbeit zwischen Lerngruppen und von einzelnen Schülern koordiniert werden. Hilfreich
sind auch ein System zur Versionskontrolle von Dokumenten (repository), ein Awarness-
Tool, um sich über Aktivitäten einzelner Gruppenmitglieder zu informieren, sowie ein Annotations-Tool zur Erleichterung des Überarbeitens von Dokumenten. Der Zugriff auf die Dokumente über das Internet ermöglicht es Schülern, auch außerhalb fester schulischer Nutzungszeiten, etwa vom heimischen Arbeitsplatz aus, einen Beitrag zur gemeinsamen Arbeit
zu leisten oder auf diese Weise die Hausaufgaben zu erledigen.

Für derartige Anforderungen des kollaborativen Lernens in der Schule gibt es eine Reihe von
Groupware-Systemen die sich, obwohl primär für professionellen außerschulischen Einsatz
konzipiert, auch beim CSCL in der Schule einsetzen lassen und darüber hinaus z.T. noch
über spezielle CSCL-Komponenten verfügen. Dazu gehören Produkte wie etwa BSCW,

Hyperwave, Lotus Notes oder Steam (siehe auch Beitrag 2.2). Außerdem sind speziell für kollaboratives Lernen in der Schule entwickelte virtuelle Arbeitsumgebungen wie z.B. VITAL verfügbar, die mit der Raummetapher als mentalem Modell arbeiten, um die virtuellen Arbeitsbereiche abzubilden (Rüdiger 2000). Es besteht für Erkundungsumgebungen geringeren Umfangs auch die Möglichkeit, die von externen Servern angebotene Groupwarefunktionalität für CSCL in der Schule zu nutzen.

In der Praxis zeigt es sich, dass die Phasen der Realbegegnungen in der Schule für die Arbeitsorganisation und den inhaltlichen Austausch der Gruppenmitglieder trotz motivierender Arbeitsszenarien mit Computerunterstützung nach wie vor von überragender Bedeutung sind. Auch werden die von den Groupware-Tools oft zur Verfügung gestellte Evaluationsinstrumente für Lernprozesse im schulischen Zusammenhang kaum genutzt, sondern eher klassischen Methoden der Leistungsmessung vertraut.

6 Kooperative Simulationen, Strategie- und Rollenspiele

Mit Hilfe eines geeigneten Lerndesigns im Rahmen computergestützten kollaborativen Lernens können in der Schule komplexere sozio-technische Handlungssysteme aus verschiedenen Bereichen gesellschaftlicher Realität simuliert und auf diese Weise praxisbezogene Lernprozesse initiiert werden. Benötigt wird in der Regel eine lokale oder globale Vernetzung der Computerarbeitsplätze, eine zumeist netzwerkfähige Planspielsoftware sowie themenbezogene z.T. multimediale Dokumente. Es gibt auch Varianten dieses Lerndesigns, in denen kollaboratives Lernen durch soziale Kommunikation im Klassenraum organisiert wird, während durch die Nutzung der Software an Einzelarbeitsplätzen Impulse für das weitere Spielgeschehen erfolgen (siehe auch Beitrag 2.1.7).

6.1 Computergestützte Planspiele

Computergestützte Planspiele repräsentieren eine Form von kollaborativem handlungsorientiertem Unterricht, in dem sich die Lernenden das Thema in einer ganzheitlichen Zugangsweise erschließen. Lernprozesse in derartigen Szenarios orientieren sich in der Regel an mehreren der oben beschriebenen Lernzielebenen. Neben politischen, ökonomischen und ökologischen Problem- und Konfliktszenarien, die im Unterricht behandelt werden, bieten sich etwa im Rahmen des Arbeits- oder Wirtschaftslehreunterrichts auch Unternehmenssimulationen an. Arbeitsplatzcomputer, lokales Netzwerk bzw. Internet und Planspielsoftware fungieren in diesen Konzeptionen als Werkzeug und Medium zur Unterstützung der interaktiven Lernprozesse im Planspiel. Sie können aber auch – besonders in Reflexionsphasen – zum Lerngegenstand gemacht werden. Durch den Umgang mit den informationstechnischen Systemkomponenten werden implizit auch informatische Kenntnisse erworben und informationstechnische Fertigkeiten geschult. Computergestützte Planspiele lassen den Spielenden in der Regel im Rahmen des vorgegebenen Themas ein hohes Maß an inhaltlicher und kommunikativer Gestaltungsfreiheit.

Die Planspielsoftware kann die Aufgaben der Spielleitung und der Teilnehmer eines Planspiels in vielerlei Hinsicht unterstützen, ohne dass die für interaktives Lernen notwendige direkte zwischenmenschliche Kommunikation ausschließlich durch technisch vermittelte

Computerkommunikation ersetzt wird. Hierzu zählen u.a. das Bereitstellen von themenbezogenen Dokumenten, die technische Unterstützung des themenbezogenen Handlungsszenarios, die Organisation und Bewertung der Kommunikation zwischen Gruppen, die Steuerung des Spielablaufs durch die Spielleitung oder die Evaluation von Spielprozessen und -strategien. Neben Formen der Mensch-Maschine-Kommunikation, etwa beim Erstellen und Versenden von Mitteilungen oder der Informationsrecherche in einer themenbezogenen Datenbank, wird es bei computergestützten Planspielen im lokalen Bereich auch zu intensiven Gesprächen in den Arbeitsgruppen hinsichtlich der eigenen Spielstrategie und zu direkten zwischenmenschlichen Kontakten mit anderen Spielgruppen kommen, etwa bei gemeinsamen Versammlungen. Planspiele, die via Internet mit räumlich entfernten Gruppen organisiert werden, müssen hierzu auf Dienste wie Mail, Chat oder Videokonferenz zurückgreifen.

Als Beispiele für ein derartiges kollaboratives Lerndesign sind Planspiele zur politischen Bildung zu nennen, die sich mit ökonomischen und ökologischen Interessenskonflikten bei der Neuansiedlung von Industriebetrieben oder mit Wahlkampfstrategien von Parteien beschäftigen. Sie erfordern einen weitgehend synchronen Ablauf und damit die gleichzeitige (Netz)präsenz der am Spiel beteiligten Gruppen (Magenheim & Rauch 1995). Andere netzbasierte Planspiele simulieren Handlungsabläufe und grundlegende Funktionen eines Warenwirtschaftssystems (Wolf 1995), können Schülerinnen und Schülern die Arbeitsbelastung am Fließband in einem Fertigungsprozess (Meschenmoser 1999) oder die Funktionsweise eines Betriebsinformationssystems und seiner datenschutzrechtlichen Implikationen nahe bringen (Magenheim 1996). Vor allem im Unterricht des kaufmännischen Bereichs an berufsbildenden Schulen dienen virtuelle Übungsfirmen zur Simulation realer betrieblicher Vorgänge. Die Übungsfirmen kooperieren mit anderen Firmen auf nationaler und europäischer Ebene und erzeugen so eine Vielfalt von realitätsnahen beruflichen Handlungsszenarien. Lernprozesse sind hauptsächlich synchron organisiert und bedürfen einer festen Verankerung als Lernprojekt in der Unterrichtsorganisation der Schule (http://www.zuef.de/).

6.2   Strategie- und Rollenspiele in virtuellen Welten

Auch Formen von netzbasierten Strategiespielen sind dieser Gruppe von kollaborativen Lernszenarien zuzuordnen. Als Beispiele für eine ganze Reihe von netzbasierten Simulations- und Strategiespielen mit Bildungsanspruch seien ecopolicy (http://www.fredericvester.de/ecopolic.htm) und crossroads (Hessisches Institut für Bildungsplanung 1990) benannt. Während es in ecopolicy um die Förderung vernetzten Denkens vor allem im ökonomisch-ökologischen Problembereich geht, dient die Software crossroads der netzbasierten Simulation eines Informationspools für Speditionsbetriebe, in der im Rahmen einer Unterrichtseinheit zur informatischen Grundbildung strategisches Denken erlernt und der Warencharakter von Informationen verdeutlicht werden soll. Im internationalen Bereich werden vor allem im Rahmen von „social studies" und Geschichte virtuelle Klassengemeinschaften gebildet, die in MOOs und MUDs organisiert sind, und dort ihre Rollen spielen und themenbezogene virtuelle Welten erkunden (Michaelson & Mullins 1998; Wiebe 1999).

Die Komplexität und Laufzeit derartiger Lernszenarios variiert stark. Sie reicht vom computerbasierten Rollenspiel, das innerhalb einer Unterrichtsdoppelstunde durchgeführt werden kann, über Szenarien, die mehrere Stunden oder Tage beanspruchen, bis hin zu projektartigen Lernkonzepten, die sich über ein Schuljahr erstrecken. Der projektartige Charakter der letztgenannten Lerndesigns erfordert in der Regel eine Form der Unterrichtsorganisation, die vom 45-Minutenraster traditioneller Schulstunden abweicht. Bei räumlich getrennten, schulübergreifenden oder gar internationalen Lerngruppen erfordern zudem Phasen synchronen Lernens einen erhöhten Koordinationsaufwand. Dies gilt vor allem in der Anfangsphase der Projekte auch für den organisatorischen Aufwand der beteiligten Lehrkräfte. Als Resultat dieser Bemühungen entstehen dafür in der Regel für Schüler motivierende Lernsituationen, die mit Spaß am Lernen verbunden und damit auch effizient gestaltbar sind.

7   CSCL und Schulentwicklung

Die bisherigen Ausführungen verdeutlichen, dass einige der beschriebenen kollaborativen computergestützten Lernszenarien sich im Rahmen der traditionellen schulischen Unterrichtsstruktur nur bedingt realisieren lassen. Die Integration von interaktiven neuen Medien in schulische Lernprozesse erfordert auch einen Prozess von Schulentwicklung. Hierzu gehören Aktivitäten in den Bereichen *Unterrichtstechnologie, Unterrichtsorganisation, Organisations-, Personal-* und *Kooperationsentwicklung* (Lindau-Bank & Magenheim 1998).

Unterrichtstechnologie: Während sich die ersten Formen kollaborativen Lernens in der Schule noch mit schmalbandigen Datenübertragungsraten der Netze herumschlagen mussten, Mailboxen zum schulübergreifenden Datenaustausch nutzten und Akustikkoppler zum Datentransfer verwendeten, stehen Schulen heute in der Regel Dienste mit breitbandiger Übertragungskapazität zur Verfügung. Der klassische Computerraum, früher dem Informatikunterricht vorbehalten, wird in vielen Schulen um einen zweiten oder dritten für die Nutzung digitaler Medien in den Fächern ergänzt. Mit der zunehmenden Vernetzung der Schulgebäude entstehen Lerninseln mit Computern in den Klassenräumen, und Funkvernetzungen werden künftig auch Formen des „Mobile Computing" mit Laptops und Tablet PCs in Schulen ermöglichen. Unter der Prämisse ihrer Finanzier- und Wartbarkeit, werden derartige Systeme verbunden mit fortgeschrittenen Konzepten schulischer CSCLs wichtige Impulse für die Weiterentwicklung kooperativer schulischer Lernformen geben.

Unterrichtsorganisation: Die Integration von digitalen Medien in den Fachunterricht, eröffnet Schülerinnen und Schülern zahlreiche Möglichkeiten zu selbstbestimmtem, individualisiertem und kollaborativem Lernen im oben beschriebenen Sinne. Dies setzt neben technologischen Anforderungen und der Verfügbarkeit geeigneter Medien besonders auf fachdidaktisch-methodischer Ebene eine Bereitschaft zur Veränderung der Vermittlungstechniken und auch die Chance zum fächerübergreifenden Lernen voraus.

Organisationsentwicklung: Nicht nur Unterrichtsmethodik und -inhalte sind vom Wandel betroffen. Es geht auch um die Veränderung schulischer Organisationsstrukturen und der Organisationsentwicklung von Schule im Ganzen. Zahlreiche Schul- und Modellversuche des Bundes und der Länder sind in den vergangenen Jahren zur Informationstechnischen Grundbildung und Medienbildung in den Schulen durchgeführt worden. Einige haben sich speziell mit dem Thema der Vernetzung und des kollaborativen Lernens in der Schule befasst und den Nachweis der Sinnhaftigkeit dieses Konzepts erbracht (Hartard et al. 1995). Es entstanden zahlreiche Materialien und Unterrichtkonzepte sowie Vorschläge zur schulischen

Strukturreform, die in Empfehlungen der BLK und in Rahmenpläne zur ITG bzw. der schulischen Medienbildung eingeflossen sind. Deren konsequente Umsetzung in schulische Praxis würde auch die Freiräume für schulisches CSCL erweitern, indem z.B. projektorientierte, Fächergrenzen tradierende Formen des Lernens fest im schulischen Alltag verankert werden.

Personalentwicklung: Die bisherigen Ausführungen haben gezeigt, dass beim kollaborativen computergestützten Lernen in der Schule für den klassischen, lehrerzentrierten Frontalunterricht wenig Platz verbleibt und sich stattdessen Phasen selbstgesteuerten, schülerzentrierten Lernens ausweiten. Damit geht ein Wandel in den Qualifikationsanforderungen an Lehrkräfte einher. Es werden neben fundierten fach- und mediendidaktischen Kenntnissen im Umgang mit digitalen Medien und Unterrichtstechnologien zunehmend Fähigkeiten zur Moderation und Begleitung von durch Schülergruppen organisierten Lernprozessen verlangt. Dies erfordert eine entsprechende Aus- und Fortbildung der Lehrkräfte.

Kooperationsentwicklung: Wie oben beschrieben, bietet gerade die Integration von Formen des CSCL in den Unterricht den Schulen die Chance, sich für Kooperationen gegenüber ihrem lokalen Umfeld und auf internationaler Ebene zu öffnen und so ein spezifisches Profil zu gewinnen.

Kollaborative, schulübergreifende Projekte mit internationalen Partnern befähigen Schüler zum *interkulturellen Lernen* und können Schulpartnerschaften mit Realbegegnungen durch Schüleraustausch begründen (Borrmann 2003). Projekte mit lokalem Bezug verstärken den Kontakt der Schule gegenüber kommunalen Einrichtungen, externen Kooperationspartnern und Sponsoren sowie zu Eltern. Schülerinnen und Schüler befähigen sie zur *politischen Partizipation* und bieten die Chance zum *Lernen mit Ernstcharakter*. Projekte, die diese Anforderungen erfüllen, sind z.B. LocalNet: Schüler erstellen und betreiben ein lokales Informationssystem im Sinne eines Community Networks, in dem sie in bei der Kommune, bei Kirchen, Vereinen und ortsansässigen Firmen Daten erheben und diese für eine Webpräsentation aufbereiten (Magenheim & Opitz 1998). Trasse: Klassen zweier Schulen planen mittels einer interaktiven Software den Trassenverlauf einer real zu bauenden Umgehungsstraße und dokumentieren ökonomische, ökologische und politische Implikationen der Baumaßnahme (Magenheim & Opitz 1995).

8   Schulisches CSCL mit fortgeschrittenen Konzepten

Zum Schluss des Abschnitts über CSCL in der Schule soll kurz auf Konzepte eingegangen werden, die zur Zeit zwar nicht die verbreitete schulische Alltagspraxis kollaborativen Lernens widerspiegeln, gegenwärtig aber schon in Modellversuchen und an Hochschulen im Hinblick auf ihre Praxistauglichkeit erprobt werden und somit künftige Entwicklungen indizieren.

Künftige Szenarios zum schulischen kollaborativen Lernen werden vermutlich häufiger Formen des Ubiquitous Computing beinhalten und Schülerinnen und Schülern das Bilden von ad hoc Lerngruppen mit Zugang zu schulischen Netzressourcen via Funknetz ermöglichen (Dokumente, Dienste). Kollaborative Lernszenarien im Klassenraum sind im technisch-organisatorischen Bereich durch den Einsatz von PDAs und Tablet PCs geprägt. Interaktive, in das Netz eingebundene Shared Whiteboards ersetzen die traditionelle Tafel und ermöglichen z.B. den Transfer von gemeinsam erarbeiteten Inhalten auf die PDAs der Schüler. Handschriftliche und private Annotationen sind möglich und können ggf. von den PDAs der Schüler auf das Whiteboard und untereinander übertragen und weiter verarbeitet werden. Zwischenergebnisse auf dem Weg zur Problemlösung werden gespeichert und dienen als „Organisational Memory", auf das später im Bedarfsfall zurückgegriffen werden kann (Pinkwart et al. 2003). Bei spezifischen Problemstellungen unterstützen entsprechend programmierte Software-Agenten als adaptives Lernsystem die Mitglieder einer Lerngruppe beim Finden einer Lösung. Im Rahmen des Forschungsprojekts COLLIDE an der Universität Duisburg, werden beispielsweise solche innovativen CSCL-Konzepte entwickelt und in schulischen Praxisphasen, etwa zum kollaborativen Modellieren in der Stochastik, oder zum Erwerb von Lese- und Schreibfertigkeiten in der Grundschule, evaluiert (http://www.collide.info/).

5.2   CSCL als Herausforderung an die Lehrerbildung

Christian F. Görlich[1], Ludger Humbert[2]

[1]Seminar Gymnasium/Gesamtschule Hamm,
[2]Willy-Brandt-Gesamtschule, Bergkamen

1   CSCL als Dimension komplexen Lehrerhandelns

Zielperspektive professionellen Lehrerhandelns ist die Vorbereitung der Schülerinnen auf die eigenverantwortliche Gestaltung ihrer Zukunft in kooperativer Verantwortung. Damit kommt der Lehrerbildung die Aufgabe zu, solche Lehr- und Lernarrangements zu wählen, die dieser Perspektive gerecht werden. Da jedoch die quantitative empirische Forschung zur „Wirksamkeit" des komplexen Lehrerhandelns und zum Einsatz konkreter Arrangements sich erst in einer Anfangsphase befindet, wird im Folgenden auf erfahrungsgeleitete Einsichten der Autoren zurückgegriffen. Es wird auf Ergebnisse verwiesen, die im Kontext von CSCL bedeutsame Elemente thematisieren, sie auf theoretische Konzepte beziehen und Perspektiven für die Lehrerbildung eröffnen. Für einen pragmatisch orientierten Einsatz von CSCL in der Schule sei auf Beitrag 5.1 verwiesen.

Bei der Implementation und Weiterentwicklung neuer Lehr- und Lernarrangements wie CSCL kommt den Schulen und damit mittelbar der Lehrerbildung großes Gewicht zu. Den gemeinschaftlichen computergestützten Erwerb von Wissen und mehrdimensionalen Fertigkeiten in ihrer Ausbildung erfahren die Lehrer selbst als einen Lernprozess, der sie befähigen soll, entsprechende Lernprozesse auch bei Schülern zu initiieren. Grundlegende Überlegungen zum Erlernen des Lehrerberufs führen zu einer Erweiterung des didaktischen Dreiecks um die Komponente CSCL. Exemplarisch werden der Aufbau einer Kommunikationsstruktur in einem Seminar, das gemeinsame Arbeiten an Virtuellen Schreibtischen und der Aufbau von Virtuellen Lernstationen als möglicher Modularisierungsansatz für die Ausbildung beschrieben. Der Hinweis auf die berufsethische Verantwortung für die Gestaltungsspielräume wird verknüpft mit einem Ausblick auf deliberative Mitwirkungsmöglichkeiten durch informatische Systeme.

2   CSCL als Lehr- und Lernarrangement

Fast alle Gesellschaften haben in der Neuzeit mit dem Ziel einer größeren Breitenwirkung und Effizienzsteigerung eigene Unterrichts- und Erziehungssysteme ausdifferenziert, die in sich weiter untergliedert sind: vorschulische Erziehung, Schule, Berufsausbildung und Studium, Weiterbildung. Diese Subsysteme bedürfen der ständigen Weiterentwicklung, um sich den Herausforderungen durch eine sich verändernden Jugend in einer sich verändernden Gesellschaft stellen zu können.

Für die gegenwärtige Zeit haben sich hinsichtlich des Lernens gewisse Standards als konsensfähig herauskristallisiert: Lernen soll danach möglichst aktiv und selbst gesteuert im Rahmen sinnstiftender Konzepte erfolgen. Sich wechselseitig bedingende systematisch-kumulative und handlungs- bzw. problemzentrierte Lernprozesse müssen durch variationsreiche Formen des Übens ergänzt werden. „Kooperative Erarbeitung, gegenseitige Unterstützung und Bereicherung haben genau wie individueller und kollektiver Wettbewerb wichtige Funktionen" (Stiller 2003, S. 17). Angesichts einer sich abzeichnenden „Wissensgesellschaft" deuten bisherige Erfahrungen darauf hin, dass CSCL die o.a. Kriterien in besonderem Maße erfüllen könnte. Es ist nahe liegend, dass der Lehrerbildung bei der Implementation informationstechnischer Möglichkeiten wie CSCL eine katalytische Funktion zugeschrieben werden kann – selbst wenn bisher nur wenig empirisch gesicherte Ergebnisse über die Wirksamkeit der Lehrerbildung vorliegen.

In der tatsächlichen Diskussion liegen die Ansichten über die Wege zu einem „guten Lehrer" bei den Praktikern, innerhalb der Bildungsbürokratie und der Erziehungswissenschaft weit auseinander. Für Deutschland war bislang die bodenständige Lehrerbildung das dominierende Modell. Danach ist die Lehrerinnenbildung ein mehrphasiger, ein im Prinzip das ganze Berufsleben umgreifender Prozess. Mit Lehrerausbildung im engeren Sinne sind das Studium an einer Universität oder Hochschule und der Vorbereitungsdienst an so genannten Studienseminaren gemeint. Trotz positiver Erfahrungen mit einphasigen Reformprojekten gilt die Zweiphasigkeit der Lehrerbildung in Deutschland – abweichend von den meisten anderen Ländern – dem offenen Bekunden nach als weitgehend etabliert (Terhart 2001, S. 167). Der Vorbereitungsdienst erscheint in der Außensicht von unabhängigen Bildungsexperten als Stärke des deutschen Systems (OECD 2003). Gleichwohl werden zentrale, systematisch koordinierte Reformmaßnahmen anstelle vieler Einzelmaßnahmen gefordert.

Die Verwissenschaftlichung der Lehrerbildung hat einige frühere Defizite überwunden, aber auch zu neuen Problemen geführt. Der Zersplitterung von fachwissenschaftlichen, pädagogischen und schulpraktischen Studien vor allem in der ersten Phase und der nicht hinreichende Koordinierung der ersten und zweiten Phase versucht man gegenwärtig mit unterschiedlichen und letztlich noch nicht hinreichend abgeklärten Konzeptionen – wie Lehrerfunktionen, Kerncurricula, Standards – entgegenzuwirken (Keuffer & Oelkers 2001, S. 12ff).

Die unmittelbar in die Praxis der Lehrerbildung Eingebundenen sehen sich diesseits solcher Perspektiv- und Reformüberlegungen gezwungen, jetzt und heute unter den gegebenen Rahmenbedingungen einer zunehmenden Heterogenität der Referendarinnen zu handeln. Diese Rahmenbedingungen sind bei allen Unterschieden im Detail in der grundsätzlichen Struktur gleich: Der Lehrernovize lernt seinen Beruf zum einen in unmittelbarer Praxiserfahrung vor Ort in der Schule, zum andern eher mittelbar im Seminar in der an Theorie orientierten Reflexion von Beispielen pädagogisch komplexer Situationen.

Bei dieser Ausbildungsstruktur mit unterschiedlichen Lernorten ist es nahe liegend, pragmatisch nach den Möglichkeiten zur Nutzung von Informatiksystemen für die Lehrerbildung zu fragen. Dabei erscheint es u. E. wenig hilfreich, scharf zwischen „working" und „learning" unterscheiden zu wollen (siehe auch Beitrag 1.3 und Abschnitt 3.5.2). Bei dem gemeinschaftlichen Erwerb von Wissen und Fertigkeiten in dem Spannungsbogen von Planung, Erarbeitung und Reflexion/Evaluation ist der gemeinsame Arbeitsprozess (durchaus im Hegelschen Sinne) auch der Lernprozess. Indem die Lehrernovizen über elektronische Plattformen solche Lernerfahrungen selber machen, sollen sie befähigt werden, entsprechende Lernprozesse bei den Schülern zu initiieren.

3   CSCL – eine Erweiterung des didaktischen Dreiecks

Wie erwerben Referendarinnen die für ihren Beruf nötigen Qualifikationen? Es ist erstaunlich, dass auf diese doch so fundamentale Frage nach dem Aufbau von Qualifikationen für den Lehrerberuf kaum Antworten in Form von empirisch gesicherten Erkenntnissen oder von überzeugenden theoretischen Konzepten vorliegen. Vielmehr wird mit zu hinterfragenden Begriffen wie „autonome" oder „erwachsene" Lernerin operiert. Hier halten wir es für hilfreich, sich auf zwei Vorstellungen von Ausbildung in der Lehrerbildung zu besinnen. In bewusster Anlehnung an eine gängige (z.T. behördliche) Sprechweise können sie als *Ausbildung unter Anleitung* und *Selbstständige Berufsausübung (im Novizenstadium)* bezeichnet werden. Um den Subjektcharakter dieses Bildungsprozesses zu betonen, ist deshalb die Rede von Lehrerbildung dem objektbezogen Gerede von Lehrerausbildung vorzuziehen.

In einem weiteren und anspruchsvolleren Sinne lässt sich die Ausbildung unter Anleitung als ein unverzichtbares hermeneutisches Vorgehen im Sinne einer gemeinsamen Interpretation dessen verstehen, was z.B. als „guter Unterricht" oder allgemeiner „gute Berufspraxis" zu gelten hat. Zugleich geht es auch darum, aus einer berufsspezifischen Beobachterpositionierung begriffliche Unterscheidungen zu treffen und so eine berufsspezifische Fachsprache zu erwerben. In diesem Kontext geht es weiter um Rückkoppelung und Beratung, die mit Emphatie und Akzeptanz eine wesentliche Phase der Berufsbiographie begleiten. Selbstständige Berufsausübung (im Novizenstadium) stellt die Berufsanfängerin vor eine etwas andere Akzentuierung ihrer Situation: die Referendare sind dazu „verurteilt", an weit über das Land verstreuten Schulen vielfach allein und selbstständig berufsspezifisch zu handeln: also zu unterrichten, zu beraten, zu beurteilen etc. Diese Situation wird als Chance, aber auch als Belastung empfunden.

Hier besteht mit CSCL eine ortsunabhängige und nicht auf Synchronizität angewiesene Möglichkeit, ein Lern-/Lehr- und Stützsystem aufzubauen. Mit Blick auf eine standardorientierte Berufsqualifizierung dürften aber auch die Schwierigkeiten, eventuell sogar Grenzen, deutlich werden. Zu einer standardbezogenen Qualifizierung bedarf es einer Orientierung an der Theorie bzw. den Bezugswissenschaften, einer Orientierung an Qualitätsmerkmalen und Expertenhandeln – kurz: an guter Praxis; Qualifizierung ist weiter angewiesen auf Übung und Training und Praxisreflexion im komplexen Handlungsfeld.

Mit Blick auf die vier genannten Dimensionen der Berufsqualifizierung stellt sich für die Zukunft programmatisch die Frage, welche eventuell zu diversifizierenden Konzepte von CSCL jeweils für die einzelnen Ausbildungsbereiche förderlich entwickelt werden können. Dabei dimensionieren sich die Probleme in den einzelnen Teilbereichen ganz unterschiedlich. Während die Theorieorientierung z.B. bei Urheberrechtsfragen oft schnell an ihre Grenzen kommt, dürfte etwa bei der „kollegialen Fallberatung" das weitgehende Fehlen von non- bzw. paraverbalen Elementen eine einschränkende Wirkung haben. Über andere Dimensionen – wie die Unterstützungsmöglichkeiten von CSCL bei Simulationen, Rollenspielen o. ä. – wird nachzudenken sein.

Aus pragmatischer Perspektive dürfte es im Wesentlichen darum gehen, ein Lernen – sei es im Sinne von E-Learning, sei es kollaborativ – zu ermöglichen, m. a. W. mit Hilfe von Informatiksystemen für die im Praxisfeld auftretenden Probleme schnell und effizient Lösungen zu finden, Information, Erklärungsansätze, kurz- und langfristige Lösungsvorschläge oder eigene Erfahrungen zu kommunizieren, um so ein ständig wachsendes und jederzeit verfügbares Berufswissen aufzubauen. Dazu bedarf es jedoch einer überschaubaren Struktur, um für die jeweilige Frage auch passgenau die jeweilige Information finden zu können. Informatikerinnen sprechen in diesem Zusammenhang davon, ausgewählte Elemente aus dem Problembereich zu modellieren. Ziel wäre, so etwas wie eine pädagogische Kasuistik zu entwickeln.

Diese Überlegungen zu einem denkbaren Nutzen informationstechnischer Systeme für die Lehrerbildung lassen sich durch eine Modifikation des bekannten didaktischen Dreiecks mit den Eckpunkten: Referendarin, Ausbilderin und Sache (hier: Berufsausübung) zusammenfassend veranschaulichen. Dieses Dreieck möchten wir durch einen vierten Eckpunkt „CSCL" zu einem Tetraeder ergänzen (vgl. Abbildung 1, ausführliche Darstellungen in Görlich & Humbert 2001; 2003).

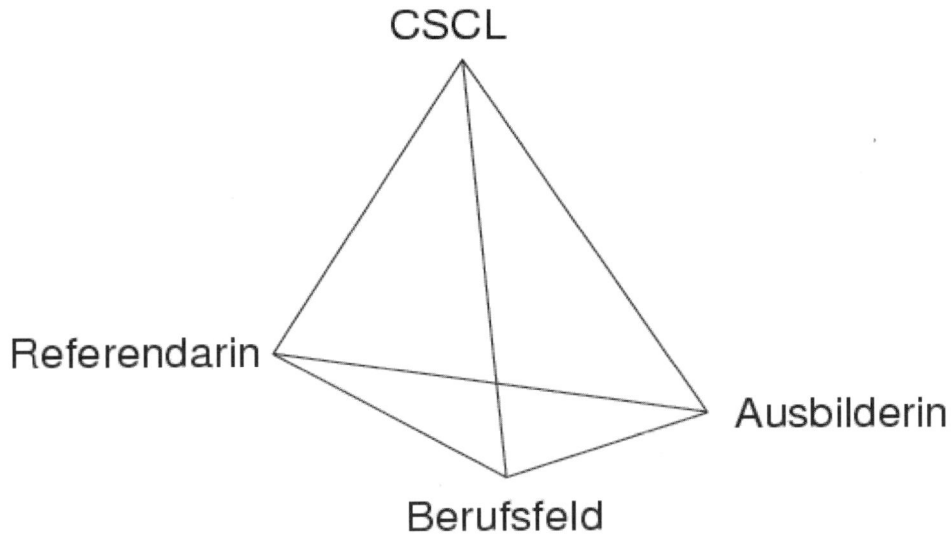

Abb. 1: Didaktischer Tetraeder.

Die Erweiterung bedeutet lediglich eine Ausdifferenzierung der Rückkopplungsmöglichkeiten und keinesfalls, dass in Zukunft auf die Ausbilderin verzichtet werden kann. In diesem

Zusammenhang fällt häufig auch der Begriff einer „Modularisierung der Ausbildung", in der dann scheinbar „autonome" Lerner ihren jeweils individuellen Lernweg suchen. Modularität ist aber noch keine Ausbildungsdidaktik.

Die Bildungsgangdidaktik von Meinert Meyer hat die herkömmlichen und herrschenden Didaktiken immer dahin gehend kritisiert, dass sie nicht hinreichend die Lernerin, in unserem Fall die Referendarin, in den Blick genommen hat. Seine begrifflichen Unterscheidungen zwischen objektivem und subjektivem Bildungsgang und der intervenierende Begriff der Entwicklungsaufgaben versprechen einen konzeptionellen Rahmen, in dem auch die Frage nach der Möglichkeit einer Modularisierung angegangen werden kann (vgl. Görlich & Humbert 2001). Referendare sind auf ihrem Weg durch mögliche Module beratend zu begleiten, in dem sie mit ihren Ausbilderinnen die jeweils für sie angemessenen Entwicklungsaufgaben, die Abfolge ihrer Bearbeitung abstimmen und den Erfolg der Bemühungen evaluieren.

4   CSCL – ein Ausbildungselement zwischen „Anleitung" und „Selbstständigkeit"

Methodologisch fühlen wir uns in Anlehnung an John Dewey einem philosophisch begründeten Pragmatismus verpflichtet: aus dem handelndem Umgang mit Informatiksystemen erwächst und entwickelt sich unser Denken. Gleichwohl wären aus der Perspektive idealistischer Theorietraditionen einige wichtige und grundsätzliche – erkenntnistheoretische, (lern-) psychologische, wissenssoziologische – Fragen zu stellen, etwa: Inwieweit ist es berechtigt, einen vom Individuum her konzipierten Lernbegriff auf soziale Gebilde zu übertragen und etwa von einer „lernenden Gruppe" oder gar von einer „lernenden Institution" zu sprechen? Welchen Sinn macht es, im Zusammenhang von CSCL von einem kollektiven Gedächtnis zu sprechen? In welchem Zusammenhang stehen Lernen, Entwicklung, Sozialisation und Erziehung? Dazu wurden mit (Görlich & Humbert 2001 bis 2003) grundlegende Beiträge vorgelegt. Ohne diese Fragen hier weiter entwickeln zu können, ist uns der Hinweis wichtig, dass bei Vermeidung von Personifizierungen sozialer Systeme solch einem – zunächst metaphorischem Sprechen – eine wichtige heuristische Funktion bei der Problembeschreibung zukommen kann.

In Zusammenhang mit dem Seminarprogramm (Studienseminar Hamm 2003) wurde exemplarisch dargelegt, dass der (gleichsam transzendentale) Stellenwert der Medien mit ihrem dispositiven Charakter für Wahrnehmung und Denken für das Selbstverständnis der Menschen und seiner Weltsicht schon immer fundamental war und bleiben wird. Angesichts einer sich heute abzeichnenden Epochenschwelle zwischen Industriegesellschaft und Wissengesellschaft kann deshalb die Aufgabe der Lehrerbildung nicht nur darin gesehen werden, den Ausbildern, den Referendaren und den Schülern ein „Neues" Medium verfügbar zu machen. Es geht vor allem auch darum, dass die Beteiligten sich des dispositiven Charakters der Medien bewusst werden und sich fähig machen, über ein Neudenken der „alten und neuen" Medien und einen handelnden Umgang mit ihnen an den auf der Tagesordnung stehenden Diskursen gestaltend teilzunehmen.

5   CSCL – Erfahrungen aus einem Studienseminar

Zu den Vorstellungen einer durch Informatiksysteme gestützten Ausbildung liegen erste Erfahrungen vor. Intern und extern sind diese Erfahrungen unter der Bezeichnung „Medienpädagogisches Säulenmodell des Hammer-Studienseminar" diskutiert worden.

Der Hinweis auf das Studienseminar Hamm will exemplarisch verstanden werden. Das Hammer Seminar beansprucht für sich richtungsweisend, wenn auch nicht unbedingt repräsentativ zu sein. Während die Bildungsbürokratie im Verbund mit großen Verlagen und in Kooperation mit Medienzentren und Weiterbildungsinstitutionen vielfach noch auf Produktschulung ausgerichtet ist, setzen die federführenden Kollegen des Hammer Seminars auf eine Open-source-Philosophie – in Hinblick auf die eingesetzte Software, aber auch in Hinblick auf die erarbeiteten Unterrichtsplanungen und -materialien.

Neben diesen konzeptionellen Überlegungen kommt der Tatsache eine gewisse Bedeutung zu, dass am Hammer Seminar z.Z. über 200 zukünftige Lehrer ausgebildet werden, deren konkrete Erfahrung bei der Arbeit mit Informatiksystemen eine emprische Grundlage für die konzeptionellen Überlegungen darstellen.

Mit Säulen sind Tätigkeitsfelder gemeint, die sich jeweils auf alle Medien beziehen, jedoch in der Ausgestaltung unterschiedliche Akzente setzen:

6. Mit und über Medien kommunizieren,
7. Über Medien intern miteinander arbeiten und mit Dritten kooperieren,
8. Medienpädagogisch wirken und
9. Medien für Lehre und Unterricht nutzen

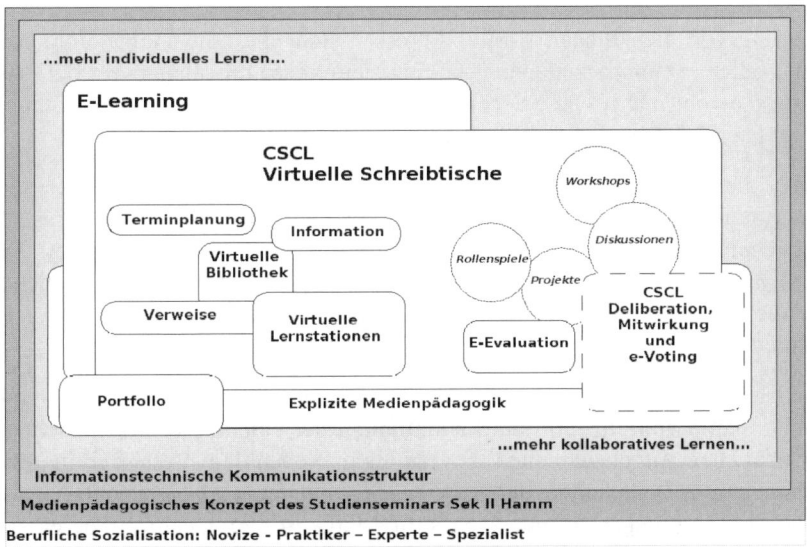

Abb. 2: Berufliche Sozialisation von Lehrerinnen.

Inzwischen hat sich gezeigt, dass diese Säulenmetapher zwar zunächst mnemotechnisch hilfreich war, aber zunehmend einer differenzierenden Betrachtungsweise weichen muss, wie sie in Abbildung 2 verdeutlicht wird. Bei allen „Säulen" handelt es sich nach unserm Verständnis auch um durch Informatiksysteme gestütztes, kollaboratives Lernen – eingebettet in eine berufliche Sozialisation, bei der man vereinzelt durchaus von einer medienpädagogischen Erziehung der Erzieher sprechen kann.

Im Folgenden werden schwerpunktmäßig der Aufbau einer Kommunikationsstruktur, die Arbeit an so genannten „Virtuellen Schreibtischen" und die ersten prototypischen Versuche mit „Virtuellen Lernstationen" dargestellt. Dabei werden jeweils die Idee, die jedem der Bereiche zu Grunde liegt, die Erfahrungen bei der Umsetzung und die Perspektiven für die zukünftige Arbeit skizziert werden. Abschließend wird unter dem Stichwort Deliberation ein Ausblick auf angedachte weitere Diversifikationen im Bereich von CSCL geben.

5.1 Aufbau einer Kommunikationsstruktur – Mit und über Medien kommunizieren

Der Kommunikationsserver des Studienseminars verwaltet alle dienstlichen Mailadressen der Referendarinnen, der Fachleiterinnen und der Hauptseminarleiterinnen, wie auch die für die administrativen und verwaltenden Arbeiten notwendigen Adressen (Vorschläge für eine organisations- und ausbildungsbezogene Mailadressenstruktur vgl. Humbert 1998).

Alle Referendarinnen unterschreiben zu Beginn ihres Dienstes eine Verpflichtung, dass sie sich an die Benutzungsordung des Studienseminars halten werden („Netiquette" und Rechtsvorschriften). Gleichzeitig erhalten sie ihren personenbezogenen Account (Benutzerkennung) und ein Anfangspasswort für die praktische Einführung. Dieser Account ist zugleich Bestandteil der E-Mail-Adresse (exemplarisch: *<Account>@semsek2.ham.nw.schule.de*).

Die Zuweisung von dienstlichen E-Mail-Adressen stellt die notwendige Voraussetzung für die Nutzung aller seminarbezogenen Aktivitäten im Zusammenhang mit der Nutzung der Infrastruktur (sowohl intern wie extern) dar. Der Zugang zu den „virtuellen Schreibtischen" (s.u.) erfolgt über die dienstliche E-Mail-Adresse.

Mit den dienstlichen E-Mail-Adressen werden gruppenbezogene, den Ausbildungszusammenhang widerspiegelnde Mailverteiler eingerichtet. Die Präsentation der „corporate identity" nach innen und nach außen erfolgt über ein so genanntes „Portal" (exemplarisch: *http://seminar.ham.nw.schule.de/*). Das Portal erfüllt zugleich wichtige Funktionen für die Ausbildung: täglich aktualisierter Terminkalender, Vordrucke für Formulare, Adressenhinweise.

In der Praxis ergeben sich immer wieder kleinere Probleme, da es offensichtlich nicht gelungen ist, allen Seminarmitgliedern die Sinnhaftigkeit der Nutzung des dienstlichen Accounts in allen dienstlichen Angelegenheiten zu vermitteln. Neben dem Verharren in gewissen Alltagsgewohnheiten – Beibehalten der jeweils individuellen und eigenen E-Mail-Adresse – wurden auch Befürchtungen geäußert, dass die Mails im Seminar im Sinne einer Kontrolle gelesen werden könnten. Für die Zukunft ergibt sich hier die Notwendigkeit, deutlich den Mehrwert der Struktur der damit verbundenen Maillisten für die Ausbildung herauszustellen.

Bisher ist eine stärkere Integration der Schulen nicht erfolgt. Dies ist einerseits der Tatsache zuzuschreiben, dass an den Ausbildungsschulen durch den persönlichen Kontakt, der für die qualifizierte Ausbildung unabdingbar ist, ein Gutteil der notwendigen Kommunikation zeitnah ohne technische Unterstützung geleistet wird. Anderseits sehen sich viele Schulen immer noch nicht in der Lage, eine für die Identifizierung notwendige Adressenstruktur aufzubauen.

5.2 Kollaborative Arbeit an „Virtuellen Schreibtischen" – Über Medien intern miteinander arbeiten und mit Dritten kooperieren

Miteinander arbeiten im Zeitalter der Informationstechnologien wird in der Regel für Bereiche der Arbeit/Wirtschaft unter den Stichworten Computer supported collaborative work (CSCW) und für Bereiche der Bildung unter dem Stichwort Computer supported cooperative learning (CSCL) diskutiert.

Im Hammer Studienseminar werden auf der Basis des BSCW so genannte „Virtuelle Schreibtische" in der Fach- und Hauptseminararbeit genutzt, um Dokumente, Bilder und andere in digitaler Form vorliegende Materialien zur Verfügung zu stellen – für die individuelle oder auch gemeinsame Bearbeitung. Zunehmend werden die Möglichkeiten einer gemeinsamen Terminplanung über BSCW genutzt.

Die Erfahrungen im Allgemeinen sind durchaus positiv. Dennoch sollen die auftretenden Probleme und Fragen nicht verkannt werden: In der Regel hat jeder virtuelle Schreibtisch seine eigene Struktur. Damit wird bei seminarübergreifender Arbeit das Auffinden von Materialien erschwert.

Über Verzeichnis-/Ordnerstrukturen/Wissensmanagement wird in Zukunft konsequenter nachzudenken sein, zumal diese Struktur Rückwirkungen im Sinne von Reorganisation auf die konkrete Ausbildung haben kann. Einige Benutzerinnen sehen in einem Verzeichnisbaum nicht effektiv genug, was neu ist. Das führt zu einer ineffizienten Arbeitsweise.

Viele Probleme ergeben sich aus einer nicht hinreichenden Kompatibilität. Die Mehrzahl der Nutzerinnen arbeitet mit Informatiksystemen, die durch vorinstallierte „Standardanwendungen" proprietäre Formate für Dokumente vorgeben, die nicht frei zugänglich und dokumentiert sind. Aus medienethischer Perspektive sind diese Formate nicht erwünscht. Um mit anderen Formaten zu arbeiten (gerade auch in kollaborativen Arbeits- und Ausbildungsprozessen) ist ein gewisser Aufwand unabdingbar.

Besorgnis erregt auch, dass man kann ganz gut die Arbeitsmoral kontrollieren kann: In der Voreinstellung des BSCW ist es möglich, die Rezeptionsgewohnheiten der Nutzerinnen herauszufinden. Dies ist für ein Vertrauensverhältnis, wie es für die Ausbildung unabdingbar ist, ein kritischer Faktor, da mit dieser Möglichkeit auch eine Kontrolle einhergeht. Wünschenswert wäre eine Möglichkeit, diese Kontrolle aufheben zu können.

Weiter vordringliche, offene Fragen sind:

- Inwieweit sind die Darbietungsmöglichkeiten verbindlicher zu kanalisieren – etwa durch Anbindung an Kategorisierungen des Wissensmanagements (vgl. Hoffmann & Loser 2001)?

- Wie wird die Motivation aufrechterhalten?
- Wie wird die Qualität der Lernprozesse evaluativ gesichert und einer Beurteilung zugänglich gemacht? Hierzu werden entsprechende Erfahrungen in Wirtschaft und Wissenschaft vergleichend heranzuziehen sein (vgl. z.B. Pieter 2002).
- Ist hinsichtlich der Beschaffenheit der eingesetzten Informatiksysteme die Anschließbarkeit an frühere und spätere Phasen der Lehrerbildung gewährleistet, um ein „lebenslanges" Lernen zu ermöglichen?

Berufsethisch kommt es also darauf an, ein Bewusstsein zu vermitteln, dass es beim Umgang mit Informatiksystemen nicht nur um die Nutzung einer Technik, sondern um die Wahrnehmung und Nutzung von Gestaltungsspielräumen in sozialen Handlungsräumen geht.

5.3   Virtuelle Lernstationen

Das Konzept der virtuellen Lernstation verknüpft im Wesentlichen drei Aspekte: einen methodischen (Lernen an Lernstationen), einen kooperativen (CSCL) und einen bildungsgangdidaktischen. Die konzeptionellen Vorüberlegungen werden den Referendaren über ein Portal mit Themenhinweisen und Materialien zugänglich gemacht.

Nach einem ersten Durchlauf erweist sich die Frage der Gruppenbildung für die Arbeit an Virtuellen Lernstationen als zentral. Hier gilt offensichtlich die triviale Einsicht: Die Chancen für ein erfolgreiches CSCL scheinen im dem Maße zu steigen, in dem die Möglichkeiten für eine Face-to-face-Kommunikation erschwert sind.

Die folgende Auswahl aus der Themenliste ist mehr oder weniger zufällig und pragmatisch beschränkt. Die thematische Variationsbreite veranschaulicht die Problematik und Notwendigkeit eines verbindlichen Korridors für das Wissensmanagement; zugleich wird aber auch die Größe des Kommunikationsraums deutlich: „Wider das Vergessen" (Märkisches Gymnasium, Hamm), „Binnendifferenzierung nach verschiedenen Lerntypen" (Willy-Brandt-Gesamtschule, Bergkamen), „Außenseiter – Diagnose und Versuch der Integration durch unterrichtliche Prozesse" (Galilei Gymnasium, Hamm), „Problemfindung im forschend-entwickelnden Unterrichtsverfahren" (Gymnasium Antonianum, Geseke), „Schulangst – eine besondere Form der Lernstörung" (Städtisches Gymnasium Selm).

Die gewählten Themen dokumentieren, dass hier ein Wissen aufgebaut und anderen zur Verfügung gestellt wurde, das dem Bedarf der jeweiligen Schulgruppe entspricht und in dieser Differenzierungsbreite in konventionellen Seminaren weniger möglich ist. Anderseits bleibt in Zukunft konsequenter zu fragen, inwieweit über das hier bereitgestellte speziellere Wissen ein unverzichtbares Grundwissen hinsichtlich der Lernpsychologie für alle gesichert werden kann.

Angesichts der unterschiedlichen Voraussetzung hinsichtlich des Umgangs mit Informatiksystemen ist die Hoffnung nur ansatzweise erfüllt worden, dass die bereits qualifizierten Referendarinnen ihre Mitreferendarinnen in der Technik ausbilden würden. Stattdessen bildeten sich vielfach arbeitsteilige Strukturen, die die Netzarbeit den „Expertinnen" überließ. Hier wird bei zukünftigen Jahrgängen eine intensivere Vorbereitung des Arbeitens mit elektronischen Plattformen nötig sein.

Die Frage der Leistungsbeurteilung im Zusammenhang mit den virtuellen Lernstationen und CSCL muss zum jetzigen Zeitpunkt als nicht zufrieden stellend gelöst angesehen werden. Angedacht ist, dass die erreichte Kompetenz der jeweiligen Referendarinnen und Lehramtswärter ausbildungsbegleitend in einem internen Portfolio lediglich dokumentiert wird. Dieses Portfolio bezieht sich auf alle drei Phasen der Lehrerbildung. Erste Erfahrungen zeigen jedoch, dass diese Möglichkeit bisher nur sehr zurückhaltend angenommen wird.

In der Ausgestaltung der Lernstationen ist der Individualisierungsgrad in den Beiträgen der Schulgruppen recht hoch und weicht zum Teil erheblich von den Vorgaben ab. Unter diesem Gesichtspunkt ist das Portal zu überdenken. Weiter muss das Problem der „Anschließbarkeit" von Arbeiten zukünftiger mehr in den Blick genommen werden.

6   Ausblicke

Studienseminare kennen wie Schulen und Universitäten Mitsprache- und Mitbestimmungsrechte für Ihre Mitglieder und Klienten. Am Beispiel eines Flächenseminars wie Hamm, kann man sich verdeutlichen, wie schwierig es ist, Hunderte von Referendarinnen zusammenkommen zu lassen, um ihre Mitwirkungsrechte auch wahr zu nehmen. Die Bedeutung dieser Mitwirkung wird in einer Situation, in der der heute noch überregulierende Staat sich auf die Rolle eines Supervisors zurückzieht (vgl. Willke 1997) eher noch wachsen. In diesem Kontext werden Möglichkeiten interessant, die unter den Stichworten „deliberative Mitwirkung" oder auch e-Voting gehandelt werden (vgl. Dittrich et al. 2003, S. 200ff). Dabei wird es darauf ankommen, nach der Kehre vom Mythos zur Praxis (Münker & Roesler 2001) nicht wieder zurückzufallen. Erste Erfahrungen lassen eher Skepsis angesagt sein bei Versuchen mit großen politischen Gebilden (s. Romano Prodi und „The future of the Union"). Im Hammer Seminar werden z.Z. erste Konzepte in die konventionellen Mitwirkungsgremien eingespeist.

5.3 CSCL in Hochschulseminaren: Zwei Beispielszenarien aus der Praxis

Angela Carell[1], Andrea Kienle[1], Thomas Herrmann[2]

[1]Universität Dortmund, [2]Ruhr-Universität Bochum

1 Einleitung

Dieses Kapitel befasst sich mit Gestaltungsmerkmalen für Hochschulseminare, in denen computergestützt und kollaborativ gelernt werden soll. Dazu wird in Abschnitt 2 zunächst das Feld virtueller Lehre aufgespannt und eine Verortung der Beispielszenarien vorgenommen. In Abschnitt 3 werden die beiden Szenarien jeweils anhand der Dimensionen sozialer Lernkontext, Rolle des Lehrenden, Veranstaltungsart und Computerunterstützung eingehend beschrieben und charakterisiert. Auf der Basis der Erfahrungen, die aus der explorativen Evaluation der vorgestellten Lernszenarien resultieren, aber auch anhand aktueller Befunde aus der Literatur werden in Abschnitt 4 Merkmale herausgearbeitet, die bei der Gestaltung computerunterstützter kollaborativer Seminare zu berücksichtigen sind. In Abschnitt 5 wird im Sinne einer Zusammenfassung ein Orientierungsrahmen für die Gestaltung von CSCL-Seminaren in der Hochschule aufgestellt.

2 Das Feld computergestützten Lernens und Positionierung der Szenarien

Die Bandbreite möglicher computerunterstützter Lehr/Lernszenarien in der Hochschule ist sehr vielfältig. Sie reicht von Präsenzveranstaltungen, zu denen unidirektional Information von einer Webseite herunterladen werden können, bis hin zu ausschließlich virtuell durchgeführten Seminaren. Dazwischen lässt sich ein Feld verschiedenster Formen virtueller Lehre aufspannen, das bezüglich des sozialen Lernkontextes, der eingesetzten Lernmethode, des Veranstaltungsmodus und der über den Computer realisierten technischen Unterstützung äußerst variantenreich ist. Entsprechend findet man unter ein und derselben Bezeichnung ganz unterschiedliche Formen virtueller Seminare bzw. werden sehr ähnliche Lehr-/ Lernkonzepte mit jeweils anderen Begriffen belegt. Zur Einordnung der hier vorgestellten Lernszenarien haben wir ausgehend von Schulmeister (2001) ein vier-dimensionales (prinzipiell um zusätzliche Aspekte erweiterbares) Klassifikationsmodell entwickelt (Abbildung 1). Das Modell beinhaltet in der horizontalen Anordnung den sozialen Lernkontext (Einzelarbeit bis Gruppenarbeit) und die Rolle des Lehrenden (Allwissender bis Coach). Der Veranstaltungsmodus (Präsenzlehre bis virtuelle Lehre) und die Funktion der Computerunterstützung (individuelle Information bis kollaborative Interaktion) sind in vertikaler Richtung dargestellt. Die in der Abbildung 1 von innen nach außen zeigenden Pfeile verdeutlichen die Tendenz von einer lehrerzentrierten Unterrichtsweise in Präsenzform zu einer lernerzentrierten, stärker selbstorganisierten virtuellen Form des Lernens in Gruppen. Entscheidend und richtungsweisend für die Einordnung von E-Learningangeboten in das Klassifikationsmodell ist, welche der Ausprägungen für das zu verortende Seminar charakteristisch ist. So ist es z.B. in der Dimension „Rolle des Lehrenden" möglich, die Ausprägung „Coach" als Rolle des Lehrenden auch dann anzugeben, wenn dieser zeitweise ebenfalls die Rolle des inhaltlichen Gesprächsleiters übernimmt. Maßgebend ist, welches Selbstverständnis und Bild des Lehrenden im Seminar dominiert.

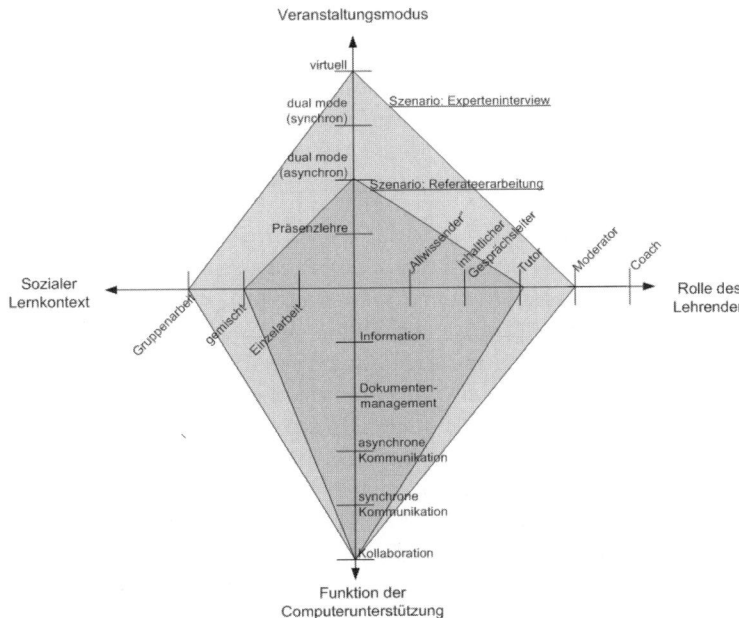

Abbildung1: Einordnung der CSCL-Beispielszenarien in das Klassifikationsschema

Im Folgenden werden zwei Beispielszenarien („Referatebearbeitung" und „Experteninterview") entlang der in Abbildung 1 beschriebenen Dimensionen eingehender dargestellt, einen ersten Eindruck stellen die grauen Flächen in Abbildung 1 dar. Die beiden Beispiele wurden bewusst aus unterschiedlichen Bereichen gewählt, um einen breiten Blick auf mögliche Anwendungsfelder virtueller Lehre in Hochschulseminaren zu eröffnen.

3 Beschreibung zweier Beispielszenarien zum computergestützten kollaborativen Lernen in der Hochschule

3.1 Szenario 1: Referateerarbeitung

Das Szenario „Referateerarbeitung" bezieht sich auf zwei parallel verlaufende Seminare „Folgen der Informationstechnik", die im Sommersemester 2001 am Fachgebiet Informatik und Gesellschaft des Fachbereichs Informatik an der Universität Dortmund durchgeführt wurden. Das für Ingenieurinformatiker im Hauptstudium verbindliche Seminar hat die Folgen des Einsatzes von Informations- und Kommunikationstechniken auf die Arbeitswelt, auf das tägliche Leben und auf gesellschaftliche Veränderungen zum Thema. Ziel dieser Veranstaltung war es, sich durch die Erörterung der Vor- und Nachteile unterschiedlicher Anwendungen in verschiedenen Einsatzszenarien mit der Gestaltung benutzergerechter und sozial verträglicher informationstechnischer Systeme (kurz IT-Systeme) auseinander zu setzen. Bezogen auf die zuvor vorgestellten Merkmale lässt sich hier Folgendes zusammenfassen:

Sozialer Lernkontext: Die Veranstaltung wurde als Kombination von Einzel- und Gruppenarbeitsphasen durchgeführt. Das Seminarthema wurde in verschiedene Themenschwerpunkte unterteilt (z.B. Gesundheitswesen, Aus- und Weiterbildung), zu jedem Themenblock wurden mehrere Referate vergeben. Die Aufgabe der Studierenden war es, zu ausgewählten Themen ein Referat und eine dazugehörige Ausarbeitung anzufertigen. In einer 6-monatigen Vorbereitungsphase sollte in Einzelarbeit eine Gliederung und eine Kurzbeschreibung erstellt werden. Die Einzelarbeiten der Studierenden innerhalb eines Themenblockes sollten sich aufeinander beziehen, thematische Doppelungen und begriffliche Inkonsistenzen sollten vermieden werden. Die Studierenden hatten insbesondere die Aufgabe, ihre Materialien gegenseitig zu begutachten und abschließend innerhalb eines Themenblockes eine gemeinsame Liste von Diskussionsthesen zu erstellen (Gruppenarbeit). Besonders diese letzten beiden Aspekte erforderten einen hohen Aufwand an Wissensaustausch und die Einigung auf ein gemeinsames Ergebnis (Konvergenzbildung). Der korrespondierende kollaborative Prozess ist in Abbildung 2 dargestellt.

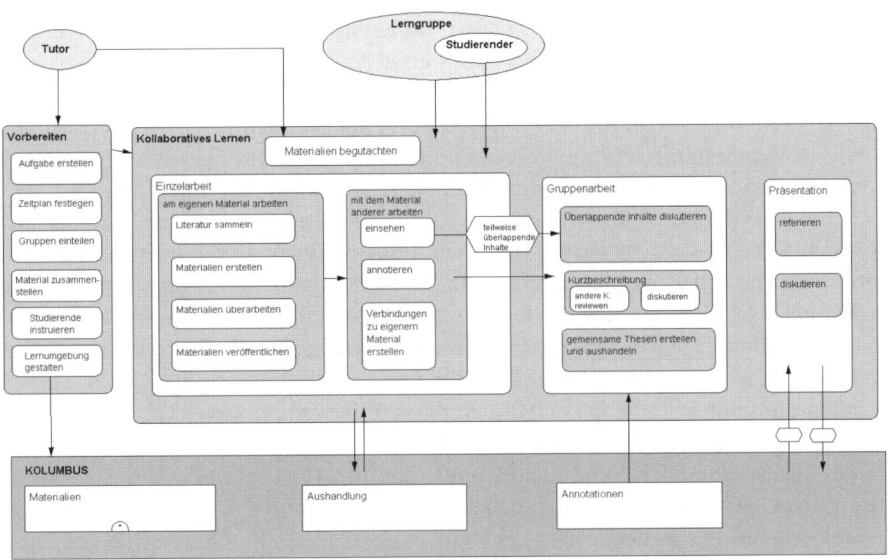

Abbildung 2: Kollaboratives Lernens im Beispielszenario „Referateerarbeitung"

Rolle des Lehrenden: Die Arbeit der Studierenden wurde durch den Lehrenden in Form einer tutoriellen Begleitung unterstützt: Der Lehrende bzw. Tutor legte die zu bearbeitenden inhaltlichen Themen und die jeweiligen Abgabetermine fest und stand den Studierenden in der Vorbereitungsphase jederzeit für inhaltliche Fragen zur Verfügung. Die einzelnen Arbeitsergebnisse (Gliederung, Kurzbeschreibung etc.) wurden vom Tutor begutachtet und konstruktives Feedback gegeben.

Veranstaltungsmodus: Das Seminar wurde als asynchrone *dual mode*-Veranstaltung durchgeführt. In einer real-präsenten Einführungsveranstaltung wurden den Studierenden zunächst anhand einer Beamer-Präsentation die Ziele des Seminars, Termine und eine Übersicht über die zu erarbeitenden Themen gegeben. Ferner wurde die in der Vorbereitungsphase zum Einsatz kommende Lernumgebung KOLUMBUS (vgl. Kienle (2003) und Kienle & Herrmann (2002)) vorgestellt. Die wichtigsten Seminarinformationen wurden als Hand-out in Papierform ausgegeben, für alle weiteren Informationen wurde auf den entsprechenden Inhaltsbereich innerhalb der eingesetzten CSCL-Umgebung verwiesen. Dadurch sollten die Studierenden motiviert werden, sich frühzeitig mit der eingesetzten Lernumgebung vertraut zu machen.

Die Vorbereitungsphase, in der Kurzbeschreibungen innerhalb von Themenschwerpunkten erstellt, wechselseitig abgestimmt und aufeinander bezogen sowie Aufgaben und Termine koordiniert wurden, wurde computergestützt und asynchron durchgeführt. Das Seminar fand als Präsenzveranstaltung in Blockform am Ende des Semesters statt. Hier wurden die Ergebnisse der Erarbeitungsphase präsentiert und kritisch gewürdigt. Die Evaluation fand in Form einer Logdateianalyse während der gesamten Nutzungsphase sowie in Einzelinterviews mit den Studierenden und Lehrenden am Ende der 6-monatigen Bearbeitungszeit statt.

Funktion der Computerunterstützung: Zur Unterstützung des kollaborativen Prozesses in der Vorbereitungsphase des Seminars wurde die Lernumgebung KOLUMBUS eingesetzt. KOLUMBUS wurde am Fachgebiet Informatik & Gesellschaft der Universität Dortmund entwickelt. Die zentrale Idee ist die Integration von Lernmaterial, das von allen Teilnehmern eingestellt werden kann, und Kommunikationsunterstützung, die mittels eines eigens konzipierten Annotationskonzeptes realisiert wird. Ausschlaggebend für die Integration ist die Zerlegung von Inhalt in kleine Einheiten (Items), die flexibel genutzt und unmittelbar annotiert werden können. Items können durch Text, Bild, Binärdateien, Links oder Annotationen repräsentiert werden. Dabei werden Kommunikationsbeiträge in Form von Annotationen dargestellt, während Materialien durch die anderen genannten Präsentationstypen repräsentiert werden. Der Inhalt zeigt sich dem Betrachter als hierarchische Struktur von Items (vgl. Abbildung 3), die zudem in einer didaktisch aufbereiteten Sicht dargestellt werden können. Alle existierenden Funktionen (z.B. einstellen, annotieren, bewerten, kopieren, verschieben) können an jedem Item aufgerufen werden. Insbesondere die differenzierte Vergabe von Rechten sowie eine Aushandlungsfunktionalität ermöglichen die Unterstützung des gesamten kollaborativen Prozesses vom eigenen Erstellen von Inhalten über die Diskussion mit anderen bis hin zur Einigung auf ein gemeinsames Ergebnis.

Abbildung 3: Screenshot der kollaborativen Lernumgebung KOLUMBUS

3.2   Szenario 2: Experteninterview

Das Seminar richtete sich an Studierende mit den Studienrichtungen Lehramt (Sek I/II) sowie an Diplompädagogen mit dem Schwerpunkt Erwachsenenbildung (Carell et al. 2003). Es war mit deutlicher Selbstreferenz angelegt, d.h. Seminarthema und die Seminarform waren wechselseitig aufeinander bezogen. So ging es insbesondere um die Frage, wie Online-Seminare didaktisch gestaltet sein müssen, damit sie lernintensiv und erfolgreich sind. Auf methodischer Ebene sollten die Studierenden praktische Erfahrungen mit Kommunikation, Kooperation und Kollaboration in virtuellen Lernumgebungen sammeln und kritisch reflektieren. Darüber hinaus sollten sie selbst Moderationserfahrungen erwerben und daraus verallgemeinerbare Strategien für die Durchführung und Moderation derartiger Seminare ableiten.

Sozialer Lernkontext: Didaktisch war das Seminar so angelegt, dass die Studierenden am Ende des Seminars ein „Online-Interview" mit einem Experten/einer Expertin zu der von ihnen aufbereiteten Thematik durchführen sollten. Dieses Interview mussten sie kollaborativ (5-6 Personen pro Gruppe) sowohl auf inhaltlicher Ebene als auch unter methodischen Gesichtspunkten vorbereiten, d.h. eigene Moderationsstrategien zur Durchführung der Interviews entwickeln. Anhand eines Einführungstextes erarbeiteten sie dafür zunächst gemeinsam vertiefende Fragestellungen, die sie anschließend eingehender bearbeiteten. Hier wechselten sich Einzelarbeitsphasen, in denen die Gruppenmitglieder Arbeitsaufträge für die Gruppe erledigten (z.B. Literatur recherchieren, Zusammenfassungen erstellen) mit gemeinsamen Arbeitsphasen ab (Einzelergebnisse zusammentragen, diskutieren, Präsentation erstellen). Die erzielten Ergebnisse wurden der gesamten Seminargruppe präsentiert, bevor sie mit den Experten online diskutiert wurden. Der dahinterliegende Prozess ist in Abbildung 4 dargestellt.

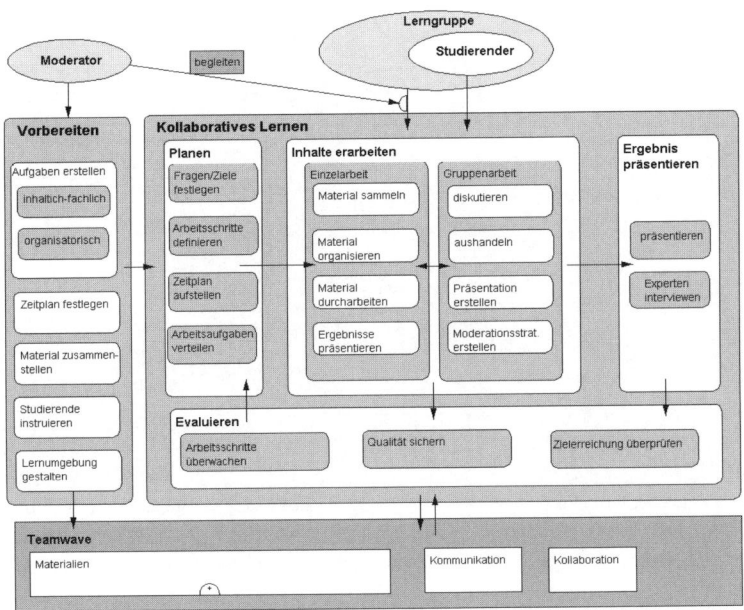

Abbildung 4: Kollaborativer Lernprozess im Beispielszenario „Experteninterview"

Rolle des Lehrenden: Die Studierenden erarbeiteten sich die Seminarinhalte selbstständig. Die Lehrende fungierte als Moderatorin, die die Rahmenbedingungen des Seminars festlegte. Neben einem groben Zeitplan für die inhaltliche Arbeit wurden in diesem Zusammenhang auch Anforderungen formuliert, die die Art des kommunikativen Austausches in der Gruppe (z.B. „Synchrontreffen in der Gruppe durchführen", „Themen asynchron diskutieren") sowie die Gruppenkoordination betrafen („To do-Liste erstellen", „Rollen zur Organisation der Gruppenarbeit festlegen"). Ferner gestaltete die Lehrende die erste Version der Lernumgebung (z.B. Räume anlegen, Materialien einpflegen), so wie sie den Studierenden zu Beginn des Seminars präsentiert werden sollte (im Verlauf des Seminars konnten und sollten die Studierenden die Lernumgebung selbst weitergestalten).

Veranstaltungsmodus: Das Seminar wurde, abgesehen von einer verpflichtenden eintägigen Präsenz-Veranstaltung zum Seminarauftakt, als rein virtuelles Seminar durchgeführt. In der Auftaktveranstaltung wurden die Studierenden inhaltlich-fachlich in das Seminarthema eingeführt, die Arbeitsgruppen zusammengestellt sowie die Handhabung und Benutzung der virtuellen Lernumgebung Teamwave eingeübt. Teamwave wurde von einer amerikanischen Firma aufgekauft und seit 2002 unter dem Namen NetCollaborator der Firma Sonexis vertrieben (http://www.sonexis.com).

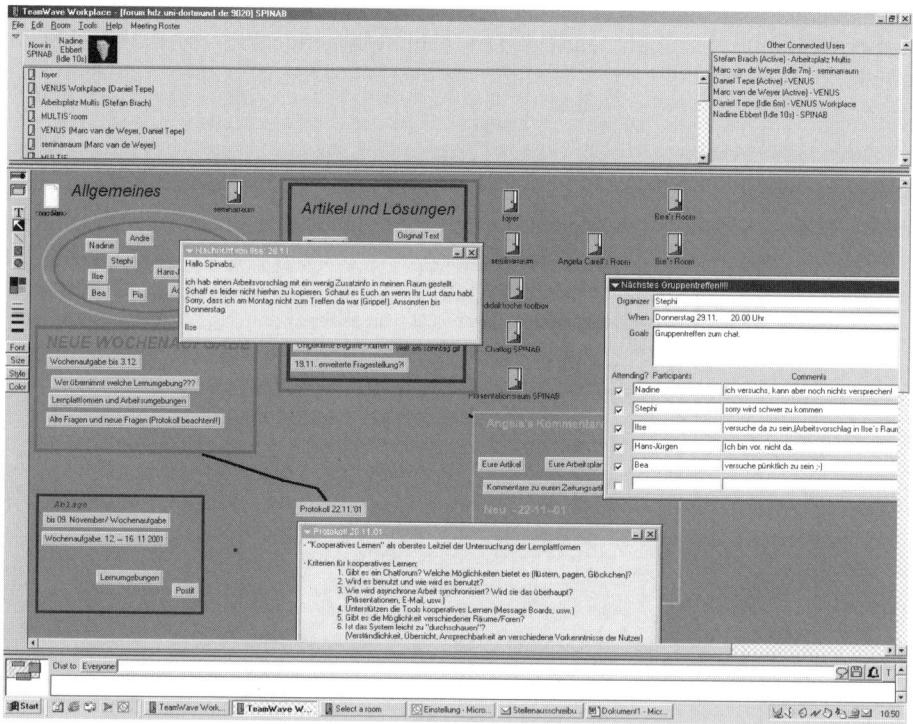

Abbildung 5: Screenshot der kollaborativen Lernumgebung Teamwave

Funktion der Computerunterstützung: Zur Realisierung des computergestützten kollaborativen Lernprozesses wurde die Lernumgebung Teamwave eingesetzt. Teamwave ist eine Software, die kollaboratives Lernen und Arbeiten sowohl in asynchroner (Diskussionsforum) wie auch in synchroner Form (Chat, Shared Whiteboard, Concept-Map) unterstützt. Darüber hinaus stehen verschiedene Tools zur Unterstützung der Organisation des gemeinsamen Lernprozesses zur Verfügung (u.a. Vote-Tool, To-do-Liste, Datenbanktool). Das Interface ist als Shared-Whiteboard gestaltet und mit einer Raummethapher belegt. In den Räumen können jeweils alle in Teamwave zur Verfügung stehenden Funktionalitäten und Tools genutzt werden (vgl. Abbildung 5). Der Umgang mit der Lernumgebung wurde intensiv zu Beginn des Seminars geschult. Dabei wurden die wesentlichsten Funktionalitäten der Software vorgeführt und in Zweier-Teams anhand konkreter Übungsaufgaben von den Studierenden selbstständig exploriert. Auftauchende Probleme und Fragen konnten so unmittelbar besprochen und behoben werden. Die gesamte Schulung dauerte ca. 5 Stunden, wobei der größte Teil auf die Einführung in die Lernumgebung entfiel

4   Merkmale erfolgreicher CSCL-Seminare in der Hochschule

Aus den Erfahrungen der beiden vorgestellten Seminare und im Vergleich mit anderen Literaturquellen lassen sich Gestaltungsmerkmale für CSCL-Seminare in der Hochschule ableiten. Generell kann festgehalten werden, dass sich kollaboratives Lernen ohne eine geeignete Aufgabenstellung und eine kontinuierliche Begleitung durch den Lehrenden sowie den Einsatz eines CSCL-Systems mit geeigneten Funktionalitäten nicht automatisch einstellt. Im Gegenteil: Es muss – wie in den folgenden Abschnitten verdeutlicht wird – wesentlich mehr Sorgfalt auf die methodisch-didaktische, technische und organisatorische Vorbereitung der Veranstaltung gelegt werden als in traditionellen *Face-to-Face* Seminaren.

4.1   Strukturgeben

In computergestützten Lernarrangements kommt dem Lehrenden eine zentrale Rolle als Coach und Moderator des kollaborativen Lernprozesses zu, dessen Aufgabe u.a. im „Strukturgeben" besteht. Das „Strukturgeben" (scaffolding) sollte sich dabei a) auf inhaltliche, b) auf organisatorische und c) auf den kollaborativen Prozess selbst beziehen, aber noch Raum genug für die Selbststeuerung der Lerngruppen geben. Der Aufgabenstellung kommt in diesem Zusammenhang große Bedeutung zu.

a) Strukturgeben auf inhaltlicher Ebene: Im Szenario „Referateerarbeitung" war der durch die vorgegebene Aufgabenstellung angedachte Vorteil einer Zusammenarbeit nicht unmittelbar erkennbar, so dass in der Konsequenz Zusammenarbeit auch nur partiell zu beobachten war. Die Bedeutung der Aufgabenstellung im Hinblick auf eine aktive und kollaborative Auseinandersetzung mit den Lerninhalten wird auch beim „Problem Based Learning (PBL)" (Koschmann 2001) herausgestellt. In neueren Studien zeigte sich, dass für computervermitteltes, kollaboratives Lernen systematisch neue Aufgabenstellungen zu entwickeln sind, die den veränderten, mit der Computerunterstützung aufkommenden Möglichkeiten gerecht werden (Carell & Menold 2003). Die Aufgabe muss auf inhaltlicher Ebene also so gestellt werden, dass sie einerseits nur auf dem Weg der Zusammenarbeit und durch das Erzielen gemeinsamen Verständnisses des Problems und der Lösungsansätze bearbeitet werden kann, und dass andererseits das zu Erlernende nicht schneller oder in gleicher Qualität durch Einzelarbeit angeeignet werden kann. Gleichzeitig müssen die Vorteile einer Zusammenarbeit für die Studierenden transparent und nachvollziehbar sein. Es ist offensichtlich, dass dies nur im Kontext komplexer Lernziele sinnvoll ist, die auf das Verständnis eines Gegenstandes aus verschiedenen Perspektiven in der Verbindung mit der Entwicklung sozialer Kompetenz orientiert sind.

b) Strukturgeben auf organisatorischer Ebene: Das kollaborative Lernen in der Gruppe muss auch auf organisatorischer Ebene gezielt unterstützt werden, denn es kann nicht erwartet werden, das Studierende Erfahrungen mit dem gemeinsamen Lernen in Gruppen haben und ihr Lernen so organisieren, dass es zu einem tiefenorientierten Austausch von Wissen und dem Aufbau einer gemeinsamen Wissensbasis kommt (Carell & Menold 2003). Dies kann u.a. dadurch gefördert werden, dass organisatorische Aspekte unmittelbar in die Aufgabenstellung einfließen. Im Szenario „Experteninterview" beinhaltete die Aufgabenstellung bspw. konkrete Aufgaben zur Gestaltung des gemeinsamen Lernens wie *Peer-Review* der selbst erstellten Texte durchführen, Teilergebnisse diskutieren, gemeinsam Thesen aufstellen u.a.m. Dabei hat sich gezeigt, dass diese Form der Unterstützung insbesondere in der Anfangsphase des Lernprozesses von großer Bedeutung ist. Auch im weiteren Verlauf dürfen die organisatorischen Aspekte der Zusammenarbeit nicht vernachlässigt werden, können aber mit zunehmender Kompetenz der Studierenden sukzessive zurückgenommen werden.

c) Strukturgeben auf Prozessebene: Kollaboratives Lernens lässt sich in unterschiedliche Lern- und Gruppenarbeitsphasen differenzieren (Kienle 2003; Carell & Menold 2003; Carell et al. 2004), die von den Gruppen mehr oder weniger selbstgesteuert durchlaufen werden müssen. Den Studierenden muss der Prozess des kollaborativen Lernens deshalb transparent gemacht und kontinuierlich unterstützt werden. Im ersten Szenario wurde den Studierenden ein Ablaufmodell des kollaborativen Prozesses vorgestellt und anschließend gemeinsam vertieft. Die Dokumentation des vereinbarten Ablaufmodells wurde in der Lernumgebung KOLUMBUS zum Abruf bereitgehalten, aber im Laufe des Seminars nicht weiter beachtet. Gleichzeitig war eine zunehmende Unsicherheit zu beobachten, in welchen Phasen des kollaborativen Prozesses sich die Gruppe befand. Im zweiten Szenario wurde der kollaborative Prozess systematisch durch entsprechendes Feedback seitens der Lehrenden unterstützt und geschult. Dies setzte jedoch ein sehr hohes Maß an Aufmerksamkeit und Präsenz des Lehrenden voraus, d.h. z.B. virtuelle Anwesenheit bei Synchrontreffen und eine kontinuierliche Sichtung des asynchron erzeugten Kommunikationsmaterials.

Insgesamt muss die Aufgabenstellung auf inhaltlicher, organisatorischer und auf Prozessebene so gestaltet sein, dass den Lerngruppen genug Freiraum für die Selbststeuerung des Lernprozesses zur Verfügung steht. Dies ist insbesondere zu Beginn eines computergestützten Lernprozesses von zentraler Bedeutung. Die Gruppen müssen sich in dieser Phase in einem ihnen ungewohnten Lernsetting erst zusammenfinden und Formen der gemeinsamen Zusammenarbeit entwickeln. Dies schlägt sich in anderen Studien beispielsweise in einem hohen Anteil organisatorischer Beiträge zu Beginn eines kollaborativen Lernprozesse nieder (Lakkala et al. 2002).

4.2 Kontinuierliche Schulung im Umgang mit der Technik

Der Umgang mit der Lernumgebung muss zu Beginn eines computerunterstützten Seminars intensiv eingeübt werden um zu vermeiden, dass die erste inhaltliche Seminarphase durch technische Fragen überlagert wird und Studierende aufgrund technischer Probleme frustriert werden und ggf. aus dem Seminar aussteigen. Allerdings zeigen unsere Erfahrungen auch, dass eine einmalige Schulung nur dann ausreichend ist, wenn wirklich alle Funktionalitäten des technischen Systems von Beginn an genutzt werden. So wurde im ersten Szenario im Seminarverlauf eine steigende Unsicherheit in der Systemnutzung beobachtet, da in unterschiedlichen Phasen des kollaborativen Prozesses verschiedene Funktionalitäten zum Einsatz kamen. Die in der Einführungsveranstaltung vorgestellten Funktionalitäten gerieten jedoch im Laufe der Zeit wieder in Vergessenheit. Auch im zweiten Szenario war zu beobachten, dass bestimmte technische Funktionalitäten nicht genutzt wurden, selbst dann nicht, wenn ihr Einsatz geboten war. Hier hatten sich gewisse „Nutzungsgewohnheiten" herausgebildet, die nur schwer wieder aufzubrechen waren. Es sollte deshalb neben einer intensiven Schulung zu Beginn eines Seminars eine *kontinuierliche* Schulung der technischen Funktionalitäten über den gesamten Seminarverlauf hin durchgeführt werden. Realisieren lässt sich dies gut durch die Integration von technischer Schulung und inhaltlicher Aufgabenstellung bzw. Anforderungen der Zusammenarbeit in der Gruppe (z.B. Schulung zur Nutzung des Aushandlungstools, wenn die Lerngruppe zu einem von allen getragenen Ergebnis kommen soll).

Eine besondere Bedeutung kommt dem Lehrenden im Zusammenhang des Umgangs mit der Technik zu. An ihm ist es, eine vorbildliche Nutzung des technischen Systems vorzuleben. In dem ersten Beispiel wurden die Lehrenden als Vorbild und Ansprechpartner in vielen Fällen angesehen (Kienle 2003). Dabei nannten die Studierenden explizit, dass sie von den Veranstaltern die Nutzung des technischen Systems lernten; so schauten sie sich bspw. erst das Vorgehen beim Review durch den Veranstalter an, bevor sie selbst Kommentare einstellten. Solange der Veranstalter die von den Studierenden gewünschte Nutzung des CSCL-Systems vorlebt, wird dies von den Studierenden ebenso gehandhabt. Gleiches gilt für die Nutzung von Kommunikationsunterstützungen. Wird eine frequentierte Nutzung von den Studierenden gewünscht, so muss auch der Lehrende „mit gutem Beispiel voran gehen". Solange die Studierenden eine schnellere Nachricht vom Veranstalter erwarten können, wenn sie ihn per E-Mail kontaktieren, werden sie keine Nachricht in die Lernumgebung einstellen. Im zweiten Szenario war zu beobachten, dass sich die Studierenden die Moderationsstrategien der Lehrenden bei synchronen Diskussionen im Chat abschauten. Durch gezielt gestellte Beobachtungsaufgaben könnte dieses „Lernen am Modell" gezielter gefördert werden.

Insgesamt wird deutlich, dass die Lehrenden ihre Rolle im Prozess der kollaborativen Aufgabenbearbeitung genau durchdenken und planen müssen und zwar so, dass sie die gewünschte Form des Technikeinsatzes vorleben können, ohne den Studierenden die Eigenverantwortung für die Organisation des Lernprozesses zu nehmen.

4.3   Kollaboratives Lernen erfordert besondere technische Funktionalitäten

Für das Gelingen einer computervermittelten kollaborativen Lernsituation ist es von zentraler Bedeutung, dass die eingesetzte technische Plattform alle Phasen des kollaborativen Prozesses unterstützt. So muss etwa durch geeignete Funktionalität des einfachen Einstellens von Materialien in das System durch die Studierenden ebenso möglich sein wie eine Unterstützung der Kommunikation, Bewertungsfunktionalität oder eine Aushandlung auf ein gemeinsames Ergebnis. Die Arbeit mit Material (Text, Dokumente, Bilder, Programme) muss mit den Kommunikationsfunktionen integriert werden. Für eine ausführliche Darstellung von Funktionalitäten, die den gesamten kollaborativen Prozess unterstützen, sei auf das Kapitel „Konzepte für die Lerngruppe" (vgl. Kapitel 2.3.3 in diesem Buch) verwiesen.

Besonders die hier angesprochenen organisatorischen Gestaltungsmerkmale ziehen Anforderungen an die Gestaltung des technischen Systems nach sich. So kann bspw. die Steuerung des kollaborativen Lernens durch das technische System selbst unterstützt werden, indem z.B. das technische System so gestaltet wird, dass es den Prozess des kollaborativen Systems repräsentiert bzw. durch den Prozess leitet. Diese Form des Strukturgebens gewinnt unter dem Begriff „Representational Guidance" zunehmend mehr Aufmerksamkeit (s. z.B. Suthers & Hmelo-Silver (2003)). Denkbar ist hier zum Beispiel, die in Abbildung 2 oder 3 dargestellten Prozesse als navigierbare Diagramme in die Lernumgebung einzustellen und mit ihnen die Navigation in und zwischen den verschiedenen Inhaltsbereichen zu erleichtern (Carell et al. 2004). Auch die erkennbare Notwendigkeit, mehr Raum für organisatorische und inhaltliche Diskussionen zu geben, hat direkte Auswirkung auf die technischen Anforderungen an ein einzusetzendes CSCL-System: So wurde von den Probanden eine differenzierte, durchaus unterschiedliche Unterstützung sowohl inhaltlicher als auch organisatorischer Beiträge gefordert.

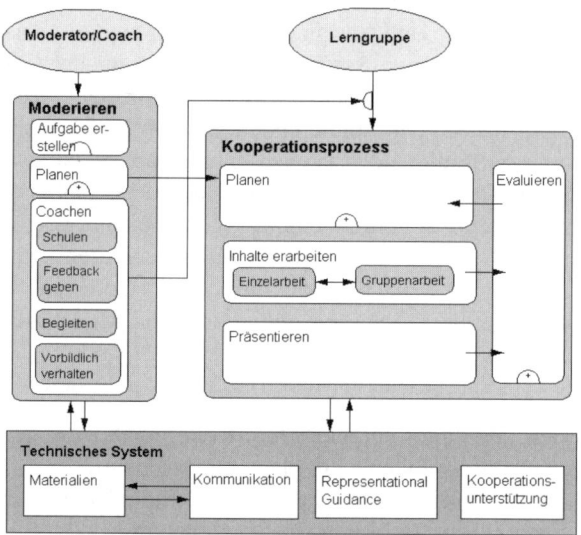

Abbildung 6: Orientierungsmodell

5   Orientierungsrahmen für die Gestaltung von CSCL-Seminaren in der Hochschule

Der Einsatz von CSCL in Hochschulseminaren ist nur dann sinnvoll, wenn das Lernziel und der Lerngegenstand durch einen Prozess der Zusammenarbeit mehrerer Studierender erreicht werden kann, und zwar besser als in ausschließlicher Einzelarbeit. Außerdem muss es möglich sein, eine Aufgabe so vorzugeben, dass sie einen Prozess der Zusammenarbeit initiiert und inhaltlich zu dem Lerngegenstand korrespondiert. Nur wenn diese Voraussetzungen erfüllbar sind, macht der CSCL-Einsatz Sinn. Im Folgenden fassen wir unsere Empfehlungen für die Gestaltung von CSCL-Seminaren in der Hochschule im Sinne eines Orientierungsmodells, das als grobe Richtschnur für die Planung und Gestaltung eines computergestützten kollaborativen Lernprozesses dienen kann.

Orientierungsrahmen zur Gestaltung von CSCL-Seminaren in der Hochschule

1. Aufgabe, intendierte Kooperationsprozesse und die Rolle der Lehrenden im CSCL-Prozess sind von vornherein zu planen und so aufeinander abzustimmen, dass die Kooperationsanforderungen durchgängig klar sind und von den Studierenden selbst organisiert werden können (*Aufgabe erstellen, Planen*).

2. Es bedarf sowohl einer initiierenden als auch einer kontinuierlichen Vorbereitung und *Schulung* der einzelnen Schritte, die im Kooperationsprozess der Studierenden anstehen und sinnvoll sind sowie der technischen Funktionalität, die dabei eingesetzt wird.

3. Es muss ein kontinuierliches *Begleiten* des kollaborativen Prozesses durch den Lehrenden stattfinden, der auch *Feedback* gibt und die technischen und organisatorischen Randbedingungen so berücksichtigt und nutzt, so dass eine beobachtbare *Vorbildfunktion* wahrgenommen wird.

4. Die eingesetzte Technik muss:

   - die Integration von Arbeit am (Lern-)*Material* und *Kommunikation* über das Material unmittelbar integrieren,

   - die Abwechslung von Phasen der Einzelarbeit und der *Kooperation* unterstützen

   - den kollaborativen Lernprozess organisatorisch unterstützen (Bereitstellen bestimmter Funktionalitäten in spezifischen Phasen des Lernprozesses etc.)

   - Sowohl die Navigationsstruktur für die Aktivierung der technischen Funktionalität als auch des Materials müssen sog. *Representational Guidances* beinhalten, die die Organisation des kollaborativen Prozesses erleichtern.

5.4 Kollaboratives Lernen Studierender mit Hilfe von Knowledge Forum

Franz Gramlinger

Universität Hamburg

1 Einleitung

Dieser Beitrag beschreibt die Arbeit von Studentengruppen aus Deutschland und Österreich, die mit Hilfe internetbasierter Werkzeuge gemeinsame Lern- und Arbeitsprozesse erprobt haben. Zuerst wird kurz das Lehrveranstaltungsdesign als gemeinsamer Rahmen beschrieben, dann wird in einem exkursartigen Teil auf den Ansatz des Knowledge Building eingegangen, der sowohl theoretisch als auch praktisch (mit Hilfe der Software Knowledge Forum) ein Thema der kollaborativen Veranstaltungen war. Schließlich werden überblicksartig die wichtigsten Ergebnisse aus den Befragungen der Studierenden zu ihren gemeinsamen Lernerfahrungen und -erfolgen dargestellt, um daraus im abschließenden Teil Schlussfolgerungen für kollaboratives Lernen, das internetbasiert erfolgt, zu ziehen.

2 Ein kollaboratives Lehrveranstaltungs-Setting zwischen Deutschland und Österreich

Vom Wintersemester (WS) 2000/01 bis einschließlich WS 02/03 arbeitete der Verfasser von Hamburg aus mit Gruppen von Studierenden der Universitäten Hamburg und Linz/ Österreich in folgendem, gleich bleibenden Setting: Während die Veranstaltungen in Linz als reine Distanz-Veranstaltungen mit tutorieller Unterstützung abgehalten wurden, fanden die Hamburger Veranstaltungen zum Teil synchron (in 14-Tages-Abständen), zum Teil asynchron statt. Ziel war es jeweils, mit wechselnden inhaltlichen Schwerpunkten die beiden Studierendengruppen nach einer Einstiegs- und Kennenlern-Phase mit verschiedensten internetbasierten Kommunikations- und Kooperationsmöglichkeiten in einen kollaborativen Lernprozess zu involvieren. Der übergeordnete Themenbereich lautete „internetbasiertes Lernen" für die Zielgruppe: Studierende der Berufs- und Wirtschaftspädagogik.

Zu den *Gemeinsamkeiten* der Linzer und der Hamburger Veranstaltungen zählte, dass sie nicht obligatorisch waren, dass sie im Hauptstudium bzw. im zweiten Studienabschnitt angesiedelt waren, ihre Dauer jeweils 15 Wochen umfasste und ein großer Teil der Arbeit in Kleingruppen (KGR) mit 3–5 Personen stattfand. Als Voraussetzung für die Teilnahme galt, dass die Teilnehmer Zugang zum Internet hatten und mindestens jeden zweiten Tag ihre E-Mails lasen. Im Laufe dieser fünf Semester wurden die verschiedensten Lernplattformen bzw. Learning Management Systems (zum Begriff LMS siehe Schulmeister 2001) verwendet (z.B. Blackboard, WebCT, BSCW, Quickplace und CommSy), zum Gebrauch von Knowledge Forum (KF) siehe weiter unten.

Die wesentlichsten *Unterschiede*: die Teilnehmerzahl war in Linz auf 25 beschränkt, während das in Hamburg nicht der Fall war (woraus sich eine Reihe von Problemen ergaben); die Hamburger Studenten waren geprägt vom Fachbereich Erziehungswissenschaft, während die Linzer an einer sozial- und wirtschaftswissenschaftlichen Fakultät (mit höheren formalen Anforderungen, mehr Druck und einer stärker auf Leistung und Wettbewerb ausgerichteten Kultur) studierten; schließlich bestanden zu diesem Zeitpunkt erhebliche Unterschiede im Umgang und in der Einstellung zu IKT (Informations- und Kommunikationstechnologien).

In diesem Beitrag wird schwerpunktmäßig auf zwei Seminare aus dem WS 02/03 eingegangen, die beide mit eigenen Webseiten online zu finden sind und deren Ablauf und Organisation nachvollziehbar sind unter:

=> Hamburg (36 Teilnehmer): www.ibw.uni-hamburg.de/lehre/ws0203/iblhh0203

=> Linz (23 Teilnehmer): www.wipaed.uni-linz.ac.at/lehre/iblws0203

Zeitlich und organisatorisch war der Ablauf in die folgenden *vier Phasen* gegliedert:

Phase 1: Zwei Wochen, um mit der Technologie vertraut zu werden und sich in der KGR kennen zu lernen und zu organisieren.

Phase 2: Vier Wochen, in denen eine erste Aufgaben- bzw. Problemstellung (individuell oder in der KGR) am Standort zu bearbeiten/ zu lösen war.

Phase 3: Zwei Wochen zur Kontaktaufnahme mit der Gruppe am je anderen Studienort: in dieser Phase wurden neue Gruppen gebildet, d. h. es arbeiteten in der vierten Phase Hamburger und Linzer in sog. Tandemgruppen von 6–8 Mitgliedern zusammen.

Phase 4: Etwa sechs Wochen arbeiteten diese neuen – gemischten – Gruppen gemeinsam an einer Lernaufgabe (im WS 02/03 wurden WebQuests zu verschiedenen lerntheoretischen Modellen erarbeitet) und gaben sich anschließend gegenseitig Feedback auf die Ergebnisse. Eine schriftliche Reflexion bildete den Abschluss.

Diese Phasen wurden gesteuert bzw. begleitet von wöchentlichen (Teil-)Aufgaben, die von den Teilnehmern ein hohes Maß an Eigenverantwortlichkeit und selbstständigem Lernen erforderten – zumeist nicht individuell, sondern in der KGR. Die Präsenztermine in Hamburg ebenso wie die synchronen Termine in Linz (die Studierenden waren dabei in Linz mit einem Tutor in einem Seminarraum über NetMeeting mit dem Lehrveranstaltungs-(LV)Leiter verbunden) dienten in erster Linie der Koordination der Gesamt- und der Kleingruppen sowie der Schaffung von Transparenz in Prozesse und Schwierigkeiten innerhalb der Gruppen. Der Großteil der *Kommunikation* – sowohl zwischen Lehrendem und Lernenden, viel mehr aber zwischen den Lernenden – wurde mit Hilfe verschiedener internetbasierter Tools abgewickelt: *asynchron* über E-Mail und jeweils eine Mailing-Liste, die verschiedenen Lernplattformen, kurze Videos und v. a. KF; (in der Relation seltener) *synchron* über Instant Messenging Systeme, Chaträume und Desktop Videoconferencing. Ein zentrales Kommunikationsinstrument war für alle Beteiligten die LV-Homepage, auf der alle Teilnehmer ihre eigenen (Einzel- und Gruppen-)Seiten selbst gestalteten und über die die je aktuelle Entwicklung nachvollziehbar war.

Mit dieser Organisationsform wurden alle vier Quadranten der Zeit-Ort-Matrix (siehe dazu Beitrag 1.1) für Lernzwecke genutzt (Gramlinger 2003); insbesondere das stark ausgeprägte Feld der asynchronen, ortsverschiedenen Arbeit brachte ein hohes Maß an – meist schriftlicher – Kommunikation und damit auch Transparenz mit sich.

Die studienortübergreifende Zusammenarbeit in den Phasen 3 und 4 hatte das Ziel, kooperative Lernprozesse in der Gruppe – wie zuvor am jeweiligen Standort – ausschließlich über das Internet zu initiieren und zu unterstützen. Angestrebt wurden dabei Prozesse, die nicht nur *kooperativ* im Sinne von arbeitsteiligem Zusammenarbeiten und Lernen (durch das Sammeln der Ergebnisse) ablaufen sollten, sondern in Anlehnung an die begriffliche Unterscheidung von Lehtinen et al. (1998) tatsächlich *kollaborativ* sein sollten: „... collaboration involves the mutual engagement of participants in a coordinated effort to solve the problem together." (ebd. S. 5) Natürlich kann und wird es bei kollaborativem Lernen und Arbeiten auch kooperative Sequenzen geben, das gemeinsame – und ungeteilte – Interesse der Beteiligten führt aber idealerweise dazu, dass „das Ergebnis mehr ist als die Summe aller Teile" (Gramlinger 2003; Koschmann 1996). Kollaboratives Lernen als angestrebtes Ziel und zugleich Gegenstand der Reflexion war Gegenstand des Interesses auf drei Ebenen: Kleingruppe, LV-Gruppe und Tandemgruppe (jeweils zwei KGR aus den beiden Studienorten gemeinsam). Spätestens für die letztgenannte Ebene spielte dann die – v. a. internetgestützte – Technologie eine bedeutende Rolle.

Eines der eingesetzten Werkzeuge war dabei Knowledge Forum, das zwar mit dem auf einem Datenbanksystem basierenden Knowledge Space (siehe dazu die Ausführungen im Beitrag 2.2) nicht den letzten Stand der Technik darstellt, das aber wegen der dahinter stehenden Theorie des Knowledge Building für die Untersuchung von kollaborativem Lernen von zentralem Interesse war.

3   Knowledge Building und Knowledge Forum

Marlene Scardamalia und Carl Bereiter forcieren seit Anfang der 1990er ihren Ansatz des Knowledge Building (KB) (Bereiter 2002). Einfach umschrieben ist für sie KB „die kreative Arbeit mit bedeutsamen Ideen und Ansätzen" (Scardamalia & Bereiter 2002). Knowledge Building wird gesehen als eine „Alternative, die mehr auf die Notwendigkeit gerichtet ist, Menschen für eine Welt, in der Wissensgenerierung und -innovation immer noch mehr an Bedeutung gewinnen, auszubilden". Knowledge Building kann definiert werden als „das Finden und kontinuierliche Weiterentwickeln von Ideen und Erkenntnissen, die für eine Gemeinschaft von Bedeutung sind. Dies geschieht so, dass die Gesamtleistung der Gemeinschaft mit hoher Wahrscheinlichkeit besser ist als die Summe der einzelnen Beiträge und damit Teil der gesellschaftlichen/ kulturellen Entwicklung wird." (Scardamalia & Bereiter 2002; Scardamalia et al. 1994; Übersetzung F.G.)

In zahlreichen Publikationen wird betont, dass das so gewonnene Wissen für den Einzelnen Bedeutung haben muss, dass dieser Prozess eine wichtige soziale Komponente hat (KB geschieht nicht alleine, sondern in einer Gruppe, im Diskurs und Austausch, in der Entwicklung und Diskussion von Gedanken, Ideen und Ansätzen) und dass KB in Gruppen und Communities aller Art (von der Grundschule bis zum Studium, innerhalb und außerhalb formaler Bildungsinstitutionen) Anwendung findet. Der Grundgedanke basiert auf dem Modell einer Forschungsgruppe oder Gemeinschaft, die durch starkes Interesse an einer Sache forschend tätig wird und in einen „Diskurs zum Zweck des Knowledge Building" (Scardamalia & Bereiter 1999) eintritt.

Unterschieden wird KB von anderen konstruktivistischen Ansätzen („seichter versus tiefer Konstruktivismus"), und es wird versucht, den auf ein Individuum bezogenen Begriff des Lernens („der Prozess, durch den das schnell wachsende kulturelle Kapital einer Gesellschaft verteilt wird") begrifflich von Knowledge Building („das sorgfältig geplante Bemühen, das kulturelle Kapital der Gesellschaft zu vergrößern") zu unterscheiden (obwohl diese Unterscheidung auch in der Forschungsgruppe in Toronto und im neu gegründeten Institute for Knowledge Innovation and Technology heftig diskutiert wird). Begrifflich ist beim Knowledge Building das „public knowledge" zentral: „... Wissen, das ,in der Welt lebt' und zugänglich ist zu dem Zwecke, dass damit gearbeitet und es von anderen Menschen genutzt wird" (Scardamalia & Bereiter 2002). KB zielt also ab auf kollaboratives Lernen, geht aber über dieses hinaus indem es nicht nur um die Verteilung des kulturellen Kapitals der Gesellschaft (so die Definition von Lernen) geht, sondern um die Erweiterung dieses Wissens (public knowledge) im weitesten Sinn.

Die Frage, wie denn die Schule zu einem „Ort des Verstehens" gemacht werden könne, beantwortete die Gruppe aus Toronto schon zu Beginn der 1990er Jahre unter anderem mit einer technischen Lösung. Den Ausgangspunkt bildeten die Feststellungen, dass im „normalen" Unterricht Eigeninitiative der Schüler nicht gefördert würde, die zeit- und ortsgebundenen Rahmenbedingungen enge Grenzen setzten, alle zugleich an denselben Aufgaben arbeiteten ohne dass gemeinsames Lernen oder auch eine Verteilung von Aufgaben geschehe und individuelle Fortschritte kaum Auswirkungen auf die Klasse als Gesamtes hätten. Stattdessen sollte im Klassenzimmer fortschreitendes Fragen und Forschen (progressive inquiry) betont werden und auf diese Weise das gemeinsame Wissen der Schüler wachsen (Scardamalia & Bereiter 1996a&b). Eine Folge davon war die Entwicklung von CSILE (Computer-Supported Intentional Learning Environments) (siehe dazu die Ausführungen im Beitrag 2.2: CSCL-Umgebungen).

Die Idee eines Knowledge Building Environments wurde seither beständig weiter entwickelt und mit der Vernetzung über das Internet und dem CSILE-Nachfolgeprodukt Knowledge Forum (KF) auch das Knowledge Society Network (KSN) gegründet. Die dahinter stehenden Prinzipien wurden zwar ebenfalls weiter diskutiert und entwickelt (die Darstellung der „12 Knowledge Building Principles" würde den Rahmen dieses Beitrages sprengen, obwohl darauf hingewiesen sei, dass gerade diese Prinzipien den fortgeschrittenen Diskussionsstand am besten repräsentieren), der Grundgedanke ist aber der gleiche geblieben: Der asynchrone Diskurs wird über eine gemeinsame Datenbank geführt, die Beiträge gehen in die „community knowledge base" ein. Die Lernenden bekommen die Verantwortung übertragen für Ihre

Beiträge (die so genannten Notes) und die Gestaltung der Views (jede Datenbank hat beliebig viele, verschiedene inhaltliche Bereiche, die so genannten Ansichten – siehe Abb. 1), um
so eine für alle Beteiligten wertvolle Wissensgrundlage mitzugestalten, zu entwickeln und
beständig zu erweitern (Scardamalia 2003).

Knowledge Forum wird zurzeit in der Version 4.5 für Internetbrowser betrieben (der Zugang
ist also über jeden beliebigen WWW-Browser mit Usernamen und Passwort möglich), während die Client-Version, für die man eine eigene Software benötigt, lediglich in der Version
3.4 erhältlich ist. Wie in Abb. 1 ersichtlich, hat diese Client-Version v. a. den Vorteil einer
besseren räumlichen und graphischen Gestaltungsmöglichkeit, während die Browserversion
sehr stark den bekannten Diskussionsforen ähnelt. Das ist auch der Grund, warum in den hier
beschriebenen Lehrveranstaltungen vorwiegend mit der Client-Version gearbeitet wurde,
obwohl die Studierenden auch die Möglichkeit hatten, über den Browser auf die Datenbank
zuzugreifen. Abb. 1 zeigt eine Ansicht (View) mit den darin enthaltenen Beiträgen, die von
den Studierenden selbst in dieser Weise angeordnet und mit Grafiken unterlegt wurden. Diskussionsstränge ergeben sich durch das Aufeinander-Beziehen von Beiträgen, auch diese
sind räumlich frei anzuordnen.

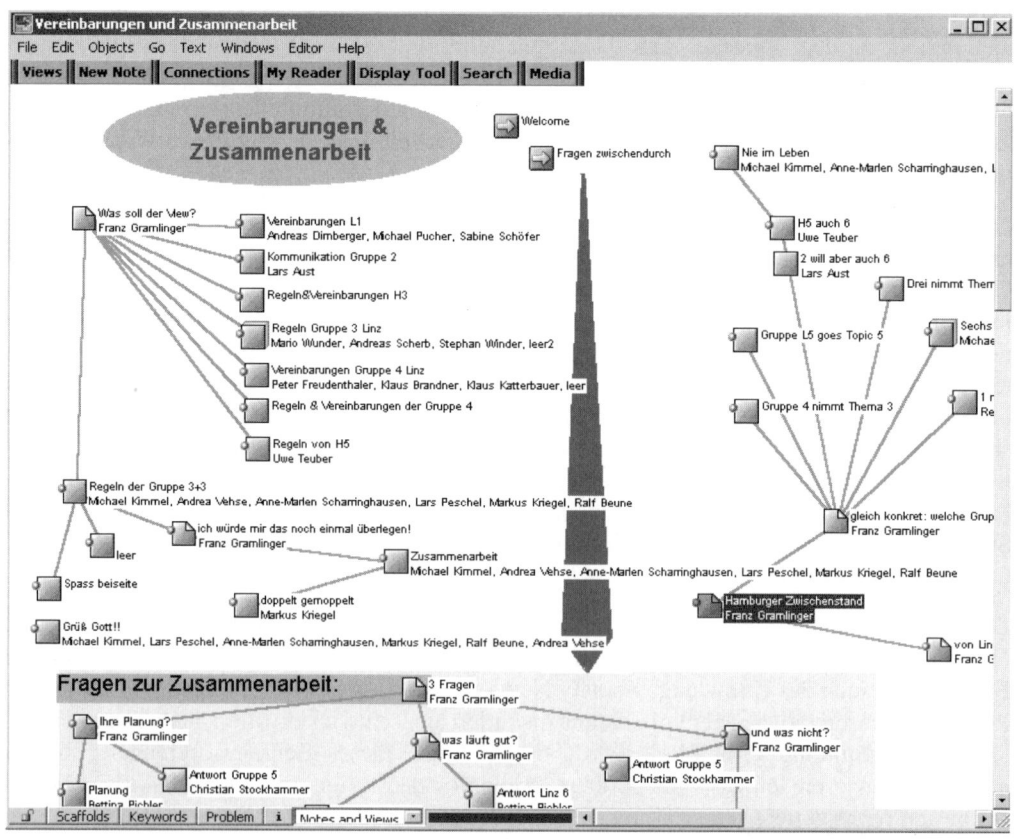

Abb. 1: Screenshot von Knowledge Forum ® in der Client-Version (aus dem WS 02/03)

4   Wie die Studierenden arbeiteten und lernten

Die hier äußerst komprimiert wiedergegebenen Daten und Ergebnisse stammen aus Fragebogenerhebungen jeweils zu Beginn und am Ende der Lehrveranstaltungen, aus der Auswertung von Lerntagebüchern (die nur in Linz geführt wurden) und aus schriftlichen Gruppenarbeiten und -befragungen. Zuerst werden die beiden Gruppen (Hamburg : Linz) eher allgemein verglichen, dann werden die Meinungen der Lernenden (gemeinsam) zu verschiedenen das Lernszenario betreffenden Themen kurz dargestellt und schließlich wird spezifisch auf die Verwendung von KF und die damit gemachten Erfahrungen eingegangen.

▶ Vergleicht man die Antworten der *Hamburger* und der *Linzer* Studierenden bezogen auf ihr Lernen allgemein sowie unter dem Aspekt der Kooperation und der Techniknutzung, so zeigen sich folgende *Gemeinsamkeiten*:

- Relativ homogen sind die Ergebnisse zum *Lernverhalten* und den Vorlieben der Studierenden (sowohl über die verschiedenen Semester als auch im Vergleich Hamburg – Linz): sie lernen wesentlich lieber alleine als in der Gruppe (zwischen 72 und 90 %), lieber zu Hause als an der Universität, 100 % wollen das, was sie lernen, auch verstehen (Alternative: Auswendig-Lernen); etwa gleich verteilt waren die Angaben (bezogen auf das WS 02/03), ob sie besser unter Druck (39 %) oder mit viel Zeit (47 %) lernten.
- Die *gemeinsame Arbeit* in den KGR wurde generell als positiv bewertet, schwieriger waren dagegen Abstimmungs- und Kooperationsprozesse in der Gesamtgruppe. Am problematischsten – und auch am uneinheitlichsten – bewertet wurden die gemeinsamen Lern- und Arbeitsprozesse in den standortübergreifenden Tandemgruppen, also die kooperative und meist asynchrone Arbeit auf Distanz. Daraus auch verständlich: das immer wieder stark geäußerte Bedürfnis nach *synchronen*, virtuellen Treffen mit möglichst allen Mitgliedern dieser Tandemgruppen.

Deutliche *Unterschiede* zwischen den Gruppen in Hamburg und Linz konnten festgestellt werden hinsichtlich:

- der Vertrautheit im Umgang mit IKT und daraus resultierend die Art der Zusammenarbeit in den KGR: Während sich die Gruppen in Linz sehr selten zwischen den synchronen Terminen trafen und den Großteil der Arbeit und der Kommunikation über das Internet abwickelten, war die Anzahl der face-to-face-Treffen in Hamburg um ein Vielfaches höher (Technologie-Beherrschung – es erfolgte aber eine sukzessive Annäherung);
- des Einhaltens von Terminen, Vereinbarungen, Absprachen im Prozess und bei der gemeinsamen Arbeit (Gruppen-Regeln). Hier wurden unterschiedliche Gewohnheiten und „Kulturen" deutlich, die sich kurzfristig nur schwer verändern lassen.

Daraus ergaben sich regelmäßig auch Konfliktsituationen (neben erfolgreichen und erfreulichen Prozessen und Ergebnissen): Für den Umgang mit schwierigen Situationen lassen sich keine Gemeinsamkeiten oder Unterschiede feststellen – ausschlaggebend für die Lösung – oder auch Nicht-Lösung – dieser Situationen waren jeweils die individuellen Zusammensetzungen der Gruppen. Sehr wohl wurde aber konstatiert, dass die Konflikte und Probleme bei virtueller Zusammenarbeit nach anderen Regeln ablaufen und zu lösen sind als das in Konstellationen mit persönlichen Treffen der Fall ist; insbesondere ist die Wahrscheinlichkeit, dass Gruppenmitglieder die gemeinsame Arbeit aufkündigen, im virtuellen Setting wesentlich höher als bei Präsenzgruppen.

▶ Die *Einstellungen und Meinungen* der Studierenden *zu seminarspezifischen Themenbereichen* lassen sich wie folgt zusammenfassen:

Zu *IKT* (allgemein) ist sie während der fünf Semester im Durchschnitt etwas besser geworden (allerdings nicht signifikant), während des jeweiligen Semesters ist sie fast immer besser geworden (z.T. signifikant auf 5 %-Niveau) und die Gruppe in Linz war durchschnittlich jeweils positiver eingestellt als die Hamburger Studierenden.

Zu *internetbasiertem Lernen* bestand bei allen Gruppen immer eine positive bis sehr positive Einstellung (Positivauswahl der Teilnehmer, weil keine obligatorischen Veranstaltungen!), die während des Semesters zum Teil noch besser wurde (aufgrund der gemachten praktischen Erfahrungen); auch hier waren die Meinungen der Linzer signifikant positiver. Alle Gruppen gaben an, dass sie gerne mit Hilfe des PC lernten.

Zum gemeinsamen und *kollaborativen Lernen* sind die Meinungen wie schon erwähnt eher verhalten, alleine zu lernen wird im Zweifel vorgezogen und um kollaboratives Lernen als positiv zu bewerten müssen fast immer positive Erfahrungen damit gemacht worden sein. Erkannt wurde, dass es i.d.R. (zeit-)aufwändiger ist und oft geht Effizienz vor Effektivität; wenn allerdings in der Gruppe gute Erfahrungen mit guten Ergebnissen erzielt wurden, war in etwa der Hälfte der Fälle eine Meinungsänderung festzustellen.

Zum Einsatz von *Knowledge Forum* für kollaboratives Lernen in der Gruppe waren die Meinungen in den verschiedenen Semestern zum Teil sehr unterschiedlich, wofür rückblickend zwei Faktoren wichtig waren: (1) die Dauer und Intensität, mit der die Studierenden nicht nur in den Gebrauch der Software, sondern auch in die Philosophie und die theoretischen Grundlagen eingeführt wurden; (2) einige wenige zentrale Meinungsbildner konnten die Einstellung der gesamten LV-Gruppe sowohl sehr stark für, aber auch gegen KF beeinflussen (beides ist vorgekommen, mit eher emotionalen denn rationalen Argumenten).

▶ Zur *Verwendung von KF* und den damit im WS 02/03 gemachten *Erfahrungen* zeigt Tabelle 1 die Meinung der Studierenden hinsichtlich der *Nutzbarkeit von KF*. In diesem Semester wurde KF ab der vierten Woche eingesetzt und von da an zunehmend intensiv genutzt.

Insgesamt waren die Studierenden mit dem *Handling* nicht unzufrieden, obwohl allen bewusst war, dass es hinsichtlich der Bedienerfreundlichkeit und der Ausgereiftheit des Programms noch großes Verbesserungspotenzial gibt. Signifikante Unterschiede in der Einschätzung der Hamburger und der Linzer Studenten ergaben sich in erster Linie durch das unterschiedliche Technik-Vorverständnis und IKT-Know-how. Interessant ist der unterschiedliche Umgang mit der Software, die nur in Englisch vorhanden ist (das war der Gruppe in Hamburg ein größeres Problem als der in Linz) und die Bewertung der beiden Versionen von KF (die technik-affinen Linzer bevorzugten die Client-Version mit ihren größeren grafischen und räumlichen Gestaltungsmöglichkeiten ganz eindeutig). Einig waren sich aber weitgehend alle, dass die ausschließliche Verwendung von KF – insbesondere hinsichtlich der Kommunikation – nicht ausreichen würde, da es sich dabei um ein rein asynchrones Instrument handelt (worin letztendlich auch ein wesentlicher Unterschied zwischen KF als Instrument für „Knowledge-Building-Prozesse" und den ausgereiften Lernplattformen, die all diese Funktionalitäten vereinigen, liegt).

Tabelle 1: Einschätzung der Benutzerfreundlichkeit von Knowledge Forum

	Hamburg (N = 27)		Linz (N = 20)		Sign.	gesamt
ITEM	x	S(x)	x	S(x)		x
Die Benutzeroberfläche des KF ist leicht verständlich.	2,76	1,23	3,00	1,05	n.s.	2,88
Der Umgang mit den Textfenstern ist leicht erlernbar.	2,67	1,11	2,35	0,93	n.s.	2,51
Ich habe schnell gelernt, mit KF zu arbeiten.	2,54	0,99	1,68	0,67	**	2,11
KF kann nur genutzt werden, wenn Medienkompetenz vorhanden ist.	2,92	1,23	2,32	1,06	*	2,62
Gäbe es eine deutsche Fassung, wäre KF viel besser zu verwenden.	2,22	1,37	3,35	1,57	**	2,79
Derzeit kann ich nur einen relativ geringen Teil der Möglichkeiten von KF für das eigene Lernen nutzen.	2,41	1,05	3,05	0,51	*	2,73
Mir ist die Client-Version viel lieber als die im Browser	2,76	1,33	1,90	1,02	*	2,33
Mir erscheint der Einsatz von KF in einer LV wie der unseren nur in Kombination mit anderen ICT-Tools als sinnvoll.	2,44	1,12	2,10	0,91	n.s.	2,27
Antwortskala : 1 = stimmt genau; 3 = teilweise; 5 = gar nicht				Signifikanzniveau: * = 5 %; ** = 1 %		

x = Mittelwert; S(x) = Standardabweichung

Bei den Fragen nach den Effekten oder Hilfen von *KF für Lernzwecke* (siehe Tabelle 2) waren die Antworten der beiden Gruppen wesentlich homogener. Interessanterweise wird KF am besten eingeschätzt für die standortübergreifende Kooperation (die der Tandemgruppen), die lokale Zusammenarbeit konnte scheinbar auf viele andere Wege ausweichen bzw. von solchen ergänzt werden. Mehr noch als für Kooperation wurde KF für die Kommunikation verwendet, was an den vielen Postings in den unterschiedlichen Arbeitsbereichen der Datenbank des Wintersemesters feststellbar ist. Entgegen den Erwartungen wirkte sich aber der Einsatz von KF weder auf das Kommunikationsverhalten, noch auf die Motivation und auch nicht auf eigenverantwortliches oder selbstgesteuertes Lernen besonders förderlich aus. Als unpersönlich oder anonymisierend wird der intensive Einsatz dagegen nicht empfunden.

Es zeichnet sich das Bild ab, als würden die Studierenden den Einsatz vor allem für blended learning-Szenarien schätzen, in denen KF nicht als einziges Kommunikations- und Kooperationsinstrument verwendet wird. Befragt nach den Vorzügen von Knowledge Forum waren die häufigsten Antworten: die grafischen Repräsentations- und Verknüpfungsmöglichkeiten der einzelnen Beiträge, leichtes Erlernen zu Beginn, die Möglichkeit, dass mehrere Personen zur gleichen Zeit in der Datenbank arbeiten können und die hohe Transparenz und Nachvollzichbarkcit der thematischen Diskussionslinien. Zu den am häufigsten genannten Nachteilen gehörten das Fehlen von synchronen Tools, eine fehlende direkte E-Mail-Anbindung und die Gefahr der Unübersichtlichkeit in großen, gewachsenen Datenbanken.

Nach Einschätzung der Studierenden hat arbeitsteiliges, kooperatives Lernen relativ häufig stattgefunden, wohingegen kollaboratives Lernen eher selten, aber doch in Ansätzen in etwa einem Drittel der KGR stattgefunden hat. Ganz eindeutig ist die Einschätzung zu Knowledge Building, das hinsichtlich der Theorie zwar als interessant, hinsichtlich der praktischen Umsetzung aber als „kulturfremd" und – weil ungewöhnlich – lernbedürftig sei. Die Kürze der zeitlichen Befassung wurde als Haupthindernis angesehen.

Tabelle 2: Bewertung von Knowledge Forum für individuelles und kollaboratives Lernen

ITEM	Hamburg (N = 27)		Linz (N = 20)		Sign.	gesamt
	x	S(x)	x	S(x)		x
KF ist für die Zusammenarbeit in der KGR gut geeignet.	2,37	0,93	2,50	1,00	n.s.	2,44
KF ist für die Zusammenarbeit in der Gesamtgruppe (= LV) gut geeignet.	2,56	1,05	2,63	1,12	n.s.	2,59
KF ist für die Zusammenarbeit zwischen den beiden Gruppen Linz - Hamburg gut geeignet.	2,19	0,83	2,20	0,89	n.s.	2,19
Mir fehlt bei der Nutzung von KF der persönliche Kontakt.	3,30	1,44	3,25	1,12	n.s.	3,27
Mein Kommunikationsverhalten wird durch KF gefördert.	3,63	1,04	3,30	0,98	n.s.	3,46
Ich kann durch Knowledge Forum von einzelnen Gruppenmitgliedern lernen.	2,69	1,09	3,35	0,75	*	3,02
Knowledge Forum unterstützt mich bei meinen selbstgesteuerten Lernprozessen.	3,44	0,89	3,40	1,05	n.s.	3,42
Ich kann mir vorstellen, dass die Anwendung von KF die Lernmotivation steigert.	3,11	1,09	3,60	0,60	*	3,36
Die Verantwortung für mein eigenes Lernen wird durch KF gefördert.	3,50	0,86	3,70	1,08	n.s.	3,60
Für mich ist KF für mein eigenes Lernen nur als Ergänzung sinnvoll.	1,96	0,85	2,10	0,97	n.s.	2,03
Ich kann mir vorstellen, KF in einer Gruppe mit wöchentlichen f2f-Terminen (normale Präsenzveranstaltung) zu nutzen.	2,24	1,05	2,25	1,12	n.s.	2,25
Ich könnte mir die Teilnahme an einem KF-unterstützten Seminar ohne jeglichen f2f-Termin gut vorstellen.	2,91	1,44	3,26	0,99	n.s.	3,09
Antwortskala : 1 = stimmt genau; 3 = teilweise; 5 = gar nicht					Signifikanzniveau: * = 5 %; ** = 1 %	

x = Mittelwert; S(x) = Standardabweichung

5   Erfordernisse kollaborativen, internetbasierten Lernens

Als Fazit aus den oben skizzierten Lehrveranstaltungen und in weitgehender Übereinstimmung mit vergleichbaren Lehr-Lern-Settings (Kremer & Wilbers 2000; Kremer & Gramlinger 2004) kann – bezogen auf das LV-Design, auf die Anforderungen an und die Bedingungen der Lernenden, die Technik sowie die Person des Lehrenden – festgehalten werden:

→ *Zum Lehrveranstaltungs-Design:*

(1)   Generell sind die *Phasen zu Beginn* einer vorwiegend internetbasierten LV noch wichtiger und folgenreicher als in herkömmlichen Veranstaltungen, da sowohl das Kennenlernen und Bilden von Gruppen als auch das Ausverhandeln und Vereinbaren von Regeln und Abmachungen für den weiteren Verlauf richtungsweisend sind.

(2)   Bei einem Zusammenspiel von Präsenz- und virtuellen Gruppen sowie synchronen und asynchronen Terminen verändert sich die Bedeutung der *Präsenztreffen*: Koordination und Reflexion sind wichtiger als Informationsinput, die Erwartung aller Beteiligten ist, dass die knappe gemeinsame Zeit noch effizienter genutzt wird.

→ *Zu den Lernenden:*

(3)   Von den Lernenden wird ein höheres Maß an *Selbststeuerung* und *Eigenverantwortlichkeit* erwartet als üblich: das Initiieren und Steuern von gemeinsamen Prozessen, Eigenbewertung und Rückmeldungen von und an Gruppenmitglieder sind ebenso Wesens-

merkmale kollaborativen Lernens wie die Übernahme von Verantwortung für ein gemeinsames Ergebnis und die Reflexion der Lernerfahrungen.

(4) Durch die Kombination der Informations- und der Kommunikationswege im Internet verändern sich die *Lehr- und Lernprozesse*: Dialoge, Diskussionen, Argumentationsstränge etc. bieten sich fast automatisch an (siehe dazu auch Abb. 1) und sind durch die Schriftform dokumentiert und nachvollziehbar (gleiches gilt für Videos). Es wird wesentlich mehr kommuniziert als in normalen Veranstaltungen und die Rollen der Akteure verändern sich zum Teil, zum Teil gehen sie auch ineinander über. Oft übernehmen Personen auch andere Rollen als sie das in „gewohnten" Lernsettings tun, wodurch sich neue Lernchancen eröffnen.

(5) In rein oder überwiegend virtuellen Konstellationen sind die *sozialen Prozesse* wichtig und verlaufen zugleich anders als in Präsenzgruppen: Missverständnisse treten leichter auf und sind schwieriger zu bereinigen, es ist einfacher Vereinbarungen nicht einzuhalten ohne mit unmittelbaren Konsequenzen rechnen zu müssen, Konflikte treten zwar ebenso häufig auf wie in Präsenzveranstaltungen, sind aber auf andere, oft schwierigere Weise zu lösen. Die Motivation, sich in der Gruppe zu engagieren und zu beteiligen, ist enorm wichtig und muss über verschiedene Kommunikationswege erzeugt und erhalten werden. Dabei bietet das Internet mittlerweile eine Vielfalt an Kommunikations- und Darstellungskanälen mit der Chance, dass Personen und Gruppen die für sie geeigneten Formen wählen. Regelmäßige Kommunikation, das Erleben von Erfolgen, aber auch Spaß und Freude, die oft als Begleitprodukte auftreten, sind für virtuelle Gruppen nicht zu unterschätzende Erfolgsfaktoren.

→ *Zur Technik:*

(6) Die Stabilität der *Technik* ist ein Faktor, der immer wieder hervorgehoben wird: er ist eine notwendige, aber keine allein ausreichende Voraussetzung für die Zielerreichung. Wichtiger erscheint eine sorgfältige Einführung der Lernenden in die Technik mit dem Aufzeigen vielfältiger Möglichkeiten und Wege der Problemlösung, sobald Probleme auftreten.

→ *Zum Lehrenden:*

(7) Wichtige Lernerfahrungen und -prozesse hat der Verfasser – als *Lehrender* – schließlich an sich selbst festgestellt. Die Erfahrungen der ersten Semester in einem virtuellen und asynchronen Lehr-Lern-Setting waren wichtig, um die LV schrittweise und beständig zu verbessern: klarere (und stets schriftlich festgehaltene) Rahmenbedingungen, die zugleich größere Spielräume für die Studierenden zuließen, die Organisation des eigenen Kommunikationsverhaltens (hohe Erreichbarkeit und rasche Antworten, Schriftlichkeit), der Umgang mit Konflikten in Gruppen und das Zulassen und Fördern von gruppeninternen Lösungen, das „Personalisieren" von Teilnehmern, die anfangs vor allem durch E-Mail-Adressen repräsentiert werden, oder die große Bedeutung von positiven Rückmeldungen und regelmäßigem Be- und Verstärken (bei gleichzeitiger Konsequenz, wenn Vereinbarungen eingefordert werden) sind Teile dieses Lernprozesses. Der Umgang mit der Technik von Knowledge Forum und das Verstehen des theoreti-

schen Ansatzes und der damit transportierten Theorie mussten aber ebenso durch die konkrete Befassung und Verwendung erlernt und verbessert werden.

Die mit dem Werkzeug *Knowledge Forum* gemachten Erfahrungen unterstreichen die eben dargestellten Punkte; nach der Beurteilung der Studierenden ist es ein brauchbares, aber kein überragendes Instrument, zu dessen tiefer gehender Auslotung seines Möglichkeitsspektrums jedoch noch mehr Zeit und Übung notwendig wären.

Ein wichtiges Fazit schließlich ist, dass wir – bezogen auf die beschriebenen Lehrveranstaltungen und Gruppen – noch weit entfernt von einer Kultur kollaborativen Lernens sind, noch fremder ist uns die Idee des Knowledge Building im Interesse einer Gemeinschaft. Mit dem Ziel des KB wurden aber zumindest Teilerfolge in kollaborativem Lernen erzielt, die Anlass zu weiteren Schritten sein werden.

5.5   CSCL im Fernstudium

Patricia Arnold

Helmut-Schmidt-Universität, Universität der Bundeswehr Hamburg

1   Einleitung

Der Beitrag behandelt die neuen Formen kooperativen Lernens im Fernstudium, die durch Computerunterstützung entstehen: Einen ganzen Kurs umfassende und auch kursübergreifende Lerngemeinschaften werden ebenso möglich wie überschaubare Studiengruppen. Fernstudierende gewinnen stärker als bislang Einfluss auf Inhalte und Arbeitsformen im Fernstudium, allerdings stehen etablierte Lern- und Organisationskulturen diesen neuen Gestaltungsmöglichkeiten noch oft entgegen. Es wird zunächst auf die Besonderheiten des Fernstudienkontexts in seiner historischen Entwicklung eingegangen, um dann neue Möglichkeiten der Integration von kooperativen Lernformen zu beschreiben. Drei verschiedene Beispiele veranschaulichen im Anschluss, welche Formen derzeit praktiziert werden und mit welchen Herausforderungen sie konfrontiert sind. Abschließend werden Eckpunkte einer Fernstudiendidaktik skizziert, die notwendig ist, um die Potenziale von CSCL auch im Fernstudium zu realisieren.

2   Besonderheiten des Fernstudienkontexts

Um die Möglichkeiten und Grenzen computerunterstützter kooperativer Lernformen im Fernstudium zu verstehen, muss man sich zunächst die Besonderheiten des Fernstudiums und seine historische Entwicklung vergegenwärtigen. Die Organisationsformen, die sich im konventionellen Fernstudium vor den Zeiten des Internets über Jahrzehnte herausgebildet haben, prägen auch heute noch die vorherrschenden Lehr- und Lernkulturen (für einen allgemeinen Überblick zum Fernstudium vgl. Holmberg & Schuemer 1997; Keegan 1986; Moore & Kearsley 1996; Peters 1997).

Charakteristisch für das Fernstudium ist eine räumliche Trennung von Lehrenden und Lernenden. Eine Bildungsinstitution, der Fernstudienanbieter, entwickelt Studienmaterialien und verteilt sie an die Studierenden. Die Studierenden lernen mit Hilfe dieser Materialien selbst gesteuert. Insbesondere können sie den Ort und den Zeitpunkt ihrer Auseinandersetzung mit den Studienmaterialien frei bestimmen. Damit wird das Fernstudium besonders für Berufstätige oder andere Personen mit zeitlichen Verpflichtungen (z.B. Kindererziehung) attraktiv, die *neben* einer anderen Tätigkeit ein wissenschaftliches Hochschulstudium absolvieren wollen.

Die ältesten Ansätze der Fernlehre gehen auf Langenscheidts Studienbriefe zum Fremdsprachenerwerb von 1856 zurück (vgl. Moore & Kearsley 1996). Diese erste Generation des Fernstudiums, so genannte Korrespondenzkurse, verwendete ausschließlich schriftliche Materialien. Sie ist durch eine sehr geringe sowie langsame Kommunikation zwischen Lehrenden und Fernstudierenden, z.B. für Feedback, gekennzeichnet. Seit ca. 1970 entwickelte sich eine zweite Generation von Fernstudienangeboten, bei denen zusätzlich zu schriftlichen Studienmaterialien auch audio-visuelle Medien und erste computerbasierte Lernprogramme versandt wurden. Bei der Entwicklung der Kursmaterialien orientierte man sich häufig an der Vorstellung eines *gelenkten didaktischen Gesprächs* (Holmberg & Schuemer 1997). Der persönlichen Betreuung der Studierenden maß man zunehmend Bedeutung zu und richtete Telefonsprechzeiten sowie Präsenzphasen zur Intensivierung der Kommunikation zwischen Lehrenden und Studierenden ein.

In diesen beiden Generationen von Fernstudienangeboten wurde die Kommunikation der Studierenden untereinander kaum berücksichtigt. Die erweiterten kommunikativen Möglichkeiten intensivierten und beschleunigten vielmehr das Feedback der Lehrenden an die Studierenden. Kooperative Lernformen waren schon rein organisatorisch kaum zu realisieren. Im Extremfall konnte und kann ein Fernstudierender also bis zu seinem Prüfungstermin ohne jegliche persönliche Begegnung mit Lehrenden oder anderen Lernenden studieren.

Analytisch betrachtet fallen hier Lehr- und Lernaktivitäten auseinander, die in der klassischen Form des personalen Unterrichts am gleichen Ort und zeitlich eng miteinander verwoben stattfinden (Moore 1973; Keegan 1986). Die *Unmittelbarkeit und Gleichzeitigkeit des Lehrens und Lernens* ist aufgehoben (Zimmer 2001). Die im traditionellen Unterricht auf natürliche Weise integrierten Komponenten der *Information* und der *Kommunikation* werden in zwei getrennten Teilsystemen realisiert (Kerres 1998; vgl. auch „Zwei-Weg-Kommunikation" bei Holmberg 2001).

Das *Informationssystem* ist dabei für die Distribution der Informationen an die örtlich verteilten Lernenden zuständig. Das *Kommunikationssystem* als zweites Teilsystem wird in der Regel durch Telefon, Post oder Fax gestützt und dient der Kommunikation zwischen Studierenden und Fernstudienanbieter.

Charakteristisch für diese Form des Fernstudiums sind weiterhin inhaltlich „geschlossene" Lerneinheiten. In den medial aufbereiteten, vollständig „vorweggedachten" Unterrichtseinheiten liegen Ziele, Inhalte, Lernwege, Aufgaben und Lernkontrollen weit gehend fest (Zimmer 1994). Diese Vorausplanung und Festlegung ist notwendig, um die Studienmaterialien in großen Stückzahlen und einem stark arbeitsteiligen Prozess produzieren sowie rechtzeitig an die Studierenden verteilen zu können. Peters (1973) hat das Fernstudium deswegen als *industrialisierte* Form des Lehrens und Lernens bezeichnet.

Dieser fremdbestimmte Aspekt des Lernens im Fernstudium scheint zunächst im Gegensatz zur Selbststeuerung durch die Lernenden zu stehen. Auch scheint diese Analyse der Offenheit zu widersprechen, die oft mit dem Fernstudium durch Bezeichnungen wie „open distance learning" oder Namen wie „Open University" (großer Fernstudienanbieter in Großbritannien) verbunden wird. Bei genauerer Betrachtung lösen sich diese Widersprüche aber auf. Die Dimensionen offen und geschlossen beziehen sich auf unterschiedliche Ebenen. Offen ist das Fernstudium vor allem in Bezug auf den Zugang: Orte und Zeiten sind frei wählbar, im Falle der Open University ist das Fernstudium auch frei von formalen Eintrittsvoraussetzungen wie bestimmten Bildungsabschlüssen. Offenheit besteht weiterhin in Hinblick auf das Lerntempo, die Lernweisen und die Anzahl der bearbeiteten Lerneinheiten, die die Studierenden jeweils frei wählen können. Auf die Lehrziele und die Inhalte selbst können die Studierenden aber keinen Einfluss nehmen. Zimmer (1994, 12) bezeichnet diese Art der Offenheit deswegen als *äußere* Offenheit auf der Grundlage unterrichtlicher, *innerer Geschlossenheit*.

Auch im Präsenzunterricht ist eine innere Offenheit nicht immer und vollständig gegeben. Studierende können hier aber, aufgrund der unmittelbaren Bezogenheit von Lehr- und Lernhandlungen, kritisch nachfragen, Sachverhalte in Frage stellen oder einzelne Aspekte untereinander und mit den Lehrenden diskutieren. Damit können sie zumindest prinzipiell eine größere innere Offenheit herstellen als im Fernstudium.

3   Neue Generation des Fernstudiums durch CSCL

Mit der wachsenden Verfügbarkeit von Internettechnologien entwickelt sich seit ca. 1990 eine dritte Generation von Fernstudienangeboten. Sie ist durch die Nutzung internetbasierter Kommunikationsformen sowie multimedial aufbereiteter Studienmaterialien gekennzeichnet. Information und Kommunikation können in *virtuellen Lernräumen* wieder in einem technologischen Medium realisiert werden. Internetbasierte Lernplattformen und Konferenzsysteme (z.B. WebCT, Blackboard, FirstClass etc.) bilden die technologische Basis der neuen flexibel zu nutzenden virtuellen Lernräume (zu Lernräumen vgl. Schulmeister 2003; Baumgartner et al. 2002, zum Einsatz von Computerkonferenzsystemen auch Kaye 1992, allgemein zu Lernen mit Internettechnologien auch Issing & Klimsa 2002). Mit ihrer Hilfe wird es prinzipiell auch Fernstudierenden möglich, untereinander zu kommunizieren und miteinander zu kooperieren. Ebenso können Lehrende und Studierende in einem ganz anderen Umfang als bisher kommunizieren und kooperieren (Holmberg & Schuemer 1997; Mason 1998; Nipper 1989; Kaye 1989).

3.1   Typen der Integration von Kommunikation und Kooperation

Werden internetbasierte Kommunikations- und Kooperationsmöglichkeiten in das Fernstudium integriert, lassen sich nach Mason (1998) drei verschiedene Typen unterscheiden. In der Praxis sind die Übergänge zwischen den einzelnen Typen allerdings fließend und es existieren Mischformen.

Der Typ *Inhalt & Unterstützung* ist durch eine klare Trennung zwischen Kursinhalten und einem mittels Internettechnologie bereitgestellten Unterstützungsangebot gekennzeichnet. Er prägte die ersten Fernstudienangebote der dritten Generation – und auch heute immer noch eine Vielzahl von Angeboten. Lerninhalte werden durch ein Leitmedium, in der Regel Studienbriefe, die elektronisch oder traditionell versandt werden, bereitgestellt. Das Unterstützungsangebot dient der tutoriellen Betreuung. Per E-Mail können Lehrende Fragen der Studierenden schnell beantworten. In einer Newsgroup können die Studierenden zusätzlich untereinander und mit den Lehrenden Lerninhalte diskutieren.

Der Typ *Kombination* erhöht den Anteil der studentischen Aktivitäten und Diskussionen gegenüber den vordefinierten und komplett produzierten Studienmaterialien im gesamten Studiengeschehen. Er basiert auf dem Ansatz, das Lernen durch Materialien- und Perspektivenvielfalt zu vertiefen. Den Studierenden wird mehr Freiheit, aber auch mehr Verantwortlichkeit in der Beschaffung und Bearbeitung von Lernressourcen gegeben.

Demgegenüber bestimmen im Typ *Integration,* der bislang nur wenig realisiert wird, die Handlungen der Studierenden und Lehrenden im jeweils aktuellen Kurs das Studiengeschehen. Die vorproduzierten, in sich abgeschlossenen Studienmaterialien rücken damit in den Hintergrund. Die Lerninhalte liegen nicht mehr von vornherein fest, sondern werden von den Teilnehmenden durch Prozesse der Informationsbeschaffung und -bearbeitung, z.T. in Kleingruppen, und der diskursiven Aushandlung in hohem Maße mitbestimmt.

Mit dem Typ *Integration* entwickelt sich im Fernstudium zusätzlich zu der zuvor beschriebenen äußeren Offenheit auch eine innere Offenheit. Studierende gewinnen Einfluss auf Inhalte und Ziele eines Kurses. Erst mit dieser inneren Öffnung des Fernstudiums entsteht eine qualitativ neue dritte Generation des Fernstudiums.

3.2   Lerngemeinschaften und Studiengruppen im Fernstudium

Mit den erweiterten Möglichkeiten können auch Lerngemeinschaften im Fernstudium angestrebt werden. Für die erfolgreiche Umsetzung des Typs *Integration* ist es beispielsweise notwendig, dass eine Lerngemeinschaft aus Studierenden und Lehrenden des Kurses entsteht (Mason 1998). Eine Lerngemeinschaft in diesem Sinne ist durch zwei Dimensionen gekennzeichnet: die *gemeinschaftliche Wissenskonstruktion* sowie das Angebot von *Zugehörigkeit* (vgl. auch Paloff & Pratt 1999; Lave & Wenger 1991). Rowntree (1995, 207 Übers. PA) beschreibt die *gemeinschaftliche Wissenskonstruktion* vor dem Hintergrund seiner Erfahrungen im Studienbetrieb der Open University wie folgt:

> „In solch einer Lerngemeinschaft lernen die Mitglieder genauso viel von anderen wie aus Kursunterlagen oder den Beiträgen der Tutoren. Sie lernen allerdings weniger ein fertiges Ergebnis (z.B. Informationen), sondern einen Vorgang – besonders den kreativen kognitiven Prozess, Ideen vorzustellen, diese kritisiert oder ergänzt zu sehen und die Möglichkeit zu haben, sie auf der Basis der Diskussion mit Gleichgestellten zu verändern (oder zu verwerfen)."

Fernstudierende können *Zugehörigkeit* zu einer Gemeinschaft erleben, wenn sie sich trotz der räumlichen Getrenntheit von Kommilitonen und Lehrenden als Teil einer Gruppe mit einem gemeinsamen Anliegen begreifen. Zugehörigkeit wirkt der oft im Fernstudium empfundenen sozialen Isolation entgegen und erhöht die Motivation für das Fernstudium bzw. das Durchhaltevermögen. Die Entwicklung eines Zugehörigkeitsgefühls kann für das Gelingen oder Scheitern in einer Fernstudiensituation entscheidend sein (Wegerif 1998).

Neben größeren Lerngemeinschaften, die alle Studierenden eines Kurses oder kursübergreifend auch mehrerer Kurse umfassen, können in den virtuellen Lernräumen auch Studiengruppen überschaubarer Größe (4–8 Studierende) gebildet werden. Sie stellen beispielsweise die Grundlage der problem- und projektorientierten Fernstudiengänge an der Aalborg University in Dänemark oder der kooperativen Fernstudiengänge zur wissenschaftlichen Weiterbildung der tele-akademie in Furtwangen dar (vgl. Christiansen & Dirckinck-Holmfeld 1995; bzw. Jechle 1999). Studierende können hier in kleinen Gruppen gemeinsam Lernziele festlegen und als Ausgangspunkte für ihre Projektarbeit Probleme nehmen, die an Berufserfahrungen und/oder anderweitigen Interessen anknüpfen.

Gleichzeitig steht die Integration kooperativer Arbeitsformen im Fernstudium vor besonderen Herausforderungen. Berichtet werden oft Akzeptanzprobleme bei der Kleingruppenarbeit. Diskussionsforen werden häufig nur in geringem Umfang genutzt und von den Studierenden teilweise als „Zeitsenken" wahrgenommen (Bagherian & Thorngate 2000).

Hindernisse für die Entstehung von Lerngemeinschaften und das Arbeiten in Studiengruppen im Fernstudienkontext liegen bei *technologischen Problemen*, der im Vergleich zu kopräsenter Kooperation wesentlich *zeitaufwändigeren Koordination* sowie inadäquaten *didaktischen Konzepten* (Wegerif 1998; Hara & Kling 2000). Insbesondere muss berücksichtigt werden, dass Studierende sich häufig für ein Fernstudium entscheiden, um örtlich und zeitlich maximal unabhängig zu sein. Zumindest zeitliche Unabhängigkeit wird bei der kooperativen Aufgabenbearbeitung in Studiengruppen aber eingeschränkt (Mason 2000). Für die Studierenden muss also ein deutlicher Mehrwert aus den kooperativen Arbeitsweisen erkennbar sein. Eine bloße Bereitstellung der Kommunikations- und Kooperationsmöglichkeiten reicht nicht aus. Für den Fernstudienanbieter besteht die wesentliche Herausforderung darin, eine *innere Öffnung* des Studiums in die bestehende Organisations- und Lehrkultur zu integrieren (Nipper 1989; Zimmer 2002).

4 Beispiele von CSCL im Fernstudium

Drei Beispiele sollen veranschaulichen, welche Formen von computerunterstütztem kooperativen Lernen im Fernstudium bereits umgesetzt werden und wie eine solche Umsetzung im Einzelnen aussehen kann. Die Beispiele umfassen didaktisch geplante kooperative Szenarien zweier großer Fernstudienanbieter, aber auch von Fernstudierenden selbst organisierte Formen kooperativen Lernens (vgl. dazu auch Beitrag 3.5.2). Letzteres Beispiel wurde gewählt, um neben der Perspektive der *Lehrenden* auch die Perspektive der *Lernenden* hinreichend zu berücksichtigen.

4.1 Einführungskurs Informationstechnologie der Open University

Die Open University ist ein Fernstudienanbieter in Großbritannien mit über 200.000 Studierenden. Eines ihrer Kursangebote, der Kurs „Du, dein Computer und das Netz" ist ein Eingangsstufenkurs zur Einführung in die Informations- und Kommunikationstechnologie. Er beinhaltet explizit kooperative Lernformen und weist effektive netzbasierte Gruppenarbeit als zu erwerbende Kompetenz aus (Alexander 2000). Er wurde 1999 in einer Pilotphase mit 900 Studierenden getestet und ab 2000 als reguläres Kursangebot mit fast 10.000 Studierenden durchgeführt. Mit dieser hohen Teilnehmerzahl ergeben sich besondere Herausforderungen für kooperative Lernformen. Tragend für den Kurs und das computerunterstützte kooperative Arbeiten sind *Tutoren*, die den Kurs begleiten, sowie eine *Taktung* des Kurses.

Taktung heißt hier, dass die Lernressourcen (Informationstexte, Grafiken, Animationen, Videosequenzen, Links, Studienanleitungen und Studienaufgaben), auf der zentralen Kurswebsite in einem 14tägigen Rhythmus eingestellt werden. Die Kursplaner erachten dieses Vorgehen als notwendige Voraussetzung für den kooperativen Ansatz. Nur so kann eine zeitgleiche Auseinandersetzung der Studierenden mit den verschiedenen Themen und ein Austausch innerhalb der Tutorengruppen erreicht werden. Gleichzeitig wird ein Informationsüberangebot vermieden. Die Materialien werden zusätzlich per E-Mail angekündigt und die Studienanleitung wird für den jeweiligen Abschnitt als Text mitgeschickt. Die Taktung stellt keine gravierende Einschränkung der Zeitsouveränität dar, zumal sie „weich" gehandhabt wird, d.h. die Materialien der nächsten Wochen sind auf der Website schon geraume Zeit früher abrufbar.

Die *Tutoren* betreuen Tutorengruppen von max. 20 Studierenden, die nach regionalen Gesichtspunkten zusammengestellt sind. Für einzelne Gruppenaufgaben wird die Gruppe noch einmal in Kleingruppen mit 4–5 Studierenden aufgeteilt. Es gibt keine verpflichtenden Präsenzphasen, allerdings verabreden die einzelnen Tutorengruppen häufig informelle regionale Treffen. Für die Betreuung im Kurs wird neben E-Mail das Computerkonferenzsystem FirstClass eingesetzt. Die gesamte Kommunikation erfolgt also zeitversetzt (*asynchron*). Verpflichtende Telepräsenzphasen (*synchron*) in Form von Chats oder Videokonferenzen sind nicht vorgesehen. Die Gruppenwahrnehmung innerhalb der Tutorengruppe wird in FirstClass durch eine persönliche Vorstellung, eine private Homepage sowie einen getrennten Kommunikationsbereich für informelle Kommunikation innerhalb des Konferenzsystems erhöht.

Zusätzlich zur Tutorengruppe gibt es auch überregionale Konferenzen. Kursübergreifende Konferenzen sind nicht vorgesehen. Studierende unterschiedlicher Studienjahrgänge können sich innerhalb des Systems also nicht austauschen. Zum Teil organisieren sie aber einen solchen Austausch selbst.

Die Lernmaterialien beinhalten zahlreiche handlungsorientierte Studienaufgaben wie beispielsweise eine Informationsrecherche zu E-Business im Internet oder die Bewertung der Informationsqualität von einzelnen Webseiten. Ergebnisse werden oft als Beiträge innerhalb der FirstClass-Konferenz eingestellt oder als Webseiten in einem Präsentationsbereich für alle Teilnehmer der Tutorengruppe sichtbar gemacht.

Aufgrund der offen gestellten Aufgaben können Studierende ihre Vorerfahrungen und Interessen einbringen. Durch den Austausch innerhalb der Tutorengruppe und die Präsentation bzw. Diskussion eigener Ergebnisse nehmen die Studierenden entscheidenden Einfluss auf die Lerninhalte. Da die Ergebnisse ihrer Arbeiten wieder in den Kurs einfließen, ist eine zusätzliche Anreizstruktur zu ihrer Bearbeitung geschaffen. Die Abschlussnote wird kumulativ aus den größeren Studienaufgaben ermittelt (z.B. Erarbeitung und Gestaltung einer Webpräsentation), die ebenfalls zum Teil als Gruppenarbeit durchgeführt werden.

Exemplarische Studienaufgabe

Ich möchte, dass Sie zwei der drei Sites besuchen und Notizen unter drei Kategorien in Ihrem ONLINE Notizbuch machen, das Sie als Vorlage in der Studienanleitung vergangene Woche erhalten haben. ... Die Rubriken, unter denen Sie ihre Notizen erstellen sollen, sind

- *eine **Zusammenfassung**, was Sinn und Zweck der Site ist*
- *eine **Einschätzung** der Site, insbesondere hinsichtlich der Informationsgüte*
- *eine **Spekulation**, welche Auswirkungen die Site für nicht-internetbasierte Alternativen hat, z.B. online-Buchbestellungen vs. Buchläden.*

Wenn Sie ihre Notizen erstellt haben, sollten Sie sie in die FirstClass-Konferenz Ihrer Tutorengruppe einstellen und sich mit Kommilitonen über ihre Standpunkte austauschen.

Den Tutoren kommt in diesem Szenario als Begleiter und Moderatoren des Lehr- / Lernprozesses eine zentrale Rolle zu. In welchem Maße dieses System Präsenzphasen ersetzen kann, hängt stark von der konkreten Zusammensetzung der Gruppe und den Moderationsfähigkeiten der Tutoren ab. Auch stellen technische Probleme immer noch Hindernisse dar. Die Einschätzungen der Studierenden zur Gruppenarbeit waren im ersten Durchlauf sehr unterschiedlich. Die Tutorengruppen wurden von mehr als zwei Drittel der Befragten (71%) als hilfreich oder sehr hilfreich eingeschätzt. Etwas weniger als die Hälfte der Studierenden fand die Gruppenarbeit schwierig, aber lohnenswert (40%). Ein gutes Fünftel der Befragten (22%) hätte gern noch einen höheren Anteil an Gruppenarbeit im Kurs gehabt während ein knappes Drittel (29%) den Anteil lieber reduziert hätte (Alexander 2000).

4.2 Kooperative Lernszenarien an der FernUniversität Hagen

Mit ihrem Konzept „Lernraum Virtuelle Universität" strebt die FernUniversität Hagen an, Kommunikation, Kooperation und Nähe unter den Studierenden und mit den Lehrenden auch im Fernstudium zu unterstützen. Es werden zahlreiche unterschiedliche kooperative Lernszenarien in den einzelnen Fachbereichen gestaltet. Der Lernraum Virtuelle Universität als „virtueller Studienplatz an der Universität Hagen" bildet den Eingangsbereich zu allen computerunterstützten Lernszenarien. Die folgenden drei Szenarien sind typisch für die derzeit eingesetzten Formen, die kontinuierlich weiter entwickelt werden:

4.2.1 Diskussionsforen

In allen Fachbereichen existieren Kursumgebungen im Netz, die zur fachlichen Kommunikation und Betreuung (Newsgroups, E-Mail, Chat) dienen. Als Diskussionsforen stehen den Studierenden Newsgroups als asynchrones schriftliches Kommunikationsmedium zur Verfügung. Zugang zu den kursspezifischen Foren haben jeweils die Kursteilnehmer und die Betreuer. Diese Foren werden für fachspezifische Diskussionen genutzt. Studierende können gegenseitig Hilfestellungen austauschen oder für alle nachvollziehbar von den Betreuenden erfragen. Die Betreuenden können die Newsgroups nutzen, um aktuelle Mitteilungen zu machen, die den Kurs betreffenden Diskussion, Fragen bzw. Antworten und Mitteilungen werden hier automatisch archiviert und sind so langfristig verfügbar.

Der Grad der Integration der Diskussionsgruppen in das Gesamtkonzept der Kurse ist dabei sehr unterschiedlich. Wenn alle organisatorischen Belange über die Newsgroup abgewickelt werden, ist ein Mindestmaß an Integration sichergestellt. In den virtuellen Seminaren (s. weiter unten) bekommt die Diskussionsgruppe als Arbeitsplattform und Ort der nachgebildeten Seminardiskussion eine zentrale Rolle.

Darüber hinaus wird auch der informellen Kommunikation große Bedeutung beigemessen. Kursübergreifende Foren („Cafeteria-Bereich") dienen dem informellen Austausch. Auch wird Studierenden ermöglicht, rein studentische Foren zu eröffnen.

4.2.2   Junior-Senior-Newsgroups

Eine spezielle Form der Diskussionsforen stellen die Junior-Senior-Newsgroups dar. Sie initiieren speziell den Austausch zwischen Studienanfängern und fortgeschrittenen Studierenden, um der schwierigen Situation von Studienanfängern mit Mehrfachbelastung durch Beruf, Studium und Familie und den hohen Anforderungen an das Selbstmanagement zu begegnen. Erfahrene Studierende moderieren hier als Tutoren eine breit angelegte Diskussion von Fragen und Problemen bei Studienbeginn. Dabei regen die Tutoren und Tutorinnen selber Diskussionen an, beantworten aber auch alle eingehenden Fragen von Studienanfängern. Die Newsgroups sind einerseits zur aktiven Teilhabe konzipiert, andrerseits ist ein passives Mitverfolgen der Beiträge aber ebenso akzeptiert und explizit als Nutzungsform vorgesehen.

4.2.3   Virtuelle Seminare

Einige Kurse werden als komplett virtuelle Seminare durchgeführt, wie beispielsweise ein Seminar im Lehrgebiet Praktische Informatik zu „Kommunikation in Netzen". In diesem virtuellen Seminar sind das kursspezifische Diskussionsforum sowie ein Bereich auf einem Webserver, auf dem studentische Arbeitsergebnisse präsentiert werden, die zentralen Orte des Lehr-Lerngeschehens. Zu Beginn des Seminars wird in einem vorgegebenen Zeitrahmen der genaue Themenzuschnitt des Seminars diskutiert. Ähnlich der Vergabe von Referatsthemen in einem Präsenzseminar werden Themen zur Bearbeitung an Kleingruppen vergeben. Innerhalb dieser anfänglichen Diskussion bleibt Raum für Themenerweiterungen und -ergänzungen durch die Studierenden. In Kleingruppen finden die Studierenden sich dann für die Bearbeitung eines Themas zusammen und nutzen die Kooperationsmöglichkeiten des virtuellen Lernraums für ihre Zusammenarbeit (Shared Workspace etc.).

Sie präsentieren ihre Ergebnisse für die gesamte Lerngruppe sichtbar in Form von multimedialen HTML-Vorträgen. In einem wöchentlichen Rhythmus wird dann jeder Vortrag einmal in einer synchronen Diskussion per Chat bzw. Desktop-Videokonferenz und begleitend zeitversetzt über die gesamte Woche im Diskussionsforum diskutiert. Teilnehmende können hier ihre Fragen, Anregungen und Hinweise zu den Vorträgen eintragen und ihre Perspektiven auf das Thema mit den Vortragenden austauschen. In einem obligatorischen Abschlusstermin, der als Präsenztermin durchgeführt wird, wird jedes Thema noch einmal kurz dargestellt, die Gesamtthematik des Kurses zusammenfassend diskutiert sowie eine Seminarbewertung vorgenommen.

Über diese Szenarien hinaus werden kooperative Lernformen an der FernUniversität auch in andere Veranstaltungen integriert, z.B. in den Übungsbetrieb im Rahmen des Informatikstudiums (s. Haake & Schümmer 2003). Auch Werkzeuge wie Videokonferenz-Systeme werden im Studienbetrieb genutzt, diese aber vor allem für die Durchführung von Videoprüfungen (vgl. Beitrag 2.1.1).

4.3   Selbst organisierte Lerngemeinschaft FESA-Community

Neben didaktisch geplanten kooperativen Lernszenarien gibt es auch selbst organisierte Formen (vgl. Beitrag 3.5.2). Mit der „FESA-Community" haben sich Studierende, ebenfalls im Kontext des Fernstudiums, unabhängig vom Studienanbieter computerunterstützte Kommunikations- und Kooperationsstrukturen geschaffen (vgl. Arnold 2003).

Das Rückgrat dieser mehrere Hunderte von Studierenden umfassenden Lerngemeinschaft bildet seit 1995 bis heute ein Listserver. Als Ergänzung gibt es seit 2001 ein unmoderiertes Diskussionsforum, das ebenfalls zum Austausch von Nachrichten, aber auch von Dateien und Links sowie zur Terminerinnerung genutzt wird. Es verfügt über ein webbasiertes Archiv und bietet allen Beteiligten die Möglichkeit, Dateien und Links für andere zur Verfügung zu stellen. Hinzu kommen *persönliche Websites* und sog. *Stammtische*, regionale informelle Präsenztreffen. Die Websites enthalten oft umfangreiche Erfahrungsberichte sowie studienrelevante Link- und Dateisammlungen. Die Präsenztreffen werden über den Listserver organisiert.

Die Studierenden tauschen auf diesen Wegen Fragen und Antworten sowie Materialien zur Prüfungsvorbereitung und Studienorganisation, zu Fachfragen und ergänzenden Lernressourcen sowie zu ihrer beruflichen Praxis aus. Die Mehrheit der Beiträge ist kurz und knapp gehalten. Einzelne Beiträge sind aber auch ausführliche, detailreiche Reflexionen und Berichte. Großen Raum nimmt die Prüfungsvorbereitung ein. Hier tauschen Studierende Zusammenfassungen verschiedener Vorbereitungsseminare aus und können so die Prüfungsfragen besser eingrenzen. Zum Teil werden auch Aufgabenlösungen diskutiert oder weiter gegeben.

Durch die Zusammenarbeit schaffen die Studierenden sich in einem eng reglementierten Fernstudium neue Handlungsspielräume und *Wahlmöglichkeiten*: für Studienschwerpunkte, die sie vertiefen möchten, nutzen sie Hinweise auf Zusatzmaterialien und die Berufserfahrungen der Kommilitonen. In anderen Gebieten minimieren sie den eigenen Arbeitsaufwand.

Außerdem gewinnen sie *Zugehörigkeit* ihrer Wahl. Einige organisieren überschaubare regionale Studiengruppen, andere nutzen das große und locker geknüpfte Netzwerk von Kommilitonen und Kommilitoninnen als „kollektiven Ansprechpartner", der 24 Stunden am Tag erreichbar ist – oder gründen Studiengruppen, die das Studium gemeinsam planen. Zentral ist dabei, dass durch eine offene Mitgliedschaftsregelung über alle Studiengänge und -jahrgänge kritische Masse erreicht wird. Außerdem ist die Lerngemeinschaft ein Ort, in dem Kompetenzen sichtbar gemacht und zur Gestaltung des Studiums genutzt werden können. Die prinzipielle Freiwilligkeit der Teilnahme sowie die breite Vielfalt möglicher Formen der Teilhabe fördern die Lebendigkeit des Austausches, bewirken mit kontinuierlichen neuen Aushandlungsprozessen aber auch die Fragilität des Szenarios (vgl. ausführlich Arnold 2003).

5   Fernstudiendidaktik für kooperative Lernszenarien

Wie die Beispiele zeigen, ist computerunterstütztes kooperatives Lernen auch im Fernstudium möglich und wird praktiziert. Ob und wie man kooperative Lernszenarien in das Fernstudium integriert, hängt dabei aber nicht nur von den verfügbaren Technologien ab, sondern vor allem von den pädagogischen Konzepten zu Lehren und Lernen sowie der bestehenden Organisationskultur. Oder, wie Nipper (1989) es metaphorisch ausdrückt, in welchem Maß es einem Fernstudienanbieter gelingt, „Lernende mit Stimme" („noisy learners") zu akzeptieren und zu fördern. Das bedeutet aber die gewachsenen Abläufe von Produktion und Distribution von Studienmaterialien sowie die bislang praktizierten Formen der Betreuung neu zu überdenken und zu verändern. Je mehr Kommunikation mit den Lehrenden und zwischen den Lernenden stattfindet, desto „lauter" wird es. Studierende gewinnen wesentlich größere Teilhabe am Lehr- und Lerngeschehen. Nur wenn diese größere Teilhabe als Mehrwert für die Studierenden ersichtlich wird und von den Lehrenden ebenfalls gewollt und mitgetragen wird, können die neuen technologischen Möglichkeiten gewinnbringend für alle genutzt werden.

Gleichzeitig lassen sich Lerngemeinschaften, aber auch das Arbeiten in Studiengruppen, nicht im gleichen Maße durch den Fernstudienanbieter planen wie Studienmaterialien oder Organisationsstrukturen im Fernstudium geplant werden können. Lerngemeinschaften können als prinzipiell selbst organisierte Gemeinschaften nicht implementiert werden (vgl. auch Beitrag 3.5.2). Kooperatives Lernen in Studiengruppen beruht ebenso auf der freien Entscheidung der Studierenden. Dem Fernstudienanbieter kommt vielmehr die Rolle zu, förderliche Bedingungen für die Entstehung von Lerngemeinschaften und für kooperative Lernformen in Studiengruppen zu schaffen.

Als Eckpunkte für eine entsprechende Fernstudiendidaktik sind die folgenden Faktoren wesentlich (vgl. Arnold 2003; Peters 2001; Zimmer 2001; speziell zu Lerngemeinschaften Wenger et al. 2002):

–   Studierende benötigen Einflussmöglichkeiten auf Studieninhalte und Auswahlmöglichkeiten (ihre Gestaltungsmöglichkeiten dürfen sich nicht nur auf Diskussionsforen beschränken);

–   Studienergebnisse sollten als Lernressource für alle in den Studienprozess zurückfließen (und nicht nur in Klausuren eingebracht werden);

–   eine Studien- und Lernunterstützung sollte kontinuierlich und vielfältig angeboten werden (der Erwerb autodidaktischer Kompetenzen darf nicht unterschätzt werden);

–   die Entstehung von Lerngemeinschaften sollte gefördert werden. Dazu benötigen Studierende die Möglichkeit, bei der Gestaltung virtueller Räume mitzuwirken. Es sollten vielfältige Partizipationsformen unterstützt, eine offene, kurs- und jahrgangsübergreifende Mitgliedschaft berücksichtigt werden und eine Reflexion über den aktuellen Nutzen regelmäßig angeregt werden (Kooperation und Lerngemeinschaften können prinzipiell aber nicht erzwungen werden);

– virtuelle Lernräume als technologische Infrastruktur sollten bedarfsorientiert und möglichst partizipativ mit den Studierenden entworfen und kontinuierlich weiter entwickelt
   werden.

5.6 Neue Lernformen in der Berufsausbildung: Eine Fallstudie

Claudia Lohr, Rolf Meyer

Allianz Versicherungs AG, München

1 Einleitung

Die Allianz Versicherungs-AG setzt deutschlandweit eine intranetbasierte Lernplattform, das Ausbildungs Lern Forum (ALF) ein, das allen Auszubildenden und Ausbildern zugänglich ist. Beweggründe und Erfolgsfaktoren werden in diesem Beitrag vorgestellt. Berichtet wird über Konzeption der Lernplattform und deren Integration in ein bestehendes Berufsausbildungssystem. Außerdem werden Auswirkungen auf Auszubildende und Ausbildungspersonal sowie Nutzenaspekte für das Unternehmen beleuchtet. Ferner werden Interessenten Schwachstellen aufgezeigt und Empfehlungen gegeben.

2 Beweggründe für die Einführung einer Lernplattform

Die Idee des E-Learning fand bereits 1998 Eingang in die Berufsausbildung der Allianz Versicherungs-AG. Gründe dafür lagen einerseits in der Ausbildungsorganisationsstruktur des Unternehmens, andererseits in gesetzlich bedingten Neuerungen der Zielstellung einer dualen Berufsausbildung.

2.1 Berufsbilder und Ausbildungsorganisation in der Allianz Versicherungs AG

Die Mehrzahl der Auszubildenden im Unternehmen erlernt den Beruf „Versicherungskauffrau/-mann". Für diese Zielgruppe sind hauptberufliche Ausbilder bestellt, die entsprechend pädagogisch qualifiziert sind und zugleich über hohe Fachkompetenz verfügen. Diese Ausbilder vermitteln einer Gruppe von ca. acht Auszubildenden jeweils Kenntnisse eines Spartenzweiges (z.B. „Kraftfahrtversicherung für Privatkunden"). In diesen Ausbildungsabschnitten, die – je nach individuellem Ausbildungsablauf und Ziel – zwischen drei und sechs Monate dauern, werden die fachlichen Grundlagen erlernt und das Wissen bei der Bearbeitung von echten Geschäftsvorfällen angewendet.

Die Ausbildung von Versicherungskaufleuten erfolgt in sieben Zweigniederlassungen der Allianz, verteilt über die gesamte Bundesrepublik Deutschland. Aus ökonomischen Gründen sind überregionale Ausbildungsgruppen nicht möglich und im Lerncurriculum nicht vorgesehen. Eine Zusammenarbeit in virtuellen Lerngruppen, über Ausbildungsjahrgänge, Sparten und regionale Standorte hinweg, ermöglicht seit Einführung des Ausbildungs Lern Forums aber einen intensiven Austausch und die Nutzung von Synergiepotentialen.

Neben Versicherungskaufleuten werden in der Allianz Versicherungs-AG eine Reihe von weiteren Berufen ausgebildet, z.B. Kaufleute für Bürokommunikation, Dipl.-Betriebswirte (Berufsakademie) und Fachinformatiker, um nur einige zu nennen. Da die Anzahl der Auszubildenden in diesen Berufen begrenzt ist, ist keine Organisation in Ausbildungsgruppen vorgesehen. Die Auszubildenden erhalten, neben einer Reihe von zentralen Maßnahmen durch hauptberufliche Ausbilder, ihre Ausbildung in verschiedenen Abteilungen des Unternehmens. Computer Supported Cooperative Learning (CSCL) bietet dabei verstärkt Möglichkeiten, fortlaufend Kontakt zwischen Auszubildenden und Ausbildern zu halten.

2.2 Neuordnung der Ausbildungsordnung: Entwicklung von beruflicher Handlungskompetenz als Ziel der Berufsausbildung

Mit zunehmender Technologisierung und verkürzten Produktzyklen nimmt, wie auch in vielen anderen Wirtschaftszweigen, in der Versicherungsbranche seit einigen Jahren die Halbwertszeit des Wissens ab. Mitarbeiter sind immer stärker gefordert, flexibel mit sich verändernden Anforderungen umzugehen und sich stets in neue Aufgaben einzuarbeiten. Der steigende Veränderungsdruck hat auch Auswirkungen auf die Berufsausbildung. In den 90er Jahren wurde das Konzept der Schlüsselqualifikationen in diversen Ausbildungsordnungen, den „Lehrplänen" der Ausbildungsberufe, verankert.

„Schlüsselqualifikationen sind", wie die Bildungskommission NRW definiert, „erwerbbare allgemeine Fähigkeiten, Einstellungen und Strategien, die bei der Lösung von Problemen und beim Erwerb neuer Kompetenzen in möglichst vielen Inhaltsbereichen von Nutzen sind." (Mertens 1974)

Die Verordnung über die Berufsausbildung zu Versicherungskaufleuten von 1996 z.B. fordert: „Neben Fachkompetenz erfordert die Aufgabenwahrnehmung im besonderen Maße Methoden- und Sozialkompetenz. Der Schwerpunkt liegt auf selbstständigem, analytischem und vernetztem Denken. Ebenso unerlässlich sind Problemlösungsfähigkeiten und die Fähigkeiten zur Kommunikation und Kooperation, darüber hinaus Flexibilität und Kreativität, Eigeninitiative und Verantwortungsbewusstsein." (Bundesinstitut für Berufsbildung 1996)

Auszubildende sollen schon während ihrer Ausbildungszeit angeregt werden, sich selbst zu organisieren und eigenständige Entscheidungen zu treffen. Verstärkt findet daher in der Allianz Versicherungs-AG das Konzept des Selbstgesteuerten Lernens Anwendung. (Allianz Versicherungs-AG 2003)

Selbstgesteuertes Lernen meint, dass Auszubildende sich den eigenen Lernprozess bewusst machen und diesen gemäß ihres Lerntyps planen. Durchführung, Kontrolle des Lernfortschritts und Bewertung des Lernprozesses erfolgen eigenständig. Dabei heißt selbstgesteuertes Lernen keineswegs, alleine zu lernen. Vom Ausbilder gestellte Projektaufträge werden häufig mit Partnern bzw. in Kleingruppen bearbeitet. Der Auszubildende ist in der Wahl von Lernzeit, Methoden und Lernform frei. Der Ausbilder fungiert als Lernbegleiter und -berater.

3   Gestaltung des Ausbildungs Lern Forums (ALF)

Die Allianz Versicherungs-AG bietet mit dem Ausbildungs Lern Forum (ALF) eine Plattform, die Ausbildern und Auszubildenden fortwährend elektronischen Austausch und die
Verwaltung von Lernbausteinen ermöglicht.

ALF besteht aus 5 Modulen:

- Mediathek: Herzstück der Lernplattform ist eine umfangreiche Wissensdatenbank, in
  der Lernmaterial durch Ausbilder und Auszubildende eingestellt und abgerufen werden kann.
- Kommunikation: Der Kommunikationsbereich ist mit Newsgroup- und Chat-
  Funktionalitäten ausgestattet und ermöglicht auch das Arbeiten in fest definierten
  Gruppen.
- Lernplaner: Mit Hilfe des Lernplaners kann der Ausbilder den Auszubildenden Vorschläge zur Lernprozessgestaltung geben. Auszubildende können diese Lernprozesse
  modifizieren und ihrem Lernverhalten anpassen.
- Werkstatt: Die Generierung von Wissenstests und Lernerfolgskontrollen und die Entwicklung von Lernempfehlungen erfolgt in der Werkstatt. Sie ist lediglich den Ausbildern zugänglich.
- Administration: Der Administrationsbereich ist erforderlich, um Zugangsberechtigun-
  gen und Pflegeparameter (wie z.B. für automatische Archivierung) zu verwalten.

Die Lernplattform ist in einem umfangreichen Informations- und Schulungsprogramm allen
an der beruflichen Ausbildung Beteiligten vorgestellt worden und findet inzwischen bun-
desweit Einsatz.

4   Einsatzfelder von CSCL

ALF ermöglicht die Ausweitung von drei Interaktionsfeldern:

- Interaktion zwischen Ausbilder und Auszubildenden
- Interaktion zwischen Auszubildenden
- Interaktion zwischen Ausbildern

4.1   Lernberatung: Interaktion Ausbilder – Auszubildende

Die Vermittlung von Fachwissen erfolgt insbesondere bei den Versicherungskaufleuten
üblicherweise in drei Schritten. Zuerst erwerben die Auszubildenden in Schulungen durch
den Ausbilder oder mit Hilfe von Methoden des selbstgesteuerten Lernens in der Ausbildungsgruppe theoretische Kenntnisse über Produkte und Zusammenhänge. Dann weist sie
der Ausbilder in die Bearbeitung der Geschäftsvorfälle ein. Die Bearbeitung wird anhand
von realen Vorgängen unter Anleitung des Ausbilders geübt. In den Praxisphasen, in denen
die Auszubildenden in Fachabteilungen eingesetzt sind, bearbeiten sie eigenständig diese
Geschäftsvorfälle. Tauchen dabei Fragen auf, nutzen sie den Chat der Lernplattform oder
klären ihre Fragen im Mailkontakt oder in einer Newsgroup mit dem Ausbilder. Werden
Wissenslücken offensichtlich, kann der Ausbilder der gesamten Ausbildungsgruppe mit

Hilfe der Lernplattform notwendige Unterlagen zur Verfügung stellen und so den Auszubildenden an jedem Arbeitsplatz computerunterstützte Wissensvertiefung ermöglichen.

Damit steht seit einigen Jahren die individuelle und bedarfsorientierte Förderung jedes einzelnen Auszubildenden in der Berufsausbildung im Vordergrund. Die Unterstützung durch elektronische Lern- und Kommunikationssysteme ist dafür unabdingbar.

4.2   Projektaufträge: Interaktion zwischen Auszubildenden

Die Ausbildung dient neben der Aneignung von Fachwissen auch dem Erwerb bzw. der Weiterentwicklung von Schlüsselqualifikationen (Allianz Versicherungs-AG 2003).

Um Schlüsselqualifikationen wie Kooperationsfähigkeit, Selbstständigkeit und Verantwortungsfähigkeit zu fördern, vergeben die Ausbilder der Allianz Versicherungs-AG Projekte, in denen die Auszubildenden angehalten sind, sich das jeweilige Lernziel selbstständig zu erarbeiten. Dazu erfolgt zumeist eine Einteilung in Lernteams. Im Projektauftrag erfahren die Auszubildenden das Thema, Rahmenvorgaben (zeitlicher Horizont, Teamzusammensetzung, Form des Ergebnisses) und erhalten Empfehlungen zu Informationsquellen. Aufgabe der Auszubildenden ist dann, die Rollen und Aufgaben im Team zu klären, das Vorgehen zu planen und arbeitsteilig das Thema zu erarbeiten. Um die Qualität der Ergebnisse sicherzustellen, den Lernerfolg zu kontrollieren und allen Mitauszubildenden den gleichen Wissensstand zu verschaffen, werden die Ergebnisse der Projektarbeit abschließend meist dem Ausbilder und den anderen Lernteams der Ausbildungsgruppe präsentiert und mit ihnen gemeinsam besprochen.

Die Erarbeitung der Projektaufträge wird durch CSCL sehr erleichtert. In festen Chatgruppen der Lernplattform kann das Lernteam Terminabsprachen treffen und die Aufgabenteilung organisieren. Die Mediathek und weitere elektronische Datenbanken werden als Informationsquelle genutzt. Die Erstellung der Präsentationen erfolgt derzeit jedoch meist in persönlichen Treffen, so dass hier das Potential von CSCL nur teilweise ausgeschöpft wird. Zunehmende räumliche Distanzen in den Praxisphasen und verbesserte technische Möglichkeiten z.B. durch die Einführung eines Virtual Classrooms lassen jedoch für die nächsten Jahre eine steigende Tendenz virtueller Zusammenarbeit erwarten.

4.3   Expertennetzwerke: Interaktion zwischen Ausbildern

Die Ausbilder in der Allianz sind die „Qualitätreiber" des gesamten Systems der Berufsausbildung. Während ihre pädagogische Kompetenz die Qualität der Methodik und Didaktik bestimmt, ist ihre Fachkompetenz entscheidend für die Qualität der vermittelten Lerninhalte.

Lerninhalte für alle Fachgebiete in der Allianz Versicherungs-AG sind inzwischen in Form elektronischer Ausbildungsmaterialien in ALF hinterlegt. Im Einsatz befinden sich eine Vielzahl unterschiedlichster Materialien, angefangen von Web Based Trainings (WBT) über Präsentationen und Lerntexte bis zu Lernerfolgskontrollen, die den Abschlussprüfungen der IHK nachgebildet sind. Diese Ausbildungsmaterialien werden in sog. „Centers of Competence" (CoC) durch virtuelle Gruppen von spezialisierten Ausbildern entsprechend der Belange der Berufsausbildung erstellt und gepflegt. Nach fest vereinbarten Qualitätsstandards erstellen, prüfen und überarbeiten alle Mitglieder der CoC-Netzwerke fortlaufend den Materialgrundstock und tauschen sich mit ihren Partnern aus. Dafür nutzen sie nur ihnen zugängliche Gruppenräume im Kommunikationsbereich von ALF (chat-rooms). Neuerungen werden im aktuellen „Ticker" von ALF allen Ausbildern und Auszubildenden bekannt gegeben.

Neben den CoC-Aktivitäten besteht jederzeit die Möglichkeit, dass Ausbilder sich über inhaltliche oder pädagogische Fragestellungen austauschen. Dies kann ebenfalls in speziellen Gruppenräumen oder in einem Diskussionsforum geschehen.

Seit Anfang 2003 wird darüber hinaus der Einsatz eines Virtual Classrooms (VC) erprobt. Mit den regionalen Ausbildungsleitern kommuniziert die Hauptverwaltung hier wichtige und aktuelle Fragestellungen der Berufsausbildung, ohne dass eine traditionelle Sitzung mit allen ökonomischen Nachteilen (Zeitaufwand, Reisekosten) durchgeführt werden muss.

5   Nutzen und Erfolgsfaktoren von ALF

Nach beinahe fünf Jahren ALF ist CSCL aus der Berufsausbildung der Allianz Versicherungs-AG nicht mehr wegzudenken. Der Einsatz des Ausbildungs Lern Forums ist mit Nutzen für das Unternehmen und für die Auszubildenden verbunden, beinhaltet aber auch Risiken und Schwachstellen.

Um von einer sinnvollen Investition zu sprechen, galt es, mit der Einführung von ALF die Qualität des Prozesses und der Ergebnisse zu steigern oder bei gleicher Qualität wirtschaftlicher zu handeln. Rückblickend bedeutet ALF für die Allianz Versicherungs-AG sowohl qualitativ als auch ökonomisch einen Mehrwert.

5.1   Nutzen für das Unternehmen

Der Nutzen des Lernplattformeinsatzes für das Unternehmen ist insbesondere qualitativer Art. Einerseits erfolgt eine Qualitätssteigerung in der Berufsausbildung durch standortübergreifende Verfügbarkeit qualitätsgeprüfter Lernmaterialien. Zum anderen kann eine auf selbstgesteuerten Lernprozessen basierende Ausbildung die Handlungsfähigkeit der Mitarbeiter im Unternehmen auf lange Sicht steigern. Die Entwicklung von Schlüsselqualifikationen versetzt die Mitarbeiter auch nach ihrer Ausbildung in die Lage, sich schnell den ständigen Veränderungen der Anforderungen im Leistungserbringungsprozess anzupassen.

Aufgrund der erzielten Synergieeffekte sind auch Kosteneinsparungen erkennbar. In den Sachkosten zeigt sich wirtschaftlicher Nutzen nur in geringem Maße durch Einsparungen von Kopien und Schriftverkehr. Bedeutendere Effekte ergeben sich im Ausbildungsaufwand. Entlastet von der Entwicklung eigener Konzepte und Lernmaterialien kann sich der Ausbilder nun verstärkt auf seine Kernaufgaben Beratung und Steuerung des Lernprozesses konzentrieren. Eigenverantwortliches Lernen der Auszubildenden schafft darüber hinaus zusätzlichen Freiraum für den Ausbilder, der in dieser Zeit andere Aufgaben übernehmen kann.

Das Nutzenpotential hängt von diversen Rahmenbedingungen ab. Ist bereits eine ausreichende technische Infrastruktur vorhanden, halten sich die Investitionskosten im Rahmen der

Einführung von CSCL in Grenzen. Der relative Nutzen steigt. Als weitere Rahmenbedingung ist die Organisationsform der Ausbildung zu bedenken. Sitzt die gesamte Ausbildungsgruppe zeitgleich mit ihrem Ausbilder in einem gemeinsamen Raum, ist die direkte Kommunikation komfortabler und effizienter als computergestützter Austausch. Große Nutzenpotentiale ergeben sich deshalb in der Allianz Versicherungs-AG vor allem für die Versicherungskaufleute während der Praxisphasen in den Fachabteilungen und für die dezentral organisierten Berufsbilder wie die Kaufleute für Bürokommunikation oder Fachinformatiker.

5.2   Nutzen für den Auszubildenden

Auch für die Auszubildenden ist CSCL mit positiven Effekten verbunden. Die vorhandenen Systeme und ihre Einsatzkonzepte ermöglichen den Auszubildenden eine stärkere Mitgestaltung des Lernprozesses. Die Vielfalt der angebotenen Methoden und Medien erlaubt ihnen persönliche Schwerpunktsetzung und eine optimale, ihrem Lerntyp gerechte Gestaltung des Lernens. Mit Verfügbarkeit vernetzter Lernangebote steigen auch Methoden- und Medienkompetenz. Der Auszubildende sammelt Erfahrung, mit welchen Methoden und Verfahren er in diversen Fällen Erfolg erzielen kann. Und schließlich steigert der Austausch mit anderen Auszubildenden auch die Fachkompetenz, durch aktive Auseinandersetzung mit den Inhalten. Nebenbei lernen die Auszubildenden, Verantwortung für sich und andere Lerner in gemeinsamen Arbeitsgruppen zu übernehmen.

Diese Kompetenzsteigerung bedeutet natürlich auch für das Unternehmen einen Gewinn, indem gute Prüfungsergebnisse erzielt werden und handlungskompetente Mitarbeiter zur Verfügung stehen.

5.3   Erfolgsfaktoren bei der Einführung der Lernplattform

Es gibt eine Reihe von Faktoren, die bei der Implementierung neuer Lernformen unbedingt beachtet werden müssen. Neben den methodischen Anforderungen (wie z.B. Bedienung der Lernplattform) und den Anpassungen des Lerncurriculums, ist die Veränderung der aktuell im Unternehmen etablierten „Lernkultur" ein möglicher Stolperstein.

Für das Gelingen der Implementierung in einem dezentral organisierten Unternehmen wie der Allianz Versicherungs-AG ist die Mitwirkung aller betroffenen Mitarbeiter, sowohl der Steuerungsverantwortlichen wie der operativ tätigen Ausbilder, erforderlich. Ein interdisziplinäres Projektteam begann deshalb schon in der Entwicklungsphase von ALF, Anforderungen von Ausbildern und Auszubildenden aufzugreifen und das System an den Bedürfnissen der Nutzer auszurichten. Dennoch ist es nur zögerlich gelungen, die Ausbilder durch Marketingmaßnahmen und Workshops für das Konzept zu gewinnen. Den Vorteilen von standortübergreifendem Wissensmanagement der Ausbilder standen vor allem zu Anfang die Bedenken der Ausbilder gegenüber, durch Dokumentation des eigenen Wissens „austauschbar" zu werden. Noch schwerer als eigenes Wissen preis zu geben fällt es vielen Ausbildern, Material von Kollegen in ihre Lernplanung zu übernehmen. Stilabweichungen und persönliche Vorlieben müssen außer Acht gelassen werden und Vertrauen in die Kompetenz der Kollegen bestehen.

5.4   Erfolgsfaktoren beim Einsatz von ALF

ALF verfolgt den Ansatz, allen Nutzern (den Ausbildern wie den Auszubildenden) das Einstellen von Lernmedien zu ermöglichen. Größte Herausforderung in der Implementierung von ALF war deshalb, eine Philosophie des Gebens und Nehmens sowie ein erhöhtes Qualitätsbewusstsein zu etablieren. Von den Ausbildern wird verlangt, dass sie ihre Unterlagen zur Verfügung stellen, gemeinsam Verbesserungsvorschläge erarbeiten und eine Arbeitsteilung („networking") etablieren. Schnell ist es gelungen, eine umfangreiche und qualitativ hochwertige Wissensdatenbank aufzubauen. Regionale Besonderheiten (z.B. Landwirtschaftsversicherung in Bayern) schränken jedoch die standortübergreifende Verwendung von Lernmaterialien ein.

Unterschätzt wurde der zeitliche Aufwand, die Lerninhalte stets zu aktualisieren und deren Qualität zuverlässig zu erhalten. Technische Qualitätssicherungsprozesse (z.B. regelmäßige Aktualisierungsaufforderungen und automatische Archivierung) haben sich deshalb als unentbehrlich erwiesen. Verstärkt werden sollte die Bereitschaft der Ausbilder und ihrer Führungskräfte, die erforderlichen Ressourcen für Pflege und Weiterentwicklung von Ausbildungsmitteln in den Ausbildungsablauf einzuplanen.

Die Auszubildenden sind von der Qualität der verfügbaren Lernmedien abhängig. Fehlinformationen können sich durch Austausch zwischen den Auszubildenden schnell verbreiten, ohne dass der Ausbilder dies merken würde. Nicht zuletzt deshalb sind zum Abschluss von E-Learning-Maßnahmen eine Lernerfolgskontrolle und die Nachbesprechung der Themen mit dem Ausbilder unabdingbar. Nur so kann sichergestellt werden, dass die Auszubildenden die Inhalte korrekt verstehen.

Als Lernberater ist der Ausbilder nicht nur dafür verantwortlich, mit den Auszubildenden den Lernprozess zu planen, sondern auch zu unterstützen und zu kontrollieren. Tutorielle Fähigkeiten, die in der klassischen Lehrerrolle nicht verlangt sind, stehen deshalb seit Einführung von ALF immer wieder im Fokus von Qualifizierungsmaßnahmen für die Ausbilder. Dabei ist es wichtig, nicht nur die Bedienung sondern auch den sinnvollen didaktischen Einsatz der Lernplattform zu vermitteln.

Fazit aus dem Einsatz von ALF ist, dass nicht allein ein funktionsfähiges System, sondern vielmehr klar und sinnvoll geregelte Ausbildungsprozesse, überzeugende Qualität der Lernmaterialien und eine gute tutorielle Betreuung der Auszubildenden für das Gelingen von CSCL unabdingbar sind.

6   Empfehlungen für die Einführung einer Lernplattform in der Berufsausbildung

Abgeleitet aus den Erfahrungen in der Allianz Versicherungs-AG, gibt es eine Reihe von Aspekten und Faktoren, die bei der Implementierung von CSCL in der Berufsausbildung maßgeblich sind.

Bei der Gestaltung eines neuen CSCL-gestützten Lernkonzeptes muss das Projektteam aus wissenschaftlich orientierten Mitarbeitern, Fach- und IT-Spezialisten, Steuerungsverantwortlichen und künftigen Anwendern bestehen. So wird neben hoher fachlicher Qualität von Konzepten und Instrumenten eine gute Passgenauigkeit auf die Anforderungen der Berufsausbildung sichergestellt. Bei der Entwicklung einer Lernplattform wird häufig viel Energie darauf verwendet, die Technik zu gestalten und neue Module zu entwickeln. Wichtiger ist hier, dass zunächst der Lernprozess entwickelt und dokumentiert wird, bevor das Design der technischen Anwendung beginnt. Ansonsten besteht die Gefahr, dass die Anwendung später nicht zum Lernkonzept passt, weil die Technik-Entwicklung nicht den realen didaktischen Anforderungen entspricht.

Über das Vorhaben sollte im Unternehmen frühzeitig und offen informiert werden. Angesprochen durch eine Broschüren-Reihe oder einen E-Mail-Newsletter, können sich alle am Berufsausbildungsprozess Beteiligten über definierte Ansprechpartner aus dem Projektteam am Entwicklungsprozess beteiligen. Zu sehen, dass Anwender in die Konzeptentwicklung eingebunden sind, fördert die Akzeptanz bei der gesamten Zielgruppe.

Die betrieblichen Ausbilder müssen rechtzeitig auf ihre Rolle als Lernberater vorbereitet und weiterqualifiziert werden, damit das Lernkonzept seine volle Wirkung auch entfalten kann. „Learning by doing" ist hierfür nicht ausreichend. Eingeschlossen in die vorbereitenden Maßnahmen sollte auch eine E-Tutoren-Qualifizierung sein.

Wer in deutschen Unternehmen eine Lernplattform einsetzen möchte, muss auch die Mitwirkungsrechte der Betriebsratsgremien beachten. Die Einführung jeder neuen Lernform und jede Veränderung am Ausbildungskonzept ist laut Betriebsverfassungsgesetz (BetrVG) mitbestimmungspflichtig. Es lohnt sich deshalb, den Betriebsrat frühzeitig in das Vorhaben einzubeziehen und regelmäßig über den Implementierungsprozess zu informieren.

In einem großen Unternehmen kann es sinnvoll sein, das Konzept zunächst in einem Pilotfeld auf inhaltliche Tragfähigkeit, technische Funktionalität und die Akzeptanz hin zu überprüfen. Dafür ist ein Evaluationsdesign zu entwickeln und die Evaluation bei den Anwendern (Ausbilder und Auszubildende) durchzuführen. Die Ergebnisse der Evaluation können vor dem produktiven Breiteneinsatz noch Änderungen im Konzept anregen. Auch dieser Schritt führt zu einer weiteren Verbesserung von Akzeptanz und Nutzung. Spätestens zwei Jahre nach der Breiteneinführung sollte die Evaluation wiederholt werden, um den Return on Investment kritisch zu betrachten und ggf. Nachbesserungen im Einsatz (wie z.B. Schulungen und Qualitätsmanagement) anzustoßen.

Wenn sich in der Konzept- oder Pilotphase Qualitätsmängel zeigen – egal ob im technischen Konzept, den Prozessen (z.B. Zuständigkeiten) oder den Ausbildungsmitteln – so müssen diese sofort behoben werden. Ein Verschieben des Problems („das machen wir später" oder „Fein-Tuning" nach der Einführung) schadet der Akzeptanz des Gesamtsystems deutlich.

Der Erfolg einer neuen Lernform ist fraglich, wenn CSCL zusätzlich neben ein tradiertes Lehr-System gestellt wird. Nur wenige Ausbilder sind dann motiviert, „bewährte" Methoden in Frage zu stellen. Außerdem verursacht der Einsatz zweier Konzepte doppelten Pflegeaufwand und birgt erhöhte Fehleranfälligkeit. Von Beginn an müssen die Lernprozesse deshalb neu gestaltet werden. Es gilt, Bestandteile tradierten Lernens und E-Learning-Elemente in sog. blended learning-Konzepten miteinander zu verbinden.

Nach der Implementierung muss nachhaltig dafür gesorgt werden, dass die Lernkultur auch tatsächlich verändert wird. Dazu muss ein intensiver Kommunikations- und Lenkungsprozess durch die Steuerungsverantwortlichen erfolgen. Verantwortlichkeiten für Implementierung, Gestaltung, Support und Feedback müssen klar und transparent geregelt sein. In der Einführungsphase und im Support-Konzept können „Multiplikatoren" und „Promotoren" ein neues Konzept zwar befördern und für Verbreitung sorgen – eine echte Steuerungsfunktion wird dadurch aber nicht ersetzt.

Die Einführung einer Lernplattform will reiflich überlegt und gut geplant sein. Werden neue Lernformen wie CSCL und die damit verbundenen Veränderungen ganzheitlich betrachtet, kann die Qualität der Berufsausbildung bei gleich bleibenden Ressourcen gesteigert werden. Stetige Neuentwicklungen auf dem Markt erschließen sicher auch in den nächsten Jahren weitere Möglichkeiten und Potentiale. Auch nach Einführung einer Lernplattform ist es deshalb für die Verantwortlichen wichtig, stets die aktuellen Entwicklungen zu verfolgen und Anpassungen der eigenen Prozesse und Systeme vorzunehmen.

5.7 CSCL in der betrieblichen Weiterbildung

Stefanie N. Lindstaedt, Johannes Farmer, Tobias Ley

Know-Center, Graz

1 Einleitung

Dieses Kapitel gibt einen Überblick über traditionelle Arten der betrieblichen Weiterbildung, diskutiert zu beobachtende Veränderungen und identifiziert Fokuspunkte für die verstärkte Unterstützung durch CSCL-Technologien. Innovative Ansätze werden vorgestellt und anhand von zwei Fallbeispielen illustriert.

Zunächst werden drei Weiterbildungsarten aufgezeigt, die typischerweise in Unternehmen zur Erreichung unterschiedlicher Weiterbildungsziele eingesetzt werden. Jede dieser Weiterbildungsarten stellt andere Anforderungen an die Technologie-Unterstützung, um ihren Zielgruppen, Zielen und Rahmenbedingungen gerecht zu werden. Im Weiteren diesen Kapitels fokussieren wir dann auf die beiden Weiterbildungsarten, die besonders charakteristisch für betriebliche Weiterbildung sind: Weiterentwicklung und Training-on-the-Job.

Aufbauend auf diesem Verständnis der betrieblichen Weiterbildung zeigen wir drei wichtige Trends auf, die unserer Einschätzung nach die betriebliche Weiterbildung in den kommenden Jahren verstärkt beeinflussen werden. Eine Analyse der Trends ermöglicht die Identifizierung von drei Fokuspunkten, die neue Herausforderungen für CSCL-Technologien darstellen. Hierbei steht die Einbettung der Kommunikation und Interaktion in den *Kontext* im Mittelpunkt. Der Kontext bezieht sich hier auf die Arbeitssituation, die Unternehmensstruktur, die Lehrmöglichkeiten und die Lernbedürfnisse der involvierten Personen. In jedem Kontext können natürlich allgemeine CSCL-Technologien (siehe Teil 2.1) eingesetzt werden – wie es auch bereits in vielen Unternehmen geschieht. Den wirklichen Mehrwert aber wird man nur durch die Berücksichtigung des Kontextes und der Anpassung der Technologien auf diesen und der Einbettung in Infrastruktur erreichen können.

Den Hauptteil des Kapitels bildet daher die Vorstellung dreier innovativer Ansätze, die die identifizierten Fokuspunkte angehen und zu ihrer effektiven Umsetzung auf CSCL-Technologien angewiesen sind: Skills Management, Blended Learning und Integration von Arbeit und Lernen. Anschließend zeigen wir anhand von zwei kurzen Fallbeispielen, wie Skills Management in einem Großkonzern und die Integration von Arbeit und Lernen in einem kleinen Unternehmen umgesetzt werden können.

2 Grundüberlegungen

2.1 Warum betriebliche Weiterbildung?

Um nicht zu sehr von dem Angebot auf dem Arbeitsmarkt abhängig zu sein, haben Unternehmen schon seit jeher in die Weiterbildung ihrer Mitarbeiter investiert. Dies geschieht zumeist, indem auf Bildungsangebote durch Universitäten, Fachhochschulen, Bildungsinstituten, usw. zugegriffen wird. In diesen externen Kursen werden Wissen und Fähigkeiten typischerweise generell und allgemeingültig vermittelt. Zunehmend sind es aber auch noch andere Gründe, die Unternehmen dazu bewegen, in betriebliche Weiterbildung zu investieren:

- Vermittlung von Unternehmensspezifischen Inhalten und Abläufen
- Standardisierung von Arbeitsabläufen
- Schulung über neue Produkte mit dem Ziel der schnellen Markteinführung
- Schritthalten mit komplexen (technischen) Entwicklungen

Basis dieser Punkte ist das Bedürfnis eines Unternehmens, Fähigkeiten gemäß der Unternehmensstrategie aufzubauen und unternehmensspezifische Inhalte und Fähigkeiten zu vermitteln. Dies unterscheidet die betriebliche Weiterbildung grundlegend von anderen Bildungsangeboten und beeinflusst in großem Maße die Technologie, die zur Unterstützung herangezogen wird. Dies fällt besonders auf der Seite der Lehrenden auf – denn diese sind immer öfter selbst Mitarbeiter des gleichen Unternehmens, die z.B. standardisierte Abläufe selbst entwickelt haben und nun ihren Kollegen weitergeben.

2.2 Arten der betrieblichen Weiterbildung

Die Vielfalt der Möglichkeiten zur betrieblichen Weiterbildung lassen sich grob in drei Arten aufteilen, die man typischerweise in einem Unternehmen antreffen kann. Diese Arten der Weiterbildung können besonders anhand von drei Aspekten unterschieden werden: Ziel der Weiterbildung, Dauer der Weiterbildungsmaßnahme und die Person, die die Weiterbildung initiiert:

Weiterqualifikation: Ziel ist hier eine umfassende Ausbildung eines Mitarbeiters in einer neuen Disziplin als seine vorherige (z.B. Umschulung) oder innerhalb seiner Disziplin (z.B. Diplom, MBA). Die Weiterqualifikation erstreckt sich typischerweise über längere Zeiträume – oft mehrere Jahre. Nach Abschluss der Weiterqualifikation finden Prüfungen statt und der Lernende erhält einen Abschluss (z.B. Diplom, Titel), der auch außerhalb des Unternehmens Anerkennung findet (z.B. zertifizierter Lotus-Entwickler). Weiterqualifikationsmöglichkeiten werden zumeist von der Personalabteilung oder Organisationsentwicklung in Zusammenarbeit mit externen Bildungsinstitutionen (z.B. Universitäten) angeboten.

Weiterentwicklung: Ziel der Weiterentwicklung ist die schrittweise Entwicklung eines Mitarbeiters zur Übernahme neuer Aufgaben und Aufbau neuer Fähigkeiten, die im Kontext seiner Arbeit anfallen. Weiterentwicklungsmaßnahmen dauern typischerweise nur wenige Tage oder Wochen. Beispiele sind hier Seminare für Konfliktmanagement für Mitarbeiter, die in zunehmendem Maße Projekt- oder Gruppenleiteraufgaben übernehmen sollen. Am Ende einer solchen Weiterbildung steht nur in den seltensten Fällen eine Prüfung. Der Mitarbeiter erhält zwar meist ein Dokument, welches die Teilnahme an dem Seminar bestätigt. Dieses wird jedoch üblicherweise nicht außerhalb des Unternehmens anerkannt. Weiterentwicklung wird zumeist auf Anraten des Vorgesetzten und zusammen mit dem Mitarbeiter beschlossen. Die systematische Verwaltung von Fähigkeiten (siehe Skills Management und Fallstudie A) kann hierbei große Hilfe leisten. Manchmal wird hier die Personalabteilung zu Rate gezogen.

Training-on-the-Job: Im Unterschied zu den beiden zuvor genannten findet diese Art der Weiterbildung in den meisten Unternehmen nicht systematisch statt (außer als Teil eines Ausbildungsverhältnisses). Dies ist umso bedauerlicher, weil gerade diese Art der Weiterbildung – insbesondere bei Klein- und Mittelbetrieben (KMUs) – einen großen Wirkungsgrad verspricht (Buschmeyer & North 2002). Zumeist werden Maßnahmen (wie Coaching, Mentoring), die in diese Kategorie fallen, nicht als Weiterbildung empfunden und haben ihren Ursprung oft eher im innerbetrieblichen Wissensmanagement (unbewusstes Lernen, siehe auch Beitrag 2.3.5). Das Ziel dieser Weiterbildung ist oft sehr kurzfristig: die Erfüllung einer Aufgabe oder die Übergabe eines Aufgabengebiets an eine andere Person, nicht die Erlangung eines Abschlusses. Training-on-the-Job dehnt sich oft über einen längeren Zeitraum aus (Wochen und Monate), hat aber zumeist eine wesentlich geringere Intensität als typische Kurse. Der Mitarbeiter lernt, kann aber parallel dazu noch seine Aufgaben erfüllen und wie gewohnt arbeiten. Training-on-the-Job wird oft direkt von den Mitarbeitern initiiert, u.U. ohne das Wissen des Vorgesetzten. Die Personalabteilung und die Schulungsabteilung merken im Allgemeinen gar nichts von dieser Weiterbildung.

Im Weiteren legen wir besonderen Fokus auf die Themen Weiterentwicklung und Training-on-the-Job, da diese besonders charakteristisch für das betriebliche Umfeld sind.

3   Trends in der Betrieblichen Weiterbildung

3.1   Trend A: Systematische Verknüpfung der Personalentwicklung mit der Unternehmensstrategie

Es ist zu beobachten, dass immer mehr Unternehmen den Anspruch erheben, Ihre Personalentwicklung (besonders die Weiterentwicklungsmaßnahmen) an ihrer Unternehmensstrategie auszurichten. Wird dies systematisch angegangen, kann Personalentwicklung als ein zusätzliches strategisches Instrument eingesetzt werden, welches einerseits die betriebliche Weiterbildung fokussiert und andererseits den Return-on-Investment besser nachvollziehbar macht. Traditionell hat die Personalabteilung oft einfach einen Schulungskatalog zusammengestellt und angeboten. Mitarbeiter und Vorgesetzte haben aus diesem Katalog dann mehr oder weniger überlegt Schulungen ausgewählt – oft nur basierend auf persönlichen Präferenzen und Interessen. Da sich dieses Vorgehen nicht mehr mit den Ansprüchen der strategischen Ausrichtung deckt, erzwingt dieser Trend die Veränderung der Rolle und des Selbstverständnisses der Personalabteilung. Die Personalabteilung wird immer weniger „zentrale Bildungsabteilung" und immer mehr interne Beratungseinrichtung für die Linie. Personalentwicklung soll also in zunehmendem Maße in der Linie geschehen und sich an den gegenwärtigen und zukünftigen Anforderungen des Unternehmens ausrichten. Kritische Bedeutung kommt dann der Interaktion zwischen Linien-Vorgesetztem und Mitarbeiter zu, da in dieser Interaktion die künftige Entwicklung des Mitarbeiters vorangetrieben wird. Die Personalabteilung stellt Instrumente zur Verfügung, die diese Interaktionen unterstützten (z.B. Skills Management, siehe unten).

Fokuspunkt für CSCL-Unterstützung: Interaktion zwischen Vorgesetztem und Mitarbeiter

Aus Trend A lässt ich somit ein verstärktes Bedürfnis für Interaktion zwischen Vorgesetzten und Mitarbeitern zum Thema Weiterbildung ableiten. Bisher gibt es nur wenige Technologien, welche sich auf diese besondere Art der Interaktion spezialisiert hätten. Natürlich kommen hier allgemeine CSCL-Technologien (wie E-Mail, Chat) zum Einsatz. Diese aber für den besonderen Kontext nutzbar zu machen, stellt noch einen Forschungsbereich dar. Ein Ansatz hierzu sind Skills Management Systeme, wie wir sie im nächsten Absatz zunächst theoretisch und dann auch in ihrer Verwendung in Fallbeispiel A aufzeigen.

3.2   Trend B: Ausrichten von Weiterbildung auf betriebliche Bedürfnisse

Die systematische Ausrichtung der Personalentwicklung auf betriebliche Bedürfnisse bringt weitere Anforderungen an effektive Weiterbildung mit sich: Die Lerneinheiten sollen kurz und präzise sein, so dass die Mitarbeiter die Inhalte schnell lernen können. Die Lerneinheiten sollen dann zugreifbar sein, wenn sie gebraucht werden (und nicht monatelang vorher geplant werden müssen). Und der Lernende soll bei der Anwendung des Gelernten nicht alleine gelassen werden, sondern kontinuierlich unterstützt werden (Trend zum Coaching). Diese Anforderungen haben dazu geführt, dass viele Unternehmen begonnen haben, E-Learning-Plattformen einzurichten, über die ihre Mitarbeiter spontan eLerneinheiten absolvieren können, wenn ihre Arbeit es erfordert. Leider existieren diese Plattformen in vielen Unternehmen parallel und isoliert von anderen traditionellen Lerneinheiten und die Integration beider ist nur unzureichend vorhanden. Hier ist ein Konzept notwendig, welches definiert, welche Inhalte auf welche Art und Weise vermittelt werden sollten, welche Rolle Übungen spielen und wie Lernüberprüfungen vorgenommen werden können. Hier können Konzepte wie Blended Learning (siehe unten) weiterhelfen.

Fokuspunkt für CSCL-Unterstützung: Interaktion zwischen Lehrer und Lernendem

Besonders das immer mehr geforderte Coaching erfordert eine regelmäßige eins-zu-eins Interaktion zwischen Lehrer und Lernendem. Diese Art der Interaktion im Kontext Lernen ist bereits am besten erforscht und so finden sich angepasste Technologien in den meisten E-Learning-Systemen. Diese bieten eine Vielzahl an Funktionalitäten an (siehe Beitrag 2.2): Autorenwerkzeuge, Prüfungsunterstützung, Übungsunterstützung, Seminarplanungswerkzeuge, Skills Management, usw. CSCL-Technologien werden in diesem Umfeld eingesetzt, um Lernende untereinander in Kontakt zu bringen (Learning Communities) und kooperatives Lernen zu unterstützen.

3.3   Trend C: Integration von Arbeiten und Lernen

Verfolgt man Trends A und B konsequent weiter, so wird deutlich, dass Arbeiten und Lernen in unserer Informationsgesellschaft immer mehr ineinander übergehen. In einigen Situationen kann man sogar davon sprechen, dass Lernen schon eine neue Form der Arbeit ist. Diese Integration nun stellt neue Anforderungen an die betriebliche Weiterbildung: unternehmensspezifische Themen und Prozesse sollen so vermittelt werden, dass sie einerseits schnell zur Aufgabenerfüllung verwendet werden können, auf der anderen Seite aber wenig Aufwand bei der Erstellung der Lerneinheiten entsteht. Anstelle von generellen Lerneinheiten treten also solche, die speziell auf das Unternehmen abgestimmt sind. Um diese Lerneinheiten effizient zu erstellen, wird in zunehmendem Maße auf das Unternehmensgedächtnis (siehe Beitrag 2.3.5) zugegriffen. Didaktische Überlegungen geraten immer mehr in den Hintergrund. Eine genaue Abgrenzung zwischen Lehr- und Arbeitsunterlagen ist dann nicht mehr möglich und auch nicht mehr sinnvoll. Man kann diesen Trend auch als die konsequente Weiterentwicklung des Konzepts des Training-on-the-Job interpretieren, welcher dieses auch für virtuelle Interaktionen anwendbar macht.

Fokuspunkt für CSCL-Unterstützung: Interaktion zwischen Mitarbeiter und Mitarbeiter

Die Integration von Lernen und Arbeiten zieht auch nach sich, dass das Lernen immer unbewusster stattfindet. Hier steht jetzt die Kommunikation zwischen Mitarbeitern desselben Unternehmens im Vordergrund. Hier wechseln die Rollen von Lehrendem und Lerner abhängig vom Themengebiet sehr schnell. Man kann auch die Interaktion eines Mitarbeiters mit einem im Unternehmensgedächtnis abgelegten Dokument als eine Form der Kommunikation mit einem anderen Mitarbeiter interpretieren, der dieses Dokument vorher verfasst hat (long-term indirect collaboration (Fischer 2000)). Diese Art der Kommunikationsunterstützung findet typischerweise in Wissensmanagement-Systemen statt.

4   Innovative Ansätze in der Betrieblichen Weiterbildung

Im Folgenden werden drei innovative Ansätze in der betrieblichen Weiterbildung vorgestellt, die als Antworten auf die genannten Trends helfen können, mit den Herausforderungen umzugehen. Insbesondere zielen diese Ansätze darauf ab, die Interaktions- und Kommunikationserfordernisse, die im letzten Abschnitt aufgezeigt worden sind, wirkungsvoll zu unterstützen. Die Anwendung von CSCL-Technologie kann hier einen besonderen Beitrag leisten.

4.1   Skills Management

Skills Management hat die Aufgabe, im Unternehmen die Fähigkeiten der Mitarbeiter systematisch sichtbar zu machen, so dass ihre Fähigkeiten besser nutzbar gemacht und weiterentwickelt werden können (Ley & Albert 2003). Dies geschieht einerseits über Mitarbeiterprofile, in denen die fachlichen, methodischen und sozialen Kompetenzen der Mitarbeiter beschrieben werden (IST Profile). Andererseits werden die Anforderungen an Mitarbeiter in Stellenprofilen (SOLL Profilen) dargestellt, die die Kompetenzanforderungen an den Stelleninhaber aufzeigen (z.B. Erpenbeck & Heyse 1999, Faix et al. 1991). Durch den Abgleich der Profile lassen sich Erfordernisse für die Weiterentwicklung eines Mitarbeiters ableiten.

In der betrieblichen Weiterbildung hat Skills Management eine wichtige Funktion: Es soll helfen, Anforderungen an die Kompetenzen der Mitarbeiter besser zu kommunizieren. Die Anforderungen werden dabei aus zwei Quellen abgeleitet. Einerseits ergeben sie sich aus den Aufgaben, die gegenwärtigen auf der Stelle zu erfüllen sind. Genauso wichtig ist aber auch der Blick in die Zukunft. Demnach werden Anforderungen aus den strategischen Zielen des Unternehmens oder der betreffenden Abteilung abgeleitet (Probst et al. 2000): Man stellt sich die Frage, welche Kompetenzen der Mitarbeiter notwendig sein werden, um in Zukunft bestimmte Ziele erreichen, Produkte herstellen oder Dienstleitungen erbringen zu können und damit mit den Mitarbeitern wettbewerbsfähig zu bleiben. Skills Management hat also die Funktion, die betriebliche Weiterbildung enger an die Unternehmensstrategie zu koppeln und diese zu unterstützen (vgl. Armstrong 1999, Green 1999). Damit versucht Skills Management eine Antwort auf den oben beschriebenen Trend A „Systematische Verknüpfung der Personalentwicklung mit der Unternehmensstrategie".

Die operative Umsetzung von Skills Management in der betrieblichen Weiterbildung erfolgt meist im Rahmen der regelmäßig stattfindenden Mitarbeitergespräche. In Abstimmung zwischen Mitarbeiter und Vorgesetztem werden dazu IST Profile erstellt. Ein Vergleich mit dem SOLL Profil wird dann dazu verwendet, den individuellen Weiterbildungsplan zu gestalten, z.B. (Wöls et al. 2003), siehe auch Fallstudie A unten. Obgleich die Bezeichnungen „SOLL" und „IST" einen technischen Regelungsmechanismus nahe legen, ist der wirkliche Wert von Skills Management für die betriebliche Praxis in der Kommunikation zwischen Vorgesetztem und Mitarbeiter zu sehen (Wöls et al. 2003). Wie oben beschrieben, kommt dieser Interaktion im Rahmen der Verlagerung der Personalentwicklung in die Verantwortung der Linie eine entscheidende Bedeutung zu. Hier entscheidet sich, wie sehr die individuelle Weiterbildungsplanung einerseits Stärken und Schwächen des Mitarbeiters berücksichtigt, und andererseits zur Umsetzung der strategischen Ziele des Unternehmens beiträgt.

Wenn man den Gesprächsprozess als einen Lernprozess versteht, in dem Mitarbeiter und Vorgesetzter über die Leistungen des Mitarbeiters reflektieren und ihre Sichtweisen abgleichen, in dem Stärken und Entwicklungspotenziale des Mitarbeiters identifiziert werden und die weitere Entwicklung geplant wird, so ergibt sich hier eine große Herausforderung für die Linienverantwortlichen. Denn diese sind oftmals mit diesen neuen Aufgaben nicht vertraut. Skills Management bietet hier ein Instrumentarium, mit dem Führungskräfte bei der Initiierung des Entwicklungsprozesses für Ihre Mitarbeiter unterstützt werden. Hierbei können CSCL-Technologien eine wichtige Rolle spielen. Insbesondere in der Vor- und Nachbereitung des Gesprächs kann Skills Management durch asynchrone Kommunikationsprozesse unterstützt werden, z.B. indem Vorgesetzter und Mitarbeiter unabhängig voneinander eine Einschätzung des Mitarbeiters vornehmen, die dann in einem Gespräch abgeglichen wird.

4.2   Blended Learning

Blended Learning bezeichnet eine Kombination traditioneller Lernformen mit E-Learning, also solchen, die durch Informations- und Kommunikationstechnologien (IKT) unterstützt werden ((Back et al. 2001), vgl. Beitrag 2.1.1). Es wird davon ausgegangen, dass Lernen eine Kombination unterschiedlicher Lernformen notwendig macht (Masie 2002). Traditionelle Lernformen (z.B. Frontalunterricht) erlauben ein höheres Maß an direkter Interaktion zwischen Lehrendem und Lernenden und Lernenden untereinander. Elektronische Lernformen erlauben dahingegen eine stärkere Integration in bestehende Arbeitsabläufe und die Nutzung bestehender elektronischer Ressourcen im Unternehmen (z.B. aus Unternehmensgedächtnissen, vgl. Beitrag 2.3.5). Außerdem ist das Lernen weniger orts- und zeitgebunden. Blended Learning kombiniert diese Lernformen je nach Lernziel, Lerninhalten und den Rahmenbedingungen zu einem ganzheitlichen Konzept und erlaubt damit die Gestaltung neuer Arten von Lernräumen für die Mitarbeiter des Unternehmens (Back et al. 2001).

Tabelle 1: Drei Gestaltungsmöglichkeiten für IKT gestützte Lernprozesse,
        aus (Back et al. 2001)

	Beschreibung	Beispiele
eTraining	Methoden des instruktionalen Designs, Lernender steuert den Lernprozess	CBT, WBT
eCollaboration	Teamorientierter Erfahrungs- und Wissensaustausch	Lerngruppen, Communities-of-Practice
Just-in-time eLearning	Lernen, das in den Arbeitsprozess integriert ist	AD-HOC (siehe unten)

Im Rahmen von Blended Learning können CSCL-Technologien dazu beitragen, auch kommunikationsintensive Lernprozesse besser in den betrieblichen Kontext zu integrieren. Die traditionell starke Trennung zwischen traditionellen Schulungen und Seminaren einerseits und dem Selbstlernen am Computer andererseits, wird hier durch CSCL-Technologien aufgelöst, indem eine Interaktion zwischen den Beteiligten über elektronische Wege ermöglicht wird. (Back et al. 2001) sehen deshalb auch „eCollaboration" als wichtige Säule in ihrem E-Learning-Rahmenmodell, welches drei Gestaltungsmöglichkeiten für IKT gestützte Lernprozesse im Unternehmen beschreibt (vgl. Tabelle 1). Aus einer Befragung mehrerer Bildungsverantwortlicher verschiedener Firmen kommen (Hasebrook & Otte 2002) zu dem Schluss, dass in Zukunft interaktive und adaptive Lernformen in der betrieblichen Weiterbildung verstärkt an Bedeutung gewinnen werden.

Nehmen wir als Beispiel einen Kurs, der Mitarbeitern effektivere Präsentationsfähigkeiten vermitteln soll. Hier werden verschiedene Anforderungen an das Lernen gestellt, die mit unterschiedlichen Lernformen und -technologien unterstützt werden können. Vieles was an theoretischem Hintergrundwissen notwendig ist, kann über ein E-Learning Selbstlernmodul („eTraining") abgedeckt werden, aus der die Mitarbeiter sich selbständig neue Konzepte erarbeiten. Das Erlernen neuer Fertigkeiten erfordert jedoch zusätzlich mehrfache Übungs- und Feedbackschleifen. Bei traditionellen Präsentationstrainings werden deswegen üblicherweise Übungseinheiten integriert, bei denen ein Trainer Rückmeldungen zu den Leistungen der Schüler gibt. Leider sind solche Übungseinheiten aufgrund der zeitlichen Begrenzung des Trainings oft sehr eingeschränkt möglich und zudem von tatsächlichen Arbeitsinhalten und -prozessen losgelöst. CSCL-Technologien können hier zu Verbesserungen beitragen: So könnten Mitarbeiter nach dem Kurs Präsentationen aufnehmen und diese über eine E-

Learning Plattform mit anderen Kursteilnehmern diskutieren. Der Trainer könnte als Coach zur Verfügung stehen und Rückmeldungen zu den Präsentationen geben (eCoaching).

Es wird deutlich, dass CSCL eine Antwort auf die im Trend B „Ausrichten von Weiterbildung auf betriebliche Bedürfnisse" geschilderten Herausforderungen geben kann, indem auch kommunikationsintensive Lernprozesse stärker in den betrieblichen Kontext integriert werden können. Dazu ist eine wirkungsvolle Unterstützung der Kommunikation zwischen Lernenden und Lehrenden (z.B. durch eCoaching) hilfreich.

4.3   AD-HOC Framework für Arbeitsintegriertes Lehren und Lernen

Wie in Trend C ausgeführt, gehen Arbeiten und Lernen in unserer Informationsgesellschaft immer mehr ineinander über. Dies bewirkt zum einen, dass Lerneinheiten immer unternehmensspezifischer und aufgabenorientierter werden und zum anderen, dass die Grundlagen zur Erstellung einer Lerneinheit immer mehr aus der Arbeitsumgebung entnommen werden – auch auf Grund der Zeit- und Kosteneffizienz. Eine effektive Integration von Arbeiten und Lernen erfordert also auch eine nahtlose Integration der Arbeits-, Wissens- und Lernumgebungen innerhalb eines Unternehmens. Im Folgenden verstehen wir unter Arbeitsumgebung den Arbeitsplatzrechner eines Mitarbeiters und die im Unternehmen gemeinsam genutzten Ablagen für Arbeitsdokumente (z.B. gemeinsame Plattenablagen), unter Wissensumgebung das Intranet und unter Lernumbebung die E-Learning Plattform und Informationen über andere Arten der Weiterbildung. Diese drei Umgebungen sind heute typischerweise durch mindestens zwei Hindernisse voneinander getrennt: sie existieren auf unterschiedlichen technischen Plattformen und ihre zugrunde liegenden kognitiven Strukturen sind völlig verschieden (z.B. sind Arbeitsumgebungen oft anhand von Projektstrukturen organisiert während Lernumgebungen nach dem jeweiligen Themengebiet strukturiert sind). Diese zwei Hindernisse gilt es im Interesse des lernenden Mitarbeiters zu überwinden.

Das von uns entwickelte AD-HOC Framework (Lindstaedt 2002, für eine ausführlichere Beschreibung siehe Beitrag 2.3.5) stellt Methoden zur Entwicklung von technischen Umgebungen zur Verfügung, welche die strukturelle Integration der drei Umgebungen ermöglichen. Kernelement ist der zugrunde liegende Arbeitsprozess, der als „Übersetzer" zwischen den drei Umgebungsstrukturen dient. Der Arbeitsprozess kann somit als Navigationshilfe durch und zwischen den drei Umgebungen verstanden werden, die so gemeinsam ein integriertes Unternehmensgedächtnis bilden. Zusätzlich stellt eine AD-HOC Umgebung den Mitarbeitern eine Vielfalt von „Lernunterlagen" (AD-HOC Spektrum genannt) zur Verfügung, die in den unterschiedlichen Arbeitssituationen von Nutzen sein können: Vorlagen, Checklisten, How-To Beschreibungen, Zugang zu Experten, E-Learning-Module, Informationen über Kurse, usw. Der Zugang über den aktuellen Arbeitsprozess und das Angebot des zugehörigen AD-HOC Spektrums ermöglicht es den Mitarbeitern *ad hoc* etwas zu lernen, was für die Erfüllung der aktuellen Arbeitsaufgabe notwendig ist. Im Fallbeispiel C findet der Leser eine Anwendung des AD-HOC Frameworks auf eine konkrete Situation innerhalb eines KMUs.

5   Zwei Fallbeispiele betrieblicher Weiterbildung

Hier werden zwei Fallstudien vorgestellt, die illustrieren wie CSCL-Technologien abhängig von den unterschiedlichen Lernanforderungen und Rahmenbedingungen in Unternehmen eingesetzt werden können. Die erste Fallstudie zeigt hierbei den Nutzen von gezielter, systematischer Weiterbildung in Zusammenhang mit Skills Management auf. Es wird darauf eingegangen, dass durch solche Programme auch vollständige innerbetriebliche Qualifizierungsmaßnamen mit abschließender Arbeitsqualifikation etabliert werden können. Eine zweite Fallstudie geht dann darauf ein, wie basierend auf Kerngeschäftsprozessen Lernen während der Arbeit unterstützt werden kann. Eine detaillierte Beschreibung beider Fallstudien ist unter http://www.know-center.tugraz.at/de/divisions/div2publications.htm verfügbar.

5.1   Fallstudie A: Interaktives Skills Management in einem Großunternehmen

Ausgangssituation: Bei dem in der Fallstudie betrachteten Unternehmen handelt es sich um einen führenden Auftragsentwickler und -hersteller in der Automobilbranche, der über 9000 Mitarbeiter beschäftigt und Entwicklungsprojekte für alle führenden Automobilhersteller übernimmt. Für die Fallstudie wurde eine Pilotgruppe in der Entwicklungsabteilung ausgewählt, für die ein Skills Management Konzept entwickelt und eingeführt wurde.

Ziele: Ziel von Skills Management für das betrachtete Unternehmen war in erster Linie die Unterstützung der individuellen Bildungsplanung der Mitarbeiter, die durch den Vergleich von SOLL und IST Profilen erfolgen sollte. Es sollte insbesondere die Allokation von Bildungsmaßnahmen stärker an den tatsächlichen Anforderungen ausgerichtet werden. Als wichtige Rahmenbedingung war eine kürzliche Restrukturierung zu beachten, durch welche den Bereichsleitern eine höhere Autonomie in der Leitung des eigenen Bereichs zuerkannt worden war. Damit verbunden war auch eine größere Verantwortung für die Personalentwicklung der Mitarbeiter, die stärker in der Linie verankert werden sollte.

Ansatz: In der Phase der *SOLL Profile* wurden dann für einzelne Stellen im Pilotbereich die Anforderungen an die Kompetenzen der Mitarbeiter in Form von Stellenprofilen abgeleitet. Es wurden dabei drei Arten von Mitarbeiterkompetenzen unterschieden: Fachliche (z.B. „Fahrzeugfunktionen und Komponenten"), Management & Methoden (z.B. „Projektdurchführung") sowie Persönliche & Soziale (z.B. „Mitarbeiterführung"). Die notwendige Ausprägung einer jeden Kompetenz für eine Stelle wurde auf einer 4-stufigen Skala erfasst. Die SOLL Profile wurden mit den Vorgesetzten der Stelleninhaber entwickelt und dann mit den Stelleninhabern abgestimmt. Einen Ausschnitt eines solchen Profils zeigt Abbildung 1.

Bei der Erstellung der *IST Profile* wurden im Rahmen der jährlichen Entwicklungsgespräche zwischen Stelleninhaber und Vorgesetztem die IST Ausprägungen des Stelleninhabers auf den einzelnen Fähigkeiten von beiden eingeschätzt. In einer gemeinsamen Diskussion wurden die unterschiedlichen Sichtweisen, die aus dieser Fremd- und Selbsteinschätzung resultierten, abgestimmt. Es ergaben sich IST Profile, die in Gegenüberstellung mit den SOLL Profilen den individuellen Bildungsbedarf der Stelleninhaber aufzeigten.

Für die Nutzung der Daten sieht das Konzept nach der Pilotierung vor, dass aus den SOLL-IST Abweichungen individuelle Vorschläge für Entwicklungsmaßnahmen automatisch oder gemeinsam mit der Personalentwicklung erstellt werden können. Aggregierte Werte von SOLL und IST Profilen sollen der Personalentwicklung eine bessere Planung ihres Entwicklungsangebots ermöglichen. Schließlich können aggregierte Werte auf Fachbereichsniveau den Bereichsleitern Informationen über Stärken und Potenziale Ihres Bereichs aufzeigen.

Skills	Beschreibung	Überblickswissen, Problembewußtsein	beherrscht standardisierte Anwendungen	beherrscht komplexe Aufgabenstellungen und schwierige Situationen	Expertenwissen
Fachliche Fähigkeiten					
Engineering-Prozesse und Systeme			O		
Fahrzeugfunktionen und Komponenten			O		
KFZ-Elektrik/ Elektronik			O		
Produktabstimmung und Validierung				O	
Management & Methoden					
Verkauf /Marketing		O			
Linienorganisation				O	
Problemlösungsfähigkeit				O	
Projektdurchführung			O		
Persönliche/Soziale Kompetenzen					
Innovationsfähigkeit, Lern-fähigkeit, Reflexionsfähigkeit				O	
angewandte Kommunikation				O	
Mitarbeiterführung				O	

Abbildung1: Ausschnitt aus einem SOLL Profil für einen Abteilungsleiter

Anwendung von CSCL-Technologie: Das Mitarbeitergespräch wird zurzeit in dem Unternehmen durch mehrere elektronische Ressourcen (Leitfäden und Vorlagen) unterstützt. Geplant ist nun, die Einschätzungen im Rahmen von Skills Management ebenfalls elektronisch zu unterstützen. Dazu sollen im Vorfeld des Mitarbeitergesprächs die Profile sowohl vom Mitarbeiter als auch vom Vorgesetzten ausgefüllt werden. Im System werden die Profile gegenübergestellt und im Gespräch (neben Informationen zur Bildungshistorie des Mitarbeiters und verfügbaren Entwicklungsmaßnahmen) zur Verfügung gestellt. Im Gespräch unterstützt ein elektronischer Leitfaden den Gesprächsprozess. Im Sinne von CSCL ist diese Situation als ein mögliches „kollaboratives Setting" (vgl. Back et al. 2001) zu verstehen. Das Mitarbeitergespräch wird zu einem kooperativen Lernprozess.

5.2   Fallstudie C: Integration von Arbeiten und Lernen in einem KMU-Betrieb

Ausgangssituation: Bei dem in der Fallstudie betrachteten Unternehmen handelt es sich um eine Entwicklungs- und Forschungsfirma mit ca. 30 beschäftigten Mitarbeiter. An dieser Fallstudie waren alle Projektmitarbeiter des Unternehmens beteiligt. Die Arbeitsumgebung all dieser Mitarbeiter ist ein Wissensmanagementsystem, auf dem einerseits die Projektdokumente abgelegt und bearbeitet werden (Arbeitsumgebung), welches aber auch gleichzeitig die Wissensumgebung implementiert.

Ziele: Ziel dieses Unternehmens war es, die Rollen von Abteilungsleiter und Projektleiter zu entkoppeln, um als Organisation skalierbar zu werden. Darüber hinaus wollte man die Projektabläufe standardisieren.

Ansatz: Als Kernprozess dieses Unternehmens wurde der Prozess des Projektmanagements identifiziert. Im Zuge dieser strategischen Maßnahme wurden die Projektmanagementprozesse zunächst modelliert, standardisiert und die Verantwortlichkeiten der verschiedenen Rollen (Bereichsleiter, Projektleiter, Projektmitarbeiter) klar voneinander getrennt. Dieses Standardprozessmodell wurde dokumentiert, allen Mitarbeitern zugänglich gemacht und in einer kurzen Schulung erläutert.

Problem: Die Mitarbeiter übernahmen zunächst die Projektmanagementprozesse. Allerdings stellte sich bald heraus, dass diese nicht regelmäßig und konsistent angewendet wurden. Mitarbeiter übersprangen of wichtige Prozessschritte und vergaßen, Vorlagen zu verwenden. Darüber hinaus stellte sich heraus, dass es extrem schwierig und zeitaufwändig war, Prozessänderungen an alle Mitarbeiter zu kommunizieren.

Dieses Problem ist vielen Unternehmen bekannt, wenn es z.B. um die Etablierung von Qualitätsmanagementprozessen geht: Die Modellierung und Definition dieser Prozesse verschlingt viele Ressourcen, und es stellt sich dann heraus, dass es noch wesentlich aufwändiger ist sicherzustellen, dass diese tatsächlich gelebt werden und sich an veränderte Gegebenheiten anpassen.

Anwendung von CSCL-Technologie: Im Gegensatz zu Großunternehmen fehlen in Klein- und Mittelbetrieben die finanziellen Ressourcen für Lern-Plattformen. Bestehende Arbeits- und Wissensräume lassen sich jedoch so mit Funktionalitäten erweitern, dass sie Lehr- und Lernprozesse unterstützen können. In diesem Fallbeispiel wurde eine AD-HOC Umgebung (siehe oben) erstellt: Intranet und Projektdokumentenablage wurden mit Hilfe der Projektmanagementprozesse verlinkt, die nun als Navigationshilfe dienen.

Zunächst wurden die Projektmanagementprozesse untersucht und für jeden Schritt die relevanten Arbeits-, Wissens- und Lernressourcen identifiziert. Arbeitsressourcen sind in diesem Fall Vorlagen für Projektdokumente, Briefe und E-Mails sowie die eigentlichen Projektdokumente selbst. Wissensressourcen umfassen „How-to" Beschreibungen, Checklisten, Kontaktinformationen und beispielhafte Projektergebnisse. E-Learning-Module und Foliensätze stehen als Lernressourcen zur Verfügung. Wie in Abbildung 2 gezeigt, wurden all diese Ressourcen anhand der Prozessschritte organisiert, verlinkt und navigierbar gemacht.

Diese Struktur wurde auf dem zugrunde liegenden Wissensmanagementsystem implementiert. Der Benutzer wird nun durch eine Prozessübersicht geleitet und kann sich einfach durch Selektieren eines gewünschten Schrittes die Details abrufen. Zusätzlich zu diesen Dokument-orientierten Möglichkeiten wurde für jeden Prozessschritt identifiziert, welche Technologien zur Unterstützung der Kommunikation zwischen den betroffenen Mitarbeitern eingesetzt werden können und wie diese strukturiert sein müssen, um einen schnellen Nutzen zu liefern (AD-HOC Communication Patterns). Hier kamen FAQs, Newsgroups, ein interaktives Knowledge-Center und viele andere zum Einsatz.

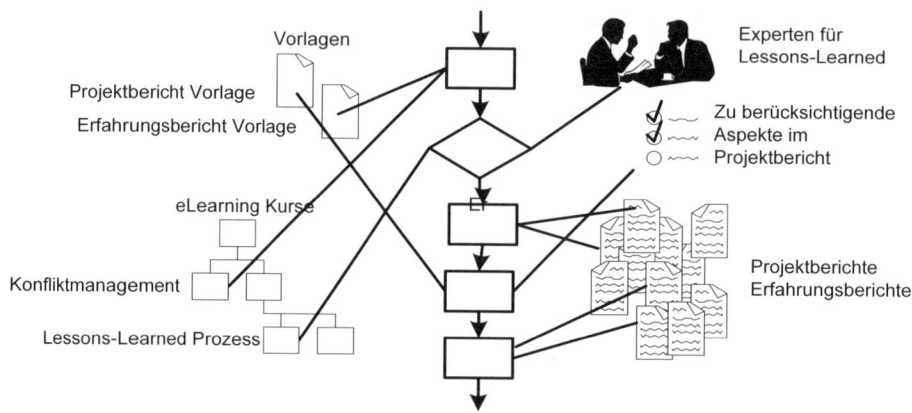

Abbildung 2: Verknüpfung von Arbeits-, Wissens- und Lernressourcen.

6   Zusammenfassung

In diesem Kapitel wurden drei innovative Ansätze der betrieblichen Weiterbildung vorgestellt, die sich mit den identifizierten Trends in dem Gebiet beschäftigen: Skills Management, Blended Learning und AD-HOC Integration von Arbeiten und Lernen. Für jeden der Ansätze wurde die mögliche Unterstützung durch CSCL-Technologien diskutiert und in zwei Fallbeispielen veranschaulicht. Hervorzuheben ist hier noch einmal die Bedeutung des Arbeits-, Lehr- und Lernkontextes. Nur eine Berücksichtigung dieses Kontextes bei der Anwendung und dem Design von CSCL-Technologien kann deren effektiven Einsatz in der betrieblichen Weiterbildung sicherstellen.

Danksagung

Das Know-Center wird als Kompetenzzentrum innerhalb des Österreichischen Kompetenzzentrenprogramms Kplus (www.kplus.at) unter der Schirmherrschaft des Österreichischen Ministeriums für Verkehr, Innovation und Technologie gefördert.

5.8   CSCL für Lernbehinderte und Hochbegabte

Harald Weber

Institut für Technologie und Arbeit – ITA, Kaiserslautern

1   Einleitung

In Bezug auf die optimale Förderung von Lernbehinderten, aber auch von Hochbegabten, existiert bisher kein Konsens auf europäischer Ebene. Unterschiedlichste Konzepte, begonnen von segregativen Sondereinrichtungen mit entsprechend ausgebildetem Personal bis hin zu integrativen Schulkonzepten ggf. ausgestattet mit Zusatzpersonal, sind anzutreffen, obwohl über das Ziel, nämliche optimale Förderung und Integration zu gewährleisten, meist Einigkeit besteht. Mit Informations- und Kommunikationstechnologien (IKT) eröffnen sich neue Möglichkeiten der Integration bestimmter Zielgruppen (z.B. mittels assistiver Technologie) wie auch vermehrt Möglichkeiten der Individualisierung des Lehr- und Lernprozesses. Die jeweiligen Einzelaspekte wie z.B. die integrative Schule (European Agency for Development in Special Needs Education 2003), der Einsatz von IKT in der Sonderpädagogik (European Agency for Development in Special Needs Education 2001) oder die Vorteile kooperativen Lernens (siehe auch Beiträge 1.5, 3.1 und 3.5.1) wurden bereits anderweitig behandelt. Zielsetzung dieses Beitrags ist es daher, kooperatives Lernen im integrativen (virtuellen) Klassenraum unter Nutzung von IKT in Bezug auf die besonderen Anforderungen von Lernbehinderten und Hochbegabten zu beleuchten. In Abschnitt 2 wird dazu der Aspekt der Diversität betrachtet und im Bereich der Bildung positioniert. Zugänglichkeitsaspekte von IKT werden in Abschnitt 3 anhand technischer, organisatorischer und individueller Faktoren diskutiert. Einige Rahmenbedingungen für die Entwicklung und Evaluation entsprechender CSCL Systeme werden schließlich im Abschnitt 4 angesprochen.

2   Diversität

Die Gestaltung von Produkten und Dienstleistungen, aber auch von schulischen Curricula, von Interaktionsmöglichkeiten mit Informations- und Kommunikationstechnologie und der Darstellung bzw. Vermittlung von Informationen über IKT orientieren sich meist an einem Durchschnitt, wodurch implizit eine Norm definiert und damit Abweichung von der Norm durch die Gestaltenden festgeschrieben wird. Diversität im Sinne von (fast) beliebiger Vielfalt wird damit abgebildet auf zwei diskrete Gruppen: diejenigen innerhalb der Norm und diejenigen außerhalb der Norm.

Diese Strategie kann ökonomisch sinnvoll sein, wenn das Design von Massenprodukten sich bspw. an den Bedürfnissen von 90 % der Zielgruppe orientiert und diese Produkte damit in großen Stückzahlen kostengünstig produziert und angeboten werden können, während für die verbleibenden 10 % Sonderanfertigungen notwendig sind.

In jüngster Zeit rückt jedoch auch die explizite Berücksichtigung von Diversität vermehrt in das Zentrum des gestalterischen Interesses, da darin ein Mehrwert vermutet wird – und in einigen Fällen auch nachgewiesen werden kann. Die Dimensionen, in denen sich bspw. heterogene Arbeitsgruppen unterscheiden, sind vielfältig. Nicht nur kulturelle Unterschiede in multi-nationalen Teams sind zu beachten, auch Aspekte wie Geschlecht, Alter, Wissen und Expertise, sozioökonomischer Status etc. können sich auf die Gruppenperformance auswirken – und dies nicht nur im positiven Sinne. Um diesen negativen Effekten entgegen zu wirken, verweist die empirische Forschung auf zwei wesentliche Faktoren: Die Schulung in Wahrnehmung und Umgang mit Diversität in der Gruppe, sowie eine Zusammenarbeit über einen längeren Zeitraum hinweg. So ist es möglich, die positiven Aspekte der Diversität auszuschöpfen. Denn mit der Heterogenität der Gruppe können deren Informationsniveau, Wissen und Fähigkeiten steigen. Somit ist die Voraussetzung für mehr Kreativität, Innovationen und qualitativ hochwertige Entscheidungen geschaffen.

Gleiches gilt für den Bildungsbereich. Ausgehend von einem positiven und ganzheitlichen Menschenbild, das Individuen unterschiedliche, aber trotzdem stets wertvolle Begabungen zuspricht, wurden vielfältige Konzepte entwickelt, um individualisiertes Lernen miteinander und voneinander zu ermöglichen. Fallstudien, die bspw. europaweit im Grundschulbereich durchgeführt wurden, zeigten, dass unter anderem die folgenden zwei Aspekte deterministisch für die erfolgreiche Integration heterogener Gruppen im Klassenraum waren (European Agency for Development in Special Needs Education, 2003):

–   Die Integration hängt von der Grundeinstellung des Lehrers bzgl. Schülern mit besonderen pädagogischen Anforderungen ab, von deren Fähigkeit zur Stärkung sozialer Beziehungen, von deren Akzeptanz von Vielfalt im eigenen Klassenraum und von deren Bereitschaft, diese Vielfalt zu nutzen.

–   Um diese Vielfalt nutzen zu können, benötigen Lehrer ein Repertoire an Fähigkeiten, Qualifikationen, Wissen, pädagogischen Vorgehensweisen, angemessenen Vermittlungsstrategien und Lehrmaterialien.

Der Spannbreite von Begabungen auf Seiten der Schüler muss mit einer Binnendifferenzierung begegnet werden, die sich bspw. an individuellen Unterschieden der Lernstile, Lerntempi oder methodischen Fähigkeiten, aber auch von Biographien orientiert. Mit der Integration verbunden ist ein quantitativ kaum einschätzbarer, dafür qualitativ kaum überbewertbarer Nutzen für die betreffenden Schüler, die gesamte Klasse, den Lehrenden, die Eltern, aber auch für die Gesellschaft.

Diversität kann also, wenn sie entsprechend Berücksichtigung findet, ein zusätzliches Potenzial entfalten, von dem sowohl die Individuen als auch die Gruppen profitieren können. Obwohl es an empirischen Untersuchungen zu diesem Thema im Bereich des CSCL fehlt, kann die Hypothese aufgestellt werden, dass auch die Berücksichtigung individueller Anforderungen der Lernenden in CSCL Systemen zu einem Mehrwert sowohl für den Lernenden selber als auch für die Lerngruppe führen kann. Fallstudien im europäischen Kontext insbesondere in Hinblick auf die kooperative Komponente des Lernens unterstützen diese Hypothese (European Agency for Development in Special Needs Education 2003). Zwei Arten von Anforderungen sollen im Folgenden besonders hervorgehoben werden, da sie für das Design von

CSCL Systemen von Bedeutung sind. Zum einen ist dies der Themenbereich der Interaktion mit IKT, zum anderen die Vielfalt individueller Lernanforderungen.

2.1 Interaktion mit IKT

Mit der Entwicklung zu einer Informationsgesellschaft verlagern sich viele Aktivitäten und Interaktionen auf elektronische Medien. Diese bilden vermehrt die Umgebung, in der sich die Menschen bewegen und mit der sie interagieren. Dies gilt auch für CSCL, unabhängig davon in welchem Umfang die Aktivitäten der Teilnehmer Computer-basiert erfolgen. Insofern rückt die proaktive Gestaltung dieser Umgebung verstärkt in das Bewusstsein, um eine digitale Spaltung zu verhindern bzw. die bereits bzgl. vieler Determinanten sichtbare Spaltung zu beseitigen (NTIA 1998), obwohl sich der Aspekt der Technologiegestaltung bisher kaum in aktuellen Studien zu diesem Thema widerspiegelt (z.B. Perillieux et al. 2000; Reddick et al. 2001).

Die Interaktion mit IKT erfolgt über Ein- und Ausgabemedien. Standard-Konfigurationen beinhalten meist ein visuelles Ausgabemedium (Bildschirm, Display) sowie eine Tastatur und ein Positionierungsmedium (Maus, Trackball, Trackpad etc.) zur Eingabe. Diese Konfiguration ist historisch gewachsen und an typischen Büroanwendungen orientiert. Neue Geräte zum Zugang zu Informationen wie bspw. PDA, Mobiltelefone, Wearables, Tablet-PCs stellen neue oder abgewandelte Ein- und Ausgabemedien mit ggf. unterschiedlichen Bedienprozessen und Interaktionsmetaphern zur Verfügung, erfordern aber ggf. auch die Anpassung der Informationen und Abrufprozesse an die jeweiligen technischen Restriktionen oder zusätzlichen Möglichkeiten. Dieser wachsenden Vielfalt steht auch eine Vielfalt an neuen Lernkontexten (z.B. auf Reisen, parallel zu anderen Tätigkeiten) gegenüber, für die geeignete Zugangsgeräte entwickelt und passende Interaktionsformen gefunden werden müssen.

Die Gestaltung von CSCL Systemen sollte daher im Sinne eines Inclusive Designs proaktiv die Vielfalt der Zielgruppe berücksichtigen, bspw. in Bezug auf Multilingualität, motorische oder sensorische Einschränkungen, verschiedenste Lernkontexte oder diverse Zugangstechnologien und Nutzungsstrategien.

2.2 Individuelle Lernanforderungen

Spezifische Einflussfaktoren erlauben oder behindern Interaktion von Menschen mit ihrer Umgebung und bewirken, dass bestimmte gesundheitliche Bedingungen zu einer (erfahrenen) Behinderung führen (Brundtland 2002). Der Schulkontext, und dabei insbesondere das (synchrone) Lernen im Klassenraum, kann eine solche behindernde Umgebung bilden, wenn die individuellen Anforderungen der Lernenden außerhalb des „Normbereiches" liegen und unberücksichtig bleiben. Lernbehinderung und Hochbegabung stellen dabei zwar nicht die Extreme einer einzelnen Dimension (z.B. Intelligenz) dar, da beide Konstrukte nur multifaktoriell beschreibbar sind, fokussieren aber auf die beiden Kernprobleme Unter- sowie Überforderung und weisen damit auf das Fehlen individualisierter, d.h. an die Anforderungen und Fähigkeiten jedes einzelnen Lernenden angepasste, Lehrstrategien hin.

Die Diagnostik von Lernbehinderung ist erschwert dadurch, dass die Übergänge von normaler Intelligenz zur Lernbehinderung fließend sind. „Es gibt kein eindeutiges Merkmal, das Lernbehinderung als eine in sich geschlossene Gruppe von Nicht-Lernbehinderten unterscheiden lässt. Abgrenzungsprobleme bestehen nicht nur gegenüber Schülern mit Lernschwierigkeiten ... oder mit Lernstörungen ..., sondern auch zu anderen Behindertengruppen wie z.B. den Verhaltensgestörten und in Einzelfällen auch zu den Geistigbehinderten" (Baier 1982, S. 154). Ein an den durchschnittlichen Lernfähigkeiten orientierter Unterricht ohne Berücksichtigung individueller Abweichungen kann bei lernbehinderten Schülern zu Überforderung führen.

Hochbegabung, also die hohe Ausprägung der allgemeinen Intelligenz in Form hocheffizienter Aufnahme und Verarbeitung von Informationen sowie überdurchschnittlicher Denk- und Problemlösefähigkeit, sowie spezielle Begabung bspw. in Bezug auf Mathematik oder Musik (Billhardt 1996, S.219) führen oft zur gleichen Problematik, nämlich der fehlenden Berücksichtigung individueller Lernanforderungen, bedürfen jedoch anderer Lösungsstrategien. Unterforderung ist oft die Folge, die, so sie nicht rechtzeitig erkannt wird, häufig zu Leistungsverweigerung, Antriebsarmut oder auch Störverhalten bei den Lernenden führen kann.

Den kooperativen und kommunikativen Potenzialen von IKT kommen im Kontext von CSCL dabei besonderes Gewicht zu. Entsprechend aufgearbeitete Unterrichtsmaterialien bspw. erlauben trotz kooperativen Aufgabencharakters unterschiedliche Lerntempi oder Arbeitstechniken und erlauben die Fortsetzung des Lernens auch außerhalb der Präsenzphasen im Klassenkontext. Sich durch Begabungsvielfalt ergänzende, langfristig ausgelegte Kleingruppen (z.B. „Tischgruppen") erfahren IKT-basierte Unterstützung in der Kooperation sowohl im Klassenkontext als auch außerhalb, der Klassenraum erweitert sich zu einem virtuellen Klassenraum.

3   Zugänglichkeitsaspekte in CSCL Systemen

3.1   Technische Aspekte

Design for All (oder Universal Design) beschreibt ein Konzept der präventiven Gestaltung von Umgebungen, Produkten und Dienstleistungen mit dem Ziel, diese unabhängig von Alter, Geschlecht, Fähigkeiten oder kulturellem Hintergrund gebrauchstauglich (The Center for Universal Design 1997, INCLUDE 2000, ETSI 2001) und nützlich (Mace et al. 1991) zu machen. Die Implikationen von Design for All sind vielfach. Produkte oder Dienstleistungen, die entsprechend gestaltet wären, würden die Bedürfnisse derer erfüllen, die sonst Schwierigkeiten mit der Nutzung hätten. Darüber hinaus würden derartige Produkte und Dienstleistungen aber auch den potenziellen Markt der Unternehmen erweitern (ICTSB Project Team 2000). Erfahrungen mit Design for All haben zudem auch gezeigt, dass die Berücksichtigung von Zugänglichkeitskriterien für Menschen mit Behinderungen auch Menschen ohne Behinderungen hilft, bspw. indem Ermüdung oder Fehlerraten reduziert und die Produktivität erhöht werden (Lönnroth, 2001).

In Bezug auf web-basierte CSCL-Systeme wurde ein wichtiger Schritt in Richtung Zugänglichkeit durch die Web Content Accessibility Guidelines 1.0 (W3C 1999) der Web Accessibility Initiative des World Wide Web Consortiums (W3C-WAI) erzielt, deren Version 2 in Kürze Gültigkeit erhalten wird. Ziel dieser Richtlinien ist es, von technischer Seite zu gewährleisten, dass web-basierte Informationen eine größtmögliche Gebrauchstauglichkeit (siehe auch Beitrag 1.6, Abschnitt 5.3) auch für Menschen mit bestimmten Einschränkungsarten haben. Mittlerweile sind entsprechende Standards bzw. Vorschriften in vielen Ländern umgesetzt worden, so auch in Deutschland (Barrierefreie Informationstechnik-Verordnung – BITV). Problematisch erweisen sich jedoch noch diejenigen Aspekte der Richtlinien, die Menschen mit Lernbeeinträchtigungen helfen sollen, da es häufig an praktischen Methoden zur Umsetzung fehlt und Lernbeeinträchtigungen oft gleichgesetzt werden mit Legasthenie oder Minderintelligenz (Seeman 2002).

Den sechs Elementen der Zugänglichkeit nach Rowland (2002) (Wissen und Fähigkeiten des Web Designers, Wissen und Fähigkeiten des Nutzers, Entwickler von Markup-Sprachen, Entwickler von Lehrsystemen, Hersteller von User Agents / Browsern, Hersteller assistiver Technologie) wäre daher im Kontext von CSCL noch ein siebtes Element, der Lehrstoff und dessen Präsentation, hinzuzufügen. Spezifische Lehrinhalte bergen bspw. Barrieren, die es beim Entwurf entsprechender Systeme zu berücksichtigen gilt. So gibt es im Bereich der Mathematik bspw. noch immer das Problem, dass es verschiedenste Notationen mathematischer Formeln in Braille-Schrift gibt. Aber auch die Komplexität von Sprache, vermittelt über Texte in Lehreinheiten, kann eine unüberbrückbare Barriere darstellen für Menschen mit Lernbeeinträchtigungen. Europäische Richtlinien für den Gebrauch einfacher Sprache (Freyhoff et al. 1998) sowie weitere Gestaltungsrichtlinien unter Berücksichtigung von Menschen mit geistigen Behinderungen und Lernbeeinträchtigungen müssen in zugänglichen CSCL Systemen in gleicher Weise Berücksichtigung finden wie die technischen Aspekte der Zugänglichkeit gemäß allgemein akzeptierter de-facto Standards (bspw. W3C-WAI).

Schließlich gilt es noch darauf hinzuweisen, dass nicht nur die lernerseitige Zugänglichkeit von Lehrmaterialien von Bedeutung ist, sondern auch die Zugänglichkeit des Autorenbereiches entsprechender Anwendungen. Nur so lassen sich Konzepte des Rollentausches, bei dem Lernende zeitweise in die Rolle des Lehrenden wechseln, umsetzen. Jedoch existieren derzeit keinerlei Content Management Systeme (CMS), die dieser Anforderung auch nur annähernd genügen würden.

3.2   Organisatorische Aspekte

Überträgt man das Konzept des Design for All auf CSCL, so muss man jedwede Art der Wissensvermittlung für jeden Lerner und zu jeder Zeit in Betracht ziehen, charakterisiert durch eine große Vielfalt von Lernstrategien. Zielgruppen sind bspw. Erwachsene, Kinder und Jugendliche, Menschen in ländlichen Gebieten, Menschen mit Behinderungen. Lernen findet in der Schule, am Arbeitsplatz, in der Freizeit statt, und immer neue Zugangstechnologien stehen zur Verfügung, um auf Lernmaterialien jederzeit und von jedem Ort aus zugreifen und mit Mitlernenden kommunizieren und zusammen arbeiten zu können.

Zugänglichkeit für Menschen mit Behinderungen muss sich auf unterschiedliche Aspekte von CSCL beziehen. Zum einen sind dies besonders die Lerner-orientierten Aktivitäten wie bspw. das Sichten von Lehrmaterialien, das Suchen, Kommentieren und Anpassen entsprechender Dokumente, oder die Selbstbewertung und Entwicklung eigener Lernstrategien. Aber auch die Team-orientierten Aktivitäten rücken in den Fokus, so bspw. die Diskussion mit anderen Lernern oder der Austausch von Dokumenten bzw. Materialien. Auch Autorensysteme sowie Kursmanagement-Systeme müssen hinsichtlich des Aspektes der Zugänglichkeit kritisch beleuchtet werden (Rowland 2000).

Klassische software-ergonomische Kriterien rücken bei CSCL und dessen Akzeptanz durch die Nutzer vermehrt wieder in den Vordergrund. Lerner-zentrierte Ansätze im Design und der Entwicklung von CSCL Produkten sind daher notwendig, um personalisiertes Lernen, orientiert an den Bedürfnissen und Präferenzen der Benutzer, zu ermöglichen.

3.3   Individuelle Aspekte

Der Paradigmenwechsel, der sich vollzogen hat durch die Fokussierung auf das Lernen anstelle des Lehrens, setzt sich fort, indem nun das *individualisierte* Lernen unterstützt wird. Voraussetzungen dafür sind, dass Lehrmaterialien, Lernsituationen und Gruppeninteraktion (im Falle des kooperativen Lernens) an die Bedürfnisse der Lernenden angepasst werden können. Informations- und Kommunikationstechnologien werden dabei als das entscheidende Medium angesehen, um diese Individualisierung effizient zu ermöglichen. Gleichzeitig werden IKT auch als eine Möglichkeit der integrativen Schule angesehen, um bspw. Schüler mit sonderpädagogischem Zusatzbedarf in Mainstream-Bildungseinrichtungen zu integrieren.

Damit IKT jedoch sein volles Potenzial entfalten kann, müssen sowohl die individuellen Anforderungen an die Interaktion mit IKT (als Mittler zwischen Lernendem und Lehrmaterial) als auch individuelle Lernstrategien ermittelt und umgesetzt sowie geeignete Medienkompetenz entwickelt werden. Der Pädagogik muss dabei die leitende Rolle zukommen, den anderen beteiligten Disziplinen eine nachgeordnete, weil auf die konkreten Anforderungen des Anwendungsfeldes reagierende Rolle. Auch die bisher erprobte nachträgliche Integration von IKT in Curricula muss durch eine Neuerarbeitung von Lehrinhalten unter Berücksichtigung des Mediums IKT ersetzt werden, um bspw. neue, durch IKT erst ermöglichte Konzepte wie zum Beispiel den Rollentausch zwischen Lernendem und Lehrendem oder neue Kooperationsstrategien (z.B. kooperative Informationsrecherche) zu berücksichtigen. Beispiele aus dem europäischen Kontext bzgl. der Nutzung von IKT im Bereich der Sonderpädagogik finden sich bei der European Agency for Development in Special Needs Education (2002).

4   Rahmenbedingungen für Entwicklung und Evaluation

Aus den bisherigen Ausführungen geht hervor, dass der Aspekt der Berücksichtigung von Diversität in CSCL-Systemen von herausragender Bedeutung ist, um Lernbehinderte wie auch Hochbegabte gleichermaßen zu berücksichtigen. Voraussetzung für entsprechende CSCL-Systeme ist daher die Anforderungserhebung und -analyse (siehe auch Beiträge 4.1, 4.2 und 4.3) unter besonderer Berücksichtigung der heterogenen Anforderungen dieser Zielgruppen u.a. an die Interaktion mit dem System (z.B. Ein- und Ausgabegeräte, Interaktionsformen, Metaphern), an die Art der Informationspräsentation sowie die Lerngruppen-Kooperation. Dabei lassen sich diese Anforderungen in den üblichen Design- und Entwicklungsprozess integrieren, erfordern also keine zusätzlichen Erhebungsprozesse, jedoch geeignete Erhebungsinstrumente.

Korrespondierend dazu muss die Umsetzung dieser Anforderungen durch entwicklungsbegleitende Evaluationen geprüft werden (siehe auch Beitrag 4.5). Evaluationsinstrumente, und dabei insbesondere automatische Evaluationswerkzeuge (z.B. zur Überprüfung von technischer Barrierefreiheit), sind jedoch derzeit nicht in der Lage, alle Anforderungen erschöpfend abzuprüfen. Testtools bspw. in Bezug auf Barrierefreiheit können derzeit nur einige Aspekte der technischen Anforderungen prüfen. Insofern keine Autorenwerkzeuge für CSCL-Systeme entwickelt werden, die die Berücksichtigung bspw. dieser technischen Aspekte gewährleisten, sind daher partizipative Ansätze unumgänglich, um eine Konformität zwischen den erhobenen Anforderungen und dem umgesetzten System zu ermitteln.

5   Fazit

Eine Definition von Behinderung nach Caplan (1992) paraphrasierend kann man schlussfolgern, dass Lerner mit besonderen pädagogischen Bedürfnissen (special educational needs – SEN) nicht in der Lage sind, sich an das Lehren, so wie es heute gestaltet ist, anzupassen (Weber 2003). Entsprechend muss sich Lehren an die individuellen Lernbedürfnisse anpassen und umgestaltet werden (European Agency for Development in Special Needs Education 2003). CSCL erscheint dabei als erfolgversprechender Ansatz, um sowohl die Individualisierung des Lernens umzusetzen als auch die Integration heterogener Nutzergruppen technisch zu unterstützen und effizient zu gestalten. Partizipative Ansätze sind derzeit aufgrund unzureichender Gestaltungsempfehlungen oder Evaluationsmethoden der einzig gangbare Weg, um Gebrauchstauglichkeit, Barrierefreiheit, Akzeptanz, aber auch den angestrebten pädagogischen Mehrwert gewährleisten zu können.

6 Perspektiven

Martin Wessner[1], Jörg M. Haake[2], Gerhard Schwabe[3]

[1]Fraunhofer IPSI, Darmstadt, [2]FernUniversität in Hagen,
[3]Universität Zürich

1 Einleitung

Nehmen wir den Nato Advance Research Workshop „Computer Supported Collaborative Learning" (24.–28.9.1989, Acquafredda di Maratea, Italien; dokumentiert in O'Malley (1995)) als „Geburtsstunde" des CSCL, so kann dieses Forschungsgebiet nunmehr auf ereignisreiche 15 Jahre zurückschauen. Die Beiträge in diesem Kompendium dokumentieren den aktuellen Stand des CSCL in den Grundlagen, den pädagogischen und technischen Konzepten, der Umsetzung bis hin zur Anwendung in verschiedenen Kontexten.

In diesem Beitrag präsentieren wir einen Ausblick auf die weitere Entwicklung des computerunterstützten kooperativen Lernens. Dass dies kein einfaches Unterfangen ist, wird deutlich, wenn man die Bandbreite der Szenarien betrachtet, für die Computerunterstützung für kooperatives Lernen erforscht, entwickelt und angewendet wird. CSCL-Arrangements wie auch selbstorganisierte Lernszenarien in computerunterstützten Klassenräumen, in der beruflichen Aus- und Weiterbildung, an der Präsenzhochschule, im Fernstudium, in der Erwachsenenbildung und als Bestandteil des Lebenslangen Lernens stellen jeweils eigene Anforderungen an die Computerunterstützung und sind durch unterschiedliche Rahmenbedingungen gekennzeichnet. Innerhalb dieser Einsatzgebiete kann sich das gemeinsame Lernen in Zweiergruppen oder in großen Gemeinschaften, innerhalb weniger Minuten oder über mehrere Jahre hinweg ereignen. Auch hinsichtlich der Ziele des CSCL-Einsatzes reicht das Spektrum von der Effizienzsteigerung der bewährten Muster bis zur Revolution des Bildungswesens.

Nichtsdestotrotz versuchen wir im Folgenden einige Perspektiven für CSCL aufzuzeigen. Dazu greifen wir zunächst die Erfahrungen bei der Entwicklung und mit dem Einsatz von CSCL auf und leiten daraus aktuelle Defizite und Barrieren des CSCL ab (Abschnitt 2). Danach skizzieren wir einige gegenwärtige Entwicklungen in den Bereichen Technologie, Pädagogik und Organisation (Abschnitt 3). Schließlich zeigen wir darauf aufbauend Perspektiven des CSCL in Form von 10 Thesen auf (Abschnitt 4).

2   Defizite und Barrieren

Wie die Beiträge 1.3 bis 1.5 aus psychologischer, pädagogischer und soziologischer Sicht darlegen, weisen kooperative Lernmethoden ein hohes Potential im Hinblick auf die Verbesserung von Lernprozessen auf. Die Nutzung dieses Potentials stellt jedoch hohe Anforderungen an die Beteiligten und erfordert einigen Aufwand. Im Folgenden werden einige daraus resultierende Probleme aus kultureller, methodischer, organisatorischer, technischer und forschungsmethodischer Sicht dargestellt.

2.1   Die kulturelle Sicht

Koschmann (1996) nennt CSCL ein neues Paradigma des computerunterstützten Lernens. Ein Wechsel zu einem neuen Paradigma ist immer verbunden mit einer Änderung von vertrauten Einstellungen bei allen Beteiligten. Lehrende und Lernende sind in aller Regel nicht mit dem kooperativen Lernen vertraut oder haben aufgrund schlechter Erfahrungen mit bisherigen Versuchen des „Gruppenlernens" deutliche Vorbehalte.

Die Lehrenden fürchten den Kontrollverlust im Klassenzimmer, es fehlt am Selbstvertrauen, um den Lernenden ihre neue Rolle zuweisen zu können. Sie befürchten, dass sie den vorgegebenen Lehrplan in der vorgegebenen Zeit inhaltlich nicht abdecken können. Geeignetes Lehrmaterial für kooperatives Lernen liegt ihnen nicht vor. Sie sind sich unsicher, wie sie die Leistung der Lernenden gerecht messen und beurteilen können. Es bestehen Ängste, dass die Außenwirkung des Lehrenden Schaden nimmt, wenn es bei kooperativen Lernformen lauter, chaotischer im Lernraum zugeht als bei traditionellen Lehrformen.

Auch auf Seiten der im Wettbewerbsmodell sozialisierten Lernenden existieren Vorbehalte. Sie müssen bei kooperativen Lernformen ihren Lernprozess aktiv mitgestalten und Verantwortung dafür übernehmen. Sie befürchten Schwierigkeiten bei der gerechten Verteilung der Arbeit in der Gruppe und bei der gerechten Benotung.

Zu diesen grundsätzlichen Akzeptanzproblemen des kooperativen Lernens kommen beim CSCL weitere Anforderungen an die Lehrenden (vgl. Kapitel 5.6) und die Lernenden (vgl. Beitrag 5.4; in besonderem Maße beim selbstorganisierten Lernen, vgl. Beitrag 3.5.2) hinzu. Neben der Technik-, Medien-, Selbststeuerungs- und Kooperationskompetenz setzt CSCL vor allem ein Umdenken über die Rollen der Lehrenden und Lernenden voraus.

2.2   Die methodische Sicht

In den Beiträgen in Teil 5: Anwendungen, Wirkungen, Potentiale wird deutlich, dass sich diese Potentiale in der Praxis nicht von alleine durch das bloße Bereitstellen einer technischen Umgebung einstellen. Beispielsweise wird im Beitrag 5.3: CSCL-Einsatz an der Präsenzhochschule gefordert, „wesentlich mehr Sorgfalt auf die methodisch-didaktische, technische und organisatorische Vorbereitung der Veranstaltung" zu legen, als dies in traditionellen *Face-to-Face*-Veranstaltungen der Fall ist. Analoge Aussagen finden sich in den Beiträgen zu anderen Einsatzbereichen, sei es das Fernstudium, die Lehrerbildung oder die Aus- und Weiterbildung.

Insbesondere in asynchronen Szenarien sowie in Szenarien mit Beteiligten an verschiedenen Standorten zeigen sich Probleme bei der Koordination der Lernaktivitäten. So identifiziert Kienle (2003, S. 51) zwei wichtige Problemfelder des CSCL: die Wahrnehmung des Prozessfortschrittes und die Steuerung des Ablaufs der einzelnen Aktivitäten. Die CSCL-Umgebung soll demnach Lösungen auf Fragen der folgenden Art anbieten: Wie wird von den Beteiligten wahrgenommen, wer welche Rolle im Lernprozess hat? Ist eine Rolle vorgesehen, die die Strukturierung der Lernprozesse zur Aufgabe hat? Wie trägt das technische System zur Strukturierung der Lernprozesse bei? Bei Letzterem kann zwischen einer Makro- und einer Mikroebene unterschieden werden. Auf der Makroebene werden einzelne kooperative Episoden innerhalb eines Curriculums definiert, in denen bestimmte Aufgaben gemeinsam zu erledigen sind. Auf der Mikroebene kann eine feingranulare Steuerung der einzelnen Lernaktivitäten innerhalb einer kooperativen Episode durch das System erfolgen.

Inwieweit ein CSCL-System das kooperative Lernen nur ermöglichen, aktiv strukturieren oder gar kontrollieren soll, ist dabei umstritten (vgl. Kienle 2003, S. 53). Da der Einfluss des Lernenden auf den Lernprozess als eine Form der aktiven Auseinandersetzung mit dem zu erlernenden Wissen aufgefasst werden kann, kann die systemtechnische Unterstützung diese gewünschte aktive Auseinandersetzung evtl. einschränken.

Auch können im (nicht computerunterstützten) kooperativen Lernen bewährte Kooperationsmethoden und Aufgabentypen nicht ohne weiteres auf CSCL-Szenarien übertragen werden (siehe Lipponen 2001). Es ist zum einen jeweils zu prüfen, inwieweit diese auch unter den neuen Bedingungen (z.B. bei örtlicher Verteilung der Akteure) zum angestrebten Lernprozess und -ergebnis führen. Zum anderen sind neue Kooperationsmethoden und Aufgabentypen zu entwickeln, die den neuen Anforderungen und Möglichkeiten kollaborativer Lernumgebungen gerecht werden.

2.3   Die organisatorische Sicht

Aus den Beiträgen in Teil 5 sind insbesondere auch die organisatorischen Probleme bei der Einführung und Nutzung von CSCL deutlich geworden. Neben der benötigten Lernkultur müssen in der Organisation die entsprechenden Prozesse der Informationsverteilung und Betreuung in inhaltlicher, technischer und administrativer Sicht entsprechend angepasst werden.

In Unternehmen erweist sich die Integration des CSCL mit den Unternehmensprozessen, insbesondere etwaigen Wissensmanagement-Prozessen als schwierig (vgl. Kienle 2003 und Beitrag 5.7).

2.4   Die technische Sicht

Die methodischen und organisatorischen Probleme setzen sich im Bereich der Technik fort. So sind Fragen der Austauschbarkeit von Inhalten, Methoden und Konzepten zwischen verschiedenen CSCL-Werkzeugen und -Plattformen bei weitem noch nicht gelöst. Vorliegende Standards oder Quasi-Standards für Inhalte und Prozesse (z.B. aus den Bereichen E-Learning und Workflow-Management) werden bei der Entwicklung von CSCL-Systemen zur Zeit noch unzureichend beachtet. Für die technische Beschreibung speziell kooperativen Lernens existieren gegenwärtig erste Ansätze, beispielsweise in der Educational Modelling Language (2004) der Open Universiteit Nederland, die in die IMS Learning Design Specification (2004) eingeflossen ist (siehe Beitrag 4.6).

Infolgedessen können CSCL-Systeme in der Regel nicht einfach miteinander kombiniert werden, sondern stellen jeweils Insellösungen dar. Auch die Möglichkeit, CSCL-Systeme mit anderen technischen Systemen in der Lernumgebung zu integrieren, beispielsweise mit gängigen Lernplattformen, Benutzer- oder Content-Management-Systemen, erweist sich in der Praxis als komplexes Problem.

Die Bemühungen, kooperatives Lernen in CSCL-Systemen nicht nur zu ermöglichen, sondern auch – beispielsweise mit Hilfe von intelligenten Agenten – aktiv zu unterstützen, sind bisher nur in eng umgrenzten Bereichen gelungen (vgl. z.B. Wessner et al. 1998, Harrer 2000; Mühlpfordt und Wessner 2004).

Aktuelle CSCL-Systeme nutzen z.T. eine Vielzahl von Kommunikations-, Koordinations- und Kooperationsmöglichkeiten. Dabei sollte aber auch nicht unbeachtet bleiben, dass weltweit große Unterschiede in der verfügbaren technischen Infrastruktur vorliegen. Eine Herausforderung ist daher auch die Realisierung von CSCL-Systemen für Regionen mit Infrastrukturen mit niedriger Bandbreite bzw. solchen Systemen, die sich an die verfügbare Infrastruktur anpassen lassen.

2.5   Die forschungsmethodische Sicht

Auf einer höheren Ebene weist die CSCL-Forschung selbst einige Probleme auf. CSCL ist ein Forschungsgebiet, das auf die Beiträge verschiedener Wissenschaftsdisziplinen (vor allem: Pädagogik, Psychologie, Soziologie, Informatik) angewiesen ist. Jede dieser Disziplinen verfügt über ein eigenes, mehr oder weniger kohärentes, Repertoire an Methoden zur Konzeption, Gestaltung, Umsetzung, Anwendung und Evaluation (vgl. die Beiträge in Teil 1 dieses Kompendiums).

So ist der Begriff CSCL keinesfalls trennscharf, er wird als umschließende Hülle für verschiedenste Methoden des gemeinsamen Lernens verwendet. Für die Langform der Abkürzung CSCL gibt es verschiedene Vorschläge (kooperativ, kollaborativ, kollektiv; vgl. Koschmann 1996). Diese Heterogenität befruchtet das Forschungsgebiet einerseits durch die verschiedenen Sichtweisen und Methoden, andererseits wird aber auch das Fehlen allgemein akzeptierter Forschungsstandards (Fischer et al. 2003) sowie einer allgemeinen Theorie des CSCL (Puntambekar & Young 2003) beklagt.

3   Aktuelle Entwicklungen

Nach der Identifikation einer Reihe von Problemen des CSCL in kultureller, methodischer, organisatorischer, technischer und forschungsmethodischer Sicht im vorangegangenen Abschnitt werden in diesem Abschnitt mehrere Entwicklungen skizziert, die CSCL betreffen. Teilweise adressieren diese direkt oben genannte Mängel und verbessern die Einsatzmöglichkeiten von CSCL, andererseits stellen sie CSCL aber teilweise auch vor neue Herausforderungen. Diese Entwicklungen werden im Folgenden unter den Aspekten Methoden, Organisation, und Technik betrachtet.

3.1   Methoden

Immer mehr setzt sich angesichts der verschiedenen Anwendungsszenarien die Erkenntnis durch, dass es die eine Methode des kooperativen Lernens nicht gibt, ja nicht geben kann. Daraus lässt sich eine Reihe von Anforderungen an CSCL-Systeme ableiten:

Im Sinne einer breiten Nutzung sollten CSCL-Systeme entweder vielfältige Möglichkeiten zur Anpassung der Methode(n) an das spezifische Anwendungsszenario bereitstellen oder die Systeme sollen flexibel miteinander sowie mit sonstigen Elementen der Lernumgebung kombinierbar sein.

Die Anpassbarkeit bzw. Integrationsfähigkeit betrifft zum Beispiel die Aspekte Lernlogistik (vgl. Beitrag 2.3.4) und die mehr oder weniger starke Unterstützung im Sinne der Strukturierung von Lernprozessen (vgl. Beitrag 2.3.3).

Es gibt nicht nur keine Standardmethode für kooperatives Lernen, wir beobachten sogar, dass das Methodenrepertoire für den Einsatz von CSCL breiter wird. Klassische Ansätze des CSCL basieren auf Ideen des Konstrukivismus, des situierten Lernens, der verteilten Kognition (Wessner & Pfister 2000). Diese werden nun ergänzt durch Anstöße aus weiteren Bereichen wie z.B. des spielerischen Lernens (insbesondere im Rahmen von Location Based Games (Goeth et al. 2004)) und des informellen Lernens. Dabei wird zunehmend deutlich, dass (kollaboratives) Lernen nicht mit (kollaborativem) Unterricht gleichzusetzen ist. Die pädagogischen Konzepte für diese Art des Lernens sind eher anspruchsvoller als die des klassischen Unterrichts, bewegen sich aber in Bereiche wie das Design von Lernen-ermöglichende Umgebung (z.B. ein Museum) und der Inszenierung von Lernereignissen (z.B. ein Spiel).

3.2   Organisation

Ungebrochen scheint die Entwicklung zur örtlichen Verteilung der in Lernprozessen Beteiligten. Gründe dafür liegen u.a. bei Unternehmen in der Globalisierung und Vernetzung, bei Hochschulen in der Internationalisierung der Forschung und Virtualisierung der Lehre, bei der Aus- und Weiterbildung in zunehmenden Kooperationen von Bildungsanbietern, der Spezialisierung oder der örtlichen Verteilung der beschäftigenden Unternehmen selbst.

Dies erschließt neue Ressourcen für kooperative Lernprozesse: Die Lernenden erhalten Zugang zu Experten, zu Gleichgesinnten an anderen Orten, zu Informationen und Materialien. Gerade diese Beliebigkeit der Ressourcen stellt aber auch wieder neue Herausforderungen an die Kooperation: So muss beispielsweise die Validität von Ressourcen geprüft, ein für effektive Kooperation notwendiges Vertrauensverhältnis aufgebaut werden können, auch örtlich verteilt wirksame Koordinationsmechanismen müssen entwickelt und beherrscht werden.

Neben der örtlichen Verteilung lässt sich – wenn auch in einem gewissen Auf und Ab – die Spezialisierung der Anbieter relevanter Komponenten und Dienstleistungen beobachten. So werden beispielsweise der technische Betrieb einer Lerninfrastruktur, die Hotline, die Betreuung der Lernenden zunehmend in speziellen internen Betriebseinheiten angesiedelt oder an externe Anbieter ausgelagert.

Professionell angebotene Komponenten und Dienstleistungen können bessere Rahmenbedingungen für kooperative Lernprozesse schaffen sowie Lehrende und Lernende entlasten, etwa indem eine Kooperationsplattform durch einen darauf spezialisierten Anbieter extern betrieben wird (vgl. Beitrag 4.4).

Wir erleben weiterhin einen Trend zu einer höheren Unmittelbarkeit von Lerndienstleistungen. Diese äußert sich zum einen in dem zunehmend virtuosen Umgang mit Medien durch Jugendliche (was man als ein Indiz für steigende Medienkompetenz ansehen kann) und zum anderen in einer zunehmenden Erwartung an schnelles Feedback und dauernde Verfügbarkeit der Lehrenden und Lernpartner. Lernen besteht nicht mehr aus klar getrennten synchronen Episoden (im Unterrichtsraum) und asynchronen Episoden (von zu Hause aus), sondern diese asynchronen Phasen werden unterbrochen durch E-Mails, SMS, Telefongespräche und damit durch Episoden mit einem vergleichsweise hohen Synchronizitätsgrad. Um die Erwartungshaltung der Studierenden in geordnete Bahnen zu lenken und die steigende Medienkompetenz zu nutzen, werden Konzepte zur gezielten Steuerung der Synchronizität von Lernepisoden (durch Lehrende und Lernende!) und zur besseren Orientierung der (potentiellen) Kooperationspartner über die Verfügbarkeit anderer benötigt.

3.3   Technik

Als „Ubiquitous Computing" (Weiser 1991, 1993) wird die Tendenz zur Verschmelzung von Computern mit bisher nicht computerisierten Gegenständen sowie zu deren Vernetzung bezeichnet. Die Miniaturisierung von Computern, ihr Verschwinden in Alltagsgegenständen, ihre Integration in Wände und Möbel, all dies erlaubt die Nutzung von CSCL in neuen Anwendungsbereichen, beispielsweise in (physikalischen) kooperativen Räumen oder unterwegs und zu jeder Zeit. Gleichzeitig kommen neue Herausforderungen auf CSCL zu. Die an traditionellen Computern mit Bildschirm, Tastatur und Maus orientierten Benutzungsschnittstellenmuster müssen für neuartige Endgeräte angepasst bzw. es müssen völlig neue Muster entwickelt werden. Aktuelle Entwicklungen in diese Richtung erfolgen in Deutschland u.a. im Rahmen des Förderprogrammes „Notebook University" des Bundesministeriums für Bildung und Forschung (BMBF). Diese Entwicklung wird durch die zunehmende Verfügbarkeit drahtloser Kommunikationsmöglichkeiten per Funknetz innerhalb von Gebäuden bzw. begrenzten Regionen (Hotspots) oder auch UMTS als Mobilkommunikationsstandard unterstützt.

Während es wenig sinnvoll erscheinen mag, Vorlesung auf ein Handy zu übertragen, eröffnet die Unterstützung von selbstgesteuertem situiertem Lernen neue Anwendungsbereiche. Die Zielrichtung ist dabei weniger die Verbreitung von multimedialen Inhalten als vielmehr die Unterstützung der Kooperation bei länger andauernden Gruppenaufgaben (z.B. Fallstudien), von situierten kooperativen Spielen oder der Kooperation in Lernräumen wie Museen (vgl. z.B. www.mobilearn.org).

Auch ohne den Fokus auf mobile oder neuartige Geräte wird unter dem Stichwort „Contextual Collaboration" (Mahowald 2001) die Integration kooperativer Elemente in den Anwendungskontext als neuer Trend thematisiert. Dies zeigt sich in der Abkehr von großen integrierten Kooperationsumgebungen hin zur Anreicherung von Standard-Anwendungssoftware mit kooperativer Funktionalität. Beispielsweise soll eine Textverarbeitungssoftware in der Lage sein, Änderungen innerhalb der Autorengruppe etwa durch Presence Awareness, Instant Messaging, Chat- oder Videokonferenz zu koordinieren, ohne dass der Benutzer zwischen verschiedenen Anwendungen hin- und herwechseln muss. In schwacher Form zeigt sich dies im World Wide Web bereits jetzt, wo beispielsweise Information, Kommunikation über E-Mail, Chat, Videokonferenz oder Foren und Kooperation über gemeinsame Ablagen oder Application Sharing auf einer Seite oder in Portalen integriert werden können.

Auch im Bereich der Lernplattformen kommerzieller Anbieter wie auch in Forschungsprototypen erleben wir zunehmend den Trend zur Offenheit, Standardisierung von Schnittstellen und damit zur Möglichkeit der Integration von Fremdkomponenten. Diese Integration beschränkt sich gegenwärtig auf das Ermöglichen kooperativer Prozesse, eine aktive Unterstützung ist in diesen Umgebungen noch nicht vorgesehen.

Unter dem Stichwort „Web Services" entwickelt sich eine Menge von Schnittstellen, Datenaustauschformaten und Mechanismen zur Beschreibung und zur Kombination von Komponenten, die Zugänge zu spezifischen Diensten im Internet bieten (vgl. W3C, 2004). Dies kann die Basis liefern, um bestimmte CSCL-Funktionalitäten in Form von Web Services zu gestalten und mit anderen, nicht auf kooperatives Lernen bezogenen Web Services zu kombinieren. Damit eröffnet sich auch zusätzliche Möglichkeiten der aktiven Unterstützung kooperativer Lernprozesse und der Lernlogistik.

Für viele Aspekte des E-Learning liegen inzwischen Standards bzw. Standardempfehlungen vor. Für speziell das kooperative E-Learning liegen mit IMS Learning Design und analogen Ansätzen aus Japan erste Ergebnisse vor (vgl. Beitrag 4.6, zu kooperativem E-Learning: Abschnitt 8 in Beitrag 4.6).

Im Bereich der Gestaltung von CSCL-Systemen sei noch auf das Konzept des „Design for all" hingewiesen. Wie in Beitrag 5.8 dargestellt öffnet die Anwendung der Prinzipien des „Design for all" die Nutzung von CSCL auch für solche Zielgruppen, denen der Zugang bisher aufgrund ihrer jeweiligen Fähigkeiten nicht möglich ist.

4   Perspektiven

Auf Basis der beschriebenen Erfahrungen, Defizite und aktuellen Entwicklungen zeigen wir im letzten Abschnitt des Beitrags einige Entwicklungsperspektiven des CSCL auf. In Anspielung auf das eingangs erwähnte, jugendliche Alter des Forschungsgebietes wollen wir die Perspektiven des CSCL folgendermaßen kurz zusammenfassen:

CSCL wird erwachsen!

Warum und inwiefern wird CSCL erwachsen? Die bisherigen Aussagen zu Erfahrungen und Defiziten zeigen Akzeptanzprobleme gepaart mit einer großen Heterogenität in Bezug auf

Methoden, Organisation, Technik und Forschung. Die skizzierten aktuellen Entwicklungen deuten Wege an, wie diese Heterogenität zwar nicht aufgelöst, aber doch methodisch, organisatorisch und technisch in den Griff zu bekommen ist. Die jugendliche „Sturm und Drang"-Phase des CSCL nähert sich ihrem Ende. Die Kombination von Methoden, die Professionalisierung der Anbieter und die Standardisierung von Schnittstellen ermöglichen computerunterstütztes kooperatives Lernen für vielfältige Anwendungsszenarien, ohne dass jeweils bei Null begonnen werden muss.

CSCL wird so zu einem normalen Bestandteil des lerntechnologischen Portfolios werden. Schon jetzt wird das Einbeziehen von elektronischen Lehr-/Lernmaterialien in nahezu allen Arten von Lernarrangements mehr und mehr zur Selbstverständlichkeit: Beispiele sind Webseiten mit ergänzenden Materialien, Hinweise auf die E-Mail-Adresse des Lehrenden, Mailingliste zum Verteilen von Informationen oder Chat-Sprechstunden. Auch das selbstorganisierte Lernen vollzieht sich neben der Nutzung traditioneller Medien zunehmend auch in Online Communities unter Einbezug verschiedenster Kommunikations- und Kooperationswerkzeuge. In gleicher Weise werden auch kooperative Funktionalitäten von Werkzeugen, Plattformen und Portalen zunehmend nicht mehr als etwas Besonderes wahrgenommen, sondern als normale Bereicherung und Ergänzung traditioneller Lernangebote betrachtet und von den Nutzern auch eingefordert werden.

Im Folgenden soll diese Perspektive in Form von 10 Thesen differenzierter betrachtet werden:

These 1: Lernräume werden CSCL-fähig

Klassenzimmer, Hörsäle und Trainingsräume werden zukünftig standardmäßig auch die technische Infrastruktur für CSCL bereitstellen. Elemente dieser Infrastruktur sind Projektionsflächen oder interaktive Tafeln, drahtlose Vernetzung für die Integration mobiler Geräte der Lernenden, seien es durch die Organisation zur Verfügung gestellte oder eigene Geräte der Lernenden.

Erste Entwicklungen in diese Richtung sind in Form von pädagogischen Netzen, Digitalen Hörsälen und in Form der Notebook University vorhanden. Zu erwarten ist, dass jedem Lehrangebot ein virtueller Raum zugeordnet wird, an dem verschiedene lernunterstützende Funktionalitäten genutzt werden können: Hier werden Folien betrachtet, herunter geladen und annotiert. Es stehen Werkzeuge zur Interaktion, Diskussion und gemeinsamen Erarbeitung von Ergebnissen zur Verfügung. Neben klassischen Unterrichts- und Trainingsräumen werden auch Lernräume für informelles Lernen (wie z.B. Museen) und Arbeitsumgebungen (wie z.B. Reparaturwerkstätten und Labore) durch Möglichkeiten zum CSCL erweitert (vgl. auch These 8). Kollaborative Lernenwerkzeuge und Wissensmanagementwerkzeuge werden dabei in orts- und objektbezogenen Communities integriert.

These 2: CSCL-Systeme integrieren individuelle und kooperative Lernphasen

Gegenwärtig sind die Forschungsgebiete E-Learning im Sinne des individuellen computerunterstützten Lernens und CSCL mit seiner (meist alleinigen) Ausrichtung auf gemeinschaftliches Lernen getrennte Bereiche mit jeweils eigenen Systemen. Die Erfahrung aus der Nutzung zeigt, dass Lernprozesse in der Regel weder rein individuell, noch rein kooperativ sind.

Infolgedessen werden aus den vorhandenen Bausteinen neue CSCL-Systeme entstehen, die beide Arten des Lernens abdecken und flexible Übergänge zwischen diesen Arten ermöglichen.

These 3: Lernplattformen werden CSCL-fähig

Funktionalität zum kooperativen Lernen wird ein natürlicher Teil in allen Lernplattformen. Schon jetzt werden Kommunikationsfeatures wie E-Mail, Mailingliste, gemeinsames Whiteboard in immer mehr Plattformen standardmäßig angeboten. Aufgrund der vorliegenden und im Zuge der weiteren Verbreitung dieser Plattformen noch zu sammelnden Erfahrungen erkennen Nutzer und Hersteller, dass die sinnvolle Nutzung dieser Kommunikationsmöglichkeiten der Instruktion, der Planung und der Begleitung durch den Lehrenden bedarf. Infolgedessen wird auch die dazu notwendige Unterstützung (z.B. zur Planung, Terminfindung, Gruppenfindung) in diesen Plattformen realisiert werden.

These 4: CSCL wird ins Standard-Repertoire aufgenommen

Aufgrund der Verfügbarkeit von CSCL-fähigen Lernräumen und -plattformen sowie des gesellschaftlichen Bedarfs wird die Nutzung von CSCL zunehmen. Aus der Nutzungserfahrung, die wiederum Rückwirkungen auf die Ausstattung von Lernräumen und -plattformen hat, lassen sich Best Practices, spezielle bewährte CL-Methoden herausbilden („Standardmethoden"). Eine vergleichbare Entwicklung gab es beispielsweise im Bereich der Moderation (vgl. Beitrag 3.2). Diese Standardmethoden werden wiederum die Entwicklung von Standard-Werkzeugen nach sich ziehen, die die momentane Vielzahl von Eigenentwicklungen ablösen werden.

These 5: CSCL wird Lernprozesse flexibel unterstützen

CSCL erfordert je nach Anwendungsszenario und konkreter Situation mehr oder weniger Unterstützung durch das CSCL-System. Das Spektrum reicht hierbei von bloßer Ermöglichung der Kommunikation und Kooperation (Enabling; z.B. durch Bereitstellen eines Forums) über die aktive Unterstützung (Supporting; z.B. durch situationsspezifisches Bereitstellen spezialisierter Werkzeuge) bis hin zum Anleiten und Steuern von kooperativen Lernprozessen (Controlling; z.B. in Form einer Moderation durch das System). Dazu werden verschiedene Kommunikationskanäle genutzt, sie reichen von asynchronem Nachrichtenaustausch bis zu (synchroner) Videokonferenz und gemeinsam genutzten Anwendungen.

Aufgrund der unterschiedlichen Anwendungsszenarien und der jeweilig verfügbaren technischen Infrastruktur werden CSCL-Systeme umfassende Konfigurations- und Anpassungsmöglichkeiten zur Verfügung stellen, mit denen die Art der Unterstützung und der Kommunikationskanäle – auch während des Lernprozesses – flexibel gewählt werden können.

These 6: Kooperatives Lernen wird ein wichtiger Baustein für Lebenslanges Lernen

Lebenslanges Lernen umfasst prinzipiell alle Formen und Stufen des menschlichen Lernens während des gesamten Lebens einer Person. Das Herausbilden eines durchgängigen universellen Systems, das als persönlicher Lernbegleiter und Wissensspeicher agiert, ist angesichts der Vielzahl von Formen und Akteuren im Bildungswesen sehr unwahrscheinlich. Auf der Basis von sich entwickelnden Standards werden aber interoperable Systeme möglich, die als persönliche Wissensassistenten und -speicher die Brücke zwischen verschiedenen Lernkontexten schlagen können. Beispielsweise könnten so auch verschiedene Ausbildungsphasen (vgl. Beitrag 5.2 für die Lehrerbildung: Studium, Referendariat, Weiterbildung im Schuldienst) integriert werden. Eine Art elektronisches, persönliches Studienbuch dient als Log aller Lernaktivitäten und erworbenen Fähigkeiten sowie als Mittel zur Planung der „Bildungskarriere" als Teil der fachlichen Karriereplanung. Ebenso wird sich selbstorganisiertes Lernen immer mehr in themenbezogenen Lerngemeinschaften ereignen (Communities of Interest, Communities of Practise). Diese Lerngemeinschaften existieren entweder unabhängig oder sind an Institutionen oder institutionelle Lernangeote angelagert, beispielsweise als Teil einer fortlaufenden, berufsbegleitenden Qualifizierung für niedergelassene Ärzte.

Eine wichtige, bisher eher vernachlässigte Funktion von CSCL-Systemen ist in diesem Zusammenhang das Finden geeigneter Experten und Lernpartner, beispielsweise unterstützt durch Recommendersysteme oder auf Basis der Lern- und Interessensprofile.

These 7: Lernen, Arbeiten und Spielen werden verschmelzen

Kooperative Lernprozesse nutzen zur Unterstützung des Lernens zunehmend Phasen der Anwendung von Wissen (Arbeit) und Phasen der spielerischen Exploration (Spiel). Gegenwärtig sind derartige Systeme meist getrennte Anwendungen. Zukünftig werden diese Möglichkeiten der Lernunterstützung zunehmend genutzt werden. CSCL-Systeme werden mit Simulationen und Simulationsspielen angereichert. Die Einbindung von generischen Groupwarefunktionalitäten bzw. die Integration mit CSCW-Systemen ermöglicht fließende Übergänge zwischen Lern- und Arbeitsprozessen. Dadurch wird das Lernen bei Bedarf (Learning on demand) möglich ohne den Kontext der Arbeitsaufgabe zu verlassen.

Beispielsweise können Lern-, Arbeits- und Spielelemente folgendermaßen kombiniert werden: In einer 1. Phase (Wissenserwerb) erarbeitet sich eine Lerngruppe ein bestimmtes Wissensgebiet u.a. mit Hilfe von Simulationsspielen. Die 2. Phase (Coaching) beinhaltet das Arbeiten unter Anleitung eines Experten. In der 3. Phase (Praxis) werden Erfahrungen und Probleme in Wissensgemeinschaften ausgetauscht.

Ein Verschmelzen von Lernen, Arbeiten und Spielen wird auch im Alltag zu beobachten sein. Klassisch sind für Arbeiten, Lernen (im Unterricht) und Spielen eigene Teile des Tages reserviert – mit allen daraus resultierenden Priorisierungsproblemen. In Zukunft wird ein Arbeiter auch am Arbeitsplatz Möglichkeiten finden, sich in einem Bereich weiterzubilden, wenn er das für eine aktuelle Aufgabe benötigt, und er wird dies möglicherweise durch die Teilnahme an einem Spiel machen, in dem er sein neues Wissen in einer gefahrlosen Umgebung in Interaktion mit anderen erproben kann.

These 8: Es werden neuartige Nutzungsszenarien für CSCL entstehen

So wie das Internet neue Organisationsformen wie z.B. virtuelle Unternehmen gefördert oder gar erst ermöglicht hat, wird das Vorhandensein von CSCL-fähigen Lernorten und -plattformen neue Lernformen und Nutzungsszenarien ermöglichen. Aktuelle Ansätze für diese Entwicklung insbesondere mit mobilen Geräten sind das selbstorganisierte Lernen vor Ort (beispielsweise in Museen und an anderen touristisch interessanten Orten) sowie organisationsübergreifende kooperative Lernarrangements (beispielsweise das gemeinsame Lernen zwischen Klassenzimmer und einem Team vor Ort; Exkursionen). Orte bzw. Plätze erfahren eine zunehmende Bedeutung, seien sie real oder virtuell, insbesondere für das selbstgesteuerte Lernen und innerhalb von Gemeinschaften (Communities).

These 9: Der Einsatz von CSCL wird nicht explodieren

Kooperatives Lernen hat eine Reihe von Potentialen, aber es ist nicht für alle Arten und Phasen von Lernprozessen das Mittel der Wahl. CSCL ist immer dann sinnvoll, wenn das Lernziel besser in Zusammenarbeit mehrerer Lernender erreicht werden kann als durch individuelles Lernen. Zu den Nachteilen kooperativer Lernprozesse gehört, dass sie in der Regel mehr Zeit in Anspruch nehmen als individuelles Lernen, dass sie aufgrund der notwendigen Koordination weniger flexibel sowie technisch und organisatorisch aufwendiger sind. Deshalb wird zumindest mittelfristig der Einsatz von CSCL auf bestimmte Situationen beschränkt bleiben. Zwischenzeitlich ist – wie bei allen Lerntechnologien – sogar mit einer Ernüchterungsphase nach Abklingen der ersten Euphorie über die Potentiale zu rechnen (vgl. Beitrag 5.6). Beispielsweise wird auch mittelfristig den Lehrenden die zusätzlich notwendige Betreuungskapazität oft nicht zur Verfügung stehen. Deshalb wird in Zukunft das Peer-Learning (Lernende helfen sich in Gruppen gegenseitig, diskursives Lernen) an Bedeutung gewinnen.

These 10: Die CSCL-Forschung wird sich konsolidieren

Die Kluft zwischen Grundlagenforschung und angewandter Forschung wird sich verringern (vgl. Fischer et al. 2003). Als neues Forschungsparadigma entwickelt sich die Nutzungsorientierte Grundlagenforschung (Use-inspired basic research; Stokes 1997), in der Fragestellungen für die Grundlagenforschung aus der Praxis gewonnen und Forschungsergebnisse frühzeitig wieder in die Praxis überführt werden. Es werden nach wie vor unterschiedliche Begründungen für kooperatives Lernen herangezogen werden, die Methoden und Ansätze verschiedener Disziplinen und innerhalb der Disziplinen werden sich in Folge dieser Entwicklung aber weiter einander annähern.

Damit dieses junge Forschungsgebiet erwachsen werden kann, müssen die Kinderkrankheiten überwunden werden. Es braucht Enthusiasten gleichermaßen wie nüchterne Realisten. Seine Versprechungen müssen sich in der Praxis bewähren. Die Aufgabe der Wissenschaft und der Praxis ist es, CSCL gemeinsam zu gestalten, die Erfahrungen zu reflektieren und in die weitere Gestaltung wieder einfließen zu lassen.

7   Literatur

Abwod, G.D., Atkeson, C.G., Brotherton, J., Enqvist, T., Gulley, P. and LeMon, J.(1998): Investigating the capture, integration and access problem of ubiquitous computing in an educational Setting, SIGCHI'98, Los Angeles, CA.

Ackerman, M. S., Pipek, V., Wulf, V. (Hrsg.) (2003): Expertise Sharing: Beyond Knowledge Management, MIT Press, Cambridge MA.

Advanced Distributed Learning (ADL) Initiative (2003), http://www.adlnet.org/, Zugriff im März 2004.

Alexander, G. (2000): Issues and innovations in very large scale on-line distance learning: A case study. In: International Journal of Continuing Engineering Education and Lifelong Learning, Vol. 10, Nos. 1–4.

Alexander, S., Hedberg, J. G. (1994): Evaluating technology-based learning: Which model? In: K. Beattie, C. McNaught, & S. Wills (ed.): Interactive Multimedia in University Education: Designing for change in Teaching and Learning. North-Holland: Elsevier Science, S. 233–244.

Alexander, S., McKenzie, J. (1998): An evaluation of information technology projects for university learning. Canberra: Committee for University Teaching and Staff Development.

Allen, T.J. (1977): Managing the Flow of Technology, MIT Press, Cambridge, 1977.

Allen, T.J. (1997): Architecture and Communication: Among Product Development Engineers, Technical Report 165-97, MIT, Cambridge, September 1997.

Allianz Versicherungs-AG (2003): Selbständigkeit fängt beim Lernen an. Selbstgesteuertes Lernen in der Allianz Berufsausbildung. München: interne Broschüre.

Allianz Versicherungs-AG (2003): Wissen aktiv managen. Idee, Konzept und Umsetzung in der Berufsausbildung. München: interne Broschüre.

Ambury, G. (1992): Beginning to Tutor Problem-Based Learning: A Qualitative Investigation of Andragogy in Medical Curriculum Innovation. Ottawa, June. URL: http://educ.queensu.ca/~amburyg/pbl-c.html.

Anderson J. R. (1980): Cognitive psychology and its implications. San Francisco, CA: Freeman.

Anderson, J. R. (1983): The architecture of cognition. Cambridge, MA: Harvard University Press.

Anderson, J. R. (1993): Rules of the mind. Hillsdale, NJ: Erlbaum.

Anderson, J. R. (2001): Kognitive Psychologie. Heidelberg: Spektrum Akademischer Verlag.

Anderson, J. R., Corbett, A. T., Koedinger, K. R., & Pelletier, R. (1995): Cognitive tutors: Lessons learned. The Journal of the Learning Sciences, 4, 167–207.

Anderson, R., Manoogian, S. T., & Reznick, J. S. (1976): The undermining and enhancing of intrinsic motivation in preschool children. Journal of Personality and Social Psychology, 34, 915–922.

Antil, L. R., Jenkins, J. R., Wayne, S. K., & Vadasy, P. F. (1998): Cooperative Learning: Prevalence, conceptualizations, and the relation between research and practice. American Educational Reserach Journal, 35, 419–454.

Antons, K. (1973): Praxis der Gruppendynamik. Göttingen.

Appelt, W. (1999): WWW Based Collaboration with the BSCW System, in Proceedings of SOFSEM'99, Springer Lecture Notes in Computer Science 1725, p. 66–78, November 26 – December 4, Milovy (Czech Republic).

Appelt, W. (2003): The Synergeia System for Computer Supported Collaborative Learning. Proceedings of the ED-MEDIA 2003, Honolulu.

Appelt, W., Mambrey, P. (1999): Experiences with the BSCW Shared Workspace System as the Backbone of a Virtual Learning Environment for Students. Proceedings of the ED-MEDIA 99, Seattle.

Applegate, L., Austin, R., McFarlan, F (2003): Corporate Information Strategy and Management, 6th edition, Mc Graw Hill.

Argyris, C. & Schön, D. A. (1978): Organizational learning. A theory of action perspective. Reading, MA: Addison-Wesley.

Argyris, C. & Schön, D. A. (1996): Organizational Learning II: Theory, Method, and Practice. Reading, Mass. [u.a.]: Addison-Wesley.

ARIADNE (2004): http://ariadne.unil.ch/

Ariadne Foundation (2004), http://www.ariadne-eu.org/, Zugriff im März 2004.

Arias, E., Fischer, G. (2000): Boundary Objects: Their Role in Articulating the Task at Hand and Making Information Relevant to It. In: International ICSC Symposium on Interactive & Collaborative Computing (ICC'2000), Australia. Wetaskiwin, Canada: Academic Press, 567–574.

Armstrong, M. (1999): A Handbook of Human Resource Management Practice. London: Kogan Page.

Arnold, P. (2003): Kooperatives Lernen im Internet. Qualitative Analyse einer Community of Practice im Fernstudium. Münster u.a.: Waxmann.

Arnold, P., Smith, J. (2003): Adding connectivity and losing context with ICT: contrasting learning opportunities from a community of practice perspective. In: Huysman, M., Wenger, E., Wulf, V. (Hrsg.): Communities and Technologies. Dordrecht: Kluwer, 465–484.

Arnold, P., Kilian, L., Thillosen, A. (2003): Wie sichert man didaktische Qualität beim E-Learning? Kritische Reflexion der Prozesserfahrungen im Bundesleitprojekt „Virtuelle Fachhochschule". In: Dehnborstel, P., Dippl, Z., Elster, F., Vogel, T. (Hrsg.): Perspektiven moderner Berufsbildung. E-Learning, didaktische Innovationen, modellhafte Entwicklungen. Bielefeld: W. Bertelsmann Verlag, S. 33–47.

Arnold, P., Kilian, L., Thillosen, A. (2002): „So lonely!?" – Online-Betreuung als kritischer Erfolgsfaktor beim telematischen Studieren. In: Bachmann, G., Haefeli, O., Kindt M. (Hrsg.): Campus 2002. Münster u.a.: Waxmann, 334–344.

Arnold, W., Eysenck, H. J., Meili, R. (Hrsg.) (1996): Lexikon der Psychologie in 3 Bänden. Augsburg: Bechtermünz.

Aronson, E., Blaney, N., Stephin, C., Sikes, J., Snapp, M. (1978): The jigsaw classroom. Beverly Hills, CA: Sage Publishing Company.

Asch, S. E. (1951): Effects of group pressure on the modification and distortion of judgements. In: Guetzkow, H. (ed.): Groups, Leadership and Men. Pittsburgh: Carnegie.

Asch, S.E. (1956): Studies of independence and and conformity: a minority of one against a unanimous majority. Psychological Monographs, 70 (9, gesamte Nr. 416).

Aufenanger, St. (1999): Lernen mit den neuen Medien – Perspektiven für Erziehung und Unterricht. In: Gogolin, I. & Lenzen, D. (Hrsg.): Medien-Generation. Opladen, S. 61–76.

Aufenanger, St. (2000): Medien-Visionen und die Zukunft der Medienpädagogik. Plädoyer für Medienbildung in der Wissensgesellschaft. In: Medien praktisch. Zeitschrift für Medienpädagogik, 24. Jg., H. 1, S. 4–8.

Auinger, A., Stary, C. (2003): Verknüpfung von Content und Kommunikation für selbstgesteuerten, webbasierten Wissenstransfer. In: Szwillus, G., Ziegler, J. (Hrsg.): Tagungsband zur Mensch & Computer 2003, S. 359–369.

Australian Flexible Learning Framework (2002): Quality auditing of online learning. Guidelines for AQTF auditors. Brisbane: Australian National Training Authority (ANTA). URL: http://flexiblelearning.net.au/qualityaudit/guidelines/index.html.

Avermaet, E. v. (1996): Sozialer Einfluß in Kleingruppen. In: Stroebe, W., Hewstone, M., Stephenson, G.M. (Hrsg.): Sozialpsychologie, 3. Auflage. Berlin u.a.: Springer, S. 503–544.

Aviation Industry CBT (Computer-Based Training) Committee (AICC) (2004): http://aicc.org/, Zugriff im März 2004.

Aviation Industry CBT Committee (2004), http://aicc.org/, Zugriff im März 2004.

Baacke, D. (1971): Kommunikation und Kompetenz. München.

Back, A., Bendel, O., Stoller-Schai, D. (2001): E-Learning im Unternehmen – Grundlagen, Strategien, Methoden, Technologien. Zürich: Orell Füssli.

Bagherian, F., Thorngate, W. (2000): Horses to Water: Why Course Newsgroups Fail. In: First Monday, Online-Zeitschrift, 5. Jg., Online verfügbar unter http://www.firstmonday.dk /issues/issue5_8/thorngate/ (Stand 14.11.2003).

Baier, H. (1982): Lernbehindertenpädagogik. In: Zeitschrift für Heilpädagogik 33(1982) 3, S. 154–159.

Baker, M., Lund, K. (1996): Flexibly structuring the interaction in a CSCL environment. In: P. Brna, A. Paiva, and J. Self, (eds.): Proceedings of the European Conference on Artificial Intelligence in Education EuroAIED'96. Lisbon.

Bales, R. F., & Cohen, S. P. (1979): SYMLOG: A system for the multiple level observation of groups. New York: Free Press.

Barker, K. (2002): Canadian Recommended E-Learning Guidelines. Vancouver: FuturEd for Canadian Association for Community Education and Office of Learning Technologies, HRDC. URL: http://www.futured.com/pdf/CanREGs%20Eng.pdf

Barros, B., Verdejo, M.F. (1999): An approach to analyse collaboration when shared structured workspaces are used for carrying out group learning processes. In: Lajoie, S. P., Vivet, M., (eds.): Proc. of AI-ED 99, IOS Press, Amsterdam, 1999.

Bastian, J., Gudjons, H., Schnack, J. & Speth, M. (Hrsg.) (1997): Theorie des Projektunterrichts. Hamburg.

Bateson, G. (1983): Ökologie des Geistes. Frankfurt: Suhrkamp.

Baumert, J. (1999): Selbstreguliertes Lernen: Ein dynamisches Modell des Wissenserwerbs. Posterpräsentation auf der PISA-Tagung im Jadgschloss Hubertusstock, 30.09.–01.10.1999. [Online: http://www.mpib-berlin.mpg.de/pisa/pdfs/SelbstreguliertesLernen.pdf (28-3-2002)].

Baumert, J., Fried, J., Joas, H., Mittestraß, J. & Singer, W. (2002): Manifest. In: Killius, N., Kluge, J. & Reisch, L. (Hrsg.): Die Zukunft der Bildung. Frankfurt, S. 171–225.

Baumgartner, P., Häfele, H., Maier-Häfele, K. (2002): E-Learning Praxishandbuch. Auswahl von Lernplattformen. Marktübersicht, Funktionen, Fachbegriffe. Insbruck: Studienverlag.

Beck, K. (2000): Extreme Programming – Das Manifest. Addison-Wesley, 2000.

Becking, D., Schlageter, G. (2003): Altered Roles of Learners and Tutors in a Virtual Database Practical by Means of Roleplaying. Proceedings of the World Conference on Educational Multimedia, Hypermedia & Telecomunication (ED-MEDIA 2003). Honolulu, Hawaii, June 2003.

Becks, A., Sklorz, S., Jarke, M. (2000): Exploring the Semantic Structure of Technical Document Collections: A Cooperative Systems Approach. Fifth IFCIS International Conference on Cooperative Information Systems (CoopIS'2000), Eilat, Israel, September 6–8.

Becks, A., Reichling, T., Wulf, V. (2003): Supporting Collaborative Learning by Matching Human Actors. In: Ralph H. Sprague, Jr. (ed.): Proceedings of the Thirty-Sixth Annual Hawaii International Conference on System Sciences (HICSS-36), January 6–9, 2003, Big Island, Hawaii.

Behr, U., Biskupek, S., Brodbeck, M. u.a. (2002): Entwicklung von Sozial- und Selbstkompetenz durch kooperatives Lernen. Bad Berka.

Benner, D. (2001): Hauptströmungen der Erziehungswissenschaft. Weinheim.

Bereiter, C. (2002): Education and mind in the knowledge age. Mahwah, NJ: Lawrence Erlbaum Associates.

Bereiter, C., Scardamalia, M. (1989): Intentional learning as a goal of instruction. In L. B. Resnick (Ed.): Knowing, learning, and instruction: Essays in honor of Robert Glaser (S. 361–392). Hillsdale, NJ: Lawrence Erlbaum Associates.

Bergmann, J. R. (1995): Konversationsanalyse. In: U. Flick, v. E. Kardorff, H. Keupp, v. L. Rosenstiel & S. Wolff (Eds.): Handbuch Qualitative Sozialforschung (S. 213–218). Weinheim: PsychologieVerlagsUnion.

Berners-Lee, T., Hendler, J., Lassila, O. (2001): Semantic Web. Scientific American, May 2001.

Bernheim Brush, A.J., Bargeron, D., Grudin, J., Borning, A., Gupta, A. (2002): Supporting Interactions Outside of Class: Anchored Discussions vs. Discussion Boards. In: Stahl, Gerry (Ed.) (2002): Proc. of CSCL 2002. New Jersey, Lawrence Erlbaum (LEA), S. 425–434.

Better Education-Homepage (2003): URL: http://www.bedu.com/, April 2003.

Beywl, W. (2001): Evaluation und Qualitätsmanagement. Systematische Verfahren zur Entwicklung von Qualität im Bildungswesen. In: BMBWK (Hg.): Materialien zur Erwachsenenbildung. Konzepte der Qualität in der Erwachsenenbildung. Bericht zur Tagung am BIfEB vom 2. bis 3. Oktober 2000, Nr. 2/ Jahrgang 2001, S. 7–17.

Billhardt, J. (1996): Hochbegabte. Die verkannte Minderheit. München: Lexika-Verlag.

Bjerrum, E. & Bødker, S. (2003): Learning and living in the „New" office. Proc. of E-CSCW 2003. Kluwer, 199–218.

Blackboard Inc. (2002): Washington D.C. URL: http://www.blackboard.com, 2002.

Blake, R. R., Mouton, J. S. (1964): The Managerial Grid. Houston, TX: Gulf Publishing.

Bleek, W.-G., Jackewitz, I. (2004): Providing an E-Learning Platform in a University Context – Balancing the Organisational Frame for Application Service Providing. In: Sprague,

R.H. (Hrsg.): Proceedings of the 37th Annual Hawaii International Conference on System Sciences 2004. Los Alamitos, CA ua.

Bleek, W.-G., Pape, B. (2001): Application Service Providing als Sprungbrett für vernetzte Lerngruppen – am Beispiel von CommSy@uni.de. In: Engelien, M., Homann, J. (Hrsg.): Virtuelle Organisation und Neue Medien 2001. Workshop GeNeMe2001. Gemeinschaften in Neuen Medien. Lohmar/Köln: Josef Eul, 349–371.

Bleek, W.-G., Wolff, B., Kielas, W., Malon, K., Otto, T. (2000): Vorgehen zur Einführung von Community Systemen in Lerngemeinschaften. In: Engelien, M., Neumann, D. (Hrsg.): Virtuelle Organisation und Neue Medien 2000. Lohmar/Köln: Josef Eul, 97–113.

Bleek, W.-G., Jackewitz, I., Pape, B. (2003): Matching Needs – Application Service Providing for Asynchronous Learning Networks. In Sprague, R. H. (Hrsg.): Proceedings of the 36th Annual Hawaii International Conference on System Sciences 2002. Los Alamitos, CA u.a.: IEEE.

Blumstengel, A. (1998): Entwicklung hypermedialer Lernsysteme. Berlin: Wissenschaftlicher Verlag Berlin.

Boden, M. (2002): Erkenntnisse aus der e-Learning-Praxis. Personal. Zeitschrift für Human Ressource Management, 1, 742–744.

Boehm, B (1986): A Spiral Model of Software Development and Enhancement. Software Engineering Notes, Nr 11, S. 22–42.

Boles, D., Dawabi, P., Schlattmann, M., Boles, E., Trunk, C., Wigger, F. (1998): Vom UML-Modell zur Director-Anwendung am Beispiel naturwissenschaftlich-technischer Labore. Workshop: Multimediale Systeme, 1998, GI-Jahrestagung, p. 33–51.

Boll, P. (1997): Grafische Modellierungswerkzeuge im Physikunterricht – Modellbildung und Simulation im Physikunterricht der gymnasialen Oberstufe. In: Computer + Unterricht, 7 (1997) 26, S. 43–46.

Boll, S., Klas, W. und Sheth, A. (1998): Overview on Using Metadata to Manage Multimedia Data. In: Klas, W. und Sheth, A. (Hrsg.): Multimedia Data Management – Using Metadata to Integrate and Apply Digital Data. McGraw-Hill, Highttown, USA.

Bonk, C., Cunningham, D. J. (1998): Searching for constructivist, learner-centered and sociocultural components for collaborative educational learning tools. In: Bonk, C., King, K. (Eds.): Electronic Collaborators: Learner-Centered Technologies for Literacy, Apprenticeship, and Discourse. New York: Erlbaum, S. 25–50.

Borgatti, S. P., Everett, M. G., & Freeman, L. C. (1999): Ucinet 5 for Windows: Software for social network analysis. Natick: Analytic Technologies.

Borovoy, R., McDonald, M., Martin, M.F., Resnick, M. (1996): Things That Blink: Computationally Augmented Name Tags. IBM Systems Journal, 35 (3), 488–495.

Borrmann, A. (2003): Europa: Bit für Bit das gemeinsame Haus bauen, Internetnutzung in transnationalen Schulprojekten in Computer + Unterricht 13 (2003) 49, S. 30–33.

Bortz, J. (1999): Statistik für Sozialwissenschaftler (5th ed.). Berlin: Springer.

Bortz, J., & Döring, N. (1995): Forschungsmethoden und Evaluation. Berlin: Springer.

Bossing, N. (1977): Die Projektmethode. In: Kaiser, A. (Hrsg.): Projektstudium und Projekt-arbeit in der Schule. Bad Heilbrunn: Klinkhardt, 113–133.

Bowker, G. C. & Star, S. L. (1999): Sorting Things Out: Classification and Practice. MIT Press.

Boyle, C.F. und Encarnacion, A.O. (1998): MetaDoc: An Adaptive Reading System. In: Brusilovsky, P., Kobsa, A. und Vassileva, J. (Hrsg.): Adaptive Hypertext and Hypermedia. Kluwers Academic Publishers, Dordrecht, Niederlande.

Brandon, D. P., & Hollingshead, A. B. (1999): Collaborative learning and computer-supported groups. Communication Education, 48(2), 109–126.

Bransford, J. D., Sherwood, R.D., Hasselbring, T. S., Kinzer, C. K. & Williams, S. M. (1990): Anchored instruction: why we need it and how technology can help. In: D. Nix & R. Spiro (eds.): Cognition, education and multimedia: Exploring ideas in high education. Hills-dale, N. J., pp 115–141.

Bremer, C. (2002): Virtuelle Konferenzen. In: Engelien, M., Homann, J. (Hrsg.): Virtuelle Organisation und Neue Medien 2002. Workshop GeNeMe2002. Gemeinschaften in Neuen Medien. Lohmar/Köln: Josef Eul, 553–575.

Bremer, C., Hildbrand, T., Binet, O. (2002): Hochschulstrategie und Implementierung: Mo-dernisierung der Lehre: Organisation, Integration und Widerstände – Einleitung und Über-blick. In: Bachmann, G., Haefeli, O., Kindt, M. (Hrsg.): Campus 2002. Münster u.a.: Wax-mann, 29–39.

Brennecke, A., Engbring, D., Keil-Slawik, R., Selke, H. (1997): Das Lehren mit elektroni-schen Medien lernen. In: Wirtschaftsinformatik 39, 563–568.

Brown, A. L. & Palincsar, S. (1989): Guided, cooperative learning and individual knowledge acquisition. In L. B. Resnick, Knowing, learning, and instruction, S. 393–451. Hillsdale: Erlbaum.

Brown, J. S., Duguid, P. (1991): Organizational Learning and Communities of Practise: Towards a unified of Working, Learning, and Innovation. In: Organization Science, Vol. 2, Nr. 1, S. 40–58.

Brown, R. J. (1996): Beziehungen zwischen Gruppen. In: Stroebe, W., Hewstone, M., Ste-phenson, G. M. (Hrsg.): Sozialpsychologie, 3. Auflage. Berlin u.a.: Springer, S. 545–576.

Brown, R. J. (1988): Group Processes: dynamics within and between groups. Oxford: Blackwell.

Bruffee, K. (1993): Collaborative Learning. Higher Education, Interdependence, and the authority of Knowledge. Baltimore: The Johns Hopkins University Press.

Brundtland, G. H. (2002): Opening Speech at the WHO Conference on Health and Disability, Trieste. URL: http://www.who.int/director-general/speeches/2002/english /20020418_disabilitytrieste.html.

Bruner, J. (1986): Actual Minds, Possible Worlds. Harvard UP.

Bruner, J. (1996): The Culture of Education. Cambridge, MA: Harvard University Press.

Bruns, B. & Gajewski, P. (2002): Multimediales Lernen im Netz: Leitfaden für Entscheider und Planer (3. Aufl.). Berlin: Springer.

Brunsmann, J., Voss, J., Homrighausen, A., Six, H.-W. (1999): Assignments in a Virtual University – The Webassign System. Proceedings of the 19th World Conference on Open Learning and Distance Education, ICDE, Vienna, Austria.

Brusilovsky, P. (1996): Methods and Techniques of Adaptive Hypermedia. In: User Modeling and User-Adapted Interaction, Vol. 6 (2+3).

Brusilovsky, P. (1998): Methods and Techniques of Adaptive Hypermedia. In: Brusilovsky, P., Kobsa, A. und Vassileva, J. (Hrsg.): Adaptive Hypertext and Hypermedia. Kluwers Academic Publishers, Dordrecht, Niederlande.

BSCW (2003): URL: http://bscw.gmd.de, April 2003.

Bühler, K. (1934): Sprachtheorie. Jena: Fischer.

Bundesinstitut für Berufsbildung (BIBB) (Hrsg. 1996): Erläuterungen zur Verordnung über die Berufsausbildung zum Versicherungskaufmann/ zur Versicherungskauffrau. Karlsruhe: Verlag Versicherungswirtschaft e.V.

Busch, F. & Mayer, T. (2002): Der Online-Coach. Wie Trainer virtuelles lernen optimal fördern können. Basel: Beltz.

Buschmann, F., Meunier, F., Rohnert, H., Sommerlad, S., Stal, M. (1996): Pattern oriented Software Architecture: A System of Patterns. John Wiley & Sons, Chichester, 1996.

Buschmeyer, J., North, K. (2002): Wie Weiterbildungspartnerschaften funktionieren. FEH-Werkstattbericht, Nr. 12. Wiesbaden: Forschungs- und Entwicklungsgesellschaft Hessen mbH.

Calder, B. J., & Staw, B. M. (1975): The interaction of intrinsic and extrinsic motivation: Some methodological notes. Journal of Personality and Social Psychology, 31, 76–80.

Campbell, D. T., & Stanley, J. C. (1966): Experimental and quasi-experimental designs for research. Chicago: Rand-McNally.

Caplan, R. (1992): Disabled By Design. Interior Design, August 1992.

Carell, A. and Menold, N. (2003): Self-Direction and Knowledge Integration in Computer Supported Collaborative Processes: Lessons learned from two Case Studies. In: XI International Conference Powerful ICT Tools for Teaching and Learning (PEG), 28 June – 1 July 2003, St. Petersburg 2003.

Carell, A., Gaus, O. und Heiner, M. (2001): Online Lernen. Formate medialer Interaktion. Wildt, J., Encke, B. und Blümcke, K. (Hrsg.): Professionalisierung der Hochschuldidaktik. Ein Beitrag zur Personalentwicklung an Hochschulen. wbv: AHD 2003.

Carell, A., Herrmann, T., Kienle, A. und Schneider, H. (2004): Modellbasierte Moderation in CSCL-Umgebungen – ein geeigneter Mittelweg zwischen Fremd- und Selbststeuerung. Erscheint in i-com, Themenheft E-Learning.

Carro, R.M., Pulido, E. und Rodríguez, R. (1999): TANGOW: Task-based Adaptive learNer Guidance On the WWW. In: Proceedings of the 2nd Workshop on Adaptive Systems and User Modeling on the WWW. Banff, Kanada.

Cashion, J., Palmieri, P. (2002): The secret is the teacher. The learner's view of online learning. Kensington Australia: NCVER.

Centre for Research on Networked Learning and Knowledge Building der Universität Helsinki. URL: http://www.helsinki.fi/science/networkedlearning/eng/tausta.html

CEN/ISSS Learning Technologies Workshop (WS-LT) (2004), http://www.cenorm.be/sh/lt, Zugriff im März 2004.

CGTV (1992): The Jasper Experiment: An Exploration if Issues in Learning and Instructional Design. In: Educational Technology Research and Development, 40. Jg., H. 1, S. 65–80.

Chabert, A., Grossman, E., Jackson, L., Pietrowicz, S., Seguin, C. (1998): Java Object-Sharing in Habanero. In: Communications of the ACM, Vol. 41 # 6, June 1998, pp 69–76.

Chester, A. (1998): Online Teaching: Encouraging Collaboration through Anonymity. Journal of Computer-Mediated Communication, 4 (2).

Christiansen, E., Dirckinck-Holmfeld (1995): Making Distance Learning Collaborative. In: Schnase, J., Cunnius, E. (Hrsg.): Proceedings of the Computer Support for Collaborative Learning (CSCL) Conference 1995. Bloomington Indiana. Mahwah, NJ (Lawrence Erlbaum). Online verfügbar unter http://www-cscl95.indiana.edu/cscl95/christia.html (Stand: 01.03.2001).

Clancey, W. J. (1997): Situated Cognition. Cambridge, UK: Cambridge University Press.

Clark, H.H. (1996): Using Language. Cambridge, UK: Cambridge University Press.

Clark, H.H., Brennan, S.E. (1991): Grounding in communication. In: Resnick, L.B., Levine, J., Teasley, S.D. (eds.): Perspectives on socially shared cognition. Washington, DC: American Psychological Association, S. 127–149.

CLIX (2003): URL: http://www.clix.de, April 2003.

Cohen, D., Prusak, L. (2001): In Good Company: How Social Capital makes Organizations Work. Harvard Business School Press, Boston.

Cohen, E. G. (1994): Restructuring the classroom: Conditions for productive small groups. Review of Educational Research, 64, 1–35. American Research Journal, 32, 99–120.

Cohen, J. (1992): A power primer. Psychological Bulletin, 112, 155–159.

Cohn, R. C. (1997): Von der Psychoanalyse zur themenzentrierten Interaktion. 13., erweiterte Auflage. Stuttgart: Klett-Cotta.

Cohn, R. C., Farau, A. (1984): Gelebte Geschichte der Psychotherapie: Zwei Perspektiven. Stuttgart: Klett-Cotta.

Cohn, R. C., Matzdorf, P. (1992): Das Konzept der Themenzentrierten Interaktion. In: Löhmer, C., Standhardt, R. (Hrsg.): TZI – Pädagogisch-therapeutische Gruppenarbeit nach Ruth C. Cohn. Klett-Cotta, Stuttgart, 1992, S. 39–93.

Colella, V. (2000) Participatory Simulations: Building Collaborative Understanding through Immersive Dynamic Modeling. Journal of the Learning Sciences, Vol. 9, Nr. 4, S. 471–500.

Collide Forschungsgruppe – Collaborative Learning in Distributed Environments. Webseite: http://www.collide.info

Collins, A. Ferguson, W. (1993): Epistemic forms and epistemic games: structures and strategies to guide inquiry. In: Educational Psychology, 28(1), 2003, S. 25–42.

Collins, A., Brown, J. S. & Newmann, S. E. (1989): Cognitive Apprenticeship: Teaching the Crafts of Reading, Writing, and Mathematics. In: Resnik, L. B. (ed.): Knowing, learning, and instruction. Essays in honor of Robert Glaser. Hillsdale, NJ (Erlbaum), S. 453–495.

Collins, B.E., Raven, B.H. (1968): Group structure: attraction, coalitions, communication, and power. In: Lindzey, G., Aronson, E. (eds.): Handbook of Social Psychology, 2nd edn, vol. 4, Reading, MA: Addison-Wesley.

Collins, M. & Berge, Z. (1996): Facilitating interaction in computer mediated on-line courses. [On-line]. Available: http://star.ucc.nau.edu/~mauri/moderate/flcc.html

Comité Européen de Normalisation (CEN) (2004): http://www.cenorm.be/cenorm/, Zugriff im März 2004.

CommSy (2003): URL: http://www.commsy.de, April 2003.

Computer + Unterricht, diverse Ausgaben, Nr. 1–50ff, Velber.

CONCERT-Lab (2004): http://www.ipsi.fraunhofer.de/concert/index_dt.shtml?concert_lab/ [letzter Zugriff im Mai 2004].

Connolly, C., Seneque, M. (1999): Evaluating problem-based learning in a multilingual student population. Medical Education, 33, S. 738–744.

Constantino-González, M., Suthers, D. (2003): Automated Coaching of Collaboration based on Workspace Analysis: Evaluation and Implications for Future Learning Environments. Proceedings of the 36th Hawaii International Conference on System Sciences.

CopperCore – The IMS Learning Design Engine, Webseite: http://www.coppercore.org.

Cottrell, N. B. (1972): Social facilitation. In: McClintock, C. G. (ed.): Experimental Social Psychology. New York: Holt, Rinehardt & Winston, 185–236.

Cox, R., O'Donnell, M. und Oberlander, J. (1999): Dynamic versus static hypermedia in museum education: an evaluation of ILEX, the intelligent labelling explorer. In: Proceedings der Artificial Intelligence in Education Conference (AI-ED99), Le Mans, Frankreich.

Creß, U., & Hesse, F. W. (2003): Wissen teilen im Netz – ein Dilemma? In R. Keill-Slawik & M. Kerres (Eds.), Education quality forum 2003 – Wirkungen und Wirksamkeit Neuer Medien in der Bildung. Münster: Waxmann.

CURE (2003): URL: http://teamwork.fernuni-hagen.de/Documentation/de/, April 2003.

CVS (2003): URL: http://www.cvshome.org, April 2003.

Daft, R. & Lengel, R. (1984): Information Richness: A new approach to managerial behavior and organization design. Research in Organizational Behavior 6: 191–233.

Daft, R. & Lengel, R. (1986): Organizational information requirements, media richness and structural design. Management Science 32(5): 554–571.

Dalgarno, B. (2001): Interpretations of constructivism and consequences for Computer Assisted Learning. British Journal of Educational Technology, 32(2), 183–194.

Dansereau, D. F. (1988): Cooperative learning strategies. In: C. E. Weinstein, E. T. Goetz & P. A. Alexander (Eds.), Learning and study strategies: Issues in assessment, instruction, and evaluation. Orlando, FL: Academic Press, S. 103–120.

Dansereau, D. F., Collins, K. W., McDonald, B. A., Holley, C., Garland, J., Diekhoff, G., Evans, S. H. (1979): Development and evaluation of a learning strategy training programm. Journal of Educational Psychology, 71, 64 – 73.

Davis, F. D., Bagozzi, R. P., et al. (1989): User acceptance of computer technology: A comparison of two theoretical models. Management Science 35(8): 982–1003.

Davis, J., Huttenlocher, D. (1995): Shared Annotation for Cooperative Learning. In: CSCL Proceedings 95. S. 84–88.

Dawabi, P., Rubart, J. (2000): CoopLab: A Framework for Web-Based Virtual Labs. In: Proceedings of the Workshop Multimedia Computing on the WWW, IEEE VL, Seattle, 2000.

Dawabi, P., Wessner, M. (2001): Combining Instructionist and Constructionist Learning in a Virtual Biotech Lab. In: Proceedings of ED-Media 2001, 2001.

DCMI Type Vocabulary (2003): http://dublincore.org/documents/dcmi-type-vocabulary/.

de Grave, W. S., Boshuizen, H. P. A., Schmidt, H. G. (1996): Problem based learning: Cognitive and metacognitive processes during problem analysis. Instructional Science, 24 (5), S. 321–341.

de Witt, C. (1999): Neue Medien und die Pädagogik des Pragmatismus. Dortmund.

de Witt, C. (2003): Eine pragmatistische Perspektive der Medienbildung. In: Schlüter, A. (Hrsg.): Aktuelles und Querliegendes zur Didaktik und Curriculumentwicklung. Bielefeld, S. 182–191.

Deci, E. L., & Ryan, R. M. (1985): Intrinsic motivation and self-determination in human behavior. New York: Plenum.

Dennis, A. & Valacich, J. (1999): Rethinking media richness: Towards a theory of media synchronicity. 32th Hawaii International Conference of Systems Scienes (HICSS-32), Los Alamitos, California, IEEE Computer Society.

DeSanctis, G., Gallupe, R. B. (1987): A Foundation for the Study of Group Decision Support Systems. In: Management Science, Vol. 33, Nr. 5, S. 589–609.

DeSanctis, G., Sambamurthy, V., Watson, R. T. (1987): Computer-Supported Meetings: Building a Research Environment. In: Large Scale Systems, 13, S. 43–59.

Deutsches Institut für Normung e.V. (DIN) (2004), http://www2.din.de/, Zugriff im März 2004.

Devedzic, V., Harrer, A. (2002): Architectural Patterns in Pedagogical Agents. In: S. Cerri, G. Gouarderes, F. Paraguacu (eds.): Proc. of Intelligent Tutoring Systems (ITS 2002), Lecture Notes 2363, Springer, Berlin, 2002.

Dewey, J. (1935): Der Ausweg aus dem pädagogischen Wirrwarr. In: J. Dewey, W. H. Kilpatrick (Hrsg.): Der Projekt-Plan: Grundlegung und Praxis. Weimar: Hermann Böhlaus Nachfolger, 85–101.

Dewey, J. (1938): Logic: The theory of inquiry. In: Boydston, J. A (ed.): John Dewey: The Later Works, 1925–1953, Volume 12, Carbondale.

Dewey, J. (1993): Demokratie und Erziehung: Eine Einleitung in die philosophische Pädagogik. Weinheim: Beltz.

Dewey, J. (2000): Demokratie und Erziehung. Hrsg. von J. Oelkers. Weinheim. (Democracy and Education 1916).

Diefenbruch, M., Goesmann, T., Herrmann, T., Hoffmann, M. (2002): KontextNavigator und ExperKnowledge – Zwei Wege zur Unterstützung des Prozesswissens in Unternehmen. In: Abecker, A., Hinkelmann, K., Maus, H., Müller, H. J. (2002): Geschäftsprozessorientiertes Wissensmanagement. Heidelberg, Springer, S. 275–292.

Diehl, M., Stroebe, W. (1987): Productivity loss in brainstorming groups: toward the solution of the riddle. Journal of Personality and Social Psychology, 53, S. 497–509.

Dietinger, T., Maurer, H. (1998): GENTLE – General Network Training and Learning Environment. In: Ottmann, T. (Ed.): Proceedings of the Ed-Media 1998, (Freiburg). Charlottsville.

Dillenbourg, P. (2003): Overscripting CSCL: The risks of blending collaborative learning with instructional design. Workshop on Pedagogics, Educentional Support, SCIL Congress 2003, http://www.scil.ch/congress-2003/program-09-10/docs/09-track-1-1-txt-dillenbourg.pdf (Zugriff am 6.4.2004)

Dillenbourg, P., Baker, M., Blaye, A., & O'Malley, C. (1995): The evolution of research on collaborative learning. In: P. Reimann & H. Spada (Eds.): Learning in humans and machines: Towards an interdisciplinary learning science (S. 189–211). Amsterdam: Elsevier.

Dillenbourg, P., Jermann, P., Schneider, D., Traum, D., Buiu, C. (1997): The design of MOO agents: Implications from an empirical CSCW study. In: de Boulay, B., Mizoguchi, R., (eds.): Proc. of AI-ED 1997, IOS Press, Amsterdam, 1997.

Dillenbourgh, P. (ed.) (1999): Collaborative learning. Cognitive and computational approaches, Amsterdam: Pergamon.

Dittrich, K., König, W., Oberweis, A., Rannenberg, K., Wahlster, W. (Hrsg.) (2003): Innovative Informatikanwendungen – Informatik 2003, Bonn, Köllen Druck+Verlag.

Dodge, B. (1995): Some Thoughts About WebQuests. In: The Distance Educator, 1(3), 12–15, Online: http://edweb.sdsu.edu/courses/edtec596/about_webquests.html [Letzter Zugriff im Mai 2004].

Donath, R., Volkmer, I. (1997): Das transatlantische Klassenzimmer, Tips und Ideen für Online-Projekte in der Schule, Hamburg.

Döring, N. (2003): Sozialpsychologie des Internet. 2. Auflage. Göttingen u.a.: Hogrefe.

Dourish, P., Bellotti, V. (1992): Awareness and Coordination in Shared Workspaces. In: Turner, J., Kraut, R. (eds.) (1992): CSCW '92. Sharing Perspectives. Proceedings of the Conference on Computer-Supported Cooperative Work. Toronto: ACM/SIGIOS, S. 107–114.

Drucker, P. (1999): Knowledge-Worker Productivity: The Biggest Challenge. California Management Review, 41(2), pp 79–94.

Dublin Core Metadata Element Set (2003), Version 1.1, http://dublincore.org/documents/dces/

Dublin Core Metadata Initiative® (2004), http://dublincore.org/, Zugriff im März 2004.

Duchowski, A. T. (2003): Eye tracking methodology. Theory and practice. London: Springer.

Duffy, T. M., Jonassen, D. H. (Hrsg.) (1992): Constructivism and the Technology of Instruction: A Conversation. Hillsdale, NJ: Lawrence Erlbaum.

Dufresne, R.J., Gerace, W. J., Leonard, W.J., Mestre, J.P. and Wenk, L. (1996): Classtalk: A Classroom Communication System for Active Learning, Journal of Computing in Higher Education, Ausgabe 7.

Dutke, S. (1994): Mentale Modelle: Konstrukte des Wissens und Verstehens. Kognitionspsychologische Grundlagen für die Software-Ergonomie. Göttingen u.a.: Verlag für Angewandte Psychologie.

Edmondson, K. M. (1994): Concept maps and the development of cases for problem-based learning. Academic Medicine, 69 (2), S. 108–110.

Edmüller, A., Wilhem, T. (2002): Moderation. 2. durchgesehene Auflage, Haufe, Freiburg im Breisgau, 2002.

Educational Engineering Lab (2004): Seminars. [On-line]. Available: http://www.ifi.unizh.ch /ee/seminars/

Educational Modelling Language (2004), http://eml.ou.nl/eml-ou-nl.htm, Zugriff März 2004.

Ehlers, U.-D. (2004): Erfolgsfaktoren für E-Learning: Die Sicht der Lernenden und mediendidaktische Konsequenzen. In: Tergan, S.-O., Schenkel, P. (Hrsg.): Was macht E-Learning erfolgreich? Grundlagen und Instrumente der Qualitätsbeurteilung. Heidelberg: Springer Verlag.

Ehrlich, K. (2003): Locating Expertise: Design Issues for an expertise locator system. In: Ackerman, M., Pipek, V., Wulf, V. (Hrsg.): Expertise Sharing: Beyond Knowledge Management, MIT-Press, Cambridge MA, S. 137–158.

E-LEN – A network of e-learning centres. Webseite: http://www.tisip.no/E-LEN/

ELM-ART II (2004): http://Apsymac33.uni-trier.de:8080/Lisp-Kurs

Elsner, E. (2002): Einführung in den Workshop: Lernbegleitung in virtuellen Räumen. In: Bachmann, G., Haefeli, O., Kindt, M. (Hrsg.): Campus 2002. Münster u.a.: Waxmann, 299–309.

Emans, B., Sligte, H. (2003): Final field test and evaluation report. ITCOLE Project Report, 2003 (available on-line at http://bscl.gmd.de/en/evaluation.pdf).

Engel, A., Kaiser, S., Mayer, A., Kern, A. (2001): Einführung und Betrieb. In: Schwabe, G., Streitz, N., Unland, R. (Hrsg.): CSCW-Kompendium – Lehr- und Handbuch zum computerunterstützten kooperativen Arbeiten. Berlin, Heidelberg u.a.: Springer, 395–412.

Engeström, Y. (1987): Learning by Expanding: an activity theoretical approach to developmental research. Univ.-Diss., Helsinki, 1987.

Ephrati, E., Zlotkin, G., Rosenschein, J. (1994): Meet Your Destiny: A Non-manipulable Meeting Scheduler. In: Proceedings of the CSCW. New York: ACM, S. 359–371.

Erpenbeck, J., Heyse, V. (1999): Die Kompetenzbiographie: Strategien der Kompetenzentwicklung durch selbstorganisiertes Lernen und multimediale Kommunikation. Münster: Waxmann.

ETSI (2001): Press Release: ETSI's Human Factors Committee presents User Friendly Tele-communications. 18th International Symposium on Human Factors in Telecommunications. Bergen, Norway.

Euler, D. (2003): eLearning quality. Workshop an der ICNEE 2003, 08. Mai 2003, http://www.scil.ch/publications/index-en.html [Zugriff: 28.11.2003].

European Agency for Development in Special Needs Education (Hrsg.) (2001): Information Communication Technology in Special Needs Education. Middelfart. URL: http://www.european-agency.org/ict_sen_db/index.html.

European Agency for Development in Special Needs Education (Hrsg.) (2003): Inclusive Education and Classroom Practices. Middelfart.

Faix, W. G., Buchwald, C., Wetzler, R. (1991): Skill-Management: Qualifikationsplanung für Unternehmen und Mitarbeiter. Wiesbaden: Gabler.

Farmer, J., Lindstaedt, S., Droschl, G. & Luttenberger, P. (2004): AD-HOC – Work-integrated Technology-supported Teaching and Learning. 5th International Conference on Organisational Knowledge, Learning, and Capabilities. Innsbruck, April 2–3 2004.

Feeken, H., Kleinschmidt, A., Zawaki, O. (2002): Das Konzept der Online-Betreuung im Projekt „Ökonomische Bildung online". In: Bachmann, G., Haefeli, O., Kindt, M. (Hrsg.): Campus 2002. Münster u.a.: Waxmann, 345–355.

Felder, R.M. & Brent, R. (1994): Cooperative Learning in Technical Courses: Procedures, Pitfalls, and Payoffs. ERIC Document Reproduction Service Report ED 377038. URL: http://www.ncsu.edu/felder-public/Papers/Coopreport.html [Letzter Zugriff: 22.05.2004].

Fernández, A., Holmer, T., Rubart, J., Schümmer, T. (2002): Three Groupware Patterns from the Activity Awareness Family. In: Eckstein, J., O'Callaghan, A., Schwanninger, C. (Eds.): Proceedings of the 7th European Conference on Pattern of Languages of Programs, S. 375–394, Konstanz, Universitätsverlag Konstanz GmbH, 2003.

Filipov, B (2001): factCHAT User's Manual. http://www.factchat.com/docs/.

Finck, M., Janneck, M., Oberquelle, H. (2004): Benutzergerechte Gestaltung von CSCL-Systemen. In: Pape, B., Krause, D., Oberquelle, H. (Hrsg.): Wissensprojekte – Gemein-schaftliches Lernen aus didaktischer, softwaretechnischer und organisatorischer Sicht. Münster u.a.: Waxmann Verlag, 203–219.

Fischer, F. (2002): Gemeinsame Wissenskonstruktion – Theoretische und methodologische Aspekte. Psychologische Rundschau, 53, 119–134.

Fischer, G. (2000): Lifelong Learning – More Than Training. Journal of Interactive Learning Research, Vol. 11, Nr. 3/4, S. 265–294.

Fischer, G. (2001): Communities of Interest: Learning through the Interaction of Multiple Knowledge Systems. In: Proceedings of the 24th IRIS Conference. University of Bergen, Norway. Bd. I, 1–14.

Fischer, E., Lorenz, S.-M., Schmithals, F., Webler, W.-D. (1997): TutorInnen-Tips. Anregungen für die Vorbereitung und Durchführung von Tutorien. Bielefeld: Interdisziplinäres Zentrum für Hochschuldidaktik.

Fischer, M.R., Schauer, S., Gräsel, C. (1996): Modellversuch CASUS. Ein computergestütztes Autorensystem für die Problemorientierte Lehre in der Medizin. Zeitschrift für Ärztliche Fortbildung. 1996, 90: 385-9.

Fischer-Epe, M. (2003): Coaching: Miteinander Ziele erreichen. Reinbek bei Hamburg: Rowohlt Taschenbuch.

Fischer, G., Grudin, J., McCall, R., Ostwald, J., Redmiles, D., Reeves, B., Shipman, F. (2001): Seeding, Evolutionary Growth and Reseeding: The Incremental Development of Collaborative Design Environments. In: Olson, G. M., Malone, T. W., Smith, J. B. (Eds.): Coordination Theory and Collaboration Technology, Lawrence Erlbaum Associates, Mahwah, NJ, S. 447–472.

Fischer, F., Bouillion, L., Mandl, H., Gomez, L. (2003): Scientific principles in Pasteur's quadrant: integrating goals of understanding and use in learning environment research. In: B. Wasson, S. Ludvigsen, & U. Hoppe (Hrsg.): Designing for Change in Networked Learning Environments, Proceedings of the International Conference on Computer Support for Collaborative Learning 2003. Dordrecht: Kluwer, S. 493–502.

Fittkau, B., Fittkau-Garthe, H. (1994): Zur Bedeutung der Kommunikation für die psychische Gesundheit – auch im Betrieb. In: Fittkau, B., Müller-Wolf, H.-M., Schulz von Thun, F. (Hrsg.): Kommunizieren lernen (und umlernen). 7. Auflage. Aachen-Hahn: Hahner Verlags-Gesellschaft, S. 308–333.

Flavell, J. H. (1992): Metakognition and Cognitive Monitoring – A new Area of Cognitive Developmental Industry. In: Nelson, Th. O. (Ed.): Metacognition, Boston: Core Readings, S. 3–8.

FLE3 – Future Learning Environment. Webseite: http://fle3.uiah.fi/index.html.

Flick, U. (2002): Qualitative Sozialforschung (6 ed.). Reinbek: Rowohlt.

Flick, U., Kardorff, v. E., Keupp, H., Rosenstiel, v. L., & Wolff, S. (Eds.). (1995): Handbuch Qualitative Sozialforschung (2 ed.). München: Psychologie Verlags Union.

Floyd, C. (1994): Evolutionäre Systementwicklung und Wandel in Organisationen. In: Der GMD-Spiegel, Heft 3, 36–40.

Floyd, C. (1994b): Software-Engineering – und dann? In: Informatik Spektrum, Jg. 17, Nr. 1, 29–37.

Floyd, C., Krabbel, A., Ratuski, S., Wetzel, I. (1997): Zur Evolution der evolutionären Systementwicklung: Erfahrungen aus einem Krankenhausprojekt. In: Informatik-Spektrum, Jg. 20, Nr. 1, 13–20.

Floyd, C., Reisin, F.-M. & Schmidt, G. (1989): Steps to Software Development with Users. In Proceedings of ESEC'89 – 2nd European Software Engineering Conference. University of Warwick, Coventry, Springer, S. 48–64.

Floyd, C., Krabbel, A., Ratuski, S., Wetzel, I. (1997): Zur Evolution der evolutionären Systementwicklung: Erfahrungen aus einem Krankenhausprojekt. In: Informatik-Spektrum, Jg. 20, Nr. 1, 13–20.

Floyd, C., Mehl, W.-M., Reisin, F.-M., Wolf, G. (1990): Projekt PetS: Partizipative Entwicklung transparenzschaffender Software für EDV-gestützte Arbeitsplätze. Endbericht an das Ministerium für Arbeit, Gesundheit und Soziales des Landes Nordrhein-Westfalen, Technische Universität Berlin.

Floyd, C., Züllighoven, H. (2002): Softwaretechnik. In: P. Rechenberger, G. Pomberger (Hrsg.): Informatik-Handbuch. München u.a.: Hanser, 763–790.

Foner, L. N. (1997): Yenta: A Multi-Agent, Referral-Based Matchmaking System. In: First International Conference on Autonomous Agents (Agent'97), ACM-Press, New York, S. 301–307.

Freudenreich, D. (1997): Lebendiges Lernen mit der Themenzentrierten Interaktion (TZI). In: Kunert, K. (Hrsg.): Neue Lernmethoden für pädagogische Berufe. Schneider, Hohengehren, Baltmannsweiler, 1997, S. 41–68.

Frey, K. (2002): Die Projektmethode: Der Weg zum bildenden Tun, 9. Auflage. Weinheim: Beltz.

Freyhoff, G., Hess, G., Kerr, L., Menzel, E., Tronbacke, B., Van Der Veken, K. (1998): Make it Simple, European Guidelines for the Production of Easy-to-Read Information for People with Learning Disability for authors, editors, information providers, translators and other interested persons. Brussels: ILSMH European Association.

Friedrich, H.F. u.a. (1997): Multimediale Lernumgebungen in der betrieblichen Weiterbildung. Gestaltung, Lernstrategien und Qualitätssicherung, Neuwied u.a.

Friedrich, H.F., Hesse, F.W., Ferber, S, Heins, H. (1999): Partizipation im virtuellen Seminar in Abhängigkeit von der Moderationsmethode – eine empirische Untersuchung. In: Bremer, C., Fechter, M. (Hrsg.): Die Virtuelle Konferenz – neue Möglichkeiten für die politische Kommunikation: Grundlagen, Techniken, Praxisbeispiele. Klartext, Essen, 1999, S. 119–140.

Friedrich, H.F., Hesse, F.W., Ferber, S., Heins, J. (2000): Evaluation einer Strategie zur Moderation virtueller Seminare. In: Krahn, H., Wedekind J. (Hrsg.): Virtueller Campus '99, Münster u.a.: Waxmann, 127–137.

Friedrich, H.F., Hron, A. (2002): Gestaltung und Evaluation virtueller Seminare. In: Rinn, U., Wedekind, J. (Hrsg.): Referenzmodelle netzbasierten Lehrens und Lernens – Virtuelle Komponenten der Präsenzlehre. Münster: Waxmann Verlag, S. 11–34.

Friedrich, H.F., Mandl, H. (1995): Analyse und Förderung selbstgesteuerten Lernens. Tübingen: Deutsches Institut für Fernstudienforschung.

Friedrichs, J. (1980): Methoden empirischer Sozialforschung. Opladen: Westdeutscher Verlag.

Frydenberg, J. (2002): Quality standards in eLearning: a matrix of analysis. International review of research in Open and Distance Learning, 3 (2). URL: http://www.irrodl.org/content /content/v3.2/frydenberg.html

Fulk, J., Schmitz, J., et al. (1990): A social influence model of technology use. In: Fulk, J. & Steinfield, C. W.: Organizations and Communication Technology. Newbury Park, Sage Publications: 117–140.

Gaßner, K. (2003): Diskussionen als Szenario zur Ko-Konstruktion von Wissen mit visuellen Sprachen. Dissertaion eingereicht und angenommen an der Universität Duisburg-Essen, Fakultät für Ingenieur Wissenschaften.

Gaßner, K, Hoppe, H.U., Lingnau, A., Pinkwart, N. (2003): Handlungsorientierte Kommunikationsmedien als „mind tools". In: Künstliche Intelligenz Heft 2/2003, pp 42–47.

Gehlen, A. (1961): Anthropologische Forschung. Reinbek 1961.

Gentner, D., Stevens, A. (eds.) (1983): Mental models. Hillsdale, NJ: Lawrence Erlbaum.

Gerdes, H. (1997): Lernen mit Text und Hypertext. Lengerich: Pabst (=Aktuelle Psychologische Forschung, Band 18).

Gerstenmaier, J & Mandl, H. (1995): Wissenserwerb unter konstruktivistischer Perspektive. In: Zeitschr. f. Pädagogik, 41. Jg., H. 6, S. 867–888.

Geyer, W., Eckert, A., Effelsberg, W. (1998): Multimedia in der Hochschullehre – TeleTeaching an den Universitäten Mannheim und Heidelberg, Studieren und Weiterbilden mit Multi-media, Reihe Multmediales Lernen in der Berufsbildung, S. 170–196.

Geyken, A., Mandl, H., Reiter, W. (1998): Selbstgesteuertes Lernen mit Tele-Tutoring. In: Schwarzer, R. (Hrsg.): MultiMedia und TeleLearning: Lernen im Cyberspace. Campus, Frankfurt, New York, 1998, S. 181–196.

Gillian, C., Graham, S., Levitt, M., McArthur, J., Murray, S., Turner, V., Villars, R., McCarthy, W. M. (1999): The ASPs Impact on the IT Industry: An ICS-Wide Opinion. White Paper. Bulletin, International Data Corporation (IDC) http://www.amsys.net/pdf /idpwhitepaper.pdf, 24.04.2003.

Görlich, C., Humbert, L. (2001): Bildungsgangforschung in der Wissensgesellschaft – Ausbildungsdidaktische Perspektiven für die II. Phase der Lehrerbildung. In: Hericks, U., Keuffer, J., Kräft, H.C., Kunze, I. (Hrsg.): Bildungsgangdidaktik – Perspektiven für Fachunterricht und Lehrerbildung, Opladen, Leske+Budrich, S. 199–210.

Görlich, C., Humbert, L. (2001): Ausbildungsfördernde Netzstrukturen. Workshop im Rahmen der Tagung: Präsentation ausgewählter Projekte der Studienseminare im Rahmen der e-nitiative 10. September 2001 (Landesinstitut für Schule und Weiterbildung – Soest).

Görlich, C., Humbert, L. (2002): Konzepte zur zweiten Phase der Lehrerinnenbildung – zur Optimierung der Ausbildung durch informatikdidaktisch gestalteten CSCL-Einsatz. In: Schubert, S., Reusch, B., Jesse, N. (Hrsg.): Informatik bewegt – Informatik 2002, 32. Jahrestagung der GI, Bonn, Köllen Druck+Verlag, S. 231–232.

Görlich, C., Humbert, L. (2003): E-democracy – eine Herausforderung an die politische Bildung. Sieben Thesen aus der Perspektive der Lehrerbildung. In: (Dittrich et al. 2003), S. 208-210.

Görlich, C., Humbert, L. (2003): Teacher training – the interplay of IT and society. In: van Weert, T. J., Munro, R. K. (Hrsg.): Informatics and the Digital Society – Social, Ethical and Cognitive Issues, Norwell, Kluwer Academic Publishers, S. 315–322.

Görlich, C., Humbert, L. (2003): Zur Rolle der Informatik im Kontext der mehrphasigen Lehrerbildung. In: Hubwieser, P. (Hrsg.): Informatik und Schule – Informatische Fachkonzepte im Unterricht INFOS 2003, Bonn, Köllen Druck+Verlag, S. 89–99.

Goeth, Ch., Häss, U., Schwabe, G. (2004): Requirements for mobile learning games shown on a mobile game prototype. Einreichung für die Tagung Mlearn 2004.

Gomez, F.J., Cervera, M., Martinez, J. (2000): A world wide web based architecture for the implementation of a virtual laboratory. In: Proceedings of the EUROMICRO 2000, Vol. 2, S. 56–61, IEEE Computer Society, 2000.

Goodyear, P. (2001): *Effective networked learning in higher education: notes and guidelines.* Centre for Studies in Advanced Learning Technology Lancaster University. [On-line]. Available: http://csalt.lancs.ac.uk/jisc/advice.htm.

Gphone (2004): http://www.gphone.com.

Gramlinger, F. (2003): Nutzung des Internets in der Lehre: Konzeptionelle Vorarbeiten und erste Erprobungen, um neben der Informationskomponente verstärkt Kommunikation und Kooperation im Sinne des „collaborative learning" einzusetzen. In: Reinisch, H., Beck, K., Eckert, M., Tramm, T. (Hrsg.): Didaktik beruflichen Lehrens und Lernens – Reflexionen, Diskurse und Entwicklungen. Opladen: Leske + Budrich, S. 95–108.

Gräsel, C. & Mandl, H. (1999): Problemorientiertes Lernen: Anwendbares Wissen fördern. In: Personalführung, 32. Jg. (1999), H. 6, S. 54–63.

Gräsel, C., Bruhn, J., Mandl, H., Fischer, F. (1997): Lernen mit Computernetzwerken aus konstruktuvistischer Perspektive. Unterrichtswissenschaft 25, Nr. 1, S. 4–18.

Gräsel, C., Mandl, H. (1993): Förderung des Erwerbs diagnostischer Strategien in fallbasierten Lernumgebungen. Unterrichtswissenschaft, 21, S. 355–370.

Green, P. C. (1999): Building Robust Competencies: Linking Human Resource Systems to Organizational Strategies. San Francisco: Jossey-Bass.

Gröblinger, O. (2003): Problembasiertes Lernen. Fachhochschule Hagenberg. Studiengang Computerbasiertes Lernen. URL: http://cbl.fh-hagenberg.at/public/guidelines/files/cbl01003.pdf

Gröhbiel, U. (2002): E-Learning auf strategische Ziele ausrichten: Von der Pionierphase zum systematischen Einsatz von E-Learning. In G. Bachmann, O. Haefeli & M. Kindt (Hrsg.), Campus 2002. Die Virtuelle Hochschule in der Konsolidierungsphase (S. 98–111). Münster: Waxmann.

Grohmann, W. (2002): ASP – Application Service Providing: Software auf Mietbasis: Kosten sparen – Wettbewerbsvorteile nutzen. Köln: Deutscher Wirtschaftsdienst.

Grudin, J. (1994): CSCW: History and Focus. IEEE Computer 27(5):19–26.

Gudjons, H. (1994): Was ist Projektunterricht? In: J. Bastian, H. Gudjons (Hrsg.): Das Projektbuch. Hamburg: Bergmann und Helbig, 14–27.

Gudjons, H. (1997): Didaktik zum Anfassen: Lehrer/in-Persönlichkeit und lebendiger Unterricht, 2. Auflage. Bad Heilbrunn: Klinkhardt.

Gudjons, H. (1998): Didaktik zum Anfassen. Lehrer/in – Persönlichkeit und lebendiger Unterricht. Kapitel 3: Projektunterricht. 2. Auflage. Hamburg: Klinkhardt.

Gudjons, H. (1999): Pädagogisches Grundwissen, 6. Auflage. Bad Heilbrunn: Klinkhardt.

Gudjons, H. (2001): Pädagogisches Grundwissen, Bad Heilbrunn.

Gudjons, H. (2001): Handlungsorientiert lehren und lernen: Schüleraktivierung – Selbsttätigkeit – Projektarbeit, 6. Auflage. Bad Heilbrunn: Klinkhardt.

Gumm, H. P., Sommer, M. (2002): Einführung in die Informatik. München: Oldenbourg-Verlag.

Gutwin, C., Greenberg, S. (2002): A Descriptive Framework of Workspace Awareness for Real-Time Groupware. Computer Supported Cooperative Work, 11(3–4), S. 411–446, Special Issue on Awareness in CSCW, Kluwer Academic Press.

Guzdial, M., Hmelo, C., Hübscher, R., Nagel, K., Newstetter, W., Puntembakar, S., Shabo, A., Turns, J., Kolodner, J. L. (1997): Integrating and Guiding Collaboration: Lessons Learned in Computer-Supported Collaboration Learning Research at Georgia Tech. CSCL '97. Toronto, Ontario, S. 91–100.

Guzdial, M., Turns, J. (2000), Effective discussion through a computer-mediated anchored forum.in Journal of the Learning Science, Vol. 9, Nr. 4, S. 437–470.

Haagmann, H. (1970): Zur Didaktik des Fernunterrichts. Stuttgart: Ernst Klett.

Haake, J. M. & Wessner, M. (2001): Design virtueller Lernumgebungen. In F. W. Hesse & H. F. Friedrich (Hrsg.), Partizipation und Interaktion im virtuellen Seminar (S. 165–189). Münster: Waxmann.

Haake, J., Schümmer, T. (2003): Kooperative Übungen im Fernstudium. DELFI-2003 (1. Fachtagung „e-Learning" der Gesellschaft für Informatik), Lecture Notes in Informatics, Gesellschaft für Informatik: München, 2003, S. 351–360.

Haake, J.M., Schümmer, T., Bourimi, M., Landgraf, B., Haake, A. (im Druck). CURE – Eine Umgebung für selbstorganisiertes Gruppenlernen. i-com – Zeitschrift für interaktive und kooperative Medien, Themenheft E-Learning, September 2004.

Habermann, F. & Kraemer, W. (2001): Envision E-Learning – Von der Strategie zum detaillierten Projektplan. In W. Kraemer & M. Müller (Hrsg.), Corporate Universities und E-Learning (S. 233–257). Wiesbaden: Gabler.

Haccou, P., & Meelis, E. (1994): Statistical analysis of behavioural data. Oxford: Oxford University Press.

Hacker, W. (1980): Psychologische Bewertung von Arbeitsgestaltungsmaßnahmen – Ziele und Bewertungsmaßstäbe. Berlin: Deutscher Verlag der Wissenschaften.

Hahne, K., Schäfer, U. (1997): Geschichte des Projektunterrichts in Deutschland nach 1945. In: J. Bastian, H. Gudjons, J. Schnack, M. Speth (Hrsg.): Theorie des Projektunterrichts. Hamburg: Bergmann und Helbig, 89–107.

Hamann, K., Müller, K. (2002): Vernetzung von Neue Medien-Projekte am Beispiel Baden-Württemberg. In: Bachmann, G., Haefeli, O., Kindt, M. (Hrsg.): Campus 2002. Münster u.a.: Waxmann, 40–49.

Hammond, M. (1999): Issues associated with participation in online forums – the case of the communicative learner. In: Educational and Information Technologies, Vol. 4, Nr. 4. Kluwer Academic Publishers, Netherlands, S. 353–367.

Hampel, T., Keil-Slawik, R. (2002): sTeam: Structuring Information in a Team – Distributed Knowledge Management in Cooperative Learning Environments. In: ACM Journal of Educational Resources in Computing (JERC) 1(2) 2002.

Hänsel, D. (Hrsg.) (1999): Projektunterricht: Ein praxisorientiertes Handbuch, 2. Auflage. Weinheim: Beltz.

Hansmann, O. & Marotzki, W. (1988): Zur Aktualität des Bildungsbegriffs unter veränderten Bedingungen der gegenwärtigen Gesellschaft. In: Pädagogik H. 7/8, S. 25–29.

Hara, N., Kling, R. (2000): Students' Distress with a Web-based Distance Education Course. An Ethnographic Study of Participants' Experiences. In: Information, Communication & Society 3(4), 557–579.

Hardman, V., Sasse, A., Handley, M., Watson, A. (1995): Reliable Audio for Use over the Internet. In: Proceedings of INET'95, June 1995, Honolulu, Hawaii.

Harrer, A. (2000): Unterstützung von Lerngemeinschaften in verteilten intelligenten Lehrsystemen. PhD thesis, Technische Universität München, Institut für Informatik, 2000.

Harrer, A. (2003): Software Engineering Methods for re-use of Components and Design in Educational Systems. In: International Journal of Computers & Applications, Special Issue on Intelligence and Technology in Educational Applications. ACTA Press, Anaheim, CA, 2003.

Hartard, E., Jänsch, N., Seuring, D. (Red.) (1995): Vernetzte Lernwelten, hrsg. v. Staatlichen Landesbildstelle Hessen, Frankfurt.

Hartung, M., Hesser, W., Koch, K. (2003): Aufbau von Blended Learning mit der open source E-Lernplattform ILIAS an einer Campus-Universität. In: Kerres, M., Voß, B. (Hrsg.): Digitaler Campus – Vom Medienprojekt zum nachhaltigen Medieneinsatz in der Hochschule. Münster u.a.: Waxmann, 139–148.

Hartwig, R., Herczeg, M. & Kritzenberger, H. (2002): Aufgaben- und benutzer-zentrierte Entwicklungsprozesse für web-basierte Lernumgebungen. i-com – Zeitschrift für interaktive und kooperative Medien, 1/2002, S. 18–24.

Hartwig, R., Triebe, J. K., Herczeg, M. (2002a): Ergonomie-Handbuch zur Gestaltung virtueller Lerneinheiten – Version 1.0.4, Universität zu Lübeck – Institut für Multimediale und Interaktive Systeme, http://www.imis.uni-luebeck.de/de/forschung/publikationen /ergohandbuch104.zip

Hartwig, R., Triebe, J.K., Herczeg, M. (2002b): Styleguide – Richtlinien zur Qualitätssicherung bei der Realisierung von Studienmodulen im Projekt VFH, Universität zu Lübeck – Institut für Multimediale und Interaktive Systeme, http://www.imis.uni-luebeck.de/de /forschung/publikationen/vfhsg111-public.zip

Hartwig, R., Triebe, J.K., Herczeg, M. (2002c): Software-ergonomische Evaluation im Kontext der Entwicklung multimedialer Lernmodule für die virtuelle Lehre. In: Herczeg, M, Prinz, W., Oberquelle, H. (Hrsg.): Mensch & Computer 2002: Vom interaktiven Werkzeug zu kooperativen Arbeits- und Lernwelten, Stuttgart: B.G. Teubner, 2002, S.313–322.

Harvey, J. (1998): LTDI Evaluation Cookbook. Edinburgh: Learning Technology Dissemination Initiative. URL: http://www.icbl.hw.ac.uk/ltdi/cookbook/.

Harvey, J., Oliver, M. & Smith, J. (2002): Towards effective practitioner evaluation: an exploration of issues relating to skills, motivation and evidence. In: Educational Technology & Society, vol 5, Nr. 3. URL: http://ifets.ieee.org/periodical/vol_3_2002/harvey.html.

Harvey, J., Higgison, C., Gunn, C. (2000): Evaluation. In: Higgison, C. (Hrsg.): Online Tutoring e-Book. Aberdeen: The Online Tutoring Skills Project at Herriot-Watt-University, Edinburgh, and Robert Gordon University, Chapter 5. URL: http://otis.scotcit.ac.uk /onlinebook/otis-t5.htm.

Hasebrook, J., Otte, M. (2002): E-Learning im Zeitalter des E-Commerce. Bern: Hans Huber.

Hausmann, G., Stürmer, H. (1994): Zielwirksame Moderation: Der gemeinsame Weg zum Ergebnis. Expert, Renningen-Malmsheim, 1994.

Heath, C., Luff, P., Sellen, A. (1997): Reconfiguring Media Space: Supporting Collaborative Work. In: Finn, K. E., Sellen, A. J., Wilbur, S. B. (Hrsg.): Video-Mediated Communication. Mahwah, NJ.: Lawrence Earlbaum. S. 323-347.

Heckhausen, H. (1974): Leistung und Chancengleichheit. Göttingen: Hogrefe.

Heckhausen, H. (1989): Motivation und Handeln (2nd ed.). Berlin: Springer.

Heeren, E. (1996): Technology Support for Collaborative Distance Learning. Ph.D. thesis, University of Twente. ftp://ftp.cs.utwente.nl/pub/doc/ctit/phd/heeren/heeren.zip.

Heinrich, L. J. (1992): Organisation des Benutzer-Service. In: Frese, E. (Hrsg.): Handwörterbuch der Organisation, 3. Auflage. Stuttgart: Schäffer-Poeschel, 308-318.

Heinrich, L. J. (1999): Informationsmanagement, 6. Auflage. München/Wien: Oldenbourg.

Heinrich, L. J., Hänschel, I. (1996): Messen des Erfolgs des Benutzer-Service. In: HMD 189, 75-97.

Herczeg, M. (1994): Software-Ergonomie. Bonn: Addison-Wesley.

Herczeg, M. (2004): Software-Ergonomie. München: Oldenbourg-Verlag.

Herget, H. & Beicht, U. (2000): Weiterbildung am Nutzen orientiert steuern – betriebliche Praxis und Perspektiven. In C. Bötel & E. M. Krekel (Hrsg.), Bedarfsanalyse, Nutzungsbewertung und Benchmarking – Zentrale Elemente des Bildungscontrollings (S. 53-79). Bielefeld: Bertelsmann.

Herring, S. (1999): Interactional coherence in CMC. Journal of Computer-Mediated Communication, 4, electronic journal: http://www.ascusc.org/jcmc/vol4/issue4/herring.html.

Herrington, H., Standen, P. (2000): Moving from an Instructivist to a Constructivist Multimedia Learning Environment. The Journal of Educational Multimedia and Hypermedia 9 (3), p. 195-205, 2000.

Herrmann, T. (1992): Sprechen und Sprachverstehen. In: Spada, H. (Hrsg.): Lehrbuch Allgemeine Psychologie. 2., korrigierte Auflage. Bern u.a.: Hans Huber, S. 281-322.

Herrmann, T. (1995): Workflow Management Systems: Ensuring organizational Flexibility by Possibilities of Adaption and Negotiation. In: Comstock, Nora et al. (Hrsg.): COOCS'95. New York, ACM Press. S. 83-95.

Herrmann, T. (2001): Kommunikation und Kooperation. In: Schwabe, G., Streitz, N., Unland, R. (Hrsg.): CSCW Kompendium. Lehr- und Handbuch zum computerunterstützten kooperativen Arbeiten. Springer, S. 15-25.

Herrmann, T., Kienle, A. (2003): Integration of Communication, Coordination and Learning Material – a Guide for the Functionality of Collaborative Learning Environments. In: Proceedings of HICSS 2003.

Herrmann, T., Kienle, A. (2004): Kontextberücksichtigung als Kernaufgabe der Wissenskommunikation. Erscheint in: Reinhardt, R. & Eppler, M. (Hrsg.): Wissenskommunikation in Organisationen: Theorien, Methoden und Instrumente. Heidelberg, Springer, S. 52-70.

Hertel, G. (2002): Motivation in Gruppen: Kann Teamarbeit die Arbeitsmotivation zusätzlich steigern? Wirtschaftspsychologie, Heft 2/2002, 15-21.

Hertweck, D., Krcmar, H. (2001): Theorien zum Gruppenverhalten. In: Schwabe, G., Streitz, N., Unland, R. (Hrsg.): CSCL-Kompendium. Berlin u.a.: Springer, S. 33-45.

Herzberg, F., Mausner, B., Snyderman, B. (1959): The Motivation to Work. New York u.a.: Wiley.

Hesse, F. W., Garsoffky, B., Hron, A. (1997): Interface-Design für computergestütztes kooperatives Lernen. In: Issing, L. v. (Hrsg.) (1997): Information und Lernen mit Multimedia. Weinheim: Psychologie Verlags Union, 2. Auflage, S. 253-268.

Hesse, F., Garsoffky, B. & Hron, A. (2002): Netzbasiertes kooperatives Lernen. In: Issing, L., Klimsa, P. (Hrsg.): Information und Lernen mit Multimedia und Internet. Lehrbuch für Studium und Praxis. 3., vollständig überarb. Aufl. Weinheim: Beltz Psychologische Verlagsunion, 283-298.

Hessisches Institut für Bildungsplanung und Schulentwicklung (Hrsg.) (1990): Telefracht – Vernetzte Systeme im Transportwesen. Materialien zum Unterricht in der Sekundarstufe I, Heft 95, Wiesbaden.

Heyer, G., Quasthoff, U., Wolff, Chr. (2002): Möglichkeiten und Verfahren zur automatischen Gewinnung von Fachbegriffen aus Texten, Proc. Innovationsforum „Content Management – Digitale Inhalte als Bausteine einer vernetzten Welt", Stuttgart.

Hilt, V., Schremmer C., Kuhmünch C., Vogel J. (2001): Erzeugung und Verwendung multimedialer Teachware im synchronen und asynchronen Teleteaching, WI-Schwerpunktheft, „Virtuelle Aus- und Weiterbildung" 43(01/2001), S. 23-33, Februar.

Hiltz, S. R., Turoff, M. (1978): Development and Field Testing of an Electronic Information Exchange System – Final Report of the EIS Development Project. Computerized Conferencing and Communication Centre. Research Report, 9.

Hinsz, V. B. (1995): Mental models of groups as social systems: Considerations of specification and assessment. Small Group Research, 26, 200-233.

Hinsz, V. B., Tindale, R. S., Vollrath, D. A. (1997): The emerging conzeptualization of groups as information processors. Psychological Bulletin, 121, S. 43-64.

Hinze, U., Blakowski, G. (2002): Unterstützung virtueller Lerngemeinschaften durch Groupware-Tools. In: Engelien, M., Homann, J. (Hrsg.): Virtuelle Organisation und Neue Medien 2002. Workshop GeNeMe2002. Gemeinschaften in Neuen Medien. Lohmar, Köln: Josef Eul, S. 259-286.

Hirumi, A (2002): The design and sequencing of e-learning interactions: a grounded approach. International Journal for E-Learning, vol. 1, Nr. 1, S. 19-27.

Hoadley, C. M., Enyeda, N. (1999): Between Information and Communication: Middle Spaces in Computer Media for Learning. In: Proceedings of the Computer Supported Collaborative Learning Conference (CSCL 99), Stanford. Mahwah, Laurence Erlbaum Associates (LEA) S. 242-251.

Hoffman, B., Ritchie, D. (1997): Using multimedia to overcome the problems with problem based learning. Instructional Science, 25 (2), S. 97-115.

Hoffmann, M., Loser, K.-U., Herrmann, T. (2001): Organisatorisches Wissensmanagement. In: Schwabe, G., Streitz, N., Unland, R. (Hrsg.): CSCW-Kompendium – Lehr- und Handbuch zum computerunterstützten kooperativen Arbeiten, Heidelberg, Springer, S. 476-483.

Hoffmann, N., Kalter, B. (2003): Brückenschläge. Das Verhältnis von Theorie und Praxis in pädagogischen Studiengängen. Münster: Lit.

Hollingshead, Andrea B., McGrath, Joseph E. (1995): Computer-Assisted Groups: A Critical Review of The Empirical Research. In: Guzzo, Richard A., Salas, Eduardo, Goldstein, Irwin L.: Team Effectiveness and decision making in organziations. Jossey-Bass, 1995, S. 46-78.

Holmberg, B. (2001): Distance Education in Essence. An Overview of Theory and Practice in the Early Twenty-First Century. Oldenburg (Studien und Berichte der Arbeitstelle Fernstudien-forschung der Carl von Ossietzky Universität Oldenburg 4).

Holmberg, B., Schuemer, R. (1997): Lernen im Fernstudium. In: Weinert, F., Mandl, H. (Hrsg.): Enzyklopädie der Psychologie. Göttingen: Hogrefe (Pädagogische Psychologie), 507-566.

Holmer, T. (2003): CHATLINE (Version 1.79). Darmstadt: Fraunhofer IPSI.

Holmer, T., Haake, J., Streitz, N. (2001): Kollaborationsorientierte synchrone Werkzeuge. In: Schwabe, G., Unland, R., Streitz, N. (Hrsg.): CSCW Kompendium – Lehr- und Handbuch zum computerunterstützten kooperativen Arbeiten, Berlin u.a., Springer, S. 180-193.

Holmer, T., Wessner, M. (2003): Werkzeuge für kooperatives Lernen. In: Ehlers, U., Gerteis, W., Holmer, T., Jung, H. (Hrsg.): E-Learning-Services im Spannungsfeld von Pädagogik, Ökonomie und Technologie, Bielefeld, W. Bertelsmann, S. 146-162.

Hope, A. (2001): Quality Assurance. In: Farrell, G. (Hrsg.): The Changing Faces of Virtual Education, S. 125-140. Vancouver: The Commonwealth of Learning. URL: http://www.col.org/virtualed/

Hoppe, H. U., Gaßner, K., Muehlenbrock, M., Tewissen, M. (2000): Distributed Visual Language Environments for Cooperation and Learning. In: Journal Group Decision and Negotiation (Kluwer), vol. 9, no.3 (May 2000), S. 205–220.

Hoppe, U., Lingnau, A., Machado, I., Paiva, A., Prada, R., Tewissen, F. (2000): Supporting Collaborative Activities in Computer Integrated Classrooms – the NIMIS Approach. In: Proc. of 6th International Workshop on Groupware, CRIWG 2000. Madeira, Portugal, 18-20 October 2000, IEEE CS Press.

Hoppe, U., Haas, C. (2003): Curriculare Integration elektronischer Lehr-Lernmodule in die traditionelle Präsenzlehre – dargestellt am Beispiel des Projektes IMPULSEC. In: Kerres, M., Voß, B. (Hrsg.): Digitaler Campus – Vom Medienprojekt zum nachhaltigen Medieneinsatz in der Hochschule. Münster u.a.: Waxmann, 149-159.

Horton, M. R. (1983): RFC 850: Standard for interchange of USENET messages. ftp://ftp.internic.net/rfc/rfc850.txt.

Hothi, J. und Hall, W. (1998): An Evaluation of Adapted Hypermedia Techniques Using Static User Modelling. In: Proceedings of the 2nd Workshop on Adaptive Hypertext and Hypermedia of the Hypertext '98. Pittsburg, USA.

Huber, L. (1972): Ziele und Aufgaben von Tutorien. Hamburg: Interdisziplinäres Zentrum für Hochschuldidaktik

Huber, G. L. (1985): Pädagogisch-psychologische Grundlagen für das Lernen in Gruppen. Studienbrief 1: Lernen in Schülergruppen. Tübingen: Deutsches Institut für Fernstudien.

Hug, Th. (2002): Medienpädagogik. In: Rusch, G. (Hrsg.). Einführung in die Medienwissenschaft. Wiesbaden, S. 189–207.

Humbert, L. (1998): Das Internet – Möglichkeiten zur Nutzung in der zweiten Ausbildungsphase. Seminar – Lehrerbildung und Schule, (2): S. 41–50.

Hung, D. (2002): Forging links between „Communities of Practice" and Schools in: Journal of E-Learning, April–June, Vol. 1, No.2, S. 23–33.

Huysman, M., Wulf, V. (Hrsg.) (2004): Social Capital and Information Technology, MIT-Press, Cambridge, MA. Im Druck.

Hyönä, J., Radach, R., & Deubel, H. (Eds.) (2003): The mind's eye: Cognitive and applied aspects of eye movement research. Amsterdam: Elsevier.

ICTSB Project Team (2000): Design for All – Final Background Report. URL: http://www.ict.etsi.org/Activities/design.htm.

IEEE 1484.11.2-2003: Standard for Learning Technology – ECMAScript Application Programming Interface for Content to Runtime Services Communication (2003), http://ltsc.ieee.org/wg11/

IEEE Learning Technology Standards Committee (LTSC) (2004), http://ltsc.ieee.org/, Zugriff im März 2004.

IEEE LOM (2002), im Softcover: ISBN 0-7381-3297-7, als PDF-Datei: ISBN 0-7381-3298-5.

IEEE P1484.11.1: Standard for Learning Technology – Data Model for Content Object Communication (2003), http://ltsc.ieee.org/wg11/.

Iles, A., Glaser, D., Kam, M., Canny, J. (2002): Learning Via Distributed Dialogue: Livenotes and Handheld Wireless Technology. Proceedings of the Conference on Computer Support for Collaborative Learning (CSCL 2002), Mahwah: Erlbaum, S. 408–417.

Imc GmbH (2004): URL: http://www.im-c.de.

IMS (Instructional Management Systems) Global Learning Consortium (2004), http://www.imsproject.org/, Zugriff im März 2004.

IMS Content Packaging Specification (2004), http://www.imsglobal.org/contenting/packag/ index.cfm, Zugriff im März 2004.

IMS Learning Design Specification (2004), http://www.imsglobal.org/learningdesign/, Zugriff im März 2004.

IMS Learning Information Package Specification (2004), http://www.imsglobal.org/profiles/, Zugriff im März 2004.

IMS Question & Test Interoperability Specification (2004), http://www.imsglobal.org /question/, Zugriff im März 2004.

IMS Simple-Sequencing Specification (2004), http://www.imsglobal.org/simplesequencing/, Zugriff im März 2004.

Inaba, A., Supnithi, T., Ikeda, M. Riichiro & Toyoda, J. (2000): How Can We Form Effective Collaborative Learning Groups. Theoretical justification of Opportunistic Group Formation with ontological engineering. In G. Gauthier, C. Frasson, and K. VanLehn (Hrsg), Intelligent Tutoring Systems (ITS 2000), S. 282–291.

Inaba, A., Ohkubo, R., Ikeda, M., Mizoguchi, R., Toyoda, J. (2001): An Instructional Design Support Environment for CSCL. In: Moore, J. D., Luckhardt Redfield, C., Johnson, W. L.(eds.) Proc. of AIED 2001, IOS Press, Amsterdam, 2001.

INCLUDE (2000): What is Design for ALL? Inclusion of Disabled and Elderly People in Telematics is a Support Action in the Telematics Applications Programme of the European Commission. URL: http://www.stakes.fi/include/pam1.html.

Inkpen, K., Ho-Ching, W., Kuederle, O., Scott, S.D., Shoemaker, G.B.D. (1999): This is fun. We're all best friends and we're all playing! Supporting Children's Synchronous Collaboration. In C. M. Hoadley and J. Roschelle (Eds.), Proceedings of the Computer Support for Collaborative Learning (CSCL) 1999 Conference (S. 252–259). Palo Alto, CA: Stanford University. Mahwah, NJ: Lawrence Erlbaum.

Institut für Qualitätssicherung (2001): Ganzheitliches Qualitätsmanagement. Skript zur Vorlesung im Wintersemester 2001/2002. Hannover: Institut für Qualitätssicherung der Universität Hannover, Fachbereich Maschinenbau. URL: http://www.qmb.de/pages/body/QM-Methoden/body_qm_dokumente.html

Institute for Higher Education Policy (2000): Quality on the Line: Benchmarks for success in Internet-Based Distance Education. Washington: Institute for Higher Education Policy (IHEP). URL: http://www.ihep.com/Pubs/PDF/Quality.pdf

INTERACT. (Version 6.9) (2003). München: Mangold Software & Consulting.

InterBook (2004): http://www.contrib.andrew.cmu.edu/~plb/InterBook.html

Institute of Electrical and Electronics Engineers (IEEE) (2004), http://ltsc.ieee.org/, Zugriff im März 2004.

International Electrotechnical Commission (IEC) (2004), http://www.iec.ch/, Zugriff im März 2004.

International Organization for Standardization (ISO) (2004), http://www.jtc1.org/, Zugriff im März 2004.

Ip, A., Linser, R., Naidu, S. (2001) Simulated Worlds: Rapid Generation of Web-Based Role-Play. Proceedings Seventh Australian World Wide Web Conference. Online: http://ausweb.scu.edu.au/aw01/papers/refereed/ip/paper.html [Letzter Zugriff im Mai 2004].

ISO (1996): ISO 9241 – Ergonomic requirements for office work with visual display terminals. Internationaler Standard, Berlin: Beuth Verlag.

ISO Standard 15836:2003(E) (2003), http://www.niso.org/international/SC4/n515.pdf

ISO/IEC 19786 ITLET – Participant accommodation information (2004), http://participant-info.jtc1sc36.org/, Zugriff im März 2004.

ISO/IEC 19787 ITLET – Participant performance information (2004), http://participant-info.jtc1sc36.org/, Zugriff im März 2004.

ISO/IEC JTC1 SC36 Information Technology for Learning, Education, and Training (2004), http://jtc1sc36.org/, Zugriff im März 2004.

ISO/IEC JTC1 SC36 WG5 (2003): Information Technology for Learning, Education, and Training – Quality Assurance and Descriptive Frameworks, http://frameworks.jtc1sc36.org/

ISO/IEC JTC1 SC36 WG5 Collaborative Technology (2004), http://collab-tech.jtc1sc36.org/, Zugriff im März 2004.

Issing, L. J., & Klimsa, P. (1997): Information und Lernen mit Multimedia. Weinheim: PsychologieVerlagsUnion.

Issing, L.J. & Klimsa, P. (Hrsg.) (2002): Information und Lernen mit Multimedia und Internet. Weinheim: Beltz – Psychologische Verlags Union.

Jackewitz, I. (2004): Bereitstellung einer kooperativen Lernplattform. In: Pape, B., Krause, D., Oberquelle, H. (Hrsg.): Wissensprojekte – Gemeinschaftliches Lernen aus didaktischer, softwaretechnischer und organisatorischer Sicht. Münster u.a., 327–342.

Jackewitz, I., Janneck, M., Pape, B. (2002): Vernetzte Projektarbeit mit CommSy. In: Herczeg, M., Prinz, W., Oberquelle, H. (Hrsg): Mensch und Computer 2002. Stuttgart u.a.: Teubner, 35–44.

Jackewitz, I., Janneck, M., Strauss, M. (2004): CommSy: Softwareunterstützung für Wissensprojekte. In: Pape, B., Krause, D., Oberquelle, H. (Hrsg.): Wissensprojekte – Gemeinschaftliches Lernen aus didaktischer, softwaretechnischer und organisatorischer Sicht. Münster u.a.: Waxmann Verlag, 186–202.

Jacobson, M. J., Spiro, R. (1995): Hypertext Learning Environments, Cognitive Flexibility, and the Transfer of Complex Knowledge: An Empirical Investigation. In: Journal of Educational Computing Research, 12. Jg., H. 4, S. 301–303.

Janetzko, D. (2001): Processing raw data both the qualitative and quantitative way. Forum Qualitative Sozialforschung (online-journal), 2, 65 paragraphs.

Jank, W., Meyer, H. (1997): Didaktische Modelle. 4. Auflage. Berlin: Cornelsen-Scriptor.

Jank, W., Meyer, H. (1994): Didaktische Modelle. 3. Auflage. Berlin: Cornelsen-Scriptor.

Janneck, M., Krause, D. (2004): Einladung zur Nachahmung: Offene Lernveranstaltungen mit Medienunterstützung. In: Pape, B., Krause, D., Oberquelle, H. (Hrsg.): Wissensprojekte – Gemeinschaftliches Lernen aus didaktischer, softwaretechnischer und organisatorischer Sicht. Münster: Waxmann, 74–89.

Janneck, M., Krause, D., Pape, B., Strauss, M. (2003): Medienunterstützung in offenen Seminaren – am Beispiel des CSCL-Systems CommSy. In: Bode, A., Desel, J., Rathmayer, S., Wessner M. (Hrsg.): DeLFI 2003 – Tagungsband der 1. e-Learning Fachtagung Informatik. Bonn: Gesellschaft für Informatik e.V., 47–56.

Janneck, M., Strauss, M. (2002a): Design-Prozesse für computerunterstütztes kooperatives Lernen. In: Schubert, S., Reusch, B., Jesse, N. (Hrsg.): Informatik bewegt. Informatik 2002 – 32. Jahrestagung der Gesellschaft für Informatik e.V. Bonn: Köllen, 237–238.

Janneck, M., Strauss, M. (2002b): Neue Medien in guter universitärer Lehre. In: Engelien, M., Homann, J. (Hrsg.): Virtuelle Organisation und Neue Medien 2002. Workshop GeNeMe2002. Gemeinschaften in Neuen Medien. Lohmar/Köln: Josef Eul, 287–304.

Jansen, D. (1999): Einführung in die Netzwerkanalyse: Grundlagen, Methoden, Forschungsbeispiele (2. Auflage). Leske + Budrich, Opladen, 2003.

Jansen, M., Pinkwart, N., Tewissen, F. (2001): MatchMaker – Flexible Synchronisation von Java-Anwendungen. In: R. Klinkenberg, S. Rüping, A. Fick, N. Henze, C. Herzog, R. Molitor, O. Schröder (editors): LLWA 01 – Tagungsband der GI-Workshopwoche „Lernen-Lehren-Wissen-Adaptivität" Forschungsbericht 763, Oktober 2001. Universität Dortmund.

Jechle, T. (1999): Neue Bildungsmedien. Erfahrungen in internetbasierter Weiterbildung. In: Krahn, H., Wedekind, J. (Hrsg.): Virtueller Campus 1999. Heute Experiment – morgen Alltag? Münster u.a.: Waxmann (Medien in der Wissenschaft. 9), 161–184.

Jermann, P., Soller, A., Mühlenbrock, M. (2001): From Mirroring to Guiding: A Review of State of the Art Technology for Supporting Collaborative Learning. Proceedings of the First European Conference on Computer-Supported Collaborative Learning, Maastricht, The Netherlands, S. 324–331.

Jermann, P. & Dillenbourg, P. (1999): An analysis of learner arguments in a collective learning environment. In C. Hoadley & J. Roschelle (Eds.) Proceedings of the Computer Support for Collaborative Learning (CSCL) 1999 Conference. Mahwah, NJ: Erlbaum.

Johnson, D., Johnson, R. (1989): Cooperation and Competition: Theory and Research. Edina, MN: Interaction Book Company.

Johnson, D. W., & Johnson, R. T. (1990): Cooperative learning and research. In S. Shlomo (Ed.), Cooperative learning theory and research (S. 23–37). New York: Preager.

Johnson, D. W., Johnson, R. T. (1994a): An overview of cooperative learning. In: Thousand, J., Villa, A., Nevin, A. (eds.): Creativity and Collaborative Learning. Baltimore: Brookes Press.

Johnson, D. W., Johnson, R. T. (1994b): Learning Together and alone: Cooperative, Competitive and Individualistic Learning. 4th edition. Boston, MA: Allyn & Bacon.

Johnson, D., Johnson, R.& Holubec, E. (1998): Cooperation in the classroom. Boston: Allyn and Bacon.

Johnson, D.W., Johnson, R. T., Stanne, M. B. (2000): Cooperative Learning Methods: A Meta-Analysis. URL: http://www.co-operation.org/pages/cl-methods.html [Letzter Zugriff 22.05.2004]

Johnson, D. W. & Johnson, F. (2002): Joining Together: Group Theory and Group Skills. Pearson Allyn & Bacon, 8. Aufl.

Joint Technical Committee 1 (JTC 1) (2004), http://www.jtc1.org/, Zugriff im März 2004.

Jonassen, D. H., Mandl, H. (Hrsg.) (1990): Designing Hypermedia for Learning. Berlin u.a.: Springer.

Jonassen, D., Remidez, H. (2002): Mapping Alternative Discourse Structures onto Computer Conferences. Proceedings of CSCL 2002, Boulder, Colorado, S. 237–243.

Jordan, B., & Henderson, A. (1995): Interaction analysis: Foundations and practice. The Journal of the Learning Sciences, 4, 39–103.

Jörding, T. (1999): A Temporary User Modeling Apprach for Adaptive Shopping on the Web. In: Proceedings of the 2nd Workshop on Adaptive Systems and User Modeling on the WWW. Banff, Kanada.

Kagan, S. (1997): Cooperative Learning. Kagan Cooperative.

Kaiser, S. (2001): Kommunikationsorientierte synchrone Werkzeuge. In: Schwabe, G., Streitz, N., Unland, R. (Hrsg.), CSCW-Kompendium. Springer: Heidelberg, S. 159–166.

Kandzia, P.-T. (2002): E-Learning an Hochschulen – Von Innovationen und Frustration. In: Bachmann, G., Haefeli, O., Kindt, M. (Hrsg.): Campus 2002. Münster u.a.: Waxmann, 50–58.

Kanselaar, G., Erkens, G., Prnagsma, M., Jaspers, J. (2002): Using Tools in Computer Supported Collaborative Argumentation. Proceedings of CSCL 2002, S. 389–389.

Kato, H., Yamazaki, K., Suzuki, H., Kuzuoka, H., Miki, H., Yamazaki, A. (2001): Designing a Video-Mediated Collaboration System Based on a Body Metaphor. In: Koschmann, T.,

Hall, R., Miyake, N. (eds.): CSCL II: carrying forward the conversation. Mahwah, NJ: Erlbaum, S. 409–423.

Kaufman, D. M., Holmes, D. B. (1996): Tutoring in problem-based learning: Perceptions of teachers and students. Medical Education, 30 (5), S. 371–377.

Kautz, H. A., Selman, B., Shak, M. (1997): Referral Web: Combining Social Networks and Collaborative filtering. In: Communication of the ACM, Vol. 40, Nr. 3, S. 63–65.

Kautz, H. A., Selman, B., Shak, M. (1997): The hidden web. In: AI Magazine, Summer, S. 27–36.

Kaye, A. (1989): Computer-Mediated Communication and Distance Education. In: Mason, R., Kaye, A. (Hrsg.): Mindweave: Communication, Computers and Distance Education. Oxford: Pergamon Press, 3–21.

Kaye, A. (Hrsg.) (1992): Collaborative Learning through Computer Conferencing. The Najaden Papers. Berlin, Heidelberg: Springer.

Keegan, D. (1986): The Foundation of Distance Education. London: Croom Helm.

Keil-Slawik, R. (1999): Evaluation als evolutionäre Systemgestaltung. Aufbau und Weiterentwicklung der Paderborner DISCO (Digitale Infrastruktur für computerunterstütztes kooperatives Lernen). In: Kindt, M. (ed.): Projektevaluation in der Lehre – Multimedia an Hochschulen zeigt Profil(e). Münster: Waxmann, 11–36.

Keil-Slawik, R. (2002): Denkmedien – Mediendenken: Zum Verhältnis von Technik und Didaktik. in: it + ti. Informationstechnik und Technische Informatik 44. Jg. H.4. S. 181 – 186.

Kerres, M & de Witt, C. (2004): Pragmatismus als theoretische Grundlage für die Konzeption von E-Learning. In: Treichel, D. u.a. (Hrsg.). Handlungsorientiertes Lernen und E-Learning. Oldenbourg (im Druck).

Kerres, M. (1998): Multimediale und Telemediale Lernumgebungen: Konzeption und Entwicklung. München, Wien: Oldenbourg.

Kerres, M. (1999): Didaktische Konzeption mulitmedialer und telemedialer Lernumgebungen. In: HMD – Praxis der Wirtschaftsinformatik (1999, Heft 205), 9–21.

Kerres, M. (2001): Multimediale und telemediale Lernumgebungen. München: Oldenbourg-Verlag.

Kerres, M. (2001): Zur (In-)Kompatibilität von mediengestützter Lehre und Hochschulstrukturen. In: Wagner, E., Kindt M. (Hrsg.): Virtueller Campus. Szenarien – Strategien – Studium. Münster: Waxmann, 293–302.

Kerres, M., & de Witt, C. (2003): A didactical framework for the design of blended learning arrangements. Journal for Educational Media, 28, 101–114.

Kerres, M. & Jechle, T. (2000): Betreuung des mediengestützten Lernens in telemedialen Lernumgebungen. Unterrichtswissenschaft: Zeitschrift für Lehr-Lernforschung. [On-line]. Available: http://www.edumedia.uni-duisburg.de/articles/betreuung.pdf.

Kerres, M., Jechle, T. (2002): Didaktische Konzeption des Telelernens. In: Issing, L., Klimsa, P. (Hrsg.): Information und Lernen mit Multimedia und Internet. Lehrbuch für Studium und Praxis. 3. vollständig überarb. Aufl., Weinheim: Beltz Psychologische Verlagsunion, 267–281.

Keuffer, J., Oelkers, J. (2001): Reform der Lehrerbildung in Hamburg. Weinheim, Beltz.

Kienle, A. (2003): Integration von Wissensmanagement und kollaborativem Lernen durch technisch unterstützte Kommunikationsprozesse. Lohmar: Eul Verlag.

Kienle, A., Herrmann, T. (2002): Integration von Kommunikation und Kooperation anhand von Lernmaterial – ein Leitbild für die Funktionalität kollaborativer Lernumgebungen. In: Herczeg, M., Prinz, W., Oberquelle, H. (2002): Mensch & Computer. Vom interaktiven Werkzeug zu kooperativen Arbeits- und Lernwelten. Stuttgart, Teubner. S. 45–54.

Kilberth, K., Gryczan, G., Züllighoven, H. (1994): Objektorientierte Anwendungsentwicklung, 2. Auflage. Braunschweig/Wiesbaden: Vieweg.

Kilpatrick, W. H. (1935): Die Projekt-Methode. In: J. Dewey, W. H. Kilpatrick (Hrsg.): Der Projekt-Plan: Grundlegung und Praxis. Weimar: Hermann Böhlaus Nachfolger, 161–179.

Kimball, L. (1998): Managing distance learning – new challenges for faculty. In: Hazemi, R., Hailes, S., Wilbur, S. (1998): The Digital University. London et al., Springer, S. 25–38.

Kimble, C., Li, F. & Barlow, A. (2000): Effective Virtual Teams Through Communities of Practice. In: Management Science. Theory, Method & Practice (Research Paper Nr. 2000/9) Online verfügbar unter http://www.managementscience.org /research/ab0009.asp

Kindt, Michael (1999): Studieren per Computer. In: Bremer, C., Fechter, M. (Hrsg.): Die Virtuelle Konferenz – neue Möglichkeiten für die politische Kommunikation: Grundlagen, Techniken, Prasixbeispiele. Klartext, Essen, 1999, S. 141–151.

King, R. & Xia, W. (1997): Media appropriateness: Effects of experience on communication media choice. Decision Sciences 28(4): 877–910.

Kirkpatrick, D. L. (1996): Evaluating Training Programs: The Four Levels. San Francisco: Berrett-Koehler Publishers.

Klafki, W. (1964): Studien zur Bildungstheorie und Didaktik. Weinheim

Klafki, W. (1991): Neue Studien zur Bildungstheorie und Didaktik. Weinheim.

Kluge, A. & Schilling, J. (2000): Organisationales Lernen und Lernende Organisation – ein Überblick zum Stand von Theorie und Empirie. Zeitschrift für Arbeits- und Organisationspsychologie, 44 (4), 179–191.

Knolmayer, G. (1996): Benutzersupport: eine Kernkompetenz des IV-Bereichs? In: HMD 189, 7–24.

KnowledgeForum (2004): Knowledge Forum Homepage, http://www.knowledgeforum.com, 30.04.2004.

Knowles, M. S., Holton III, E. F. & Swanson, R. A. (1998): The Adult Learner: The Definitive Classic in Adult Education and Human Resource Development. USA: Butterworth-Heinemann.

Kobsa, A. (1993): Adaptivität und Benutzermodellierung in interaktiven Softwaresystemen. In: Herzog, O., Christaller, T., Schütt, D., (Hrsg.): Grundlagen und Anwendungen der Künstlichen Intelligenz, 17. Fachtagung für Künstliche Intelligenz, Humboldt-Universität zu Berlin, 13.–16. September.

Kollock, P. (1999): The economies of online cooperation. Gifts and public goods in cyberspace. In: Smith, M., Kollock, P. (Hrsg.): Communities in Cyberspace. London, New York (Routledge), 220–239.

Komis, V., Avouris, N., Fidas, C. (2002): Computer-Supported Collaborative Concept Mapping: Study of Synchronous Peer Interaction. In Education and Information Technologies Vol 7 No. 2, June 2002, pp 169 – 188.

Konrad, K. & Traub, S. (2001): Kooperatives Lernen. Theorie und Praxis in Schule, Hochschule und Erwachsenenbildung. Hohengehren: Schneider.

Koschmann, T. (1996): Paradigm Shifts and Instructional Technology: An Introduction. In: Koschmann, T. (ed): CSCL: Theory and Practice of an Emerging Paradigm. Mahwah, NJ: Lawrence Erlbaum, S. 1–23.

Koschmann, T. (1996b): CSCL. Theory and practice of an emerging paradigm. Mahwah, NJ: Erlbaum.

Koschmann, T. (2001): Dewey's contribution to a standard of Problem-Based Learning. In: Dillenbourg, P., Eurelings, A., Hakkarainen, K. (2001): European Perspectives on Computer-Supported Collaborative Learning. Maastricht, Mc Luhan Institute, S. 356–363.

Koschmann, T. (2002): Dewey's Contribution to a Standard of Problem-Based Learning Practice. Online (12.11.2003): http://www.mmi.unimaas.nl/euro-cscl/Papers/90.pdf.

Koschmann, T., Hall, R., Miyake, N. (Hrsg.) (2002): CSCL 2. Carrying forward the conversation. Mahwah, NJ: Lawrence Erlbaum.

Krabbel, A. (2000): Entwurf, Auswahl und Anpassung aufgabenbezogener Domänen-software. Dissertationsschrift, Fachbereich Informatik, Universität Hamburg.

Krapp, A. (1999): Interest, motivation and learning: An educational-psychological perspective. European Journal of Psychology in Education, 14, 23–40.

Krcmar, H., Böhmann, T., & Klein, A. (2001): Sitzungsunterstützungssysteme. In G. Schwabe, N. A. Streitz, & R. Unland (Hrsg.), CSCW Kompendium – Lehr- und Handbuch für das computerunterstützte kooperative Arbeiten. Heidelberg: Springer, S. 227–238.

Krekel, E. M. & Gnahs, D. (2000): Bildungscontrolling in Deutschland: Ansätze, Stellenwert und Perspektiven. In C. Bötel & E. M. Krekel (Hrsg.), Bedarfsanalyse, Nutzungsbewertung und Benchmarking – Zentrale Elemente des Bildungscontrollings (S. 11–20). Bielefeld: Bertelsmann.

Kremer, H.-H., Gramlinger, F. (2004): Virtuelle Konferenz als hochschuldidaktische Innovation? Konzeption und Diskussion anhand eines Fallbeispiels. In: Bachmair, B., Diepold, P., de Witt, C. (Hrsg.): Jahrbuch Medienpädagogik 4. Opladen: Leske + Budrich (in Druck).

Kremer, H.-H., Wilbers, K. (2000): Telekooperatives Lehren und Lernen – Erfahrungen aus dem virtuellen Seminar „WiPäd München-Köln". In: Straka, G., Bader, R., Sloane, P. (Hrsg.): Perspektiven der Berufs- u. Wirtschaftspädagogik. Opladen: Leske+Budrich, S. 159–170.

Krinke, J., Störzer, M., Zeller, A. (2002): Webbasierte Programmierpraktika mit Praktomat Proc. Workshop Neue Medien in der Informatik-Lehre, Software-Technik-Trends 22(3): 51–53, Dortmund, Germany, Oktober.

Kuhmünch C. (1998) A Multicast Gateway for Dial-In Lines, Proc. of the European Conference on Multimedia Applications, Services and Tools (ECMAST), 1222 of LNCS, S. 441–455, Madrid, Spain, May.

Kumbruck, C. (1998): Wider ein positiv konnotiertes Kooperationskonzept. In: Herrmann, T., Just-Hahn- K. (Hrsg.): Groupware und organisatorische Innovation, Tagungsband der D-CSCW'98. Stuttgart u.a.: Teubner, S. 95–110.

Kumpf, D., Zumbach, J., Reimann, P. (2001): Problem-Based Learning in der Grundschule: Eine explorative Studie zum computerunterstützten Kleingruppenunterricht. In: Eschenbeck, H., Kohlmann, C. W., Nuding, A. (Hrsg): Beiträge der empirischen Forschung für Unterricht und Erziehung. 61. Tagung der Arbeitsgruppe für Empirische Pädagogische Forschung. Schwäbisch Gmünd, S. 72–73.

Kynigos, C., Koutlis, M. (2002): „E-slate", a „black-and-white box" approach to component computing. Paper presented at the Annual Meeting of the American Educational Research Association, New Orleans. 2002.

Lakkala, M., Ilomäki, L., Lallimo, J. and Hakkarainen, K. (2002): Virtual Communication in Middle Students' and Teachers' Inquiry. In: Stahl, G. (Ed.): Proceedings of CSCL 2002 (S. 443–452). New Jersey, LEA 2002.

Langmaack, B., Braune-Krickau, M. (2000): Wie die Gruppe laufen lernt, 7. Auflage. Weinheim: Beltz-PVU.

Laurillard, D. (1993): Rethinking university teaching: a conversational framework for the effective use of learning technologies. London: Routledge.

Lave, J. (1991): Situated Learning in Communities of Practice. In: J.M. Levine & S. D. Teasley (1991) (Hrsg.): Perspectives on Socially Shared Cognition. American Psychological Association. S. 63–82.

Lave, J., Wenger, E. (1991): Situated learning – Legitimate peripheral participation. Cambridge, UK: Cambridge University Press.

Leavitt, H. J. (1951): Some effects of certain communication patterns on group performance. Journal of Abnormal and Social Psychology, 46, S. 38–50.

LeBaron, C. D. (2001): Technology Does Not Exist Independent of Its Use. In: Koschmann, T., Hall, R., Miyake, N. (eds): CSCL II: carrying forward the conversation. Mahwah, NJ: Erlbaum, S. 433–439.

Lehmann-Rommel, R. (2001): Deweys Aufhebung der dualistischen Denkform. Konsequenzen für den Umgang mit Zielen in der Pädagogik. In: Schreier, H. (Hrsg.): Rekonstruktion von Schule. Stuttgart 2001, S. 137–167.

Lehner, F. (2000): Organisational Memory: Konzepte und Systeme für das organisatorische Lernen und das Wissensmanagement. München [u.a.]: Hanser.

Lehner, F., Hildebrand, K., Maier, R. (1995): Wirtschaftsinformatik – Theoretische Grundlagen. München, Wien: Carl Hanser.

Lehtinen, E., Hakkarainen, K., Lipponen, L., Rahikainen, M., Muukkonen, H. (1998): Computer supported collaborative learning: A review. CL-Net-Project.

Leontjew, A. (1977): Tätigkeit, Bewusstsein, Persönlichkeit. Klett, Stuttgart.

Leontjew, A. (1977): Tätigkeit, Bewusstsein, Persönlichkeit. Stuttgart: Klett.

Leung, L. (2002): Loneliness, Self-Disclosure, and ICQ („I Seek You") Use. Cyber Psychology & Behavior, 5 (3), S. 241–251.

Leven, F.J., Bauch, M., Heid, J., Riedel, J., Ruderich, F., Singer, R., Geiss, H.K., Jünger, J., Tönshoff, B. (2001): CAMPUS: Eine Shell zur Implementierung fallbasierter Lehr- und Lernformen in reformierten Medizinstudiengängen. Biomedical Journal, 58 (2001), 11–14.

Ley, T., Albert, D. (2003): Kompetenzmanagement als formalisierbare Abbildung von Wissen und Handeln für das Personalwesen. Wirtschaftspsychologie, Vol. 5, Nr. 3, S. 86–93.

Leyens, J.-P., Dardenne, B. (1996): Soziale Kognition: Ansätze und Grundbegriffe. In: Stroebe, W., Hewstone, M., Stephenson, G. M. (Hrsg.): Sozialpsychologie, 3. Auflage. Berlin u.a.: Springer, S. 115 – 141.

Liebig, C., Effelsberg, W. (2003b): Seamless Integration of Group Communication into an Adaptive Online Exercise System, Technical Report TR-03-003, Department for Mathematics and Computer Science, University of Mannheim.

Liebig, C., Effelsberg, W., (2003a): Automatic Adaption of Exercise Problems to the Proficiency of the Learner, erscheint in: Proc. ICNEE 2003, (International Conference On New Educational Environments), Luzern, Schweiz, Mai.

Light, V., Light, P., & Wright, V. (2000): Seeing eye to eye: An evaluation of the use of video-conferencing to support collaboration. European Journal of Psychology of Education, 15(4), 467–478.

Likert, R. (1961): New Patterns of Management. New York u.a.: McGraw-Hill.

Likert, R. (1975): Die integrierte Führungs- und Organisationsstruktur. Frankfurt: Campus.

Lindau-Bank, D., Magenheim, J. (1998): Schule entwickeln – Schulentwicklung und Medienbildung. In: Computer + Unterricht, 8(1998) 32 S. 5–10.

Linder, U. (im Druck): Die Qualität netzbasierter, kooperativer Übungen entwickeln und sichern. In: Münzer, S. & Linder. U. (Hrsg.): Gemeinsam online lernen: Vom Design bis zur Evaluation kooperativer Lernübungen. Bielefeld: W. Bertelsmann.

Linder, U., Rochon, R. (2003): Using chat to support collaborative learning: quality assurance strategies to promote success. In: Education Media International, vol. 40, Nr. 1, p. 75–86.

Linder, U., Wessner, M. (2004): Wie kann eine Chat-Umgebung lernförderlich gestaltet werden? Hinweise aus einer Feldstudie zu Rollenspielen im Fremdsprachentraining. Erscheint in: Beißwenger, M., Storrer, A. (Hrsg.): Chat-Kommunikation in Beruf, Bildung und Medien, Stuttgart, ibidem, April.

Lindstaedt, S. N. (2002): Aufgaben-Orientiertes Kooperatives Lernen. Proceedings of Informatik 2002 – 32. Jahrestagung der Gesellschaft für Informatik, Dortmund/Germany, Gesellschaft für Informatik.

Link, L. (2002): Die Bedeutung von Kommunikationsmedien und -formen in internetbasierten Fernlehrmodulen. In: Bachmann, G., Haefelim O., Kindt, M. (Hrsg.): Campus 2002. Münster u.a.: Waxmann, 408–416

ListProc (2003): ListProc OpenSource Projekt-Homepage, http://sourceforge.net/projects/listproc/, Stand: 31.10.2003.

Littlejohn, S. (1999): Theories of human communication (6th ed.). Belmont, CA: Wadsworth

LOM (2004): http://ltsc.ieee.org/wg12/

Lönnroth, K.J. (2001): Conclusions of the Round Table Conference: „Discrimination by Design", European Day Of Disabled People, Brussels. Edited transcript. URL: http://www.eddp.org/edf/pdf/eddpconclusions.doc

Lou, Y., Abrami, P. C., & d'Apollonia, S. (2001): Small group and individual learning with technology: a meta analysis. Review of Educational Research, 71 (3), 449–521.

Lowe, D. und Hall, W. (1999): Hypermedia & the Web – an engineering approach. John Wiley & Sons, Chichester, Großbritanien.

LSoft (2003): LSoft international, ListServ Lite Homepage. http://www.lsoft.com/products /default.asp?item=listserv_lite, Stand: 31.10.2003.

Luhmann, N. (2001): Soziale Systeme: Grundriss einer allgemeinen Theorie. Frankfurt a.M.: Suhrkamp.

Maaß, S., Oberquelle, Horst (1992): Perspectives and Metaphors of Human-Computer-Interaction. In: Floyd, C., Züllighoven, H., Budde, R., Keil-Slawik, R.: Software Development and Reality Construction. Berlin u.a.: Springer.

Mace, R., Hardie, G., Plaice, J. (1991): Accessible Environments: Toward Universal Design, in Design Interventions: Toward A More Humane Architecture, edited by Preiser, Vischer, and White. New York: Van Nostrand Reinhold.

Magenheim, J. & Rauch, H. (1995): Computergestützte Planspiele mit Balance. In: Computer + Unterricht 5 (1995) 20, S. 45–52.

Magenheim, J. (1996): Die „Gläserne Persönlichkeit" – Computergestütztes Planspiel. In: Praxis Schule 5–10, Heft 4 , August 1996, S. 46ff

Magenheim, J. (2003): Informatik Lernlabor – Systemorientierte Didaktik in der Praxis. In: Hubwieser, P. (Hrsg.): Informatische Fachkonzepte im Unterricht, Proceedings der infos2003, 10.GI-Fachtagung Informatik und Schule, 17.–19. September 2003 in Garching bei München, S. 13–31.

Magenheim, J., Opitz, G. (1995): Computerunterstützte Gruppenarbeit im Unterricht – Das Projekt Trasse in: Schubert, S. (Hrsg.): Innovative Konzepte für die Ausbildung, 6. GI-Fachtagung Informatik und Schule INFOS'95, Chemnitz 25.–28. Sept. 1995, S. 128ff., Berlin, Heidelberg, New York.

Magenheim, J. (1999): Lernen in vernetzten Lernumgebungen in: H. Meschenmoser, D. Plikat (Hrsg.): Innovationen im Dialog, Baltmannsweiler 1999.

Magenheim, J., Rauch, H. (1995): DECIDE – Entscheidungsfindung im Netz in: Computer + Unterricht, 5.Jg. Nov. 1995, Heft 20, S. 30ff.

Magenheim, J., Opitz, G. (1998): LocalNetFuldatal – ein Bürgernetz macht Schule – Schulprofilbildung durch Kooperation mit externen Partnern. In: Computer + Unterricht, 8(1998), S. 38–42.

Mahowald, R. (2001): From ICE Age To Contextual Collaboration. June 29, 2001. http://www.cio.com/analyst/062901_idc.html, Zugriff im März 2004.

Maier, R. (2002): Knowledge Management Systems Information and Communication Technologies for Knowledge Management. Berlin [u.a.]: Springer.

MajorDomo (2003): Great Circle Associates: MajorDomo Homepage. http://www.greatcircle.com/majordomo/, Stand: 31.10.2003.

Mandel, T., van der Leun, G. (1996): Rules of the Net. On-line Operating Instructions for Human Beings. Hyperion: New York.

Margaritis, M., Fidas, C., Avouris, N., Komis, V. (2003): A peer-to-peer architecture for synchronous collaboration over low-bandwidth networks. In: K. Margaritis, I Pitas (eds.): Proc 9th PCI 2003, Thessaloniki, Lecture Notes in Computer Science, Springer Verlag.

Marjanovic, O., Orlowska, M.E. (2000): Making Flexible Learning More Flexible. IEEE International Workshop on Advanced Learning Technologies IWALT'2000, December 2000, New Zealand.

Markus, L. M. (1994): Electronic mail as the medium of managerial choice. Organization Science 5(4): 502–527.

Marotzki, W. (2000): Neue kulturelle Vergewisserung: Bildungstheoretische Perspektiven des Internet. In: Sandbothe, M. & Marotzki, W. (Hrsg.): Subjektivität und Öffentlichkeit. Köln, S. 236–254.

Marotzki, W., Nohl, A.-M. & Ortlepp, W. (2003): Bildungstheoretisch orientierte Internetarbeit am Beispiel der universitären Lehre. In: Kerres, M. & de Witt, C. (Hrsg.): Medien in der Erziehungswissenschaft. Online-Zeitschrift MedienPädagogik 03-1.

Masie, E. (2002): Blended Learning: The Magic is the Mix. In: Rossett, A. (Hrsg.): The ASTD E-Learning Handbook. New York: McGraw Hill, S. 58–63.

Mason, R. (1998): Models of Online Courses. In: ALN Magazine, 2. Jg., Online verfügbar unter http://www.aln.org/publications/magazine/v2n2/mason.asp (Stand 14.11.2003).

Mason, R. (2000): The Pedagogy of Virtual Learning. In: Scheuermann, F. (Hrsg.): Campus 2000. Lernen in neuen Organisationsformen. Münster u.a.: Waxmann (Medien in der Wissenschaft. 10), 49–54.

Masterson, S. (1998): The Virtual Participant: a tutor's assistant for electronic conferencing. In: Eisenstadt, M., Vincent, T. (Hrsg.) (1998): The Knowledge Web. New York, Kogan Page, S. 249–266.

Maturana, H. R. (1987): Kognition. In: Schmidt, S. J. (Hrsg.): Der Diskurs des radikalen Konstruktivismus. Frankfurt/ M., S. 89 – 118.

Mayes, J. T., & Fowler, C. J. (1999): Learning technology and usability: A framework for understanding courseware. Interacting with Computers, 11(5), 485–497.

Mayes, T., Coventry, L., Thompson, A., & Mason, R. (1994): Learning through Telematics: A Learning Framework for Telecommunication Applications in Higher Education. British Telecom: Martlesham Heath.

Mayes, T., Coventry, L., Thomson, A., Mason, R. (1994b): Learning through Telematics – Part two: The discussion. Project report of The Learning through Telematics project.

Mayring, P. (1996): Einführung in die qualitative Sozialforschung (3.Aufl.). Weinheim: Psychologie Verlags Union.

Mayring, P. (2000): Qualitative Inhaltsanalyse (7 ed.). Weinheim: Deutscher Studien Verlag.

McCanne, S., Jacobson, V. (1995): vic: A Flexible Framework for Packet Video. In: Proceedings of ACM Multimedia '95. New York: ACM Press.

McCarthy, J.C., Monk, A.F. (1994): Channels, conversation, cooperation and relevance: all you wanted to know about communication but were afraid to ask. In: Collaborative Computing I (1994). London, Chapman & Hall. S. 35–60

McDonald, D. W. (2000): Supporting Nuance in Groupware Design: Moving from Naturalistic Expertise Location to Expertise Recommendation, PhD-thesis, University of California, Irvine .

McDonald, David W. (2001): Evaluating Expertise Recommendation. Proceedings of the 2001 International ACM SIGGROUP Conference on Supporting Group Work, Boulder, Colorado, USA.

McGrath, J.E. (1991): Time, Interaction, AND Performance (TIP). A Theory of Groups. In: Small Group Research, 1991, S. 147–174.

McNaught, C. (2001): Quality assurance for online courses: From policy to process to improvement? In: Kennedy, G., Keppell, M., McNaught, C., Petrovic, T. (ed.): Meeting at the crossroads: Proceedings of the ASCILITE conference 2001. Melbourne: University of Melbourne, S. 435–442. URL: http://www.ascilite.org.au/conferences/melbourne01/pdf/papers/mcnaughtc.pdf

Mead, G. H. (1973): Geist, Identität und Gesellschaft aus der Sicht des Sozialbehaviorismus. Frankfurt.

Meier, C., Seufert, S. (2003): Game-based learning: Erfahrungen mit und Perspektiven für digitale Lernspiele in der betrieblichen Bildung. In A. Hohenstein, K. Wilbers (Hrsg): Handbuch E-Learning (Ergänzungslieferung 5), Köln: Fachverlag Deutscher Wirtschaftsdienst.

Mertens, D. (1974): Schlüsselqualifikationen. Thesen zur Schulung für eine moderne Gesellschaft. Mitteilungen aus der Arbeitsmarkt- und Berufsforschung. 7. Jg., Heft 1. 3643.

Meschenmoser, H. (1999): Technik gestalten und Folgen abschätzen lernen, Modellierung von Personalinformationssystemen mit PAISY. In: Unterricht, Arbeit+Technik 1(1999) 1, S. 59–63.

MESOSworld Projekt (2004): MESOSworld: Methodological Education for the Social Sciences. [On-line]. Available: http://www.mesosworld.ch/

Meurer, P. (2000): Problembasiertes Lernen. Keynotes der ICT-Fachstelle, Nr. 2. Universität Zürich.

Meyer, H. (1987): UnterrichtsMethoden. Band 1: Theorieband. Frankfurt a. M.: Cornelsen Scriptor.

Meyer, H. (1999): Leitfaden zur Schul(programm)entwicklung. Oldenburg: Carl von Ossietzky Universität Oldenburg, Zentrum für pädagogische Berufspraxis, Oldenburger Vor-
Drucke Nr. 390.

Meyer, H. (2001): Türklinkendidaktik. Aufsätze zur Didaktik, Methodik und Schulentwicklung. Berlin: Cornelsen Scriptor.

Michaelson, K.L., Mullins, C. (1998): Learning Environment for Integrating MOO-based
Interaction and Online Local History for the Social Studies Classroom in Proceedings of ED-
MEDIA/ED-TELECOM 98 World Conference on Educational Multimedia and Hypermedia,
Freiburg, Germany, June 20–25, 1998 pp 1839–1841.

Michelbacher, K. (2003): Wissenspool Seminare. Semi-Virtuelle Seminare des Educational
Engineering Labs. Internes Konzept des Educational Engineering Labs. Zürich: Universität
Zürich.

Michelbacher, K. (2004): Sprachliche Interaktion per E-Mail – Medium der Verständigung?
35. Jahrestagung der Gesellschaft für Angewandte Linguistik. Wird präsentiert im September
2004 in Wuppertal.

Microsoft NetMeeting (2003): URL: http://www.microsoft.com/windows/netmeeting
/default.asp, April 2003.

Microsoft® Encarta® 98 Enzyklopädie. Microsoft Corporation, 1997.

Mietzel, G. (2001): Pädagogische Psychologie des Lernens und Lehrens (6. Aufl.). Göttingen: Hogrefe.

Milgram, S. (1974): Obedience to Authority: an experimental view. London: Tavistock.

Milosavljevic, M. und Oberlander, J. (1998): Dynamic Catalogues on the WWW. In: Proceedings der 7. International World Wide Web Conference, Bris-bane, Australien.

Milter, R. G., Stinson, J. E. (1999): Design and Implementation of an Electronic Collaborative Learning Platform. URL: http://mbawb.cob.ohiou.edu/paper5.html.

Monk, A. (2003): Common Ground in Electronically Mediated Communication: Clark's
Theory of Language Use. In: Carroll, J.M. (ed): HCI Models Theories, and Frameworks.
Toward a Multidisciplinary Science. San Francisco u.a.: Morgan Kaufman, S. 265–289.

Mooney, G. A., Bligh, J. G., Leinster, S. J., Warenius, H. M. (1995): An electronic study
guide for problem-based learning. Medical Education, 29 (6), S. 397–402.

Moore, M. (1973): Toward a Theory of Independent Learning and Teaching. In: Journal of
Higher Education, 44 (12), 661–679.

Moore, M., Kearsley, G. (1996): Distance Eduction. A Systems View. Belmont u.a.:
Wadsworth Publishing Company.

Moscovici, S. (1976): Social Influence and Social Change. London: Academic Press.

Moscovici, S., Zavalloni, M. (1969): The group as a polarizer of attitudes. Journal of Personality and Social Psychology, 12, S. 125–135.

Moser, H. (2000): Abenteuer Internet. Lernen mit WebQuests. Zürich: Verlag Pestalozzianum.

Mpofu, D. J. S., Das, M., Murdoch, J. C., Lanphear, J. H. (1997): Effectiveness of problems used in problem-based learning. Medical Education, 31 (5), S. 330–334.

Mühlpfordt, M., Wessner, M. (2004): Die Rolle von Kommunikationsprotokollen und Referenzierungen in der synchronen Chat-Kommunikation. Erscheint in: Beißwenger, M., Storrer, A. (Hrsg.): Chat-Kommunikation in Beruf, Bildung und Medien, Stuttgart, ibidem, April.

Muhr, T. (1997): ATLASti (Version 4.2). Berlin: Scientific Software Development.

Mullen, B., Johnson, C., Salas, E. (1991): Productivity loss in brainstorming groups: a meta-analytic integration. Basic and Applied Social Psychology, 12, S. 3–24.

multimedia lecture board (mlb) (2003): URL: http://www.informatik.uni-mannheim.de/informatik/pi4/projects/mlb/, April 2003.

Multimedia- und E-Learning Services (2004): E-Learning Services. OLAT: Online Learning And Training – das OpenSource Learning Management System der Universität Zürich. [Online]. Available: http://www.id.unizh.ch/mels/olat/

Münker, S., Roesler, A. (2002): Praxis Internet. Frankfurt a. M., Suhrkamp.

Münzer, S. & Linder. U. (Hrsg.) (im Druck): Gemeinsam online lernen: Vom Design bis zur Evaluation kooperativer Lernübungen. Bielefeld: W. Bertelsmann.

Münzer, S. (2004): Was macht kooperatives E-Learning in der beruflichen Weiterbildung erfolgreich? Qualitätssicherung für Szenarien mit virtuellen Kleingruppen. In: Tergan, S.-O., Schenkel, P. (Hrsg.): Was macht E-Learning erfolgreich? Grundlagen und Instrumente der Qualitätsbeurteilung. Heidelberg: Springer Verlag, S. 51–67.

Murphy, K. (2003): Hidden Markov Model (HMM) Toolbox for Matlab. Retrieved 23.2.2004, 2004, from http://www.ai.mit.edu/~murphyk/Software/HMM/hmm.html

Mynatt, E. D., Adler, A., Ito, M., Linde, C., O'Day, V. L. (1999): The network Communities of Senior Net. In: Bodker, S., Kyng, M., Schmidt, K. (1999): Proceedings of the Sixth European Conference on Computer Supported Cooperative Work (E-CSCW 99). Dordrecht u.a., Kluwer, S. 219–238.

Neal, L. (2002): Storytelling at a Distance. E-Learn-Magazine, Vol. 2001, Issue 5.

Neisser U. (1974): Kognitive Psychologie. Stuttgart: Klett.

Nelson T.H. (1998): The Call of the Ocean: Hypertext Universal and Open HyperAge, Vol. 1, Nr. 2, May-June.

Net2Phone (2004). http://www.net2phone.com.

Neuweg, G. H. (2000): Können und Wissen. Eine alltagssprachphilosophische Verhältnisbe-stimmung. In: Neuweg, G. H. (Hrsg.), Wissen – Können – Reflexion. Ausgewählte Verhält-nisbestimmungen. Innsbruck u.a.: Studien-Verlag, S. 65–82.

Nickerson, R. S. (1993): On the distribution of cognition: some reflections. In G. Salomon (Ed.), Distributed cognitions. Psychological and educational considerations (S. 229–261). Cambridge, UK: Cambridge University Press.

Niegemann, H. M. (2001): Neue Lernmedien – konzipieren, entwickeln, einsetzen. Bern: Hans Huber Verlag.

Nipper, S. (1989): Third Generation Distance Learning and Computer Conferencing. Com-munication Structures in Distance Learning. In: Mason, R., Kaye, A. (Hrsg.): Mindweave: Communication, Computers and Distance Education. Oxford: Pergamon Press, 63–73.

Nistor, N. (1998): Umgang mit Information in einem problemorientierten virtuellen Seminar. URL: http://home.emp.paed.uni-muenchen.de/~nistor/work/papers/rilw98/rilw98_d.html.

Nonaka, I., Takeuchi, H. (1997): Die Organisation des Wissens: Wie japanische Unterneh-men eine brachliegende Ressource nutzbar machen. Frankfurt a. M.: Campus.

Nonnecke, B., Preece, J. (2000): Lurker demographics: Counting the silent. In: Proceedings of the SIGCHI conference on Human factors in computing systems, The Hague, The Nether-lands. New York: ACM Press, S. 73–80.

Normenausschuss Informationstechnik (2004), http://www2.ni.din.de/, Zugriff März 2004.

NTIA – National Telecommunications and Information Administration (1998): Falling Through The Net II: New data on the Digital Divide. URL: http://www.ntia.doc.gov/ntiahome/net2/falling.html

Nübel, I., & Kerres, M. (2004): Splitting tutor roles: Supporting online learners with group tutors and subject tutors. Paper presented at the EDEN 3rd Research Workshop: Supporting the Learner in Distance Education and E-Learning, Oldenburg, 4–6 March, 2004.

Nunamaker, J.F:, Dennis, A.R., Valacich, J.S., Vogel, D.R., George, J.F. (1991): Electronic meeting systems to support group work. Communications of the ACM, 34(7): 40–61, July 1991.

Nygaard, K., Handlykken, P. (1981): The System Development Process – Its Settings, some Problems and Needs for Methods. In: Hünke, H. (Hrsg.): Software Engineering Environ-ments. Amsterdam: North-Holland, S. 157–172.

Oberle, T., & Wessner, M. (1998): Der Nürnberger Trichter. Computer machen Lernen leicht!? Alsbach/Bergstraße: LTV-Verlag.

O'Donnell, A. M., Dansereau, D. F. (1992): Scripted cooperation in student dyads: A method for analyzing and enhancing academic learning and performance. In R. Hertz-Lazarowitz & N. Miller (Eds.), Interactions in cooperative groups. The theoretical anatomy of group learn-ing. Cambridge, MA: Cambridge University Press, S. 120–141.

O'Donnell, A. M. (1997): Constructivism by design and in practice: A review. Issues in Education, 3, 285–293.

OECD (2003): Erster Bericht über den Besuch einer OECD-Expertengruppe 2003 in Deutschland. Projekt „Attracting, Developement an Retaining Effective Teachers", unveröffentlichte Zusammenfassung.

Oesterreich, R. (1981): Handlungsregulation und Kontrolle. München u.a.: Urban & Schwarzenberg.

Oliver, M. & Conole, G. (1998) Evaluating Communication and Information Technologies: a toolkit for practitioners. Active Learning, vol 8, p. 3–8. URL: http://www.ilt.ac.uk /downloads/031027_AL_Oliver01.pdf

Oliver, M. (2000): An introduction to the Evaluation of Learning Technology. Educational Technology & Society 3 (4), S. 20–30. URL: http://ifets.ieee.org/periodical/vol_4_2000 /intro.html

Oliver, M., McBean, J., Conole, G. and Harvey, J. (2002): Using a Toolkit to Support the Evaluation of Learning. In: Journal of Computer Assisted Learning, vol. 18, Nr. 2, p. 199–208.

Olson, M. H., Bly, S. A. (1991): The Portland Experience: A report on a distributed research group. Int. Jounal on Man-Machine Studies 34, S. 211–228.

O'Malley, C.E. (1995) (Ed.). Computer Supported Collaborative Learning. Heidelberg u.a.: Springer.

Open University (2003): URL: http://www.ouw.co.uk/

Orlikowski, W. J., Yates, J., Okamura, K. and M. Fujimoto: Shaping Electronic Communication: The Metastructuring of Technology in Use. In: Organization Science, 6 (1995), 423–444.

Ottenheijm, S., van Genuchten, M., Geurts, J. (1998): What's the Problem? How groups can develop a shared conception of a problem using an Electronic Meeting System. Proceedings 31st. Hawaii International Conference on System Sciences.

Paavola, S., Lipponen, L., Hakkarainen, K. (2002): Epistemological Foundations for CSCL: A Comparison of Three Models of Innovative Knowledge Communities. In G. Stahl (Ed.), Computer Support for Collaborative Learning: Foundations for a CSCL community. Proceedings of the Computer-supported Collaborative Learning 2002 Conference (S. 24–32). Hillsdale, NJ: Erlbaum. (available on-line at http://newmedia.colorado.edu/cscl/228.html)

Paloff, R., Pratt, K. (1999): Building Learning Communities in Cyberspace. Effective Strategies for the Online Classroom. San Francisco: Jossey-Bass.

Pankoke-Babatz, U. (2001): Kommunikationsorientierte asynchrone Werkzeuge. In: Schwabe, G., Streitz, N., Unland, R. (Hrsg.), CSCW-Kompendium. Springer: Heidelberg, S. 167–173.

Pankoke-Babatz, U., Prinz, W., Wulf, V., Rohde, M. (2001): Spezifika des CSCW-Designs. In G. Schwabe, N. Streitz, R. Unland (Hrsg.), CSCW-Kompendium. Springer, 2001, S. 373–393.

Pape, B., Bleek, W.-G., Jackewitz, I., Janneck, M. (2002): Software Requirements for Project-Based Learning – CommSy as an Exemplary Approach. In: Sprague, R.H. (Hrsg.): Proceedings of the 35th Annual Hawaii International Conference on System Sciences 2002, Los Alamitos, CA u.a.

Pape, B., Jackewitz, I. (2002): Nachfrage und Angebot zur Benutzungsbetreuung von Software im universitären Lehrbetrieb. In: Engelien, M., Homann, J. (Hrsg.): Virtuelle Organisation und Neue Medien 2002. Workshop GeNeMe2002. Gemeinschaften in Neuen Medien, Lohmar/Köln: Josef Eul, 305–322.

Pape, B., Reinecke, L., Rohde, M., Strauss, M. (2003): E-Community-Building in WiInf-Central. In: Pendergast, M., Schmidt, K., Simone, C., Tremaine, M. (Hrsg.): Group '03 – Proceedings of the 2003 International ACM SIGGROUP Conference on Supporting Group Work, S. 11–20.

Pape, B., Rolf, A. (2004): Integrierte Organisations- und Softwareentwicklung für kooperative Lernplattformen in der Hochschullehre. In: Pape, B., Krause, D., Oberquelle, H. (Hrsg.): Wissensprojekte – Gemeinschaftliches Lernen aus didaktischer, softwaretechnischer und organisatorischer Sicht. Münster u.a., 287–310.

Patton, M.Q. (1997): Utilization-focused evaluation: the new century text (3rd ed.). Thousands Oaks, CA: Sage Publications, Inc.

Penuel, B. & Cohen, A. (2003): Coming to the Crossroads of Knowledge, Learning, and Technology: Integrating Knowledge Management and Workplace Learning. Cambridge, Mass. [u.a.]: MIT Press.

Perillieux, R., Bernnat, R., Bauer, M. (2000): Digitale Spaltung in Deutschland. Ausgangssituation, Internationaler Vergleich, Handlungsempfehlungen. München: Initiative D21.

Perry, M. (2003): Distributed Cognition. In: Carroll, J.M. (ed): HCI Models Theories, and Frameworks. Toward a Multidisciplinary Science. San Francisco u.a.: Morgan Kaufman, S. 193–223.

Peters, O. (1973): Die didaktische Struktur des Fernunterrichts. Untersuchungen zu einer industrialisierten Form des Lehrens und Lernens. Weinheim: Beltz.

Peters, O. (1997): Didaktik des Fernstudiums. Erfahrungen und Diskussionsstand in nationaler und internationaler Sicht. Neuwied u.a.: Luchterhand.

Peters, O. (2001): Auf dem Wege zum autonomen, selbstgesteuerten Lernen im Netz. AUE-Informationsdienst Hochschule und Weiterbildung 2001(1), 5–18.

Petersen, P. (1927, 1968): Der kleine Jena-Plan. Langensalza, Weinheim.

Petschenka, A., Ojstersek, N., & Kerres, M. (2004). Lernaufgaben beim E-Learning. In A. Hohenstein & K. Wilbers (Eds.), Handbuch E-Learning. Köln: dwd.

Pfister, H.-R., Wessner, M. (2000): Evaluation von CSCL-Umgebungen. In H. Krahn, J. Wedekind (Hrsg.): Virtueller Campus '99. Heute Experiment – morgen Alltag? Münster: Waxmann, S. 139–149.

Pfister, H.-R., Wessner, M., Holmer, T., & Steinmetz, R. (1999): Evaluating distributed computer-supported cooperative learning (D-CSCL): A framework and some data. In Proceedings of the 2nd International Conference on New Learning Technologies (NLT99) (S. 234–241).

Pfister, H.-R., Wessner, M., Beck-Wilson, J., Miao, Y., Steinmetz, R. (1998): Rooms, Protocols, and Nets: Metaphors for Computer Supported Cooperative Learning of Distributed Groups. In: Bruckman, A., Guzdial, M., Kolodner, J., Ram, A. (Eds.): Proceedings of ICLS 98, AACE.

Philipps, R., Bain, J., McNaught, C., Rice, M., Tripp, D. (2000): Handbook for Learning-centred Evaluation of Computer-facilitated Learning Projects in Higher Education. Australia: Murdoch University Teaching and Learning Centre. URL: http://cleo.murdoch.edu.au /projects/cutsd99/handbook/handbook.htm.

PhysicsLab (2004): Physics2000 Lab Homepage, http://www.colorado.edu/physics/2000 /index.pl, 30.04.2004

Pieter, A. (2002): Universitäre Lehre online – ein Praxisbeispiel. Unterrichtswissenschaft. Zeitschrift für Lernforschung, (4):304–314.

Pinkwart, N., (2003): A Plug-in Architecture for Graph Based Collaborative Modelling Systems. In: Hoppe, H.U., Verdejo, F., Kay, J. (eds.) Proc. Of AIED 2003, IOS Press, Amsterdam, 2003.

Pinkwart, N., Hoppe, H.U., Milrad, M. & Perez, J. (2003): Educational Scenarios for cooperative use of Personal Digital Assistants. In Journal of Computer Assisted Learning, 19, 3, S. 383–391.

Pipek, V., Hinrichs, J., Wulf, V. (2002): Sharing Expertise: Challenges for Technical Support. In: Ackerman, M., Pipek, V., Wulf, V. (Hrsg.): Expertise Sharing: Beyond Knowledge Management, MIT-Press, Cambridge MA, S. 111–136.

Ploetzner R., Dillenbourg P., et al. (1999): Learning by explaining to others. In P. Dillenbourg (Hrsg.), Collaborative Learning: Cognitive and Computational Approaches (S. 103–121). Amsterdam: Pergamon.

Polanyi, M. (1958): Personal Knowledge: Towards a Post-Critical Philosophy, London, Routledge & Kegan.

Polanyi, M. (1985): Implizites Wissen. Frankfurt a. M.: Suhrkamp.

Portmann, A. (1951): Biologische Fragmente zu einer Lehre vom Menschen. Basel, 2. Aufl.

Postel, J. (1982): RFC 821: Simple Mail Transfer Protocol. ftp://ftp.internic.net/rfc/rfc788.txt.

Praktomat (2003): URL: http://www.fmi.uni-passau.de/st/praktomat

Preece, J. (2000): Online Communities. Designing Usability, Supporting Sociability. Chichester u.a.: Wiley.

Prenzel, M., Mandl, H. (1993): Transfer of Learning from a Constructivist Perspective. In: Duffy, T. M., Lowyck, J., Jonassen, D. H. (eds): Designing Environments for Constructive Learning. Berlin u.a.: Springer, S. 315–29.

Preskill, H., Torres, R.T. (1999): Evaluative enquiry for learning in organizations. Thousands Oaks, CA: Sage Publications, Inc.

Probst, G. J. B., Deussen, A., Eppler, M. J., Raub, S. P. (2000): Kompetenz-Management: Wie Individuen und Organisationen Kompetenz entwickeln. Wiesbaden: Gabler.

Puntambekar, S., Young, M.F. (2003): Moving toward a theory of CSCL. In: B. Wasson, S. Ludvigsen, & U. Hoppe (Eds.): Designing for Change in Networked Learning Environments, Proceedings of the International Conference on Computer Support for Collaborative Learning 2003. Dordrecht: Kluwer, S. 503–512.

Quality Assurance Agency for Higher Education (no date): Guidelines on the quality assurance of distance learning. Gloucester, UK: Quality Assurance Agency for Higher Education (QAA). URL: http://www.qaa.ac.uk/public/dlg/dlg_textonly.htm

RAT: Robust Audio Tool. (2003): http://www-mice.cs.ucl.ac.uk/multimedia/software/rat/

Rautenstrauch, C. (2001): Tele-Tutoren. Qualifizierungsmerkmale einer neu entstehenden Profession. Bieleffeld: Bertelsmann.

Reddick, A., Boucher, Ch., Groseilliers, M. (2001): Rethinking the Information Highway: Rethinking the Dual Digital Divide. Quebec Canada: Hull.

Reeves, T. C. (1993): Evaluating technology-based learning. In G. M. Piskurich (Ed.), The ASTD handbook of instructional technology (S. 15.11–15.32). New York: McGraw-Hill.

Reeves, T.C. (1997): Established and emerging paradigms for instructional design. In: Dills, C., Romiszowski, A. (eds.): Instructional development. Englewood Cliffs, NJ: Educational Technology, 163–178.

Reffay. C., Chanier, T. (2003): How social network analysis can help to measure cohesion in collaborative distance learning. In: Wasson, B., Ludvisen, S., Hoppe. H.U. (eds): Proc. of CSCL 2003, Kluwer Academic Publishers, Dordrecht, 2003.

Reichwald, R., Möslein, K., et al. (1998): Telekooperation – Verteilte Arbeits- und Organisationsformen. Heidelberg, Springer.

Reinmann-Rothmeier, G., Mandl, H. (1996): Lernen auf der Basis des Konstruktivismus. Computer und Unterricht, 23, S. 41–44.

Reinmann-Rothmeier, G., Mandl, H., Prenzl, M. (1997): Qualitätssicherung bei multimedialen Lernumgebungen. In: Friedrich, H. F., Eigler, G., Mandl, H., Schnotz, W., Schott, F., Seel, N. M. (Hrsg.): Multimediale Lernumgebungen in der betrieblichen Weiterbildung. Neuwied: Luchterhand Verlag.

Reinmann-Rothmeier, G., Mandl, H. (1999): Teamlüge oder Individualisierungsfalle? Eine Analyse kollaborativen Lernens und deren Bedeutung für die Förderung von Lernprozessen in virtuellen Gruppen. Forschungsbericht Nr. 115, Ludwig-Maximilians-Universität München, 1999.

Reinmann-Rothmeier, G. (2003): Didaktische Innovation durch Blended Learning. Bern u.a.: Hans Huber.

Reiserer, M., Ertl, B., & Mandl, H. (2002): Fostering collaborative knowledge construction in desktop video-conferencing. Effects of content schemes and cooperation scripts in peer teaching settings. In G. Stahl (Ed.), Proceedings of the CSCL 2002 Conference (S. 379–388). Bergen, Norway: Erlbaum.

Renkl, A., & Mandl, H. (1995): Kooperative Formen des Lehrens und Lernens in der Erwachsenenbildung. Unterrichtswissenschaft, 23(4), 332–346.

RFC1855 (1995): Nettiquette Guidelines. http://www.nccn.net/bultnbrd/faq/rfc1855.html

Rheinberg, F. (1998): Motivationstraining und Motivierung. In D. H. Rost (Hrsg.), Handwörterbuch Pädagogische Psychologie (S. 357–360). Weinheim: PVU.

Rheinberg, F. (2002): Motivation. (4. Aufl.). Stuttgart: Kohlhammer.

Rheingold, H. (1994): Virtuelle Gemeinschaft. Bonn: Addison-Wesley.

Rice, R. (1992): Task analysability, use of new media and effectiveness – A multisite exploration of media richness. In: Organization Science 3(3). 475–500.

Rick, J., Guzdial, M., Carroll, K., Hollaway-Attaway, L., Walker, B. (2002): Collaborative Learning at Low Cost: CoWeb Use in English Composition. Proceedings of CSCL 2002, Boulder, Colorado, S. 435–442.

Rindermann, H. (2001): Lehrevaluation. Einführung und Überblick zur Forschung und Praxis der Lehrveranstaltungsevaluation an Hochschulen mit einem Beitrag zur Evaluation computerbasierten Unterrichts. Landau: Verlag Empirische Pädagogik.

Rogers, C. R. (1961): On becoming a person: a therapist's view of psychotherapy. Boston, MA: Houghton Mifflin.

Rogers, C. R. (1969): Freedom to learn. Columbus, OH: Merrill.

Rohfeld, R.W., Hiemstra, R. (1995): Moderating Discussions in the Electronic Classroom. In: Berge, L.Z., Collins, M.P. (Hrsg.): Computer mediated communication and the online classroom. Hampton Press, Cresskill 1995, S. 91–104.

Rolf, A. (1998): Grundlagen der Organisations- und Wirtschaftsinformatik. Berlin: Springer.

Roschelle J. und Pea, R. (2002): A Walk on the WILD side: How wireless handhelds may change CSCL, International Journal of Cognitive Technologies, (eingereicht).

Roschelle, J. (1996): Learning by Collaborating: Convergent Conceptual Change. In: Koschmann, T. (ed): CSCL: Theory and Practice of an Emerging Paradigm. Mahwah, NJ: Lawrence Erlbaum, S. 209–248.

Roschelle, J., Teasley, S.D. (1995): The construction of shared knowledge in collaborative problem solving. In: O'Malley, C. (Ed): Computer Supported Collaborative Learning. Heidelberg: Springer-Verlag, S. 69–97.

Roschelle, J., Patton, C., Pea, R. (2002): To unlock the learning value of wireless mobile devices, understanding coupling. Proceedings of the Int. Workshop on wireless and mobile technologies in Education (WMTE'02), 2002, Växjö, Sweden, S. 2–6.

Roschelle, J., Pea, R. (2002): A walk on the WILD side: How wireless handhelds may change CSCL. Proceedings of the Conference on Computer Supported Collaborative Learning (CSCL) 2002, Boulder, CO, USA, S. 51–60.

Rossi, P. H., Freeman, H. E., Lipsey, M. W. (1999): Evaluation – a systematic approach (6th ed.). Newsbury Park: Sage Publications, Inc.

Rötting, M., Bruder, R. (2000): Integral – Methodische Integration multimedialer und interaktiver Lernwerkzeuge zur Optimierung der Gestaltungkompetenz in der arbeitswissenschaftlichen Lehre. In: Uellner, St., Wulf, V. (2000): Vernetztes Lernen mit digitalen Medien. Proceedings zur Tagung D-CSCL 2000. Heidelberg, Physica, S. 37–52.

Rowland, C. (2002): Accessibility of the Internet in Postsecondary Education: Meeting the Challenge. URL: http://www.webaim.org/articles/meetchallenge.

Rowntree, D. (1995): Teaching and learning online: a correspondence education for the 21st century? In: British Journal of Educational Technology, 26(3), 205–215.

Rüdiger, B. (2000): Gruppenarbeit – gehasst und geliebt. Neue Chancen durch Systeme für computerunterstützte Gruppenarbeit. In: Computer + Unterricht, 10 (2000) 39, S. 32 – 35.

Rüdiger, B. (2001): Neues CSCL-Unterrichtskonzept in einer neuen Schulart der Informatik. In: Oberquelle, H., Oppermann, R., Krause, J: Mensch & Computer 2001. Stuttgart u.a.: Teubner, 193–204.

Salmon, G. (2000): E-Moderating. The Key to Teaching and Learning Online. London: Kogan Page.

Sandbothe, M. & Marotzki, W. (2000): Subjektivität und Öffentlichkeit. Köln 2002.

Sanders, G.S., Baron, R.S., Moore, D.L. (1978): Distraction and social comparison as mediators of social facilitation effects. Journal of Experimental Social Psychology, 14, S. 291–303.

Sandhu, R. S., Coyne, E. J., Feinstein, H. L., Youman, C. E. (1996): Role-Based Access Control Models. In: IEEE Computer, 1996, Vol. 29 Nr. 2. S. 38–47.

Scardamalia, M. (2002): Collective cognitive responsibility for the advancement of knowledge. In: Smith, B. (Ed.): Liberal education in a knowledge society. Chicago: Open Court, S. 67–98.

Scardamalia, M. (2003): CSILE / Knowledge Forum. In: Education and Technology: An Encyclopedia (Editors: Ann Kovalchick and Kara Dawson). ABC-CLIO, Santa Barbara, 2003.

Scardamalia, M., Bereiter, C. (1994): Computer Support for Knowledge-Building Communities. The Journal of the Learning Sciences, 3(3), S. 265–283.

Scardamalia, M., Bereiter,C. (1996a): Adaptation and Understanding: A Case for New Cultures of Schooling. In: Vosniadou, S., de Corte, E., Glaser, R., Mandl, H. (Eds.): International Perspectives on the Design of Technology-Supported Learning Environments. Mahwah, NJ: Lawrence Erlbaum Associates, S. 149–163.

Scardamalia, M., Bereiter, C. (1996b): Computer Support for Knowledge-Building Communities. In: Koschmann, T. (Ed.): CSCL: Theory and practice of an emerging paradigm. Mahwah, NJ: Lawrence Erlbaum Associates, S. 249–268.

Scardamalia, M., Bereiter, C. (2002): Knowledge building. In: Encyclopedia of education, second edition. New York: Macmillan Reference.

Scardamalia, M., Bereiter, C., Lamon, M. (1994): The CSILE project: Trying to bring the classroom into World 3. In: McGilley, K. (Ed.): Classroom lessons: Integrating cognitive theory and classroom practice. Cambridge, MA: MIT press, S. 201–228.

Schank, R. C., & Abelson, R. P. (1977): Scripts, plans, goals and understanding. An inquiry into human knowledge structures. Hillsdale, NJ: Erlbaum.

Schanz, G. (1992): Organisation. In E. Frese (Ed.), Handwörterbuch der Organisation. Stuttgart: Poeschel, S. 1459–1471.

Schaphorst, R. (1996): Videoconferencing and Videotelephony. Technology and Standards. Boston, London: Artech House.

Scheele, N., Mauve, M., Effelsberg, W., Wessels, A., Horz, H., Fries S. (2002): The Interactive Lecture. A New Teaching Paradigm Based on Ubiquitous Computing, Technical Report TR-02-006, Department for Mathematics and Computer Science, University of Mannheim.

Scheepers, R., Darmsgaard, J. (1999): A Stage Model of Intranet Technology, Implementation and Management. In: Proceedings of the 7th European Conference on Information Systems. Copenhagen, Dänemark.

Scheier, C., & Koschel, K. (2002): Your customer's eyes. Planung und Analyse, 10, 42–47.

Schenk, B., Schwabe, G. (2000): Die elektronische Zukunftskonferenz. In: Proceedings der Verwaltungsinformatik 2000.

Schenkel, P., Fischer, A., Tergan, S.-O. (2004): Das Evaluationsnetz zur Evaluation von E-Learning. In: Tergan, S.-O., Schenkel, P. (Hrsg.): Was macht E-Learning erfolgreich?

Grundlagen und Instrumente der Qualitätsbeurteilung. Heidelberg: Springer Verlag, S. 131–138.

Schenkel, P., Tergan, S.-O., & Lottman, A. (Eds.) (2000): Qualitätsbeurteilung multimedialer Lern- und Informationssysteme. Nürnberg: BW Bildung und Wissen.

Schiefele, U. & Pekrun, R. (1996): Psychologische Modelle des fremdgesteuerten und selbstgesteuerten Lernens. In: F. Weinert (Hrsg.): Psychologie des Lernens und der Instruktion. Göttingen.

Schiefele, U., & Wild, K.-P. (Eds.) (2000): Interesse und Lernmotivation. Untersuchungen zu Entwicklung, Förderung und Wirkung. Münster: Waxmann.

Schlattmann, M., Appelrath, H.-J. (2003): Exploratives Lernen in 3D-Welten: die virtuellen Gen-Labore ViPGen und GenLab, Tagungsband Learntec 2003, Karlsruhe, 2003.

Schmidt, H. G., Moust, J. H. C. (1998): A taxonomy of problems used in problem-based curricula. In: van Marrienboer, J., Koerkerke, G. (Hrsg.): Instructional Design for Problem-Based Learning. University of Maastricht, S. 3–12.

Schmidt, H., van der Arend, A., Kokx, I., Boon, L. (1994): Peer versus staff tutoring in problem-based learning. Instructional Science, 22 (4), S. 279–285.

Schneider, D.K. (1995): Educational Technology: Educational VR (MUD) sub-page. URL: http://tecfa.unige.ch/edu-comp/WWW-VL/eduVR-page.html

Schneider, U. (1996): Management in der wissensbasierten Unternehmung. Das Wissensnetz in und zwischen Unternehmen knüpfen. In: Schneider, U. (Hrsg.), Wissensmanagement. Die Aktivierung des intellektuellen Kapitals. Frankfurt a. M.: Frankfurter Allgemeine Zeitung Verlag, S. 13–48.

Schoen, D. (1983): The reflective practitioner: how professionals think in action. New York: Basic Books.

Schön, D.A. (1987): Educating the reflective practitioner. San Francisco: Josey-Bass Publ.

Schratz, M. Iby, M., Radnitzky, E. (2000): Qualitätsentwicklung. Verfahren, Methoden Instrumente. Weinheim: Beltz.

Schreyögg, G. (1999): Organisation: Grundlagen moderner Organisationsgestaltung. Wiesbaden: Gabler. 3. Auflage.

Schröder, H. (2000): Lernen – Lehren – Unterricht. Oldenbourg.

Schulmeister R. (2001): Szenarien netzbasierten Lernens. In: Wagner, E, Kindt, M. (Hrsg.), Virtueller Campus. Szenarien, Strategien, Studium. Münster: Waxmann. 2001.

Schulmeister, R. (1997): Grundlagen hypermedialer Lernsysteme: Theorie – Didaktik – Design. 2. Auflage. München: Oldenbourg.

Schulmeister, R. (2001): Virtuelle Universität – Virtuelles Lernen. München: Oldenbourg-Verlag, München.

Schulmeister, R. (2003): Lernplattformen für das virtuelle Lernen, Evaluation und Didaktik, Oldenbourg: München, Wien.

Schulz von Thun, F. (2001): Miteinander Reden 1 – Störungen und Klärungen. Reinbek: Rowohlt.

Schulz, W. (1973): Das Projekt. Chancen und Grenzen einer Lehr-Lern-Form in Schulunterricht und Lehrerausbildung. Basel.

Schulz, W. (1981): Unterrichtsplanung: Mit Materialien aus Unterrichtsfächern, 3. Auflage. München u.a.: Urban und Schwarzenberg.

Schwabe, G. (1995): Objekte der Gruppenarbeit – ein Konzept für das Computer Aided Team, Gabler, Wiesbaden 1995

Schwabe, G. (2001): Mediensynchronizität – Theorie und Anwendung bei Gruppenarbeit und Lernen. In: Hesse, F. & Friedrich, H.: Partizipation und Interaktion im virtuellen Seminar. Münster, Waxmann: 111–134.

Schwabe, G., Filk, C., Valerius, M. (2001): Warum Kooperation neu erfinden – Zum Beitrag der CSCW-Forschung für das kollaborative E-Learning. In: Buhl, H., Huther, A., Reitwiesner, B.: Information Age Economy – Konferenzband der Wirtschaftsinformatik 2001, Heidelberg, Physica: 381–394.

Schwabe, G., Streitz, N., Unland, R. (Hrsg.) (2001): CSCW Kompendium – Lehr- und Handbuch zum computerunterstützten kooperativen Arbeiten, Berlin u.a., Springer.

Schwabe, G. (2002): Mediensynchron Lernen – Evaluation und Fortentwicklung der Media Synchronicity Theorie. In: Eicker, S.: E-Learning: Modelle, Instrumente und Erfahrungen. Tagungsband der Teilkonferenz E-Learning im Rahmen der Multikonferenz Wirtschaftsinformatik 2002. Universität Essen.

Schwartz, A. (1998): Managing Mailing Lists. O'Reilly & Associates.

Schweizer, K. (2003): Ein Vergleich ausgewählter Methoden zur Analyse von Kommunikationsdaten aus der netzbasierten Kleingruppenforschung. Zeitschrift für Medienpsychologie, 15, 34–37.

Searle, J.R. (1979): Expression and Meaning. Cambridge Univ. Press, Cambridge, UK, 1979.

Seeberg, C. (2002): Life Long Learning – Modulare Wissensbasen für elektronische Lernumgebungen. Springer-Verlag, Heidelberg.

Seeman, L. (2002): Inclusion Of Cognitive Disabilities in the Web Accessibility Movement. WWW2002 Alternate Paper Tracks Proceedings. URL: http://www2002.org/CDROM/alternate/689/index.html.

Seifert, J.W. (1995): Visualisieren – Präsentieren – Moderieren. 7. Auflage, Gabel 1995.

Senge, P. M. (1999): The Fifth Discipline: The Art and Practice of the Learning Organization. London: Random House Business Books.

Sesink, W. (2000): Bildung ans Netz. Implementierung neuer Technologien in Bildungsein-richtungen – pädagogische und technische Vermittlungsaufgaben. Schriftenreihe der Landes-initiative Hessen-media Bd. 23, Wiesbaden.

Sesink, W. (2002): Grundlagen der Informationspädagogik. Skript zur Vorlesung im SS 2002. (http://www.sesink.de/

Seufert, S., Mayr, P. (2002): Fachlexikon e-le@rning.de. Wegweiser durch das E-Vokabular. Bonn: managerSeminare Gerhard May.

Seusing, B. & Bötel, C. (2000): Bedarfsanalyse – die betriebliche Praxis der Planung von Bildungsbedarfen. In C. Bötel & E. M. Krekel (Hrsg.), Bedarfsanalyse, Nutzungsbewertung und Benchmarking – Zentrale Elemente des Bildungscontrollings (S. 21–34). Bielefeld: Bertelsmann.

Shannon, C. E., Weaver, W. (1949): The mathematical theory of communication. Urbana, IL: Illinois University Press.

Sharan, S.& Hertz-Lazarowitz, R. (1980): A group investigation method of cooperative learning in the classroom. In: Sharan, S. et al. (Eds.): Cooperation in Education. Provo, Utah: BYU Press, pp. 14–46.

Sharples, M., Jeffery, N., du Boulay, J. B. H., Teather, D., Teather, B. du Boulay, G. H. (2002): Socio-cognitive engineering: A methodology for the design of human-centred tech-nology. European Journal of Operational Research, 136(2):310–323.

Shaw, M.E. (1964): Communication networks. In: Berkowitz, L. (ed): Advances in Experi-mental Social Psychology, vol. 1. New York: Academic Press, S. 111–147.

Shaw, M.E. (1981): Group Dynamics: the social psychology of small group behavior, 3rd edn. New York: McGraw-Hill.

Shneiderman, B. (1998): Designing the user interface (3rd edition). Reading, MA: Addison-Wesley.

Short, J., Williams, E., et al. (1976): The social psychology of telecommunications. London, John Wiley & Sons.

Simons, R. J. (1992): Lernen, selbständig zu lernen – ein Rahmenmodell. In: Mandl, Heinz, Friedrich, Helmut F. (Hrsg.): Lern- und Denkstrategien. Analyse und Intervention. Göttin-gen, S. 251–264.

Sinclair, R. (2003): Components of quality in distance education: distance education guide-lines from different countries. In: Davies, G., Stacey, E. (Hrsg.): Quality Education @ a Distance. Dordrecht, NL: Kluwer Academic Publishers, S. 119–128.

Skinner, B. F. (1948): Walden Two. New York: MacMillan.

Skinner, B. F. (1968): The technology of teaching. New York: Appleton-Century-Crofts.

Skinner, B. F. (1977): About Behaviorism. New York: Knopf.

Slavin, R. (1978): Student teams and achievement divisions. Journal of Research and Development in Education, 12, S. 39–49.

Slavin, R. E. (1993): Synthesis of research on cooperative learning. In A. E. Woolfolk (Ed.), Readings & cases in educational psychology (S. 170–178). Needham Heights: Allyn & Bacon.

Slavin, R. E. (1995): Cooperative learning: Theory, research, and practice (2 ed.). Needham Heights, MA: Allyn and Bacon.

Sleeman, D., Brown, J. S. (Hrsg.) (1982): Intelligent Tutoring Systems. Oxford: Academic Press.

SmartList (2003): Projekt-Homepage, http://www.procmail.org/, Stand: 31.10.2003.

Soller, A., & Lesgold, A. (2003): A computational approach to analyzing online knowledge sharing interaction. In Proceedings of Artificial Intelligence in Education (S. 253–260). Sydney, Australia.

Spada, H. (Hrsg.) (1992): Lehrbuch Allgemeine Psychologie. 2., korrigierte Auflage. Bern u.a.: Hans Huber.

Spada, H., Ernst, A. M., Ketterer, W. (1992): Klassische und operante Konditionierung. In: Spada, H. (Hrsg.), Lehrbuch Allgemeine Psychologie. 2., korrigierte Auflage. Bern u.a.: Hans Huber, S. 323–372.

Specht, M. (1998): Adaptive Methoden in computer-basierten Lehr-/Lernsystemen, GMD Research Series, St. Augustin.

Spiro, R. J., Feltovich, P. J., Jacobson, M., Coulson, R. L. (1991): Cognitive flexibility, constructivism, and hypertext: Advanced knowledge acquisition in ill-structured domains. Educational Technology, 31 (5), S. 24–33.

Stahl, G. (2000): Collaborative Information Environments to Support Knowledge Construction by Communities, AI & Society, Vol. 14, S. 71–97.

Stahl, G. (2000b): A Model of Collaborative Knowledge-Building. In: Proceedings on the International Conference on the Learning Science (ICLS).

Stahl, G. (2002): Groupware Goes to School. Proceedings of the 8th International Workshop on Groupware, La Serena, Chile, September 1–4, 2002. Springer-Verlag. S. 7–24.

Stahl, G. (2003): Negotiating Shared Knowledge in Asynchronous Learning networks. In: Proceedings of HICSS 2003.

Stahl, G., Herrmann, T. (1999), Intertwining Perspectives and Negotiation. In: Proceedings of Group '99. New York: ACM, S. 316–325.

Stasser, G. (1992): Pooling of unshared information during group discussion. In S. Worchel, W. Wood & J. A. Simpson (Eds.), Group process and productivity (S. 48–67). Newsbury Park: Sage.

Stefik, M.J., Foster, G., Bobrow, D.G., Kahn, K., Lanning, S., Suchman, L. (1987): Beyond the chalkboard: Computer Support for Collaboration and Problem Solving in Meetings. Communications of the ACM, 30:1, S. 32–47, January 1987. (Reprint in I. Greif (Ed.), Computer-supported cooperative work. San Mateo, California: Morgan Kaufmann Publishers, Inc., 1988, S. 335–366. Reprint in D. Marca & G. Bock, G. (Eds.) Groupware: Software for Computer-Supported Cooperative Work, Los Alamitos, Calif. IEEE Computer Society Press, 1992)

Steiner, I.D. (1972): Group Processes and Productivity. New York: Academic Press.

Stiller, E. (2003): Wer wird SOWI-Master? In: Polis 4/2003, Opladen, Leske+Burich.

Stollberg, D. (1998): Ich leite, du leitest – wer leitet? Leitung in TZI-Gruppen. Themenzentrierte Interaktion, 12 (1), S. 88–97.

Stokes, D.E. (1997): Pasteur's Quadrant – Basic Science and Technological Innovation. Washington DC: The Brookings Institute Press.

Stoner, J.A.F. (1961): A comparison of individual and group decisions involving risks. Unpublished master's thesis, MIT, cited in Marquis, D.G., Individual responsibility and group decisions involving risk, Industrial Management Review, 3, S. 8–23.

Storrer, A., Beißwenger, M. (2004): Ein Szenario für die chatbasierte Durchführung von Quizrunden im Rahmen hochschulübergreifender Seminare. Vortrag im Rahmen des Workshops Gemeinsam online lernen. Darmstadt: Fraunhofer IPSI, 30. Januar 2004.

Strauss, A. L., & Corbin, J. (1996): Grundlagen qualitativer Sozialforschung. Weinheim: PsychologieVerlagsUnion.

Strauss, M., Pape, B., Adam, F., Klein, M., Reinecke, L. (2003): CommSy-Evaluationsbericht 2003: Softwareunterstützung für selbstständiges und kooperatives Lernen. Berichte des Fachbereichs Informatik der Universität Hamburg, FBI-HH-B-251/03.

Streeter, L. A., Lochman, K. A. (1988): An expert/expert location system based on an automatic representation of semantic structure, in Proceedings of the Forth Conference on Artificial Intelligence Applications, San Diego, CA, March 14 – 18, ACM-Press, New York 1988, S. 345–350.

Streitz, N., Geißler, J., Haake, J., Hol, J. (1994): DOLPHIN: Integrated Meeting Support Aross LiveBoards, Local and Remote Desktop Environments. Proceedings of the 1994 ACM Conference on Computer-Supported Cooperative Work (CSCW'94), Chapel Hill, N.C., October 22–26, S. 345–358.

Streitz, N. A., Geißler, J., Holmer, T. (1998): Roomware for Cooperative Buildings: Integrated Design of Architectural Spaces and Information Spaces. In: Streitz, N., Konomi, S., Burkhardt, H. (Ed.): Cooperative Buildings – Integrating Information, Organization, and Architecture. Proceedings of CoBuild '98, Darmstadt, Germany, LNCS Vol. 1370, Heidelberg, Germany, Springer, 1998. S. 4–21.

Studienseminar Hamm (Hrsg.) (2003): Seminarprogramm. http://semsek2.ham.nw.schule.de /Seminarprogramm/.

Sudman, S., Bradburn, N. M., & Schwarz, N. (1996): Thinking about answers. San Francisco: Jossey-Bass Publishers.

Suhler, J. (1999a): Life at the Palace: A Cyberpsychology Case Study. Rider University: Lawrenceville, NJ. http://www.rider.edu/users/suler/psycyber/palacestudy.html

Suhler, J. (1999b): The Psychology of Avatars and Grafical Space in Multimedia Chat Communities. Rider University: Lawrenceville, NJ. http://www.rider.edu/users/suler /psycyber/psyav.html

Susman, E. B. (1998): Cooperative learning: A review of factors that increase the effectiveness of cooperative computer-based instruction. Journal of Educational Computing Research, 18, 303–322.

Suthers, D. und Hmelo-Silver, C. (2003): Representational Guidance for Knowledge-building Discource. In: International Conference on Computer Support for Collaborative Learning. Community Events. Communication and Interaction. Bergen. 2003.

Suthers, D., Weiner, A., Connelly, J., Paolucci, M. (1995): Belvedere: Engaging Students in Critical Discussion of Science and Public Policy Issues. Proceedings of the 7th World Conference on Artificial Intelligence in Education (AI-ED '95), August 16-19, Washington DC, S. 266–273.

Tajfel, H. (1978, ed): Differentiation between Social Groups: studies in the social psychology of intergroup relations. London: Academic Press.

Tajfel, H. (1982): Social psychology of intergroup relations. Annual Review of Psychology, 33, S. 1–30.

Tajfel, H., Turner, J. (1986): An integrative theory of intergroup conflict. In: Austin, W. C., Worchel, S. (eds): The Social Psychology of Intergroup Relations, 2nd edition. Monterey, CA: Brooks/Cole, S. 7–24.

Tanenbaum, A. S. (2000): Computernetzwerke. Upper Saddle River: Prentice Hall.

Terhart, E. (2001): Lehrerberuf und Lehrerbildung. Weinheim, Beltz.

Teuteberg, F. (2001): Agentenbasierte Informationserschließung im World Wide Web unter Einsatz von Künstlichen Neuronalen Netzen und Fuzzy-Logik. Köln: Josef Eul Verlag.

TEXTPACK Computer Assisted Content Analysis (1998). Mannheim: ZUMA.

The center for universal design (1997): What is Universal Design? Definition. URL: http://www.design.ncsu.edu:8120/cud/univ_design/ud.htm.

Thorndike, E. L. (1914): Educational Psychology (Vol. I–III). New York, NY: Teachers College.

Tolsby, H (2002): The Digital Workbook, Students constructing their Curriculum. Online (12.11.2003): http://newmedia.colorado.edu/cscl/239.html.

Trahasch, S., Kraus, G., Efferth, T. (2002): Lernplattformen – Entscheidungen mit Weitblick. In: Bachmann, G., Haefeli, O., Kindt, M. (Hrsg.): Campus 2002. Münster u.a.: Waxmann, 251–261.

Trentin, G. (2000): The Quality-Interactivity Relationship in Distance Education. In: Educational Technology, Vol. 40, Nr. 1, S. 17–27.

Treviño, L. K., Lengel, R. H., et al. (1990): The richness imperative and cognitive style: The role of individual differences in media choice behavior. Management Communication Quarterly 4(2): 176–197.

Trindade, A. R., Carma, H., Bidarra, J. (2000): Current developments and Best Practice in Open and Distance Learning. In: International Review of Research in Open and Distance Learning, Vol. 1 (1), pp 1–25. Canada: Athabasca University.

Trompler, C., Rößling, G., Bär, H.C., Choi, C.-M. M. (2003) Kooperative Digitale Mitschriften auf mobilen Computern. Tagungsband der 1. Deutschen E-Learning Fachtagung Informatik (DeLFI 2003). S. 37–46, Gesellschaft für Informatik, Bonn, 2003.

Tschichritzis, D. (1999): Reengineering the University. In: Communications of the ACM, Vol. 42, Nr. 6. Juni.

Tuckman, B. (1965): Developmental sequence in small groups. Psychological Bulletin, 63, S. 384–399.

Tulodziecki, G. (1966): Lehr-/lerntheoretische Konzepte und Softwareentwicklung. In: Neue Medien in den Schulen, Projekte – Konzepte – Kompetenzen, hrsg. v. Bertelsmann Stiftung, Heinz Nixdorf Stiftung, Gütersloh. S. 41–54.

Turner, J. C., Hogg, M. A., Oakes, P. J., Reicher, S. D., Wetherell, M. S. (1987): Rediscovering the social group. A self-categorization theory. Oxford: Blackwell.

Twigg, C. A. (2001): Quality assurance for whom? Providers and Consumers in Today's Distributed Learning Environment. The pew learning and technology program. New York: Center for academic transformation, Rensselaer Polytechnic Institute. URL: http://www.center.rpi.edu/PewSym/Mono3.pdf

Uhl, V. (2003): Strategisches Management von virtuellen Hochschulen. Positionierung auf dem Bildungsmarkt. In: Kerres, M., Voß, B. (Hrsg.): Digitaler Campus – Vom Medienprojekt zum nachhaltigen Medieneinsatz in der Hochschule. Münster u.a.: Waxmann, 104–111.

Ulich, E. (2001): Arbeitspsychologie. Stuttgart: Schäfer-Poeschel-Verlag.

Üllner, S., & Wulf, V. (Eds.) (2000): Vernetztes Lernen mit digitalen Medien. Heidelberg: Physica-Verlag.

UniFrauenstelle der Universität Zürich (2003): Mentoring. [On-line]. Available: http://www.mentoring.unizh.ch/

Unz, D. (1998): Didaktisches Design für Lernprogramme in der Wissenschaftlichen Weiterbildung. In: Scheuermann, F., Schwab, F., Augenstein, H. (Hrsg.): Studieren und weiterbilden mit Multimedia. Nürnberg: Bildung und Wissen, S. 308–334.

Valacich, J.S., Dennis, A.R., Nunamaker, J.F. (1991): Electronic Meeting Support: the group systems concept. Int. Jounal on Man-Machine Studies 34:261–282, 1991.

van Boxtel, C., van der Linden, J., & Kanselaar, G. (2000): Collaborative learning tasks and the elaboration of conceptual knowledge. Learning and Instruction, 10(4), 311–330.

van Someren, M. W., Barnard, Y. F., & Sandberg, J. (1994): The think aloud method – a practical approach to modelling cognitive processes. London: Academic Press.

Varela, U. (1987): Autonomie und Autopoiese. In: Schmidt, S. J. (Hrsg.): Der Diskurs des radikalen Konstruktivismus. Frankfurt/ M., S. 119–132.

Verdejo, M. F., Barros, B., Read, T., Rodríguez-Artacho, M. (2002): A System for the Specification and Development of an Environment for Distributed CSCL Environments, ITS, LNCS, Springer-Verlag, 2002.

Vester, F. (o.J.): Ecopolicy. Das kybernetische Strategiespiel. Braunschweig: Westermann.

VGK (2003): URL: http://www.vgk.de, April 2003.

VIROR-Homepage (2003): URL: http://www.viror.de/, April 2003.

VIROR-Veranstaltungsseite (2003): URL: http://www.viror.de/lernen/vorlesungen/index.php, April 2003.

Vivacque, A., Lieberman, H. (2000): Agents to assist in finding help. In: Proceedings in the Conference on Computer Human Interaction (CHI 2000), ACM-Press, New York, S. 65–72.

VNC. Real VNC, http://www.realvnc.com/

Vogel, J. (2003): Präsentation und Kollaboration in Televeranstaltungen mit dem multimedia lecture board, Tagungsband der 17. DFN-Arbeitstagung über Kommunikationsnetze, Lecture Notes in Informatics, S. 411–424, Düsseldorf, Germany, Juni.

Volpert, W. (1975): Die Lohnarbeitswissenschaft und die Psychologie der Arbeitstätigkeit. In: Groskurth, P., Volpert, W. (Hrsg.): Lohnarbeitspsychologie. Berufliche Sozialisation: Emanzipation zur Anpassung. Frankfurt: Fischer, S. 11–196.

Volpert, W. (1987): Psychische Regulation von Arbeitstätigkeiten. In: Rutenfranz, J., Kleinbeck, U. (Hrsg.): Arbeitspsychologie. Enzyklopädie der Psychologie. Göttingen u.a.: Hogrefe, S. 1–42.

Volpert, W. (2003): Wie wir handeln – was wir können. Ein Disput als Einführung in die Handlungspsychologie. Sottrum: artefact.

von Uexküll, J. (1956): Streifzüge durch die Umwelten von Tieren und Menschen. Hamburg.

Vopel, K. W. (2000): Handbuch für Gruppenleiter/innen, 9. Auflage. Salzhausen: iskopress.

Vopel, K. W. (2001): Interaktionsspiele, Band 1 bis 6, 10. Auflage. Salzhausen: iskopress.

Vygotski, L. S. (1978): Mind in Society. Cambridge, MA: Harvard University Press (Originalausgabe 1930).

W3C World Wide Web Consortium (1999): Web Content Accessibility Guidelines 1.0 W3C Recommendation. Web Accessibility Initiative (WAI). URL: http://www.w3.org/TR /WCAG10/.

Wagner, E. (2000): Virtueller Campus: Ein Beitrag zur Hochschulentwicklung. In: Krahn, H., Wedekind, J. (Hrsg.): Virtueller Campus '99. Münster u.a.: Waxmann, 55–67.

Wagner, W. (1997): Galileo Online Forum Jupiter – Ein Projekt der NASA für Schulklassen. In: Computer + Unterricht, 7 (1997) 25, S. 32 – 34.

Walther, J. & Burgoon, J. (1992): Relational Communication in Computer-Mediated Interaction. Human Communication Research, 19 (1), 50–88.

Walther, J. (1996): Computer-mediated communication: Impersonal, interpersonal, and hyperpersonal interaction. Communication Research, 23(1), 3–43.

Walther, J.B. (1992): Interpersonal Effects in Computer-Mediated Interaction: A Relational Perspective. Communication Research 19, S. 52–90.

Wan, D., Johnson, P. (1994): Computer-Supported Collaborative Learning Using CLARE: the Approach and Experimental Findings. Proceedings of the 1994 ACM Conference on Computer Supported Cooperative Work, Chapel Hill, North Carolina, October, 1994.

Ward, J., Peppard, J. (2003): Strategic Planning for Information Systems, 3rd edition, Wiley.

Wasserman, S., Faust, K. (1994): Social Network Analysis: Methods and applications. Cambridge University Press, Cambridge, 1994.

Watzlawick, P., Beaven, J. H., Jackson, D. D. (1969): Menschliche Kommunikation: Formen, Störungen, Paradoxien. Bern u.a.: Huber.

WebAssign (2003): URL: http://www.campussource.de/software/webassign/

Webb, N. E., & Palinscar, A. S. (1996): Group processes in classroom. In D. C. Berliner & R. C. Calfee (Eds.), Handbook of educational psychology (S. 841–873). New York: Mac Millian.

Webct Inc (2003): URL: http://www.webct.com, 2002.

Weber, A. (2003): Medienwahl – eine Auswertung von Ergebnissen der empirischen Forschung. Institut für Informatik. Zürich, Universität Zürich.

Weber, H. (2003): Special Needs Education Supported by Information and Communication Technologies (ICT): the SEN-IST-NET Project, Results and Challenges. Keynote at the Special Educational Needs and Information Society Technology – Thematic Symposium in the Context of the European Conference on Special Needs Education and Information Technologies: Looking to the Future, October 23–24, 2003, Madrid.

Weber, W. G. (1997): Handlungsregulation in soziotechnischen Systemen – ein theoretisch-methodologischer Integrationsvorschlag zur Analyse von Gruppenarbeit und Gruppenkohäsion. In: Udris, I. (Hrsg.): Arbeitspsychologie für morgen – Herausforderungen und Perspektiven. Heidelberg: Asanger.

Wegerif, R. (1998): The Social Dimension of Asynchronous Learning Networks. In: Journal of Asynchronous Learning Networks 2(1), 34–49.

Weibelzahl, S. (2002): Evaluation of Adaptive Systems. Dissertation eingereicht am Fachbereich I der Universität Trier.

Weidenmann, B. (2001): Lernen mit Medien. In: Krapp, A.: Pädagogische Psychologie. Weinheim, Beltz PVU: 415–466.

Weinberger, A. (2003): Scripts for Computer-Supported Collaborative Learning. Effects of social and epistemic cooperation scripts on collaborative knowledge construction. Dissertation, LMU München. Online: http://edoc.ub.uni-muenchen.de/archive/00001120/01 /Weinberger_Armin.pdf [letzter Zugriff im Mai 2004].

Weiser, M. (1991): The Computer for the Twenty-First Century. Scientific American, S. 94–10, September 1991.

Weiser, M. (1993): Some Computer Science Problems in Ubiquitous Computing. Communications of the ACM, July 1993.

Weiss, R. (2000): Ansätze und Schwierigkeiten einer Nutzenmessung in Betrieben. In C. Bötel & E. M. Krekel (Hrsg.), Bedarfsanalyse, Nutzungsbewertung und Benchmarking – Zentrale Elemente des Bildungscontrollings (S. 81–98). Bielefeld: Bertelsmann.

Wenger, E. (1998): Communities of Practice. Learning, Meaning, and Identity. Cambridge, UK: Cambridge University Press.

Wenger, E. (2001): Supporting communities of practice. A survey of community-oriented technologies. http://www.ewenger.com/ewbooks.html (Stand: 28.03.2004).

Wenger, E., McDermott, R., Snyder, W. (2002): Cultivating Communities of Practice. A Guide to Managing Knowledge. Boston, MA: Harvard Business School.

Wernsing, A. V. (1999): La salle de classe devient internationale Tricolore – eine deutsch-französische Schülerzeitung im Internet in: Computer + Unterricht, 9 (1999) 35, S. 29–32.

Wessner, M., Pfister, H.-R., Miao, Y. (1999): Using Learning Protocols to Structure Computer-Supported Cooperative Learning. In: Proceedings of the ED-MEDIA 1999 – World Conference on Educational Multimedia, Hypermedia & Telecommunications. Charlottesville: Association for the Advancement of Computing in Education, S. 471–476.

Wessner, M. Pfister, H.-R., Miao, Y. (2000): Umgebungen für computerunterstütztes kooperatives Lernen in der Schule. In: informatica didactica 1 (2000) – http://www.informatica-didactica.de.

Wessner, M., & Pfister, H. R. (2001): Kooperatives Lehren und Lernen. In G. Schwabe, N. Streitz & R. Unland (Eds.), CSCW-Kompendium (S. 251–263). Berlin: Springer.

Wessner, M., Pfister, H.-R. (2001): Group Formation in Computer-Supported Collaborative Learning. In S. Ellis, T. Rodden & I. Zigurs (Hrsg.), Proceedings of the 2001 International ACM SIGGROUP Conference on Supporting Group Work, Sep 30 – Oct 3, 2001, Boulder CO, USA. New York: ACM 2001, S. 24–31.

Wessner, M., Holmer, T., Pfister, H.R. (2001): The Learning Net – An Interactive Visualization of Shared Knowledge for Cooperative Learning. In: Proceedings of the ED-MEDIA 2001, 2001.

Wessner, M. (2001): Software für e-Learning: Kooperative Umgebungen und Werkzeuge. In R. Schulmeister: Virtuelle Universität – Virtuelles Lernen. München: Oldenbourg 2001, S. 195–219.

Wessner, M., Dawabi, P., Haake, J. M. (2002): L3 – An infrastructure for Collaborative Learnflow. In: Stahl, G. (Hg.) Proceedings of CSCL 2002, Lawrence Erlbaum Associates, Inc. Hillsdale, New Jersey, USA, S. 698–699.

Wessner, M., Haake, J. M., & Tietze, D. (2002): An Infrastructure for Collaborative Lifelong Learning. In Proceedings of the Hawaii International Conference On System Sciences, HICSS-35. IEEE Press.

Wessner, M., Dawabi, P., Fernandez, A. (2003): Supporting Face-To-Face Learning With Handheld Devices. In B. Wasson, S. Ludvigsen, & U. Hoppe (Eds.) Designing for Change in Networked Learning Environments, Proceedings of the International Conference on Computer Support for Collaborative Learning 2003. Dordrecht: Kluwer, pp. 487–491.

Wessner, M., Holmer, T. (2003): Integration des kooperativen Lernens in die Didaktik von L3. In: Ehlers, U., Gerteis, W., Holmer, T., Jung, H. (Hrsg.): E-Learning-Services im Spannungsfeld von Pädagogik, Ökonomie und Technologie, Bielefeld, W. Bertelsmann, S. 70–82.

Wessner, M., Dawabi, P. (2004): Interaktionsunterstützung für die Präsenzlehre – Szenarien und Design. Proccedings der DeLFI 2004 (im Druck).

Wessner, M. (in Vorbereitung): Kontextuelle Kooperation in virtuellen Lernumgebungen. Dissertation, Fachbereich Informatik, Technische Universität Darmstadt.

Whitty, M. T. (2000): Liar, liar! An examination of how open, supportive and honest people are in chat rooms. Computers in Human Behavior, 18 (4), S. 343–352.

Wiebe, G. (1999): Nullen, Einsen und Fantasie, Multi-User-Dungeons: Fantasy Rollenspiele im Internet in: Computer + Unterricht, 9 (1999) 36 S. 25–27.

Wiesner, H. (2001): Virtuelles Lernen: Eine Befragung von DozentInnen. FIfF-Kommunikation 1/2001.

Wiesner, H., Kamphans, M., Schelhowe, H., Metz-Göckel, S., Zorn, I., Drag, A., Peter, U., & Schottmüller, H. (2003): Gender Mainstreaming Leitfaden. Unpublished manuscript, Dortmund, Bremen.

Wiki (2003): URL: http://c2.com/cgi/wiki, April 2003.

Wilbers, K. (2001): E-Learning didaktisch gestalten. Einführung. In: Hohenstein, A., Wilbers, K. (Hrsg.): Handbuch E-Learning: Expertenwissen aus Wissenschaft und Praxis. Köln: Deutscher Wirtschaftsdienst, Gruppe 4, Kap. 4.0.

WILD@Mannheim-Homepage (2003): URL: http://www.informatik.uni-mannheim.de /informatik/pi4/projects/UCE/UCE_1.html, April 2003.

Wiley, D., Edwards, E. (2002): Online self-organizing social systems. The decentralized future of online learning. In: Quarterly Review of distance education, 3(1), 33–46.

Wilke, H.A.M., van Knippenberg, A. (1996): Gruppenleistung. In: Stroebe, W., Hewstone, M., Stephenson, G.M. (Hrsg.): Sozialpsychologie, 3. Auflage. Berlin u.a.: Springer, S. 455–502.

Willke, H. (1997): Supervision des Staates. Frankfurt a.M., Suhrkamp.

Winograd, T., Flores, F (1986): Understanding Computers and Cognition. Ablex Publishing Corporation, Norwood, New Jersey, 1986.

Wittig, F. (2002): Maschinelles Lernen Bayesscher Netze für benutzeradaptive Systeme. Dissertation eingereicht an der Fakultät I der Universität des Saarlandes, Saarbrücken.

Wolf, V. (1995): Waren im Netz. In: Computer + Unterricht 5 (1995) 20, S. 38–44.

Wöls, K., Kirchpal, S., Ley, T. (2003): Skills Management – An „all-purpose" Tool? In: Tochtermann, K., Maurer, H. (Hrsg.): Proceedings of I-Know '03 – 3rd International Conference on Knowledge Management. Graz: Know-Center, S. 138–143.

Wottawa, H. & Thierau, H. (1990): Lehrbuch Evaluation. Bern: Huber.

Wulf, V. (1999): Zur anpaßbaren Gestaltung von Groupware. Habilitationsschrift, Fachbereich Informatik, Universität Hamburg.

Wulf, V. (2001): Zur anpassbaren Gestaltung von Groupware: Anforderungen, Konzepte, Implementierungen und Evaluationen, GMD Research Series, Nr. 10/2001, St. Augustin.

Wulf, V., Rohde, M. (1995): Towards an Integrated Organization and Technology Development. In: Proceedings of the Symposium on Designing Interactive Systems, New York, 55–64.

Wuppertaler Kreis e.V. / CERTQUA (2002): Qualitätsmanagement und Zertifizierung in der Weiterbildung – nach dem internationalen Standard ISO 9000:2000. Neuwied: Luchterhand.

W3C (2004): Web Services. W3C. http://www.w3.org/2002/ws/, Zugriff im März 2004.

Xiao, B., Jödick, F. (2003): The Shared Multimedia Notebook: A Java Tool for Cooperation in Learning Environments. DELFI-2003 (1. Fachtagung „e-Learning" der Gesellschaft für Informatik), Lecture Notes in Informatics, Gesellschaft für Informatik: München, 2003, S. 75–84.

Yahoo (2003): Yahoo-Groups Homepage. http://groups.yahoo.de/, Stand: 31.10.2003.

Yu, F. Y. (2001): Competition within computer-assisted cooperative learning environments: Cognitive, affective, and social outcomes. Journal of Educational Computing Research, 24(2), 99–117.

Zajonc, R.B. (1965): Social Facilitation. Science, 149, S. 269–274.

Zeller, A. (2000): Making Students Read and Review Code, ACM SIGCSE/SIGCUE 2000.

Zimbardo, P. G., Gerrig, R. J. (2003): Psychologie. Berlin: Springer.

Zimmer, G. (1994): Vom Fernunterricht zum Offenen Fernlernen – ein europäischer Methoden- und Perspektivenwechsel. In: Zimmer, G. (Hrsg.): Vom Fernunterricht zum Open Distance Learning. Eine europäische Initiative. Bielefeld: Bertelsmann, 7–33.

Zimmer, G. (2001): Ausblick: Perspektiven der Entwicklung der telematischen Lernkultur. In: Arnold, P.: Didaktik und Methodik telematischen Lehrens und Lernens. Lernräume, Lernszenarien, Lernmedien. State-of-the-Art und Handreichung. Unter Mitarbeit von Larissa Rogner und Anne Thillosen. Mit Hinweisen für die Entwicklung der telematischen Lernkultur von Gerhard Zimmer. Münster u.a.: Waxmann, (Medien in der Wissenschaft. 17), 126–146.

Zimmer, G. (2002): Mit Telematik vom Fernunterricht zum offenen Telelernen. In: Issing, L., Klimsa, P. (Hrsg.): Information und Lernen mit Multimedia und Internet. Lehrbuch für Studium und Praxis. 3., vollständig überarb. Aufl., Weinheim: Beltz Psychologische Verlagsunion, 301–314.

Zumbach, J. (2003): Seminar Problembasiertes Lernen. URL: http://paeps.psi.uni-heidelberg.de/teaching/summer03/pbl.htm.

Zumbach, J., Reimann, P. (2000): Problem-Based Learning als konstruktivistischer Ansatz in der internetbasierten Umweltpädagogik. In: Tochtermann, K., Riekert, W.-F. (Hrsg.): Hypermedia im Umweltschutz. Marburg: Metropolis, S. 55–58.

8   Autorenverzeichnis

Allmendinger, Katrin, Fraunhofer-Institut für Arbeitswirtschaft und Organisation, Marktstrategieteam Lernanwendungen, Nobelstrasse 12, 70569 Stuttgart, http://www.pm.iao.fraunhofer.de, katrin.allmendinger@iao.fraunhofer.de

Appelt, Wolfgang, Fraunhofer-Institut für Angewandte Informationstechnik, Schloss Birlinghoven, 53754 Sankt Augustin, http://www.fit.fraunhofer.de, appelt@fit.fhg.de

Arnold, Patricia, Helmut-Schmidt-Universität, Universität der Bundeswehr Hamburg, Institut für Berufsbildung, Weiterbildung und Telematik, http://oldwww.unibw-hamburg.de/PWEB/paebbp/ibwt/default.html, patricia.arnold@unibw-hamburg.de

Becks, Andreas, Fraunhofer-Institut für Angewandte Informationstechnik FIT, Forschungsbereich Information im Kontext, Schloss Birlinghoven, 53754 Sankt Augustin, http://www.fit.fraunhofer.de, andreas.becks@fit.fraunhofer.de

Bresser, Oliver, Fraunhofer-Institut für Angewandte Informationstechnik FIT, Schloss Birlinghoven, 53754 Sankt Augustin, http://www.fit.fraunhofer.de, oliver.bresser@fit.fraunhofer.de

Carell, Angela, Universität Dortmund, Fachgebiet Informatik & Gesellschaft, August-Schmidt Str. 12, 44221 Dortmund, http://www.iundg.de, angela.carell@uni-dortmund.de

Dawabi, Peter, Fraunhofer-Institut für Integrierte Publikations- und Informationssysteme, Forschungsbereich CONCERT, Dolivostr. 15, 64293 Darmstadt, http://www.ipsi.fraunhofer.de/concert/, peter.dawabi@ipsi.fraunhofer.de

de Witt, Claudia, Universität Duisburg-Essen, Lehrgebiet Medienpädagogik/ Mediendidaktik, Lotharstr. 65, 47048 Duisburg, c.dewitt@uni-duisburg.de

Effelsberg, Wolfgang, Universität Mannheim, Praktische Informatik IV, L 15,16, 68131 Mannheim, http://www.informatik.uni-mannheim.de/informatik/pi4/, effelsberg@informatik.uni-mannheim.de

Farmer, Johannes, Know-Center, Inffeldgasse 21a, 8010 Graz, Österreich, http://www.know-center.at, jfarmer@know-center.at

Fischer, Frank, Institut für Wissensmedien (IWM), Konrad-Adenauer-Str. 40, 72072 Tübingen, http://www.iwm-kmrc.de/, f.fischer@iwm-kmrc.de

Görlich, Christian F., Leiter des Seminars Gymnasium/Gesamtschule HAMM, Museumsstr. 8, 59065 Hamm, goerlich@seminar.ham.nw.schule.de

Gramlinger, Franz, Universität Hamburg, Institut für Berufs- und Wirtschaftspädagogik, Sedanstraße 19, 20146 Hamburg, http://www.ibw.uni-hamburg.de/p/gramlinger, fg@ibw.uni-hamburg.de

Grune, Christian, Berater für mediengestütztes Lernen (Berlin), http://www.relearn.de, cgrune@relearn.de

Haake, Jörg M., FernUniversität in Hagen, Lehrgebiet Verteilte Systeme, Universitätsstr. 1, 58084 Hagen, http://wwwpi6.fernuni-hagen.de, joerg.haake@fernuni-hagen.de

Harrer, Andreas, Gerhard-Mercator-Universität Duisburg, Institut für Informatik und interaktive Systeme (IIIS), Lotharstr. 63/65, D-47057 Duisburg, harrer@collide.info

Hartwig, Ronald, human interface.design, Schulweg 34–36, D-20259 Hamburg, www.human-interface.de, cscl@benutzerfreundlichkeit.de

Herczeg, Michael, Universität zu Lübeck, Institut für Multimediale und Interaktive Systeme, Media Docks – Willy-Brandt-Allee 31a, D-23554 Lübeck, www.imis.uni-luebeck.de, herczeg@imis.uni-luebeck.de

Herrmann, Thomas, Ruhr-Universität Bochum, Institut für Arbeitswissenschaft, Lehrstuhl Informations- und Technikmanagement, 44780 Bochum, www.ruhr-uni-bochum.de/technikmanagement, thomas.herrmann@rub.de

Hoffmann, Nicole, Universität Koblenz-Landau, Campus Koblenz, Institut für Pädagogik, Universitätsstr. 1, 56070 Koblenz, http://www.uni-koblenz.de/sempaed, hoffmann@uni-koblenz.de

Holmer, Torsten, Fraunhofer-Institut für Integrierte Publikations- und Informationssysteme, Dolivostr. 15, 64293 Darmstadt, torsten.holmer@ipsi.fraunhofer.de

Hoppe, Hans-Ulrich, Gerhard-Mercator-Universität Duisburg, Institut für Informatik und interaktive Systeme (IIIS), Lotharstr. 63/65, D-47057 Duisburg, hoppe@collide.info

Hornecker, Eva, Technische Universität Wien, Institut für Gestaltungs- und Wirkungsforschung, Argentinierstr. 8, A-1040 Wien, http://www.media.tuwien.ac.at/e.hornecker/, eva.hornecker@media.tuwien.ac.at

Humbert, Ludger, Universität Dortmund, Fachgebiet Didaktik der Informatik, Otto Hahn Str. 16, Dortmund, http://ddi.cs.uni-dortmund.de/, ludger.humbert@uni-dortmund.de

Jackewitz, Iver, Universität Hamburg, Fachbereich Informatik, Angewandte und Sozialorientierte Informatik, Vogt-Kölln-Str. 30, 22527 Hamburg, http://asi-www.informatik.uni-hamburg.de, jackewitz@informatik.uni-hamburg.de

Janneck, Michael, Universität Hamburg, Fachbereich Informatik, Angewandte und Sozialorientierte Informatik, Vogt-Kölln-Straße 30, 22527 Hamburg, http://www.janneck.de/michael, michael@janneck.de

Janneck, Monique, Universität Hamburg, Fachbereich Informatik, Angewandte und Sozial-orientierte Informatik, Vogt-Kölln-Str. 30, 22527 Hamburg, http://www.informatik.uni-hamburg.de/, monique.janneck@informatik.uni-hamburg.de

Jödick, Friederike, Fraunhofer-Institut für Integrierte Publikations- und Informationssysteme, Forschungsbereich CONCERT, Dolivostr. 15, 64293 Darmstadt, http://www.ipsi.fraunhofer.de/concert/, friederike.joedick@ipsi.fraunhofer.de

Kerres, Michael, Universität Duisburg-Essen, Lehrstuhl für Mediendidaktik und Wissensmanagement, http://edumedia.uni-duisburg.de, kerres@uni-duisburg.de

Kienle, Andrea, Universität Dortmund, Fachgebiet Informatik & Gesellschaft, August-Schmidt Str. 12, 44221 Dortmund, http://www.iundg.de, andrea.kienle@uni-dortmund.de

Ley, Tobias, Know-Center, Inffeldgasse 21a, 8010 Graz, Österreich, http://www.know-center.at, tley@know-center.at

Liebig, Hans Christian, Universität Mannheim, Praktische Informatik IV, L 15,16, 68131 Mannheim, http://www.informatik.uni-mannheim.de/informatik/pi4/, cliebig@informatik.uni-mannheim.de

Linder, Ute, Fraunhofer-Institut für Integrierte Publikations- und Informationssysteme, Forschungsbereich CONCERT, Dolivostr. 15, 64293 Darmstadt, http://www.ipsi.fraunhofer.de/concert/, ute.linder@t-online.de

Lindner, Rolf, Fachgebiet Graphisch-Interaktive Systeme, Fachbereich Informatik, Technische Universität Darmstadt, Fraunhoferstraße 5, D-64283 Darmstadt, http://www.gris.informatik.tu-darmstadt.de/~lindner/, lindner@igd.fhg.de

Lindstaedt, Stefanie, Know-Center, Inffeldgasse 21a, 8010 Graz, Österreich, http://www.know-center.at, slind@know-center.at

Lohr, Claudia, Allianz Versicherungs AG, Fachbereich Bildung, Königinstr. 28, 80802 München, Claudia.Lohr@allianz.de

Magenheim, Johannes, Universität Paderborn, Fakultät für Elektrotechnik, Informatik und Mathematik, Institut für Informatik, Fürstenallee 11, 33102 Paderborn, http://ddi.uni-paderborn.de, jsm@uni-paderborn.de

Meyer, Rolf, Allianz Versicherungs AG, Fachbereich Bildung, Königinstr. 28, 80802 München, Rolf.Meyer@allianz.de

Nattland, Axel, Universität Duisburg-Essen, Lehrstuhl für Mediendidaktik und Wissensmanagement, http://edumedia.uni-duisburg.de, nattland@uni-duisburg.de

Nübel, Ilke, Universität Duisburg-Essen, Lehrstuhl für Mediendidaktik und Wissensmanagement, http://edumedia.uni-duisburg.de, ilke.nuebel@uni-duisburg.de

Pape, Bernd, Universität Hamburg, Fachbereich Informatik, Angewandte und Sozialorientierte Informatik, Vogt-Kölln-Str. 30, 22527 Hamburg, http://asi-www.informatik.uni-hamburg.de, pape@informatik.uni-hamburg.de

Pfister, Hans-Rüdiger, Fachhochschule Nordostniedersachsen, Fachbereich Wirtschaftspsychologie, Wilschenbrucher Weg 84, 21335 Lüneburg, http://www.fhnon.de/fbwp/pfister/, pfister@fhnon.de

Reichling, Tim, Universität Siegen, Lehrgebiet Wirtschaftsinformatik / Kooperations- und Mediensysteme, Hölderlinstr. 3, 57068 Siegen, http://www-winfo.uni-siegen.de/wulf, reichling@fb5.uni-siegen.de

Schauer, Helmut, Universität Zürich, Department of Informatics, Educational Engineering Lab, Winterthurerstrasse 190, CH-8057 Zürich, schauer@ifi.unizh.ch

Scheele, Nicolai, Universität Mannheim, Praktische Informatik IV, L 15,16, 68131 Mannheim, http://www.informatik.uni-mannheim.de/informatik/pi4/, scheele@informatik.uni-mannheim.de

Schenk, Birgit, Fachhochschule für öffentliche Verwaltung in Kehl, Brucknerstr. 5, 71254 Ditzingen, www.BirgitSchenk.de, birgit.schenk@riolf.de

Schlienger-Merki, Claudia, Universität Zürich, Department of Informatics, Educational Engineering Lab, Winterthurerstrasse 190, CH-8057 Zürich, cmerki@ifi.unizh.ch

Schneider, Franziska, Universität Zürich, Informatikdienste, Multimedia & E-Learning Services, Winterthurerstrasse 190, CH-8057 Zürich, franziska.schneider@id.unizh.ch

Schümmer, Till, FernUniversität in Hagen, Lehrgebiet Verteilte Systeme, Universitätsstr. 1, 58084 Hagen, http://wwwpi6.fernuni-hagen.de, till.schuemmer@fernuni-hagen.de

Schwabe, Gerhard, Universität Zürich, Department of Informatics, Winterthurer Strasse 190, CH 8057 Zürich, http://www.ifi.unizh.ch/im, schwabe@ifi.unizh.ch

Seeberg, Cornelia, TU Darmstadt, KOM, Merckstr. 25, 64283 Darmstadt, http://www.kom.tu-darmstadt.de, Cornelia.Seeberg@KOM.tu-darmstadt.de

Seufert, Sabine, Swiss Centre for Innovations in Learning – SCIL, Dufourstrasse 40a, CH-9010 St. Gallen, http://www.scil.ch/, sabine.seufert@unisg.ch

Stahl, Gerry, Drexel University, College of Information Science and Technology, 3141 Chestnut St., Philadelphia, PA 19104, USA, http://www.cis.drexel.edu/faculty/gerry, Gerry.Stahl@drexel.edu

Vogel, Jürgen, Universität Mannheim, Praktische Informatik IV, L 15,16, 68131 Mannheim, http://www.informatik.uni-mannheim.de/informatik/pi4/, vogel@informatik.uni-mannheim.de

Weber, Harald, Institut für Technologie und Arbeit (ITA), Gottlieb-Daimler-Straße 42, 67663 Kaiserslautern, http://www.ita-kl.de, harald.weber@ita-kl.de

Weinberger, Armin, Institut für Wissensmedien (IWM), Konrad-Adenauer-Str. 40, 72072 Tübingen, http://www.iwm-kmrc.de/, a.weinberger@iwm-kmrc.de

Wessner, Martin, Fraunhofer-Institut für Integrierte Publikations- und Informationssysteme, Forschungsbereich CONCERT, Dolivostr. 15, 64293 Darmstadt, http://www.ipsi.fraunhofer.de/concert/, martin.wessner@ipsi.fraunhofer.de

Wulf, Volker, Universität Siegen, Institut für Wirtschaftsinformatik, insb. Kooperations und Mediensysteme, Hölderlinstr. 3, 57068 Siegen und Fraunhofer-Institut für Angewandte Informationstechnik FIT, Geschäftsfeld Benutzer-orientiertes Software-Engineering, Schloss Birlinghoven, 53754 Sankt Augustin, http://www.iisi.de, volker.wulf@fit.fraunhofer.de

Zeini, Sam, Gerhard-Mercator-Universität Duisburg, Institut für Informatik und interaktive Systeme (IIIS), Lotharstr. 63/65, D-47057 Duisburg, zeini@collide.info